彭德怀
入朝作战纪实

王波 著

Peng Dehuai
ruchao zuozhan
jishi

中国社会科学出版社

图书在版编目（CIP）数据

彭德怀入朝作战纪实 / 王波著. —北京：中国社会科学出版社，2018.11
ISBN 978 – 7 – 5203 – 3296 – 5

Ⅰ.①彭… Ⅱ.①王… Ⅲ.①彭德怀（1898 – 1974）—生平事迹 ②抗美援朝战争—史料 Ⅳ.①K825.2②E297.51

中国版本图书馆 CIP 数据核字（2018）第 248729 号

出 版 人	赵剑英
责任编辑	刘 艳
责任校对	陈 晨
责任印制	戴 宽

出　　版	中国社会科学出版社
社　　址	北京鼓楼西大街甲 158 号
邮　　编	100720
网　　址	http://www.csspw.cn
发 行 部	010 – 84083685
门 市 部	010 – 84029450
经　　销	新华书店及其他书店
印　　刷	北京明恒达印务有限公司
装　　订	廊坊市广阳区广增装订厂
版　　次	2018 年 11 月第 1 版
印　　次	2018 年 11 月第 1 次印刷
开　　本	710×1000　1/16
印　　张	40.5
插　　页	2
字　　数	670 千字
定　　价	88.00 元

凡购买中国社会科学出版社图书，如有质量问题请与本社营销中心联系调换
电话：010 – 84083683
版权所有　侵权必究

纪念彭德怀元帅诞辰 120 周年
纪念抗美援朝战争胜利 65 周年
暨志愿军凯旋归国 60 周年

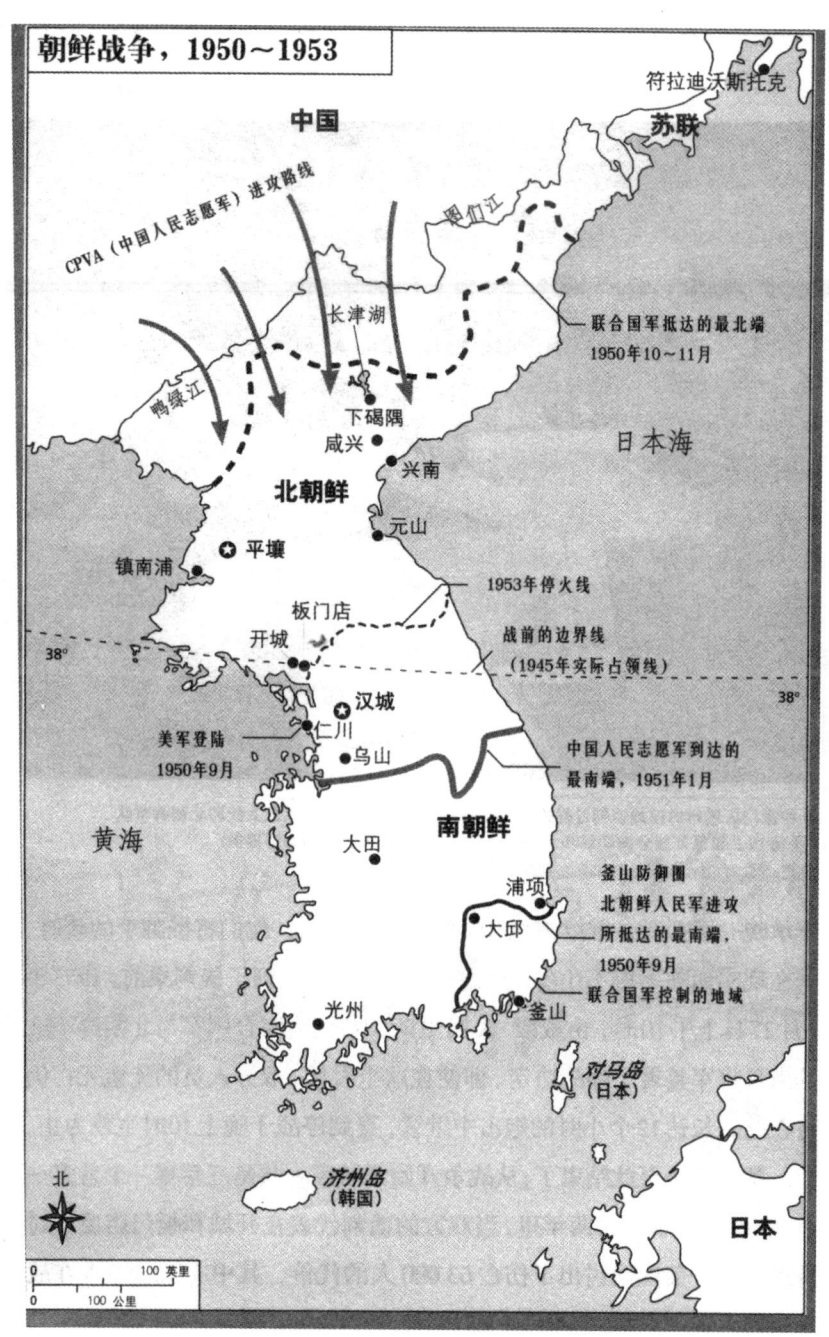

本图引自《美国人眼中的朝鲜战争》一书
朝鲜半岛横贯粗线为志愿军第四次战役前沿三七线以南机动防御线

抗美援朝战争中"两个麻子"的故事

五一年朝鲜政府第一次授勋章给彭德怀,在检查开会委托大会议上讲:我作为志愿军代表接受了这个勋章,按工作讲应授予两个麻子,前面立授给洪麻子,他的工作化[很]重,现代战争部队在英勇作战,没有后勤搞支援是不行的,要各军注意加强后勤工作。后面应归功高麻子(指高岗)对志愿军的支援。

五二年彭德怀从高开志授军回国并召开志愿军党委会,志愿军整个工作交邓华管。我在这次会议中提出抗美援朝化[仗]宝戒后战不再做后勤工作了。彭当时批评我说:做工作不能根据本人的心愿,要根据党的工作需要,党委同志们,根据需要可以改变的,我做了志愿军司令长,你跑不了也做后勤工作。我知道在不行以后再提意见。会上互相提意见时,彭说我工作绝单,绝化劳化怨,就是不安心做后勤工作。

1951年1月25日,"高麻子"(高岗)从沈阳赶到志愿军司令部君子里金矿洞,参加中朝联席会议。晚上,"高麻子"住到"洪麻子"(洪学智)的矿洞。"两个麻子"商谈竟夜。彭总有朝鲜政府的勋章"应授予'两个麻子'"的著名讲话。坊间亦口碑相传,以为趣事。此为志愿军副司令员洪学智(后为中央军委副秘书长兼总后勤部部长、全国政协副主席)本人回忆彭总讲此番话时之情景手迹

目　　录

序　抗美援朝战争的备忘录 ……………………………… 孟伟哉 ／1

1992年8月花山文艺出版社出版《彭德怀入朝作战纪实》序
………………………………… 彭总作战秘书　杨凤安 ／1

一　彭德怀正在做着建设大西北色彩斑斓的世纪梦。朝鲜半岛局势成为世界热点,毛泽东、周恩来未雨绸缪,调集重兵,奔赴黑土地 ／1
　1. 彭总交代：习仲勋、贾拓夫现在要全力以赴搞好他的"西北梦" ／1
　2. 李志民从湖南带来了娘子军 ／6
　3. 8月27日彭总接到毛泽东要与他面商朝鲜局势的电报 ／9
　4. 国民党军官一见彭总就说"完了,完了,国民党完了！" ／11
　5. 周恩来主持军委会议紧急调动战略预备队到东北边防 ／15
　6. 毛泽东说"从目前的局势看,必须加上中国的因素" ／18
　7. 周恩来强调"临急应战要有充分准备,一出手就胜" ／21

二　彭总心心念念要改变西北人民的贫困面貌,一架银色的飞机落到了西安机场；毛泽东决策必须在朝鲜半岛加上中国因素,彭总刚刚结束的战争生涯又开始了 ／23
　8. 周总理向金日成建议人民军要力保三八线以北 ／23
　9. 周总理交代"飞机一到西安,立刻把彭老总接来" ／28
　10. 高岗对彭总神秘地说"你要有所准备呀！" ／32

三 10月5日上午,毛主席说,德怀同志呀,我这个决心不容易下哟,打不好,危及国内政局,甚至还丢了江山。我毛泽东对历史、对人民没法交代哟! / 35

11. 邓小平突然来到彭总的房间 / 35
12. 10月1日朴宪永带金日成亲笔信到北京求救 / 42
13. 林彪追着毛泽东说"你要千万慎重呀"! / 47

四 毛泽东决定出兵朝鲜半岛后,一方面夜以继日与彭德怀运筹作战预案;一方面派周恩来飞抵黑海阿布哈兹,与斯大林秘密商谈"三国演义"战略;斯大林出语惊人:苏方不能出动空军,中方"不能见死不救" / 51

14. 毛泽东说"中央只能给你10天的准备时间" / 51
15. 毛泽东面授机宜,要打弱敌散敌,突出冒进之敌 / 58
16. 周恩来带着中国政府的方案飞到阿布哈兹见斯大林 / 61
17. 彭总对朴一禹说"我希望与金日成尽快见面" / 70

五 邓华刚刚从海南岛回到广州,接军委电令立即率13兵团奔赴东北边防。他考虑任务重大,到北京向朱总、聂总、林总请示增加兵团领导 / 78

18. 邓华接到军委命令,谢绝欢送,悄然离开广州 / 78
19. 邓司令在军列上兴趣盎然来了一段《空城计》 / 83
20. 邓华坐普通车厢一身臭汗从天津站到北京 / 87
21. 洪学智一下车被邓华拉去见林彪 / 91
22. 胡耀邦说"洪学智是由战士成长为上将的" / 94
23. 叶参座在电话里说"你就服从军委的决定吧" / 97

六 战略预备兵团从中原开赴东北。高岗、萧华、邓华、洪学智召开沈阳军事会议,部署各军要夜以继日,整军备战,迅速恢复到打仗状态 / 102

24. 第一次军事汇报会令战将们惊愕不已 / 102
25. "打败老蒋好回家" / 107
26. 将领们说"打美帝还是用打日寇的那一套" / 112

27. 42军军长吴瑞林突然被专列拉到了沈阳 / 115

七 邓华率13兵团到达边防，日夜紧张备战，研究作战预案，争取初战必胜；8月31日，"邓洪解"向军委报告美军可能在朝鲜半岛蜂腰部登陆 /120

28. 13兵团向军委建议再调一个军到鸭绿江边布防 / 120
29. 长春起义将领曾泽生带病请缨北上 / 124
30. 兵团司令部破译了美军作战部队的通信密码 / 126
31. "邓洪解"预测美军可能要从朝鲜半岛蜂腰部登陆 / 130

八 周恩来通观全局，派特使与金日成首相保持经常联系，命令东北军区立即成立后勤部，立即派军事干部出国了解朝鲜局势 / 135

32. 军委决定李聚奎重新组建东北军区后勤部 / 135
33. 毛泽东在美军仁川登陆后给高岗一封亲笔信 / 140
34. 林彪突然问"让金日成他们上山打游击行不行？" / 142
35. 42军派肖剑飞先遣指挥所入朝侦察东线地形 / 148
36. 陈赓刚刚结束与法军的较量，又请缨赴朝 / 153

九 彭老总与13兵团领导第一次会面，在沈阳召开了军以上干部会议；在开往安东的公务车上，彭总在考虑志愿军统帅部小班子组成，以及他先期秘密到德川会见金日成 / 158

37. 彭总突然对邓华、洪学智说"我不是志愿军" / 158
38. 彭总给毛泽东发电询问可否有空军参战 / 164
39. 彭总在列车上筹划志愿军指挥班子 / 167
40. 彭总决定自己先入朝见金日成 / 171
41. 麦克阿瑟是"美军将军中最蹩脚的政治家" / 175

十 形势突变，斯大林出尔反尔，不同意出动空军支援，怕中国失败，怕拖住苏联；毛泽东电彭德怀紧急回京，彭总命42军先行过江进入东线 / 178

42. 聂荣臻深夜来电"主席命你明日回京" / 178
43. 毛泽东和彭德怀敲定在无苏联空军助战下的作战方案 / 181

44. 朝鲜外相朴宪永紧急约见彭总 / 184
45. 彭总发现沈阳兵工厂可以生产18管的火箭炮 / 186

十一 细雨蒙蒙中,彭德怀身先士卒率先过江,旋即与后方失联。两天两夜后,到达敌后的小山沟大洞,与金日成面商,了解敌情,幸免被俘 / 191

46. 彭总草拟毛泽东命13兵团渡江令 / 191
47. 19日上午彭总先飞沈阳继飞安东 / 194
48. 彭总身先士卒过了鸭绿江 / 198
49. 邓华、洪学智一过江即与彭总失联 / 203
50. 彭总失联后,毛泽东连发三封急电 / 206
51. 天黑下来,邓华、洪学智到朝北山区找彭总 / 208
52. 在大洞"彭邓洪"修订第一次战役方案 / 211
53. 彭总坐朴宪永的华沙小卧车把电台车丢掉了 / 214
54. 彭总与金日成在敌后一条深山沟里见面 / 216

十二 邓岳率118师与彭总、金日成不期而遇;彭总给他们面授机宜;彭总告诉"邓洪",志愿军司令部可设在朝北大榆洞金矿;大榆洞一举成名 / 222

55. 118师突然把部队开到了彭总和金日成所在的山沟里 / 222
56. 彭总到大榆洞宣布组成志愿军领导班子 / 227

十三 菊香书屋立刻又成了延安的窑洞、西柏坡的平房,毛泽东夜以继日指示韬略;彭德怀预测胜败如何之诀窍是看敌人主官脾气秉性;要利用麦克阿瑟的弱点,扩大他的弱点 / 233

57. 毛泽东电示明后两日"先抓住一两部敌军不使逃脱" / 233
58. 彭总说战争规律是3个胜仗后要跟着一个败仗 / 238
59. 平型关成就了115师,两水洞成就了118师 / 242
60. 弗莱明大喊"我是第一个抵达鸭绿江的美国人" / 246
61. 杜鲁门女儿回忆在云山"第8骑兵团几乎溃不成军" / 249
62. 我一个连歼灭美骑兵第1师一个连 / 252

十四 第一次战役后,麦克阿瑟傲气不减。我千军万马在他的思维盲区里隐蔽运动,进入朝北山区理想战场,以逸待劳看着美军钻口袋 / 255

63. 彭总说"要掌握战役的火候" / 255
64. 清川江北部山区是一个好战场 / 258
65. 彭总批评梁兴初"你贻误战机,按律当斩" / 263
66. 第二次战役"牵牛进屠宰场" / 268

十五 二次战役以弱示敌,彭德怀派韩先楚到38军督战,确保"迂回到位后,没有我的命令,不准后退半步";38军完成三所里关门打狗任务 / 273

67. 彭总下令志愿军部队大步后撤10公里 / 273
68. 彭总杀向敌军"第一刀" / 278
69. 彭总默默地念叨:"岸英,你年纪轻轻的……" / 283
70. 第二次战役的关节点 / 286
71. "万岁军"称谓这样产生 / 296
72. 邓华的嘎斯-67从火海冲出军隅里 / 300
73. 毛泽东对刘西元说"我们打胜仗的办法就出在这里头" / 304

十六 毛泽东命令战略预备队宋时轮第9兵团立即出动进入东线;9兵团穿着华东的小棉袄在大风雪中将美军陆战1师和步7师分割为数块围歼,扭转了东线战局,迫使麦克阿瑟放弃了东线…… / 308

74. 宋时轮到中南海领受任务 / 308
75. 朱老总把自己的望远镜留给了战将陶勇 / 312
76. 外电称9兵团秘密进入战场是"当代战争史上的奇迹之一" / 314
77. 史密斯对"超龄的屎壳郎"颇有微词 / 319
78. 毛泽东提醒"宋陶"注意陆战1师的战斗力 / 321
79. 首先围歼长津湖东侧美步7师孤立无援者 / 324
80. 一夜之间一条大蟒被切为数段 / 328
81. 59师切断柳潭里陆战5团撤回下碣隅里的退路 / 332
82. 杨根思连队的一头瘦牛 / 335
83. 美军3000条军毯的微妙作用 / 339

84. 阿尔蒙德作战部长助理的传奇故事 / 341
85. 史密斯的大逃亡 / 343

十七 麦克阿瑟遭遇美军最大败绩,杜鲁门面临严重危机,彭总要不要越过三八线?中南海与大榆洞出现分歧,彭总军事服从政治。志愿军的非凡战绩,使苏方、朝方和志愿军部队许多人产生了速胜思想 / 345

86. 麦克阿瑟彻底泄气了 / 345
87. 彭总审时度势"我军需要在三八线以北休整" / 348
88. 毛泽东来电要求"我军必须越过三八线" / 349
89. "月亮是志愿军的,太阳是美军的" / 353
90. 李奇微为何虽有坚固防线而不固守 / 357

十八 美军大溃退中沃克阵亡,剽悍将军李奇微执掌第 8 集团军;金日成、朴宪永雪夜访彭总,苏联大使对彭总大发脾气,质问为何不一气呵成,为何不把美军赶下大海? / 361

91. 军衣上别着一颗手雷的美国将军 / 361
92. 志愿军入朝作战的 80 个日日夜夜 / 366
93. 金日成要求志愿军乘胜南下釜山 / 369
94. 拉佐瓦耶夫的"一气呵成"名言 / 373
95. 彭总说"打过三八线我真是害怕了" / 376
96. 彭总说"我军在三七线停止追击方针是正确的" / 378
97. 李奇微指挥所设在骊州的山崖绝壁上 / 387
98. 毛泽东电令彭德怀我军目标是三六线上的大田和安东 / 390

十九 李奇微"磁性战术"挽救美军败局;彭德怀"西顶东放"拣软柿子;"孙膑赛马","韩指"险中求胜;"邓指"横城大捷;砥平里失利 / 396

99. 女情报员得到了美第 8 集团军参谋长艾伦的记事本 / 396
100. 彭总问韩先楚"听说过孙膑赛马的故事吗?" / 398
101. 韩先楚毫不客气地要梁兴初和曾泽生给他立军令状 / 400
102. 三七线阵地上 50 军官兵都被活埋过几次 / 403
103. 338 团 1951 年大年三十这一仗 / 407
104. 草下里南山 336 团 5 连与骑兵 1 师惨烈的争夺战 / 412

105. "邓指"在花田里瞄准了洪川山沟中的南韩 8 师 ／ 417

106. 张竭诚指挥 117 师夜奔百里完成对内合围 ／ 422

107. 邓华在菜窖里指挥砥平里战斗失利 ／ 430

108. 杨迪到横城战场开走 4 辆美吉普 ／ 435

109. 朝鲜战场胜利者在花田里的晚宴 ／ 439

二十 彭德怀思前想后觉得朝鲜战局的作战指导到了一个转折点，必须紧急回国与毛泽东主席面商，为解决志愿军的困难，他在居仁堂发了脾气 ／ 443

110. 彭总向毛主席请示立即回京"面报各项" ／ 443

111. 彭总执意要去看金日成首相 ／ 445

112. 彭总乘大浮冰险过大同江 ／ 449

113. 周总理说"把'三杨'拿到朝鲜叫作'三杨（阳）开泰'嘛" ／ 451

114. 毛泽东对彭总说"我不是宋高宗" ／ 456

115. 彭总在居仁堂会议上发了火 ／ 465

116. "大将冲天怒，惊醒梦中人" ／ 470

117. 彭总向周总理鞠一躬 ／ 472

二十一 四次战役后，我军老连队打掉了一半还多，实力大减，彭总采取机动防御，实施战术反击，避免大打，每天后撤 1 公里，要美军付出千人的伤亡，掩护我战略预备队开上来 ／ 474

118. 当务之急是如何打破李奇微的磁性战术 ／ 474

119. 3 月底第 8 集团军付出昂贵代价后抵达三八线 ／ 477

120. 彭总对李聚奎说的最后一句话是个"嗯"字 ／ 481

121. 麦克阿瑟"大帝"突然从朝鲜战场消失 ／ 485

122. 水淹"八国联军"龟儿子 ／ 490

123. 副司令们"把敌人放进来打"的意见第一次与彭总意见相左 ／ 492

二十二 第五次战役我兵力占优势，彭总要 39 军、40 军起骨干作用；第 3 兵团、9 兵团、19 兵团从宽大正面突破，直插美军纵深，然后倒圈回来，同时有 5 个军看好两侧海岸…… ／ 495

124. 彭总在上甘岭矿洞子里说"李奇微是要占三九线" ／ 495

7

125. 彭总的拗脾气上来了 / 502

126. 彭总、邓华、洪学智遇险 / 503

127. 周总理对杨得志说"就是想见见你们" / 506

128. 突破临津江杨得志挥泪斩马谡 / 509

129. 英军格罗斯特团抹不去的耻辱 / 514

130. 王近山代司令与他的作战参谋 / 516

131. 彭总给洪学智赔了一个梨(礼) / 518

132. 李奇微破解了我军的穿插分割战术 / 520

133. 长津湖的英雄们又打得痛快淋漓 / 526

134. 李德生组织小兵群奇袭洪杨公路 / 528

二十三 李奇微在东京策划乘我军"礼拜攻势"后期一线连队粮弹俱罄,发起反击战役;我军大兵团作战回撤中出现了意想不到的失误 / 532

135. 李奇微杀来"回马枪" / 532

136. 彭总电:"王近山,毛主席让你马上回京面报180师情况" / 535

137. 27军孤悬敌后10个昼夜成功突围 / 545

138. 刘伯承问王近山"电台被炸你就中断指挥3天之久?" / 549

二十四 美国政客是看军事实力行事的。五次战役前急于与中朝谈判,五次战役后,李奇微认为美军掌握了战场的主动权,不用人说话了,要用飞机大炮说话 / 553

139. 马立克放出了世界上举足轻重的人物斯大林的信息 / 553

140. 毛泽东与金日成达成边打边谈共识 / 556

141. 这是抗美援朝战争的转折点 / 557

142. 李奇微交代乔埃"不必急于谈和" / 560

143. 布莱德雷说"李奇微至少要用20年时间才能到达鸭绿江边" / 565

二十五 毛泽东决定改变战略战术,由大规模运动战转变为"零敲牛皮糖"的消耗战略;抗法名将陈赓深孚众望,提出一整套防御战术 / 568

144. 周总理和朱老总在北京饭店金色宴会厅宴请英雄们 / 568

8

145. 毛泽东对吴瑞林军长对付美军的战术感兴趣 / 571
146. 毛泽东决定对美军采取"零敲牛皮糖"的消耗战略 / 577
147. 陈赓如何看180师事件 / 581
148. "我们打胜仗的办法就出在这里头" / 588
149. 许世友说张祖谅是"斯大林说的那种特殊材料制成的人" / 590
150. 毛泽东指示"要多选几名老将军加强一下抗美援朝斗争" / 597
151. 许世友说"就这一桌子酒宴3兵团包了" / 600
152. 抗美援朝战争的压台戏 / 602
153. 180师在黑云土岭又面临全师覆没的险境 / 606
154. 中朝统帅一醉方休 / 610

后记 朝鲜战争为何要加入"中国因素"？ / 615

序 抗美援朝战争的备忘录

孟伟哉

孟伟哉在朝鲜战场

2003年，王波大校出版《毛泽东的艰难决策》，即中国人民志愿军出兵朝鲜的决策过程；时隔十年，2014年年初，他又将出版《彭德怀入朝作战纪实》，真是可喜可贺！

这两部著作是姊妹篇。《决策》着重记叙以毛泽东为领袖的中央高层，面对危急局势，反复计议，定下出兵朝鲜的战略决策；而《彭稿》则以战场统帅彭德怀为主，记叙了志愿军众将领、各部队在朝鲜战争的全过程。

在朝鲜战争结束六十余年后读这部《彭稿》，会引发我们诸多思考和启示——

中国该不该出兵打这场战争？

毛泽东的决策是否正确？

这场战争打胜了没有？

抗美援朝战争是否得不偿失？

……

近年来，如此等等的问题，竟然发生某种程度的争议。

然而，若读过《毛泽东的艰难决策》，再细心阅读《彭德怀入朝作战纪实》，对有关争议也许会得出新的结论。

王波大校早说过他要写《彭稿》。我希望他尽快完成。现在，读过他《彭稿》的校样，我突出的印象是——

这是一部直书抗美援朝战争的备忘录，是一部宏大的朝鲜战争的画卷。

写《彭德怀入朝作战纪实》这样的题材，需要有军事生涯、文献史料和写作功底，王波大校具备这些条件。

他曾经为志愿军副司令员洪学智服务多年，为首长写了《抗美援朝战争回忆》和《洪学智回忆录》两部书的第一稿。他在高级军事机关工作，与多位参加过这场战争的将领熟识。他有自己的优势。读这部《彭稿》，可以更深刻、更生动地理解志愿军入朝作战的伟大意义。

《彭稿》的特点是：宏观地多视角地从军事战略、策略和战役、战术的角度，叙述了我军直接与美军作战的全过程。

关于朝鲜战争，毛泽东在出兵前与周恩来有过一段对话——

毛泽东说："朝鲜一战，如美帝得胜，美帝就会得意，就会威胁我们。我们对朝不能不帮，必须帮，可以考虑用志愿军，时机当然还要选择，我们不能不有所准备。"

周恩来说："同意主席的意见。如果美帝国主义把北朝鲜压下去，则对世界和平不利，其气焰就会高涨起来。要争取胜利，一定要加上中国的因素。我们可以考虑用志愿军的形式嘛。"

毛泽东说："从目前战局看，必须加上中国的因素。"

周恩来说："中国的因素加上去后，可能引起国际上的变化。我们不能不有些远大的设想。"

毛泽东说："中国的因素加上去后，不仅朝鲜的局势会有变化，远东地区的局势也会有变化，对远东和平有利，对世界和平有利。"

这是《彭稿》披露的一段珍贵史料。彭德怀从1950年10月4日突然离开西北局会议室，一直到1953年7月31日在金日成驻地喝庆功酒毕，殚精竭虑执行的就是这个"中国因素"的伟大战略。

战争进程如风雷闪电，惊险丛生，《彭稿》脉络清晰。不特着重写出毛泽东、周恩来、聂荣臻在中南海统筹全局的情景，而且重点写出彭德怀与他的副司令们，在战争进攻阶段和对峙阶段每次战役的运筹过程。

战场是动态的。敌情我情，分析判断，用兵谋略，每次战役各不相同，其战术各异。

在志愿军参战的进攻阶段，也即1950年10月至1951年5月，我军在运动中共进行五次进攻战役。

作者如数家珍地叙述了第一次战役是遭遇战，彭德怀及时改变在中南海与领袖制定的方案，指挥部队以打突然性、打穿插、打小规模分割包围的战术制胜；

第二次战役是"牵牛进屠场"。彭德怀用112师诱敌深入，用113师奔袭穿插，将敌军装进口袋阵而制胜；

第三次战役还是打敌军之薄弱部位。在金日成和苏联驻朝鲜大使拉佐瓦耶夫反对停止追击的压力下，彭德怀毅然掌握战役火候，志愿军在37线戛然而止，坚决不到釜山；

第四次战役，彭德怀的策略是"西顶东放"，邓华指挥取得横城大捷，还是打我军穿插分割的拿手戏；

第五次战役增加了杨得志、王近山两个兵团，是大兵团重武器对敌军防御阵地的攻坚战。

此后，毛泽东审时度势，改变战略策略，打小规模歼灭战，每个军消灭敌军一个营，像解放战争时期那样，积小胜为大胜，算数学账。阵地对峙，积极防御，是以消灭敌军量变求得质变，改变战场态势。

彭德怀对金日成说："我们出兵的目的是能够援助你们歼灭美国侵略军，为合理解决朝鲜问题创造条件。我们渡江作战时已经准备好了美国宣布与中国进入战争状态，准备它的飞机轰炸东北和沿海重要工业城市。杜鲁门、麦克阿瑟在威克岛会面时，曾宣布美军在朝鲜的行动将限制在朝鲜蜂腰部。但是当它侥幸占领平壤后，声称'在历史上鸭绿江并不是把中朝两国截然分开的不可逾越的障碍'。"

彭德怀的话，可视为是对"中国因素"、地缘政治和中国国际战略的解读。

正确的战略要靠战场上的将士通过具体的战役和战斗实现。《彭稿》的优点在于，它精心描述了彭德怀的谋略、决断和对战场全局的掌控。重点在战役层次。比如第一次战役毛泽东确定黄草岭是战役要点，以此分割西线与东线的美军，单挑西线美军，彭德怀以他的指挥艺术，很好地遂行了领袖意图；又比如，第二次战役彭德怀确定三所里为战役要点，担心第38军完不成穿插，特派副司令员韩先楚督战，等等。

正由于黄草岭这个要点打得好，才能命9兵团隐蔽地进入东线，在长津湖地区包围美军陆战1师和美军步兵7师各一部，歼灭美军一个团又几个营。长津湖之战成为美军官兵最难忘的事件。如果我军当时大炮再多一些，火力再强一些，美军便不能从海上逃脱。尽管如此，长津湖之战还是让美军第10军军长阿尔蒙德哭了一场，长津湖之战还是打掉了麦克阿瑟决胜的信心，并最终导致他被撤职。

彭德怀不愧为卓越军事家。

由于没有制空权和强大的炮兵，朝鲜战争的艰难、困苦和伤亡的代价，是不难想象的。

第三次战役后，彭德怀秘密回国，向毛泽东主席汇报。毛泽东同陈赓、吴瑞林、刘西元、解方诸将领谈话，了解前线战情，获知接替麦克阿瑟的美军司令李奇微已识破我志愿军弱点，即：由于后勤保障困难，我军每次进攻只能持续七至十天，被称为"礼拜攻势"。毛泽东遂决定全军实行轮番作战，由大歼灭战变为小歼灭战。这是志愿军作战策略根据敌情我情的一个重要转折。

不止一位将领慨叹，志愿军在朝鲜战场遭遇的困难，某种程度超过长征。第60军政委袁子钦就说，除了不缺空气，什么都缺。这主要是指交通运输和粮弹供应。异国作战，人地生疏，语言不通，加之美军飞机对交通线的狂轰滥炸，使志愿军的后勤供应很是困难。为此，彭德怀除向中央和毛泽东报告，又在战场组建了以副司令洪学智为首的后勤司令部。《彭稿》脉络清晰地叙述了我军后勤的两个阶段。在战争动态中，后勤因时而进，因时而变，保障方式适时改善。周恩来、聂荣臻、高岗是志愿军的总后勤。美军步、炮、空、坦联络协同及时，我军后勤也要形成合力——运输、防空、铁道、公路、通信、工兵、炮兵、公安，要形成综合战力。这方面，作者的叙写清晰生动。

从右至左，孟伟哉在人民文学出版社与严文井、秦兆阳、韦君宜在一起

美国人最感到奇怪、最不能理解的就是：他们上千架飞机天天轰炸，中国人是怎样解决志愿军百万之众的吃饭问题与物资供应问题，而且还不断地战斗，令他们损兵折将。

我从1951年正月十五（3月22日）入朝，同我们180师经历了第五次战役的全过程，经历了两军对峙、阵地防御和1953年夏季的大反击战役，感到王波大校没有回避我军的失误与失利，秉笔直书是一大特色。比如第一次战役梁兴初指挥有误，没有按彭德怀指挥穿插到位，没有占领熙川，致使美军逃脱；比如，第66军让美军进到我军后方，志愿军司令部提醒后仍未阻击，让美军逃逸；比如，第9兵团仓促上阵，未及解决部队冬装，以致造成冻死冻伤的严重减员；比如，第三次战役部队没有到达冲击发起线，有关领导大而化之指挥；比如，第四次战役砥平里失利，我军未歼灭一个美军团；第五次战役第二阶段，3兵团王近山拆散第60军三个师，对180师实行直接指挥，让第60军首长成"空军司令"；自己司令部电台遭炸后，与战斗部队失联三天，造成180师被美军包围而不能解困（我随师部二梯队强渡汉江突围出来），遭受大损失；等等。

《彭稿》塑造了从毛泽东、周恩来、聂荣臻、彭德怀到陈赓、邓华、洪学智、韩先楚、陶勇、梁兴初、吴信泉等十多个军长以上战将的形象，善用"闲笔"，捕捉细节，使人物各有特色。同时也据史料写出麦克阿瑟和李奇微两个鲜明的美军司令官形象。战争文学的传奇性、戏剧性、惊险性即在战争生活的如实叙述中。

《彭德怀入朝作战纪实》是一部烽火硝烟、风雷激荡、铁血喷溅的历史画卷。这部"备忘录"，不会使读者审美疲劳，而是会令读者情感起伏思绪难宁。

热烈祝贺王波大校这一新著面世。

孟伟哉
2014年4月5日
（本文照片为孟伟哉先生提供）

抗美援朝战争的备忘录

2003年，王波大校出版《毛泽东的艰难决策》，即中国人民志愿军出兵朝鲜的决策过程；时隔十年，2014年初，他又将出版《彭德怀入朝作战全记录》，真是可喜可贺！

这两部著作是姊妹篇。《决策》着重记叙以毛泽东为领袖的中央高层面对危急局势，反复计议，定下出兵朝鲜的战略决策；而《全记录》则以战场统帅彭德怀为主，记叙了志愿军在朝鲜战争的全过程。众将领、各部队

在朝鲜战争结束六十余年后读这部《全记录》，会引发我们许多思考和启示——

中国政府该不该出兵打这场战争？

毛泽东的决策是否正确？

这场战争打胜了没有？

抗美援朝战争是否得不偿失？……

近年来，如此等等的问题，竟然发生某种程度的争议。

然而，若读过《毛泽东的艰难决策》，再细心阅读《彭德怀入朝作战全记录》，对有关争议也许会得出新的结论。

王波大校早说过他要写《全记录》。我希望他尽快完成。现在，读过他《全记录》的校样，我突出的印象是——

司令官形象。

《彭德怀入朝作战全记录》是一部烽火硝烟、风雷激荡、铁血鏖战的历史画卷。这部"备忘录"不会使读者~~审美疲劳~~，而是会令读者情感~~一~~起伏思绪难宁。

热烈祝贺王波大校这一新著面世。

孟伟哉

2014年4月5日

附录：孟伟哉同志给王波同志的一封信

王波同志：

　　昨日分手后，即伏案抄改，今日上午方改定（注：指孟老写的评论《毛泽东出兵山西》的评论《还原历史的成功之作》）。考虑在电话上校对麻烦且易出错，还是复印出来给你寄去一份。你想拿此文作再版总序，恐不妥，那得另行组编。吾意，再版时，你仍应保持原状。

　　你写的作品不少，但迄今唯有这三"策"（注：孟老指《毛泽东的艰难决策之——毛泽东出兵朝鲜的决策过程》、《毛泽东的艰难决策——中共中央发起解放战争毛泽东的决策过程》、《毛泽东出兵山西》），将成为不朽之作，即最有生命力之作，可谓你立身之作。不论世事如何变幻，通俗读者和专业读者都不会不读你这些宏篇钜制，你说还有新的"决策"，那就更了不起。

　　热烈祝贺你的成功！与你相识相交真是荣幸，获得许多知识。

孟伟哉 2009年10月19日午前

1992年8月花山文艺出版社出版《彭德怀入朝作战纪实》序

彭总作战秘书　杨凤安

1990年,在我和杨迪、王波同志帮助全国政协洪学智副主席整理《抗美援朝战争回忆》期间,王波同志利用茶余饭后的时间,让我和杨迪讲了许多彭总在抗美援朝时的故事,没想到一年后,他拿着一本书的校样送给了我。我很高兴,急匆匆地读了一遍,觉得全书很真实、生动,可读性很强,用文学手法再现了彭总在抗美援朝时的光辉形象。《彭德怀入朝作战纪实》着意宣传彭总兴国安邦、济世救民于危难之时的高风亮节和丰功伟绩,我觉得是非常有益的。

我在彭德怀同志身边工作了整整五个春秋,经历了解放战争后期解放大西北和整个抗美援朝战争,我深深感到彭总不愧是一位伟大的革命家、政治家、军事家,彭总的一生是战斗的一生,他高尚的品德、卓越的才能和光辉的形象,永远深深地留在我的记忆中。

解放战争时期,我在华北的19兵团、旅、兵团部任参谋,1949年年初解放了国民党在华北的反动顽固堡垒太原城以后,19兵团根据军委的命令划归西北第一野战军彭总指挥。当19兵团开到西安以北的三源时,杨得志司令员找我谈话说:"野司来电话,叫兵团选派一名了解兵团情况的同志到第一野战军作战科工作,我们研究请你去。"我听后脑袋就炸了。我感到自己水平低,怕完不成任务,说:"司令员,还是叫别的同志去吧。"杨司令说:"我们已研究了,你去比较合适。"并说:"你去了,在彭总身边工作一定要细心,努力把工作做好。"

我到野司报到时,彭总正在指挥歼灭胡宗南主力于宝鸡以北扶风、郿(眉)县地区的战役,是役胡宗南主力大部被歼,残部逃往宝鸡以南地区。此时彭总决心除留18兵团于宝鸡地区，牵制胡宗南残部待机南下外，集1兵团、2兵团和19兵团追歼马步芳、马鸿逵部于平凉地区。当时二马曾计划与我军决战于平凉地区。我军几十万大军以排山倒海之势逼近平凉，此时敌慑于我军威势，加之二马内部矛盾很大，各自都想保存实力，稍一接触即被我歼灭一部，其余大部向兰州、宁夏撤退。这时彭总又根据新的形势做出新的战役部署，以1兵团主力经临洮至临夏，直捣马步芳老巢。2兵团、19兵团主力夺取兰州，并歼敌主力于兰州地区，19兵团以一个军进至兰州、宁夏之间隔断敌之联系，待兰州解放后直取宁夏。我把彭总的决心标绘在一张地图上，能清晰地看出他那伟大的战略气魄和周密的战役部署。8月20日部队进抵兰州外围，从兰州的东、西、南三面展开试攻，试攻两天未能奏效，1兵团已进到临夏，割断了兰州与西宁的联系，19兵团的一个军亦进到了指定位置。这时最关键的是如何夺下兰州。彭总要亲自到第一线察看情况。彭总到达19兵团前线指挥部，见到杨得志司令员、李志民政委和耿飚参谋长，他们当时心情很沉重，认为仗没打好，并要求继续打，非出这口气不可。

  彭总了解了情况，又看了地形，坚决、严肃而又亲切地说："攻打兰州是我决定的，时间仓促，准备不够充足，还有部队轻敌，敌军顽强，工事坚固，这也是个主要原因。我们试攻了两天摸清了情况，了解了敌人，这就是很大的收获。现在要停下来，沉住气，不要急，部队要开诸葛亮会议，总结经验，经周密准备后再攻。"彭总并将上述精神，用电话通知第2兵团，并指示他们派出精干部队向敌人侧后黄河铁桥迂回。8月25日向兰州发起总攻，激战一个白天，我军攻占敌人主阵地。守敌趁黑夜在混乱中溃逃，这时我军一部进到黄河铁桥，敌在混乱中大部被歼，一部向河西走廊逃窜。我军解放兰州后，遂分路以秋风扫落叶之势追歼残敌，先后攻占了青海西宁、宁夏银川，国民党第8补给区司令曾震伍起义，并着手和平解放新疆。年底，整个西北完全解放。

  西北五省解放后，彭总既担任第一野战军司令员兼政治委员，又担任西北军政委员会主席，西北军政委员会设在西安。1950年3月底，我随彭总到西安，当时只有我和浦安修同志在彭总身边工作，浦安修同志分工管地方工作，我负责军队剿匪工作。西北刚刚解放，要做的工作很多，彭总首先抓剿匪工作，他总是说土匪不肃清，人民不得安宁，对发展经济也有直接影响。西北地广人稀，又多沙漠，剿匪工作极端艰苦，为了追歼残匪，组织了骆驼兵团，这对追歼残匪很有效。彭总十分注重民族政策，西北是一个多民族地区。彭总常对在少数民族地区工作的干部说，要尊重民族风俗习惯，严格执行党中央的民族政策，团结少数民族的群众和干部，相信并充分发挥少数民族干部的作用。他说搞好民族团结是我们做好工作的关键。彭总非常注重恢复和发展经济，西北地大物博，但经济文化落后。当时决定加修西安至兰州公路。新建天（水）兰（州）铁路，青藏公路，军队是参加生产和经济建设的主力军。彭总还向中央建议，请苏联专家帮助开发地下矿藏资源。他常说："我们不仅解放了西北的人民，而且要把西北建设好，人民才能真正翻身得解放。"他正在一心一意建设大西北的时候，6月25日朝鲜战争爆发。他对朝鲜的局势很关注，当朝鲜人民军发展到大田、大邱、洛东江一线，战争呈胶着状态时，彭总自言自语地说：朝鲜战局复杂化了，解决朝鲜问题不是那么简单。特别是9月15日美军在仁川登陆成功后，彭总感到了朝鲜局势的严重性。

10月4日，刚刚过了国庆节，彭总正在召集干部开会，研究讨论西北的建设问题，这时由北京飞来的一架伊尔–14，突然在西安机场降落。来人对彭总讲，北京正在开会，接你去京参加会议，立即动身。彭总感到问题的重要，但一下也摸不清中央要解决什么问题。这时西北的建设有几个问题也需请示中央决定，没等会议开完，彭总就叫张养吾同志把文件装在袋子里。

张养吾和警卫员郭洪光同志随彭总乘机来北京。张养吾同志原在第一野战军政策研究办公室工作，于8月来到西安，他对地方工作比较熟悉，对民族工作也有研究。彭总来到中南海丰泽园，中央政治局正在开会，讨论派中国人民志愿军参加朝鲜战争的问题。会上有不同的意见，有人认为新中国刚刚成立，战争创伤亟须恢复，我国钢产量年产几十万吨，而美国则年产九千多万吨，美军一个军有各种大炮一千五百门，而我们一个军才三十六门，我国又没有制空权、制海权，相差太悬殊，同美国打仗太冒险了，这是"引火烧身""惹祸上门"。

彭总在会上没有发言，散会后回到北京饭店，一夜没有睡觉，反复考虑白天会上的不同意见。第二天开会时，彭总发表意见说："朝鲜是我们休戚与共的友好邻邦，我们不能看着美国侵略朝鲜不管，我们和朝鲜是唇齿相依，唇亡齿寒，如果美军蹲在鸭绿江边，他要侵略随时都可以找到借口，总之，老虎是要吃人的。关键是我们出兵能不能打胜，打胜了，风险就小,否则,风险就大。我看最多无非是他们进来,我们再回到山沟里去,就当我们晚胜利几年。"

毛主席听了很高兴,说:"还是你彭老总有远见。"10月8日,党中央、毛主席决定彭总任志愿军司令员兼政治委员,彭总坚决服从党中央和毛主席的决定。这时彭总打电话给我,让我立即乘飞机到北京饭店。彭总立即夜以继日地忙着组织、计划、部署志愿军出国作战的事宜。从8日至19日志愿军出国,十一天中,彭总6次奔波于北京、沈阳、安东(丹东),召开了出国作战部队的军、师两次会议,参观了沈阳兵工厂、了解鞍钢的生产情况,并与东北局、东北军区的负责同志座谈,了解部队出国作战后的粮、弹、物资供应以及伤病员的接收治疗情况等。这时,我才深刻体会到,一个战略(战区)指挥员不仅要了解所指挥的部队的情况,还要了解经济对战争保障的情况,这就叫从战争全局出发。由于彭总的忘我工作,在13兵团邓华司令员、洪学智副司令员、韩先楚副司令员、解方参谋长的积极协助下,在很短的时间内,一次就能出动二十五六万人入朝作战,这是历史上罕见的奇迹,是美国连做梦也不会想到的。

我军入朝作战不到3个月的时间,三战三捷,把敌军从鸭绿江边赶到三八线以南。

彭总在部署了第四次战役后,认为必须树立持久作战的思想,但觉得有必要回北京一趟,向毛主席面陈清楚,以便上下统一思想,有利于朝鲜战争的持久作战。2月19日决定先去金首相处汇报。天黑时,彭总带我和一个警卫员乘一辆吉普车由君子里出发。金首相住在平壤西北浦的山沟里,路程虽然不远,由于路经大同江,敌飞机封锁轰炸,加之路上耽搁,走了近3个小时才到达。

第二天吃早餐时,金首相很热情地招待彭总和我,我跟金首相和彭总在一起吃饭,有点拘束。金首相说:"吃菜,不要客气。"

彭总说:"都是无产阶级,客气什么!"

饭后,彭总和金首相就朝鲜的形势和今后的作战指导方针,亲切地交换了意见,两人取得了完全一致的看法。会谈结束后,我们于黄昏返回志愿军司令部。这次经大同江时,冰层被敌机轰炸成一块一块的,又没有摆渡和桥梁。我们等了一会儿,漂过来一块比较大的冰块。我们把吉普车开到大的冰块上顺流漂动,当漂到接近岸边的冰层时,我告诉司机赶快发动汽车,开到岸边冰层上去,这才过了江。当时我为彭总的安全提心吊胆。

车上岸后,我出了一身冷汗。回司令部后,彭总把工作交代给邓副司令,并向解方参谋长交代,志愿军司令部要向前转移,靠近第一线各军。以便与各军直接通电话,直接掌握战场情况。交代过后,彭总带着我和参谋徐亩元及两个警卫员,共乘两辆吉普车回安东,而后乘飞机到沈阳,在沈阳机场稍停后即飞北京。凌晨12点左右到京,毛主席早在西山他的住处等候。

彭总下机后即乘车到西山见毛主席,浦安修和我们跟彭总同来的人员,一起到中南海。过去有人曾写文章说:"彭总回京后,夜闯中南海。"这是完全不对的。毛主席见到彭总很高兴,并亲切地说:"老总你辛苦了。"让彭总坐下。

彭总说:"我这次回来主要向主席汇报情况,并听取您的指示。"

彭总接着把朝鲜几次战役的情况以及敌人和我军的现状,有分析地详细地作了汇报,并提出加强后勤、空军和防空力量的建议,最后提出朝鲜战争是长期的,要树立持久作战的思想。毛主席听了彭总的汇报,完全同意彭总的分析和看法,同意加强后勤建设,加强空军和防空力量,支援志愿军地面作战。为使我军都得到锻炼,取得经验,确定了轮番作战的方针,并指示:根据朝鲜战场的实际情况,"能速胜则速胜","不能速胜则缓胜"。

这时彭总提到岸英同志在12月25日的第二次战役开始的一天,遭敌机轰炸,不幸牺牲了,岸英的遗体……没等彭总说完,毛主席说:"志愿军的英雄儿女与敌人浴血奋战,牺牲了成千上万的优秀战士,岸英也是千百万烈士中的一员,不要因为他是我的儿子就特殊。哪里黄土都埋人,岸英应与千百万牺牲的优秀战士同葬在朝鲜的国土上。"

彭总在京不到十天,整天忙得吃不好饭,睡不好觉。他不但关注着朝鲜战场的变化,而且还要向各军、兵种首长介绍朝鲜情况和经验,并提出加强军、兵种建设的意见。3月初返回朝鲜前线。当路过君子里时,彭总提出要向金首相汇报。我考虑到去金首相那里要通过敌机封锁的重点轰炸区,而且大同江已经开始解冻,车辆通过极为困难,实际上我是担心彭总的安全。我说咱们离开总部十几天了,还是先到总部,到总部后可以发报,报告金首相。彭总倒是应允了。可是以后回想起来,彭总常说,当时听了你的,没有去金首相那里。我说不是发报报告金首相了吗?他说发报不如亲自去一趟好。

彭总于1951年3月初回到金化北上甘岭志愿军总部。彭总给邓华、洪学智、韩先楚传达了毛主席指示，并召开志愿军党委会，新到19兵团、3兵团的首长都参加了会议。会上主要是传达毛主席关于朝鲜今后作战的方针，部署第四次战役抗击敌人最后一道防线的截止地区，发起第五次战役的目的、时间和具体部署。

五次战役后，朝鲜战场出现了相持的局面，开始了板门店谈判。我军在三八线附近转入了全线阵地防御作战的形式。彭总遵照毛主席我军以后作战采取"零敲牛皮糖"的打法，提出我军的防御作战必须是积极的，适时地组织反击和战术出击，不断地歼灭敌人，积小胜为大胜，并指出我军的军事活动要与谈判巧妙地结合起来。谈判一开始，美军代表就节外生枝，蛮横地提出要我补偿他海、空优势的损失，企图要我一万二千多平方公里土地，并向我发动夏、秋季攻势。

我军在粉碎敌人的攻势过程中，配合谈判并不断地组织战术反击，针对敌人在谈判桌上的不同态度，选择打击的主要目标。如美、英阻挠停战谈判时，除政治上给予揭露外，我军战术反击的目标，主要是狠狠打击美、英军。当美、英等国表示愿意接受谈判时，就停止打美、英军。当李承晚反对停战时，我们就狠狠打击南朝鲜军。此外，为了改善我军阵地，使我军战线不断向敌方抵进，前线各军都选择两个至三个战术反击目标。经过详细侦察充分准备，不打则已，一打必胜。毛主席在表扬这种打法时说：用这种办法打下去，必置敌于死地。1953年6月，停战谈判终于有了显著的进展，即将停战签字，李承晚不顾全世界舆论的谴责，公然扣留我方战俘，破坏停战谈判签字。这时彭总正在前线视察，得知这一情况，他冷静地进行了分析，打电话给杨得志副司令，决定"再狠狠地教训李承晚一下，再消灭李承晚一万五千人"。杨得志副司令员接到彭总的指示，立即电告20兵团杨勇司令员、王平政委，志愿军司令已批准他们的作战预案，向金城以南的南朝鲜军发起反击。是役我军在一小时内突破敌人25公里的防御正面，而后向纵深进攻，前进18公里，歼敌7.8万余人，沉重地打击了南朝鲜军，迫使敌人在1953年7月27日，于停战协定上签了字。

彭总的一生是艰苦奋斗的一生。我跟随彭总多年，他那艰苦朴素的作风给我留下深刻的印象。在1959年庐山会议后，有人批判彭总的艰苦朴素，说他是个"伪君子"。我当时听了很气愤，彭总的艰苦朴素，几十年如一日，哪有这样的"伪君子"？彭总常以广大工农兵群众的生活标准来衡量、约束自己，他在生活上从不提出什么要求。金首相关心彭总，常常送些水果。国内的一些老同志知道朝鲜很艰苦，常送一些地方的土特产给彭总。我们收到这些食品后报告彭总，他总是说："这些东西要分给大家，共同享用。"他特别叮嘱要给在机关工作特别忙的同志多分点，有时他亲自看着分，我们给他留得多了点，他问这一堆给谁，我说给你留的，他说：不行，要给大家多分点。我深深体会到彭总的心情，广大指战员享受不到的，他享受了心中感到不安。彭总最反对的是用公款大吃大喝，他经常到部队视察，从不叫下边工作人员事先通知他所去的部队。当部队让

杨凤安为《彭德怀入朝作战纪实》所写序言手迹

他吃饭时，他看到桌子上多了几道菜，又摆上了酒，这时他嘴一噘，很严肃地说："把管理员找来！"他见到管理员后就说："这些东西是你自己的吗？拿着人民的血汗，挥霍浪费，这是犯罪！"彭总从不多吃多占，就是应供给他的东西，他也尽量地节省，少领或不领。他入朝后仍穿着在西北战场上那身褪了色的粗呢衣，领口、袖口、裤脚都破了。他穿的衬衣补了又补，警卫员要给他领一件新的，他却说："还可以穿嘛，不要领。"我从朝鲜回国时，用了办公室的两个皮箱给彭总装了书，并将西北人民慰问彭总的一个狗熊皮褥子带了回来。彭总把我接到中南海，说："你带来的书留下，两个皮箱退回志愿军司令部办公室。"当即让送我回来的警卫员把皮箱带回朝鲜。他又说："那皮褥子你带回来干什么？给杨得志司令员铺！"我说："现在不住洞子了，也用不着了，给你带回来留个纪念。"他说："好，先留下，以后叫景希珍送到总后杨立三那里。"彭总的办公室和宿舍十分简朴，他在朝鲜战场时，办公室、宿舍、吃饭都在一个房间。在国内彭总也没有一处住宅。在西安时，彭总和浦安修住在十一二平方米的一间房子里，还兼办公室。有一个小会客室，但没有洗澡的地方，在距离房子20米处挖了个临时厕所，弄了两领席子一遮。他在中南海，也是住几十平方米的房子，并兼办公室，有个小会议室，吃饭在走廊里。就这样，彭总在1952年国内开展"三反""五反"运动时，他在朝鲜战场上还找几个警卫员开党的小组会，叫警卫员给他提意见，看哪些方面有浪费。警卫员说："老总你那么艰苦，没有浪费。"彭总说："你们不说，我说，我吸烟就是个浪费，每月三条烟就得几十万元（旧币）。从此，你们不要再领烟了。"1952年除夕之夜，在召开的志愿军司令部机关工作人员开展"三反""五反"运动的动员大会上，他检查了自己还有浪费的地方，并宣布戒烟。

彭总的一生是革命的一生，战斗的一生，艰苦奋斗的一生。他全心全意为人民服务，历尽艰险，在戎马倥偬中为人民立下了不朽的功勋，他永远是我们学习的光辉榜样。（笔者注：杨凤安是笔者写这部稿子可依赖的几位首长之一。他在朝鲜战场是"志司"办公室副主任兼彭总军事秘书（副师职），脸膛红红的、为人宽厚，思维敏捷。2017年春节过后，笔者在电话上向他通报本稿送审情况，不料杨主任不久入院仙逝。）

一 彭德怀正在做着建设大西北色彩斑斓的世纪梦。朝鲜半岛局势成为世界热点，毛泽东、周恩来未雨绸缪，调集重兵，奔赴黑土地

1. 彭总交代：习仲勋、贾拓夫现在要全力以赴搞好他的"西北梦"

刚刚过了1950年元旦，彭德怀便向中央报告：西北已经全部解放了！我代表西北军政委员会向中央报告，觉得异常的兴奋！

他作为西北战场的统帅，此时此刻压抑不住内心的激动和喜悦。

半年来，西北战场的军事胜利比彭总预料的还快。

5月，"钳马打胡"，解放西安，胡宗南失去老巢。

下一步怎么办？毛泽东来电指示：只要平凉战役能歼"二马"（马步芳、马鸿逵）主力，西北战局即可基本解决，往后占领"甘宁青新"，基本上只是走路和接管问题。

彭总按毛泽东的指示，8月，挥军攻占兰州，乘胜分兵3个军迅速占领西宁，直指马步芳的老巢；然后第19兵团奉命北进，攻歼宁夏军阀马鸿逵，消灭了红军的仇敌"青马宁马"。

9月24日解放酒泉。翌日，陶峙岳通电起义。再翌日，鲍尔汉通电起义，解放军入疆，国旗插至帕米尔高原。

12月初，18兵团南下入川，扫清陕甘南残敌。

半年内，西进、北攻、南下，披荆斩棘，进军万里。大军所至，所向披靡，敢于抵抗者悉遭歼灭，识时务者纷举义旗，解放军消灭数量上占优势的敌人，完成解放西北艰巨任务，创造了军事史上一大奇迹。由最高统帅毛泽东导演的解放战争这幕雄壮瑰丽的战争活剧在大陆接近了尾声。

彭德怀，原名彭德华，脸庞圆润，浓眉大眼，嘴唇厚而稍突，身板壮实有力，微微驼着，性格倔强，寡言少语。不想此名，"文革"中被林彪、江青一伙诬蔑，被强加上了搞政变当"皇帝"的莫须有罪名，在北京航空学院等大专院校坐"喷气式"进行轮番批斗。在"大三线"时，他还去大街上看大字报。其他领导劝他不要去看。他说，他不怕群众。群

众是好的。结果几个月后，他被中央"文革"戚本禹指使"北航红旗"群众抓到北京。

他1898年农历九月初十出生在湘潭县乌石峰下彭家围子的贫苦家庭。湘潭县人民说他们县出了两个领袖，一是毛泽东，二是彭德怀。后者比前者小5岁。他读过两年私塾，穷人的孩子早劳作，从小为生活所迫，上山打柴，下窑挑煤，给富裕人家放牛，到洞庭湖西林围堤当堤工，挑土垒堤。沉重的土挑子压弯了他正在发育的身躯，压弯了他的两肩，背微微驼了。其伯父年轻时参加过太平军，彪悍仗义，在乡间很有威望。1913年，他15岁，湖南省连年战乱，饿莩遍地。他与伯父聚集穷人，揭竿而起，冲进勾结官绅奸商压迫大众的大地主陈满钻子家开仓放粮，几千穷苦人的生命得救。18岁，他抱着为天下穷人谋幸福的愿望参加湘军陆军2师6团。在军中，他踏实肯干，耐劳任重，在战场上骁勇矫健，冲锋陷阵，升为代理连长，深夜派兵潜入残害人命的大恶霸欧盛钦家，将他一刀毙命。欧盛钦是军阀赵恒惕的少将参议，有人告密，赵恒惕下令将他捉拿。在解往长沙的路上，他把特务排长猛地一头撞下捞刀河，挣脱绳套，跑进大山。

之后改名彭德怀，与黄公略一块考进湖南陆军军官讲武堂。北伐军进入湖南，他因作战勇武，升为营长。师政治部主任共产党人段德昌（湘西肃反时被错杀）偷偷送给他一本《共产主义ABC》，他在营长房间里偷偷摸摸地读起来，越读越觉得穷苦人有希望了。1927年1月在部队成立进步组织"士兵委员会"。1928年1月他被提拔为军阀何健独立5师主力1团团长。1928年4月他经段德昌同志和南华安特委同志集体介绍加入中国共产党。同年7月，他的团开进平江。不料，3团的黄公略、黄纯一、贺国中参加共产党的机密被泄露，师长周磐密电抓捕，要将独立5师共产党员一网打尽。彭德怀得知此信，感觉大事不好，几年来准备率部起义的计划和理想要毁于一旦，他急切地与湘赣边特委书记滕代远和1团地下党员邓萍联系，决定立即在部队里做好起义的一切准备工作。

22日上午，平江天岳书院，彭德怀宣布1团起义，起义的目的是为工农大众的利益而战！下午1时，枪声一响，起义部队向反动民团、军警、5师直属队、县政府发起进攻。起义声势浩大，摧枯拉朽，革命潮流不可阻挡，很快解除两千多人的反动武装，活捉了县长。然后召开了庆祝大会，宣布成立平江县工农苏维埃政府，成立工农红军第5军，彭德怀任军长，滕代远任党代表，邓萍任参谋长（遵义战斗牺牲）。平江县变天了！为穷人翻身求解放，为人民忠心耿耿服务，为建立一个人民当家做主的新社会，是他一生孜孜以求的愿望。现在人民终于可以当家做主了。他高兴呀，兴奋呀！从此，他开始了为工农群众利益不懈奋斗的一生。他一生是无愧于祖国和人民的。他升迁是为了可爱的祖国和人民。他被贬黜是为了可爱的祖国和人民。为人民的利益而生，为人民的利益而死，别无他求。他深邃的意境和心理，展示了一个共产党人的伟大灵魂。

抗战时，他从太行山前线回到延安，他与枣园的青年干部谈话，问青年干部有什么志向和抱负。有的回答想上学深造，有的回答想抓一个县的工作，干出点样子来。彭总的脸耷拉下来，眯细了眼睛看着对方，面色露出痛苦，问："谁去解放我们的祖国呢？"青年同志们哑口无言。他说："现在祖国还未解放，人民还在受苦。为了解放祖国，就要打仗，就要流血牺牲。要大处着眼，以解放祖国为己任，你们思考过这些问题吗？"青年同志们脸一下子红了，感觉很惭愧。他们说自己过多地想个人的前途、爱好、兴趣和得失，没有把解放祖国为成立新中国而奋斗摆在首位是不对的。彭总说："你们有了这个认识，就是觉悟有了提高，我同你们的谈话就算有收获，达到了目的。"

现在西北解放了，祖国解放了。

他感到能够迅速解放西北全境，除全体指战员英勇奋战不怕牺牲外，与西北人民的无私奉献热烈拥护分不开。没有陕北红军，中央红军就不能立脚；没有刘子丹、高岗、习仲勋、马文瑞等创建的西北根据地，我们就没有8年抗战的华北战局；没有西北和华北，我们就没有东北、华中、华东、华南。所以，西北一解放，他立刻殚精竭虑筹划西部经济建设的蓝图，向毛主席报告立即解决新解放区的干部问题，拟1军抽配青海，2军、6军两军抽配新疆，4军抽配凉州，19兵团抽配宁夏，陕甘两省大体由西北局配齐。如此辽阔地区需要大量干部，抽调军中如此有限的干部还是杯水车薪呀！解放了，干部就是决定的因素，没有足够数量的干部，怎么能领导群众改变西北落后面貌呀？一定要让西北人民享受到解放的好处，享受到共产党的好处，过上好日子呀！

9月27日，他电主持西北局日常工作的习仲勋：各项工作必须有一个全盘（5省）筹划，尤其是经济建设，要使生产运销逐渐走上正轨。贾拓夫同志应立即交出西安市长、军管会工作,立即把全部精力放在计划西北经济建设上!你们要负责,不是对我老彭负责,是对西北人民负责!共产党是为人民谋幸福的。共产党干部不是马家军阀,不是封建官衙的"滑吏""懒吏",艰苦奋斗,建设西北就是我们共产党人的责任!西北一定要在我们这一代人手中改变面貌!他太急切了!

贾拓夫原是陕西神木人,曾任中共陕西省委秘书长,1933年代表陕西省委赴江西中央苏区参加6届5中全会,被选为中央候补执委,随中央红军长征,任总政治部破坏部部长。到陕北后,向洛甫、毛泽东、周恩来等中央领导介绍了很多陕北根据地情况,使中央领导集体能很快了解情况。在下寺湾"张毛周"派他和王首道等带无线电台直奔瓦窑堡救出了刘志丹、高岗、习仲勋、马文瑞、张秀山等高级干部。

彭总在贾拓夫的帮助下,11月15日向毛泽东主席报告了1950年西北地区生产建设交通的初步计划。根据西北石油蕴藏量占全国第一的情况,计划开发永昌、柴达木、享堂、乌苏、喀什、库车、阿克苏等地区的大量石油。首先恢复当时中国唯一的玉门油田的生产。他想先搞石油,石油很重要呀!有了石油,西北就有资源了,其他各项就好办了。

他想靠政府的力量开发西北的煤、铁、盐等重要资源。

他想利用黄河水势发电,把西北建设成新中国的工业基地之一。

他从地理环境考虑,认为西北南下距海岸线最远,应该把西北建设成为大西北巩固的国防基地。

军队方面,他考虑战争结束了,军队要立即成为建设新西北的重要力量。在战胜反动派后,就应与自然做斗争!包括向沙漠开战!"这么多部队,全靠国家养,是个大问题!军队应该搞生产,成为生产建设的主力军,成为建设新西北的重要力量之一。"1950年开展大生产,新疆要垦荒65万亩,60万亩种粮食,5万亩种棉花⋯⋯

他踌躇满志,忧国忧民,食不甘味,夜不能寐,想迅速改变西北贫困落后的面貌,为建设"陕甘宁青新"大显一番身手。我们共产党不仅能砸烂一个旧社会,还能建设一个新社会!我们要建设一个新社会给西北人民看看!

他很魁梧,圆圆黝黑的脸上总是显示着坚毅的表情,头发极短,但已经露出几绺白发了。艰苦的战争岁月真是磨人哪!

"这是严重的官僚主义！主观主义！不可容忍！不可容忍！"

西北军政委员会农业部收购棉花籽，捂霉了一半，然后又不负责任发给农民，种下去，结果三分之一没发芽。苦了彭总最关心最热爱的农民兄弟了！

他气得大发雷霆，"应该先试验一下嘛，为什么不试验就发给群众？造成这样严重的损失？共产党人的责任到哪里去了？告诉习仲勋，立即通报全区，立即把这些官僚主义害人虫给我调走！"

中国经济的重心在华东，西北经济太落后了。在近代，西北工业及手工业占国民经济比例还不到百分之五，加之过去国民党反动统治的剥削，尤其是青海"马家"和宁夏"马家"军阀家族历代残酷的剥削压榨，更是雪上加霜。

西北人民经济生活陷于赤贫状态，许多地方人民群众没有裤子穿。他到一些老百姓家里去看望，一家人坐在炕上，盖着一堆烂棉絮，没有裤子，不敢下地，一条裤子被父亲穿着出去干活了。他看了这种情况要下泪。他感到自己的首要任务是解决西北人民群众缺衣少穿的温饱生存问题。

但是，农业部棉花种的事好像故意给他捣乱似的，按照他对西北人民的感情和开发西北的计划，他不发脾气才怪呢。

交通是国民经济的动脉。交通与经济发达成正比。资本主义国家经济实力强，交通也发达。一个国家的发达程度与交通的发达成正比。他深感要改变西北的落后面貌，首先要改变西北的交通状况。首先要通路！早在戎马倥偬的战争岁月，他的心中就有一个计划有一个理想了，他挤时间翻阅了大量地方志和历史人文资料。特别看了《左宗棠文集》。他想他应该是新时代的左宗棠。他经常找熟悉西北情况的老人了解情况和座谈，了解西北地区的历史和现状。西北最重要的是路。最早孕育在这位统帅脑海里的是天水至兰州段的山区铁路，把陇海铁路延伸到兰州。他请示毛泽东主席。毛主席回话，西北铁路要修到迪化，不要超过10年，愈快愈好！老毛比我想得还大！

他把铁道部将军副部长吕正操以及苏联顾问都请到了西安，与他们挑灯夜战，彻夜研究，然后又跋山涉水实地考察，最后敲定方案。他还不踏实，按照战争年代的习惯，亲临前线，看地形，他北上甘宁，南出青海，西走新疆，踏上了冰天雪地的青藏高原。这才心中有数了，报到中央，毛主席欣然同意。此后，他筹划审定了更加艰难的青藏公路的建设方案，命令部队立即参加青藏公路的建设。在我们这一代人的手里黑色的铁轨一定要爬过青藏高原！要像打一个战役一样，坚决，稳妥，只争朝夕！

仅1950年8月，他就几次召集西北军政委员会研究恢复西北经济发展计划。为解决新疆和西北紧张的财政经济问题，他带上经济专家贾拓夫，12月28日飞到北京，向中央汇报要积极争取苏联支援新疆的开发建设。他连夜写成报告，请苏联帮助解决新疆部队明年的服装、器材、交通工具、同苏联正式通商，开通口岸贸易，以土特产品交换必需的轻重工业商品；实行新疆与苏联地方性的经济合作，合组石油公司，合组稀有金属和有色金属公司，发展区域经济联合，以及把阿拉木图、迪化、哈密民航协定延长，延长到西安、兰州、北京。第二天早晨，他的计划由中央转给了在莫斯科的毛泽东主席。他的这些经济建设思想和战略，超前，现代，有远见，很有21世纪的气息。毛泽东主席都同意了。中苏签订了《关于在新疆创办中苏石油股份公司协定》《关于在新疆创办中苏有色和稀有金属股份公司协定》和《关于创办中苏民用航空公司协定》。西北人民多好的父母官呀！

1950年国庆节前，他好像意识到了什么，宵衣旰食，不顾疲劳，连续作战，白天黑夜主持中共西北常委会会议，对工矿企业布点，农业机器制造，石油和有色金属勘探，对苏贸易，区域合作，都提出了明确具体的意见。他有点什么预感，有点着急，搞经济建设有点像打仗一样，一个战役下来要实现战役目标，把敌人歼灭。他交代"习贾"："总的目标要马上定下来，目前计划还不完整，还要充实。先发五省一市（西安市）征求意见。"

可惜征求意见上来后，他已经在朝鲜半岛大雪封山的大榆洞战壕里了。

2. 李志民从湖南带来了娘子军

当时，战争刚刚结束，枪管余温尚存，部队干部大部分还是光棍儿。彭总也很关心干部的婚姻问题。跟自己南征北战的官兵们大部分还没有老婆！

恰好19兵团政委李志民回湖南探亲。他给湖南省委黄克诚、周小舟等同志说西北需要一批有知识的女青年去开发，去建设，去改变面貌。于是，湖南省委立即动员了三四百女学生，都是中专以上文化程度的。

"报告彭总，我从湖南带回几个娘子军连，来开发西北，请彭总接见一下她们吧。"李志民来到彭总的办公室说。

彭总正在抽着一支大中华牌香烟,他递给李志民一支,开始不明白是怎么回事。他由于嘴唇厚,看上去脸好像嘟噜着,不笑的时候,脸耷拉着,好像非常严肃,沉毅。李志民是湖南浏阳人,曾在3军团当过营政委,军团卫生部政委,是他的老部下,用湖南话说是"他的乡里"。太原解放后,彭总请示中央,把18兵团、19兵团调入他的麾下,参加解放大西北战争。这时,他正色瞅着这位19兵团政委,皱着眉头,不解地问:"你说是么子事?"

李志民把事情经过又说了一遍,还解释道:"这是一举两得的事情,一方面我们西北需要人才;另一方面也可以解决我们干部的婚姻问题。"

彭总悟出了这位兵团政委的良苦用心,突然气短似的咯咯笑起来,"我说你这个李志民呀!李志民呀!你这个小学教员呀,真是个好人哪!你为西北做了一件好事嘛!"彭总高兴地叫秘书杨凤安:"快,挂地图,我接见。"

烈日炎炎,暑气蒸人。

西北局政府大院的广场上坐满了湖南籍的女学生,女学生们正在班长的指挥下唱着"我们的队伍向太阳",一些好奇的西北军政委员会干部也都围了过来。

彭总军容整齐地倒背着手走过来,欣喜地瞅着这些千里迢迢来到西北的小老乡们,说:"同学们,我代表西北军政委员会,欢迎你们献身西北的建设!你们大概不知道,我彭德怀是你们乡里哪!"他指指坐在一边的李志民说:"包括这位李志民,小学教员,咱们都是乡里哪!"

广场霎时响起了"嗡嗡"的响声。女孩子们有的议论,有的笑,气氛立刻活跃起来。

"你们可以看到",他指着地图,在"陕甘宁青新"的位置上画了一个大圆圈,说:"西北是一个土地辽阔的地区,面积占全国领土的三分之一弱,人口占全国人口百分之五弱。地大物博,人烟稀少。但石油蕴藏全国第一,有广大的可耕土地,有一望无边的草原,还是母亲河黄河的发源地。但是,过去由于国民党反动统治剥削,尤其是马家军阀家族历代残酷剥削榨取,西北的经济远较中国其他各地落后。目前西北的财政状况仍然存在很大困难,需要中央政府给予补贴,这个数字大约要占百分之七十五。所以，开发西北、建设西北是当前西北军民的首要任务。我欢迎你们这些小老乡来投入西北的经济建设！这里需要人才，需要你们！"

彭总说："大西北是我的第二故乡。我也希望成为你们的第二故乡！你们说好不好？"

女同学们七嘴八舌地喊："好！"

彭总说："我从1935年到达陕北以来，除了两次出兵山西，在太行山辽县、武乡、黎城8年以外，大部分岁月是在西北地区度过的。西北人民好呀，支援养育了红军、八路军、解放军。我现在有一个心愿，就是把西北建设好！首先让西北人民吃饱穿暖！我这后半生如果能办成这件事，我就死而无憾了！我遇见一位陕北老乡，他说27年前，他给一位商人送货，吃过一次猪肉。到现在27年了，还没有再吃肉。我心酸哪！马步芳、马家军阀，娘卖的！他们不吃猪肉，是信教。群众不吃是穷呀。我的心愿就是让这些贫苦群众能吃上肉！我老了，这就需要你们年青娃娃帮忙，安下心，扎下根，同各兄弟民族共同建设大西北！黄克诚、周小舟办了一件好事，我要感谢他！感谢湖南省委！"

李志民插话说："她们都是写了决心书来的，劲头儿都很足呢！"

彭总习惯地摸了一下圆脸，说："那好嘛。不过，西北这地方，不同于湖南，除了气候干燥、生活习惯不一样以外，西北这地方很苦，你们要准备吃苦。你们不用高兴，今后还可能哭鼻子呢！"

女学生们捂着嘴，"哧哧"地笑起来。

彭总说："今天欢迎你们这些小老乡，也没有什么好招待的，只准备了一点西瓜，但是，你们大概不知道，西北的西瓜可比我们老家的甜呀！好，大家都来吃西瓜！"说完，他就拿刀，给大家切西瓜，分给前排的几个学生。这时，西北军政委员会的干部们也帮着切西瓜。

广场上欢声笑语，热气腾腾。

彭总自己也拿起一块西瓜吃着，问大家："甜不甜？"

女孩子们吃得西瓜瓤儿挂到腮帮上，七嘴八舌地喊道："甜！"

多好的孩子们呀！他回头对李志民说："你呀，一定要把她们安排好，要让她们在大西北工作好，学习好，生活好。不要老是琢磨让她们当干部的老婆！她们都是未来大西北的妇女干部！有的要当高级干部！"

李志民说："一定按老总的指示办！"

彭总说："一天'老总，老总'的，我没有名字吗？"

李志民愣了一下，说："你不是老总吗？"

彭德怀说："我给你讲一下'老总'这个词儿，是过去旧时代老百姓对当兵的拿枪杆子的一种称呼。因为老百姓不会称呼他们的军衔，又不敢问他们的姓名，叫错了，怕冒犯他们，所以就这样称呼。我问你李志民，我们同志之间，还需要用这个旧称呼吗？我是有名有姓的人，可以称名道姓嘛！"

李志民说："哎呀，那你就难为我们了！"

"随你们的便吧！"彭总甩下一句，大步流星地走了。

3. 8月27日彭总接到毛泽东要与他面商朝鲜局势的电报

西北局院内，一幢红色砖木结构的小楼，二楼东是彭总的办公室兼宿舍。

他与夫人浦安修住在这里。他们结婚12年了。1937年12月，他回延安参加中央会议。他参加完会，准备回前线时，在延安城北的窑洞里，突然遇到了离别10年的妻子刘坤模。刘坤模见到他，泣不成声。原来，彭德怀在平江起义离开家乡后，她经过7年的颠沛流离，要饭乞讨，为生活所迫，与别人另组了家庭，并且有了小孩。彭德怀见事已至此，就勉励她回家乡要好好学习文化，要求进步，然后就回前线了。1938年9月，他又回延安参加六届六中全会。会上从苏联回国的王稼祥传达了共产国际季米特洛夫的指示，告诫王明不要争领袖了，确立了毛泽东在党内无可争辩的领导地位。

会议期间，彭总到中央组织部副部长李富春办公窑洞去，那里从前方和大后方回延安的领导干部正在聚会。其中有一位曾在北平师范大学上学的仪态文静精明干练的姑娘引起他的注意。她叫浦安修，21岁，已有3年的党龄，在北平地下党做秘密工作。李富春做了他们的婚姻介绍人。他的老战友滕代远拿出自己一个月5元钱的津贴为他们祝贺新婚之喜。然后彭总回到太行山，不久浦安修也来到太行山……

从彭总和浦安修的卧室出来是正厅会议室，是西北五省军队和地方高级干部开会商议军政民生大事的场所。这里挂着一张朝鲜半岛地图。正厅西边一间小屋住着秘书杨凤安和张养吾。

这时，彭总噘着嘴回到办公室，办公桌上一沓电文正在等着他阅处。

他像毛泽东一样，喜欢吃茶叶。他从茶叶筒里抓了一点儿茶叶放到嘴里嚼着，然后拿起一份电报：

朝鲜人民军在苏军顾问的指挥下，以Ｔ－34坦克开道，发起釜山战役，战役计划由西、北两面同时实施突击，围歼大邱、永川地域之美、李主力集团，将敌人赶出朝鲜。朝鲜人民军突破了洛东江防御，但未能扩张成果，与美、李主力处于胶着状态……

彭总又拿起一份电报，金日成首相8月15日发布命令，要使8月成为完全解放朝鲜国土的月份。

彭总看到这里站起来，走到会议室的地图前，关切地注视着朝鲜半岛。朝鲜那个地方多山多水，著名的有五大江，六大山。五大江是鸭绿江、图们江、大同江、汉江、洛东江；六大山是白头山、金刚山、妙香山、智异山、太白山、汉拿山。他眉头紧皱，不住地点着头，说："问题复杂，问题复杂……苏联那些顾问们不知道是怎么指挥的。"

的确，朝鲜半岛的形势在日趋恶化。还是日本战败投降后，苏联和美国以三八线划分势力范围，分别驻扎在半岛上。1948年8月15日，南部成立了"大韩民国政府"；9月9日，北部成立了"朝鲜民主主义人民共和国"。朝鲜半岛从此一分为二。

6月中旬，三八线南北双方军事对峙日益紧张严重。李承晚加紧为所谓"北伐"做战争准备。美国国务院顾问杜勒斯视察了三八线附近的南朝鲜军队和阵地。国防部部长约翰逊与参谋长联席会议主席布莱德雷抵达东京会晤麦克阿瑟。

6月25日拂晓朝鲜人民军在苏联顾问的帮助下向瓮津半岛和开城地区挺进。

金日成发表广播演说，号召全体军民在保卫北半部、解放南半部、统一祖国的正义战争中献出最后一滴血。紧接着，6月26日，美国总统杜鲁门命令美国空军、海军出兵侵朝，直接干涉朝鲜战争，然后英国、法国、加拿大、澳大利亚、新西兰、土耳其、泰国、菲律宾、希腊、荷兰、比利时、卢森堡、哥伦比亚、埃塞俄比亚、南非联邦宣布支持美国的军事干涉朝鲜半岛的行动。

6月28日，毛泽东主席在中央人民政府委员会第八次会议上就国际形势问题指出："中国人民早已声明，全世界各国的事务应由各国人民自己来管，亚洲的事务应由亚洲人民自己来管，而不应由美国来管。美国对亚洲的侵略，只能引起亚洲人民广泛的坚决的反抗。""帝国主义是外强中干的，因为它没有人民的支持。全国和全世界的人民团结起来，进行充分的准备。打败美帝国主义的任何挑衅。"美国没有这样的特权，坚决反对美国的侵略行径。

7月8日，杜鲁门任命麦克阿瑟为"联合国军总司令"。

同日，朝鲜人民军抢在美军主力展开之前，1军团、2军团两个军团发起大田战役，进抵锦江，强渡成功，围歼美24师，活捉美少将师长迪安。

8月26日，周总理主持召开了军委会议，研究了朝鲜半岛的局势。8月27日，彭总接到毛泽东主席给他发来的一份电报："德怀同志，为了应付时局，现须集中12个军以便机动（已集中了4个军），但此事可于9月底再作决定，那时请你来京面商。"他想主席是预见到朝鲜战局会发生重大曲折的变化，才发电给他的。主席为什么发给我呢？有深谋远虑呀。他意识到这是毛泽东主席在向他传递的一种信息，所以他更加关心朝鲜半岛局势了。他又像在战争时期一样，一抽出时间就在地图前，倒背着手，琢磨半天。那个岛，从亚洲大陆向南伸出到黄海和日本海，三面环海，一面连接大陆，地形狭长，中间还是南北走向的高山，只有沿海地带有道路，地形特殊呀！

"现在朝鲜人民军战线太长，主力都集中在洛东江一带，后方空虚呀！战线太长呀！怎么弄成这么一个态势呢？兵家大忌呀！从汉武帝开始，公元前100年左右，我国历代就在这里布防。是大陆的东部屏障嘛。"彭总在踱步，在沉吟，不时地弯下腰去挠挠腿部。他经常说，红军时期在南方的山林赤脚行军，露水把腿泡坏了，落下瘙痒症。现在天气闷热，情绪焦躁，所以就又痒起来了。他一边不时地抓挠两下腿，一边琢磨着地图上朝鲜北部一带的地形。这张地图长不到一公尺，宽不到半公尺，是朝鲜战争爆发后，他让军事秘书杨凤安到西安市买的。杨凤安找遍了西安市的书店，好不容易才买到的。

4. 国民党军官一见彭总就说"完了，完了，国民党完了！"

战争结束了，彭总还一直过着简朴的生活。不仅他是如此，军政委员会主持工作的其他同志如习仲勋、贾拓夫等也都是如此，都住在简陋的房子里。总务处同志想给他们调整住房。彭总说："我这个人没有什么，过惯了苦日子，好对付。要说有一点长处的话，那就是不忘本，不奢侈。"

彭总的身上体现着革命军人的全部优良传统和作风。兰州解放不久，他就要求各级领导机关和干部在5年至10年内必须特别节俭。除建设工厂必须建厂房外，一般军政党机关在数年内不打算建房子。党政机关从什么时候开始改变传统大建豪华办公楼和"信息中心"的？难以考证。

彭总要求，党员干部要准备过一段节衣缩食的艰苦生活。1950年3月，他在军政会议上两次作了《反对铺张浪费、反对贪污腐化》和《精简机构，厉行廉洁朴素作风》的长篇发言，他既语重心长又深恶痛绝地说，铺张浪费，甚至贪污，是对人民事业、对祖国建设的一种罪恶！我们的革命同志如果沾染上这种可耻可憎的思想习惯，就是危害人民利益的罪恶行为。就必须受到党纪国法的制裁！如果我们不坚决反对，就是学国民党反动派的作风！军政委员会干部一定要把"严惩贪污，禁止浪费，反对脱离群众的官僚主义"作为座右铭，要忠实执行！

彭总麾下一位纵队司令，来到延安他的老战友驻地，老战友见面，不客气，说："老弟，实在想吃肉了！"

战友问他："你们到处转战，不能在村里买只鸡或羊吗？"

答："彭总不吃嘛！"

"啊！"

许多同志都不知道，解放战争彭总在西北转战，看西北人民生活贫穷艰苦，一生难得吃几次肉，他与西北人民同甘共苦，不吃肉！彭总的胃不好，天天吃高粱、小米、黑豆，无菜，胃有很大的意见，吃下去里面一阵阵发烧，但他就是不吃肉。这点小事，揭开了彭总思想境界的一扇窗户。组织上给他配了警卫员小杨。小杨去之前，领导给他谈话，要想办法把首长照顾好。他在前线指挥作战，有胃病，你要有机会就改善一下他的伙食，增加他的营养，保证他的健康。小杨是一个忠诚老实的人。小杨想办法弄到一点东西，给彭总做好，给彭总端过去，彭总一看，嘟噜着脸，拒绝他送来的饭，不吃。小杨太老实，不明白彭总为什么不吃。结果，小杨还是一如既往，还是照旧。彭总给他说不要另做饭菜，要与大家过同样的生活。要同甘共苦，不管自己有什么情况，有什么困难，都应当忍耐。特别是领导干部，要自觉检讨自己的言行和生活细节，决不容许自己有任何特殊地方。

谈过之后，小杨还是按领导的交代，仍旧给彭总另外做饭菜。

彭总觉得小杨在生活细节上违背了革命部队内部同甘共苦的原则，影响自己理想、情操、原则的坚持。

他坚决把小杨调离了他的身边,到基层单位去了。

小杨有错误吗?没有。彭总有错误吗?没有。都在坚持自己的信仰。

彭总在西北转战,刚刚打了胜仗,一个下午,部队官兵押着一批俘虏走下战场,路过一个村子,在路边树荫下小憩。这时,从村外走过来两个军人,年轻的军人背着短枪,牵着一匹马,走在前头。后面数十步外走着一个看上去50多岁的军人。他光着头,帽子抓在手里,脚上的布鞋帮和底子脱下来了,用麻绳子捆在脚面上,但走路稳健有力,气宇轩昂。此人见一农民恰好挑着两桶水在树荫下歇息,几步走过去,问:"我可以喝你两口水吗?"老汉说:"你渴吧?你尽管喝。"此人伏下身子,把头伸进桶箍下,狠喝了几口,显然是渴得厉害。然后,他谢过农民,扫了一眼俘虏,就大步往村外走去了。

坐在树荫下的一个国民党军官突然大喊:"彭德怀!彭德怀!他就是打败我们的彭德怀!"

"谁?谁?"被俘虏的将校军官们一窝蜂似的都跑过来伸长脖子问。看了老半天,见彭德怀越走越远,只剩下一个小黑影儿。大家才不看了。

突然,一个校级军官感慨地说:"完啦!我们完啦!"

大家问他,"老兄,怎么完了?"

他说:"完了!共产党一定能胜利,国民党一定要失败!江山是共产党的!看看人家,看看我们,怎能不完蛋?国民党这回彻底完蛋了,完蛋了!"

押送的解放军战士说:"那你为什么还打,不投降呢?"

他说:"小鬼,你不知道。"

"不知道什么?"

"我家是湖南大地主。我父亲被农会杀了,财产被穷人们分了。家破人亡呀,回不了家乡,回去就会被农会杀了。我不为蒋介石卖命,为谁卖命呀?"说着他掉眼泪了。东北锦州解放后,一批被俘国民党军官也是如是说。许多国民党军官就是这样一种心理!

彭德怀的身上有一种无言的东西。1946年,彭总在延安时,有一位客人要求向彭总了解我军的军事形势。他前后几个月,见了这位客人几次,每次都是二三十分钟。客人不满足,又要求谈。彭总同意了,在军用地图前对他说:"经过这段时间的来往,我了解你是一位可靠的同志,也善于保密,所以今天要全面向你介绍一下情况。"然后,他介绍了当时敌我实力,敌我部署,战役进展,未来战略意图,下一步战役行动,预期战果。客人听得很过瘾,想称赞恭维彭总几句。彭总看出他的意图,未等他开口,即嘟噜下脸,说:"今天我给你讲的,全部是毛泽东主席的战略思想、战略意图和他亲自考虑的战役与战略部署。我军在战争中的一切胜利,都是在毛主席的军事战略思想指导下获得的。好吧,再见!"

有外国记者来到延安,找到彭总问:"美国在日本的广岛和长崎投下的两颗原子弹,威力简直是毁灭性的,给日本造成的损失太可怕了!实在无法形容,你听说了吗?"彭总明知故问地说:"有这事吗?不知道!"对方大惊:"哎呀呀,你怎么这样闭塞,这样无知,这么大的事都不知道!"彭总微笑着说:"不是我无知,是你太愚蠢;你的愚蠢,才是我真的不知道,甚至是没有料想到的!"

1949年春天,中共中央临时住在香山办公,彭总从西北战场来北京汇报工作。他光着头,面色疲惫,身着朴素的皱皱巴巴的干部服,像一个农民进城。

他向周恩来汇报说,西北,幅员辽阔,地貌奇特,自然资源丰富,基本上还是未开发的处女地。这些地方的形势和问题也都具有一种畸形的复杂性。人民生活还很艰苦,但天气干旱,风沙肆虐,我们暂时还没有能力让西北人民过上富裕的生活,心里很愧疚;敌人的武装还未完全消灭,暗藏的反革命还未肃清,党政军民学各方面的任务还很重。西北经济建设要走的路还很长,解放了,只是万里长征才走了第一步。

然后,彭总说:"我从大西北贫寒地方来到北京城,看到我们过去在延安在太行的干部进城了,一般干部都穿上了皮鞋,办公室都摆着沙发,铺着地毯,又是茶几、花盆、盆景、鱼缸,恩来,我心中不是滋味呢!"

周恩来双目炯炯,严肃地听着老总的话。

老总说:"前方干部的生活和工作条件,还很艰苦,很清贫。他们可能很看不惯这里的情况。主要是怕干部进了城,会忘记农村忘记边远地区的劳动人民。"

周恩来给他点头。他继续说:"干部进了城会与农民的感情逐渐淡薄起来。我觉察到住在城里的人开始对农村有点生疏。农村有泥,有山,有沟，穿着皮鞋，就下不了农村了。进城的时间还很短，就出现了这种苗头，日子长了会怎么样呢？以后坐上小汽车，坐上高级小汽车，就更下不了农村了。"

周恩来说："彭总讲得好。意见提得很及时，很值得警惕。毛泽东主席一向重视农村工作。战争时期，在一切新老解放区，坚决站在农民的方面，实行土地改革。这是我们取得全国胜利的最基本的条件。开展经济建设，中央会重视这些问题。我们进城后，既要接收好城市，管理好城市，又要把农村的事情办好。城乡两个方面的问题都要解决好。"

彭总从周恩来处出来，倒背手，一副忧心忡忡的样子。

5. 周恩来主持军委会议紧急调动战略预备队到东北边防

1950年初夏，6月底至7月初，一片浓黑的乌云突然出现在朝鲜半岛上空，同时笼罩在我国东北边境的上空。美国总统有一个传统，几乎每届总统都要发动一场侵略别国的战争。杜鲁门6月27日在美国发出野蛮和狂妄言论："共产党部队占领台湾，将直接威胁太平洋地区的安全，以及在该地执行合法而必要任务的美国部队。因此我已命令第7舰队阻止对台湾的任何攻击。"他仗势欺凌年轻的中华人民共和国，悍然派第7舰队入侵台湾海峡。

杜鲁门还对整个资本主义世界承诺："在必要的时候在整个亚洲对抗共产主义的进攻。"他的政府还增加了对法国军队的军事援助以帮助法国在越南作战。

朝鲜半岛和台湾海峡立即成为世界各种势力各种媒体瞩目的热点。

这一事件再次使全世界人民认清了美国华尔街老板们的利益是世界战争的根源。

西华厅狭长的后院，海棠掩映的大玻璃窗下，周总理戴着老花镜，正在审阅他以外交部长的名义发表的声明："不管美帝国主义者采取任何阻挠行动，台湾属于中国的事实永远不能改变。"

他不仅是中华人民共和国的总理兼外交部长，还以中央军委副主席的身份主持军委的日常工作。总理日理万机，要管理国家，处理外交事务，废除帝国主义特权，争取财政经济好转，解放全部国土，消灭土匪残余，镇压反革命，收容国民党散兵游勇，消灭妓院制度，部队精简整编，由

520万人减到400万人,做好复员安置工作,统一武器装备编制,理顺后勤供应关系,步兵以师为基本单位,直接受大军区指挥,成立人民武装部,成立公安军司令部,增强海空军,筹建技术兵种炮兵、装甲兵、工程兵,总后勤部与华北军区后勤部合并,加强军队院校建设,筹建陆军大学,筹建炮兵、工兵学校……百废待兴,百业待举,夙兴夜寐,呕心沥血……

他除参加会议和活动外,每天要看一尺多厚的文件,其中有外交部和总参报来的每日报告资料。朝鲜半岛地形特殊,从亚洲大陆向南伸出900公里,最宽的地方不到360公里,最窄的地方仅约170公里,海岸线一带有一些大大小小的岛屿。半岛东为日本海,西为黄海。岛中间太白山脉将岛分为东西两部分。人口有3000多万,北方900万,南方2100万,大部分居民为几千年前蒙古与中国东北移民的后代。公元935年,诸多王国之一的高丽王国统一了半岛。其北部与中国和俄罗斯接壤。历史上日本一直把朝鲜半岛作为进攻大陆的桥梁,1910年日本终于吞并了朝鲜。中国抗日战争中,日本大本营一直把朝鲜作为侵略中国的兵员、原材料基地。华北人民群众习惯称其为"二狗子"。"二战"胜利后,苏联红军从中国东北南下,比美国军队早一个月进入朝鲜,但斯大林在三八线一带停止了行动。美国军队从仁川登陆占领了三八线以南。苏联从1948年撤军,但留下斯大林的军事秘书马特维耶夫中将和大使什特科夫上将等数以千计的军人担任朝鲜人民军的军事顾问。1949年5月和1950年1月,朝鲜金日成先后派金一和金光侠来中国,要求在抗日战争和解放战争中参加解放军的朝鲜籍军人回朝鲜。经毛泽东、朱德、刘少奇批准,这些部队成建制从野战军序列撤出,于1949年7月和1950年3月下旬携带武器回国。到1950年春,北朝鲜军队实际达到13.5万人,其中师团营连骨干都是在中国东北参加过革命战争的老兵。

朝鲜人民军有8个齐装满员的步兵师,两个预备役师,1个中型坦克装甲旅,1个摩托化侦察团,5个边防警察旅。在这些部队中的主要领导都由在苏联和中国受过战争锻炼的老兵担任。每个师有10多名苏联顾问。在苏联顾问的指挥下,百余架雅克战斗机,150余辆T-34坦克,重炮和步兵合成作战,一路南进,势如破竹,直达洛东江三角洲。以马特维耶夫为首的苏联顾问们乐观地估计,朝鲜战争会在8月结束。

久经战阵的周恩来总理,每日都在冷静地观察着朝鲜局势。经常步行到中南海西南角的居仁堂了解战场态势，与聂荣臻代总参谋长交换意见。必要时，他会及时向毛泽东、朱德、刘少奇报告情况。

7月初，他在审改致联合国秘书长赖伊的电稿时，问作战部的几个参谋们："你们对朝鲜战争有何看法？8月能结束得了吗？"大家说："美国是世界第一强国，是不会甘心就这个样子结束战争的。"总理沉思一会儿说："不经过反复多次的较量，不消灭美军力量到不能支持的时候，朝鲜战争是不可能轻易结束的。这个战争将是一个持久复杂的斗争，至于持久到什么时候，是一年、两年、三年，甚至更长，要看各方面情况的发展变化才能确定。反正一两个月、一两个战役是不行的。要宁可把情况估计得复杂一点。"

周恩来总理看到东北在第四野战军入关南下后，辽阔的东北黑土地上只有北安那里还有一个42军在开荒种地。整个东北兵力空虚呀。一旦东北边防有战事，是无法应付的。美国杜鲁门授权麦克阿瑟入侵朝鲜半岛，是美国全世界整体战略的一部分，是冷战开始后苏美争夺势力范围的一部分，是杜鲁门决心向共产主义进攻的一部分，美国统治集团企图在朝鲜半岛打响向整个共产主义进攻的第一枪。虽然朝鲜人民军正在取得节节胜利，虽然美军正在处于被动防御，朝鲜战局还是具有很大的不确定性，矛盾有可能转化。我国我军必须根据毛主席的战略思想，必须有所防备，必须调集适当兵力，必须要急事急办，必须宁可"备而不用"，不可用而不备。

他到菊香书屋向毛主席汇报了边防情况后，根据毛主席的指示，7日，在中南海西南一隅的居仁堂二楼会议室立即主持召开军委会议讨论国防问题。参加会议的有朱德、聂荣臻、林彪、罗荣桓、杨立三、萧华、滕代远、李涛、萧劲光、刘亚楼、许光达、苏进。会上，他传达了中共中央、毛主席决定成立东北边防军的决定；商定了边防军所辖部队、人数、指挥机构、人选、部署调整、车运计划、后勤保障、集结时间等。他要求总参代总长聂荣臻牵头召集总参、总政、总后、铁道部等部门，立即协商有关事宜，拿出意见，提交下次会议议决。10日，军委会议再次召开，朱德、聂荣臻、林彪、萧华、萧劲光、李涛、刘亚楼、苏进、张令彬、吕正操、谭政、赵尔陆、万毅、贺晋年、贺诚参加了会议，将领们研究了总参提交的《关于保卫东北边防的决定》。"决定"要求第38军、39军、40军作为军委战略预备队自7月10日和15日起，分别从广州、信阳、漯河出发，开往邻近东北边境的安东、辽阳、凤城等地区；原在北满的第42军7月30日从齐齐哈尔及北安线南下，开往通化、辑安之线集结；炮兵、工兵、骑兵等特种部队若干师、团也分别开往边防地区。

会后，总理又逐字逐句反复推敲了"决定"稿。"以上所调动部队共约25.5万人，最后调动的部队限8月5日前到达指定地区。"以粟裕为东北边防军司令员兼政委（因病未到任），萧劲光为副司令员，萧华为副政委，李聚奎为边防军后勤司令。以15兵团部为基础，组成新的兵团部，统辖第38、39、40军，以邓华为司令员，赖传珠为政治委员，解方为参谋长，杜平为政治部主任。7月13日上报给毛主席，毛泽东当天批示：同意本日保卫国防问题会议决议关于调4个军3个炮兵师限7月底全部调往安东、辑安、本溪等地集结，组成东北边防军，以保卫国防安全，请即照此执行。

6. 毛泽东说"从目前的局势看，必须加上中国的因素"

中南海，这一段时期，毛泽东、刘少奇、朱德、周恩来每日都在观察研究着朝鲜战局。三总部的聂荣臻、罗荣桓、杨立三等高层每日也在密切注视着朝鲜半岛的形势。

处于中枢负责任的最忙碌的是中央和中央军委的值班员周恩来和聂荣臻。

异常闷热溽暑的朝鲜半岛南部。人民军与美军在逐段逐段地较量，双方的力量在不断地发生着微妙的变化。7月14日和15日，人民军两次渡过了具有战略意义的锦江，俘虏了100多名美军；16日，人民军从正面和翼侧击溃了美军第19步兵团，该团近一半伤亡；然后人民军与美军第24师在交通咽喉之地大田激战。人民军利用坦克开道，不怕流血牺牲，顽强巷战，疲惫不堪和干渴难耐的美军分散为小股，且战且退，师长迪安只身逃进山林，靠吃野果维持5个星期后，被人民军抓获；这时，美军已经有1100名军人被打死或者失踪；麦克阿瑟命令第25师和"王牌军"第1骑兵师投入朝鲜地面战斗；7月22日，美军第25师第24步兵团（纯黑人团）在尚州附近激战中惊慌失措，近300人受伤，70人阵亡；7月24日，美第29步兵团在河东镇被人民军伏击，700多人中一半被击毙，100多人被俘虏；7月29日，人民军主力开始分兵，两个师对釜山实施包围。沃克指挥的第8集团军退到了洛东江边顽强抵抗；到8月2日美军已阵亡1900人，900人被俘；人民军开战以来，已伤亡接近6万人，T-34坦克损失了三分之二以上；人民军的战斗力大减，美军的防御能力得到加强。双方的兵力都集中到了半岛的南端，离海洋100多公里宽70多公里长的一个狭小的地区，人民军被洛东江和东部的巍峨崎岖的高山阻挡。洛东江以北却很空虚。

用兵打仗是一种诡诈的行为。"兵者，诡道也。"

"兵贵胜，不贵久。"人民军在洛东江美军阵前，屯兵硬攻，殊为不智。

毛泽东主席虽然独处菊香书屋，但每日都在观察着美朝双方的兵演，对朝鲜战局的进展了如指掌。他每日可以看到最新的战场情报，周总理经常来向他报告情况，有时他直接找聂荣臻和作战部了解情况。

他批准聂荣臻代总长的建议，由东北军区派高炮部队保护鸭绿江大桥，以保持中朝间的交通联系；同意在北京成立炮兵领导机关，由陈锡联任司令员。

麦克阿瑟在东京又组成了新的军团。美国的军舰调动频繁。美军第8集团军和南韩部队，坚守在洛东江三角洲狭小地带，并不反击，令人生疑。

战局的发展不容乐观，毛泽东和周恩来都很担心，很忧虑。

8月4日，颐年堂会议室，中央召开政治局会议，毛泽东拿着烟的手打着手势，对大家说："朝鲜一战，如美帝得胜，美帝就会得意，就会威胁我们。我们对朝不能不帮，必须帮，可以考虑用志愿军，时机当然还要选择，我们不能不有所准备。"领袖在酝酿出兵援朝。

周恩来说："同意主席的意见。如果美帝国主义把北朝鲜压下去，则对世界和平不利，其气焰就会高涨起来。要争取胜利，一定要加上中国的因素。我们可以考虑用志愿军的形式嘛。"

毛泽东说："从目前战局看，必须加上中国的因素。"

周恩来说："中国的因素加上去后，可能引起国际上的变化。我们不能不有此远大的设想。"

毛泽东说："中国的因素加上去后，不仅朝鲜的局势会有变化，远东地区的局势也会有变化，对远东和平有利，对世界和平有利。"

毛泽东、周恩来认为，人民军在洛东江一带久攻不下，进入8月，已经是疲劳作战，犯兵家大忌，战斗力大打折扣，应该休整而未休整，朝鲜战局隐藏着变化，判断朝鲜半岛形势进入9月会发生变化。所以要求边防军准备9月上旬能作战。

中央军委决定东北边防军暂时属东北军区高岗领导。军委4日接到高岗关于边防军情况的报告后，毛泽东指示高岗：东北边防军月内应该完成一切作战准备，9月上旬准备能作战。8月中旬要召开军师干部会议，指示作战的目的、意义和大略方向。各部要在本月内完成一切准备工作。

8月13日，高岗在边防军军师干部会议上，作了各部队要加紧战备工作的报告，然后把报告稿呈毛主席审阅。毛泽东看过后，指示高岗要加紧监督，促使边防军在9月30日以前完成训练及其他一切准备工作。

毛泽东主席在7月中旬和下旬曾多次提醒朝鲜同志警惕美军可能从仁川和汉城方向登陆进攻。居仁堂总参作战部精明的参谋们判断美军在侧后登陆的可能性很大。如果登陆成功，就会切断人民军的后勤补给线，形成南北夹击包围人民军的态势，朝鲜战局会马上发生逆转。

周总理听后，认为作战室的意见很重要，他与聂荣臻商量后，立即报告了毛泽东主席。

菊香书屋，毛泽东一边抽烟，一边目光炯炯地看着总理，然后说："恩来，这些判断有道理，很重要。"周恩来说："是的，主席。"毛泽东站起来看着窗外，说："很快结束战争是不可能的。但现在打第三次世界大战也不可能，因为美国还未准备好。它在亚洲的兵力很少。"

1946年8月6日，在延安杨家岭的西侧半山坡上，毛泽东窑洞前一棵苹果树下，小石桌旁，毛泽东曾经同美国女记者斯特朗谈到过关于第三次世界大战的问题。毛泽东点着一支烟平静注视着对方说，美国垄断资本确实想消灭苏联，但这还不是他们最直接的目的。他们必须首先削弱美国人民的反战情绪，然后他们还得控制其他资本主义国家。要和苏联打仗，必须通过其他国家的领土，通过英国、法国和中国。毛泽东一面笑着，一面摆弄桌子上茶杯、小白酒杯、火柴盒来说明他的观点。用茶壶代表苏联，用一个大杯子代表美国，把小杯子放在大杯子周围代表美国人民。然后在美国与苏联之间用其他杯子和火柴盒摆成一条弯弯曲曲的线代表其他国家。他说，美国反动派首先进攻美国人民的公民权利和生活水平，并且把其他国家置于它的控制之下，在这些国家建立军事基地。人民是有力量制止世界大战的。必须唤醒人民团结起来反对世界大战。美国是历史上最强大的也是历史上最脆弱的。它的摩天大楼是最高的，但基础是最不稳固的。

现在美国是不是可以从朝鲜半岛找到发动世界大战的突破口呢？这种可能性极小，美国既是真老虎又是纸老虎，它自己也还没有准备好，它的战略重点在欧洲，重兵集结在欧洲，仅在日本和东方的兵力是远远不够的。况且，与朝鲜半岛陆地相连的还有一个爱好和平坚决反对侵略战争的中国政府！有一个个性坚强谋略无与伦比的领袖毛泽东！有一个由毛泽东久经战争考验的战友刘少奇、周恩来、朱德、彭德怀、聂荣臻等组成的军委战斗集体！

7. 周恩来强调"临急应战要有充分准备，一出手就胜"

周恩来在西华厅，对朝鲜半岛战局很焦虑，他要检查一下边防军各项准备工作情况，并要作出必要的部署。

8月26日，他在居仁堂二楼会议室召开了检查和讨论东北边防军准备工作的会议。军委成员朱德、聂荣臻、林彪、罗荣桓、萧劲光、萧华、杨立三等21人参加了会议。这几个将帅都是井冈山浴血奋战的老战友。过去的年代峥嵘岁月稠，不料今日朝鲜半岛又起烽烟，威胁着我国的边防，朝鲜半岛与我国陆地相通，山水相通，战略地位十分特殊，让每一位高级将领十分悬念。在将领们的后面，还有一排"二排议员"，是列席会议的作战部领导和几位首长的秘书们。

周恩来听了聂荣臻关于东北边防军的一般准备情况。他首先对朱老总说："老总呀，我先讲一点意见。"老总笑哈哈地说："好，恩来，你先讲一讲。你讲了，我们大家还可以讨论讨论。"

然后，周总理作了对国际国内和朝鲜半岛形势分析的报告。他指出朝鲜战争爆发后，朝鲜已经成为世界斗争的焦点，至少是东方斗争的焦点。"我们对于朝鲜，不仅看为兄弟国家问题，不仅看为与我东北相连接有利害关系的问题，而应看作是重要的国际斗争问题。"

他看了一眼与会的将帅们，说："我们对朝鲜问题采取的是积极态度，所以将东北边防军组织起来。"

朱总说："我们一个月前下决心是对的，有远见的，否则来不及。"

周恩来说："毛主席是很有远见卓识的。决心是主席下的。毛主席给我说，战争是持久的、复杂的、艰苦的。根据两个月来的作战情况，说明战争很快结束的设想是不可能实现了。我们不能不设想第二种情况，即战争的长期化。"

周总理说："我与荣臻同志说过，根据这种情况检查我们的准备工作，我们的工作还是很不够的。"

聂荣臻抗日战争初期在日寇"京津保"的包围圈内创造了八路军晋察冀根据地，生存，发展，壮大，令全世界爱好和平的人民刮目相看。他一生无论工作、作战皆以缜密细致坚定执着作风著名。他说："我们5月确定裁军百万后，部队发生了很大变化。高岗、邓华司令员在沈阳召开军师干部会议后，各部队反映了许多问题。包括部队思想状况，编制缺编、装备补充，后勤供应，兵站设置等等。"

周恩来说："我们此次作战是对付美帝国主义，不单单对付李承晚伪军。美军是靠大炮飞机火力，他们补充好，但也有弱点。我们的装备对付国内敌人是够了，但对付美帝国主义是不够的。所以我一切都要准备，不要成为'临急应战'，而要有充分准备，一出手就胜。"

大家都担心能不能战胜美军，会不会导致第三次世界大战？周恩来具体分析了美国存在的几个重要弱点："一、它的战线过长，即从阿拉斯加到波罗的海，从太平洋到大西洋。二、它的运输线太远。三、它的战斗力太弱。"

朱德说："毛主席在同斯特朗谈话时有一个著名的观点，就是说美帝国主义既是真老虎，又是纸老虎。真老虎是说它装备好，有飞机大炮，说它是纸老虎就是指它的这些弱点。美军的步兵战斗力不敢恭维呀。恐怕还不如蒋军的嫡系呢！我们同美帝国主义打仗，当然只能针对它的不可克服的弱点。"

"根据以上情况，"周恩来对大家说："目前美国发动世界大战是不可能的。但其总的企图是不断由一个一个战争推动为世界大战。在我们方面，就要将其发起的战争，一个一个地打下去，使其不能发展为大规模战争。这样对我们有利，对世界和平阵营有利。"

基于美帝国主义不可能发动世界大战这个判断，主持军委全面工作的周恩来有一个军队建设的长远规划。他说："在这种情况下，我们的军事建设应有一个较长远的计划。如今天还定不出长远的计划，亦必须先定出一个短期的至少三年的建军计划，作为准备阶段的计划。因此，今天通知各部各单位如海司、空司、炮司、装司及人民武装等部，将各兵种建设分别作出一个三年计划，以便在9月、10月、11月三个月讨论决定，明年开始实施。"

朱总说:"恩来这个报告很好,分析了美国的优劣,分析了世界大战发生的可能性,还明确了我军短期的建军计划。荣臻、李涛你们要抓紧落实。发生战争是不以人们的主观意志为转移的嘛,战争一天天在逼近嘛!"

二　彭总心心念念要改变西北人民的贫困面貌,一架银色的飞机落到了西安机场;毛泽东决策必须在朝鲜半岛加上中国因素,彭总刚刚结束的战争生涯又开始了

8. 周总理向金日成建议人民军要力保三八线以北

千斤重担压在中枢要人周恩来身上。

8月下旬,美军飞机已经开始侵犯我安东领空,向我城镇乡村,以及火车、汽车、民船射击,造成血案。

美军的企图在逐渐暴露。日益紧张的东北边防形势使周恩来日夜焦虑,感到必须加强东北边防军。9月3日,他用毛笔给毛泽东、刘少奇写信,向他们报告了今日军委拟订的《关于加强边防军的计划》。请示将东北边防军兵力逐渐加强到11个军,36个师,分为第一、第二、第三线部队,连同特种兵部队、后勤部队,共约70万兵力。对兵员的补充、步兵师武器调整、弹药补充、增强炮兵、战车组织、抓紧空军建设和后方勤务建设等项具体事宜都作出了具体部署。毛泽东于当日大笔一挥:"同意。"

其间,高岗提出东北重工业向关内迁移意见。接到高岗报告,周恩来立即与陈云、薄一波、李富春、聂荣臻面商。大家都感觉暂时不迁移较好。他向"毛刘"报告说:"均认为从目前形势看来,以加强防御,较消极迁移为好。"

周恩来担心的事情终于发生了!

9月11日,麦克阿瑟的仁川登陆计划进入实施阶段。

美军海军上将斯特鲁布尔乘坐他的旗舰重型巡洋舰"罗切斯特"号

驶离日本横须贺港。美军将领们希望他们的舰队在"凯齐亚"号台风前头赶到仁川。

进攻部队司令多伊尔少将、陆战师师长史密斯将军和参谋们离开神户。

麦克阿瑟选中了"麦金莱山"号。因为此舰更靠近前沿。陪同这位五星上将的有他的亲信第10军军长阿尔蒙德、远东司令部作战训练处莱特将军、福克斯将军、太平洋舰队陆战队司令谢泼德中将以及他的参谋长惠特尼。

麦克阿瑟的指挥部于9月12日午夜离开佐世保。

台风的前锋掀起巨大的浪峰扑上了"麦金莱山"号。

"麦金莱山"号在波涛汹涌中顽强行驶。

9月15日凌晨5点50分,美军的海军炮火和空军轰炸像过筛子一样把月尾岛每寸土地炸了个遍。火箭发射舰向小岛发起弹幕射击。先头攻击团的登陆艇已经排成一条线。"麦金莱山"号宣布"登陆部队越过出发线",麦克阿瑟拿着他的稻谷烟斗走到舰桥,近距离观看登陆作战。人民军在仁川只有400多人的部队,100多人阵亡,136人被俘,100多人被推土机封死在洞里。人民军从汉城有少量部队前来增援,但很快撤回了。美军第1、第5陆战团向登陆区发射了2000发火箭弹。当日下午5时登陆成功。

早在7月初,麦克阿瑟于东京就在酝酿这个代号"铬铁"的计划,参谋长联席会议成员在东京会见了这位老资格的自认为是美国最潇洒的五星上将,对他在仁川登陆计划颇不热心。因为仁川的潮汐时间短和海滩条件很不好。麦克阿瑟故意对参联会隐瞒了准备的情况。布莱德雷说仁川登陆是"历史上最为幸运的军事行动"。

西花厅,海棠像红宝石一样缀满树枝。

周恩来注意到麦克阿瑟指挥部队已经向汉城和水原扑去。沃克第8集团军已向北猛烈反扑。美军的战略企图是切断围歼洛东江一带的人民军主力。

城门失火,祸及池鱼。自古以来,我与朝鲜友邦唇齿相依。他对朝鲜半岛形势骤然恶化很焦虑。考虑再三,感觉应该给金日成同志提些建议。

9月20日，他提笔给金日成同志写信，揭示了美军的战略企图，提出了人民军一是保持地域，二是保存主力问题。他写道："我们认为你的长期作战思想是正确的。朝鲜军民的英勇是令人感佩的。估计敌人在仁川方面尚有增加可能，其目的在于向东延伸占领，切断朝鲜南北交通，并向三八线进逼。而人民军必须力争保住三八线以北，进行持久战，方有可能。因此，请考虑在坚持自力更生、长期奋斗的总方针下如何保存主力、便于各个歼灭敌人的问题。"

他提醒友人，人民军不能久在阵前打消耗战，人民军要注意自己的后路，要集结机动，处于有利位置。抗战时期，我八路军每遇日寇大军扫荡，通常是掌握"利害变换线"的时机，主力要先跳出敌人的大包围圈。所以敌人虽然扫荡，但我避敌锋芒，每每保存了主力，就可以伺机反击，逮敌弱者，集中兵力，一举歼灭。留得青山在，不怕没柴烧。人民军"在目前主力暴露于敌人阵前，相持不下，消耗必多，而敌人如果占领汉城则人民军后路有被切断的危险。因此，人民军主力似宜集结机动，寻敌弱点，分割歼灭敌人。"

通常在敌强我弱的情况下，敌人最希望与我决战。我部队官兵亦有拼死一战之情绪。在抗战和解放战争时期，毛泽东都极力避免与敌人过早决战。人民军宜实行持久战，以保存实力为上策。周恩来说："在持久战的原则下，必须充分地估计到困难方面。一切人力、物力、财力的动员和使用，必须处处作长期打算，防止下级发生孤注一掷的情绪。敌人要求速决害怕持久，而人民军则速决既不可能，唯有以持久战争取胜利。以上所陈，系站在朋友和同志的立场提出供你们参考。是否有当，尚祈考虑见复。"

他拟出电报稿，呈报毛泽东主席作了修改后，发给我国驻朝大使倪志亮将军。倪大使收到电报后，立即转告金日成首相。金首相回电，同意中国的建议。

9月底，美军在自高自大、目空一切的麦克阿瑟上将指挥下已经推进到了三八线。美军飞机轰炸了我国边境城市安东，22日一天投下重磅炸弹12枚。此炸弹在此后轰炸我军后方交通线时，可以炸出一个百米直径的大坑，像一个小湖泊。伊拉克战争时，美国的重磅炸弹又有了发展，可以威胁萨达姆的地下宫殿。

10月3日，中国政府得到消息，南韩部队已经在东海岸越过了三八线。

另有消息说，美军沃克第8集团军部队也已越过了三八线。

周恩来立即到菊香书屋报告了情况。因为印度对朝鲜问题采取不介入的态度，又对西方有密切联系。毛泽东同意他约见印度驻中国大使潘尼迦，向他传达中国政府的立场。周恩来清晰地对潘尼迦说："前天收到大使先生转来尼赫鲁总理的来函，谢谢。尼赫鲁总理所提的问题，范围很广，因此需要一些时间来研究。我们感谢他的好意，对于他的努力表示赞赏。尼赫鲁总理所提的问题中，有一个是比较紧急的，那就是，朝鲜问题。美国军队正企图越过三八线，扩大战争。美国军队果真如此做的话，我们不能坐视不顾，我们要管。请将此点报告贵国政府总理。"

潘尼迦大使说："我曾经预料到这种局势，因此于9月26日致电我国政府，报告：如果美军越过三八线，其后果将非意料所及。尼赫鲁总理于是致函阁下。据我所知，他还以公函分致英、美政府，提出警告。我国驻联合国代表团团长劳氏把阁下10月1日报告中有关朝鲜的一段，在记者招待会、安理会以及联合国大会上宣读了。我国政府正在尽其所能，继续施加压力。"

周恩来说："关于朝鲜事件，我们曾经交换过意见。我们主张和平解决，使朝鲜事件地方化。我们至今仍主张如此。我在10月1日的报告中也声明了我国政府的态度，我们要和平，我们要在和平中建设。过去一年中，我们在这方面已经作了极大的努力。美国政府是靠不住的。不经联合国同意，不得越过三八线，但是美国政府不一定受其约束。"

潘尼迦大使说："有些迹象已经表明，美国政府有背弃三外长会议协议的可能，麦克阿瑟对美国政府的压力很大。昨日有消息报告，南朝鲜军队已经越过三八线九英里。"

周恩来说："我们也看到了同样的消息，据说是在东海岸。另一个消息说，沃克将军指挥的部队已经越过三八线，但是并未说明是南朝鲜军队还是美军。"

潘尼迦大使说："我当即刻报告尼赫鲁总理。除了以上阁下所述，是否还有其他需要我报告的？是否有任何建议？"

周恩来说："其他一切，容我们研究尼赫鲁总理来函之后，于下次会面时再告。"

潘尼迦大使说："阁下所称朝鲜事件应该地方化，是否指朝鲜战事应该限于三八线以南？或是指朝鲜战事应该即刻停止？"

周恩来说："朝鲜战事应该即刻停止，外国军队应该撤退，这对于东方的和平是有利的。朝鲜事件地方化的意见，就是不使美军的侵略行动扩大成为世界性的事件。"

潘尼迦大使说："朝鲜事件地方化在目前包含两个问题：第一，美军即将越过三八线，因此，朝鲜事件地方化，可能是指所有已经越过三八线的美军必须即刻撤回。第二，朝鲜事件必须和平解决，有关各国，如中国、苏联必须参与讨论此事。为了使我向尼赫鲁总理作报告时较为明确起见，任何可能被中国所接纳的建议究竟应包括哪种含义？"

周恩来说："这是两个问题。第一，美军越过三八线，以扩大战争，我们要管，这是美国政府造成的严重情况。第二，我们主张朝鲜事件应该和平解决，不但朝鲜战事必须即刻停止，侵朝军队必须撤退，而且有关国家必须在联合国内会商和平解决办法。"

潘尼迦大使说："我必须郑重说明时间之短促。美军可能在12小时内越过三八线，而印度政府接到我的电报并采取有效行动要在18小时之后。届时，任何和平方案可能为时已晚。"

周恩来说："那是美国人的事情。今晚谈话目的是奉行我们对尼赫鲁来函中所提的一个问题的态度。"

9月27日，聂荣臻代总长曾对潘尼迦说，"中国不会袖手旁观，让美国打到我们的边境"。美国人从英国人那里听到了聂荣臻的讲话。英国人告诉美国人，潘尼迦是个"反复无常，很不可靠的报告者"。

潘尼迦大使立即报告了尼赫鲁。同时他还通知了英国和缅甸的外交代表。

印度外交部立即转告了驻美大使尼赫鲁的妹妹潘迪特夫人。潘迪特夫人立即与美国国务院联系，将中国政府的立场和警告转告了他们。潘迪特夫人对美国人讲，如果你们继续进军，势必迫使中国政府采取行动，到那时将后悔莫及。

美国政府人说，你们东方国家只是说说而已。

杜鲁门看到报告后认为潘尼迦有亲共的名声，"曾时不时地为中国共产党人效力"，怀疑周恩来的警告是一种宣传策略，是企图影响联合国形成决议。国务卿艾奇逊则认为周恩来的声明是苏联和中国迫使联合国撤军努力的一部分。

美国中央情报局报告:"尚未有充分的迹象表明中共有大规模出兵干预朝鲜的意图。"

美国国务院转告了马歇尔,陆军部马上通知了麦克阿瑟。仁川登陆后处于癫狂状态的麦克阿瑟认为美国在朝鲜半岛的彻底胜利已近在咫尺,导致战争扩大的可能几乎没有。美国人可以在感恩节举国上下庆祝对共产主义的胜利。他的情报处处长威洛比认为中共发出的威胁"很可能是一种外交讹诈"。然后经杜鲁门批准向麦克阿瑟发出了一个通知:"在朝鲜的任何地方发现中共公开或秘密部署的主力部队",只要"有获胜的机会",他仍可以继续行动。

殊不知这就是美国人的两件"传家宝":傲慢和悲哀。朝战如此,越战、伊战、阿战、利比亚战都跑不出这样一个怪圈。巨大的战略利益使他们常常进入盲区。

9. 周总理交代"飞机一到西安,立刻把彭老总接来"

10月4日,西北的天空湛蓝,高远,澄澈,朵朵白云在慢悠悠地运行。

西北局会议室里烟雾腾腾,彭德怀正在召集厅局长以上干部开会,进一步研究西北的开发建设问题。

在这之前,中央已经给各大行政区发出通知,国庆节后中央要开会研究三年经济恢复发展的计划。接到中央的通知后,彭总让负责经济问题的秘书张养吾告诉工业部、农业部、交通部等部门都准备材料。

张养吾是陕西西乡人,毕业于北平民国大学,民国大学的校长是张学良。张养吾1933年参加红军,在西北战地服务团工作过,后来任延安教育厅科长。1949年7月,西北全境解放后,经济建设被摆到首位。彭总要找一个熟悉经济问题有学问的人当秘书,就把张养吾要去了。新中国成立后一直在民委工作,"文革"后,任中央民族学院顾问。

这时,彭总正在听各个部门的领导汇报情况。当汇报到进疆部队的干部情况时,他插话道:"新疆有十几个少数民族,有维吾尔族、哈萨克族、吉尔吉斯族、锡伯族、索伦族、塔塔尔族等。各民族宗教风俗习惯不同,语言文字不同。中央保送你们进疆,进去了,可不能叫少数民族又给赶出来了。民族政策无小事。一定要执行党的民族政策，与各族人民一起治疗战争的创伤，大力从事生产建设，开放口岸，迅速恢复对苏贸易，在平等互惠的原则下，实行中苏经济合作，克服困难，繁荣经济，使新疆成为重工业基地之一……"彭总正在兴头上，军事秘书杨凤安走进会场，绕到了彭总的侧面。彭总煞住话头，询问地注视着红脸关公似的大个子杨凤安。

"飞机到了，"杨凤安一米八的挺拔个子，脸总是红红的，显得很忠厚。原来是19兵团的作战参谋，是杨得志司令员推荐给彭总当秘书的。这时，他弯下腰对彭总说。

彭总眉毛一扬，"啊？"

"吃过午饭起飞。"

"这么急呀？"彭总不无惊讶地说，"我们还没研究完呢。"

杨凤安看看手表，笑哈哈地说："飞机不等人。散会吃饭吧，中央还来了两位同志接你。"

两位同志随即走进来，说："毛主席请您立即乘飞机去北京开会。"

他面露惊讶，怎么还专门来人接呢？过去没有这样嘛！于是问："我已接到北京的电话，是原先通知的汇报会吗？"

答："不清楚。周总理交代说，飞机一到西安，就马上接彭老总来。要保密。"

彭总心想，汇报三年经济恢复计划还这么紧急吗？会不会是朝鲜局势呀？说："那我总得给其他同志打个招呼吧？"

马上让杨凤安把西北局秘书长常黎夫找来，交代我要到北京开紧急会议，你转告习仲勋、贾拓夫等其他领导同志，大家按布置的经济恢复计划抓紧工作，我回来根据中央的精神立即再开会落实。

常黎夫走后，他想还是先按原计划把各单位报来的经济规划带上。

他对杨凤安说："告诉张养吾准备好文件。到北京马上要用。"

午饭后，彭总一行人在烟尘滚滚的土路上驱车急奔西安机场。吉普车直驶到银灰色的伊尔-14飞机下，彭总下车，上机，伊尔-14从西安机场起飞了。飞机的后舱有一长长的沙发，放下可以当床，从机壁上还可以拉出一个可折叠方桌板。彭总肃然坐在方桌前，陷入了沉思之中。本来按照毛泽东的安排，4日开会，3日就应该接彭总入京，不料3日华北地区细雨霏霏，天低云暗，被阴霾笼罩。飞机直到4日上午才能起飞。

窗外一碧万顷，秋高气爽，偶尔有几朵白云在慢慢悠悠地飘荡。白云下的黄土高原像一只只老鳖似的七高八低拥挤在一起。可以看到山民的窑洞、"坑院"或泥土构筑的房屋隐现在山坳之间。树很少，水也很少。到处是昏黄的色调，好像没有生命存在似的。老天爷不知道为什么把西北造成这副模样！

西北要上一些大的骨干项目，要开发矿山油田，要兴修水利设施，要发展铁路公路……彭总注视着窗外，作为西北军政委员会主任、西北局书记，他感到自己责无旁贷，义不容辞，在国民党反动统治下，西北各民族人民食不果腹，衣不蔽体。如今共产党执政了，当然应该尽快改变西北的面貌，当然应该为西北人民谋幸福。不然，我们如何配称共产党呢？可是，不容易呀！西北这地方短期内财政经济状况还不会发生根本好转，"陕甘宁青新"，尤以新疆为甚，那里的国民经济和人民生活陷于极端困难状态，西北地区必须连续两三年使农牧业有一个稳定的风调雨顺的好年景，民以食为天，首先要吃饱肚子呀！当然，上一些大的骨干项目离不开中央财政的补贴。有什么法子呢，西北太落后了，太困难了。这时，服务员端着盘子走过来，说："首长，请用茶。"他点点头，心想，在中央召开的会上，当然要如实地讲西北的困难，西北的要求。中央的几位领导都是老西北了，当然会理解，会支持的。抗日战争时期，解放战争时期，西北人民为革命做出了巨大的贡献，巨大的牺牲，现在解放了，他们当然应该过上幸福生活。不然的话，我们愧对西北父老呀！

飞机似乎遇到了气流，颠簸得很厉害，不断发出"嘎嘎"的响声。警卫员郭风光关切地过来看彭总。彭总给他一个手势，意思是没事儿。

他的思潮又迅速地涌过去，想到了朝鲜半岛。现在美第8集团军沃克的主力，即在洛东江布防的美国和南朝鲜的10个师，配合仁川登陆部队，正在向北大举反攻，形成了南北夹击之势。人民军后方交通被拦腰截断，腹背受敌，供应断绝，伤亡惨重，被迫后撤，但撤不回来。在前线指挥作战的参谋长姜健也被炸牺牲。第二次世界大战后期，美军就有一系列的登陆、登岛作战。侧后登陆已经成了他们的拿手好戏。本来嘛，后方空虚嘛！军事常识嘛！服务员又给他送来苹果和葡萄。他摆摆手，示意什么也不需要。他想，现在，在南朝鲜军配合下，第10军又海运到东海岸蜂腰部。不理解麦克阿瑟为什么不让阿尔蒙德第10军经朝鲜蜂腰部一直向东,而是绕过半岛顶端漂洋过海在元山登陆。从陆地东插不到200公里不是很便捷吗?美国人玩的什么战略战术呀?为什么要第10军绕过海去同李承晚的1军团、2军团分别沿东海岸和中部战线北进呢?现在人民军的退路已完全被切断。朝鲜形势危急,北朝鲜面临着被美、李占领而不复存在的危在旦夕的局面。

朝鲜领袖金日成已经于1日向毛泽东主席紧急请求中国人民解放军直接出动援助人民军作战。彭总不清楚,毛泽东接到金日成的函件后,在颐年堂会议厅,紧急召集中央领导同志连夜研究,一直到东方欲白。

2日,凌晨2时,毛泽东电令高岗、邓华:"(一)请高岗同志接电后即动身来京开会;(二)请邓华同志令边防军提前结束准备工作,随时待命出动,按原定计划与新的敌人作战。"同时指示转告金日成:"尽可能将被敌切断的军队分路北撤外,凡无法撤退的军队应在原地坚持打游击,切勿恐慌动摇。如此就有希望,就会胜利。"

2日下午,中央书记处又在颐年堂开扩大会议,继续研究朝鲜局势和中国出兵问题。在众人质疑的情况下,毛泽东像他决策东渡黄河出兵抗战和决策与蒋介石决裂开战的情况一样,殚精竭虑,大智大勇,表现了非凡的胆略和睿智,坚持要出兵,坚持朝鲜半岛要加进中国因素,决定用志愿军的名义派一部分军队至朝鲜境内同美军和南朝鲜军队作战。并且他发电告知斯大林(这封电报苏联档案中找不到,中央档案原件也没有发出的印章和签字,专家研究可能是领袖考虑中央多数人不同意出兵,暂时未发),分析了中国出兵的必要性,以及可能出现的各种情况,介绍了中国出兵的战略部署和作战方法,目前中国在国内调动部队的最新情况,同时要求苏联提供支援。

然后,毛泽东一方面与苏联斯大林保持密切的协商联系,希望共同支援朝鲜;一方面指示周恩来积极备战,做好出兵的一切准备。同时,一方面选兵,一方面选将。选兵的问题,他与周恩来商量,决定邓华第13兵团为第一梯队,第三野战军宋时轮第9兵团为第二梯队,在西北执行任务的杨得志第19兵团为第三梯队。同时,调动国内战斗力最强的炮兵、工兵部队加入东北边防军序列。在选将挂帅出征时,是最费周折的,开始毛泽东属意粟裕,要陈毅同粟裕面谈。后来东北边防军都公布了,粟裕有心脏病,未能到职。在8月26日的军委会议上,周恩来讲要派出高一级的指挥员挂帅。毛泽东根据东北和朝鲜的地形气候相近，13兵团是第四野部队，考虑让林彪出征。后来，领袖了解到"林彪也是不战的观点"，这位名将的态度影响了毛泽东决策的进程。

1992年作者向彭钢将军征集的老照片

彭总看到了毛泽东同志10月2日的决定让13兵团至朝鲜境内同美李军作战的电报指示。他想，我们不能容忍外国的侵略，不能听任美军对自己邻人肆行侵略而置之不理。朝鲜战争应该立即停止，外国军队应该立即撤退，各国的事情各国自己管，美国不能主宰世界。不然对东方的和平极为不利。现在，朝鲜那边已经是十万火急。古语说，唇亡齿寒嘛。毛泽东决定我军出动是对的。但是，我们装备落后呢，同有现代化装备、海空优势的美军打仗，也是吉凶未卜呀？不像我们三大战役时打国民党军队那么得心应手呀？他想到这里，感到十分忧虑和焦急。

10. 高岗对彭总神秘地说"你要有所准备呀！"

下午4时许，北京一带天高气爽，伊尔-14徐徐降落在北京机场。

前来迎候的军委办公厅干部已经上机迎接彭总。

彭总快步走下舷梯，有几辆小轿车已经在等着他。迎接的干部传达毛泽东主席的交代，要他先到北京饭店休息一下。

彭总说："不是说不能耽搁吗？先去中南海！"

他从张养吾手中接过沉甸甸的一沓关于迅速开发建设西北的材料，坐入吉斯牌黑色小轿车内，几辆小车鱼贯而驰，一路上车辆极少。随员的车开到北京饭店，彭总的车进中南海来到颐年堂。

周总理迎出来，走下颐年堂前的台阶，紧紧地与彭总握手，说："会议在下午3点就开始了，来不及等你。"

颐年堂内气氛十分紧张、热烈，坐满了党和国家领导人、军队高级将领以及各大行政区的"诸侯"。

彭总被带进会议室内时，坐在正面大沙发上的毛泽东主席见他进来，同他打招呼。他走过去同毛主席握手，又同刘少奇、朱德等握了手。

毛主席说："德怀同志，你来得正好。我们正在讨论朝鲜形势，你来得正好！恐怕催你催得急了点。可是这有什么办法？这是美帝国主义'请'你来的呀！"

彭总笑着回答："美帝国主义大概想认识认识我哩！"

毛泽东主席说："恩来同志早就警告过杜鲁门先生，说你不要过三八线。你要过了这条线，我们就不能置之不理。可是人家硬是过来了。1日夜间他们悍然过了三八线。我们怎么办？现在正在讨论出兵援朝问题。请你准备谈谈你的看法。"

彭总点点头，找一个座位坐下了。

他觉得他被旁边的人捅了一下，回头一看，是高岗。他高挺的个子，脸上有许多麻子，经常戴着一副黑边眼镜。彭总喜欢叫他"高麻子"。高岗是老西北，陕北横山人，是刘志丹、谢子长、习仲勋、马文瑞等领导的老战友，他们一块创造了西北根据地。红军到达陕北后，彭总与他很熟悉。1945年秋进入东北，为东北野战军副政委。他个人经常与毛泽东主席有电报往来，反映东北情况。他现在是东北人民政府主席，东北军区司令员兼政委，号称"东北王"。1954年在中央七届四中全会上因为被定为组织反党集团问题受到批判，接受不了，会后自杀身亡。

高岗神秘地给他挤眼睛，"老彭，你要有所准备呀！"

他不喜欢高岗这种处世的作风，"怎么？"

高岗向他深深地点头，深沉地一笑，却无下文了。这就是高岗。

彭总不高兴地问："你是哪天来京的？"

高岗说："我是2日被接来的。"

"中央已经决定出兵了？"

高岗点点头，说："你不知道。2日就定了，已经通告了斯大林和金日成。有不同意见呀。"

"是哪些人有意见？"

"大多数人。"

这时，林彪发言说："主席让我们摆摆我国出兵不利的情况，我很赞成。我们刚成立不久，百废待兴，国力很弱，没有能力再打一场战争。我们还没有同美军直接打过仗，美军有现代武器装备，有海空军优势，我们能否打赢这场战争是很难说的。仗打起来是没有界限的。倘若没有把美军顶住，反把战火引到我国东北就糟了。为了拯救一个几百万人口的朝鲜，而打烂一个五亿人口的中国，有点划不来。我军打蒋介石是有把握的，但能否打过美军很难说。他有庞大的陆海空军，有原子弹，还有雄厚的工业基础。把他逼急了，他打两颗原子弹或者用飞机对我大规模狂轰滥炸，也够我们受的。我不赞成出兵，最好不出兵。如果一定要出，那就采取'出而不战'的方针，屯兵于朝鲜北部，看一看形势的发展，能不打就不打，这是上策。"

有的领导摆出具体数字说，我们要避免与美国直接交战。我们与美国实力悬殊太大。美国国防开支是150亿美元，钢产量8785万吨，军用飞机3万架，人均收入1600美元。我国国防开支只有10亿美元，钢产量60万吨，军用飞机70架，人均收入24美元。美国还拥有核武器。核武器是足以让世界许多国家不战而屈的致命因素。

许多领导同志也认为我国直接出兵朝鲜弊多利少，后果很难设想。况且，国内战争创伤亟待医治，新解放区尚未进行土地改革，土地改革法刚刚颁布，不到万不得已的时候，最好不打这一仗。倾向于要慎重，不能引火烧身。

这时，坐在彭总身边的高岗对他说："大家基本上都是这种看法，可是毛主席不同意，说你们说得都有理由，但是别人处于国家危急时刻，我们站在旁边看，不论怎样，心里也难过。"

彭总神色肃然，点点头，没吭声。

但他心里却在想，"说到底朝鲜是我们的近邻，是我们亲兄弟，现在到了这种地步，怎么能坐视不救呢？"

可是他新来乍到，情况不熟，没有发言。

三 10月5日上午,毛主席说,德怀同志呀,我这个决心不容易下哟,打不好,危及国内政局,甚至还丢了江山。我毛泽东对历史、对人民没法交代哟!

11. 邓小平突然来到彭总的房间

晚上,王府井、北京饭店一带十分安静。彭总在他的房间里久久地踱着。

张养吾推门进来,见彭总神情严肃,未敢问什么,麻利地收拾着文件。

"放那儿吧,我明天还用。"

张养吾瞅了他一眼,放下文件,悄然出去了。

彭总继续踱着,朝鲜半岛的严峻形势,我国出不出兵的紧迫问题以及政治局扩大会议上多数领导同志不同意出兵的情况,久久地在他脑海萦绕着。

是啊,作为政治家、革命家、军事家,在国家生死攸关的时刻,怎么能不反复思量、斟酌呢?

一直到很晚,他才上床休息。可是那沙发床软软的,睡在上面,动一下,反弹一下,他十分不习惯,辗转反侧,怎么也睡不着。他的脑海里一个潮头涌来,退下去,又一个潮头涌来,又退下去。他想象美、李侵略军已经饮马鸭绿江,北朝鲜人民军溃散在敌后,其政府进入长白山,成了"流亡政府"。美、李军重兵屯集鸭绿江南岸,与我13兵团隔江对峙。美军的大型B-29、野马式飞机疯狂地轰炸我东北重工业基地。鞍山钢铁基地以及抚顺、阜新煤炭基地已遭到了严重破坏……他"呼"地翻了一个身,不行,我们无论如何不能被动挨打到那种地步!美帝国主义有什么了不起?解放战争初期,美军武装了蒋介石30个师,到东北的几乎都是美械装备,四野还不是把它打败了?在西北胡宗南的部队也是美械装备,我西北野战军还不是把它打垮了?蒋军的装备虽然是美式的,但蒋介石发动内战是为大地主大资产阶级的利益作战的,民心失尽,人民不拥护,他的战争指导艺术不敢恭维,士兵不愿意为他们卖命也是失败的根本因素。

他睡不着,索性起来,上了一趟卫生间,然后抽了一支烟。在地毯上来回踱步,忽然意识到,在我东北边防严重危急的时刻,麦克阿瑟可能策动早已梦寐以求"光复大陆"的蒋介石,在第七舰队的支援下,从福建沿海登陆,开辟"第二战场"。美机要轰炸沿海地区的大中城市,威胁着上海和整个华东地区……如果南北两个方向同时发生战争,那样情况就复杂多了!我们就困难多了!那等于历史又出现了曲折,出现了反复,好像解放战争延长了一样。不行,不行,这种局面不能让它出现。

已近午夜,他躺下,但怎么也不能入睡,心想要是在西北的木板床上早就睡着了,就是因为这个沙发床叫老夫无法成眠,此福老夫享受不了啊!他索性起来,把被褥搬到地毯上,然后躺下去,以为这下可以稳稳地进入梦乡了。"美帝国主义太猖狂,"他不由得愤愤然,"它要发动侵华战争,当然随时都可以找到借口。老虎是要吃人的,什么时候吃,决定于它的肠胃。向它让步是不行的。它既要来侵略,我就要反侵略。从当前的国际形势看,不同美帝国主义见过高低,要建设社会主义是困难的。美帝国主义是不允许我们进行和平建设的。现在是敢不敢于同它见一下高低。"好像美帝国主义就在他面前,他在同它们辩论一样。

情绪一直高涨,愤愤然,不能入睡,好像今夜的思维特别发达。如果同美国在朝鲜决战,他在脑海中比较着我军同美军的优劣。我军人民拥护,英勇善战,有强大的后方,朝鲜战场中部都是高山,不利于美国机械化部队运动,美国的优势难以发挥……像抗日战争时期我们在太行山、五台山、吕梁山、管涔山同日寇作战一样,敌利速决,我利长期;敌利正规战,我利于对付日本那一套。即在战争的前期,我们要避免一切大的决战,要先用运动战和游击战结合,从侧翼后尾袭击美军。还要运动大胆穿插,给美军装口袋;逐渐地破坏和消耗敌人军队的精神和战斗力。说起打日本,抗日战争打了8年,小日本还不是投降了?军国主义残余分子不承认失败行吗?有《雅尔塔协定》和《波茨坦公报》在那儿摆着呢。美军自恃强大,不信,咱们也打8年试试……我军打败也有这种可能。让我去打这一仗,怎么样?败了,会使你彭德怀蒙受战败将军的名声,要使你一生的军事生涯黯然失色!娘卖的,这种国家生死存亡的关头,个人的成败荣辱算得了什么！想到这里，他觉得胸膛内激情汹涌，一股跃跃欲试的凛然之气直往上升。为本国建设的前途来想，也应当出兵；为了鼓励殖民地、半殖民地人民的民族民主革命，也要出兵；为了扩大社会主义阵营的威力，也要出兵。出兵的理由太多了，不出兵的理由太少了。他越是深入地想，情绪越是激动，情绪越激动，就越是睡不着，娘卖的，他又从地毯上站起来，走到窗前。

窗外月色如霜，星空深邃高远。东长安街和天安门广场寂静又迷蒙，似乎一辆车也没有。夜已深沉。他想，明天会上要决策了，又是一个历史性的关键时刻，就像1946年6月决策同国民党干一样。毛泽东同志的态度很明确，尽管多数同志不同意他的意见，但他不会久拖不决。他在会上说的话，体现了爱国主义与国际主义精神的结合。我们现在考虑出不出兵，如果不同朝鲜已处于十分危急的状况联系起来考虑，就是民族主义，而不是国际主义。我们中国共产党人不是民族主义者。出兵是迫不及待的问题。不然的话，南北两个方向的后果不堪设想……

10月5日清晨，起床后，彭总隐隐地感到有些头疼、头晕。睡眠太少了，确实是太少了。他想，上午中央不开会，应该让秘书再找一些朝鲜半岛形势的资料来看看，情况知道得还是很少呀。美帝国主义也别太得意，朝鲜那个地方是个狭长地带，中间又是崇山峻岭，很不利于美军机械化部队的行动。机械化部队有长处，也有短处。我们出兵后，当然是应该避敌之长，击敌之短了。然后集中兵力，吃掉敌人一股，就好比在太行山打日寇，叫作你打你的，我打我的。

"彭总，吃饭了。"

张养吾喊他。北京的早晨清凉清凉的。他默默地同张养吾走向餐厅，又默默地吃着早餐。

"我们必须巧妙利用那里的地形，迅速地前进和后退，迅速地集中与分散，靠脚底板的功夫，大胆穿插分割，打突然性，破坏敌后交通……"他想。

"然后，让他们的坦克、装甲车，变成瓮中之鳖，笼中之鸟……"他想。

他简单地吃了几口，喝了碗稀粥，放下碗筷，便愣着出神儿。

"回房间去吧，彭总。"

彭总严肃地点点头，站起来，倒剪起双手，慢慢地踱去。

张养吾瞄了一眼彭总，心想，老头子像是有什么心事儿！关于西北经济发展问题？西北建设问题，还这么心事重重？不是都开多次会布置了吗？中央不是大力支持西北吗？他在彭总的身后直摇头。那么是什么问题？

"你利用在北京的机会，去给郭沫若同志汇报一下西北文教工作情况"，彭总站住，回过头来对张养吾说："要给他说，中央要大力支持西北的文化教育。西北落后嘛！西北人民太苦了！要请示在兰州设立民族学院，以利有计划地培养民族干部。"

"好，好，我联系好，就去汇报。"

张养吾一边回话，一边想，看来还是西北问题在困扰着老头子。

彭总回到房间，皱着眉头，站在窗前，举首远望着前门火车站一带鳞次栉比的民居。

他这样又站了很久，很久。

突然，西南军区政委邓小平来到北京饭店彭总下榻的房间。八年抗战在太行山根据地，开始邓小平任八路军总部政治部副主任。那时候，总部是一个"马背总部"，反扫荡，天天在山沟中转战。1938年1月，邓小平接替张浩（林育英）任129师政委。129师师部和八路军总部都在山西辽县（1942年5月后改名左权县）连接河北涉县的一条由北向南的峡谷之中。这条峡谷中有一条清漳河顺着峡谷走势蜿蜒而下，抵达河南林县。他和邓小平经常开会在一起，作战在一起，行军在一起，反扫荡在一起，两个人是老战友呀。1943年秋，毛泽东电召他回延安，他就把北方局书记交给了邓小平。

"你干啥子来了？"彭总不无惊讶地问道。

邓小平笑哈哈地用浓重的四川话说："我怎么不能来吗？"

"那好，我们正好谈一谈。"

邓小平点着一支烟，甩灭火柴，放进烟灰缸，说："谈不成了。"

"噢？"

"毛主席让我来请你到他那儿去一下。"

"请我？"

"是呀。"

"啊……"彭总若有所思地望着邓政委。

在去中南海的车上,彭总说:"那么,一定是朝鲜的问题了。"

"我想是的。"邓政委点着头。

中南海秋色宜人,秋海棠像宝石似的点缀在几个院落前,说话间,吉斯牌轿车已停在丰泽园门前。他们从丰泽园大门进去,是一个东西长方的院落,正面是五彩重檐斗拱的颐年堂,然后从院子东南角走进一狭窄的过道,进入了菊香书屋的小院。院子四周都是古典的瓦房。院子里有几棵槐树,高过瓦房。树下是草坪,中间有一小路把草坪一分为二。环境十分清幽。

他们二人走进菊香书屋的院落时,发现毛泽东主席正在院子中间的小道散步,毛泽东抽着一支烟,看见他们站住了,笑着说:"呀!彭大将军驾到,有失远迎,有失远迎。"

彭德怀上前给主席敬了一个礼。主席跟他握手。邓小平也上前去跟主席握手。

毛泽东高大魁梧,神情自若,身穿黄色的陆军呢子服,脚上穿一双黑布鞋。

然后毛泽东抽着烟,反转身,向书屋走去。

他们跟在后面,来到毛主席的寝室兼办公室。

毛泽东笑哈哈地给两个烟客各递了一支烟,请他们二人坐下。他自己也坐到沙发上,把腿跷起来,换了一支烟,在手里把烟蹾一蹾,在鼻子下闻一闻,然后"刺"的一声划火柴点着了。

彭德怀见领袖的双眼红红的,说:"主席,你没有休息好,眼睛都红了!"

毛主席说:"德怀呀,我几天都没有睡好了,经常彻夜不眠哪!你有什么好法子让我睡好觉吗?"

彭德怀说:"你一定是在考虑朝鲜问题,影响了睡眠。我很了解你呀,主席,每临大的战争决策,你就总是休息不好。1936年我们出兵山西,在山西前线,在中阳、在石楼,你就总是睡不好;1947年我们连续打青化砭、羊马河、蟠龙镇、沙家店,你就睡不好。一直到打完沙家店,西北战场发生有利于我的变化。你才能睡好。"

毛泽东说:"德怀,我们两个相知很深呀。知我者,德怀也!"

彭德怀说:"主席让邓政委接我来,我也正要找主席呢。"

"你找我啥子事吗?"

"汇报一下西北问题……"

"西北问题，今天不谈。"

"啊?"

"我找你来，别言不叙呀，谈朝鲜局势。"

彭总凝神注视着毛主席，点着头在沙发上坐下。

"主席，"他嘟噜着脸严肃地说："我昨天晚上翻来覆去，一晚上没睡好呀，总是在考虑朝鲜局势。苏联顾问怎么弄成这个样子?"

毛主席慢慢抽着烟，瞧着彭德怀，说："昨天，你刚刚到会，没有发言。我就是想听听你的高见。"

"不敢说高见，主席"，彭总满脸忧虑地说。

毛泽东审视地看着彭总，说："我们确实有严重困难，但还有哪些有利条件呢?"

彭总说："我感到局势很严重。现在美军和李承晚军队正疯狂地向北推进。如果让美帝侵占了朝鲜，好些动摇国家和阶层就会倒向美帝国主义方面去。而且，对我们东北就成为一个直接威胁。东北的工业占我们国家百分之七十弱一些。对我国威胁大了。好像东北战争延长了一样。然后美国又会把兵力转向越南、缅甸等周围国家去，对我形成战略包围圈，我国就将陷于被动，国防、边防都处于极不利的地位。我们党内、国内的恐美病者会更多，对内、对外都会产生极坏的影响。我对这种形势甚是忧虑。"

毛主席警觉地听着，忘记了抽烟，指缝里的烟雾缕缕升起。

彭总停顿下来，询问似的注视着毛主席。

毛主席指指他说："你继续往下说，往下说。"

"关于是否出兵问题，党内意见分歧"，彭总满面愁容，沉吟片刻，然后突然抬高声音说："可是，我们同朝鲜民主主义人民共和国，都是社会主义阵营的国家。我们对于兄弟党、兄弟国家的劳动人民，能见死不救吗？邻家遭劫，我们能坐视不管、隔岸观火吗？中国党、中国政府和中国人民是国际主义者，我们不能做自私自利的小人，不能做狭隘的民族主义者……"

"我毛泽东早就知道，你这个乡里，是一位热血将军。我们湘潭就出这种人哩。可是，我们党内意见不一致嘛。大家摆了很多困难。当然，我们现在确实存在严重的困难，不知你是如何考虑这个问题的？"

"困难是客观存在。"彭总说："我们的战争创伤还未治愈，土地改革尚未完成，军队装备未得改善，军事训练有些荒废，很不充分，有一些部队转向搞生产了。国内军民经过长期的战争年代，现在都想过和平生活。但是，反过来想，如果现在不打，让我们松一口气，三五年以后再打，好不好？我说不好。因为我们三五年辛辛苦苦建设起来的一点工业，还是要被打得稀烂。那时候美国把日本武装起来了，把西德武装起来了，西德钢产量很大，到时候更不容易对付。这样细算一下，目前打，也许更为有利……"

毛主席站起来，把烟头在烟缸里摁灭，高兴地说："我们两个湘潭蛮子算是想到一起来了！我们第一次出兵山西时，还记得吗？我、你、洛甫、凯丰，我们在吕梁山中农民的大炕上打通铺？"

彭总说："怎么记不得？你与洛甫打呼噜，凯丰睡不着，给你们提意见。"

毛泽东大笑，说："凯丰同志快人直言。我们党内有几个是敢说话的，还有弼时、罗荣桓、项英，你老彭也算一个。"

"共产党人嘛，无产阶级嘛，"彭总说："没有个人的利益，都是为了党和人民的利益，有什么不敢说的。"

毛泽东插话说："我们两个一个共同点就是不谋私。"

彭总说："当然我也不主张大打，不主张向美国宣战，我主张只以人民志愿军的名义支援朝鲜革命战争。"

毛主席摆着手说："德怀同志，你这个主意好，好，我同意。"

"中国革命胜利后，世界上革命力量已取得了优势。在对待朝鲜局势上，我们不能给世界革命泄气。况且，我国建设重工业，三五年是办不好的。陆军、空军的装备三五年也不会有大的改善，海军更谈不上，所以迟打不如早打。"

毛主席说："好呀，还是你彭老总有远见呀！你彭德怀算是把这个问题讲透彻了。你这里有辩证法哪。"

毛主席指指自己的脑壳。

彭总也不好意思地笑了笑。

毛主席说："美国的战略重点固然在欧洲，前沿在东西德，但它不放弃在远东与苏联争夺势力范围。在朝鲜半岛就是一例。美国与中国迟早有一战。与其在台湾海峡打，我看不如在朝鲜半岛。"

彭总说："我也是这样想，在台湾海峡打，我军要吃美军空海军优势的亏；在半岛打，我们可以借鉴抗战时的打法。朝鲜地形狭窄，山高林密，美国机械化部队难以展开，我军却可以打山地战。"

毛泽东高兴了，笑着说："好，我军对这种地形是熟悉的，你老彭更是熟悉。"

彭德怀撸撸袖子说："我们跟日军干了八年，再跟美军干八年。"

12. 10月1日朴宪永带金日成亲笔信到北京求救

菊香书屋寂静安谧。

毛泽东站起来，走到办公桌旁，从文件夹中取出一份文件，说："德怀呀，你看看这个。这是外相朴宪永10月1日晚间给我送来的金日成亲笔信。"

彭德怀站起来，接过信件一看，原来是金日成、朴宪永联名给毛主席的求救信，他坐到沙发里，仔细看着："……在美国侵略军上陆仁川以前，我们的战况不能说不利于我们，敌人在连战皆败的情况下，被我们挤于朝鲜南端狭小的地区里，我们有可能争取最后决战的胜利，美帝军事威信极度地降低了。于是美帝国主义为挽回其威信，为实现其将朝鲜殖民地化与军事基地化之目的，即调动了驻太平洋方面陆海空军的差不多全部兵力，遂于9月16日以优势兵力，在仁川登陆……"

彭德怀读到这里不住地摇头。

然后他继续看下去："目前战况是极端严重的，我们人民军虽然对上陆的敌人，进行了极顽强的抵抗，但对于前线的人民军已经造成了很不利的情况。战争以来，敌人利用上千架的各种飞机，每天不分昼夜地任意地轰炸我们的前方与后方。在对敌空军毫无抵抗的我们的面前，敌人则充分发挥其威力了。各战线上的敌人在其空军掩护下，活动大量机械化部队，我们受到的兵力与物资方面的损失是非常严重的。后方的交通、运输、通信及其他设施大量地被破坏。同时，我们的机动力则更加减弱了。敌人登陆部队与南部战线的部队已连接在一起，切断了我们的南北部队。结果使我们在南部战线的人民军处于被敌切割分割的不利情况里，得不到武器弹药，失去联系，甚至于有一部分部队，则已被敌人分散包围着。"

彭德怀抬起头看毛泽东，毛泽东则在看另一份文件，扭过头与他对视，嗯？"

彭德怀说："怎么弄成这么一个战局？"

毛泽东说："嗯，就弄成了这么一个状况。"

彭德怀说："我真佩服斯大林的军事顾问。"

"他们还都是经过反法西斯战争的将军。"

彭德怀继续往下看："我们估计，敌人可能继续向三八线以北地区进攻。如果不能继续改善我们的各种不利条件，则敌人的企图是很可能会实现的。要保障我们的运输、供给以及部队之机动力，则必须具备必要的空军，但是我们没有准备好的飞行师。"

彭总说："我们也没有飞机呀，飞行员更少。应该给斯大林同志要呀。"

毛泽东夹着烟的手指指彭说："你再往下看。"

彭德怀往下看："我们一定要决心克服一切困难，不让敌人把朝鲜殖民地化与军事基地化！我们一定要决心不惜流尽最后一滴血，为争取朝鲜人民的独立解放民主而斗争到底！我们正在集中全力编组新的师团，集结在南部的10余万部队于作战上有利的地区，动员全体人民，准备长期作战。"

"在目前敌人趁着我们严重的危机，不予我们时间，如果继续进攻三八线以北地区，则只靠我们自己的力量，是难以克服此危机的。因此我们不得不请求您给予我们以特别的援助，即在敌人进攻三八线以北地区的情况下，亟盼中国人民解放军直接出动援助我军作战！我们向您提出以上意见，盼望予以指教。金日成，朴宪永。1950.10.1，于平壤。"

彭德怀看毕，放下信件，低头不语良久。他的情绪似海浪翻腾，百味杂陈。

毛泽东严肃地说："金日成危急了，眼看要亡国。我们要是不管，那将来中国危急了，斯大林也不管，社会主义阵营不是成了一句空话？斯大林一直以为我毛泽东就是一个农民。农民么，就是只顾自家的农田，不管别人的收成。我们现在就是应该发扬共产主义和国际主义精神，坚决援助朝鲜！当然，同时也是在保卫自己。东北有鞍山的钢铁，沈阳的机械工业，抚顺和本溪的煤矿，鸭绿江上的火力发电站。我们不能让美军推到鸭绿江威胁我们东北的安全！"

彭德怀注视着领袖，他似乎又见到了战争时期的毛泽东。局势越是危难繁杂,毛泽东越是显示出领袖本色。1936年2月过黄河,开始政治局几乎没有同意的,洛甫、周恩来、林彪还有我,都不同意,毛泽东就是认定了必须过,红军的生存和发展就在这一条路!表现了非凡的胆略和智慧。

彭德怀一见到毛泽东这种精神状态,就信服了,毛泽东是正确的。

他说:"主席,我又像是看到在瓦窑堡你决定要过黄河的样子。我相信你的决策是正确的。我同意。现在不是打不打的问题,是如何打的问题。"

按林彪的理论,打仗,讲究的是一个信仰。八路军、解放军为什么常胜不败?多年的战争实践告诉他们,自己的领袖战争经验丰富,决策正确。他们信仰自己的领袖,领袖指向哪里就打到哪里,万死不辞,虽死犹荣。国民党军队为什么常打败仗?部队对他们的领袖不信仰。嫡系埋怨"老头子",杂牌怨恨"老头子",临战先算计军阀派系利益,杂牌打头阵送死,嫡系在后观望算计,怎么讲信仰?怎么打胜仗?

毛泽东手里夹着一支烟,接过话说:"与美国的一仗,或早或晚,总要打的。能不打吗?不能。去年我们渡过长江,用了百万大军,就是防备美军出动帮助蒋介石。斯大林派米高扬来西柏坡,就是劝说我们不要过长江,划江而治,害怕美军参战。我们没有听他的,结果打走了蒋委员长,美军也没有参战。是不是?"

彭德怀站起来,说:"是的,是的。要是听了他的,蒋委员长还在南京呢!"

毛泽东到桌子旁在烟缸里把烟头拧灭,然后又点着一支,抽了两口,把火柴甩灭,放入烟缸,走回来,对彭德怀讲:"现在不同了。美军打到我们的家门口来了。我们还能退避三舍吗?我们还能不闻不问吗?当然不能,要打,还要打胜!像打日本一样,打出中国人民的威风!打出中国军队的威风!"

彭德怀说:"主席,你讲得好。我现在就是关心出兵后,苏联怎么在军事上与我们配合?人民军很吃美军空军的亏,我们可不能这样吃亏。"

毛泽东回答说:"斯大林答应空中由他们负责,地面由我们负责。我们打地面战争是有把握的嘛。"

"那就好",彭德怀说:"斯大林应该出动空军。兄弟国家被美军侵略,他老大哥能坐视不管呀?"

毛泽东紧吸了两口烟，说："斯大林是马克思主义者，他答应两条，一是出空军；二是援助我军装备几十个师。"

彭德怀很激动，说："哎呀，这就好了。战争就好打多了！"

毛泽东思考了一下，进一步说："美军有不利因素嘛。"他扳着指头说："一、战线太长，从西欧到东亚，比希特勒、日本的战线还长；二、第一条决定了第二条，后方供应线太长，要远涉重洋；三、麦克阿瑟用的部队都是在日本的占领军，享受惯了，是什么'榻榻米'部队，好像川军刘湘、邓锡侯是'双枪部队'，战斗力不敢恭维呀！"

彭德怀说："我判断，美军的战斗力，不比蒋军嫡系强到哪里去。"

毛泽东果断地回答："也就是新1军、新6军，整编74师那个样子。"

"论能吃苦耐劳，不怕死，恐怕还不如蒋军嫡系。"彭德怀说。

毛泽东说："对了。"

彭德怀意识到主席特别找他谈话，确实像高岗说的，要点他的将。他问："主席，第一批13兵团兵力是否够？"

"你说呢？"毛泽东反问他。

他点点头，掂量了一下，说："我说，根据我军的习惯，要增加兵力。"

毛泽东说："现在13兵团有4个军，我与恩来商量，准备再增加两个军。"

彭德怀说："增加两个军是对的。首战兵力要强。"

毛泽东说："你谈谈入朝后怎么打。我想听听你的意见。"

彭德怀说："我们出兵，要有一套完全不同于他们的战略战术。"

毛泽东说："你考虑我们的战术如何？"

彭总说："谈起战术，我有一个考虑。"

"说说看"，毛泽东换了一支烟，站在彭德怀的面前，低头看着他。

彭总说："昨天我一夜未睡。"

"我就知道你是这么一个性子嘛"，毛泽东说："在井冈山反'围剿'，在赤水河调动敌军，在六盘山打何柱国骑兵。我们过黄河在石楼，到吕梁山打晋军，你那时候就是这股子劲儿。"

彭总点头，说："战争时期，天天在一起，你当然了解我了。"

毛泽东说："在井冈山，我们没有袜子穿，用白布裹脚。你还给我裹过脚呢。"

彭总说:"我都忘了。"

毛泽东感慨地说:"我们是抵足而眠的老战友呀!"

彭总说:"不敢,主席,我一直是你的麾下。"

毛泽东说:"不管麾下麾上,我想听听你的意见。"

彭总站起来,打着手势激昂地说:"主席,我想有三种可能,一是苏联出动空军出武器装备,我们出动陆军,可以打,会打好;二是苏联不出动空军,出武器,半洗手,也可以打,但困难多;三是既不出动空军,也不出武器,全洗手,那就不能打,只能让朝鲜亡国。这是很痛心的。"

毛泽东了解彭德怀的性子和脾气。谈到这个程度,还一直没有点题。对彭德怀这样的高级将领不宜下命令,要水到渠成。他认为有理,无私无畏,就天王老子也不怕。1935年年底,毛泽东决意要过黄河,彭德怀一是担心阎锡山的晋军防守不让过,二是担心过去回不来,红军背河而战。他在前线给毛泽东拍电报,要毛泽东保证红军万一站不住脚要能撤回河西。毛泽东大发脾气,要我毛泽东保证?我怎么能保证?彭德怀回到陕北瓦窑堡,找毛泽东,当面争执起来。彭德怀说,军委的命令我服从,但有意见还是要提。要是信不过我,可以换人!后来他自己想通了,领兵东征,红军在吕梁山取得很大的胜利。他就是这么个性子!

毛泽东询问:"你考虑出兵谁挂帅合适?"

彭总回答:"中央不是已经决定派林彪同志了吗?"

毛泽东停顿了一下,说:"在出兵问题上,我毛泽东算是个好战分子了。我同恩来、少奇、朱老总几位同志商量过,出兵决定由林彪同志挂帅。林彪原是四野的司令员嘛,对东北地区也熟悉嘛,朝鲜北部的地形与气候,与我们的南满差不多。林彪对四野部队熟悉也就是说对现在集结在南满的13兵团和后方都熟悉。所以,中央一想就想到他了嘛。但是,林彪同志说,他有病。我问了傅连暲同志,傅连暲同志告诉我,病是有一点,但不大。"

"这种时候,怎么能以病为托词不出征呢?"

"我还在做他的工作。但是他的这种态度,就是到朝鲜去,非但他的信心不足,还会影响中央高层。我就考虑到你彭大将军了。你的身体怎么样?"

彭老总说:"我壮得像头牛嘛。"

毛主席哈哈笑了,说:"我的意见,这担子,还得你来挑!你思想没有这个准备吧?"

彭总说:"有没有准备,反正我服从中央的决定。"

毛主席站在彭总的面前打着手势说:"德怀呀,这我就放心了。下午继续开会,请你摆摆自己的看法。"

13. 林彪追着毛泽东说"你要千万慎重呀"!

10月5日下午,南海西侧,颐年堂,中央政治局继续讨论朝鲜局势和中国是否出兵问题。

会上,政治局委员们畅所欲言,仍然有不同意出兵的意见。

林彪仍然坚持己见说:"我们国家刚刚胜利,胜利来之不易,是无数先烈流血牺牲取得的。现在钢铁才几万吨,美国是几百万吨,相差几百倍。我们实力不如美国,不能引火烧身。"

毛主席说:"彭德怀同志,你的意见呢?"

彭总稍稍沉吟一下,说:"我的话不多。我认为,出兵援朝是必要的。"

他这句话,使与会的许多领导都很感意外。

"我主要考虑三条",他继续解释说,"朝鲜是我们的邻邦,唇齿相依,唇亡齿寒。如果我们不出兵,让美帝席卷朝鲜半岛后蹲在鸭绿江边,威胁东北;蹲在台湾,威胁上海、华东;两面三刀的美国人能信吗?他要侵华,随时都可以找到进攻你的借口,老虎是总要吃人的。这不以我们的意愿为转移。你想太太平平搞建设,不可能。第二条,从最坏的结局着想,我们被打烂了,等于解放战争晚胜利几年嘛。不能怕打烂坛坛罐罐。打完了,再建设。第三条,我们同是社会主义阵营。我们不能让美帝看社会主义阵营的笑话。"

他越讲越激动,说:"为了鼓励殖民地、半殖民地人民起来反对帝国主义,反对侵略的民族民主革命,也要出兵,为了社会主义的威信,也要出兵!"

"最重要的是,我们有全国政权,有斯大林出动空军和武器援助,比抗日战争时期要有利得多!"

彭总在军事决策方面具有很大的影响。许多高级将领相信彭总的判断力,感觉彭总说得有道理,只要斯大林出动空军和给中国军队换装,打这一场战争也没有那么可怕。可能也就是第二场淮海战役。

彭德怀最后说:"美国在朝鲜同中苏军队作战,像当年中国同日本作战一样,美军利于速决,我利长期;美军利于正规战、阵地战,我利于对付日寇那一套。"

毛主席听完他的一席话,兴奋地说:"彭德怀同志呀,你讲得好,有气魄,有远见。"然后,他拿出一封信给大家看:"连傅作义先生都给我写信,认为应该出兵朝鲜。不然后患无穷。民主人士尚且如此,难道我们共产党人还怕与美军一战吗?"

彭总笑笑,说:"我同意主席的决策,出兵援朝。"

毛主席激动地提高了声音:"好,有彭大将军这句话,我毛泽东心中就有数了。我认为老彭的发言是一针见血,很有说服力。现在是美国人逼着我们打这一仗,犹豫、退缩、担心、害怕都是没有用的,这种心理和情绪正是敌人所希望的。现在我们只有一条路,就是在敌人进占平壤之前,不管冒多大风险,有多大困难,加上中国因素,出兵援朝,协助朝鲜人民军抗击敌人。我考虑,林彪同志有病,不能去。我与恩来、少奇、朱总都商量过了,这个司令员是不是由你当呢,由你带兵出征,行不行?你的意见呢?"

彭总说:"我服从中央的决定。"

"那我们这次会议就定下来了,中国出兵援助朝鲜,德怀同志担任司令员。至于入朝的具体部署,我们和老彭再研究。"

散会时,高岗拍拍彭总的肩膀,说:"看来还是不服老呀!"

彭德怀回敬说:"麻子,我是到死都不服老!"

参加会议的聂荣臻后来在回忆录中写道:"中央决定他去指挥志愿军,他表示坚决执行命令。""彭德怀在会上的坚决态度,给我以深刻印象。"

从10月2日到5日,中央连续开了三天会,毛泽东对出兵确实是踌躇再三,殚精竭虑,煞费苦心。晚年,他在见金日成的时候,谈起这件事,有一个十分形象的描述。他说:"我们虽然摆了5个军在鸭绿江边,可是我们政治局定不了,这么一翻,那么一翻,这么一翻,那么一翻,嗯!最后还是决定了!"

散会后,林彪追着毛主席高大的身影说:"主席呀,出兵弊多利少,事关重大。你要好好考虑呀,要千万慎重呀!"

毛主席说："会议都定了么，不好改了。"

彭总走到南海湖畔，有一位高级将领对他开玩笑说："彭总呀，看来你还是不服老呀！"

彭总苦笑一下。

此时，他52岁。

彭总心想，"52岁就老了吗？就不能出征了吗？不至于吧？"

他想到诸葛亮北伐五丈原之战。诸葛亮率10万大军出斜谷口，驻屯渭水南岸五丈原，司马懿率30万大军与蜀军对峙。东吴10万军队分三路进军，从战略上配合诸葛亮攻魏。不料东吴军中疾疫流行，失去战斗力，先后撤围退走。诸葛亮与司马懿相持百余日，求战不能，欲撤不可，含恨病死军中。他想，难道老夫出兵朝鲜会步诸葛亮后尘吗？马克思恐怕不会让我如此结局去见他吧？1937年秋天，我奔五台山，上太行山，就没准备下来！战死疆场是老子的光荣！

他嘟噜着嘴唇，倒剪双手，微耸两肩，微驼后背，昂首走去。

南海的湖光水色、岸柳花影，在他的眼中都有些迷离了。

"彭总，主席叫你"，中办的一位同志叫住他。

他又回头，急步走入丰泽园，穿堂过廊，走过一个不大的长着几株树的草坪，向毛主席的北侧正房走去。菊香书屋十分安谧。是毛泽东主席读书、酝酿军政大事的好场所。

毛主席站在门口，见彭德怀走过来，迈出门槛，紧紧握住他的手，说："德怀同志呀，你的发言好呀！我这个决心可不容易下哟！一声令下，三军出动，那就关系到数十万人的生命。打得好，没有可说的。打不好，危及国内政局，甚至丢了江山，那我毛泽东对历史、对人民都没法交代哟！政治局扩大会议上，大家的担心都是有道理的。不过，金日成危急了，我们要不管，那社会主义阵营还不是一句空话！"

"我理解呀，主席"，彭德怀心情沉重地说。

毛泽东感到是彭德怀的大胆直言，使会场的气氛一下活跃起来，大家纷纷说是应该出兵嘛。是他帮助中央迅速决策。像朱总和彭总这样的老总，影响不可低估。毛泽东说："我们当前存在一些困难，这是事实。你今天的发言，很有说服力。使中央许多同志认清了局势，认清了利害。现在是美国仗势欺人嘛。他们逼着我们要打这一仗。犹豫、害怕，都是没有用的。这种心理和情绪是要不得的。"

彭德怀说："美军也是在打心理战，你越怕他们，他们越厉害；你干脆给他们干，他们的许多弱点就暴露出来了。"

毛主席用拿烟的手一点一点地配合他说话的轻重语气，说："美帝国主义握有战争的主动权，他们一向主张战略上速决。我看麦克阿瑟更是如此，更是一个性急的将军。当年日本也是要速战速决。这与他们的反人民性、侵略性、非正义性联系在一起。战争一开始是很吓人的呀。战略上的速决，如果是针对弱小国家，也许会起较大的作用。但对我军就另当别议。在技术装备上敌优我劣，在人力兵力上我多敌少。我军要避敌所长，我军陆军强大，就要发挥这个长处。"

彭总说："美军的步兵战后在日本享受惯了，害怕战争，害怕打仗，攻击精神差，吃苦耐劳精神差，要避开美军的海空优势，发挥我陆军的优势，重点打击它的步兵主力。"

毛主席说："对的。还是那句老话。美帝国主义既是真老虎，又是纸老虎，看遇到什么样的对手了。从战略上讲它是纸老虎，但从战术上讲它又是真老虎。对强者它是纸老虎，对弱者它又是真老虎。针对它的优势打是真老虎，针对它的弱点打就是纸老虎。"

彭德怀说："确实是这样。1945年秋，美国一下武装了蒋介石30个师，给蒋介石政府13亿美元的军事援助。蒋军的整编师，以第11师为例，有火炮400多门，火箭炮120多门。我们火炮很少，尤其缺少大口径山炮。美元使蒋介石冲昏了头脑，陈诚扬言3至6个月消灭我军。蒋军陆海空军协同配合，气势汹汹，怎么样？还不是被我军打败了？我们在延安以北，在主席的指挥下，以小部与胡宗南主力'蘑菇'，主力隐蔽在青化砭，一个小时歼灭胡宗南的主力第31旅，接着在有效地调动了敌人的情况下，在瓦窑堡又歼灭他的第135旅，然后趁胡宗南北上找我主力时，端了胡军的后勤基地蟠龙。我相信，美军的部队不比胡宗南部队强到哪里。"

1947年冬，在转战陕北时，有人说关云长能打善战。毛泽东立即更正说："关云长不如彭德怀。"解放战争时，陈毅向中央军委推荐粟裕时说："最近粟裕、陈赓脱颖而出，前程远大，将与彭（德怀）、刘（伯承）、林（彪）并肩迈进。"

这几位将领一直是毛泽东的爱将，大战、恶战、决战，少不了这几位将军的身影。所以，毛泽东对彭德怀出征挂帅是非常满意的。

他对彭德怀说："毫不夸张地说，世界上任何一个国家的将领，都没有我军的将领们经受的战争时间长，也没有我们的战争经验多。"

彭德怀说："那倒是，我们打了多少年！"

"我们还要研究一下入朝作战的方案。"毛主席在地毯上一边缓缓走着，一边燃着一支烟说："我考虑中国出兵援助朝鲜这场战争，是我们与美帝国主义兵戎相见。我们过去还没有直接同美国打过仗。美国有空、海军。我们不能让美国有制空、制海权。否则，对我军极为不利。"

彭德怀注视着主席的身影，没有打断他的思路。

四　毛泽东决定出兵朝鲜半岛后，一方面夜以继日与彭德怀运筹作战预案；一方面派周恩来飞抵黑海阿布哈兹，与斯大林秘密商谈"三国演义"战略；斯大林出语惊人：苏方不能出动空军，中方"不能见死不救"

14. 毛泽东说"中央只能给你10天的准备时间"

毛主席在地毯上边沉思边走着，说："这样，我考虑，派恩来同志立即去莫斯科见斯大林同志，商谈由苏联出动空中支援问题，商谈更换我们东北边防军的武器装备问题，你看有没有必要？"

彭总脸色一亮，说："非常必要呀，主席。"

毛主席又说："苏联是社会主义阵营的老大哥，他们也有国际主义义务嘛。他们出动空军，我们出动陆军。这样，战略上配合，中苏联合对付美帝国主义，就形成了一种三国形势了嘛。恐怕'魏武帝'杜鲁门，就不会放胆北犯了。"

彭德怀深思一下，抬起头，说："好，总理去见斯大林很对。要形成一个三国格局。"

毛主席接着说："当然，斯大林这个人，对我们中国党是有成见的。他在共产国际，在苏联挂王明的像。他过去认为我们不是马克思主义者。

抗日战争时期，他派王明回来，在中央要'共同领导'，主张'一切经过统一战线'，就是一切经过蒋介石政府，让我们放弃领导权。解放战争后期，斯大林主张隔江而治。我们都不同意嘛。现在他怕什么呢？他怕苏军参与会破坏雅尔塔会议后的世界格局。但他还是马克思主义者，我们的要求符合国际主义原则。"

彭总说："实际上他们已经参与了。斯大林的私人军事代表马特维耶夫中将，大使什特科夫上将、军事顾问瓦西里耶夫中将在那里亲自指挥，弄成这个样子。祸就是他们闯的。他们怎么能洗手不干了呢？理所应当出兵嘛。中苏应该共同出兵。当然，一定要做通斯大林的工作。"

毛主席笑一笑，说："中国党派自己最好的外交家去游说嘛。"

"是呀，是呀。"

彭德怀觉得毛主席所言极是。周总理作为名相出使莫斯科，是最佳人选了。

毛主席正色道："恩来此去，也要速决才是。因为战争不等人哪。"

彭德怀抬起头来，凝视着毛主席伟岸的身躯，问："主席考虑，我们参战的最早时间是……"

"这个问题，我同恩来、少奇、朱总几位商量过了。现在美军疯狂北扑，北朝鲜地幅狭小，美军会很快占领全境。所以，中央只能给你10天时间做准备。"

"10天？"

彭总掐指一算，今天是5日，那么应该是15日了。打这么一场战争，就10天的准备时间，太仓促了。可是，这也是没有办法的，不以我们的意志为转移的呀！

"10天时间，是短了。但我军也不是毫无准备。13兵团已于7月底调至东北边防。中央令他们训练准备已两个多月了。这支部队从领导到部队，都是可靠的。邓华、洪学智、韩先楚这几个人在东北都是指挥过一个纵队作战的，都是能打的，他们又熟悉部队。德怀同志，你看呢？"毛主席征求彭德怀的意见。

彭总知道13兵团的这几个军是军委的战略机动部队，部署在战略机动位置，是我军的一等部队，都有井冈山的老底子，是能打善战的部队，抗日战争时期是115师343旅或344旅的部队，被萧华、彭明治、陈光、罗荣桓、黄克诚先后带到了山东和苏北战场发展起来的。东北解放战争时期，是1纵队、2纵队、3纵队，6纵队，战功赫赫。7月已经移防东北边防。

彭总沉思一下，说："我虽然对四野的部队不熟悉。但这几个部队的老底子还是井冈山的。对这几个部队的作战能力，我不怀疑，不担心，我最担心的还是主席说的苏联空军问题。"

"那个问题要等待两党协商的结果了。明后天，就请恩来出发。"毛主席目光炯炯地瞅着彭德怀说："你至迟8日要到沈阳，我马上把我们出兵援朝的决定电告金日成同志。"

彭德怀站起来要走了，毛主席突然又想起来似的，说："对了，老总呀，你对你的指挥所设立问题怎么想的？"

"我还没来得及考虑"，彭总说。

"这样，中央考虑，为了你以及指挥所的安全起见，为了免遭敌机轰炸，指挥所应设在鸭绿江北岸一隐蔽位置。"

彭德怀双眉耸起，断然说："那不行，主席。"

毛主席稍稍惊讶地"哦"了一声。

"我的指挥所不能设在鸭绿江北岸。"

"啊？你是说不能设在北岸？"

"是的，主席，部队打到哪里，我就应当到哪里。"彭总补充说，"我向来习惯靠前指挥。设在北岸，影响不好。作为部队的统帅，应该同作战部队在一起。"

"那样的话，你的统帅部，万一被敌人一下子炸掉呢？"主席问。

"不会，不会。"

"不是不会。万一呢？那我军不是出师不利吗？"

"总而言之，主席，叫我彭德怀去，我就不能在北岸设指挥所。我的指挥所必须过江。与金日成同志在一起，以便协调两军，统一指挥作战。"

"你彭德怀还很倔强呀！"毛主席长出了一口气："好吧，你自己考虑吧。"

彭德怀继续说："另外还有一个问题就是志愿军出国作战的宣传报道问题。"

毛泽东主席点着一支烟，抽了两口，瞅着彭德怀。

彭德怀继续说："在战斗打响之前，应绝对保密。打响之后，新华社在报道和广播方面也应注意分寸。要设法转移敌人的视线，使其产生判断上的错觉，以便我军各路部队迅速隐蔽过江，潜伏在北部大山之中，取得战斗的主动权，力争初战胜利，以提高士气，稳定人心，扭转被动局面。"

毛泽东说："好，我给胡乔木交代一下。"

战争这架机器不是吃素的。

战争这架机器每时每刻，不管谁胜谁败，都要大口大口地吞噬掉难以数计的年轻的生命。

这一点，恐怕没有比彭德怀更清楚的了。

从丰泽园出来，回到北京饭店，不料这一晚又没睡好。他比昨晚想得更多了，更复杂了。

"该给浦安修打个电话吧？"他眺望着窗外的长安街问自己。浦安修虽然出身大家，但她毅然参加革命，毅然到敌后，与自己是太行山根据地的患难与共的夫妻。在砖壁村，王家峪，南会、军寺，麻田村，那些农村土屋里的日子，吃黑豆，吃秕糠，拉不出屎，令人难忘。自己受中央的派遣挂帅出征给她打打招呼吧？

"没必要"，他回答自己。

他像摆脱什么蛛网似的摇摇头。忽然，他又暗自笑了。记得前天离开西安时，张养吾向他请示。"彭总，要不要带手枪？"他感到这个张养吾真是愚不可及，回答说："到中央开会，带什么手枪？"噎得张养吾瞠目结舌。没想到，这次倒是真应该把手枪带来的。出发时，给杨凤安打个电话吧，让他把文电都交给浦安修，赶紧来吧，把手枪给我带来。要知道，是出兵援朝问题，不是西北问题，应该叫杨凤安跟来的。

"诸葛亮英雄一世，最后病死在五丈原。"

这件事突然又顽强明晰地出现在他的脑海里。

"想这事干吗？"他生气地问自己。

"万一被敌人一下子炸掉呢？"这是毛主席说的。他想，娘卖的，难道就那么倒霉吗？恰好一个炮弹就把我彭德怀的指挥所炸掉了？那样的话，对中国军队对世界的影响太大了。那时候彭德怀就不是彭德怀了，不是个人了，而是代表国家了。当然不能出现那种最坏的局面。西路军失败时，徐向前同志只身跑回延安，对主席说"全军覆没了。"主席说："只要你徐向前回来,就不能说全军覆没了。"

他今晚也不着急上床了,就是这样一个人沉思默想着。"我彭德怀还不能轻易被美国炸掉呢!"他想。在鸭绿江北岸找一个隐蔽位置,是万万不可行。主席可以那样考虑,我彭德怀不能那样想。娘卖的,作为军人,战死沙场,死得其所矣!不能考虑那么多。从国内革命战争,到抗日战争,到解放战争,多少战友牺牲了?黄公略、段德昌、董振堂、赵博生、邓萍、彭雪枫、刘志丹、左权……这些他十分熟悉的高级将领,突然一个一个都出现在他的眼前。左权是我军唯一经过全面系统军事教育又久在战阵经验丰富的高级将领,1942年5月25日,我们两个一块带领部队突围。天上有红头日机轰炸,地上日寇围剿近在咫尺,左权一定要让我先出去,结果我出去不到几分钟,他就牺牲了。多好的战友,多好的将领,多么的高风亮节!左权牺牲8年了!我比他多指挥打了很多仗,老夫满足矣!我遗憾的是作为战友,没有去看看左权的母亲。怎么也应该抽时间去看看她老人家的呀。她老人家一直在等她的儿子回去。南下解放大军的领导罗舜初去看望老人家,告诉她左权5年前已经牺牲了,知道后不到一年,她老人家就辞世了,她的精神支柱没了!这个罗舜初!

他记得黄公略牺牲后,追悼大会上有挽联道:"广州暴动不死,平江暴动不死,如今竟牺牲,堪恨大祸从天落。"我彭德怀如果这次死去,该是平江暴动不死,万里长征不死,抗日战争不死,解放战争不死,抗美有幸献身。他记得自己有过几次大难不死的惊险情景,从未与同志们说。没死还吹什么!殊不足道,侥幸又侥幸,不是克敌制胜的好方法。干革命不能寄希望于侥幸,要走武装斗争的道路,还要有一套毛主席那样的战略战术。

10月6日,东西长安街上车辆很少,有小旋风打着转儿向西刮去。前门火车站有火车出站的鸣声传来。

彭总早晨起床后在阳台上站了一会儿,满脑袋里都还是与主席亲密交谈的情景和入朝后怎么打的问题。

用过早餐,他突然告诉张养吾:"你替我的侄儿、侄女们向学校请两天假,就说我要见见他们。"

张养吾心想,彭总来北京一趟不容易,是该见见。

接他的车到了。今天是到中南海参加周总理主持召开的党政军高级干部会议，讨论入朝作战相关的一系列问题。会议地点仍然是中南海西南侧的居仁堂，清末是袁世凯居住的地方。到会的有朱德、陈云、林彪、高岗、聂荣臻、杨尚昆、薄一波、滕代远、杨立三以及军委各总部、各军兵种的高级将领。会议室里坐得满满的。周恩来主持会议。他首先传达了中央政治局关于出兵朝鲜的决定，然后，总理说："我国出兵后，中国因素加了进去，就与美国进入了战争状态。各方面各条战线都要进入战时状态。工业要调整，要转入战时体制，尤其国防工业；东南沿海要立即进入战备，防止蒋介石在美国的支持下反攻大陆；要动员后备兵力，加强民兵训练，保卫海防；要加快空军的建设和训练，我们的空军要准备参战；后勤工作要立即行动起来，部队入朝，要立即落实各项后勤保障问题，要建立前运后送的运输线，要落实兵站、医院、仓库等等。总之是出兵的各项准备工作。需要中央协调的，尚昆你负责。"

杨尚昆点头用四川话说："是的。中办负责与中央各部门各省协调。"

周恩来对聂荣臻和杨立三说："荣臻，立三，你们要召开会，具体落实。一个一个部门地落实。然后，要给我汇报。"

聂荣臻说："会后立即开会布置。"

周恩来说："彭总参加了会，要着重研究一下入朝以后的作战方针问题。彭总你先说说。"

彭德怀习惯地摸了一下脸，说："好，那我就先谈一下。我根据抗战时的经验，考虑我军秘密过江后，要首先力争在朝鲜北部大山里站住脚，在北部建立山区根据地。像我们1936年第一次过黄河那样，在吕梁山区建立前进根据地。然后实行跳跃，向有利方向突击。对前进中的美军和南朝鲜部队实行伏击、侧击、穿插，尾击，打游击战。能够在朝鲜中部的蜂腰部组织起防线，最理想。蜂腰部以北就是山区，有利于我军行动，不利于美军机械化部队行动。"

周恩来插话："我同意彭总说的先建立前进根据地的方针。那个地方叫中央大山，山高林密，道路险要。我军在这种地形作战是不成问题的。有点像当年的太行山、吕梁山、五台山嘛。我军入朝后首先要创造条件，使自己不致被敌人战胜，然后等待寻找敌人可能被我军战胜的时机。比如毛主席经常说的等待敌人分散之后，单兵冒进之时。"

彭总说："我没有去过朝鲜。"

周恩来说："我们都没去过。不清楚那个蜂腰部具体情况怎么样，战场条件如何。因为情况太紧急了。荣臻同志找我们的代办了解了一些情况，我也同代办谈过。荣臻同志给彭总介绍一下，或者安排代办给彭总介绍一下情况。另外邓华那里掌握很多情况，到安东后，要安排邓华先给彭总介绍朝鲜的战况和敌情地形。通过这几条办法使彭总尽快进入情况。"

彭总点头。

周恩来补充说："邓华这个同志参加过湘南起义，后到井冈山。抗战时在晋察冀军区，担任过分区政委。听说长征时，他一直带着一本《孙子兵法》手抄本。很善于学习，指挥海南岛登陆作战刚刚结束，就到东北边防军去了，是一位有勇有谋的指挥员。他当彭总的助手，比较好。彭总你熟悉吧？"

彭德怀说："在井冈山就认识。抗战时，他开始是主力团685团的政委，后来到荣臻那里了。"

然后会议详细讨论了出兵援朝的作战方针、方案。确立了要在蜂腰部建立一块根据地，然后与美、李军周旋的战略指导思想。

彭总脑子里觉得还是有些不踏实。他没去过朝鲜，建立一块根据地的设想，不知在美军陆、海、空军立体攻势下能否实现。如果我军一旦在蜂腰部站不住脚，或者虽然站住脚，却十分勉强，对我并不有利怎么办？战场情况瞬息万变呀。我军的作战方针、方案也不能固定不变呀。总之，应该以变应变才是……

他装了满脑子这场战争的战略、战役和战术问题，夜幕沉沉时才回到北京饭店，没料到他的侄儿、侄女们见他进来，一拥而上，把他包围起来，"伯伯，伯伯"叫个不停。他这才忽然想起，是他让孩子们来的。想到就要奔赴生死莫测的战场，想到与孩子们有可能是生离死别，倏然，一股热气直撞胸膛，他的眼圈儿红了。他的手有些颤抖，一个个抚摸着孩子们的面庞，心中千言万语无法表达。他把自己仅有的几件衣服从箱子里拿出来，每个孩子送了一件，让孩子们留念。让他们日后睹物思人，对他们的学习、成长或许是一种激励吧！

无情未必真丈夫。我彭德怀喜欢这些孩子呀！

孩子们对他的行为大感不解，个个都睁大了眼睛。

"伯伯，你怎么了？"

"是呀，你怎么把衣服给我们了？"

"你穿什么？"

彭德怀噙着泪花，爱抚地看着孩子们，说："伯伯也许用不着这些衣服了，你们……"

孩子们直瞅他那破麻袋片似的黄呢军服，袖口都开线了。

"怎么用不着衣服了呢？"孩子们天真地问，指指他的袖口，"你看你的衣服……"

"伯伯用不着了"，他感到似乎哽咽难语，说："伯伯要出发执行任务。"

侄女彭钢惊讶地问："执行任务？不是回西安吗？"

"你们长大了，就会知道的"，彭总抑制住自己一阵阵冲击着泪腺的情感，不能多言，只是一个一个地拍拍他们的脑袋，眨巴着眼睛，说："记住伯伯的话，你们的任务就是好好学习……"

10月7日晚，在北京饭店的客房，彭总叫张养吾，说："准备一下，明天我们就走了。"

张养吾说："打电话告诉西安，接我们吧。"

彭总摇摇头，说："不用，不用告诉了，我们不回西安了。"

张养吾十分诧异，从4日下午到北京后，彭总就一直在开会，每天晚上回到北京饭店神情都异常严肃，不吭一声。张养吾根本不知道这几天中央讨论什么问题以及作出了什么重大决策。所以，这时他很吃惊："不回西安，到哪里去呀？"

"我们到东北。"

"材料也带上？"

"那材料也没用了，想办法转给习仲勋吧。我们要抗美援朝去！"

张养吾"啊"了一声，怪不得彭总这几天心情看去很沉重。

15. 毛泽东面授机宜，要打弱敌散敌，突出冒进之敌

10月7日，毛泽东主席的秘书通知彭德怀和高岗到菊香书屋。

彭总和高岗走进菊香书屋时，毛泽东正弯着腰，拿着放大镜在看铺在床上的朝鲜半岛地图。听到脚步声，他直起腰来，说："我正要找你们呢！"

他们两个进屋后站在主席面前，主席说："我通过情报部门了解了美军的兵力和南朝鲜的兵力情况。"

毛泽东点着一支烟，甩甩火柴，抽了一口，说："美军在西线部署主要是沃克的第8集团军，主要有4个师，骑1师、步2师、24师、25师；有英国的第27旅；伪军有伪6师、伪7师、伪8师，还有陆战1师、步兵7师；伪首都师和伪3师准备部署在东线。美第25师及土耳其旅在后方担任清剿任务，陆1师和步7师在船运中，准备在元山登陆。主要是这几个部队。那个步2师是参加过八国联军的。进过我们的北京城呀。"

毛泽东的菊香书屋真可谓是庭院深深，但他在这里通过我军的情报部门掌握的朝鲜半岛情况既准确又具体。在保安在延安在西柏坡都是如此。他对战争的决策和指导都建立在对战争形势准确地掌握和判断上。

毛泽东说："据说美军的战斗力还不如南朝鲜伪军呀。"

彭德怀说："这样说是有道理的。第8集团军占领日本后，在大城市酒气财色，贪图安逸享受，不说装备，单说士兵的战斗精神就差。"

毛泽东打着手势激动地说："你这个分析我同意。我们要在战略上藐视他们，在战术上重视他们。现在东北和朝北马上要进入冬天，论耐寒能力，恐怕美军不如我们四野这几支部队。我们这几支部队，我相信能打败他们！"

高岗说："南朝鲜部队的战斗力也就是相当于蒋军吧。"

毛泽东说："对呀。胡宗南部队是蒋军中几支战斗力很强的部队。德怀同志就专门对付胡宗南。最后扶眉战役消灭了他一半的主力，'青马宁马'都不敢出援。辽沈战役和淮海战役消灭的都是蒋军主力嘛。我们的策略是先打伪军，先拣弱的打；对美军，要打他孤立的，突出的。要用小部队，吸引调动敌人，准备好战场，装口袋，打伏击。"

高岗说："在东北四野的拿手好戏就是想办法调动敌人，使敌人分散，然后拣突出的孤立的打。"

毛泽东锐利的目光瞅定高岗，然后用拿烟的手，指指高岗，说："高岗你是参加了东北解放战争的，你要给彭总当好参谋。老彭的缺点是没有在东北打过仗。不过东北和西北的气候也有相同的地方。"

彭德怀说："都差不多。"

毛泽东说："现在得到的情报，美军已经集中在三八线以南一带。很快就会过三八线的。麦克阿瑟这位老兄是一个刚愎自用的将军，美国参谋长联席会议的话他都不听。他与联席会议的作战指导思想有很大的矛盾。

我判断，这位老兄，可能要帮我们的忙。我们要利用他的这种性格，嗯，老彭呀！"

彭德怀说"是，是。这个家伙很狂骄。我会注意到这一点。"

"按照麦克阿瑟的性格，我判断他一两天内就要过三八线。而且一定是让南朝鲜的伪军打头阵。李承晚的伪军也有这个积极性。"

高岗说："是的，是的。"

毛泽东走到床前，用放大镜在地图上扫描，说："现在摆在前面是伪6师，伪8师，伪1师。德怀，你过江后一定要抓住伪军一个师先一举歼灭！当然抓住两三个师就更好！我相信，我军还是有这个能力的！"

彭总看着地图，先点点头，说："我这个信心是有的。"

毛泽东拿起一份资料，说："这个资料你拿去。目前联合国军和伪军加起来约有40万，拥有飞机1000多架，海军的还除外，各型军舰300多艘。靠近了三八线的大约有13万人。这13万无疑是这一两天就要过三八线的。在我们研究的时候，说不定已经过去了。麦克阿瑟是个急性子呢！"说完把材料递给了彭总。

彭德怀举着材料说："我看越往北对他们越困难，气候，地形，道路都会不那么顺利的。"

毛泽东说："德怀呀，美国是估计不到我们会出兵的。麦克阿瑟更是如此。他想世界上有谁敢跟他作战呀？这对我军是很有利的。"

彭德怀说："我们就利用他的目空一切，打他的突然性。伪军和美军越脱离他们的后方越好嘛！越突出对我们就越有利，越分散越好打。南朝鲜这几个师立功心切，恐怕会很突出。我就打他们的主意。"

毛泽东抽着烟，很欣赏彭总说的这一条，不住地点头，拿烟的手对彭德怀点一下说："好，打分散之敌！"然后又点一下说："打突出之敌"；又点一下说："打冒进之敌。这是我军的一贯策略。好，第一仗就以伪军为目标，达到初战必胜的目的！你和高岗还要研究一下前线与后方的配合问题。"

高岗说："主席，我保证调动全东北的人力物力做好彭总的后勤！"

毛泽东用拿烟的手指指高岗："那就好。战争之道，要'明乎天道，辩乎地利，比量逆顺，鉴达兴亡之妙也。'美国是侵略军，战争是非正义的。我们反侵略，是正义的。我们入朝会得到朝鲜人的拥护。人心所向在我们这一边嘛。"

彭德怀说:"我们还是要与朝鲜人民敌后的游击战争结合起来。"

1938年,毛泽东在延安与艾思奇、郭化若、何思敬、萧劲光、罗瑞卿等组织战略研究会,用很长时间很好地研究了克劳塞维茨的《战争论》。这时,他说:"克劳塞维茨说过,民众武装和起义总的能起很大的作用。民心民意在作战力量中是一个重要的因素。我们在过去的战争中一贯是这样做的。过江后,要与金日成研究,发动民众组织游击队,发动南方人民起义,融兵于民嘛"(此建议彭总向金首相提出,苏联顾问不同意,未成功)。

毛泽东拿烟的手用力一点高岗,说:"后勤做不好,影响了前线作战,唯你高岗是问!"

"是!"高岗夸张地抬高了声音。

谈话结束,毛泽东把他们两个送到小院里,走到草坪中间的小道,站住,跟他们握手,说:"明天你们立即去沈阳,恩来飞莫斯科,与斯大林商量他们出动空军问题。我在这个小房子里等着你们两路的佳音。"

16. 周恩来带着中国政府的方案飞到阿布哈兹见斯大林

菊香书屋,毛泽东坐在大床上,手中举着一本线装书靠在床头上专心致志地读着。

突然,他把古书放在床上,手拿一支铅笔,下床来走到朝鲜地图前,用铅笔指着三八线一带。

用铅笔使劲点了几下,他放下铅笔,在地毯上踱来踱去。

他在运筹,一方面彭德怀挂帅出征;另一方面派周恩来出使苏联,与斯大林商谈两国共同反对美国侵略者问题。

10月8日,周恩来出发前到菊香书屋请示机宜,然后,带着中央政治秘书室主任、俄文翻译师哲、秘书康一民从北京起飞。林彪经中央批准到莫斯科看病,也与周恩来同机。

10日飞抵莫斯科,下榻奥斯特罗夫卡娅8号公寓。这个季节斯大林不在莫斯科,在黑海之滨休养。

斯大林对黑海北部海湾克什米尔、索契、阿布哈兹等南方疗养胜地情有独钟。他的家乡哥里有一条唐纳河,与黑海沿岸风景气候大同小异。他喜欢在黑海疗养地过夏天或秋天。他的疗养地外边不远处就是金属丝网围着的海滨浴场,有卫兵日夜值班。但他从来不去浴场游泳。他常常在别墅的阳台藤椅上一边晒太阳，一边看书，同时酝酿党和国家大事的战略决策。他读书十分广泛。读书，常常引发他一些政治思考，产生新的决策。

无论是在克里姆林宫还是在南方疗养地，斯大林的办公室都挂有巨幅的苏联地图，在房间的屋角支架上有一个巨大的地球仪。他每天要读尺许厚的文件，他的信息非常灵通，对世界局势的演变了如指掌。这一段时间，他在阳台上常常抽着烟斗，瞭望着闪耀着金光的黑海，冷静地思考着朝鲜半岛战争的推演形势。杜鲁门虽然派遣第8集团军介入朝鲜，企图变朝鲜半岛为他的军事基地。但美国目前还没有为发动一场大规模战争做好准备。日本军国主义还没有复原，还没有能力给美国以军事援助。德国现在不能给美国任何帮助，欧洲其他国家更不成为重要的军事力量。麦克阿瑟在取得仁川登陆成功后是不会收兵的。他们一定会占领全朝鲜半岛。中国领导人已经有过多次声明，如果敌人越过三八线，就准备派几个师援助朝鲜同志。中国同志之所以准备去朝鲜，是为了防止朝鲜变为美国和未来军国主义日本的军事基地。这与中国是利害攸关的。中国出兵仍然还是地区局部战争，苏联出兵就是世界大战……

11日，在布尔加宁的陪同下，周恩来、林彪飞到风光旖旎的黑海边疗养胜地阿布哈兹阿德列尔斯大林疗养地。此外，索契、克里米亚塞瓦斯托波尔、雅尔塔都是苏联领导人的疗养胜地。

周总理一行稍事休息，抓紧时间又熟悉了带来的资料，然后按苏方的安排先游览了阳光明媚的金色海滨胜地。

下午，中苏双方开始正式会谈。

苏联政治局委员们都已经等候在阿德列尔斯大林的别墅内。

阿德列尔别墅会议室的墙上挂着政治局委员的标准像。斯大林的身材中等偏下，十分壮实，脸上有少量麻点，前额较低，浅褐色的眼睛十分锐利，眼睛周围有浓密的皱纹，上唇蓄着两角上翘的黑髭，浓密的头发已经露出花白。他习惯穿咖啡色的军上衣和同样颜色的裤子，然后像高加索人一样经常穿皮靴，裤腿塞进皮靴里。他在少年时，左手曾经受过伤，他习惯用受伤的左手握着烟斗，说话声音低沉、缓慢、平静而明白，好像是口授给记录者那样的速度，十分准确明白。斯大林一直未学外语，所以他说俄语有浓重的格鲁吉亚口音，常常读错重音。斯大林办公室的正中是铺着绿呢台布的长长会议桌。每个委员都在自己像前的座位上就座。苏方由费德林翻译，中方由师哲翻译。

苏方主要是斯大林发言，中方发言人是周恩来。

这时，周恩来心中还不知道斯大林究竟在中国出兵后是不是会对我志愿军提供武器装备援助，再就是提供空军掩护。7月，我东北边防军刚组建时，斯大林允诺，一旦中国军队以志愿军形式出动到朝鲜作战，苏联为其提供空中掩护。而且在志愿军出兵后，美国会报复中国，会轰炸我国大城市和大型工业基地，其海军会攻击我沿海地带。这都需要苏联提供空军协助。不清楚斯大林在现形势下对这几个问题意见如何。这几个问题正是中国领导同志和东北边防军将领们最关心的问题。周恩来在注视着斯大林的表情。

斯大林首先简单地介绍朝鲜前线的情况。

他身着大元帅服，左手拿着他的大烟斗，并不坐，而是围着会议桌子慢慢走着，一边走，一边顺着自己的思路慢条斯理地说："大概中方已经注意到朝鲜半岛的一般情况。朝鲜同志由于战争开始时军事进展顺利，疏忽了对情况逆转时的思想准备，也许产生了轻敌思想。当美帝在仁川登陆反扑后，朝方压力很大，现在招架不住了。看来，敌人不会就此止步，不会停止前进，如果碰不到强大阻力的话。"

斯大林也在不断地目视着专注地听他讲话的周恩来，他继续说："朝鲜目前已受到极大的挫伤，战场形势是严重的，对我们都是很不利的。今天想听听中国同志的看法和想法。你们是否准备出兵援助朝鲜同志？"

然后，他坐下来，目视着周恩来。显然，苏联老大哥想摸摸中国党和政府的底线。

周恩来用淮北人的普通话清晰地对斯大林说："斯大林同志，中国党和政府对朝鲜局势的一般情况是了解的。特别是考虑和研究了国内实际情况及主观因素，我们政治局讨论此问题时，多数同志意见以不出兵为宜。"

斯大林习惯把烟斗攥在手心里，一边沉稳地踱步听着周恩来的讲话，一边思索问题。

他的步态很笃定很稳健很轻松而且很有弹性。这是一个成功者的步态。在他的领导下，苏联进行了农业集体化，变一个传统的农业国为世界上的工业强国，具有先进科学技术和发达的文化。这位伟人以自己的天才和智慧创造了一个时代，创造了历史，推动了历史，但他最大的心病是1922年列宁写信给党的代表大会要求把斯大林从总书记职位上撤下来。

他喜欢直视着向他请示汇报的汇报者。这种目光有疑问，有等待，也有不信任，常常使一般汇报者躲避不及，不知所措。

斯大林办公室外面的接待室坐着秘书波斯克列贝舍夫和德文斯基、托夫斯图哈。除他们3人之外，实际上还有一个各方面专家组成的秘书处作后盾。

周恩来说："我国连年遭受到极其严重的破坏，许多有关部门国计民生的问题没有解决。如果现在又卷入战争，不仅人民的困苦生活无法改善，而且国家的经济恢复工作也无从谈起。在这种情况下，还要担负战争消耗的重担，实在困难。况且军队的武器装备和接济无不困难重重。战争不是儿戏，陷入这个旋涡，多年摆不脱身，如何收场！并且这场战争如果僵持下去，还可能牵涉各兄弟国家。"

斯大林有时站住，有时踱着听毕周恩来的意见，重新坐下来，抽着烟，专注地目视着周恩来，然后仍然是缓慢地说："按目前的情况，美军已越过三八线，进入朝鲜北部。朝鲜如果没有后援，至多只能维持一个礼拜的时间。在这种情况下，与其进行无望的抵抗，最终会被敌人消灭掉，就不如早点主动撤退，以保持所剩的有生力量，以待他日，或许还有东山再起的希望。我们必须把可能出现的各种情况都设想一下，作出全面的估价，制定出具体的措施和对策。"

周恩来目光炯炯地目视着斯大林，不时动一下右臂，沉默不语。

斯大林见周恩来不言语，自己笑了笑，继续说："无论是自己撤退，还是被敌人消灭掉，这都意味着让敌人占领整个朝鲜半岛，美军和伪军将陈兵鸭绿江、图们江。估计那时我们，特别是中国东北恐怕就不会有安宁的日子了。中国内地的情况自然不同一些，但东北的经济恢复工作恐怕谈不上了。他们那时怎样都可以进行骚扰，从空中、陆地、海上随时可来。对中国的东北和沿海大中城市是一个很大的威胁。当然，现在还难以预料以后的一切。如何对付可能出现的这种情况，是必须考虑到的。"

斯大林主要是阐述中国不出兵对中国是不利的，美军和伪军随时会威胁中国的边防，威胁中国东北的经济建设和沿海城市。至于局势以后如何发展还难以预测。

布尔加宁，莫洛托夫等政治局委员都只是洗耳恭听，不作一声。

会议室内十分寂静，苏联政治局委员们都专注地看着自己的领袖。斯大林抽了几口烟，依然用十分平静的语气谈到让朝鲜同志及时撤退到中国东北以待东山再起问题。他说："如果朝鲜同志支持不下去，眼看着他们白白牺牲，那就不如马上告诉他们做有组织有计划地撤退，并答应他们把主要力量、武器、物资和部分工作人员、干部撤到中国东北，而把老弱病残、伤病员大部分撤到苏联境内。之所以要把有生力量撤到东北，是为了以后便于重新进入朝鲜。从中国东北要比从苏联进入朝鲜容易得多。总之，我们两家都得承担起这个重担。建议把我们商谈的这个情况，即撤退的意见，立刻电告金日成，不能拖延时间。"

周恩来向斯大林说明，只要苏联同意出动空军给予空中掩护，中国就可以出兵援朝。斯大林表示将向中国军队提供武器和装备，又解释苏联不能出兵的理由，说是苏联虽设想过帮助朝鲜，但早已声明苏军已从朝鲜半岛全部撤出，所以不能出现在战场，更不能同美国直接对抗，否则就是国际问题了。

他还表示，虽可提供苏联空军支援，但不能进入敌后，以免飞机被击落造成国际影响。

苏联确实在1948年12月下旬已经宣布苏联军队全部从朝鲜撤退。但苏联的军事顾问并没有撤出。朝鲜每个师旅中都有苏联顾问10多名。朝鲜人民军的武器装备都是朝鲜政府用金矿石或者其他矿石与苏联实物贸易的。马特维耶夫中将、瓦西里耶夫中将、什特科夫上将等军事人员实际上还在指挥着人民军部队。

斯大林手中拿着烟斗继续说："所以我们设想，中国可以出动一定数量的兵力，我们供应武器装备；在作战时，我们可以出动一定数量的空军作掩护。"

周恩来和林彪都很注意地听斯大林可以出动一定数量空军问题。在中国组建东北边防军时，斯大林就有这个承诺。中国党和国家领导人太关心这个问题了。尤其我们军界的领导同志，彭老总、邓华等多次向中央反映这个问题。因为如果美军在朝鲜完全掌握制空权，就可以在我部队的前线和后方进行不间断的狂轰滥炸和低空扫射，使我军的作战和后方供应受到极其严重的威胁。可以封锁我军的阵地，可以切断我前线部队的供应。周恩来、林彪很想听听斯大林的说法。

斯大林停顿了一会儿，然后说，自然，我们出动空军也只限于在后方和前沿活动，而不能深入敌后。

周恩来说："我们希望苏联出动空军给中国志愿军以空中掩护。"

斯大林手拿着烟斗，对周恩来说："苏联的空军不能出现在朝鲜战场，更不能与美国直接对抗，以免被敌人击落、俘获，这在国际上会造成不良影响。但两个月至两个半月不能出动空军为志愿军提供空中掩护。"

周恩来很诧异地看着斯大林。

道理很简单，苏联空军不能深入敌人后方，不然被俘会造成不良影响。那么，中国军人进入朝鲜战场，被俘会不会造成不良影响？不同样是兄弟国家吗？

斯大林不是如此思维。他说："（苏方）曾设想装备中国的陆军（步兵、炮兵、工兵、坦克部队、机械化部队等）、空军并设法帮助建立海军（这是要花很多的钱和时间的）。"

接着，斯大林详细叙述，苏联的设想，中国决定出兵朝鲜后，苏联可以装备中国多少个师的部队，援助多少坦克，多少大炮，帮助中国军队装备多少机械化部队和特种兵部队，给中国人的印象是苏联在第二次世界大战后，有极大储量的剩余军火，可以慷慨解囊，援助中国军队到朝鲜作战。

他对周恩来说："中国政府想改装部队，使各兵种规范化、整一化、现代化的做法是完全正确的、合理的。但我们的经验是：在战时完成这样的计划，要比平时完成得更快更好，更有成效。同时，部队因为处在战斗中，也可以随时发现缺点，随时改进，以臻于进一步完善。"

斯大林的言下之意很明白，就是中国军队要得到苏联援助的军事装备，必须是要在战争中，也就是说，中国必须决定出兵援助朝鲜方可。

周恩来伸屈一下右臂，"啊"了一声，表示对斯大林的讲话意思已经听得明白无误。

斯大林说："中方提出的改装部队的意见，交由布尔加宁负责同军部和中方同志共同研究处理。"

布尔加宁给周恩来点头致意。周恩来也回以一个点头致意。

周恩来在1960年7月31日中共中央工作会议上曾讲到这次会谈的情况:"它逼近了鸭绿江,我们就下决心,去与斯大林讨论。两种意见:或者出兵,或者不出兵,这是斯大林说的。我们问:能否帮空军?他动摇了,说中国既困难,不出兵也可,说北朝鲜丢掉,我们还是社会主义,中国还在。"

然后,会谈进入宴会的轻松阶段,斯大林的秘书波斯特列贝舍夫担任主角,指挥一切,中苏双方人员海阔天空地聊,世间奇闻,奇风异俗,外加各种酒令,气氛十分活跃。

斯大林出生在格鲁吉亚的哥里,他的家乡盛产葡萄酒。他很爱喝葡萄酒。他给周恩来敬红宝石葡萄酒,周恩来以豪饮著名军中,此时他慷慨地一饮而尽。再敬,又是一掀见底。

中苏这场宴会直至太阳从东方升起。众人皆酒意酣浓,醉眼蒙眬,唯有林彪独醒。

大家都热烈拥抱握手而别,林彪坚持不与斯大林喝酒自觉无趣,低头不语,悄悄退出。

晚上,斯大林与周恩来联署一封电报把情况通报了中共中央。

12日早晨,周恩来在布尔加宁的陪同下,乘飞机飞返莫斯科,下午3时到达莫斯科,仍然下榻奥斯特罗夫卡娅8号公寓。

进入俄罗斯古老风格的客厅,周恩来在沙发上坐下来,把右臂伸屈了几次,活动了一下筋骨,然后端起秘书已经泡好的茶杯喝茶,像雕塑一样陷入沉思默想。

毛泽东接到斯大林和周恩来的联名电报后,立即于10月12日20时急电彭德怀、高岗和第13兵团领导人:"出兵命令'暂不实行,十三兵团各部仍就原地进行训练,不要出动'。"同时指示高岗和即将赴朝鲜会晤金日成协商有关志愿军出动作战事宜的彭德怀,立即回北京。

13日,毛泽东与政治局同志对出兵问题又进行了一次研究讨论。彭德怀后来回忆说:"周总理、林彪赴苏联,苏联答应出枪、炮、弹……但不出动飞机。毛主席这时就以此为由又问我,可不可以打,苏联是不是完全洗手？我说：'这是半洗手，也可以打。'最后是毛主席讲：'即令打不过也好，他总是欠我们一笔账，我什么时候想打，就可以再打'。"

中共中央政治局讨论一致认为，即使苏联两个月或两个半月不能出动空军掩护，中国人民志愿军也还是出动到朝鲜为有利。毛泽东将讨论结果于当日22时电告周恩来，同时要求周恩来再就有关问题与苏联方面进行协商。电报内容如下：

（一）与高岗、彭德怀二同志及其他政治局同志商量结果，一致认为我军还是出动到朝鲜为有利。在第一时期可以专打伪军，我军对付伪军是有把握的，可以在元山、平壤线以北大块山区打开朝鲜的根据地，可以振奋朝鲜人民重组人民军。两个月后，苏联志愿空军就可以到达。六个月后可以收到苏联给我们的炮火及坦克装备，训练完毕即可攻击美军。在第一时期，只要能歼灭几个伪军的师团，朝鲜局势即可起一个对我们有利的变化。

（二）我们采取上述积极政策，对中国、对朝鲜、对东方、对世界都极为有利；而我们不出兵让敌人压至鸭绿江边，国内国际反动气焰增高，则对各方都不利，首先是对东北更不利，整个东北边防军将被吸住，南满电力将被控制。

（三）真日菲里波夫（笔者注：即斯大林）和你联名电上说，苏可以完全满足我们的飞机、大炮、坦克等项装备，不知它是用租借办法，还是要用钱买，只要能用租借办法，保持二十万万美元预算用于经济、文化等项建设及一般军政费用，则我军可以放心进入朝鲜进行长期战争，并能保持国内大多数人的团结。

（四）只要苏联能于两个月或两个半月内除出动志愿空军帮助我们在朝鲜作战外，又能出动掩护空军到京、津、沈、沪、宁、青等地，则我们也不怕整个的空袭，只是在两个月或两个半月内如遇美军空袭则要忍受一些损失。

（五）总之，我们认为应当参战，必须参战。参战利益极大，不参战损害极大。只对上述第三、第四两点没有把握，因此，请你留在莫斯科几天，和苏联同志重新商定上述问题，并电报速复为盼。

师哲赶紧跑到康秘书房间，拿过第一页送给总理看。

周总理坐在沙发上，接过电报首页，看过，很久一言不发。然后双手抱头，久久地沉默不语。

电文由康秘书抄出一页，师哲跑来送给周恩来一页。总理看完，要求师哲译成俄文，立即送给苏联外交部长莫洛托夫，要求他立即送给斯大林。并且要求中苏双方重新约定时间，再次举行会谈。

苏方在莫斯科的政治局委员只有布尔加宁和莫洛托夫二人。

布尔加宁正在忙斯大林交办的事情。

晚间，周恩来紧急约见并与莫洛托夫举行会谈。周恩来说："刚刚接到我国政府的电报，我国政府已经决定出兵援助朝鲜。希望莫洛托夫同志立即报告斯大林同志，并告诉我们斯大林同志对中国政府决定的意见。"

莫洛托夫说："电文已转给了斯大林同志，还未接到他的指示。不过昨天斯大林同志已经谈过中国出兵后，军火供应是没有问题的。虽然双方还没有最后谈定，但我是大概了解你们的意见和要求的。"

周恩来把与斯大林会谈时提出的需要援助的军事项目与数量又重复了一下。

莫洛托夫的夫人因为一个医生案件正在被苏联党纪部门审查中，所以他不回答任何问题，一切都由斯大林做主。他说："这一切必须由斯大林同志最后确定，我是不能做主的。"

周恩来提出与斯大林商谈的中国军队入朝需要的坦克和大炮数量。

莫洛托夫立即说："我记得没有这么大的数量。"

周恩来说："有的，就是这么一个数字。"

莫洛托夫说："没有这么大。"

周恩来说："有的。"

接着双方商谈了物资运输、集中地点、转交手续、接管、转运、防空等具体环节问题。苏方指定物资集中转交的地点是奥特波尔。中国车辆到此验收、接管、转运。斯大林遵守承诺，11月将第一批军火移交给了我方。然后由满洲里进入我国东北的中长铁路线。后来在援越抗美时，苏联的军事物资也是走的这条线到凭祥。

当时因为形势紧迫，没有就苏联援助的军火要斯大林明确要不要偿还。在回国的飞机上,周总理对师哲说,准备下次会见斯大林时,正式提出这个问题,争取让斯大林明确,我国接收苏联的军火是苏联对抗美援朝作出的贡献,是苏联对社会主义国家朝鲜和中国的支持。但以后没有机会再谈这个事情,斯大林逝世后,被赫鲁晓夫钻了空子。中国人民着实挨了赫鲁晓夫一鞭子。

17. 彭总对朴一禹说"我希望与金日成尽快见面"

10月8日,毛泽东主席发布命令,将东北边防军改为中国人民志愿军,迅即向朝鲜境内出动,协同朝鲜人民军向侵略者作战;志愿军辖第13兵团及所属第38军、39军、40军、42军及炮兵第1、第2、第8师。须立即准备完毕,待命出动。任命彭德怀同志为志愿军司令员兼政委;志愿军以东北行政区为后方基地,统由东北军区司令员兼政委高岗指挥并保证之。

当时,倪志亮是我国驻朝大使,是解放初期中央任命的耿飚、彭明治、黄镇等一批将军大使之一。他是黄埔生,参加过广州起义,1931年任鄂豫皖红4军11师师长,两年后任红四方面军参谋长。抗战时期任129师参谋长,晋冀豫军区司令员,是我军老资格的将领之一。这一天,他接到毛泽东电示,命他转告金日成,志愿军即将出国援朝,请金日成派人立即前往沈阳与高岗、彭德怀会晤。

早晨,北京的天空灰蒙蒙的,秋风萧瑟,在街道上扫来扫去。

彭德怀的卧车出北京饭店,驶入西长安街,在五棵松右转,向西郊机场奔去。他要立即飞向沈阳赴命。

高岗与他同机,到东北的还有总参作战部的成普、海欧、徐亩元、龚杰和秘书张养吾,毛主席的大儿子毛岸英以及几个苏联顾问。

飞机飞离北京上空,转向东北方向,到秦皇岛时遇到了左侧山区和右侧大海交流的强大气流,飞机在气流的冲击下,不断地颠簸着,一位苏联顾问的铅笔滚落到地板上。

毛岸英立即用俄语提醒苏联朋友说:"达万里希(同志),你的铅笔掉了。"

苏联朋友说了声:"西巴西巴(谢谢)!"把铅笔捡起来了。

这时,张养吾吃惊了,这位中国同志怎么会俄语?他小声问成普,成普神秘兮兮地说:"是毛岸英。"

张养吾不明白:"毛岸英?"

"毛主席的大公子。"

"啊!"

"他从苏联留学回来的,参加过苏联卫国战争。"

"怪不得会说俄语。"

在中央政治局扩大会上,毛主席决定让彭总挂帅出征后,彭总就揣摩着要成立一个军事指挥的班子。还要有几个得力的副手。这个班子要小而精,类似战场统帅部的样子。这个小班子也是麻雀虽小,五脏俱全,要包括军事、机要、通信、翻译等人才。像在延安的军委作战班子和在太行山八路军总部作战班子一样,虽然是参谋,但都要经过战争的锻炼,对我军这一套战略战术作战经验要很熟悉,业务要很精通。不能要只是纸上谈兵的家伙。他想到在西北战场跟他多年的"高参"高瑞欣,然后还得从军委作战部抽几个高参,再从东北军区找几个老参谋。在这个小班子下再指挥已在东北边防的13兵团以及以后再调来的其他部队。

在杨凤安未从西北赶来之前,这个班子由成普牵头。后来这个班子逐渐增加,过江与13兵团司令部合并后,指挥部主要处室负责人是:彭总的办公室主任张养吾,副主任成普、杜鉴三、杨凤安;作战处处长丁甘如,副处长杨迪、原星;情报处处长崔醒农、副处长李士奇、江涛;通信处处长崔伦,副处长罗长波、张凯、唐士吉;军务处处长陈乙斋,副处长张耀,机要处处长卫继烈、傅文杰,副处长韩宗佑。这其中,有的是总参作战部的,有的是东北军区司令部的,有的是13兵团司令部的。比如杨迪就是13兵团的。他是湘潭人,抗战时期在延安军委作战局任参谋,解放战争时期到东北战场,任第6纵队作战科长,参加了东北解放战争全过程,组建兵团时,是15兵团司令部作战科长,15兵团与13兵团机关对调后,任13兵团司令部作战科长,13兵团与彭总的小班子合并后,任作战处副处长,分工负责作战业务。他是一个战役战术专家。

作战方案是首长与参谋班子集体智慧的结晶。开始确定跟彭总的小班子时,没有毛岸英。叶子龙让军委办公厅的一位科长去,但这位科长抽不出身来。这时,作战部副部长李涛将军推荐毛岸英跟彭总入朝。毛岸英当时是北京机器厂党总支副书记,新婚不久。毛岸英很乐意去,马上报告毛主席,毛主席很快同意了。彭总却不大同意毛岸英去朝鲜。但毛岸英说自

1952年杨迪在朝鲜
（图片由杨迪同志提供）

己参加过苏联卫国战争，一定要参加抗美援朝。毛主席也坚决主张他去。这样，毛岸英作为彭总的俄文翻译就进到这个高层小班子里来了。毛岸英是毛主席的儿子，这个情况，只有小班子里的几个人知道，对其他人则秘而不宣。因此，对毛岸英也无须什么特殊照顾，不像现在这么重视家谱。当时，毛岸英也是这样严格要求自己的，仅把自己看作是几十万大军中的一员而已，在志愿军司令部机关像一个普通的干部一样兢兢业业地工作着。他的工作主要是翻译，负责与苏联顾问的联络，但也经常在彭总办公室值班。

网络盛传联合国军司令麦克阿瑟侦悉毛岸英在大榆洞后，派敢死队刺杀毛岸英的离奇故事，不仅是对毛岸英烈士的不尊重，也是对当年历史的任意演义消费。麦克阿瑟对26万志愿军过江尚且不知晓，如何晓得毛岸英在大榆洞？

飞机战胜强大的气流，平稳后，彭总从窗户口往下瞭望，辽西一带的山区像一个个小动物趴在大地上，有时候拥挤在一起，有时候疏散开。他一边看，一边琢磨，到沈阳要马上把指挥作战班子建立起来，这架机器要马上转动起来，马上与金日成取得联系，马上搞清朝鲜北部山区的地形地貌，确定初战方案，与高岗一起部署东北后方基地的一系列工作。他还想把在西北一直跟随他的王政柱调来。王政柱从红军时期就在红军总部做作战参谋，抗战时跟着他在太行山，解放战争时期跟着他在西北，特点是钻研作战业务，作风严谨，人很内向，老实可靠。1943年3月7日，王政柱要到延安学习，同行的有其爱人罗捷（八路军总部机要员），还有朱总的马夫汪秀田，牵着朱总从井冈山带出来的一头骡子（朱总百团大战前回延安时，把骡子留在了太行山）。当时延安中央的经费十分困难。他和杨立三部长商量八路军再困难，也要帮助中央渡过难关。他和杨立三用小米饭和土豆丝给他们饯行，委托王政柱用军用米袋装了一袋黄金，带到延安交给毛泽东主席。王政柱连罗捷和汪秀田都瞒着，把黄金裹在衣服里，在敌后路过三道封锁线，越走天越热，他不能脱衣服，硬是把黄金带到了延安，交给了叶参谋长，由叶参座转交给了毛主席。解放战争后期，王政柱任军委作战局副局长兼中央书记处延安枣园作战室主任，后又跟着他解放大西北，是一个"活地图""活字典"。他告诉张养吾，要给干部部徐立清讲一下，让王政柱到前方来。

飞机向下盘旋，落到了沈阳。

一个小车队停在飞机一侧。然后由东北军区作战部干部带领，各进各车，只听一台台车"咔咔"地关车门声，车队一溜烟驶出去。

沈阳市和平街1号一幢日式小楼。

小楼的二层是一个铺有红色木地板的套间，很陈旧，走上去"嘎吱吱"响。

衔命而来匆匆走马上任的彭总住在里屋。他的小班子成员成普、张养吾、毛岸英等在外屋打了一溜儿地铺。彭总在里屋运筹帷幄，有事就出来给大家商量，大家与他议论一番，工作十分方便。

沈阳的气温要比北京低5摄氏度，顿时感觉很清爽。

张养吾秘书急步上楼，走到里屋，对彭总说："朴一禹来了。"

彭总好像正在深思什么，受惊似的"哼"了一声。

说话间，朴一禹已行色匆匆地跟了上来。

他瘦高的个子，看去十分精明强干，是朝鲜劳动党中央常委、内务相次帅。抗日战争时期，他在太行山的辽县、武乡、涉县一带参加抗战，彭总与他比较熟悉。

他一进屋，双手抱住彭总的手就说："彭总呀，你好！"

彭总说："朴一禹同志，你好。"

"彭总，我受金日成同志的派遣，"朴一禹神情激动地说，"来欢迎彭总来了。"

彭总问："你们接到毛泽东主席的电报了吗？"

"接到了，金日成同志委托我向你传达他的要求，朝鲜党、朝鲜人民希望彭总尽快率兵入朝。"

彭总目光炯炯地瞅着朴内务相，一边点头，一边说："我们的心情是一样的，朴一禹同志。可是，你知道，我刚刚受命两天，对美军的部队编组、作战特点、武器装备，美军指挥官的性格特点，以及现在敌我的态势，包括朝鲜的地形特点、道路桥梁，等等，都很不了解。作为指挥员，这是大忌。你来得正好，快把你们掌握的情况给我介绍一下。"

朴一禹焦急地说:"昨天美军已经越过了三八线。"

彭总问:"现在推进到什么位置?"

"已经接近平壤了。"

"啊?"彭总不胜惊讶。

"美军是机械化部队,推进很快……"朴一禹满脸忧虑地说,"我们已安排外国驻平壤的使馆一律撤出,同时,金日成首相也准备撤至德川……"

"撤至德川?"彭总问。

朴内务相点点下颌:"是的,就是这里。"

彭总站起来,快步走到地图前。朴一禹给他指指德川的位置,彭总严肃地缓缓地点头无语。德川是进入北部狼林大山的一个山口。

"对美军占领平壤后,我们估计有两种可能",朴一禹注视着嘟噜着脸听着的彭总说:"一种可能美军占领后,要作一下休整,看看苏联、中国的态度。如果苏联、中国在三八线以北公开军事介入,他们可能转入防御。一种可能是占领后,未等苏联、中国军事介入,一鼓作气,迅速向北推进,占领全朝鲜……"

彭德怀听到这里马上问:"你们估计,哪种可能性大?"

"我们估计是第一种。"

"第一种谁知道符合不符合麦克阿瑟的性格,"彭德怀在原地踱了几步,心想,不知道恩来带着师哲到莫斯科同斯大林谈得怎么样,苏联会不会出动空军支援我军行动。退一步说,他们不出动陆军,只出空军也好呀。那样就可以不让美军完全掌握制空权呀!如果苏联连空军也不出动,洗手,那仗就难打了。我军行动会遭到美军的空军制压,不仅损失要大,恐怕不能按我们的意图迅速实行机动,娘卖的,那就惨了!想到这里,他问朴一禹,"你们向苏联提出出兵要求了没有?"

朴一禹说:"提出了。"

"有答复吗?"

朴一禹摇摇头。

"啊,是这样。"

彭总心想,越是令人牵肠挂肚的事,越是悬悬乎乎的。

他表情沉重地凝视着对方。

"我们还在继续要求苏方出兵。"朴一禹补充说。

"……"彭总只是注视着对方不言语,心想:"斯大林有斯大林的主意。"

良久,他突然问:"你知道美军师、军的防御情况吗?"

"据了解",朴一禹回答说:"一个美国步兵师,要负责防御正面 10 至 12 公里,纵深有 5 至 7 公里。在这个区域里建三条防线。第一道纵深 2 至 2.5 公里。在第一道防线挖三条战壕,间距 600 米。第二道防线是团的二梯队。第三道防线是师的二梯队。炮兵在团、师两梯队之间占领阵地。"

"他们两个梯队是……"

"前面两个营,或团,或师,后边一个营,或团,或师。他们的进攻程序,一般是接近防御地带后即进行战斗侦察,空中照相,由空军侦察员传给后面的指挥员研究。然后,炮火准备。步兵进攻有坦克、空军炮火协同。美国人把打胜仗都寄托在先进技术上,到拼刺刀就不行了。美国参战是匆忙的,没有准备时间。他们的步兵进行白刃战也不行,受不住的。"

彭总高深莫测地静静地听着,说:"根据你们同美军、李承晚部队的打仗经验,你说说志愿军介入后,应该怎么打这场仗?"

朴次相说:"彭总是军事家,我……"

"什么军事家,你谈谈你们同他们是怎么打的?"

朴次相说:"现代进攻战是可以在各种情况下进行的。从我军同美军、伪军的战争看,对防御之敌发动进攻,绝不能贸然进行,必须做好准备以及组织各种兵种协同。主攻方向要集中优势兵力,力量三比一,弱敌也可二比一。"

"炮火呢?"彭总十分专注地瞅着对方。

"炮火是五比一,弱敌也可三比一。坦克是二比一。空军是二比一,或三比一……"

"二比一,三比一",彭总自言自语地沉吟着,神情有些黯淡。

他在琢磨,还不知道斯大林是什么意见呢?红军到延安共产国际就说给装备援助,结果始终也没有见影子。一会儿说到迪化取,一会儿说到外蒙边界取。反正是见不到影子。倒是给了蒋介石装备。据说是邓文仪找的斯大林。解放战争时期也未见到给什么援助。现在苏联与美国在全世界在东方玩战略平衡,斯大林会出动空军呀?二比一,三比一,到头来,可能是零比几!

朴一禹注视着彭总,继续说:"进攻中各兵种行动原则应该对敌人防御纵深有统一的整体的压制。首先是空军的压制,炮兵对敌人的压制。这是在我战术行动地带,即敌人防御前沿到纵深5至6公里地区。对敌前沿散兵壕、敌指挥所要有系统地破坏。然后,坦克部队要迅速投入战斗,扩大突破口,接着步兵投入缺口,深入敌人纵深。"

彭总听后,摇摇头,踱开去,心想,人民军有苏联援助的飞机和坦克,志愿军没有呀。如果像他说的那样,我这个前线司令官倒是好当了,手中有强大的炮兵,有足够的空军,还有必要的坦克部队,战斗开始炮火准备,空军先轰炸破坏,然后坦克开路,步兵冲锋,哎呀,这个仗就好打了。可是,我们这几个军,都还是单一兵种嘛,主要是步兵嘛。打仗仍然是以步兵为主嘛。如果我能用炮火破坏了敌人的防御系统,使敌人的火力点失去作用,如果我用空军掩护……那样当然好了。可是……现在装备还差得远呢。想到这里,他不仅大摇其头。这本来就不是一场与美军势均力敌的战争,是不对称的战争,是敌人有现代化兵器,而我没有现代化兵器,是敌强我弱的情况下进行的战争嘛。否则的话,也许就没有必要进行这场战争了,也许我彭德怀就不会担任司令官了,也许我会还在西北搞经济建设了。

朴一禹说:"7月,人民军进展很顺利,我们一般战术是坦克从正面发起进攻,我们步兵从侧翼包抄,一直插到美军阵地的后方,切断美军的退路。这个战术很奏效。"

彭总注意地听着,感觉人民军的穿插和切断敌军后路的战术很好。

朴一禹说:"我们人民军穿上老百姓的衣服混在难民中,渗透到美军的防线后面,从那里发动攻击。"

彭总的眼睛闪出亮光,说:"这个办法好。不仅要人民军混到老百姓中去,还要把人民群众组织起来,打击敌人,在敌后开展游击战争。像我们在抗日战争时期一样。这种游击战,你是熟悉的。那时候你在中国。"

朴一禹说:"是的,彭总,我曾经是你的战士。"

"好吧,你刚才介绍的战术,我看不错,战术灵活,也有效。不过,你们好,有雅克飞机,T-34坦克,大炮,我们入朝后有没有飞机,还说不清楚。不知道斯大林同志怎么考虑这场战争的。你们有这方面的信息没有?"

朴一禹摇摇头,回答:"没有。"

彭总截住自己的思路,说:"你介绍的情况很重要。回去告诉金首相,我军10天后出动。"

"太好了,我们盼着13兵团早日过江。"

"你们希望我军过江后如何行动?"

"金首相希望13兵团过江后迅速占领咸兴、新安州一线。"彭总再次走到地图前,朴一禹用手一指:"这里。"

"这里?"彭总询问地扭头目视对方。

"这里是大块山区。可以在这里构筑防线,组织防御。与平壤的美军形成对峙。阻止美军北进……"

彭总问:"现在美军和南朝鲜部队进到哪里?"

朴一禹说:"南朝鲜部队已经到达元山一带了。"

他给彭总指指东海岸元山的小圆点。

"已经到达元山了!"彭总惊讶地说。

彭德怀久久地注视着咸兴、新安州一线地区。他感到金日成同志的建议是个好建议,有眼光,符合毛泽东同志关于我军入朝后,先在元山、平壤以北大块山区建立一块根据地,以使我军先站住脚的指示精神。一旦我军能站稳脚跟,就是取得了第一步的胜利。就可以赢得进一步准备战争的时间,就可以待我军装备好、空中和地上都对敌人有了压倒优势后,再配合朝鲜人民军发动反攻,战胜美帝国主义。先求自保,次图胜敌,能自保而全胜也。

"这个主意不错,我们两国的想法可以说是不谋而合嘛。"他的脸上浮出了笑意,对朴一禹不住地点头,"你回去告诉金日成同志,我很赞成他的建议。我认为我军占领这块山区",他的手指在平壤北部地区,画了一个圆圈,说:"具有战略意义。这个设想很有远见……"

彭总沉吟一会儿,然后说:"据情报说,麦克阿瑟指挥阿尔蒙德的第10军团在仁川登陆后,没有让阿尔蒙德东进,直取元山,又让第10军团上船,绕过釜山,向元山一带航行,用去了几个星期的时间,这是为什么?一禹同志?他为什么不让第10军团和沃克的第8军团会合直接北上呢?你们怎么分析?"

朴一禹说:"我们分析,麦克阿瑟是想开辟东部战线。"

彭总点点头,说:"我希望尽快与金日成同志见面,交流情况,然后,志愿军与朝鲜人民军要统一指挥,协同作战。我准备先过江,见金日成同志。"

"好",朴一禹激动地握住彭总的手说:"我马上回去转告金首相。总之,千言万语,希望彭总尽早率兵入朝。"

彭总说:"老实说,我的心情比你还着急。"

五 邓华刚刚从海南岛回到广州,接军委电令立即率13兵团奔赴东北边防。他考虑任务重大,到北京向朱总、聂总、林总请示增加兵团领导

18. 邓华接到军委命令,谢绝欢送,悄然离开广州

从部队过鸭绿江算起,整整三个月前,也就是7月9日,广州天气,十分闷热,气压很低,湿度很大。那时候,没有空调,每个办公室的人都在扇大芭蕉扇子。

邓华正在扇着,看文件,突然机要参谋送来中央军委电令,令他率领13兵团机关和部队迅速开往东北边境城市安东。邓华是湖南郴州人,高个子,两腮陷进去,清癯精瘦。他想,去东北边防,要打仗的,对13兵团机关不熟悉呀,时不我待呀,不能他一个人去,不利于开展工作,想把原15兵团的机关带去,熟悉嘛,便于指挥作战。

他与兵团其他领导商量后,立即向四野和军委提出,可否把两个机关对调。

7月15日,四野总部传达中央军委命令,批准13兵团与15兵团番号与机关对调,令邓华率领原15兵团(现13兵团)机关由广州乘火车北上,开赴东北。黄永胜原为13兵团司令员,他参加了秋收起义,到延安任陕甘宁晋绥联防军教导2旅旅长,进军东北时任8纵司令,南下后任14兵团副司令,后任13兵团司令员;"文革"中军委办事组组长兼总参谋长,与林彪结成死党,排挤老帅元戎,与叶群、吴法宪、李作鹏、邱会作组成军委办事组,搞宗派活动,夺取军权,参加了"林彪反党集团",被判刑18年,病死在青岛。选调进军东北的将领时,中央军委为什么要让他和邓华两个对调呢?杨迪说,一是因为黄永胜最近曾带几个干部到香港去玩逛,二是邓华刚刚指挥打海南岛,打了一个大胜仗。周恩来征询罗荣桓和林彪意见时,两位老总都认为邓华指挥打仗比黄永胜强,黄永胜政治上军事上都不如邓华。周恩来和代总参谋长聂荣臻报告了毛泽东主席,毛主席当即批准邓华统率13兵团入朝。

军委同时电令,自7月起驻信阳的38军,驻漯河的39军,刚刚到广

州的40军归新13兵团建制指挥。原15兵团的43军、44军、45军3个军归新15兵团建制。

接到中央军委的命令，兵团从上到下，一点思想准备也没有，可以说大出意料。原来以为战争结束了，海南岛解放了，解放台湾是兄弟野战军的事情了，我们没有仗可打了，可以开始过和平生活了，没有想到东北边防紧张了。

军令如山倒。兵团党委经过研究，由赖传珠政委向机关下达了任务。他说："朝鲜半岛战略地位很重要，是美帝必然争夺的地区。现在，美帝正在继续增兵朝鲜。为防止其侵犯我国东北边防，中央决定成立东北边防军，司令为粟裕，副司令萧劲光，副政委萧华。我们开到东北为的是保卫我国边防的！现在机关各部门要马上收摊子！"

邓华虽然感到很突然，但在东北边防紧张的情况下，中央军委想到了他，委以重任，是对他的信任，也是对海南岛渡海作战取得胜利的肯定。15兵团与陈赓的4兵团协同作战，解放了江西、两广，然后15兵团马不停蹄，解放了海南岛。他刚刚回到广州，征尘未洗，军委要求18日兵团从广州出发。

一切服从于战争和国防的需要。责任重大，不敢怠慢！

战争年代各部门之间形成了以作战部门为核心枢纽的工作关系。只要作战部门传达首长指示，布置工作，各部门都要认真执行。邓华把组织兵团机关开进东北的工作，全盘交给作战科长杨迪负责。战争时期，一切为了战争的胜利，不能论资排辈。司令员信任的人，叫作没商量。抗美援朝回国，邓华到沈阳军区当司令，杨迪当作战部长、司令部参谋长。

杨迪是他的哥哥带他出来参加革命的。他有文化，有战争经验，精瘦精干。笔者曾找志司崔醒农侦察处长调查情况，崔处长说，杨迪工作能力很强，对作战业务很熟练，就是年轻骄傲。笔者笑了。人之常情。凡是有能力有本事的人都有点那个劲儿。抗战结束，他随叶参座、李克农从延安军委作战局到北平军调处工作，与王光美在一个工作室。1946年请缨到东北，参加东北解放的全过程，然后1949年2月随43军从东路（接近现在的京九线）南下，参加渡江战役，进军黄石，横扫九江，解放南昌，成立兵团，旌旗直指西南两广。他是"邓华赖传珠洪学智李作鹏"麾下的大办事员，与首长们工作上情感上既融合又默契。邓华对他很器重，很重要的任务习惯交给他去办。1949年11月，大军广州入城式就是交给他组织的。然后，命令他带一个营和一条小火轮到梧州接韩先楚40军过浔江围歼白崇禧集团。杨迪率船队沿西江顺江而上，绕过珠江三角洲，从三水，过肇庆，500公里水路，两岸是未解放的地区，敌情、匪情、民情都不清楚。路上打了两仗，消灭了敌人两个营，还搞到八只船，准确地按兵团规定时间数小时前，到达梧州，把船队交给了韩先楚军长。韩军长拍拍他肩膀，说："小伙子，干得好！给邓司令说，你圆满完成任务！来40军干吧。我给你一个师长！"杨迪说："谢谢军长，我还得回去复命呢！"1950年3月兵团要组织渡海（海南岛）前指，邓华命令他去完成这个任务。邓华说："派你去，你要及时了解掌握研究敌我各方面的情况，包括海上潮汐情况，及时向我报告，提供给我思考和下决心。"

此时，杨迪立即召集机关各科室领导，传达邓司令的指示，提出贯彻落实的几条意见。兵团机关各科室要立即传达、组织学习军委的命令，必须要在思想上来一个大转弯，从和平转到战争。尤其要克服"打败老蒋好回家"和"老婆孩子热炕头"和平享受思想。各级干部要来一个思想急转弯，服从东北边防的需要，服从战争的需要，有结婚打算的，要立即推迟结婚，已离队回家的，各单位要立即拍电报归队；连排干部，要坚守岗位，打消转业到地方工作的想法，从爱国主义和国际主义出发，坚决献身国防！要动员战士为保卫国防保卫祖国而奋斗到底！

兵团立即成立了车运指挥所。各业务部门分工负责，立即准备各种物资、器材、车辆。机关各部门要立即进行了行车教育。共同协商铁路输送计划。同时确定了留守人员。确定带干粮两天，中途组织人烧开水，每列车由一人作为联络员负责与列车员密切联系，在武昌渡江时，在总站下人，至下新河码头上船……

正在兵团机关以战斗姿态紧锣密鼓准备北上时，四野总部通知，武汉长江涨水，火车渡轮运行有困难。为避免机关与3个野战军和炮师的输送列车发生拥挤现象，兵团部的开进时间推迟到25日。宽限了一个星期的时间。杨迪向邓司令汇报后，邓司令感到满意，指示要利用这几天时间，进一步周密研究行动计划，不可出纰漏；要做好干部和战士的思想转弯工作，要检查机关驻地的群众纪律等问题。

叶剑英是中南局书记兼广东军区司令员，主持华南军政工作。他通盘考虑，邓华北上，副司令员洪学智和参谋长李作鹏留在广州，继续完成解放海岛、剿匪等一些军事任务。同时还有组建海军的问题。兵团政委赖传珠负责广东省和广州市的地方工作，一时还离不开，要晚些时候才能去东北。况且，他是一个很胖的人，有严重的心脏病，还要检查一下身体。

当时部队同志喜欢叫叶剑英"叶参座"。他在重庆参加国共两党的谈判。当时，国民党高级将领称蒋介石为"委座"。有人开玩笑地说："国民党称蒋为委座，你是八路军的参谋长，我们称你为参座吧。"然后"叶参座""叶参座"，就叫开了。笔者曾多次听许多老将军叫"叶参座"。批林批孔时期，揭批林彪死党邱会作利用手中的医疗大权秉承林彪叶群旨意在总医院迫害彭德怀（已被迫害瘫痪）、陈毅（癌症漏诊）、贺龙（糖尿病脱水伴有循环衰竭输葡萄糖2000毫升）、朱德（摔在楼道没人管）、叶剑英（要氧气筒不给）等老帅们的罪行，笔者写的情况简报，叶帅看了，凡是讲单位优点的地方，他用红铅笔画横线；讲缺点的地方，他用蓝铅笔画一下。然后，每一个标点符号，他都重描一遍。老帅的工作作风和精神真是感人！张宗逊部长看过，把我叫去，说"叶参座批了"。他是老上将，抗战初期的旅长，他在情况简报上补批道："这期简报写得好"，安排我给党委书记副书记作了一次汇报。

叶参座派警卫员来叫邓华去他的办公室。邓华走进叶参座的办公室，叶参座递给他一支烟，说："邓华呀，军委对你委以重任。我还嫉妒你呢。你就要离开广州北上了。井冈山我们在一起，到延安，你就到前方，分开了。你到了晋察冀，到聂总的麾下。抗战胜利，你就到了东北，又到林总的麾下。我们是在南昌会面的吧？"

邓华说："我们南下，从黄石、阳新进入江西，在九江成立兵团，我和洪学智到南昌后，你组织陈赓、方方和我们一块研究进军广东问题。"

叶参座说："你离开华南，是我们华南工作的一个损失，赖传珠要留一下才能去。"

邓华说："好好，他的工作告一段落，你就放了他吧。我那里没有政委可不行呀！"

叶参座说："你们走后，我这里就留下洪学智和李作鹏了，解放国民党残匪盘踞的沿海岛屿，山区剿匪，地方武装建设都需要他们当我的助手。邓华呀，戎马倥偬，暇不暖座。谁叫我们是共产党人来？我们还没有好好谈一谈，你刚从海南回来，就又要出征了。"

邓华说："参座，作为军人很习惯这种生活。"

叶参座说："当年，希特勒东征侵略苏联时，玩了很多花招。说德国的军事机器指向英国，击溃英国只是不远将来的问题，要苏联与日本、意大利，还有维希政府一块共同分配不列颠王国的遗产。希特勒耸人听闻，呼吁苏联参加分配大英帝国面积达4000平方公里的战败土地。许诺苏联向波斯湾、印度洋扩张，可以夺取伊朗南部的英国经营的油田等等。但他实际上秘密制定'巴巴罗萨'方案，向东部偷偷机动了近百个师。此次麦克阿瑟不然，与希特勒大不相同，叫作明目张胆，不可一世。自恃是世界第一强国，硬是什么都不怕。狂妄呀！邓华，你是久经战阵，这里有文章可做呀！"

"是呀，"邓华高兴地说，"参座一言，使我茅塞顿开。我明白了，参座，在任何战争中都是骄兵必败，麦克阿瑟不会违背这个规律。"

叶参座一笑，转移了话题，说："广东省委省政府领导同志们感谢15兵团解放了广东全省，包括海南，听说你要走了，北上执行新的任务，准备欢送一下。"

邓华说："参座呀，欢送就免了。军委命令18日就出发，没有时间了。"

军委命令出发时间推迟后，叶参座又找邓华提出这件事情，说这是全省人民的心意。

老总再次提这个事情，邓华就不好再次推迟了，说："参座呀，我听你的安排，但就不要开大会了，团以上干部参加就可以了。"

然后在华南分局礼堂召开了15兵团北上执行新任务的欢送会。

中南局第二书记方方对邓华说："邓司令员，你们刚刚解放了广东和海南岛，还没有休息。你刚从海南岛回来，疲劳还没有恢复，又要率部开赴东北，保卫东北边防，可能要出国援助朝鲜，执行国际主义任务，戎马倥偬，又要出征，又要过战争的艰苦生活。我代表广东人民感谢你们，请你们吃一顿广东风味的送行饭。北上后，请不要忘了广东人民的心意呀！"方方很胖，一边说，一边不断地扇着大芭蕉扇子。

邓华说："欢送会都开了，就不要宴请了。"

在南昌开作战会议确定解放广东方案时，方方说过，不用大军，南方游击队就可以了。

邓华还给他争论过。

这时，方方用芭蕉扇指住邓华说："这是两回事儿，老邓，这顿饭吃定了。不叫宴会，按我们部队的习惯，叫会餐。你到东北，就吃不到粤菜了，不要再推迟了。"

邓华说："恭敬不如从命，咱们就最后吃一次粤菜吧。"

方方的脸上都是汗珠儿，又更正说："不叫最后，希望你们保卫祖国边防凯旋，还来广东吃粤菜！"

邓华说："一言为定，还来广东吃粤菜！"

饭后，省市领导特地请红线女主演了粤剧，气氛热烈非常，然后给每人发了一双象牙筷子和象牙印章，还刻上每个人的名字和"广东人民感谢你们"字样，充分体现了广东人民对解放军的热情和爱护。

他们提出要到车站送行。邓华坚决推辞，说："军事行动，多有不便。"

在到各领导办公室辞行时，嘱咐杨迪："不要告诉他们开车时间。"

海南岛战役结束，邓华离开海南时，只带了作战科科长杨迪乘一辆吉普车，悄悄离开。冯白驹知道后，急匆匆赶到秀英码头，邓华的船只已经离岸了。他给冯白驹抱手大喊："再见，白驹同志！"

19. 邓司令在军列上兴趣盎然来了一段《空城计》

7月25日，黄昏，广州市灯火辉煌，但更加闷热难耐，好像人的衣服上可以拧出水来。

广州车站，赖传珠、洪学智、李作鹏等留在广州的兵团领导都来给邓华和兵团机关送行。邓华与他们一一握手，给赖政委握手时说："老赖，你可不能一直赖着呀，要赶紧来！我一个人弄不过来！"给洪学智握手时说："老哥，你想不想去打仗呀？这里可没有仗打了。"洪学智笑笑，说："你都走了，我再走，剿匪、歼灭海岛上的国民党残余分子，叶参座手下没人了。"

邓华军务在身，不能多叙。作战科科长杨迪给赖政委敬礼握别。他给洪副司令敬礼后，洪副司令说："杨迪，你小子老想离开我独立，这次算彻底独立了。"杨迪说："洪司令，我哪儿想独立了？老司令要多关照我呀。"洪司令说："给你开玩笑嘛。"然后杨迪机警地悄声告诉邓司令："时间到，该上车了。"

13兵团的一列军列，编组4列，松闸声，悄悄地从南站滑出。列车上挂了一节日寇中将用过的老式软卧车厢。

列车鸣叫了两声，邓司令和他的机关官兵们告别了广州。邓司令默默地站在车厢门口，瞭望着灯火闪烁中的广州市。去年10月14日进来，今年7月25日离开，进驻东山9个月多一点。我们15兵团在叶参座的具体领导下，给了广东人民一个没有军阀没有资本家没有帝国主义分子没有黑社会没有贪腐没有妓女的新广东。希望广东省和广州市人民迅速医治战争的创伤，把经济建设搞上去，人民过上富裕的生活，倘如此，15兵团官兵足矣！

他走进车厢，要杨迪把司令部的科长们都找来，一块挤在软卧车厢里。

火车好像知晓是北上保卫边防的军列，好像知晓祖国北疆形势紧张，"嗒嗒嗒嗒"地一直不松劲地顽强地北上，那声音听起来很感人。官兵们激情澎湃想掉泪。深夜，开进第一个供水点韶关站。列车放了气，停下来。邓司令睡着了。一个白天他工作排得满满的。杨迪怕把邓司令弄醒了，悄悄地下车检查开水供应情况。

这时候，军代表、站长、车站服务员和战士们正在汗流浃背地把每节车厢的水壶叮叮咣咣集中起来，然后一节一节地往车厢送。杨迪一看，开水里还放了茶叶，好呀！想得周到，大热天，官兵们有茶水喝，太好了！韶关站的工作做得好呀！

向站长表示感谢后，他回到车上，突然听到邓司令在轻声地喊："杨迪，水壶能灌上开水吗？"他一看，司令哪在睡觉，黑暗中一个精瘦的身影盘腿坐在铺位上一明一灭地在抽烟。司令正在听取检查结果汇报呢！"是不是把你弄醒了？"邓司令说："我怎么能睡着呀，大热天，车厢里温度太高，太热，同志们很需要开水。我还担心车站不能烧足够的开水呢。"

火车松闸的声音，接着缓缓启动。杨迪报告司令员："车站工作做得很好，水壶都灌满了。地方同志们想得很周到，水里还放了防暑茶叶呢。我向站长表示感谢了。"

邓华点点头，说："好。这就好！我可以睡觉了，你也去睡吧。"

邓华是郴州人，湖南老哥，按计划，火车在第二天早晨到达郴州，并在此吃早饭。

杨迪请示司令员，要不要通知县里领导上车介绍一下乡里情况。

司令员思考了一下，说："现在军务在身，不要惊动他们了。"

"见不见一下自己的亲戚？"

"也不见了。"

吃过饭，火车按时起动。邓华就是这样走向战争的。

列车进入白天行车，司令部的几个科长想玩玩象棋，轻松一下，但怕影响司令员休息。

有人说："司令员喜欢下棋嘛。"鼓动杨迪去请示司令员一块下。

杨迪走到司令员的铺位前，说："司令，科长们知道你爱下棋，他们想跟你比试比试。"

邓司令说："呀，13兵团还有这么狂的小子？"

杨迪一听心中就有数了，司令员想玩！

"那就比试一下？"

"那就比试比试。兵团里有这么狂的人，我还没有领教，不比试一下，他不知道司令员的厉害。"

因陋就简，在铺位上把棋摆开。司令员确实是高手，第一个科长败下阵来，第二个科长上，连续三个科长，都一败涂地。邓司令说："看来，你们只能当科长了。"

不服。第四个科长上！这时候，杨迪趁司令员不注意，偷了他一个棋子，司令输了。

司令员沉静一下，歪着头深思，突然大喊："杨迪，你搞什么鬼？"

杨迪憋不住，一笑，说："没有，没有。"

司令员还是怀疑，说："再同你们下两盘，谁输了，受罚！"

走了几下，杨迪一伸手，"啪"的一声，被司令员抓了一个正着。

"好呀，"司令员大喊："这下被我抓住了，受罚！"

杨迪说："受罚，受罚。可是我不会唱，不会跳。我请个拉胡琴的来拉一段好不好？"

司令说："你这个杨迪，罚你呢，你却请了一个拉胡琴的，替罚，不行。"

杨迪说："我实在是不行。"

司令问："那你说拉什么吧？"

"拉一段二黄行不行？"

邓华最喜欢京剧，当时还叫平剧，他一听是二黄，说："那就请来拉一段听听。"

杨迪把初华参谋喊来了，给司令员拉了一段。这位初华参谋是军中的知识分子，后来在抗美援朝战场上作战处的许多电报稿都是他的手迹。

司令员点点头，"嗯，还不错。"

杨迪起哄，说："司令，唱两段吧。"

司令员津津有味地反问："唱两段？"

杨迪明白司令员是想唱了，就说："大家都想听你唱平剧呢！"

"平剧？"司令员反问："你们懂吗？"

杨迪摊摊手，说："我们不懂，可以跟司令员学呀！"

邓华很高兴，说："那就来一段《空城计》。"

"好！"大家鼓掌。

司令员清清嗓子，小初给他定定调，司令员就唱起来了。唱完，科长们给司令员鼓掌。

"再唱一段吧"，有科长提议。

司令员说："再唱人家会说你们的司令员有精神病呀！"

好，杨迪想，见好就收，司令员和大家达到轻松的目的就行了。

邓华见大家的情绪高涨，他还要讲一讲。

"同志们，你们都是兵团的骨干。你们为解放中南9省作出了很大的贡献！我代表兵团党委感谢你们！没有你们这些参谋，我们这些当司令的就没法工作嘛。"

杨迪想，司令员真逗，做起思想工作来了。

这时，司令员继续说："军委下达命令后，你们前一段工作干得很出色，发扬了我们兵团坚决执行命令，说干就干的好作风，好传统；从现在起，你们就要考虑如何指挥调动好刚刚归我们兵团建制的3个军和3个炮兵师，甚至更多的部队。"

科长们的脸严肃了，像众星拱月一般围在司令员的周围。有的坐在对面的床上，有的干脆就在上铺把脑袋伸出来，有的蹲在走廊上。别看他们一个个年轻的面孔，职务才是科长（正团），他们多数是抗战干部，少数是红军干部，也都是身经百战了。他们是偏重于高层工作，偏重于机关指挥工作。每个人都是一本书。

邓华看着这些科长们，感到作战指挥没有他们怎么能行呀！

他说："这几个军，都有井冈山部队的老底子。共同的特点是能打仗，有傲气。我在过这些部队。但各军有各军的特点，各军有各军的作风。什么是作风？作风就是战斗力。所以，你们到安东，要马上熟悉他们的特点，他们的作风，熟悉他们的首长，他们的师、团长。他们之中，你们并不陌生，有的是你们的同乡，有的是你们的战友，还有的是你们的亲属。"

大家说："对呀，对呀。狗儿子们都当师、团长了。"

司令员说："不要羡慕他们，你们在自己的岗位上，不比他们贡献小。革命是一种合力。大家在不同的岗位，共同朝着一个方向去努力，革命才能成功。"

他说："我相信，你们会以自己的工作能力、工作作风和工作效率，使他们相信兵团的组织指挥能力。作战最重要的是要信服上级的指挥正确，从而坚决执行。作战计划，由杨迪牵头，你们迅速进入情况，迅速研究，拿出一个方案来，到安东就马上组织实施指挥。"

轻松中有沉甸甸的东西。任务马上布置到位。

20. 邓华坐普通车厢一身臭汗从天津站到北京

7月27日，武汉三镇，骄阳似火，没有一丝风，空气已然凝固。

兵团的军列缓缓进入辛亥革命名城武昌。几列车厢顺利地渡江到达汉口车站。

邓华从车厢里走出，有人喊："邓司令。"

他一看是四野总部接待处处长和总部机关的处长们。崭新的美式吉普车在他们的身后排了一排。

"啊"，邓司令问，"你们怎么来了？"

答："罗政委指示，接你到总部去。"

这样，邓司令先走，科长们一个个离去。杨迪与车站站长见了面，向军列负责干部交代了有关事项，也被作战处接走了。他到总部按照司令员的交代，了解了朝鲜战场最新的动态，敌我双方位置，收集了一些资料，还要到1份1∶1000000的朝鲜地图。搞作战业务的人，第一重要是搞地图，搞到地图就是最大的收获！他很高兴，回到列车上，他穿着两道筋儿背心，满身大汗，趴在床铺上马上熟悉和研究地图，详细作了笔记，包括自己的一些想法。他要给司令员介绍一下。

晚饭后，列车在等待司令员返回，准备按时出发。

只见一辆吉普车，飞驶过来，"吱吱"地叫着刹住。司令员的警卫跳下来，就喊："杨科长，杨科长！"杨迪跑过去，问："什么事？"

"马上带洗漱用具和换洗衣服，到首长那里去！"

"干什么？"

"不知道！"

"怪了"，他按照警卫员的要求用几分钟准备好，上车又返到总部大院法国梧桐掩映下的招待所。见到邓司令员，司令对他说："罗荣桓政委让坐飞机赶到北京。目前朝鲜战局变化很快，情况也很复杂混乱。军委决定我先去朝鲜了解第一手情况。你随我一起去，明早跟我坐飞机走。你去车站安排一下，列车要按时正点到达边防。"

杨迪又坐车"飞回"车站，见到站长，但没有见到军代表。他给军代表留了一封信，请他转交兵团部后续各列车负责人，军列要按兵团原定计划开进。到达安东后，各单位按先遣设营人员的安排，进驻分配驻地，迅速开展训练工作。司令员到达安东的时间，另行再告。

7月28日，邓华乘民航飞到天津。

新中国成立初期，民航是由在香港的国民党航空公司和中央航空公司飞行人员和地勤人员起义，架机飞回祖国，改编成立的。只有10架C46、C47式运输机，在几个大城市飞行。邓司令的飞机由于北京实行空中管制，才落到天津的。

天津也是百废待兴，车站在杨村。司令员、杨科长、警卫员3人，下飞机，奔杨村，买到北京的火车票，只有硬座，不对号。杨科长有些为难，看司令员，司令员说："买吧。"

人头拥挤嘈杂不堪脚臭味弥漫的硬座车厢内，老百姓大包小包，放在走道上。司令员站在百姓中。他穿着普通的干部服，谁也不知道他就是解放海南岛的战功赫赫的邓将军。

警卫员和杨科长都想说明情况，给司令员让一个座，但司令员给他们示意，不要叫别人让座。

闷热、空气污浊，一直站到北京。

第二天早饭后，总参派车把邓华接走了。他到了中南海西南角居仁堂聂荣臻代总长办公室。

聂总长是他的老首长了，红军时期和到达陕北东征、西征，他是聂总的部下；抗战时期，他还是聂总晋察冀平西军区政委。上下级之间磨合了近20年。只是1945年8月他奉中央军委命令从延安出发征战东北，到了四野。

他一进聂总的办公室，聂总站起来，伸出手，说："邓华，你来了，欢迎你！你们的海南渡海作战打得很好，我们都很满意。"

邓华说："老总，你都知道，都是因为我们兵团执行了军委和总部确定的作战方案，执行了毛主席的战略战术。"

聂总站着一手掐腰，一手拿着一支烟。他从桌上拿起烟盒，递给邓华，说："好，邓华，军委点你的将，是对你的信任。朝鲜局势很复杂，涉及美苏争夺势力范围，涉及世界形势。战争有可能打大，也可能打小。今天来是告诉你，军委考虑朝鲜战场现在相当混乱，决定你先入朝，了解情况。"

邓华说："我在四野总部，罗政委已经告诉我了。"

聂总扭过身，走到窗前，瞭望着窗前绿树环绕的南海，水面波光粼粼，有如散金碎银在发光。

聂总走回来，坐到沙发上说："你到朝鲜后，要抓紧时间了解情况，恐怕美国不会给我们很多时间。"

邓华想，我到朝鲜，谁在安东管理部队呢？

他深思地问："聂总，兵团正在行进中，马上就要到达安东。我走后，谁管理部队呢？入朝前的准备工作很重。赖传珠、洪学智、李作鹏都留在广东了。那边还有剿匪，解放沿海小岛屿的作战任务。"

聂总说："你的意见呢？"

邓华考虑了一下，说："我考虑调洪学智同志来兵团任副司令员，马上到安东。"

聂总把烟头在烟缸中拧灭，说："我考虑可以。你去给林总汇报一下。看林总的意见。如果林总没有意见，要报军委批准。"

"那好"，邓华说："我再给林总请示一下。"

他驱车立即赶到毛家湾。他被秘书带到后走廊时，看见林总闭着眼睛光着头窝在沙发里晒太阳。

他马上立正，给林总一个军礼。

林彪在沙发上抬眼一看，说："是邓华。你提出的意见，聂总已经在电话上给我说了。我同意。你是从井冈山打出来的，你这次到边防要好好训练部队，练作风，练意志，练战术技术，练协同作战。13兵团是军委的战略预备部队，是我军的一等部队。什么叫一等部队？一等部队就是能打胜仗。以后入朝要打出我军的威风，打出中国人民的威风，打出社会主义阵营的威风！"

邓华说："林总，我给你汇报一下兵团的准备情况。"

林彪说："不用汇报，情况我都知晓。军委还要开会，有话一起说。"

邓华在林彪麾下工作不比在聂总麾下时间短，相互之间了解甚深。除了在井冈山一起摸爬滚打以外，1945年，日寇投降以后，邓华和参加中共七大的一大批高级将领都滞留在延安。蒋介石着急把嫡系部队运到平津。毛泽东着急把高级将领送到前线。因为阎锡山已经在上党盆地叫板了。他让杨尚昆找黄华，黄华与美军联络组组长包瑞德上校联系结果，25日冒险用暂时在延安的美军运输机把刘伯承、邓小平、林彪、陈毅等我军20名将领运到山西黎城县长凝。

上机前，陈毅开玩笑说，照一个相吧，大家都光荣了，开追悼会还有用呢！

大家都笑了。这下光荣了，我军损失忒大！几乎各大战略区的一、二把手都在运输机上。

运输机在天空像一只大鸟忽高忽低歪歪斜斜总算飞到了长治，再往东，再往东，避开气流，落在了长凝一个临时由部队平整出来的机场。其中就有要随林彪到东北的邓华、萧劲光、李天佑、邓克明四位将军。然后，邓华随林彪离黎城，奔涉县，在129师会里村招待所小憩，然后由部队接力护送，过冀鲁豫、转冀中、折冀东、上北宁路、大风雪中，到了沈阳东北局所在地张作霖的"大帅府"。

坐北朝南的大帅府洋楼，东北局把跟随林彪来东北的四员大将，分别各向一个方面派出。邓华到西满、萧劲光去南满、李天佑上北满、邓克明赴东满。军队上下级之间，讲究的是一个信仰，雷厉风行。不要废话。

林总这样一说，邓华马上立正，敬礼，准备告辞。邓华要往外走时，叶群走过来，走廊上人还未见，声音先传过来："呀，邓司令来了，怎么不先告诉我一声呢！"她窈窈淑女似的飘过来，一边同邓华握手，一边说："邓司令可是战功赫赫呀！我就钦佩这样能打仗的将军！"邓华一时觉得很不好意思，他回头看林彪，林彪已经闭着眼睛享受明媚的阳光了。

回到王府井总参招待所，他浑身都湿透了，冲了一个澡，还未擦干，立即让1号台给接广州赖传珠政委。他刚刚擦拭完毕，座机响了，1号台姑娘说："首长，赖政委在里面。"

他大喊："赖政委吗？我是老邓。啊，你问我怎么没到安东啊？我先给你说……"

电话的声音很大，赖政委问："你怎么到北京去了？"

邓华说："还没给你报告，四野罗政委让我先到北京。"

赖政委问："你有事吗？"

邓华说："有事。军委领导找我谈话。"

"找你谈话了？"

"是的。让我先到朝鲜去了解情况。"

"那你就赶紧去，那里局势很紧张。不能总在洛东江一线僵持着，要发生变化。"

"我去了之后，安东那里没人了。"

"那你？"

"我请示聂总、林总，他们都同意洪学智去东北。我给你报告，你看可以不？"

"叫老洪去，我同意。我还告诉你，老洪正在火车上。"

"他在火车上？他到哪里？"

"叶参座叫他到军委汇报广东军区与15兵团合并的事情。"

"那太好了！"邓华说："正好。"

21. 洪学智一下车被邓华拉去见林彪

杨迪和警卫员住在司令员的隔壁，听到邓司令在打电话，推门进来了。

邓华刚好放下话筒。

"杨迪呀"，司令员见杨迪进来，说，"我给军委首长请示，调洪学智到兵团任副司令员，你给安东打招呼安排房间。他近日要来北京汇报工作。"

"叶参座放他吗？"杨科长担心地问。

"军委都定了，不放也得放。"

"要不要我给他打个电话，通报一下。"

"不要。暂时不告诉他。他这个人，只要有仗打，他是会动心的。"

司令员是一刻也离不开烟的,他撕开一包哈德门,抽出一支点着,说:"你现在就通过接待处,订火车票,等军委首长给他谈了话,咱就拉他上火车。"

杨迪说:"好,我去办。"他想给司令员介绍一下朝鲜这两天的战局,说:"29日,第8集团军司令沃克到25师师部,扬言'要就地死守'。蒋介石向美国要求出兵3个师3万兵力参加朝鲜战争。要出动的就是1945年11月进入北宁线的52军。麦克阿瑟想让老蒋进攻大陆,牵制我军入朝。麦克阿瑟未经华盛顿同意,7月初,自作主张跑到台湾,要蒋介石开辟第二战场,鼓吹台湾是'保护美国在太平洋地区利益的钥匙'。老蒋说'美国与中华民国准备一起共同努力获取对中共的最终胜利'。"

邓司令员沉思一会儿,说:"麦克阿瑟想开辟第二战场,牵制我国出兵,这个老家伙是一个好战分子!从战略上讲,从单纯军事角度讲,捅我们的屁股,不失为一个好主意。但是杜鲁门会不会同意,美国参谋长联席会议会不会同意,都是另一回事。毛主席多次教导我们,战争是政治的继续,军事必须服从政治这个原则。军事战略必须服从政治战略。麦克阿瑟最终必须听杜鲁门的。美国的外交政策属于民选总统的。"

邓司令员感到杨科长的情况还很有意思,问:"你还有什么考虑?"

在延安军委,在北平调停处,叶参座曾对杨迪讲,作战参谋,必须做到能参能谋,要有雷厉风行,一丝不苟的作风;不仅要准确地掌握敌情,随时随地给首长提供情况;还要善于思考,成为有问必答、答而无误的"活字典",养成分析研究敌情,提出自己意见供首长参考的习惯。

43军参加平津战役后,由北平走东线南下到江西南昌组建15兵团。杨迪从这时开始就跟着邓司令,战争磨合了他们。他们之间有一种难以想象的默契。这时,杨迪说:"司令员,我考虑,美国既然打着联合国军的旗号,就不会轻易放弃这场战争。他们认为自己是世界上第一号的军事强国,一定能打赢这场局部的战争。"

司令员点点头。

杨迪继续发表自己的见解说:"我军打过渡江战役,也打过渡海作战,但目前人民军不能与我们比。他们与我们这两次战役不一样。他们要渡过洛东江是不容易的。他们的作战对象是美军,不是蒋军。"

"你认为他们突破不了洛东江?"司令员抱着双肩问。

杨科长说:"过不了。朝鲜人民军想速战、速决、速胜,把战略预备队都用上了。你知道，在我们兵团的几个师，到江西，金日成都要回朝鲜了。现在都在南部作战。人民军的后方很空虚，没有能作战的部队了。"

杨科长把他从四野总部拿到的地图展开在床铺上。

司令员惊讶地问："哪搞来的？"

"我从总部要的。"

"你小子行啊，还弄到什么资料？"

"还有一些"，杨科长说："你看，这里，洛东江以北空虚呀！"

司令员的手指从洛东江往北慢慢移动，到三八线停住了，直起腰来，深思。

杨迪说："后方空虚是很明显的。麦克阿瑟进攻日本时，习惯登陆作战。"

杨迪说完，抬头看着司令员两颊凹陷消瘦的面孔。司令员皱着眉头，换了一支烟，抽了几口，说："我明白你的意思了。"

杨迪继续说："如果朝鲜战局急转直下，我军就得入朝参战了。"

司令员点头，未言语。

杨科长说："现在美军在朝鲜是两个师，步兵24师、25师。我军是四野的主力。打败这两个师是不成问题的，就是再来两个师，也不成问题。"

司令员突然不高兴了，说："怎么这样看呢？这是轻敌速胜的思想。"

杨科长一愣。

司令员说："我知道这种思想，不仅你有，兵团很多干部和战士都有。胜利之师最忌讳轻敌骄傲。美军占有海空军优势，机械化程度很高。陆军装备和火力比蒋介石的'五大王牌'强得多。将来，我们的对手变了，要同天下第一的军队较量，要准备打持久战。美国不会轻易认输。"

杨科长说："是的，是的。"

"到安东后，要组织机关各部门，专门安排时间，学习毛主席关于持久战的有关问题论述，解决轻敌速胜的思想"，邓华交代说，"我这几天主要是与军委首长研究兵团开到边防后，要调整干部，要补充武器装备，要开展部队的政治思想教育和部队的军事训练。要率各军军长先入朝了解情况，确定什么情况下入朝作战等。这几天，满脑子都是这些问题。你马上整一个美军与我军装备编制对比情况给我。"

8月4日，中央政治局在颐年堂再次召开会议，进一步研究了朝鲜局势。

据总参情报部报告，人民军在洛东江，已经打了半个月，没有突破美军的沿江防御，久攻不下，美军顽强抵抗，美军增援部队已经到了日本。

毛泽东和周恩来都认为，战局要发生变化，美军很可能从朝鲜的后方登陆。美军的战略企图是首先把人民军主力截断，然后分兵，一路南下，与洛东江南岸部队夹击人民军主力，再一路北上，向汉城、平壤进攻。如果发生这种情况，人民军将处于极不利的态势。早在7月21日，人民军以全部力量投入洛东江战役时，毛泽东和周恩来就有这样的预测。

会议决定，邓华与各军军长可暂时不入朝，要集中精力训练部队，准备入朝参战。

聂代总长在三座门前楼小会议室，立即召开有关部门将领会议，根据政治局会议的精神，作了部署，各总部、各军兵种分头落实。

邓华从军委参加会议回来，立即把杨迪叫过来，问："部队都到驻地了吧？"

"我与兵团机关通了话，都已经到达了指定位置"，杨迪汇报说。

邓华说："好。你给兵团打电话，就说决定召开一个军事会议，各军军长政委和炮司领导参加。"

杨迪问："东北局和军区领导参加不？"

司令员思考了一下，说："他们当然是应该参加的。"

杨迪说："军委确定后勤很多问题还要靠他们解决嘛。"

"叫他们来安东。"

"那就不合适了。还是在沈阳召开比较合适。"

"还是在沈阳比较合适"，邓华重复说，"那就给东北军区打电话，请他们准备会议的场所和住处。"

22. 胡耀邦说"洪学智是由战士成长为上将的"

8月9日，北京前门正阳门对面火车站，时值盛夏，太阳直晒，柏油路好像都化了。前门站里人头攒动，人声鼎沸，闷得像个蒸笼。小商小贩把路挤得水泄不通。污浊的空气向四周散发。洪学智副司令员一米八二高瘦的个子，满头大汗，汗水顺着脸庞直往下流。他在火车上晃荡了几天几夜，由于天气酷热，车厢空气不流通，不能洗澡，生了一身大白泡子疮。

不少疱泡已经被蹭破，流着白脓水，再加汗水浸渍，又疼又痒，难受得不堪言状。

他从车站出来，呼吸到新鲜空气，感觉舒服多了，正在擦汗，突然听到有人喊："老哥！老哥！"

他往前一看，呀，一个瘦骨嶙峋的干部模样的人站在面前，是邓华嘛。

他与邓华老战友见面，又是握手，又是拍打，问："伙计，你不是到东北去了吗？怎么还在北京磨蹭呢？"

邓华说："一直在军委开会，还没去呢！"

"不是说很紧急吗？"

"北京这儿有事嘛！"

"你到车站是接谁的？"

"接你呀？"邓华神秘兮兮地说，"接你老哥呀！"

"别扯了，你根本就不知道我来嘛，怎么就来接我了？"

"你看，说接你就是接你嘛，"邓华指指身后的一辆锃光发亮的崭新美式吉普车，说，"老哥来得正好，来得非常及时呀！"洪学智迷惑不解，一时摸不着头脑。邓华接过他的东西，说："老哥上车吧，一会儿林总要同你谈话。"洪副司令一脸的惊讶，一脸的疑惑："林总找我谈话？""对呀！""找我谈什么呀？我一点思想准备也没有。你看我这狼狈不堪的样子。不行，我得先到招待所洗洗去。这样子见老总不好。"

邓华一拉他，"林总已经在等着你！"

"你怎么知道我今天到北京的？"

"我鼻子底下长着嘴，不能打听吗？好了，别没完没了问了，快上车吧。"

洪学智原籍是河南商城双河乡人（后编入金寨县）。商城东部是大别山主峰之一金岗山，赭红色的金岗山像大墙一样壁立在安徽与河南交界处。金岗山东侧是连绵不断的大海波涛一样起伏的东大山山峰。举目望去，山高林密，重峦叠嶂，一片葱绿的海洋。在直上直下的山坡沟谷之中有一些零散的山民村落。

洪学智老家的村庄在一座山峰的南侧向阳山坳里。远远望去像一古代的太师椅。老百姓说："这里要出大官。"结果真的出了一个解放军的上将军(他跟笔者多次说,没想到自己从一个苦孩子成长为"上将军",而不说出了一个上将)。1928年春天,他整天在大山里给亲戚家放牛,脚都冻得流脓。这时候,有人找他,说,你生活多苦呀!参加我们"联庄队"吧,有吃有喝。"上将军"一听,有吃有喝?参加。第一天晚上,他们到十多里外,打掉一家地主,打开粮仓,穷人们一哄而上,抢了个精光!联庄队队员们杀了一头猪,吃了一顿大肥肉片子。过瘾呀!他记得还是民国八年随父亲去双河镇卖雨伞,在镇上吃过一次猪肉。父亲病逝后,家里没有了壮劳力,就再也没吃过猪肉。8年没有吃过猪肉了!

这件事还是被家里人知道了。他把笔者别在他胸前第二个纽扣旁的录音小话筒动一动,继续口述,他的叔叔找他,说你以后不能再胡闹了!闹着玩的?猪肉是那么白吃的?把小命儿都会闹掉!赶紧回来!

那年年景太赖,还遭了蝗虫,春天农民们都断顿了,举目都是饥民,路旁时有乞丐倒毙路侧。

从武汉回到皖西的徐其虚、周维炯共产党员们发起了"立夏节暴动"。穷人们揭竿而起,成立了红32师,他参加了独立旅,后独立旅编入正规军101团。

战斗频繁,有时一日三仗。由于作战勇敢当了连支部书记。读者有所不知。红军作战,连长"光荣"频率最高。冲锋号一响,连长要第一个从战壕一跃而起,口喊:"同志们,冲呀!"敌人的机枪严密封锁着红军战壕边沿,所以第一个倒下的是连长或号手。

1932年3月,红四方面军决定东征皖西,发起苏家埠战役。他所在的部队是红10师29团。奉命向国民党厉式鼎的部队两翼迂回。第一天,冲锋号一响,连长冲出战壕,同志们跟我冲!"嗒嗒",连长口中冒血!牺牲了。晚上,排长以上选连长,大家说支部书记当吧。他说支部还有发展党员的任务呢!所以,就选一排长当连长。第二天,老排长新连长照旧,冲锋号一响,他从战壕里蹦出来,手举驳壳枪,喊:"同志们,共产党员们,共青团员们冲啊!""嗒嗒嗒",他一头就栽到沟里了。晚上,又选连长。大家问支部书记,"你的党员发展了没有?"他说:"还有没发展的。"大家说:"等战斗结束,你再发展吧,先当连长吧!"他说:"好,叫我当,我就当。"第三天,苏家埠战役进入最后阶段,敌人10多个团被红军围在陡拔河岸边,乱作一团,战马拖着肠子在枪炮声中到处乱窜。

冲锋号一响，他大喊："同志们，共产党员们，冲呀！"

他居然冲了出去，举旗手在前面跑，第二个就是他，他手中的驳壳枪在响着。

突然，"嗒嗒""嗒嗒"，他未能幸免，倒在一排长的脚下。

一排长，冲过去了；二排长带队伍冲过去了；三排长带队伍冲过去了！

然后只听得漫山遍野的喊声，军马的奔驰声。然后他就什么也不知道了。苏家埠战役空前大胜。活捉总指挥兼师长厉式鼎和5个旅长，11个团长，外加2万余士兵。

胜利了，排长们想起连长，在发起战斗的地方不远，找到了他，见他胸部的血已经凝固。把他埋了吧？恰好这时候，红军战士押着几个俘虏走过来，一问是国民党军队的医生，往师部送。那你给看看吧。死了没有？那医生是个外科军医主任，留德回来的。他听听心脏，说还有救。一排长说，赶紧救！救不活，老子毙了你！龟儿子！

该他大难不死呀，军医主任口袋里有3片进口西药片，他从口袋里掏出一片，放进连长的嘴里……1987年8月，在北戴河金山嘴悬崖边的8号别墅，首长告诉笔者，"枪口恰好被背心的一道筋儿遮住"。他把背心撩开，给笔者看。那里有一个很大的疤痕。他说屁股上还有，但没有让笔者看。

胡耀邦说"他是从战士成长为上将的"。

23. 叶参座在电话里说"你就服从军委的决定吧"

已经接近中午，太阳烤着的北京大街小巷都在冒着热浪。

吉普车在北京的狭窄的胡同里转来转去，转到了毛家湾林彪驻地。

车到大门口，大门自然开了。可见叶群主任已有交代。林彪虽然还是四野的司令，但已经调入北京，准备在军委担任副主席。

邓华带着洪学智进入林总的客厅。叶群故作姿态，说："呀，两位大将军来了，林总在等你们呢！"然后，她在前面领着，顺着走廊往后走。一边走，一边说："林总可欣赏你们了。说你们在东北能打，都是主力纵队司令，老说。这不是身体不好，还非要见一见。他这个人啊，殚精竭虑，日理万机！"

两位将军遇见这种女人不知道如何回答，只是哼哼："是是是。"

林彪仍然在一木制的沙发椅上闭目养神。

叶群大大咧咧喊道:"林总,将军们到了!"

林彪的眉毛很长,他睁开眼,看了两位将军一眼,两手往后一撑,要站起来,叶群上前把他扶起来。邓华给他敬礼,握手;洪学智给他敬礼,握手。

林彪说:"好,你们来好!非常好!先吃饭。"

两位将军一愣,怎么不汇报工作,要先吃饭?

林彪说完,他与叶群在前头走了。两位将军,你看我,我看你,跟着走了。进入一个房间,桌子上已经摆了米饭和几盘菜。

林彪拿起筷子,先吃了一口菜,问:"东北战争靠的是什么?打秀水河子靠的是什么?打其塔木靠的是什么?打四平靠的是什么?打锦州靠的是什么?"

两位将军四目注视着林彪,不说话。他们了解林彪的性格,这时候不需要回答。

林彪自己端起放在他面前的一小碗米饭,吃了两口,低着头,不看两位客人,说:"靠的是信仰过硬,思想过硬,作风过硬。我们四野有一整套的战略战术,'一点两面','三三制','四快一慢'。首要的是要有信仰,部队要信仰毛主席的战略战术,要信仰中央的战略决策是正确的。"

两位将军一边听,一边赶紧往嘴里扒米饭,因为林彪的习惯是自己吃好了就放碗。

林彪并不看对方,他去夹菜,说:"作风就是战斗力。一个部队一套作风。作风是在百折不挠的战斗中形成的。看得见吗?看不见。摸得着吗?摸不着。但它是无时无刻不在起作用的东西。你们到边防,要狠抓部队的作风训练。"

叶群进来,说:"101,叫将军们先吃饭吧。"

林彪好像完全没有听见,继续说:"信仰与作风是一个东西。有信仰就有作风。"

叶群对两位将军说:"你们吃你们的。"

将军们都点头。

林彪说:"部队要有养成。要令行禁止。要指到哪里,打到哪里。突要突得破,守要守得住,冲要冲得上,插要插到位。在辽西时,我观察从苏北来的部队和从山东来的部队,进攻时太拥挤,一颗手榴弹要消灭一个班,伤亡太大,所以总结了一套'三三制'战术。进攻时部队要按'三三制'跃进,在秀水河子彭明治、梁兴初先用上了。"

两位将军说:"是,是。"

林彪突然抬起头来,看着两位将军,说,"你们到前方去,是有硬道理的。"

将军们停住筷子,恭恭敬敬地听他的下文。邓华在想,林总说的硬道理,是不是指初战必胜呀?洪学智想,林总怎么说"你们到前方"?我不是留在广东剿匪吗?

林彪说:"到前线的硬道理就是打胜仗!"

林彪把碗筷放下,看着将军们,问:"你们还有什么事?"

将军们也放下碗筷。邓华心想,不是找洪学智谈话吗?怎么不说呀?他在等待。

林彪站起来,看着窗外院内的树丛,说:"洪学智,下午与邓华一块到东北边防去。军委已经定了。"

"呀?叶参座派我来汇报兵团与广东军区合并的。"

林彪说:"那个事情交给其他同志去办。你们吃了午饭就走。"

"就走?"这是怎么回事儿呀?

该日,林彪给聂荣臻代总长写信道:"聂总:本日我已在电话中与谭政同志商量,他对洪学智去东北无意见,只洪本人同意即行。洪同意去东北任13兵团副司令职务。本晚即随邓华去东北开会。现在须请军委正式任命洪的职务(13兵团第一副司令),并任命方强接替洪学智为广东军区副司令和广东江防司令部司令。此任命电令军委办公厅下达。并要方强即动身来北京开海军会议。此致,林彪,8月9日。"

他们从毛家湾出来。洪学智犯难了,叶参座在广州还等着回话呢!我跑到边防去了!他对邓华说:"伙计呀,你这是弄的啥事?你可叫我作难了。叶参座对我这样信任,我这是不告而别呀!"

邓华说:"你给叶参座打个电话说明情况就行了。"

他们上车到了王府井招待所(现为王府饭店),立即给叶参座接通了电话,说:"你交代的任务,已经向林总汇报了。林总通知我,与邓华立即到东北边防去。"

叶参座说:"啊,这事我还不知道,是你要求去的吗?"

"不是。看样子是邓华这家伙在北京鼓捣的。我还蒙在鼓里。"

"留下你和李作鹏,我在广州已经给邓华说清楚了嘛。你先回来再说。"

"回不去了,让我下午就同邓华到东北。详细情况,电话里不好说,我再给你写封信吧。"

"既然这样,那你就去吧。服从军委决定吧。"

洪学智放下电话,正在沉吟这件事办得不怎么样,有些对不起叶参座,叶参座对自己很信任嘛。这个邓华!正在这时,杨迪走进来。

杨迪从北平到东北,到6纵当司令部作战科长,洪学智是纵队司令员。他就像作战参谋,天天跟着司令员。司令员认为小伙子很精明强干,因此对他很信赖,很依靠。

他惊奇地问:"噫?杨迪呀,你怎么也在北京呀?怎么没到东北呢?"

杨迪一个立正敬礼!"洪司令,我是在汉口随司令员来北京的。"

"那么你是知道我要调兵团来的?"

"报告洪司令,我知道。"

洪司令的脸严肃了,问:"那你为什么不给我打个电话呢?"

"报告洪司令,邓司令不让我给你打电话,怕叶参座知道了把你拦住。"

"邓司令不让",洪学智时常喜欢学部下说话的腔调,这时他对杨迪不满意就学着杨迪的腔调,"报告洪司令,邓司令不让我给你打电话",然后正色说,"小子,你还知道我是你的司令吗?有什么事情应该向我报告。司令员不让你打电话,你就不打了?你可以偷偷地打嘛,给我通风报信也好呀。叫我这么被动!"

"我还怕你不来呢!"杨迪笑嘻嘻地,说,"洪司令,我就盼着你来领导呢!所以,我不打。"

杨迪这句话扭转了不利的局面。

"你小子",洪司令比杨迪高出去半个脑袋,他伸出手向下扒拉了一下杨迪的脑袋,说,"等着我到前线给你小子小鞋穿!"

"我不怕!"杨迪顽强的声音。洪司令笑了。

一大一小言归于好。能扭转不利的形势是老作战参谋的本事。

下午一点，两位将军、杨迪和两个警卫员从前门火车站登上了开往东北的火车。

火车一声长笛缓慢地驶离前门站。邓司令留着一个光头，两颊深深地凹进去，看上去不以为他是一位高级将领，还以为是一般农民呢！他有两个爱好，一是抽烟，二是京剧。他一进包厢就点着一支烟。洪学智则躺在床铺上想心思。他觉得上午到北京，下午就登上了到东北的火车，有点滑稽！压根儿就没有想到。

邓华瞄了一眼老战友，一笑，说："老哥，你还在寻思呢？别瞎寻思了。"

洪学智说："伙计，没想到你搞突然袭击，连个电话也不打，也不准杨迪打，使我一点思想准备都没有。我什么日用品也没带，你看我满身热得长了大泡疮呢！"他把上衣撩起来给邓华看。

邓华说："到东北天气凉爽，大泡疮很快就会好的。日用品和换洗衣服，到沈阳，我给你换新的。"

洪学智说："我是想，咱是到北京汇报工作的。就这样来东北，对叶参座不礼貌，怎么也不好向他交代呀？"

邓华说："你不是已经给他打了电话了吗，也写了信，他已经默认了。"

洪学智怎么也觉得有些不自在，一直在铺上嘟嘟囔囔地睡着了。其实，老帅们看将领自有自己的标准。洪学智这样离开叶参座后，抗美援朝胜利回国在总后勤部任副部长、部长。1959年他受彭总庐山事件牵连，把部长大印交给邱会作，被贬到吉林，担任机械厅厅长。林彪事件后，毛主席问周总理，洪学智这个人到哪里去了？韩先楚立即把这个信息辗转告诉了他。粉碎"四人帮"后回到北京。岁月蹉跎，17年，叶参座还记得他，交代主持军委工作的罗瑞卿秘书长安排他回总后工作。后来叶参座看到洪学智并没有回到总后，又给罗瑞卿交代一次，洪学智又回到了总后。用他自己的说法是"二次回到总后"。一个人一生能不能干一番大事业，是需要有伯乐欣赏的。洪学智一生遇到了4个伯乐，红军时期是徐向前，抗战时期是黄克诚，解放战争时期是林彪，抗美援朝时期是彭总，三帅一大将。

六 战略预备兵团从中原开赴东北。高岗、萧华、邓华、洪学智召开沈阳军事会议，部署各军要夜以继日，整军备战，迅速恢复到打仗状态

24. 第一次军事汇报会令战将们惊愕不已

深夜时分，火车到达了沈阳车站。

司令员和副司令员一行被东北军区司令部的同志接到日本占领时期建的"大和旅馆"。

当天晚上，东北军区司令员高岗和副司令员贺晋年来看望他们。

东北解放战争时期，高岗是东北野战军副政委，两位将军是纵队司令员，是高岗的部下，大会小会经常见面，并不陌生。南下时，贺晋年是45军军长，后为15兵团副司令员，刚刚调到东北军区工作。贺晋年与高岗都是老西北红军。他们四位又都是老东北，老战友，老熟人。

四个司令坐下来，寒暄一阵，一边抽烟，一边就议论起来。他们研究了目前朝鲜半岛的局势，兵团的军事训练，紧急备战，东北军区的后勤保障以及兵团第一阶段要在沈阳召开军事工作汇报会，第二阶段正式召开军事会议等问题。

然后，8月11日，辽宁宾馆突然站上了值勤战士。

二层会议室内，桌子围了一大圈儿，军事汇报会开始。

各军头头都来了。一时间会议室里热闹非凡，老战友们在沈阳见面握手、问候、拥抱、捉对儿聊最关心的事情，打听多年没有见面的战友，会议室"嗡嗡"地响。

会议由13兵团司令员邓华主持。参加会议的有东北局第一书记、东北军区司令员兼政委高岗、副司令员兼参谋长贺晋年、东北边防军副政委萧华，13兵团副司令员洪学智、38军军长梁兴初、政委刘西元，39军军长吴信泉、政委徐斌洲，40军军长温玉成、政委袁升平，炮兵副司令员匡裕民、政委邱创成。兵团司令部作战科长杨迪做记录。

邓华喊了一嗓子："开会了！"

主要汇报各部队从中原调东北以来的思想情绪、武器弹药、人数、干部、供给运输、衣服、鞋、水壶、战术技术水平等问题。总之，先汇报研究部队情况，为正式召开军事会议作准备。

"同志们！"邓华先讲话，说，"今天，东北军区，东北边防军和13兵团召开联席汇报会。这是第13兵团与第15兵团番号及机关对调后，召开的第一次会议。我们虽然在东北战场，在平津战役中，进军中南时，常常协同作战，都是老熟人，老战友，但解放后，在自己的辖区内各自忙碌，也是见面很少，今天见到很亲切呀！"

会场发出"嗡嗡"的声音，将领们都说："是呀，是呀。"

邓华说："今天，高司令亲自参加会议，他要亲自听一听，大家欢迎！"

将军们一阵热烈地鼓掌。

高岗是陕北红军的老革命，高高挺拔的个子，喜欢戴一个黑框眼镜，脸上有许多细密的麻子。他给大家招招手。会场一阵掌声。

邓华说："高司令，你先作指示吧。"

高岗摆摆手，说："我是来听会的。你唱主角，你讲。"

邓华自己先点了一支烟，把烟盒往高岗面前推过去。高岗拿起抽出一支烟，点上，又把烟盒推回原位。邓华用眼睛扫了一下会场，看到将领们都在看洪学智同志。他明白了，洪学智的新职务还没有给大家宣布呢！

他说："我看你们都看在老洪吧，不清楚吧？有疑问，他怎么来东北参加兵团的会议呢？啊？现在我给大家宣布一下，军委已经任命他为第13兵团第一副司令员。是我向军委要来的！"

快人快语的39军军长吴信泉喊了一嗓子："要来就对了，他不来，我们还想他呢！"他与洪学智是新四军3师的老战友。

会场一阵笑声。

洪副司令员站起来给大家敬礼。会场又一阵掌声。

邓华与洪学智的战友情，还有一个小故事可作佐证。洪学智和邓华都重新恢复工作后，一天晚上洪学智得到一个消息，"邓华死了。"啊？邓华死了？快快快，出车！看看去！他急急忙忙赶到西山邓华家，进大门，进客厅，邓华的夫人在客厅，洪学智问："邓华死了？"夫人回答："没有死，他在花园散步呢！"啊？怎么说他死了呢？他到花园看到邓华正在悠悠地踱着。邓华看到洪学智很惊讶，洪学智说："你没死呀?"邓华说："没有死呀，怎么了?"洪学智说："我接电话说你死了!"邓华说："你那里有坏人!"

这时，邓华先抽了一口烟，说："会议准备用两天的时间，听取汇报，然后，13日、14日两天正式开会，要扩大到师。我在北京主要是参加了一系列军委会议，军委首长作了很多指示。他们指出，朝鲜战场形势变化很快。战争可能打大，也可能打小。可能是一场局部战争，也可能发展成世界大战。战争的根源在美国。要看美国的战略利益需要。军委要求我们兵团8月以前，要将战前的一切工作准备完毕。9月待命，随时准备出动。"

梁兴初军长插话："那只有半个月了。"

大家附和："是呀，够紧张的。"

邓华说："时间很短，工作量很大，问题和困难不老少!"

他给高司令点头。高司令说："从今天开始，上上下下要迅速行动起来，认真进行筹划，严密组织政治军事训练，抓紧时间准备，按时出动。"

邓华说："现在就请各军军长讲情况，摆问题，摆困难，同时要拿出解决的办法。今天高司令在场，大家如实说。高司令说了，东北局和东北军区要全力以赴支持兵团做好一切准备，能办到的事情立即办，暂时办不到的事情想方设法办。"

高司令给大家点头。大家回报以掌声。

38军军长梁兴初对吴信泉说："老吴，你先说?"

吴军长说："你是天下第一军，你先说。"

"谁封我是天下第一军了?"38军梁兴初军长开了第一炮，说："我说就我说。反正都得说。我38军在战争结束后，拉到河南搞生产，找老婆，结婚，军事废弛了。全军分散在600里区域内。从接受战斗任务到集中只给一个星期，从汉口出发才提出了保卫国防、反对侵略的口号，士气只能说马马虎虎。"

梁兴初是有名的战将，红军时期是一方面军2师主力团团长，"逢山开路，遇水搭桥"，打突破迂回穿插，就是主力团的事；抗战时是115师685团副团长，与邓华在一个团。115师习惯叫"老5团"，是八路军的刀尖儿，抗战的著名战役无役不与；然后到苏鲁豫支队，支队长是一打仗就立刻"疯"起来的彭明治，威震苏北，日本鬼子很怕他，称彭明治为"彭小鬼"。梁兴初是副支队长；然后是教导5旅旅长，山东军区1师师长；1945年11月1师与新四军3师进入辽西走廊后，毛泽东大感快慰，说"我军主力"已进入东北；到东北林彪编组部队时，为第6纵队16师师长，与洪学智在一个纵队，他不愿意当副职，后提拔他为第10纵队司令员，以打著名的三下江南和黑山阻击战而闻名于世。1947年1月，林彪策划一下江南，在松花江南侧打孙立人的主力。他先用部队把其塔木团团围死，然后命梁兴初在张麻子沟布置口袋，在白茫茫的大雪中耐心等待，结果等来了一个团，毫不留情地包了饺子。其塔木战斗是什么意义？意义就是林彪指挥部队在黑土地上打胜仗，从此开张一胜而不止！

毛泽东、彭德怀、林彪从红军时期开始，用兵恰好与蒋介石用兵相反。凡是硬仗、恶仗，蒋介石是先命杂牌部队打前阵、嫡系部队在后面坐山观虎斗，打胜了，就冲上去抢一个头功，打败了，争先恐后地溜之乎也；毛泽东、彭德怀、林彪则相反，必须是"一等部队"先突破，先冲锋，目的是要确保初战必胜，提高参战部队的士气。梁兴初一直在"一等部队"，所以，他几乎是无战不先。整个东北战争全过程，林彪使用的战略战术是"围城打援"，攻击时用的是"一点两面"。国民党的名将杜聿明、卫立煌、廖耀湘、郑洞国、范汉杰、孙立人、陈明仁等就是破不了，直至他们一个个战败，东北战争结束。战争颇像踢足球。

第38军是7月中旬到达沈阳以北铁岭以东开原县地域集结的，那一带北部和南部是起伏绵延的山区，两山之间是宽阔的平川。部队一落地，5万多部队向两侧山区隐蔽集训。军党委立即在全军进行了一次政治动员。政委刘西元是老政工，红军时期任一方面军12团政委，抗战时任团政委、军分区政委，解放战争时任师长兼政委，军副政委。这时，他与政治部主任吴岱全身心投入各师团的政治教育。全军要首先树立光荣感，自豪感。要树立敢打必胜的信心。38军被列为首批入朝参战部队是十分光荣的，我们决不辜负党中央、毛主席的信任，决不辜负全国人民的信任！我军出国要打出国威来，打出军威来！

然后各师团马上投入紧张的军事政治训练。但具体问题还是很多。

梁兴初说："在河南搞生产时，战争机构被打乱，一部分官兵复员了，后勤机关解散了，现在要恢复没有人呀。团以上干部百分之九十调动了，一个团只有一个老的，营以上的干部已调动400多人……"

高岗、邓华听了，大为惊讶。没想到部队搞生产仅仅两个月，就变得这样涣散！对战斗力影响太大了！怎么能在短时间内很快恢复部队的战斗力呢？

"我军计划8月10日前，搞政治思想教育。8月10日后，进行军事教育。"梁兴初继续汇报说，"班搞'三三制'及地物地形利用，营、连、排干部搞'一点两面'训练，团以上搞协同战术。"

高岗、萧劲光、邓华等领导赞许地点头。

"最大的问题是现有的炮大都拖不走，全军缺马454匹……"

"怎么办？"邓华回头问高岗。

高岗点头："会后统一拉一个单子。"

梁军长说："刚才高司令答应负责作战部队的后勤供应，这很好。我最担心的是部队在前方作战，粮弹供应不上。怕出秦桧。"

会场爆发出哄哄的笑声。

邓华笑罢，说："老梁你放心，高司令、贺司令都不会当秦桧。"

梁兴初说："不当秦桧，我就放心了。"

邓华手指夹着烟，抬头望望会场，说："38军到这儿了，39军呢？吴军长。"

吴信泉翻着一个材料说："我军3月4日到豫，4个月干部调动的有两千多，原来的团长只剩3个了，原来的营长一个也没有了。"

啊？邓华、洪学智四目相对良久。

邓华问："都转业了？"

吴军长说："可不是。都说打了半辈子仗了，到现在连个窝儿都没有。该过过和平的日子了。所以，一说转业，稀里哗啦就都走了。"

高岗惊讶地问："这么严重呀？"

吴信泉说："可不是这么严重。什么也不要，就是回家。战争机构打烂了，后勤、医院、担架都取消了。"

吴信泉是湖南平江人，高挑儿精瘦，眉骨高，眼窝儿深，有点印度人味道。红军时期他从战士班长连指导员到师团特派员保卫局执行部长，师政治部主任，一直是彭总的部下。抗战时随黄克诚进军苏北。黄克诚为新四军3师师长兼政委，他为独立旅旅长。抗战胜利，3师一分为二，黄克诚、刘震、洪学智率3师主力进军东北，后东北民主联军以3师部队为骨干，成立了第2纵、第6纵。吴信泉一直在2纵，当刘震、吴法宪的副手。2纵是四野的主力，在林彪策划的"夏秋冬"三个攻势战役中都独立攻打中长铁路以西方向，吴军长以勇猛善战著称。

39军8月初集结到辽阳、鞍山地区后，吴信泉军长和徐斌洲政委按照军委的指示，全力以赴做好入朝参战的各项准备工作，以召开"英模代表大会"，提升全军的士气，号召全军指战员"继承发扬我军光荣传统和优良作风，积极做好参战准备，为祖国的安全和世界和平，39军要立新功，作出新贡献"！部队首先做好由和平转入战争的转弯工作；并针对美军的"步炮坦空"协同作战特点、美军的装备优势，开展临战训练，突出我军"近战夜战山地战"特长，避敌所长，与敌展开白刃战；开展防空、伪装、土工作业，打坦克等战术技术学习；组织班排连营团的进攻和防御战术演练；部队很快恢复了战斗士气。

吴信泉接着又汇报了全军现有的编制情况和训练后，说："要解决的问题很多，炮鞍具要补充160个，马匹要补1800匹，枪衣炮衣1200件……"

兵团首长只是瞠目注视着吴信泉，这些缺编数字简直是天文数字！

25. "打败老蒋好回家"

第40军以进军东北的山东部队组建，正在参加解放海南岛战役，尚未归建，军委确定战后驻地为洛阳。火车不分昼夜正在向洛阳行进中，突然接到了开赴东北的命令，军师团都未来得及向官兵们传达，火车路过河南没有停车，"嗒嗒"，"嗒嗒"，过郑州了，河南籍、陕西籍、甘肃籍、四川籍的官兵大惊，呀？怎么不停车呀？停车！停车！到了！到了！班长找排长，排长找连长，连长直接找团长。团长说，听着，不仅郑州不停，北京不停，天津不停，山海关不停，辽西不停，沈阳不停，直接开到安东！军人以执行命令为天职！咋咋呼呼干什么，是军人吗？参加过战争吗？连长以上到团部车厢开会！刚刚从战场上撤下来，思想就涣散成这样子！谁涣散军心，严惩不贷！他的家在山西吕梁山区兑久峪，10年前与同村姑娘结婚，到现在还没有见面！

这时，全国战争的硝烟渐渐飘散，越来越远。国家的战略方针发生转变，第一要义是向苏联学习开展经济建设。各省地市正在忙于政权建设，恢复经济，土地改革，镇压反革命，肃清敌特；军队正在忙于精简机构，与战争有关的部门要顺理成章地精简了。精简花名册上第一名就是一直在机关处于牵头地位的作战科股、训练科股。一直与战争有密切关系的科股要没有了，很大一部分官兵有一种无法弥补的失落感。20年来，咱们只会打仗呀？巴顿式的将军和战士要失业了。部队领导的主要工作就是建设营房，恢复生产，复转官兵。在和平思想指导下，官兵们都想回家，想结婚，要建立一个温暖的小家庭了！要享受战争胜利的成果了。革命不是为了让大家过上好日子吗？我们的部队主要成分是土改得到利益的翻身农民。家乡的一亩三分地和年轻的老婆很吸引人啊！从东北入关南下时，部队是唱着"打败老蒋好回家"，现在打败了，理所当然应该回家了。官兵们像请战一样纷纷写申请书要求复员。部队安排转业到湘西、鄂北、豫南、鲁东去当公安局长，区长，县长，不去，要回家！安排到城市企业当厂长，副厂长，科长，不去，要回家！叫你去当干部怎么不去呢？不去，那时没有当官的思想意识，没有现在"小资产"当官后那样浓烈的官意识，权意识，回家远离战争，与孩子老婆过和平日子最好！什么想法也没有了，就一条，回家！享受和平！笔者的岳父就是这样一个军官回家当农民的！

邓华对高司令说："和平思想影响了我们的战略预备部队，很可怕的事情！"

高司令说："部队首先要进行爱国主义和国际主义教育，爱小家的同时要爱大家。大河有水小河满嘛。"

"提几条建议"，吴信泉见邓华与高岗说话，没注意听他的汇报，大声喊着。他是战将，喜欢直截了当。他说，"一是请苏联军官给作报告；二是兵团首长派飞机、坦克配合部队演习，搞好合成训练；三是装备问题，需要补充99式爆破筒和美式炸药，军、师要配属防空武器，电话配到团……"

邓华扭头与高司令小声议论，"老哥，怎么样？都得军区解决了。"

高岗对他说："东北有能力解决这些问题。东北完全有经济能力解决部队的实际困难。你放心，你的困难就是我的困难。凡是军区解决不了的，请示军委聂代总长、杨立三部长解决。"

邓华很感动说："有高司令这句话，我邓华放心了。"

邓华问高岗："你们这里有苏联军官吗？"

高岗说："要联系。"

40军温玉成军长接着说："我军同以上两个军的情况大同小异，基本上差不多。政治教育'8·15'前结束。从教育情况看，还存在一些模糊思想，一是怕飞机；二是怕原子弹，有恐慌情绪；三是怕引起第三次世界大战，认为没有理由出兵；四是有急躁情绪，认为美军好打，赶快打，打完美帝，好回家。"

温玉成军长是个"老表"，江西兴国人，白白净净，浓眉大眼，一表人才，很帅气，红军时期担任过红5军团骑兵团政委，抗战时担任新四军6师18旅旅长，东北解放战争时期担任北满独立2师师长（政委张池明），"夏秋冬"三个攻势时，经常配合洪学智6纵在东满方向作战，常常独立打一个方向。"文革"中担任解放军副总参谋长兼北京卫戍区司令员，以稳重老成善谋善战闻名军界。

这时，他介绍说："我检查了一个连，愿意打的48人。中间的，打也行，不打也行的，32人。有消极情绪的24人，其中一人是党员，主要是怕美国的飞机，怕美国甩原子弹。有的是考虑战争的责任问题，甚至对友军的力量有怀疑……"

邓华听到这里，扫视了一下参加汇报的将领们，问："温军长说的这几种思想，在思想不积极的同志中，是不是有些代表性呀？"

将领们都点头。吴军长喊："都一鸟样！"

邓华说："存在的问题不老少！我看老温说的这个数字很有代表性。政治教育要集中克服这几种思想。怕飞机，怕原子弹。原子弹美国是不敢随便甩的。它甩了原子弹，它还能占领吗？要把朝鲜半岛变成无人区呀？它的目的是扩大势力范围嘛。我看思想教育中要重点克服轻敌速胜的思想。美国实力大，面子大，是不会轻易退出战场的。要准备打持久战。"

高岗问："38军怎么样？"

梁兴初说："这几种思想比较典型。主要是要搞好勇敢不怕牺牲的传统教育。"

邓华接过话头说："对了，梁军长说得对，要发扬我军的光荣传统。我军历来是同比我们强大的敌人作战的。大家回忆一下军史，看是不是这样？红军时期，抗日时期，解放战争时期，是不是这样？"

"我军历来是以弱胜强，以落后装备战胜先进装备，靠人的因素，靠毛主席的军事思想。武器是战争的一个重要因素，但不是决定的因素。决定的因素是人而不是物。许多人一说美国就是年产多少万吨钢。战场上力量的对比，不但是军力和经济力的对比，还是人力与人心的对比。军力和经济力是要人去掌握的。我们被迫进行的战争是人民战争，发挥人的能动性尤其重要。必须充分发挥士兵群众和人民在战争中的作用。要爱护朝鲜人民的庄稼、牲畜、财产，与朝鲜人民搞在一起。因为我军是为了朝鲜人民的利益而战的。这比钢筋水泥的堡垒还厉害，是打不破摧不毁的血肉长城。毛主席依靠群众的人民战争思想要在各部队中切实搞好教育。要强调人在战争中的作用，提高信心，提高士气，就是提高战斗力。各部队入朝后，要立即与驻地的群众打成一片，要发动当地群众支援部队作战，首先要让他们当好向导，提供敌情。出国作战这是很重要的。"

邓华继续说："各部队要抓紧搞好思想教育。当然，也要讲清道理。要搞好防空知识教育。仗打起来，我们空军有一些，但不如美军多。要说原子弹，要给大家讲清楚。原子弹是战略破坏武器，不是战役战术武器，不能直接用于战场。害怕原子弹是完全没有必要的。美军能轻易甩原子弹吗？除非他们不到朝鲜半岛，像在广岛、长崎甩那样，是不是？"

他扭头瞧着高岗，高岗点点头说："我同意邓司令的观点。"

温玉成看了他们二人一眼，又汇报说："全军46926人，其中朝鲜人900。各类装备缺编数额很大。马匹要补600匹，电话到营缺一个师的……"

"你们军朝鲜人900呀？"邓华问道。

"是呀。"

邓华说："在解放战争中，朝鲜人民帮助了中国人民。"

萧华说："在东北解放战争时，我们有几个朝鲜人师。尤其我们南满部队朝鲜人多。我在南满，感觉朝鲜族的同志作战勇敢。"

邓华问："匡裕民，谈一下你们特种兵的情况？"

炮兵副司令员匡裕民说："我们是3个师11个团，32100人。缺编3000人。现在一方面是装备缺编较多。兵缺炮手，驭手，电话线缺200公里。大多数火炮要大修。现有的火炮拉不走。营连武器缺额很多。"

邓华截住他的话说："你把数字给杨迪。"

匡裕民点点头，然后说："一方面是技术状况不好。由于搞生产，把技术丢了。我们从7日起布置了一个月的军事技术学习，要求部队把单炮动作搞熟练。"

"要抓好干部的战术技术训练"，洪学智提醒他说。

匡裕民回答说："调了94个连队干部集中起来搞训练。"

洪学智感兴趣地问："怎么样？"

"有18个人不行"，匡裕民说，"如果训练不出来，准备调换。"

接着，邓华、高岗又同军长们研讨了怎样加强我军的炮火以适应有现代化装备的美军问题。大家都认为，一是部队要加强反坦克炮及火箭筒；二是炮要往下推一层，加强基层的火力；三是朝鲜多山地水田，此种地形要研究怎样保持机动问题。

匡裕民说："60炮下连，每连3门。连轻机从6挺逐渐增加到9挺。"

梁兴初听到这里插话："轻机每个连按9挺，我们就缺243挺。60炮每连三门，缺135门。"

邓华觉得具体缺额没必要谈了，于是说："我们先这样确定，然后由作战处统计一下数字。"

匡裕民继续说："团迫击炮分给营，每营3门，少者2门，逐渐补充到3门。重机枪6门。火箭筒放在营，每营2门。团是92步炮补齐，成立重迫炮连。师成立火箭炮连，军成立战防炮营，4个连队。"

邓华沉吟了一会儿，感到重武器到基层不方便，对大家说："师以下要能保持高度机动。重装备我考虑还是放在军里为好。老洪，你考虑呢？"

洪学智说："我同意你的意见。"

邓华接着说："每个军可以有3个炮兵营，一个战防炮营，一个火箭炮营，一个重迫炮营。杨迪呀，你计算一下，列出一个表来。"

杨迪迅速地在本子上记着。

"还有一个到战场去学习的问题，"高岗说："现在就要马上行动。"

邓华扭头对高岗说："这个也交给作战处安排，要有计划地安排兵团机关各部门，各军秘密到朝鲜前线去。"

杨迪嚷道："已经安排好了。"

"你说说"，洪学智催促道。

杨迪说："第一批，兵团去37人，每个军去16人。"

洪学智问："各个师呢？"

杨迪回答："军里自行分配。"

会后，杨迪给邓华说："部队的装备、物资、器材、车辆、马匹、通信器材，生活保障等缺额太多，指战员穿的吃的，都缺很多。你给高司令说一下，建议由东北军区后勤部长李聚奎召集各军后勤部长开会，共同研究解决。"

后方动员是个战略问题。邓华和洪副司令商量后，向高司令提出请东北局和军区召开一个后方勤务工作会议,在9月5日之前,把部队缺额的装备和物资落实。高岗说,好,我们军区刚刚任命了李聚奎同志为后勤部长,他很有经验,他是我军的一个老后勤,在四野时就搞后勤,我与他商量,马上召开会议来解决这些问题。

26. 将领们说"打美帝还是用打日寇的那一套"

然后,军事会议扩大到师。师以上的将领们都参加了8月13日的"沈阳会议"。

这是战争前一次高层全面动员的军事会议。

邓华对大家说:"同志们,参加这一仗是很光荣的!在毛主席的领导下,必定会取得战争的胜利!过去我们四保临江时,朝鲜人民帮助我们,现在他们遭受侵略,我们也应当帮助他们!美军缺点很多,士兵不知道为什么打仗,士气低嘛,后方运输困难,他们的盟军只能扯旗呐喊,趁火打劫。他们就是技术装备较强些。这没什么了不起。我军历来是与强敌作战的。况且,技术不是决定因素。技术要人掌握,而且受地形的限制。前一段时间,部队转入生产,产生了和平思想。毛主席说我军是战斗队,同时又是生产队。部队搞生产,忘记了战斗,产生混乱思想,是下面没有掌握好。现在一定要转变过来,认清我们是一手拿锄头,一手拿枪的!"

然后,边防军副政委萧华布置了9条动员宣传口号。部队的动员口号是,"同志们,美帝国主义侵略朝鲜邻邦,占领我国领土台湾岛,要打到我们的国门和家门口了,要打到鸭绿江边来了!为了保卫祖国,保卫边防,保卫家门,保卫社会主义建设,保卫全国人民的和平幸福生活,坚决完成中央军委赋予我们的光荣任务!"

邓华扼要地讲了此次作战的3个特点:一是作战对象是美帝;二是出国;三是地形是山地水田。我们的部队刚刚由分散生产突然转到集中作战,只有20天的准备时间。时间很紧,任务很重。但美帝国主义不允许我们做充分的准备。所以,各部队要抓紧进行战役侦察、战术思想教育、装备物资准备。到9月7日,还有24天时间,每天8小时,共192个小时,训练计划是政治动员32个小时,战术训练90个小时,火力射击训练70个小时……

没有人比这些将领们更理解"朝鲜战争"的含义了。

没有人比这些将领们更理解党中央、毛主席的决心了。

没有人比这些将领们更了解中国革命战略战术和中国革命军人的顽强意志和作风了。

然后，会议进入军事民主，献计献策，讨论入朝作战的战略战术。

虽然各部队刚刚从生产第一线上直接拉到东北，但很快就扭转了思想弯子，在战争准备上已经奠定了很扎实的基础，做了许多很繁重具体的工作。这架机器已经按照中央军委和东北军区的要求迅速进入战备轨道转动起来了。而且，各部件的性能、状况、老旧缺损也都十分明了。毕竟是我军的主力部队呀。毕竟是久经沙场的战将呀。部队干部战士很大部分是在东北参军的，听说美帝国主义要侵犯东北，爱国情绪立刻高涨起来。第二阶段就明确提出要准备入朝支持朝鲜人民军作战，决不能让战火烧到鸭绿江边来！我们只有把美帝国主义打败，才能获得真正的和平。我们是从东北打到西南的胜利之师，正义之师，威武之师，要坚决打败美国野心狼！

高岗、萧华、邓华、洪学智听后心中十分满意。

政治家们考虑的是战略问题。

将军们考虑的是战役战术问题。

两位新到任的兵团司令就势又引导大家研讨入朝后的战术思想。

战争从来是打对方的弱点。

邓华从当红军到现在，20余年，还没有脱离战争生活。他有丰富的战争经验。他说："敌人有现代装备，可以海陆空配合作战，还有大量坦克，但他们的步兵是少爷兵，老爷兵。我们知道，美军在日本的占领军有4个师，任务轻松，管理松散，美军在那里过着非常舒适的生活，大部分官兵享受着日本仆人和女人的照顾，缺乏足够的军事训练。官兵能享福，不能吃苦。朝鲜北部，恰好是大山绵延，又赶上冬天。我们的战机是有的。"

梁兴初说："对呀，我军应该专打他们的步兵。"

邓华高兴了，说："攻其一点，不及其余。只要我们发挥我军优势，敢于与敌人的步兵近战，夜战，敢于拼刺刀，还要敢于穿插，敢于迂回包围，使其'空炮'不能发挥优势，让美军死伤一两万人，美国舆论就会大哗，麦克阿瑟就牛不起来了。我军要很好地保持主动权，不能让敌人牵住我们的鼻子，这就在于寻找敌人的弱点，掌握好时机，在敌人运动中，或者立足未稳时，歼灭敌人！"

"发挥我军的优势一个是近战"，洪学智打着手势，声音高亢，说，"因为敌人火力强，我们火力有限。必须缩小火力距离，准备拼刺刀，发挥短兵火器和炸药的威力。炮兵要搞间接射击。再一个是夜战。白天敌人有空中掩护，我们就利用夜间作战。当然，如果有空军掩护，我们白天也可以干。概括起来还是我们的老战术，近战、夜战、白刃战，迂回穿插。"邓华插话，"40军，老温，老袁，你们军在南满作战，可以给大家介绍一下南满作战的特点。"

袁升平政委说："南满山区，与其他地区山区也没有什么大的区别。气候上与朝鲜北部接近。我们那时候，说实际话，有时候，不得已就过去了。1947年，国民党军实行'先南后北'战略，搞得我们地盘缩小到3个小县，我们就把家属和一些后勤小单位撤到了朝北。朝鲜人民给予了很好的照顾。在那一带山区作战，我们不陌生。我们是有一套的。敌人的机械化部队要受到地形的限制，我们步兵没有这个问题。"

萧华是南满通。他说："据我所知，朝鲜北部道路很少，控制好山口，敌人就不能运动。各部队要注意这个问题。我们在南满时，每次打仗，都要很好地利用山口的军事价值。抓住美军的弱点打，美军就是一只纸老虎，让美军发挥了它的优势，就成了真老虎。"

邓华说："对，要打突然性。"

萧华继续说："朱总在抗战时，总结了很多经验。我往山东走时，他给我介绍抗战的经验说，对敌人要小股进退，分支袭扰，集中主力，乘弱伏尾，昼伏夜动，声东击西，有意暴露，及时隐蔽。利害变换。要在敌人后方联络线上积极动作，断绝其交通和供给。油料供应不上，它的机械部队就死了，就减少了正面敌人进攻的威力。比如要发动民众参加，分散敌人的兵力等。"

邓华说："我们要力争在朝北弄他一块根据地。我们进去后，一下不能战胜美军，要进行防守，能战胜美军就坚决进攻。攻防策略取决于条件。我看美军不一定比日寇能打，也没有日寇的战术灵活。根据过去的经验，毛主席对入朝后的作战方针，战略战术方面会有新的指示。到时候，各部队首长要好好学习毛主席的指示，领会精神实质，结合前线的实际，贯彻落实。各部队要坚决执行毛主席和边防军总部的作战指示，完成作战任务。"

洪学智说："下一步还要研究一下怎么对付敌空军和坦克问题。"

大家都觉得这是我军出国作战遇到的新问题,也是能否取胜的重要环节。

"妈的,以空军对空军!"梁兴初愤愤地喊。

"以空军对空军当然好,我们自己的飞机很少,不知道斯大林到底出空军不出。"邓华忧虑地说。

洪学智说："谁知道。"

吴信泉快人快语说："他不派空军不对嘛。社会主义国家的老大哥,袖手旁观不对嘛。"

高岗说："这个问题需要外交部与苏联交涉。我们的任务是完成作战准备。"

大家沉默一阵后,温玉成说："再就是老匡发挥威力了,发挥好高射炮和步兵火器的作用,形成天罗地网,不信美军不害怕。"

匡裕民说："我们的炮也有限呀!"

邓华说："自己要搞掩蔽伪装,大家再谈谈对付坦克的问题。"

吴信泉说："首先不怕它,勇敢。美国鬼子也没有三头六臂,我们把纸老虎当真老虎打就是!打它个人仰马翻,给世界人民看看!"

梁兴初讲述了他们军发动战士献计献策的情形后说："一是组织现有平射;二是爆破;三是埋地雷,集束手榴弹,挖障碍;四是敢于孤胆作战,对付敌人的坦克。"

27. 42军军长吴瑞林突然被专列拉到了沈阳

北安西北部冈峦起伏的大草甸子上,老鹰在蓝天盘旋,几万人马正在热火朝天地开垦荒地。

在人群集中的不远处老榆树林子里有几十匹马在嘶鸣,嬉闹,吃草。

马群方向的天空与大地的接壤处朦胧可见有几辆吉普车的身影。

一块高地的老榆树下,几个将军正在席地而坐,抽烟,开会。

这就是要被彭总委以重担,派到东线单独负责一个战略方向的42军。

42军是怎样逐渐走向战场的呢?

1950年3月,42军刚刚完成解放鄂西北和川东、川北的作战任务,突然接到军委命令,立即进抵黑龙江省北安地区垦荒造田。政委周彪是江西吉安的老红军,任过9军团7团政委,军团政治部巡视员,抗战时期任冀中军区第10军分区政委、司令员，晋察冀军区第7纵队副司令员；军长吴瑞林是四川巴中人，属于川北深山区。"通南巴"是第四方面军翻越秦岭后，打败川北军阀田颂尧，开辟川陕的第一块根据地。吴瑞林作为青年团员，热情迎接红军入川，后经过徐向前总指挥和陈昌浩政委亲自批准参加了红军。历任红军敢死队队长，团政委，红四方面军政治部团委副书记，川东游击军政治部副主任，中共大金川军区副政委。

川北是他的家乡，是他战斗过的根据地。接到北上的命令，他与政委周彪立即收拢部队，安排行军和组织车运，全军近6万官兵，急行军200余里，赶到火车站。闷罐车里铺稻草，一排或一排半一节，经过一个多星期昼夜不停地晃荡，下车，哇，这里是黑龙江北安，草甸子上还残存着白雪，老百姓还穿棉衣呢！

42军是在辽沈战役中成立的第5纵队。第一任司令员为万毅，担任过东北军的旅长、师长，民主联军第1纵队司令员，是赫赫有名的战将。在围堵廖耀湘东返沈阳，卫立煌西出辽西挽救廖耀湘兵团的战斗中立下奇功。吴瑞林为第二任军长。

军党委带全军部队来到荒凉的北国大地，先挖"地窨子"住下，马上发扬战争年代的战斗精神，带领全军不怕艰苦和困难，一鼓作气，向天寒作战，3个月的时间，开垦荒地18.7万亩，建造营房20万平方米，修建公路300多公里！这就是主力军！

满目荒凉草棘的大草甸子，远处可以看见有一两株歪歪斜斜的老榆树点缀着。天空高远，有白云在不紧不慢地飘荡，老鹰在俯瞰着荒原。吴瑞林和周彪虽然身在寒冷荒无人烟边陲之地，但两位老战将无时无刻不在关心着国家大事。他们坐在田间的一处高地上，一边眺望着全军将士热火朝天干着活儿，一边从无线电中收听到了美军侵略朝鲜的消息，然后收听到毛主席在中央人民政府第八次会议上的讲话，以及周总理代表中国政府的严正声明。

吴军长是个多谋善断的将军，他一边抽烟，一边琢磨美军自恃是天下第一强国，天下第一强军，既然开了第一枪，就不会罢手。况且在解放战争中他们助蒋为虐变中国为他的势力范围的企图没有得逞，大概是想从半岛这个方向打过来。他妈的！当年日寇就是从这个方向打过来的！美国鬼子想走日寇的老路呀！先占领朝鲜半岛呀！然后再在朝鲜半岛扩兵过鸭绿江呀!

"老周呀",他本来就黑,现在被太阳涂抹得黑瘦黑瘦的,两只眼睛特别深邃,对他的老搭档说,"你看这形势,我们42军是不是要南去呀?"

周彪皱着眉头望着天空一只忽上忽下的老鹰,说:"我也这样想呢!"

军长说:"军委把我们放在北疆边地,是有战略考虑的。"

政委说:"我们在中东铁路的延长线上,本来就是一个机动位置。"

然后军长把作战处长侯显堂找来,交代任务说:"你不要参加劳动了,你组织几个参谋,专门给我收听广播,收集朝鲜半岛局势的资料,把侦察处、军务处都可以扩大进来。明白了吗?要多动动脑子。"军长敲敲自己的脑壳。

然后又是没有任何信息地日复一日地开垦荒地,准备播种,稻子过季节了,可以种玉米、大豆和高粱……

然后有一天中午,他和周彪、副军长胡继成、彭龙飞、副政委郭成柱、参谋长廖仲符、政治部主任丁国钰在一棵老槐树下吃狍子肉包子,很觉得过瘾。骑兵通信员飞奔而来,下马,敬礼,掏出急件,递给军长。将军们都张着嘴,停止了狼吞虎咽,二目炯炯地瞅着军长拆件,阅件。军长看毕,神色凝重,未言语,把文件递给了政委。

他对大家说:"专列在等我呢!"

大家都一头雾水。

然后他喊:"警卫员,马上给我出发!"

警卫员跑步牵来两匹一白一红的高头大马,军长敏捷地翻身上了大红马,腿一夹,马飞了出去,警卫员飞上白马紧紧跟上。阳光下几万官兵们望见两匹马在地平线上飞驰到吉普车处,那里一团尘雾在草甸上跳跃……

东北军区高岗司令员办公室。秘书把吴瑞林领到门口。

"报告",吴军长在门口大声喊。

"进来",高司令回答。

吴军长推开门,给司令员一个立正敬礼。

司令员从桌子后面走出来,跟吴军长握握手,递给他一支烟,说:"军委点了42军的将,要你们军把北安的生产任务马上移交给地方政府,在7至10天内进抵通化、梅河口一线集结待命。在通化、梅河口一带要集中力量做好入朝作战的准备。"

高司令叫秘书把贺副司令叫来,说:"你再具体给吴军长交代一下,军事交通部要立即安排军列运载42军南下。另外,晚上你要代表我请吴军长吃红烧肉!"

吴军长与贺副司令从高司令房间出来,到副司令的房间坐下。他们二人又用几个小时敲定了部队交接、开进、训练等一系列具体问题。晚上喝了贺副司令代表高司令的茅台酒,吃了红烧肉。第二天军区仍然用军列把他送回北安。好像与战争在赛跑!

军列停靠火车站,吴军长下车,两辆锃光发亮的崭新美式吉普车停在列车旁。美式吉普车的空间很小,他往前座一坐,吉普车就窜了出去,一溜烟向郊外开去,看见大草甸子,又继续深入,然后再深入,停下来,几匹马在严阵以待。军长换上他的大红马,一溜烟来到大榆树下,将军们都在高低不同的草丛中站立迎接。

军长下马,拍拍手,说:"立即下令,停止生产,今天晚上改善生活,吃老鹳肉大锅菜!"

周彪一边给军长握手,一边喊:"军党委开会!"

一天晚上,漆黑一团,鸭绿江南岸几处有萤火虫似的灯火在闪烁。

吴军长要亲自出马了。不清楚此行他是否请示了上级同意。他带着作战处长侯显堂、侦察处长孙照普化装悄悄地过江进入朝鲜北部山区。他们轻车熟路,向南走,老百姓向北逃难,拖儿带女,大包小包,不宽的土路上熙熙攘攘。

他们几个人一直插到平壤北部。有幸的是他们见到了从民主联军回朝鲜的老战友,通过这些同志他们了解到许多情况。

解放战争时期,吴瑞林属于萧华的麾下,在南满主要同蒋介石的王牌军廖耀湘的新6军作战,对南满和朝鲜北部的兵要地理十分熟悉。

抗战胜利后,金日成从苏联回朝鲜。作为抗联教导旅(曾编为苏联红军远东红旗军第88旅)1营营长随苏联红军回到东北,然后与崔镛健、金一、金光侠、朴成哲等回到朝鲜。萧华按照中共中央的指示,把要回朝鲜的人员都换了新装,把有七八百人的朝鲜族干部学校和一个齐装满员的团全部交给了朝方,还从别的部队抽调机枪,每连配备两挺,补足弹药,再加发了翌年的夏装。1947年在安东的鸭江春饭店,吴瑞林代表南满军区把中共中央"祝贺金日成同志回国建设"的电报亲自送给了金司令、崔副司令。电报要求南满分局和军区要在力所能及的情况下,满足金日成同志的要求。崔副司令看过,流泪了。战友情真意切,吴瑞林是掉着眼泪给金司令和原抗联的同志念的。

吴军长考虑朝鲜北部山区崇山峻岭,山多河多,纵向河山多,横向河山少。道路也是纵向多,横向少,难以机动,难以回旋。这样的道路地形对依赖道路的美军和南朝鲜军的机械化部队来说都有可能成为死亡之地。只要我军巧占地利,不怕苦不怕死,近战,夜战,白刃战,打迂回战,就能扬长避短,使美军的"空炮坦"优势不能发挥,就能打胜仗。美军的战斗力充其量也就是新6军的水平,在南满我们与新6军周旋了3年呢,起初还是拉锯嘛,各有损失,后来新6军就不行了。

从朝鲜回来,他与副军长胡继成考虑渡江问题还很大。如果美军飞机来轰炸怎么办?夜晚,他们两个化装到了江边,要亲自选择渡江地点,研究在美军飞机威胁下如何保证渡江成功。他们上了铁路桥,发现步兵如果走铁路桥,步幅太小,速度会慢,时间就会长。他提出要在枕木上铺木板,与铁轨铺平用爪钉固定,中间要留下能使火车通过的轨道,部队可以在木板上跑步过桥。

他们两个经过仔细计算,一个团如果成4路纵队跑步通过桥面,时间约需40分钟。这样一个晚上42军6万部队就可以过去了。

这是一,二是如果美军封锁大桥,阻止我军过桥如何办?他对胡副军长说还必须有第二手准备呀!打仗还要有预备队嘛!怎么办?他突然"扑通"一声跳到冰冷的江水里了。他往前徒步涉水,试探江水的深度。胡副军长也下水跟上了,参谋们也都下水了。他终于找到了一处江面宽,江水浅,水流慢的地段。

他的腿僵硬,嘴唇黑紫,言语不清,说:"就在……这里。"

参谋们赶紧把他七手八脚捞出江水。

赶紧找柴火,烤军长!烤火把他暖过来后,他说:"你们要吃烤肉呀!立即给我派工兵营,趁夜黑,修建漫水桥!"

1952年11月28日12点,金日成首相举行家宴为42军回国饯行。42军军以上干部参加。

金日成对吴瑞林说:"你们42军,创造了水面下建桥,一夜之间全军主力过江。这在军事上有很重要的意义。朝鲜是个多江河的国家,在战争期间，尤其在南方进攻敌人时，我们学习和推广了你们的这一经验。还有42军在防御战中，挖坑道、地洞、修起了地下长城，美帝采取各种办法都攻不破。"

七　邓华率13兵团到达边防，日夜紧张备战，研究作战预案，争取初战必胜；8月31日，"邓洪解"向军委报告美军可能在朝鲜半岛蜂腰部登陆

28. 13兵团向军委建议再调一个军到鸭绿江边布防

在我国南满的边疆，鸭绿江北岸有一个背山面江风景旖旎的城市安东。

沈阳军事会议一结束，邓华和洪学智就与将军们火速登上了沈阳通安东的火车。

火车似乎很理解这些将军们的心情似的，"嗒嗒，嗒嗒"，节奏一个劲儿地加快。车厢还是日寇占领时期的破车厢。"吱吱嘎嘎"一直响，像要散架一样。穿过山洞时，浓烟被强行压进车厢内，每一位将军的鼻孔内、脸上都隐约可以看到烟黑的痕迹。每一位将军的神情都似乎既严肃又激动。他们觉得这列火车开足马力穿山越洞，好像不是奔往安东，而是奔向朝鲜半岛。

的确，战争是分分秒秒地临近了。

铁轨也很不平，火车颠簸得厉害，车厢不停地弹跳着。

重任在肩，邓华、洪学智还在继续聊着，一点睡意也没有。

镇江山（即锦江山）下，有四座小楼，前面两幢，后面两幢，邓华住到后排，洪学智住在前面一座。前后小楼中间有几排平房，兵团司令部机关在平房办公，都是日本占领时期盖的。

镇江山下的军事机器加速转了起来。落实"沈阳会议"提出的准备战争的任务，把部队累得够呛，也把他们苦得够呛！从将军到士兵，每个人都好像掉了一层皮！军师团首长们真正是殚精竭虑、躬亲军政，不分

昼夜！

中央军委把打胜同美军这场战争的重担交给了 13 兵团，邓华、洪学智感到责任重大，压力巨大。打不好怎么办？在朝鲜北部站不住脚怎么办？被美军赶回鸭绿江北怎么办？到不了蜂腰部被美军冲散组织不成战役怎么办？被美军空炮坦克压制我军不能行军冲锋怎么办？装备缺额这么大要尽快补齐呀！最好是苏联出动空军协同作战就好了。

他们两个整天都在邓华的小楼里看地图，研究朝鲜战情。

不久，12 兵团参谋长解沛然调任 13 兵团参谋长，第四野战军政治部组织部长杜平任政治部主任，来到安东镇江山下。

解沛然即解方，像邓华一样，也是一个瘦条儿，对军事谋略颇有研究，在朝鲜战场被彭总戏称为"小诸葛亮"。他刚刚拍去了渡海作战的征尘，到武汉休养，恰逢朝鲜战争爆发。他立刻意识到这场战争会对我国东北边防构成威胁，不能在此疗养了，他向四野总部要求北上保卫边疆。他请缨获准后，立即打点行装，来不及与妻儿告别，就匆匆上了火车。在车厢里他研究了一路地图，感觉自己再次报效祖国的时候到了！

他是辽宁东丰人，1930 年日本陆军士官学校毕业，回国后曾任天津市警察局侦缉队总队长（笔者听到多人议论这一段时间他的情况），然后任东北军 51 军军部中校参谋；1935 年东北军被蒋介石调到西北"围剿"红军后，他于 1936 年 4 月秘密加入中国共产党，担任中共东北军工委委员，51 军工委书记，参加了我党秘密做张学良联蒋抗日的活动；后受党的派遣，到南京参加营救张学良的活动；1941 年到延安，任中央军委第 3 局局长，120 师 385 旅参谋长；1946 年后，任民主联军第 3 纵队参谋长，40 军参谋长，12 兵团参谋长。

杜平是 7 月 19 日接到军委来电令他火速北上："边防迫切，任务光荣，希早日来京，面授机宜。"他与 13 兵团的几个军并不陌生，在东北战场上经常在一起，领导之间都是井冈山的老哥们，熟得不行，非常有利于开展工作。他在出发前给他的老领导刚刚就任总政治部主任的罗荣桓发电，建议边防部队要抓紧军事政治训练。他说如果没有两个多月的整训，拉出去就打，一定会遇到很大的困难，吃大苦头。他是江西万载人，个子不高，面容白净。他在红军时期任红 3 军第 3 纵队政治部宣传科长，红 1 军团无线电队政委，到陕北后任第 30 军政治部主任，抗战时，任留守陕北的警备 3 团政委，陕甘宁晋绥联防军政治部秘书长；解放战争时期，任东北野战军政治部组织部长。他作为高级将领，颇擅诗词。他目睹志愿军渡江，感触颇深，即兴赋诗曰："十月金秋起风云，雾罩边关烟满城。唇亡齿寒安系危，义旗跨江助友邻。"笔者在南京东郊宾馆见过他，他坐大奔像坐吉普车一样，还是坐前排。他送首长一本他的抗美援朝战争回忆——《在志愿军总部》，笔者先睹为快。他与杜平是最早写抗美援朝回忆录的首长。

他们二人到任后，机关工作得到了加强，马上参加到后小楼的研究之中。小楼一层的客厅里终日烟雾笼罩。有时候司令部的作战处、情报处、通信处参加。邓司令指示机关要为战争做好准备。首先是建立作战指挥所，确定哪些人参加，内部的分工；机关和各部队要马上熟悉朝鲜地图，熟悉情况；要组织参谋熟悉大兵团作战的业务；各军情报人员可秘密进去侦察情况，了解战局，了解兵要地理；将了解到的情况立即报兵团作战处汇总，提供给兵团首长参考。

邓华对杨迪说："作战处要马上搞清楚美军的编制和部队开进的方案。"

杨迪说："都安排了。高参谋牵头三个参谋负责搞美军的编制；朝鲜兵要地理由王参谋牵头；朝鲜战局由初参谋牵头。我负责拟制部队开进方案。"

解方学识渊博，作战经验丰富。到安东后，感到压力很大。他首先找机关了解情况，找的第一个就是杨迪。他与杨迪是1949年攻打海南岛前在梧州跟40军交接船只时认识的。以后打海南岛战役时，杨迪在兵团"前指"，40军归第15兵团指挥，有许多工作联系。解方办公室就在两排小楼的中间，与作战处在一排平房里。他把杨迪叫到他的办公室，说："杨迪呀，你掌握的情况比我多，你汇报一下兵团机关情况和入朝的准备情况。"

参谋长最重要的是要掌握司令员的意图。杨迪先把在北京邓司令员给他讲的军委对朝鲜战局形势的分析判断讲了一下，使参谋长先了解中央军委的精神。然后重点讲司令员和副司令员的意图和指示，要求目前紧急抓的几项工作。他说："目前重点着手拟制入朝作战的方案和部队开进计划。"

解方对杨迪的介绍很满意，了解了军委和兵团首长的意图，他心中就有数了。俗话说，你有点子，当参谋长；你能拍板，当司令。参谋长就是要按司令员的意图开展工作嘛。然后，他又找侦察、通信等处汇报。然后，他开了一个司令部处长办公会。他要杨迪首先讲讲部队开进准备情况。

杨迪说："鸭绿江上只有三个地方有桥，一个是辑安，一个是长甸河口，一个是安东。如果敌人发现我军过桥，肯定要炸桥。一旦炸了桥，就困难了。"

侦察处长崔醒农说："这3个渡口，我已经派参谋去看过。一开战，美军肯定要把桥炸毁，没跑。"

解方点点头。

杨迪说："现在有一个问题。"

解方说："你说。"

"既然要入朝作战，就要集中兵力，4个军，3个炮师，一次过江最好，还可以保证部队行动的突然性。兵团部队一次性全部过江，可以集中兵力应付可能发生的突然情况。在朝北战场就主动多了。"

杨迪说："我派作战和工兵参谋到鸭绿江拉古哨水坝了解情况。那里的水位较浅，可以派舟桥团在那里架一座浮桥。辑安方向的江水也浅，江面也很窄，可以架水底桥，中间水深，可以架浮桥。另外，3座铁路桥，要铺枕木，人马车辆都可以通过。这样有5座桥，有两个到3个晚上，兵团所属部队就都可以过去了。"

解方说："好处是都过去了，就是鸭绿江北岸没有部队了。"

杨迪说："必须建议四野再调一个军到安东辑安一带布防。"

解方说："你提这几个问题，很好，但要向兵团首长汇报。你写个请示件，并附计划图，我来批一下。我们司令部就是要为首长多想办法，多提建议。我们机关就是要为首长当好参谋和助手。"

后小楼兵团会议上，司令员和副司令员都认为司令部的这几个建议很好，要马上请示军委和四野，要在5个军的基础上，拟订开进计划和作战部署的初步决心和方案。邓司令对杨迪说："把这个计划和部署，发到各军，征求'梁刘吴徐温袁吴周'首长的意见后，汇总，兵团再研究一次，定下来，上报军委和总部。建议增加一个军可以先发电请示。"

电报发出去后，9月6日，军委电令："着中南军区50军开赴东北，编入13兵团序列。"

29. 长春起义将领曾泽生带病请缨北上

1950年9月，湖北省沙市、钟祥、后港、荆门一带，雨后，到处湿漉漉的像洗过一样，山林葱翠，野花红艳，阳光泛着金光。"稻菽翻开千重浪，遍地英雄下夕烟。"解放军50军将士正在汗流浃背热火朝天地筑堤造田，大搞生产建设。

突然，军部接到中央军委命令，立即开赴东北，接受新的任务。

50军是原来在东北与四野作战的国民党60军起义改编而成的。军长曾泽生是云南讲武堂第18期毕业，1925年任黄埔军校区队长，参加北伐战争，然后任60军团长，师长，军长。60军是滇军，系龙云的起家部队。龙云是被蒋介石挂闲的地方派系，不属于蒋介石的嫡系。蒋介石将60军调到东北后，立即加以肢解，一个师留在辽西，脱离了军部的指挥。曾泽生率两个师驻守吉林市，经常受到孙吉人新1军、廖耀湘新6军、陈明仁71军等嫡系部队的歧视排挤。曾泽生率领的两个师主要在东满方向与民主联军洪学智为司令员的第6纵队部队作战，其中陇耀为师长的暂21师在长春以东吉林以西以北的丘陵山岳地带曾被第6纵队围追堵截遭到重创。从1948年夏季开始，60军与新7军困守长春城，嫡系新7军每天还可以大米白面，60军却是黄豆配高粱，一日只能保证两餐。郑洞国佯装不知。60军主要将领本想为国为民，御侮安邦，建立军功。但看到的和受到的却是排除异己，自相残杀，前途茫然。9月下旬，曾泽生决定采取行动，"反蒋起义"，在军部与白肇学、陇耀两师长密商。陇耀听后一跃而起，说："军座早就该这样决定了！"

10月17日，军长曾泽生高举义旗、弃暗投明，率182师（白肇学）、暂21师（陇耀）在长春阵中起义，立刻瓦解了国民党名将郑洞国部署的长春城防，长春城门洞开，为东北全境解放立下大功。翌年1月2日，60军被正式命名为中国人民解放军第50军，曾泽生仍然为军长，政治委员徐文烈（曾任红2方面军政治部宣传科长，八路军120师政治部宣传科长，教导团政委，东北军政大学政治部主任），东北军区立即为50军补充了翻身农民5000余人。然后根据中央军委的命令，移旌南下，参加鄂西战役，成都战役。成都起义的国民党20兵团残部及其他部队万余人也编入第50军。

然后深入进行了初步的解放军宗旨教育，官兵平等，解放军战士与起义战士平等教育，开展政治整训，建立党组织……

毛泽东的哲学是具体问题具体分析对待。50军实行特殊体制，以军长曾泽生和政委徐文烈为首组成军政委员会，大事召开师长以上会议议决。50军的基层干部，有原来60军起义的，有起义后从东北军区充实进来的，有到中南后中南军区充实进来的，除少许四川人，部分湖北人外，一半东北人，一半云南人，信仰志趣，思想作风，相差甚远。

在极短时间内，把5万余众从湖北西部运送到东北，非为易事。南方的官兵不愿意离开家乡呀！从东北出发时的口号是"打回老家去，解放全中国"，云南官兵参加完成都战役，没有回家，移防湖北，哈，现在又要返回东北！领导说话没准呀！

曾军长到北京参加国庆活动，副军长调回中南军区，政委徐文烈担子重了！

他是土地革命时期的政工干部，有一整套激发热情发动官兵的办法。部队的传统就是要听从祖国的召唤！不能含糊，不能犹豫，不能动摇。在祖国召唤的时候，在东北边防紧张的时候，动动摇摇？丢人！他立即组织各级政工干部在全军各个连队班排开展普遍的"革命战士要时刻听从祖国召唤"的教育，结合朝鲜半岛和东北边防形势认清要不要"保家卫国"？保卫祖国与保卫家乡是什么关系？没有大家的安全有没有小家的安全？"我国应该不应该出兵朝鲜？""第50军能不能完成出国作战的任务？"师团干部的作战指挥能力能不能适应与有现代化装备的美军作战？50军的官兵同志们要认识清楚，中央军委调50军北上是党中央毛主席对我军的信任！是对部队进一步的锻炼和考验！每一个人都要自觉服从军委的调遣！50军建军时间短，作战少，有机会锻炼有什么不好？有什么含糊？！先安排典型发言，后组织受到三座大山压迫的苦大怨深战士诉苦，让美帝国主义再进来行吗？让蒋介石再回来行吗？我们能再吃二遍苦受二茬罪吗？立刻"打倒美帝，打倒蒋匪""誓死保卫祖国"的口号声就起来了！爱国热忱立即在官兵中占了上风。

然后，结束务虚阶段，就是具体复杂的开进问题。徐文烈带作教处（相当于其他军的作训处）作战参谋到武汉找到中南军区后勤部部长杨至诚（后为总后勤部副部长）商讨一系列开进问题。北上列车的车运计划；官兵从三四个不同驻地徒步到武汉，然后从武汉上火车，5万官兵到武汉后要住房，要吃饭，要走向战争。徐政委在作教处参谋和市府干部的陪同下，看营地、看房子、看市区路线，拟订调动车皮计划，立即与沿途各大站的地方政府取得联系，定好沿途的补给计划……

冬季到东北，官兵能否穿上冬装是大事，关系到部队的战斗力，被服厂能否赶制出5万套？棉衣裤、棉大衣，标准缝制，起码5万套！部队进入朝北后要有起码的防寒条件……没有如此深入细致坚强有力的政治工作，能有1951年1月至2月汉江南侧50军149师、148师在三七线上顽强惨烈的防御战？能有受到彭总传令嘉奖"打得英勇的443团、444团、447团"？能有"白云山团"英雄称号的产生？

在这之前，正在辽宁省五龙背疗养的曾泽生从报纸上看到毛泽东主席的讲话，从广播中听到周总理的严正声明以及第13兵团已经北上的消息，他一腔热血翻腾起来，感觉这是军人报效祖国的时刻，立即辞别疗养院，南下回到部队。

命令到达军部时，中南军区考虑他的身体欠佳，还是继续养病为好。

他立即到军区找到谭政政委说："政委呀，我请求随部队北上执行新的任务！"

谭政说："老曾呀，你身体有病，还是要继续治疗，痊愈了再说。"

曾泽生说："只要给我为劳苦大众服务的机会，我是再苦再累都不怕！"

"看你这样迫切，那我得请示一下林总，然后我通知你。"

他还未回到军部，谭政同意的电话已经到了军部。

曾徐二位率领部队迅速到达吉林省西丰、辽源、海龙、磐石地区。有趣的是这个地区不同别处，正是东北战争时期国民党第60军的防区，使他想起了许多不堪回首的往事……老蒋呀，把部队分为嫡系和非嫡系，亲疏贵贱、三六九等，排挤分割，歧视监视，各怀鬼胎，矛盾重重，亲者不战而升迁，疏者死战而贬职，杂牌送死打头阵，撤退当掩护，嫡系观战抢头功，可以轻易透过于别人，军事腐败，国事坏毁，人心尽失，怎么能打胜仗呀！

30. 兵团司令部破译了美军作战部队的通信密码

及时掌握敌情是战役战斗行动的依据。

邓华与洪学智研究，解放战争时期，我军一般都能破译蒋军的密码。这次出国作战对象是美军，必须要破译美军的密码才好。这项任务还是交给司令部，破译美军通信密码是一项紧急任务，要尽快做好破译工作。

洪副司令员把解方和作战处、情报处、通信处三个处长叫到了自己的办公室，摸了一把脸，说："我与邓司令研究，要打胜这场战争，必须破译美军的通信密码。现在要同美军打这一场战争，摆在我们面前的紧迫任务就是要破译美军作战部队的密码。你们去研究一下，如何落实，拿出一个意见来，报兵团再作研究。"

解方深思一下，说："这确实是一项紧迫而十分重要的任务。"

他们从副司令的小楼出来，又到后排解方的房间议论了一阵，决定把三个处的参谋都集中起来开诸葛亮会，军事民主，群策群力，出主意，想办法，解决这一难题。

但议论了半天，大家一时也想不出什么好办法破译美军的通信密码。

镇江山前，一片明媚的阳光。虽然是在鸭绿江的江边，但是这里却听不到江涛的声音。

作战、情报、通信三个处长作难了。担心任务完不成，影响作战。

杨迪叫上罗长波副处长一块到崔醒农的办公室。

"怎么呀，老崔，参谋长交给你的任务，你想出办法没有？"杨迪一进门，就这样将崔醒农的军。崔醒农说："怎么是交给我的任务呀，作战处是第一处，就看第一处有办法没有了，打板子第一板子也打不到我呀，是不是老罗同志？"

罗长波笑笑，"对！打板子，先打杨迪！"

"好事，你们想不到我，打板子让我先打。"

"你好事还少呀？兵团首长对你那么信任，重要的事项都交给你。你又年轻能干，你以后提拔了，别忘了兄弟们！"崔处长说。

"还提拔呀，我干活吧，干活我是第一名。"

罗长波是一个老红军干部，年纪比崔、杨两个都大，他说："我说句公道话，杨迪干活不老少，工作量不小，很能干。"

杨迪说："罗大哥最公道了。"

他们坐下来，研究破译的事情。

崔醒农说："目前我军只能从敌方或者中间国家的公开广播、报纸上,从英美通讯社发表的消息中了解敌军进攻方向,胜败如何,或者哪一个将军接受了记者的采访,谈了一些什么情况等,进行分析研究,就是说从报缝中,获得一些情况。靠有经验的参谋,有经验的情报员连续不断地研究,来判断敌人的行动和部队的番号。各军派了一些侦察员过去,了解了朝鲜北部山区的地形,包括村庄道路桥梁等情况。"

"这也很重要,"杨迪说,"要汇总,提供给兵团首长参考。"

"我让参谋汇总了一个材料,马上上报,"崔处长说,"对美军的无线电信号,我们是可以截获的。就是没有破译机。截获了,也破译不了。"

"如何破译呢?"杨迪扭身问罗长波。

老罗说:"我们没有这种破译机呀!"

"没有破译机,"杨迪挠挠自己的头,想不出办法来。

罗长波说:"只有一个办法。"

"什么办法?"杨迪问。

老罗说:"向军委和四野总部请示,为了朝鲜战争的需要,把解放战争时期在战场缴获的国民党美式无线电话机收上来,尽快送到边防兵团司令部。"

"哎?这倒是一个办法。"窗口透进一缕阳光。杨迪满脸的惊喜。

崔处长说:"还是老红军的办法多。"

"就是不知道这种机器能不能解决问题,"杨迪又忧虑地说:"能行吗?"

崔处长说:"能行,就是接收到是英语。"

"还得有英文翻译。"罗长波对杨迪说。

"就是说,还得请军委给调一部分英文翻译来兵团,配给各军师,最好能配到师,配到团当然就更好,"杨迪说,"我们得给洪副司令汇报一下。"

正在这时候,情报处一位参谋给崔醒农报告:"据40军到朝鲜一方了解,美军在战场上,团以下部队联络多用明语通话。他们认为朝鲜军队没有美式通信器材,接收不到通话内容。"杨迪和罗长波都听到了。

崔处长问:"40军的侦察员是怎么过去的?"

"他们是带着护照,骑自行车过去的",情报参谋说:"他们到了北镇郡,是一个县级单位,内务部接待了他们,给他们介绍了很多战场上的情况。"

杨迪脸上像开了花，他说："好了，问题解决了。"

这真是三个处长顶一个诸葛亮。他们高高兴兴来到解方参谋长的房间报告了情况。解方说："走，咱们一块去给洪副司令汇报一下。"他们4人拐过房角，来到洪副司令的房间。洪副司令从1929年当游击队员，然后编入正规军转战大别山崇山峻岭，身经百战，练就一个好脑瓜儿，反应很快。他一看见他们进来，就知道他们想出办法了，摸了一下自己的脸，说："看你们一个个像吃了蜜一样，一定是有喜讯了？"

他们都笑了，为打胜仗又克服了一个困难，怎么能不高兴呢？

"汇报一下吧，"洪副司令坐到沙发上说，"我听听。"

杨迪说："我们找到办法了！"杨迪先汇报了一遍，崔醒农又做了补充。

解方说："需要写一个报告，请求军委和四野将各军区缴获的国民党军的美式无线电话机统统收上来，送到边防发给各军各师；还要请求调一部分英语翻译分配给各军各师。"洪副司令听后习惯地摸了一下自己的脸，说："好，你们还是动了脑筋。司令部就是要这样，要开动脑筋，当好首长的参谋。你们立即写一个报告，请军委和四野尽快解决。另外，我们出国作战，人生地不熟嘛，还需要朝文翻译。机关需要，部队也需要。这个问题请东北军区帮助解决。"

从洪副司令小楼出来，解方说："杨迪，你马上写出报告送我。"

杨迪是快手，请示报告不需要多少文字，他很快写出，送给参谋长。参谋长批示，"呈邓司令、洪副司令批示。"邓司令批示："发洪副司令圈阅。"

杨迪拿到批件，心中很兴奋，马上送机要科发走了。

战争像一架精妙绝伦的航天飞机开进太空，每一个螺丝钉和胶垫都不能马虎。兵团入朝后，战场上如何在美军"空炮坦"强大火力覆盖下保证通信顺畅，保证兵团指挥灵敏，又不能泄密，是兵团司令部一项艰巨任务。邓华司令员找解参谋长和杨迪处长，交代司令部要很快解决这个问题。

杨迪从司令员小楼出来，马上与罗长波两个人研究战场通信问题。

杨迪考虑，兵团进入朝鲜北部山区后，朝鲜的有线线路不能再使用，一是不了解他们线路架设和通信方法，二是防止泄露军事秘密。

罗处长说，用朝鲜现有的线路肯定不行。兵团必须有自己的线路。

杨迪说，部队流动性很大，不能久驻一地，每天都处于动态中，架设有线线路也不行，困难太大，也不能确保上情下达和下情上传。必须主要靠无线通信来沟通兵团与各军各师各团的联系。

罗处长说："那得靠电台了？"

杨处长说："是的。我们两个单位要马上共同编制一个密语通话表，供兵团和各军、师、团使用。做到 24 小时不间断地收听。"

罗处长："各军师都得有电台了？"

"现在我兵团有几个电台？"

"现在有 7 个电台，"罗处长说，"按定向分工联络：第 1、2、3、4、5 台，5 个电台联络志愿军司令部和 38 军、39 军、40 军、42 军；1 台负责志司，3 台负责 38 军；2 台负责 39 军；4 台、5 台负责 40 军、42 军。每台一个台长，然后设一综合台长，可以由通信处无线通信科科长白明兼。"

罗处长把一个电台设置和工作分工的单子递给杨迪。杨迪看过点点头，说："给司令和解参谋长看看。"

通信处电台根据战争形势需要有发展变化。第一次战役结束后，根据东线 9 兵团在继续围歼美陆战第 1 师和第 7 师，南韩首都师和第 3 师情况。志愿军司令部紧急从东北军区和安东志愿军办事处抽调了 3 个电台。第 8 台定向联络 19 兵团，10 台定向联络 9 兵团，9 台联络 20 军、26 军、27 军。每台配一台电台车，可以随时随地机动。

31. "邓洪解"预测美军可能要从朝鲜半岛蜂腰部登陆

"邓洪解"在镇江山南坡下，一面组织部队紧张训练，紧张备战，一面日夜观察了解朝鲜战争双方态势以及战争发展趋势，恐怕没有人比他们对战争看得更清楚了。

人民军在洛东江始终未能突破第 8 集团军的防线。人民军主力第 4 师虽然曾经勇敢地通过建造隐蔽在水面下的浮桥，把坦克、卡车和炮兵运过了洛东江，从滩头阵地出发，占领了通向釜山的高耸入云的连绵山脊五老峰，但美军陆战队在"潘兴式"坦克、火箭筒和飞机的配合下，实施反击，第 4 师失去了阵地，受到严重损失，伤亡太大，失去战斗力。在大丘至三嘉的一段两侧是险峻峭壁的河谷，人民军作战可称勇敢顽强，但美军第 27 步兵团用火炮和"潘兴式"坦克，阻挡人民军的推进。

企图攻破釜山防御圈的人民军的人力、物力、弹药、给养都用到了极限，无法从当地获得补给。后方也没有再可利用的预备部队，不能再组织有效的攻势。

南线的战事不顺，处于胶着状态。

邓华考虑到美方有海、空军优势，朝鲜半岛又是三面环海，这种胶着状态绝不可能持久，美国很快就会想办法摆脱被动局面。

邓华的特点就是善于思考。他1927年参加革命战争前，受过中学教育，有一定文化水平，当过小学教师，在井冈山，参加战斗前后，他瞅空就翻他的宝贝手抄的《孙子兵法》小册子，把经验教训上升到军事理论，然后再去指导战斗实践。也就是毛泽东强调的从战斗实践到军事理论，再从军事理论到战斗实践。这样不断地往返反复，对战争自觉的指导提高就快。毛泽东在《中国革命战争的战略问题》一书中强调重要的问题在于学习。邓华就是一个善于学习善于思考的将军。当然，他指导战争也不是没有挫折。抗战时他与宋时轮支队到冀东与地方党联手发动农民起义。起义队伍一下拉起20万人，起义成功后，毛泽东和聂荣臻一再电示要他们就地坚持斗争。但他们要把起义军带回冀西、平北，结果在日寇的围追堵截下，冀东人不愿意离开冀东，起义军溃不成军。中央决定派萧克重编了这支部队。没有遇到挫折的经验是不完整的经验。最厉害的敌人是自己的弱点。

邓华感到既然中央把兵团派到鸭绿江北岸来，既然肩负着人民的重托，就有责任提出对朝鲜战争发展趋势的看法。经过一个多月的观察、了解、研究、思考、沉淀，对朝鲜战局有了一个比较成熟的想法。

他喜欢找善于考虑问题的杨迪小伙儿个别聊。

8月28日，杨迪来送文件，邓华用拿烟的手示意杨迪坐下。

司令员启发式地问："杨迪呀，咱们两个到安东多长时间了？"

杨迪说："都一个多月了！"

司令员站起来，走出去，瞭望了一眼山下南侧的鸭绿江，江水碧绿碧绿地缓缓地流淌。他回头说："杨迪呀，你知道，我自从到北京受命以来，夙兴夜寐，不能安枕啊！有点诸葛亮的味道了！"

杨迪说："是呀，司令员，你本来就瘦，胃消化不好，现在更瘦了！"

司令员说："你不知道呀，我的压力有多大呀！"

"我们都能看出来，"杨迪说，"渡海作战时，你就是这样。每临大的战役，你都是这样。毛主席、周总理，军委老总们都信任你。"

司令员说:"越是信任,责任越大呀!渡海作战是打蒋军,入朝作战就不同了,作战对象是美帝。我们倒也不是怎么特别怕它们!总是想怎么打好,要像毛主席经常要求的初战必胜!"

杨迪说:"司令员你考虑太多了!"

司令员一直在抽烟,他的手指都是黄黄的,脸色也有些发黄。他说:"我一直在考虑兵团入朝后,作战的一系列问题。来到安东后,与洪副司令、解方参谋长,反复商量研究作战问题。多数都让你参加了。"

"是的,司令员,你有什么考虑,你就交代。"杨迪感到自己深得司令员的信任,颇有知遇之恩的感觉。自己唯一的一条,就是努力工作,熟悉作战业务,熟悉部队,当好参谋,不折不扣地完成首长交办的任务!

邓司令员在客厅里踱着步,然后站住,说:"洪副司令和解参谋长的意见也谈过多次了。他们的意见也是尽快给军委和总部报告一下。这几天我都考虑了。形成了一个比较完整的意见。准备给军委和四野发一个电报,报告我对朝鲜战局的看法和意见。"

杨迪说:"是应该报告了,司令员,都一个多月了,说不清首长们都在等这个情况报告呢!"

"是呀,是呀,"司令员说,"我必须要有一个成熟的意见。我的想法,你都知道。我口述一下,你整理出一个草稿来,请洪解两个首长修改后,发出去。"

"是,司令员。"

"你要认真地好好想一想,把我的意图与建议写得明白无误。"

"好的,司令员。"

小楼外秋风萧瑟。小楼内烟雾笼罩。

邓司令掐着烟不停地踱步,不停地口述,作战处长不停地记录。

杨迪会写一种速度特别快的自己独创的字,可以跟上首长的讲话,主要思想观点不会漏掉不会出差错。战争时期,无论是安定的办公室,还是野外战场上,无论白天和黑夜,首长口述电报,他都能准确无误地记录下来,整理出来,首长签字后,发往上级和部队。但这种字也有一弊,就是别人不能认下来。解放初期,他按照组织的要求把他的阵中日记上交后,再没有见到。笔者从军事科学院把他的阵中日记复印下来,拿给他看,建议他出版，他说："战争时期写下来的，我现在也认不全了。"

"我考虑，我们是四野的部队，还是直接给林总报告。"

"也对，司令员，就写给林总吧"，杨迪说："林总看过，觉得应该批给谁，会批出去的。"

邓华说："按我与洪副司令，解参谋长的研究意见，分几个小标题，一是我军入朝后敌我力量的对比；二是朝鲜半岛的地形；三是关于供应问题；四是敌人的企图；五是我军的作战方针；六是我军的装备训练。"

只听杨迪"沙沙"地记录的声音。

邓华说："地面部队数量上我方占优势。敌人如果再增加兵力，我亦再增加，我始终要保持相当优势是可以做到的。"

司令员沉思了一阵，说："从6月25日以后的作战来看，人民军勇敢善战，而且有了现代作战经验。他们能熟练地掌握'步炮坦空'协同作战，不怕牺牲，攻击精神很强。尤其是坦克冲锋，步兵从两侧迂回，包抄美军后路的战术值得我军参考。苏联援助人民军的雅克战斗机参战，也取得了很好的经验。南朝鲜伪军作战也很顽强，尚有战斗力。但美敌则与此相反，怕苦、怕拼、怕切断后路，主要依靠技术，这是美军的基本弱点，也是我军过江后能够取得胜利的主要因素。"

杨迪给司令员倒了一杯茶水，双手端到司令员面前，说："司令，你喝口水吧。"

司令员接过水杯，端在手里，未喝，看着部下。杨迪说："司令员，部队对苏联空军协助作战有很大期待。"

司令员在20多年的战争生涯中练就了口述电报的能力，可以出口成章。邓司令说："我军步兵主要要加强防空训练。入朝后，为避免美空军优势，夜战、近战、白刃战形态是主要的。朝鲜的地形非常特殊，北部是长白山，中部是金刚山，还有狼林山。进入朝鲜主要面临的是山地作战。我军迅速机动，实施包围、迂回、切断、包抄等战术行动会受到限制。部队必须有山地作战的思想准备，针对山地做好军事训练。我13兵团部队有山地作战的传统和经验。"

杨迪插话说："朝鲜特殊的地形会影响我军大踏步地行动。"

邓司令员点点头，喝了几口水，把水杯放到桌子上，说："朝鲜是个狭长的半岛，三面环海，纵长900多公里，横宽200多公里。耕地仅限于占整个半岛五分之一的河谷和沿海。土地贫瘠，北部大山蕴藏着金铁煤等丰富的天然资源。冬天寒冷，夏天湿热。从1910年至1945年9月被日军占领。现在人民军与美军第8集团军在釜山一带处于胶着状态。人民军后方已经没有主力部队。估计敌人将来的反攻意图，一种情况可能为一部兵力在北朝鲜侧后沿海岸几处登陆，作扰乱牵制，其主力则于现地由南而北，沿主要铁道公路逐步推进；一种情况为以一小部兵力与人民军周旋，抓住人民军主力，则在人民军侧后（平壤或汉城以北）大举登陆，前后夹击，如此人民军的处境会很困难的。这后一种可能性大。"

至于我军出动的时机和地区，邓司令说："参战时间与地区，待敌进到三八线以北为有利，不仅更有政治资本，而且军事上也是有利的。敌人拉长拉宽更好打，同时减少了对海上的负担，缩短了供应运输线，我空军离基地也更近。在群众条件来说更为重要，因出国作战，人地两生，风俗习惯各异，尤其语言文字不通，给了我们很多困难，相对使我们与群众隔断，这些在广东已经验过了。南朝鲜为新收复区，群众对人民军了解很不够。言语不通更易造成误会，增加困难。如在北朝鲜作战，为我基本地区，我若努力争取团结群众，便易于取得群众的理解和帮助，可以减少出国作战的一些困难，这一点是很要紧的。"

邓华继续说："根据敌情、地形、友军及我军主观条件，如我无必需的空军参战，要达成速决与全歼的目的是很困难的。因为一则敌有高度的技术装备和强大的海空配合，再则朝鲜为三面临海之半岛，如敌遭受我军攻击时，很大可能凭海顽抗，依托工事火力，在海空配合下组织顽强的防御与局部反击。而我很难切断敌海空方面的退路。甚至陆地兵力展开包围、迂回也受到地形的一定限制（山地与滨海区）。打好了可以部分歼灭敌人，打不好则可能打成胶着状态，成为持久战和消耗战。如此对我是很不利的，会使我们在战略上陷于被动，而影响到军事、政治、财经各方面，这一点是很值得深刻考虑的。"

司令员又端起杯子喝了一口水，说："你还要参考我们与洪副司令和解参谋长研究的意见，去写出一个稿来，要认真地仔细地想好，把我们的意图与建议写得清楚。"

杨迪又写了一会儿，抬起头，说："好。"

司令员补充说："写好后，找位参谋誊清，先送洪、解阅改，然后送我。"

杨迪是军中快手，他回到作战室，很快拉出一个稿子，又反复看反复修改，自我感觉把首长的意图和建议都反映出来了，请初华参谋誊清，立即送给解方参谋长。杨迪以为参谋长也就是看看，站在那里立等。参谋长是军中大知识分子，一会儿从上拉到下，从下拉到上，这里勾掉，那里添了一句，把稿子改了一个大花脸，然后说："你去誊清，送两位司令员。"

这样，杨迪又让初参谋誊写一遍，跑到前小楼，请洪副司令看，并把参谋长的改稿附后。副司令看了一遍新稿，又看了参谋长的改稿。然后抬起头来，说："送邓司令签发吧。"

杨迪来到司令员的小楼，报告说："副司令和参谋长都看过了。"他把稿子递给司令员，司令员又认真地改了几个地方，说："送电台发出。"

8月31日"邓洪解"报告美军会在平壤或汉城侧后登陆的预言，果然言中。

半个月后，9月15日，麦克阿瑟指挥美军7万余人，在汉城地区仁川港登陆了。9月30日，李承晚的第3师越过三八线北进。翌日，麦克阿瑟向朝鲜北方广播，发出最后通牒，要求朝鲜北方无条件投降。这天深夜，金日成召见我大使，要求13兵团过江支援朝鲜人民军作战。第二天，麦克阿瑟下达了二号作战命令，命令第8集团军从陆地推进，占领平壤，第10军在元山登陆。东西呼应，以占领全朝鲜。

朝鲜半岛形势急转直下。

邓华3人的报告，先送给了林彪。林彪9月8日批阅后呈送给了毛主席。毛主席9月26日作了重要批示。彭总10月到沈阳后也看到了这个报告。无疑，"邓洪解"3将领的报告为党中央、毛主席进行战略决策和战略部署，提供了重要的依据。

八　周恩来通观全局，派特使与金日成首相保持经常联系，命令东北军区立即成立后勤部，立即派军事干部出国了解朝鲜局势

32. 军委决定李聚奎重新组建东北军区后勤部

西华厅后院，海棠树十分繁茂。

周总理在办公室考虑朝鲜战争爆发后，我国必须马上派人入朝，与金日成首相保持经常联系。我国驻朝大使倪志亮同志身体不好，在武汉养病，不能马上回任，必须另派军事干部入朝。情报部部长兼外交部副部长李克农和聂荣臻建议由西南军区司令部情报处处长柴成文同志去担任参赞。柴成文系河南遂平人，晋冀鲁豫军区情报处副处长。

总理考虑他必须亲自同柴成文谈一次话。安排外交部章汉夫副部长和军委情报部第一副部长刘志坚一块参加。

6月30日深夜，柴成文被叫醒，外交部同志告诉他总理要找他谈话，然后用车把他送到西华厅周总理客厅时，外交部副部长章汉夫和军委情报部副部长倪蔚庭、刘志坚已在座。总理从后院来到客厅，同3人一一握手，还未坐下，他问柴成文："你见到刘伯承司令员了吗？他同你谈过了吗？"柴成文回答："我还没有见到司令员。"总理说："外交部原计划你去德国任职，聂总建议你去朝鲜，已同刘司令员讲过，刘司令员也同意，觉得合适。"

这时，总理坐下，示意大家都坐下。

总理然后说："美国不仅入侵朝鲜，侵犯我国台湾，还对进一步侵略亚洲作了全面的部署。战争规模有可能比我们预想的要大。美国把朝鲜问题同台湾问题联系在一起，同远东问题联系在一起。朝鲜问题不是一个简单的问题。"

大家都静静地听总理谈着。总理在战争时期抽烟，现在不抽烟了，请大家抽烟，大家都说不抽烟。总理接着讲道："现在很重要的就是要与金日成同志保持联系，派柴成文几个军事干部去，就是要完成这个任务。"

总理从他的文件夹中取出一个文件看了一下，说："总参谋部意见以联络组的名义，我看还是以大使馆成员的名义。派往朝鲜的其他干部由志坚同志挑选，汉夫同志帮助他们准备。你们看还有什么事情？"

刘志坚说："没有了，按总理的指示办。"

"我安排出国的准备工作，"章汉夫对刘副部长说，"人员确定后马上告诉我。"

他们从中南海出来，已经是7月1日凌晨3时了。

7月8日，炎热的北京城，早晨太阳就火红火红的。

这时柴成文已经被任命为中国驻朝鲜的政务参赞、临时代办。这之前，他正式拜会了朝鲜驻中国大使李周渊。今天上午8时，总理在政务院会议室还要接见赴朝的参赞和武官。总理走进来时，手里拿着一份名单，一边握手，一边仔细地询问了倪蔚庭、薛宗华、朱光等同志的籍贯、革命经历、工作业务等情况，阐述了朝鲜战场的态势，明确了外交官赴朝的任务。总理问："你们还有什么问题？"柴代办说："据说那里有一个庞大的苏联顾问团，我们入朝后对他们应取什么态度？"总理说："他们如何对待你们，你们就如何对待他们。"

总理面授机宜后，他们晚上即乘火车出发了。

第二天，他们到达安东，晚上8时过了鸭绿江。

朝鲜外务省礼仪部部长在江边迎接，翌日到达平壤，在车站受到外务省副相朴东楚的欢迎。他们到国际饭店稍作休息，晚17时，到内阁首相办公大楼拜会金日成首相。金日成在与柴代办一阵寒暄问候后，说："我们历来主张祖国和平统一，可是李承晚天天喊打。既然要打，我们只好集中力量打一仗，争取战争的全胜，可是一打，却不行，前线战事进展顺利。现在是美帝国主义在联合国名义的掩护下干涉朝鲜内部的事务。"

金首相说："战争打起来后，我就曾请求周总理派军师级干部来这里。现在你们来了，很好。我们感谢中国共产党和政府对我们的支持和帮助。"

"今后有事可以直接找我"，最后金首相命令外务省为柴代办架通一部直通电话，说"有事情随时找我"，并紧紧握着柴代办的手送到客厅门口。

然后，柴代办找我东北行政委员会驻朝商务代表文士桢、丁雪松介绍了朝鲜战局的最新情况。8月12日，倪大使到任。馆址设在朝鲜内阁原法务省的办公楼内。

8月，沈阳的天气爽得很。

高岗在宽大的办公室里来回踱着。他在反复考虑东北边防军和将来入朝的作战部队后勤保障问题。后勤怎么样保障呀？大兵团行动需求量大呀。解放战争时，我军都是就地取给。或者取之于民，或者取之于敌。入朝后能够就地取给到什么程度？军区需要保障多大部分？交通道路如何？副食品、被服、给养、油料、马料、鞍具等都具体需要多大量，要马上与13兵团联系，或开联席会议。朝鲜北部火车线和公路通车情况如何？下雨能不能走？后勤保障线怎么走？各种军需物资兵站怎么设置？前方抢救所和后方医院在什么地方设置？气候情况如何？都不清楚呀！战争一旦打起来，不抓瞎呀？涉及战争的成败大问题呀！他的秘书赵家梁、董文彬、卫士长白俊杰、警卫矫洪良等都在北面两个房间内。他按了一下电铃，秘书赵家梁出现在门口，叫了一声"首长"。

高司令对赵家梁说："你叫贺副司令和李聚奎部长来一下。"

赵家梁说声"是"，转身快步走去。

一会儿，两位老革命就来到高司令的办公室。

李聚奎是军委决定成立东北边防军的同时，7月26日，决定东北军区同时成立后勤部，李聚奎为后勤部部长兼第一政委。1926年李聚奎参加了北伐战争，1928年参加平江暴动。长征时期他与杨得志组织17勇士强渡大渡河。抗战时期，他奉命率部开辟冀南、鲁西北、太岳抗日根据地。解放战争时期，任东北民主联军后勤部参谋长、西线后勤司令，第四野战军后勤部第二部长。东北边防形势紧张，军委又想到了这位老后勤。李聚奎受命后，立即离开汉口北上就任。8月7日，军区后勤部正式成立，高司令主持成立大会。后勤部机关设立7个部门，特地下设安东办事处和两个大站。军委任命张明远（抗美援朝停战后为志愿军后方勤务司令部司令员，归国后为总后勤部军械部部长，总后勤部副部长）、苏焕清为副部长（归国后为总后勤部管理局局长），张济民为副政委，不久又任命东北局秘书长张明远为东北军区后勤部第二政委。张平凯为副政委兼政治部主任，关靖寰为参谋长。在抗美援朝历史上经常出现两个张明远，容易混淆。前者习惯称军区的张明远，后者习惯称东北局张明远。

李聚奎皮肤较黑，腰板挺直，中等个头儿，身经百战，忠勇耿直，是一方面军长征时期主要的高级将领。也是后来在我党我军与林彪反党集团斗争的一个见证人。

战争的胜利靠的是综合实力。保障一场现代化的战争，需要动用全东北和全国的人力、物力、财力。涉及各行各业。李聚奎到东北后，8月12日，也就是在第13兵团召开军事会议的同时，高司令、贺副司令、李部长召开了边防军后勤部长会议。会议要求各军师立即恢复后勤部，增设兵站，医疗所，汽车队和战勤营；各师后勤立即增设战勤和大车分队，后勤保障工作要能上下衔接。

会议上着重研究了武器、车辆、马匹、炮兵装具、工兵器材、被装的补充；修理和后勤机构的建设；弹药携带标准、供应标准执行办法等继续解决的问题。根据主持军委工作的周总理指示，军区后勤部作出了《关于东北边防军供应关系的决定》，明确了供应关系，统一了供应标准。8月31日，军委决定东北军区后勤立即组建3个分部，李聚奎马上组织班子，组织接收，以期迅速展开兵站线……

"来来来"，见贺晋年和李聚奎进来，高岗司令给他们招手。他们在陕北时期尤其在红军西征时，曾多次协同作战，都是很熟悉的老战友。高贺李3人站在军事地图前，高岗比他们两个高出半个头，他说："中央把后勤保障的任务委托我们军区后，我压力很大呀。你们看，朝鲜北部我们谁也没有去过呀？老贺、老李，你们谁去过？"

他们都摇头。

高岗的长胳膊在地图上画了一个大圈儿，说："我们不了解呀？按照军委的指示，人员由我们选，要立即派人过江实地去考察。"

高岗定睛瞅住两位老战友，重复地说："派人实地考察。"

贺副司令说："立即把人员问题落实了。"

"你们考虑谁进去比较合适？"高司令问。

贺副司令与李部长互相看一下。贺副司令扭头一直看着李部长，意思是李部长先提一个人选。

李部长说："张明远比较合适？"

"那个张明远？张副部长？"高司令问。

"就是甘肃岷县人那个，不是东北局那个。"

"啊，知道了。我还以为是让张秘书长去呢！"

张明远是岷县人，1931年5月参加宁都起义，红军时期任红一方面军政治保卫局特务队队长，长征时在陈赓干部团任侦察科长。抗战时任军委军工局总务处长；解放战争时期，任嫩江军区后勤部长，第四野战军后勤部军械部长。笔者与他的孩子大学毕业于一个班，他是笔者所在单位的老首长，我经常到他的小楼去聊天。一个老革命就是一本书。一次笔者希望他谈谈他的一生经历，他开始漫不经心地谈着，说到长征时，在陈赓的干部团，夜晚，大雨，跑步抢占泸定桥。哎呀，与国民党军赛跑呀！突然说："我不能给你谈了"，笔者问怎么了？答："我给你谈了，你能写，你写完就发表到报纸上了，我的回忆录还写什么？"笔者愕然半响。本来打算以《长征路上的侦察科长》为题写一本小书,后来未写成。"九一三"后,他有一段时间不得意,又找笔者帮助他给朱老总、胡耀邦、洪学智首长写信,反映情况,几次下来,笔者还是了解了很多情况。

这时,李部长说:"他去合适。"

"合适?"高岗问:"怎么合适?"

李部长说:"老张很机灵,脑瓜儿灵呀!"

高司令说:"我熟悉他,那就定他,另外还要去几个人。"

贺副司令数着指头,说:"兵团机关一个,39军一个,40军一个,炮兵一个……"

高司令说:"老李,这件事要立即办,按军委的指示,落实了。你回去马上写一个报告,我批一下送军委。"

33. 毛泽东在美军仁川登陆后给高岗一封亲笔信

1950年9月17日,按照周总理的周密安排,决定张明远等5人以驻朝武官的名义由代办柴成文带领尽快到平壤。他们肩负重任,火速登车。

火车到达沈阳时,已经是深夜。

突然,军区司令部干部上车说高司令要见柴代办。其他同志到三经路招待所休息。

柴代办感觉意外。他被接到高司令的办公室,高司令先打量着柴成文,感觉柴代办高挑的个子,挺拔的身材,白静的面孔,倒是一表人才。

他问柴成文:"听说你原来是刘伯承的部下?"

柴代办说:"是的,高司令。我原来一直在晋冀鲁豫军区工作。"

问:"刘司令员在北京吗?"

答:"在北京,我向刘司令员报告了朝鲜的战局。"

高司令问:"你这次到中央,都是见到了哪几位首长,中央首长有什么精神和交代?"

柴成文汇报了见到聂代总长,见到了周总理和周总理的具体指示,以及命他带张明远5人入朝实地考察的情况。

高司令说:"你们入朝后要好好考察朝鲜北部山区的地形气候、交通道路、各种物资就地取给的程度。美军已经在仁川登陆,看来我军是迟早要出兵的。你们要从出兵从实战出发做好工作。"

柴成文回答按高司令的指示办。

高司令说，毛主席给我有一封亲笔信。你可以看一下，柴成文接过来瞅了一眼，见到有"看来不出兵是不行了，必须抓紧准备"。

漆黑的沈阳，冷清的街道，只有零星的灯火。

柴成文回到三经路招待所，向张明远等人传达了高司令的指示，要从实战出发做好考察工作。大家略有议论，美军在仁川以北开辟了第二战场，看来我国是非出兵不可了。高司令是政治局委员，人家当然是了解中央的意图了。

大家都说："是呀，是呀。"

军区后勤部李聚奎部长十分重视先遣入朝考察工作，已经准备好了配备电台的5辆吉普车和5名司机。万事俱备，只欠东风。9月25日清晨，秋风拂面，吉普车队飞速过江。朝鲜国土已经被战争的硝烟笼罩，举目皆是残垣断壁，村庄已成一片废墟。道路上挤满了向北拥去的流离失所的老百姓。妈的，可恨的美国佬！

他们恨得咬牙切齿，我国非出兵不可了！

一路上，他们就在吉普车上打开地图，对照从新义州到平壤沿途的地形地物、河流桥梁、山头沟壑……

傍晚，进入平壤。

柴代办到首相府会见金首相。柴代办报告说，我国政府又派来5名武官，需要金首相给予任命。

金首相说："好，我让秘书立即给他们办手续。"

然后，首相把秘书何天仰叫来，给武官们每人办了一张由首相签署的《委任状》，要求朝鲜各地党政机关给予协助，我使馆还为武官们配备了朝语翻译。

张明远他们先见了倪志亮大使。倪大使给他们介绍了一般情况，鼓励他们深入朝北调查核实情况，为我们大兵团作战提供服务，又为他们配备了两名翻译。

然后立即把5名武官考察人员分为两个小组。一组为西线组，考察朝鲜西部主要是西海岸线的地形地理，以汉城为终点；一组为东线组，考察东海岸地形地理，先到港口城市元山，再沿海岸公路经咸兴北上到清津。

34. 林彪突然问"让金日成他们上山打游击行不行?"

突然外交部急电,"柴成文回京述职"。

9月7日,柴成文回到北京。8日下午,聂代总长听取了他朝鲜战场当前态势和朝鲜后方主要情况的汇报。他报告说:"洛东江一带虽然处于胶着状态,但美军正在积极部署反攻,种种迹象表明,美军有可能在人民军后方海岸登陆。"

聂代总长点点头,又仔细地看了他的汇报提纲。柴代办的观察与"邓洪解"的预测是一致的。

看毕,他提笔批"呈给毛泽东主席阅示"。

毛泽东主席批示:"周阅后,刘、朱、任阅,退聂。请周约柴君武(成文)一谈,指示任务和方法。13兵团同柴去的几个人是否要来京与柴一道面授机宜,请周酌定。"领袖对柴代办掌握的情况很重视。

当日深夜,周总理即安排听取了柴成文的汇报。柴成文报告:"人民军与美军已经形成对峙状态,人民军没有制空制海权,难以打开局面。长期顶下去,一旦美军从后方登陆,形势会马上恶化。"

总理炯炯有神地看着对方,长长的眉毛在不停地抖动,他仔细地听着。

然后,他问:"万一需要我国出兵,你看我们大兵团作战会遇到什么困难?"

"最大的困难就是运输,铁路没有保障,公路路面很窄",柴代办回答。

总理问:"在朝方就地补给能到什么程度?"

柴成文回答:"像我们在解放战争时期,取之于民,取之于敌,在朝鲜没有可能。当地没有粮食,更没有弹药。就地补给很困难。"

总理点点头,说:"好,你回招待所等待,何时回去,等候外交部通知。"

第三天,军委办公厅用车把他送到了毛家湾。

他在客厅里等了一阵,林总光着个头,走进来,问:"你叫柴成文?"

他立正敬礼,答:"是的,林总。""你刚从朝鲜回来?""是。"

林彪坐下,低头不语一阵,然后,抬起头问:"他们有无上山打游击的准备?"

柴成文一个愣怔，他马上明白林总是问朝方，答："我从金日成首相处了解到，如果形势需要，他们是准备上山打游击的。他们有丰富的游击战争的经验。"

林总问："我们不出兵，让他们上山打游击行不行？"

柴成文长时间的沉默，他答不上来。

林总也低头沉默，然后站起来，说："好吧，就这样。"自己站起来回去了。

柴成文在客厅里觉得有些尴尬。这时，秘书进来，把他送出去了。

一路上，他为没有回答出林总的问话很内疚。

北京，长安街西侧，解放初期被老北京人称为"新北京"的总后勤部大院。那时，这一带是乱坟岗子。解放军原则上不能进城（即现在北京市的二环以内）。各总部和军兵种都在北京西侧一带远郊区选择营房，叫作"跑马圈地"。总后勤部营房是一色苏联顾问设计的灰色三层建筑小楼。东西两排，对称，有环廊连接，正中灰色三层办公楼为总后勤部首长和司令部机关办公楼。在这座院落里办公的部长依次是杨立三、黄克诚、洪学智、邱会作、张宗逊、张震、洪学智、赵南起、傅全有、王克、廖锡龙、赵克石。

李聚奎的小车滑到1号楼前，他上二层，找到杨立三汇报，建议将已经筹措的部分作战和生活物资先期过江入朝，在适当地方隐蔽起来，以便部队过江后马上就可以得到补充。

杨部长思考一下，说："老李呀，这事关系很大，我定不了。"

李聚奎问："那怎么办？"

"我们得给总理汇报，"杨部长说，"我给总理办公室联系，看总理有时间没有。"他拿起1号台，与总理办公室联系，问总理有没有时间，他和李聚奎要去汇报一下东北军区后勤可否将一部分物资先期送过鸭绿江。

总理办公室回话，你们马上来，总理刚刚开会回来，有一个小时的时间。

两位高级将领乘车急急忙忙上长安街，向左插府佑街，向右进中南海，吉姆车缓缓驶向西北，来到一个院落门前，下车，进入一个偌大的花木繁茂，古树错落的古老庭园，顺右侧，上台阶，走进西花厅会客室。秘书给他们沏上茶水，说"我去报告总理"，少顷，总理大步走进来，一边走,一边问:"有什么急事?立三和聚奎同志?"

长征过草地时,周恩来因为肝腹水病重,杨立三亲自抬担架,把他抬过了草地。李聚奎长征途中被编入左路军,1936年西路军兵败祁连山,队伍被马家军打散,他乞讨千里回到陕北。

杨立三说:"总理,我们有个想法,先期把已经筹措好的物资送过江,找适当地方保存起来。部队一旦过江,马上就可以保障到位。"

"聚奎也是这样的想法?"总理微笑地问。

"是的,总理,我们后勤的保障要提前才好。"李聚奎回答。

总理说:"这次出国打仗,与过去国内打仗不同,物资不可能筹措于民呀,也不能取之于敌呀,主要靠国内运过去,量会很大。"

"我们总后首先要保证聚奎同志的需要",杨立三说。

"兵马未动,粮草先行,这个想法很好呀。"总理一笑说,"可是我们这次出国作战,世界很瞩目,举手投足,关系都很重大。什么时候过江,什么时候打,都还未定。为保密起见,物资先不要过江。但要抓紧时间做好一切准备。待部队过江后,再紧急前送。"

中央收到东北军区请示派张明远等5个军事干部入朝实地考察的电报后,周总理批呈毛主席阅示,毛主席批示同意。然后军委电示东北军区"同意张明远等5人先期入朝,来京待命。"

9月15日,美军从仁川登陆,朝鲜局势发生了极大变化。

高岗指示,立即派专机把张明远等东北军区5个军事干部送北京。

9月17日,张明远、崔醒农、何凌登、汤敬仲、黎非5人到北京刚刚住下,接到总参通知,总理下午要接见。

红军时期,总理与张明远认识。

张明远等走上台阶时,总理已经在门口了,张明远向前跨上一大步,敬礼!

总理握住他的手,说:"明远同志,我们还是在岷县见过。你是红军过腊子口后第一任岷县县长,你是当地人,对吧?"

"是的,总理",张明远恭恭敬敬地回答。

总理然后跟其他同志握手后,说:"坐下谈,坐下谈。"

大家坐在总理的对面,总理说:"美军发动了侧后登陆,会把人民军的后路截断。人民军的主力都在洛东江一带。形势很快要恶化。"

秘书给每人都倒了茶水。总理接着说:"你们现在都还很年轻,国家需要你们多做贡献。"

张明远说:"是的,是的。"

总理说:"明远,你是老红军,在井冈山和长征路上,你都完成了党交给的任务。现在又有一项重要的任务需要你们去完成。"

张明远两只眼睛很有精神。他说:"总理,我们一定会完成任务,长征路上我就是负责侦察的。"

总理说:"美军从仁川登陆,战局要发生逆转,我们不能袖手旁观。东北军区要求派你们先期过去,军委是同意的。高司令同你们谈过了?"

"谈过了。"

"好,你们这次过去,主要是要考察大兵团过江后的后勤保障问题。人吃马喂就地募集可以保障到什么程度?粮食可以募集到什么程度?马草可以募集到什么程度?就马草一项,需求量就很大。在延安时,我们的马草就是一个大问题。我军驮载拉行都需要马。起码马草要能就地解决。"

总理说:"克劳塞维茨很推崇拿破仑的就地征集。拿破仑很重视后方勤务,作战计划与后勤谋略同时进行。后方勤务制约他的战略行军。他的总司令部有军需总监,军有军副官,师有师兵站官。他的大军团战略行军就是依赖就地取给。但大部队在一地停留时间过长,就地取给就会发生问题。1809年他的军队陷在罗马岛上,1812年在莫斯科停留期间也是这样。出国作战,就地取给,是难以靠得住的,不像解放战争时期在我们国内,有人民群众的好条件。我们出国作战恐怕要主要依靠前送和后送。"

总理思考了一下说:"李聚奎同志想先一步把已经筹措的物资送过鸭绿江。我没有同意,你们过江后,要考察兵站如何设立,仓库的库址如何选择,才能既保障方便又安全可靠。"

张明远说:"我们详细考察后给军委写报告。"

"现在美军已经登陆,朝鲜的后方要变为前方",总理说:"你们必须有一个正当的名义,工作起来才方便,现在朝鲜是战争环境,搞不好还可能出问题。"

他把秘书叫来,吩咐让柴成文和外交部来人。柴成文和外交部的人来到后,总理交代:"支援朝鲜人民的反侵略战争,需作必要的准备。东北军区要派人先进去了解情况,为方便工作,我的意见以我驻朝大使馆的名义去,给他们办个武官身份证和其他必要的手续,然后每人一套西服。由柴成文同志偕新派的5名武官尽快入朝"。

总理问柴代办："你还有什么问题？"

柴成文说，"按总理的指示办完手续后，尽快入朝"。

总理二目炯炯地瞅着他们："代办同志要告倪大使，准许他们使用大使馆的电台，及时向军委报告情况。"

　　张明远主要在西线考察后勤保障问题。他久在阵中，对大兵团的后勤保障情况心中有数。他看到朝鲜北部几条主要铁路干线已经被美空军炸毁，桥梁也不复存在，火车只能在小站与小站之间断断续续通车，行车速度很慢，装载量少，很容易成为美空军捕捉的目标。感觉我军不能对朝北铁路有任何依赖。

　　他乘吉普车在公路上考察。一、二级公路虽然还能通行，但路面上弹坑累累，时常碰上大坑，不时要望坑兴叹；三级公路很窄，不能通车，只能适宜马匹牵引的大车运行。朝鲜北部多山，崇山峻岭，绵延不绝，公路在山腰间盘旋而上，山口隘路，路窄，弯多，坡陡，漫山遍野枫叶红艳艳的，风景绝佳，通行困难，涉水处多，容易出现不测，需要经常停车。他们行车有时候冲上山顶，往下一望，哈，群山绿葱葱的逶迤不断；有时候下到沟底往上一望，哈，天空一线，自己如井底之蛙。这地形好呀！对我们是太好了！好多地方像我们岷县的腊子口嘛。许多关隘都是一夫当关，万夫莫开嘛。当然，我们的大兵团机动，指挥员必须要考虑铁路公路的实际状况，不能想当然。要多用抗日战争时期的山地游击战战术对付美帝。

　　他看到朝鲜北部今年是一个丰收年，农作物玉米、谷子、高粱都黄灿灿齐刷刷的长势喜人，但丰产不能丰收，产粮区都在战区，不能收割。老百姓正在闹粮荒，沿途行乞者不在少数，还拦他们的车呢。蔬菜主要是大白菜、萝卜，产量少得很，况且多数也在战区，我们大部队也不能依赖。马料有稻草和青草，也数量少，不能保障我们大量军马的需求。朝鲜北部山林茂密，烧柴可就地取材，但需要部队自己砍伐。

　　他沿途看到村庄多是10户左右的小村庄，依山就势，零零落落，以低矮的茅草棚为多，多数已经成为废墟，有的村可以看到人，有的则看不到人，部队住房不能像在国内那样先遣队提前进村号房子，只能露宿。从11月到翌年2月，朝北天气最低温度可达零下30摄氏度，积雪厚达20厘米到50厘米。部队要有御寒准备，棉衣、棉裤、大头鞋尤其不能少。

朝北江河一般结冰20厘米至30厘米。

他收集了朝北地形、交通、气象、河流、农业、村庄、农舍等第一手资料，还绘制了地图。将军总的印象：一是大兵团入朝后，就地补给的程度极低，主要依靠国内前送；二是保障作战部队要采取多种运输工具，火车、汽车、人力、骡马畜力并用；三是大部分部队要做好露营的准备，各部队要准备一些盖布和帐篷，以备居住和遮盖物资；四是日用品要靠自己带足，部队砍伐山林要与朝鲜政府统一交涉。

东线组由英俊精干的侦察处崔醒农处长负责。

他们翻越元山西侧的马息岭时，枪炮声一阵阵传过来，登高一望，只见元山城内火光闪耀，烟雾腾空，逃难的人群正在向西涌进。他们上前问西撤的人民军战士，得到的回答是，南朝鲜第1军第3师先头部队已经从陆地和海上突入元山城区，人民军正在抵抗，战斗非常激烈。崔处长他们决定改变方向，绕道向咸兴和清津行进。行进中他们利用电台把元山城的情况报告了大使馆。大使馆随即报告了外交部。

他们驱车北上长津湖和赴战岭（后为东线我第42军和9兵团作战地域），考察完毕，绘制了草图，要驱车返回咸兴市，吉普车绕着盘山路翻越了黄草岭（42军在此打阻击战引起毛泽东重视而出名）一望，真是一阵兴奋，咸兴和兴南二城市尽收眼底。只要通过咸兴市区，就可以直奔清津，完成这次考察任务了。忽然，一位人民军军官驱车赶来，告知敌人先头部队已经进入咸兴，你们要迅速往西。可是，汽油跟他们较劲儿了，两辆吉普车的油快见底了。他们只好把车开到一隐蔽处，先把咸兴的敌情报告了东北军区和外交部。弄这么一辆车多困难呀！他们爱不释手地抚摸着锃光发亮的爱车，多好的装备呀！然后毅然弃车，背起电台和侦察器材，徒步西返。经过10多天日夜观察，还有朝鲜人民军的介绍，他们对朝北的地形、道路、河流、桥梁等都了然于胸，搞清楚了东线敌军的番号、兵力、部署、作战特点、战斗力状况。

10月12日，崔处长一行经辑安口岸回国，人都瘦了一大圈儿。

然后与张明远一组会合，先开小组会，汇总情况。

张明远决定由崔处长执笔写报告，向中央军委、东北军区、13兵团报告。

高司令听说武官组都回来了，立即安排，他和贺晋年副司令听取了汇报。

高司令认为他们出国实地考察，了解的情况很真实具体，对作战很有价值。尤其是对东西两线的考察对我军入朝作战很有价值。入朝后，后勤供应必须改变解放战争时期的传统保障办法，由战地取给变为后方供应。要张明远马上给军委和总后勤部写出报告，供军委总部决策时参考。另外我军供应物资由后方运送到前方，要有一个管理办法，张明远要立即给军区起草一个规则，军区常委会研究确定后，下发军区和参战部队执行，主要是要明确物资库址的选择，库区的伪装和警戒，物资的收发和保管，物资的装卸和运输四个环节，减少物资的人为损耗和敌人的破坏。张明远写出草稿，军区常委通过后，以《战地物资管理暂行规则》下发各部队执行。防止入朝后无章可循的混乱现象发生。武官考察组报告，经贺副司令审阅，高司令签署后10月16日发出。另外，军区决定成立一个前方指挥所，作为军区后勤部的派出机构，由张明远副部长负责。

35. 42军派肖剑飞先遣指挥所入朝侦察东线地形

10月9日，沈阳高级干部会议后，42军附炮8师担任东线五老里、黄草岭方向的作战任务。

吴瑞林、周彪领受任务后，一是感到"彭邓"的信任，二是压力很大。

会后，两位军首长考虑42军单独负责一个方向，非同小可，必须要派人先期入朝，勘察地形，准备野战军的作战方案。他们研究决定这个任务还是交给本军的"诸葛先生"、124师副师长兼参谋长肖剑飞组成先遣指挥所去完成。肖剑飞苏北人，身材颀长，精明强干，1938年投奔延安，为"抗大"训练部秘书，后被派到山东战区，为山东军区司令部作战处长，东满军区司令部参谋处处长（解放后为南京高级陆军学校校长）。在解放战争时期，42军在辽南战斗，他对辽南和朝北地形很熟悉。肖剑飞也参加了会议，吴瑞林把肖剑飞叫过来，指着他说："给你一个任务，必须按期完成，还要完成好。"肖剑飞答："军长你就说吧。"吴军长说："我与周政委研究，我军必须要派得力同志先期入朝，侦察地形，决定我军作战方案，否则难以完成作战任务，这个任务交给你。"肖剑飞说："军长，你算找对人了，我保证完成任务！"军长说："全军各团副团长、各师作战科长、参谋组成先遣指挥所，由你带队，三五天内出发！"

肖剑飞潇洒地一个立正敬礼，说："是！"

10月16日晚间，夜色笼罩着鸭绿江，江面上雾气蒙蒙。肖剑飞率领的人马乘车由辑安迅速驶入江南，从满浦到咸兴有一条"沉沉一线穿南北"的弯弯曲曲的山区公路，两侧崇山峻岭，层峦叠嶂，隘口迭现，植被茂密。树叶或黄或红，沿途一片斑斓。好一派秋天景色！

先遣指挥所顺着满浦、江界、咸兴公路，急速南进。这条路线正是麦克阿瑟在东京为阿尔蒙德第10军进军鸭绿江预定的路线。

11日，南韩部队3师已经占领了海滨城市元山，正沿着东海岸向北推进。

金日成与朝鲜党政军领导机关已经从德川向北撤至江界一带山区，离中朝边界鸭绿江只有30公里了。

18日，肖剑飞他们进入长津湖、下碣隅里地区。这里是东部山区的一个高原。他们不能再继续南进，再进就可能与北进的南韩部队遭遇。这一带，在我国解放战争时期，南满军区（含3纵队）有不少人进来过，还算熟悉，他立即与当地郡（相当于我国的县）、里（相当于乡）政府的干部取得了联系。朝鲜基层政府的同志见到志愿军先头部队师团干部，喜极而泣，中国志愿军要来了，盼呀！终于见到你们了！见到救命恩人了！握手拥抱，热泪盈眶，说不出话来。什么也别说了，派向导帮助他们吧。

19日，先遣队换上了便衣，在朝鲜向导的带领下，进入五老里以南，隐蔽在山林里，然后由南向北一段一段勘察地形。这里有一条由咸兴至江界的公路，是朝鲜东部山区的交通干线，还有一条经过五老里到赴战岭的乡间小公路，可以延伸至鸭绿江边的惠山，都是具有战略意义的要道。公路两侧，悬崖峭壁，山峰如剑，路似羊肠，地形险要，一个山隘接着一个山隘。

肖剑飞与副团长、作战科长们都觉得这地形太好了，打起来太叫他们浮想联翩了，不由得击掌称叹！敌人都是机械化部队，虽然掌握着制空权，但坦克和汽车上不了山，部队机动和后勤补给都要靠公路。他们现场办公，决定部队进入东线后，从黄草岭开始设防，用炮火控制公路两侧的要隘，利用山口隘路，卡死敌人必经之地。从此处到鸭绿江山高沟深，许多地方十步一弯，八步一拐，盘绕上山，两侧不是峭壁即是深涧，行人不敢下望。

肖剑飞拿着地图，对作战参谋说："一个口子，一个口子，都给我标下来，回去给吴军长看。"

然后他对副团长们说："我们要很好地利用这条山沟，作为军人，我看见这样的山沟就兴奋。"

副团长们都说："是呀，是呀。光你兴奋哩，我们也兴奋哩。"

肖剑飞说："我军在太行山，在山东，在东北，我们就是很好地利用了这种地形。这样，部队纵深梯次配置，层层阻击敌人。兵力部署上不能平均分配，根据地形、任务、敌人火力情况，确定兵力多少。我的意见在阵地上兵力要少，各团掌握的机动兵力要多。"

有人说："对头。"

肖剑飞说："在炮8师部队的支援下，部队一个连一个排或者一个班，要坚守要隘，打得剩下一个人也不能放弃。坚决扼住山口，死死地卡住公路。团长营长要调动机动兵力适时加强要点。"

有东北籍副团长问："敌人有潘兴坦克，火炮厉害，我们没有反坦克兵器整不了怎么办？"

肖剑飞反问："整不了？"

"是呀，整不住呀！"

"整不住也得整呀？还怎的？"肖副师长不相信整不住坦克，他说："反坦克武器我们没有。我们有炸药包呀，准备两三公斤的炸药，炸狗儿子。这种地形，我们整不住他们，那我们不是熊包了？抗战时我们在山东，陈师长、罗政委指挥我们打日寇；解放战争时肖司令和肖政委指挥我们在东满在南满作战，怎么胜利的？嗨，不信这个邪！"

大家说，还可以用集束手榴弹、爆破筒、摆地雷阵、甩手雷，深沟高垒，还有炮兵老大哥，坚决与敌人的坦克做斗争！坚决阻止敌人的坦克前进！部队进入阵地后，没有对空射击武器，主要靠夜战，要注意疏散和隐蔽。

20日，他们正在黄草岭继续考察地形，霜下得正浓，山林都挂上了一层白霜。突然一位英姿潇洒的少将找到肖剑飞，自我介绍说，他叫金永焕，是长津地区守军司令，原来在第四野战军工作，平津战役后，南下完成作战任务，回到人民军工作。看到志愿军先遣部队同志非常高兴。

肖剑飞上去紧紧握住金司令的手说，啊呀，我们都是战友。

金永焕说，我们人民军部队感谢人民解放军出兵支援。

肖剑飞说，一家人不说两家话。

金司令说，人民军有一位高级首长听说志愿军来了，非常高兴，想见见志愿军，不知是否同意？

肖剑飞与副团长们商量，认为战争在即，42军任务很重，正好可以了解一下人民军在南方冲散的部队回来多少，两军在战争中如何配合等情况。他说，我们应该向人民领导同志汇报的，请他指示。

金少将说，去的人不要太多，到时候他来带路。

然后将军就回去了。

夜幕降临后，他又来了，带领肖剑飞与翻译在山中转了几个山头，进入一条大沟，在大沟的一侧有一间小屋。肖剑飞与翻译进屋，见炕上坐着许多人，金司令介绍说，这是崔镛健总司令，其他同志是顾问。其中有苏联军事顾问。

崔总司令跳下炕来，与肖副师长握手，说："欢迎志愿军同志。我们国家遭到外来侵略，处于十分困难的时候，中国共产党和毛泽东主席派志愿军援助我们反抗侵略，我们表示感谢。你们来得太及时了，你们很辛苦，你们是我见到的第一批志愿军。"

崔总司令询问："志愿军何时过江？西线和东线兵力如何部署？"

肖副师长说："我第13兵团志愿军从昨天开始正在过江。目前西线部署3个军，我们42军部署在东线。我们奉吴军长命令，先期过来，研究兵力部署和作战方案，还未给军部汇报。军部同意后，还得报志愿军总部批准。"

崔总司令连连点头说，"很好。我们朝北山区，山多路少，很有利于志愿军作战。"

一个苏联顾问从炕上下来，问肖副师长，"你们一个军一个师各有多少大炮？多少坦克？多少飞机支援部队作战？兵力兵器对比情况如何？"

肖剑飞告诉他，"我们42军有两个炮兵团，每师有一个炮兵营，但弹药比较少，作战没有坦克配合，更没有飞机支援战斗。我们的技术装备差，会设法避开这个弱点。我们的陆军强大，就要充分发挥陆军的优势。我们的策略是集中打击敌军的弱点，避免我军的弱点为敌军所乘。战争是人的因素与武器因素的结合。人是起决定作用的。"

翻译把肖副师长的一席话翻给苏联顾问后，顾问听后不断摇头，说："那能完成防御任务吗？能守住阵地吗？"

肖副师长说："顾问同志，把抗美援朝理解为完成防御任务是片面的。我们作战执行的是毛泽东主席的积极防御方针。在战略防御中，以战役战斗的进攻歼灭敌人的有生力量，达到战略上不断消耗敌军的目的。以这种手段逐渐改变敌优我劣的形势。战略上的防御，并不是在战役战斗上只防守不进攻。我军从红军时期开始到解放战争，历来是把战略防御与战役战术进攻结合起来，所以是积极防御。在每次战役战斗中消耗敌人，逐渐促成质的变化，有效地迅速地减少敌人强大的因素。我们有信心战胜美军。"

翻译又把这一段话翻给顾问后，顾问摆手，不相信这一套战争指导理论会战胜美军，说："不行，没有飞机、坦克是不行的。"

肖副师长问："那么苏联红军是可以的。"

顾问回答："我们红军是可以完成防御任务的。"

肖副师长问："那么你们红军可以出兵援助朝鲜人民民主共和国吗？"

顾问说："不行，我们已经全部撤军。"

"既然撤军，那么你怎么还留在这里呢？"

"有协议，有协议。"

肖副师长笑一笑，说："顾问同志不必担心。我志愿军在彭德怀司令员的指挥下，完全可以完成作战任务。我军是按照毛泽东主席的作战指导思想进行战斗的。恐怕与你们的作战指导思想有所不同。"

翻译把副师长的话译过去后，顾问面露惊讶，耸耸肩，做了一个无可奈何的手势。肖副师长继续说："我军入朝作战，执行的是毛主席的军事战略思想，是运动战、游击战和防御战的结合，不是单纯的防御。防御决不是我军的特长。我们在国内作战中，没有飞机、坦克的支援，消灭了国民党800万军队，完成了解放大陆的任务。我们42军在东北解放战争中，同美械装备的新6军、新1军作战，他们是有飞机、坦克、大炮的。但我们运用毛泽东的作战指导思想，运用巧妙的战术和熟练的技术，把他们歼灭了。我军此次入朝，会遇到新的困难，但有朝鲜人民军配合作战，有朝鲜人民的支持，我们有信心战胜敌人！"

崔总司令说："中国军队作战经验丰富，政治条件好，勇敢善战，能打仗，可以完成作战任务。"

肖剑飞说："我们还要向人民军学习，希望两军配合作战。"

崔总司令说："我是刚刚从东线撤回来的，手里没有多少部队了。在黄草岭只有一个坦克营，一个炮兵营，现在我全部交给肖师长指挥，我们两军共同作战。"

肖副师长说："谢谢总司令的信任。我军主力刚刚过江。先头370团16日可到达满浦。"

总司令说："咸兴的伪军正在北进。前面情况紧急，你们部队要想办法快一点调上来，否则伪军就上来了。"

肖剑飞说："我们只有两台车，请人民军帮助解决几台车，一起北上去接我们的部队快点上来。"

总司令马上说："这件事，由金永焕同志帮助解决。"

36. 陈赓刚刚结束与法军的较量，又请缨赴朝

10月上旬，毛泽东和中共中央运筹帷幄决定出兵朝鲜时，著名将领陈赓正在越南执行党中央赋予的抗法援越任务，他心中着急呀！

11月1日，他完成任务，离开越南边境城市高平回国。

他先到广西南宁，广西省委书记是张云逸。他长着络腮胡子，党内喜欢叫他"张胡子"，张胡子请陈赓到家里吃饭。

张云逸在军内是老大哥式的人物，很受陈赓的尊敬。他是海南岛人，广东陆军速成学校毕业，曾参加过同盟会、辛亥革命、护法战争，在粤军中当到了旅长；1926年入党，参加北伐战争，参与领导百色起义和创建右江苏区；1931年到中央苏区，到延安后任中革军委副参谋长兼作战局长，1936年2月与毛泽东一起过黄河出兵山西。

陈赓比张胡子小9岁，黄埔一期毕业后，赴苏联学习，回国来后任南昌起义部队营长，几乎战死；然后到上海主持中央特科工作，1931年赴鄂豫皖根据地，任红4军12师师长，负重伤秘密到上海治疗，不幸被捕，被党营救出狱后，到苏区任彭（湃）杨（殷）学校校长；长征时，他们都在一方面军，陈赓任干部团团长、师长，经常在行军途中或马背或茅屋运筹战役战斗；抗战时期，出兵山西，任129师386旅旅长，太岳军区司令员。解放战争后期，陈赓率领二野第4兵团，与四野第13、15兵团一块大迂回包围白崇禧部队，解放粤桂边和滇南，任云南省政府主席，西南军区副司令员兼云南军区司令员，然后，胡志明主席喜欢他，应邀赴越，帮助越南军民取得边界战役胜利。

他也是一个大胡子，这时，胡子长了，黑乎乎的，还未刮，问："张胡子,在国外待久了,中央有什么精神,赶快给我传达一下,闷得很。"

张胡子说:"你老弟没有赶上出兵朝鲜呀,我国的志愿军已经出国作战了。是彭老总挂帅出征,战役已经打响了!"

"出兵我是知道的,只是不晓得打得怎么样?"他一向以国之大事为己任,这时他焦急地问。

张胡子说:"具体战况,中央还没有通报。"

"你估计我们打得胜打不胜?"

"我估计老总还是打中央军打日寇那一套,"张胡子说:"我们跟了他那么长时间,从井冈山一直到陕北,抗战时你又在老总的麾下,对老总是了解的。速胜不可能,要打持久战。"

陈赓说:"胡子呀,我们要好好研究打美军的战略战术,我们作为老军人,有这个责任。我们不能输给帝国主义,我们虽然身在国内,但可以给军委给彭老总提建议。我要好好研究研究。"

"兵之大事,匹夫有责",张云逸说:"何况我们是党的高级干部呢。我们都是一腔热血,有责任。"

陈赓说:"我们或迟或早要与美帝有一场较量。因为解放战争时期,它给蒋介石出钱出枪,蒋介石出人同我们打,打输了,心头这口恶气没有出呀!啊?较量一场才能安心搞建设嘛。迟较量不如早较量,早打可以打一个美国佬没有准备好。他妈的,美国佬虽然装备好,同法国一样,也有很多致命的弱点。我们就专门打它的弱点。"

"哎呀,陈赓呀,你提醒我了,你要写一份与法国作战的情况,给毛主席、周总理、彭老总参考嘛",张云逸说:"就是如何对付美军的飞机大炮坦克这些先进装备。"

陈赓说:"好,我写,法国、美国,西方军队打仗就是那一套。"

陈赓喜欢写日记,他写日记有一种使命感,认为身经重大历史事件不能无记。

晚上,他在日记中写道:"为了赢得这场战争的胜利,准备贡献自己的一切!"

11月下旬,北京已经是冰天雪地,到处是皑皑的积雪。

29日,陈赓到京,从亚热带一下到了寒带。

秘书、警卫员把他送回古老的四合院正房,一进屋,眼镜被热气凝结，看不见了，他摘下眼镜，就打电话要求给毛泽东主席汇报工作。

毛泽东办公室欣然同意。

他走进菊香书屋时，院内小草坪上有一些残雪。

毛泽东主席站在书房兼卧室门口，风趣地说："陈大将军回来了，欢迎，欢迎。"

"主席，我想给你赶快汇报一下。"

"啊？为什么要赶快呀？"毛主席递给他一支烟，自己也点燃一支。

领袖和将军都坐下，陈赓说："主席呀，我们志愿军入朝参战了，打得好呀，我想去呀。我为这个事，好几天都睡不好觉了，脑袋里全是与美国佬打仗的事。"

"啊，那么说你陈赓也是一个好战分子？好呀，你刚同法国军队较量过，又想与美军较量，我知道你陈赓是敢想敢战的。这很好嘛，你同法军作过战。"

陈赓说："我看麦克阿瑟的'闪击战'与希特勒的'闪电战'有相似之处。"

毛主席说："他们玩的都是西方军事教义那一套。"

陈赓说："主席，同意我去吧。"

毛泽东抽着烟低头思考了一会儿，说："现在要求上前线的将军不少呀！"

"还有谁呀？"陈赓问。

"还有你的一位亲戚嘛。"

"亲戚？"

"是嘛，此人也是一位好战分子，名字叫陈锡联，当过兵团司令。"

"锡联呀？"

陈赓与陈锡联用通俗的话讲是一担挑。1939年1月，日寇大举围剿冀南（邯郸邢台以东）根据地，陈赓率771团（团长徐深吉）按照刘伯承师长的命令，进入平汉路东，与688团、八路军萧华东进纵队第3团、李聚奎先遣支队、孙继先津浦支队、冀鲁支队、补充团、吴作起支队、程启光支队、青年纵队成安团等部队，秘密集结，伺机歼灭敌人一部（即香城固战斗）。他的夫人王根英是129师供给部指导员。此时也在京汉路东反扫荡前线。他并不知道。陈赓在日记中记述："我为了交代工作，决率骑兵连绕道至（河北）馆陶一次。今日行程百20里……在临清与鲁西特委谈约二小时至晚 7 时才赶到馆陶，马匹已感疲劳不堪。到馆陶突遇根英，出我意外。夜深 12 时与唐哲民、李聚奎、墨林谈甚久。"

陈赓旅长按照刘师长的巧妙部署，令骑兵连埋伏于树林之内，此时日寇汽车百辆，载敌寇 200 余人，鱼贯进入我部队伏击圈内。骑兵连先突然射击，然后佯装紊乱而退，诱敌追击。敌寇士气大振，一路直扑香城固镇。敌寇陷入八路军的四面包围之中，陷入困境，向八路军施放毒瓦斯，企图夺路而逃，均未成功。黄昏，夜幕徐徐落下，陈赓一声令下，我军 688 团、771 团、补充团等主力与地方部队，很熟练地侧射、冲击、截头、断尾。结果 129 师香城固大捷，敌寇 200 余人，除生俘 10 余人外，全部被击毙，缴获山炮一门、92 式步炮两门，枪弹无数。陈赓记述道："这次战斗是我进入平原地的第一次得意之作。"

香城固大胜后，日寇集结部队寻机报复，陈赓按师部命令逐日南移。2 月 19 日，他记述："今早进到南乐东南地区，旅部驻吴村集。居民过旧历年，家家户户红联满门，爆竹响遍乡村，小孩穿红着绿。"2 月 22 日，他记述："9 时到达转村集、苦转村一带。刘师长随我们行动。"然后，部队转移至河南汤阴一带。此时，罗荣桓、陈光率师部和 686 团奉总部命令正在进入平汉路东，彭总与国民党高级参议刘古风来到部队驻地。陈赓与刘师长赶到五陵河迎接彭总和刘参议，并且正在协调"罗陈"部队东进的一些事宜。

胜利后的紧急转移，紧急调整，紧急整军酝酿。3 月 8 日，他突然接电：王根英在河北南宫县东南之前后王家反扫荡作战中英勇献身！啊？陈赓得知，如五雷轰顶，悲痛至极！本日他记述："今天是我不可忘记的一天，也是我最悲痛的一天。"4 月 17 日，部队又转移至山西黎城，他记述："月余来没有写日记，主要是懒，根英之丧，也有一些关系。"

王根英烈士埋葬在邯郸烈士陵园。1990 年笔者随陈锡联司令到河北涉县参加刘帅铜像安放仪式时，陈司令和夫人专门安排一个上午到陵园吊唁了王根英指导员，他们夫妇二人的眼睛都红了。逝者如斯夫，光阴荏苒，岁月蹉跎，弹指一挥间 51 年矣！

所以，这时，毛泽东主席说："是的，陈锡联也提出要求了。"

"主席，我与锡联的情况不同嘛。"

"怎么不同呀？"

陈赓扇着两只大手，说："你看，我刚刚结束打仗，手还热哪！"

毛泽东主席说:"你去有好处呀,你可以把与法军较量的经验运用于同美军作战。西方人的战略战术大同小异。"

"你同意了?"

"同意不同意,要恩来定。"

听主席的口气有门儿,他出中南海,直奔"新北京",来到炮兵司令员陈锡联的办公室。陈锡联是黄安人,在鄂豫皖根据地曾任红4军的团政委、10师师长;抗战时期,任八路军129师769团团长,指挥部队夜袭阳明堡;后任385旅旅长。两个人都是抗战名将;但陈锡联比他小12岁,抗战时769团常常随386旅行动,被陈赓指挥。129师成立晋冀鲁豫野战军后,"大陈"任第4兵团司令,"小陈"任第3兵团司令。他们两个将军是亲戚加战友,同志加兄弟。陈锡联司令到老区涉县,到129师师部所在地河北涉县"将军岭"(邓小平题名),岭下有一条小河,将军乘人不备,突然弯腰捧起一捧河水喝了,大家发现已经晚了。

陈锡联见陈赓突然来到自己办公室很惊奇,问:"什么时候到北京的?"

陈赓说:"刚回来,我与你商量一件事情。"

陈司令问:"什么事情?"然后给他倒了一杯茶。

陈赓问:"你要求去朝鲜了?"

小陈回答:"我要求了,军委还没有批呢!"

"你不要要求去了,你是炮兵司令员,新建兵种,走了还得交代工作。"

"谁去都得交代工作嘛。"

"我去就不用交代了",陈赓说:"你看我刚刚从越南回来,国内工作尚未接手,不存在交代工作问题,所以还是我去更合适。"

炮兵司令,笑了,说:"搞了半天,是你想去呀,咱们都去不就得了?"

陈赓严肃地说:"恰好不行。主席说,你我只能去一个。我考虑,此等国内外大事,陈赓不能无与。所以,你还是让一让,让陈赓先去。"两位将军都笑了。

九 彭老总与13兵团领导第一次会面，在沈阳召开了军以上干部会议；在开往安东的公务车上，彭总在考虑志愿军统帅部小班子组成，以及他先期秘密到德川会见金日成

37. 彭总突然对邓华、洪学智说"我不是志愿军"

10月8日，13兵团司令部接到了中央军委的电报，决定迅速出兵朝鲜，任命彭德怀担任司令员兼政委。并且接到通知：彭总已经从北京飞到了沈阳，明天上午在沈阳要召开军以上高级干部会议。

邓华接到电报，急步走进洪学智的小楼，一边走，一边喊："老哥，老哥，中央来电报了！"邓华是湖南人，习惯叫老战友为"老哥"。笔者给首长写回忆录时，首长坚决要把"老哥"改为"同志"。我说："叫老哥好呀，多好！"首长严厉地批评说："小资产！"

这时候，洪学智接过电报一看：任命彭德怀为司令员兼政委，13兵团要待命出动。中央军委强调志愿军"必须严格地遵守军事纪律和政治纪律。这是保证完成军事任务的一个极重要的政治基础。必须深刻地估计到各种可能会遇到和必然遇到的困难情况，并准备用高度的热情、勇气、细心和刻苦耐劳的精神去克服这些困难"。

并且指示："目前总的国际形势和国内形势于我们有利，于侵略者不利，只要同志们坚决勇敢，善于团结当地人民，善于和侵略者作战，最后胜利就是我们的。"

洪学智看完电报连声说："彭总来当司令员，真是太好了！"

邓华说："是呀，是呀。"

彭总身经百战，有丰富的作战经验，在西北那样艰苦的条件下，我军的装备那样落后，打败了蒋军嫡系胡宗南。现在有彭总来指挥入朝作战，无疑增加了他们战胜美帝国主义的信心！

然后，邓华说："老哥，小心伺候！"

"怎么了？"

"我是当过他的麾下，"邓华说，"对老总的性格很了解。他呀，打仗要求很严格。多少出点纰漏他就会大发脾气。要是把他惹火了，还要杀人呢！你得小心脑壳呀！"

洪学智笑了："啊？这样严格啊？"

邓华说："严得很！"

洪学智说："反正脑壳就一个，拿掉就拉倒了！"

邓华敛起笑容说："玩笑归玩笑，严格必须严格。我们各方面要准备好，一点点纰漏都不能出。"

"我们小心伺候就是！"

在接到命令的前几天，"邓洪解"几位兵团首长对大兵团马上出动，而一些亟待明确亟待解决的问题还没着落十分焦急。的的确确是事关重大，解决不好要影响大局！

邓司令考虑20多万人马过江是一件大事，命令司令部勘察部队过江路线问题。我国边境城市安东通朝鲜对岸的桥梁主要有三处。

一是靠近安东市区有两座渡江大桥，两座大桥分为上下桥。1950年11月8日上午9时，美军出动600余架次轰炸机对这两座桥狂轰滥炸，下桥被拦腰炸断，朝方一侧八孔桥梁轰然一声落入江中，无法修复。上桥的一段钢轨被炸飞，枕木和桥板起火，夜晚军区工程兵教导团抢修后能通车。

二是安东市东侧40公里的长甸河口有一座公路桥，钢筋水泥结构，美军飞机多次轰炸，工程兵边炸边修。在上河口深山中，还有一座两侧高山峡谷地形复杂的铁路桥。

三是吉林省辑安市通往朝鲜有一座铁路桥，与对岸的满浦市连接。

解参谋长根据杨迪和崔醒农两位处长的建议，同意在三处桥梁上铺上枕木，人马、车辆可同时迅速通过，确保渡口交通不中断，在长甸河口架设一座架拆快速制式漫水舟桥。工兵团要在每日黄昏后2至3小时架好，每日拂晓前1至2小时内拆掉，将器材隐蔽，防止暴露我军过江企图，把舟桥炸毁。辑安江面很窄，水不深，两岸可以打木桩架设与水面一样高的水面桥。水深处则可以用舟桥连接。先通知工兵团组织演练。工兵团通过演练，两个小时即可架通，1个小时又可拆掉隐蔽。26万名志愿军秘密过江，没被美军发现，在世界军事史上创造了奇迹，不能不说与过江的周密细致计划有关。解方向"邓洪"首长汇报后,"邓洪"说:"司令部就是要这样积极做工作。"

过江前赖传珠政委也来到安东,过江时由于严重心脏病,9月25日,接军委命令、赖传珠在国内养病,没有过江。

"邓赖洪解"在邓华的小楼经过多次开会研究,最后由杨迪执笔汇总了8个问题,希望军委马上解决。9月2日12时邓华签发,向中央军委、东北军区、野战军司令部发电请示,部队出动前请求上级立即解决如下一揽子问题:"(一)请将入朝后预定战场早示,以便兵团研究开进路线及集结位置;(二)现对行动地区兵要地理、进军路线均不熟悉,为使大兵团顺利开进,拟由兵团及各军组织先遣队(带电台)先出发调查路线、布置宿营并接洽将来协同作战的联络问题;(三)请早确定出国部队使用番号,颁发(或规定样式自刻)关防(印章),以便在部队发文进行教育使用。同时,现在棉衣棉帽还不能穿,是否可穿现在单衣,将帽上军徽、胸章取下;(四)部队进入友区后,使用何种货币,如须用友币,则请早筹划下发。另外,大兵团行动友区粮草极为困难,行动后即将出现接济困难,此事如何解决,建议在行进路上及早有布置;(五)13兵团部队中医院主要靠(俘虏)日本医生实行手术,但日本人又不能随军行动,请求军委速从后方医院调一批医术高的医生到部队以接替日(本)人工作,否则战救工作将极困难;(六)各军的汽车(带一个弹药基数及两天食粮共480辆,'炮司'未计在内)还未发下,请速发,并请随车配足有经验的司机;(七)准备即将'特司'4个骡马炮团分属各军指挥,随各军行动,以便及时配合作战;(八)以上问题对此次行动极其重要,请于8日前解决发到各军,以便及时行动。"

"邓赖洪解"请示的以上问题都是一些细节问题,但一个螺丝会影响整架战争机器的运转。针对这些问题,东北军区后勤已经作了很多工作,看来有些通报了作战部队,有些似乎还未与兵团通报、通气。

10月2日晨2时,13兵团接到了中央军委的命令,准备出动。

"邓洪解"接到电令后。立即开会研究落实,首先由作战处详细报告了朝鲜战局,并于11时向各军发出电令,要求部队10月10日前将一切准备工作结束,随时待命出动!战士枕着背包睡觉,电台上了汽车,大炮到了待发位置!

"邓洪解"在向各军发电的同时，复中央军委电，13兵团10月15日以后可出动，如情况紧急，先头军可以于10日后开始出动。

10月8日晚上，一列火车正风驰电掣般地加足马力，穿行在安东至沈阳的千山万岭之中。火车不断地过山洞，浓烟被压进老旧的车厢。

邓华和洪学智二人在车厢里面对面坐着，参谋长解方坐在侧面。

洪学智习惯性地用手摸了一下脸，先自笑了，说："你觉得有意思不？"

"什么有意思没意思？"邓华不解其意。

洪学智风趣地说："光棍对寡妇正合好。两个月。"

"两个月？"

"是呀。8月9日，我和你在林总家里接受的命令。然后我们坐火车来东北边防，到今天10月8日晚上，正好是两个月了。"

"可不是，老哥！"邓华眼睛亮着光点，说："转眼之间两个月了！真是巧呀！"

列车在一鼓作气地争分夺秒地向沈阳奔驰。

邓华心想，生活、工作中有些事情也真是巧极了，怪不得有无巧不成书的说法呢！他们两个聊着兵团的事儿不知不觉睡着了。

火车好像疲倦了一样，喘着粗气，停在了沈阳站。邓华、洪学智风尘仆仆，先到招待所稍事休息，第二天清晨匆匆忙忙到沈阳和平街1号见彭总。

这时，彭总一个人站在屋内，似乎也在等他们两个。

邓华与彭总熟悉，在井冈山时期，他们曾经在一起。洪学智是四方面军的，抗日战争时期又在新四军，与彭总不熟悉。他们二人走到彭总的门口，邓华先报告一声，然后大步进屋，给彭总敬礼。洪学智跟进，敬礼。

彭总说："邓华、洪学智，来得好。我正在等你们。"

邓华说："欢迎老总来志愿军当司令。"

彭总脖子一梗，说："我不是志愿军。"

这下叫邓、洪二人愣怔了好半天。老总怎么说自己不是志愿军呢？怪了，那他是什么军？

邓华试探地问："老总，你是……"

"我是临危受命，毛主席派我来的。知道吧？"彭总瞪着眼珠子问。

邓华眨巴着眼，说："老总，你这么一说，我也不是志愿军了，也是军委命令我来的。"

洪学智开玩笑地说："那我更不是志愿军。我到北京汇报工作，被邓华抓壮丁抓来的。"

"抓来的？"彭总认真地问。

"是呀"，洪学智回答。

彭总说："能抓来就是志愿的。"

三个人哄堂大笑。上下级之间的那点陌生，那点拘谨，都在一笑之中化为泡影！

"好，见到你们很高兴"，彭总收起笑容，转入正题，"我是刚刚受命，你们到东北两个多月了吧？快给我介绍一下朝鲜战局以及你们对参战的考虑。"

邓华瞅瞅洪学智，洪学智示意他先讲。邓华思考了一下，说："老总，我们13兵团，现在是4个军，3个炮兵师。8月31日，军委确定42军在边防军司令未确定前，暂归13兵团建制指挥。13兵团在边防作为战略预备队，搞政治动员、军事教育、训练两个多月了。"

彭总点点头。

邓华又说："总的来说，已经做好了参战的准备工作。38军训练7日前结束，40军已经装备完毕，42军军事教育已停止。"

"我想听听具体情况"，彭总严肃地插话。

洪学智接过话汇报说："这几个军原来都在搞生产，战争意识淡了，机构也解散了。接到军委命令后，从搞生产到进行战争准备，转的弯子不小。缺编的干部配齐了，缺编的战士也补上了，适应战争需要，被解散的机构也恢复了。另外，缺编的装备，东北军区也都尽最大的努力，能补的都补了。沈阳会议以后，部队基本上走上了战争的轨道，认识提高了，情绪也上来了。"

彭总审视地瞅着洪学智，心想，林彪曾推荐他当志愿军的参谋长（1946年3月，林彪就曾经向军委推荐洪学智当东北民主联军参谋长，罗荣桓推荐刘亚楼。军委最后批准刘亚楼。笔者查到原件后，曾给首长看过。首长说，他一点也不知道）。参谋长的角色在战争期间异常重要，他可以算是一个人选吧。

"当然还存在很多亟须解决的问题。主要是要进一步提高中间分子的觉悟，带动落后的。特别是增加对美帝的仇恨心，树立我军必定打胜仗的信心。"邓华汇报说："美军基本的弱点难以克服。步兵战斗力弱，在日本军事训练很差，战线拉得很宽，谈不上纵深，运输线很远。美国到朝鲜4276里，需要19天半，快也得17天。就是空运到东京，最快也要40个小时。我军参战后，要专门针对美军的弱点打。"

"针对美军的弱点打，好。"彭总轻轻点着下颌。

邓华说："兵团对作战的指导思想问题曾多次研讨过。"

"你说，我听听。"彭总倒背着手站在他们的面前。

邓华回答说："我们估计今后作战方式主要是攻坚战，本质是连续突破，从扫清前沿到突破打下核心堡垒都是连续的。这几个军在天津战役后，攻坚战打得很少了，生疏了。我们在9月22日开军事教育会时已经把这个问题提出来了，让各军在训练中加紧演习连续突破战术。"

"连续突破，"彭总沉思地说，"这个问题你们想得很正确。"

"因为敌人装备很强，班有自动步枪，排有火器班，连有炮。我们应该不出兵则已，一出动非打掉不可。有飞机配合更好，无飞机配合，在主攻方向一定要有优势的炮火。宁可少开几个口子，也要在主攻口子上保持优势，起码三倍以上兵力优势。原则是确保一定能打进去，一定能撕开口子，一定能插进去。步兵、炮兵都要联络好，协同好。"

邓华讲到这里说："这些恐怕老总都胸有成竹了。"

彭总严肃地说："我胸有成竹，还听你们的干吗？我先听听你们的嘛！"

邓华瞥了一眼洪学智，说："那好。我们考虑部队的协同一定要搞好。炮兵破坏、压制，空军参加从前沿到纵深的压制、破坏，然后步兵冲锋。纵深中要坚决执行预案的穿插战术，纵深中还有组织突破问题。"

洪学智补充说："夺取山头也是突破。进入9月以来，各军重点研究了突破、穿插战术，进行战术教育。"

彭总微微露出了笑意，说："出动空军与否，待周总理同斯大林商谈结果。我看你们战备工作做得很不错，老夫听来也很开窍呀！军事训练要有针对性，一个是突破，一个是穿插，各部队训练一定要多下功夫。"

邓华和洪学智也相视而笑。

彭总赞许地瞧着邓、洪两位司令员，说："你们懂得怎么带兵，怎么打仗。我们的士兵都是贫苦人出身,我们做将领的,统率部队的,一定要让他们学会战术技术,才可上战场。这才是真正的爱兵。从胜败说,士兵有训练,方能克敌制胜。士兵无训练,无异于乌合白徒,纵有百万,何益于用?驱使人而战,是以人命为儿戏!13兵团为战争做了很好的准备。军委是满意的。我来之前,聂荣臻已经给我介绍了。"

邓华、洪学智只是谦虚地说:"还存在许多问题。"

彭总不高兴了,说:"我说的是实话。"

他们两人怔了一下。彭总说:"你们要特别注意部队在作战行动中战役迂回和战术迂回问题。各级指挥员都要注意这方面的问题。就是你们讲的穿插问题。"

邓华是自始至终协助彭总指挥了抗美援朝战争的将领,是曾系统总结同美军作战经验并上升为军事理论的将领,是将领中总结与美军作战经验最多的将领,是对我国东北地区国防建设有重大建树的将领。他与彭总在战争时期结下了深厚的生死不渝的友谊,笔者在《邓华纪念文集》中读到这样一则故事:

1978年,邓华被调回北京工作后不久,因病住医院,彭总夫人浦安修到301医院去看望,并按照彭总遗嘱将一个金制烟盒送回邓华。这烟盒是1958年邓华率领中国军事代表团访问南斯拉夫,铁托总统送给他的,邓华自己舍不得用,转送给彭总。谁知20年后,烟盒又回到故人手里,邓华感慨万分。浦安修转达了彭总生前对邓华的怀念,说:"彭总因为他的事情无端牵连了许多,感到非常难过。"邓华眼含泪花,沉痛地说:"在成都与彭总相距不远,可是不能见面。心想来日方长,原希望日后在北京见面的,岂料竟成永诀!"

38. 彭总给毛泽东发电询问可否有空军参战

东北军区司令部的大会议室内济济一堂,坐满了东北军区、东北边防军以及13兵团的军以上高级将领。

彭德怀目光炯炯地看着会场,正在给大家讲话:"同志们,中央派我到这里来,也只是三天前才决定的。我是刚刚进入情况。边防军的领导、13兵团的领导,给我介绍了两个月多来准备战争的情况。我感到很满意。我代表军委谢谢大家!"

高级将领们都热烈地鼓掌。

这时，张养吾秘书进来，送给彭总一份材料，彭总停下来，翻了一下，说："刚刚得到情报，美国第8集团军的3个军和空降兵一个团，英军，土耳其旅正在快速向平壤推进。看来，平壤会很快陷落。美军推进很快呀！战争迫在眉睫！"

会场里响起"嗡嗡嗡"的议论声。

"朴一禹来见我时，说他们对美军攻克平壤后，有两种估计，一种是乘胜北进，一种是相机固守。你们是怎么分析的？"彭德怀瞅瞅大家。

"美国进入朝鲜境内协同作战的有空军第5航空队，有各型战斗机700余架，美远东轰炸机指挥部的B-29轰炸机。驻冲绳的美军有各型轰炸机300余架，美军每个师还有侦察机12架，到12月中旬，包括南朝鲜军队总兵力可达……"他的眼睛询问人们。

有人说："40余万人。"

彭德怀头一抬，"啊，40余万人。还有各型军舰300多艘。在仁川登陆成功后，麦克阿瑟不是麦克阿瑟了，骄狂得很呀。他现在是想凭恃武力，一举占领全朝鲜半岛。他懂得兵贵神速，切戒延缓。根据麦克阿瑟此人的性格，我估计他不会在平壤停下来。"

邓华说："依据麦克阿瑟的性格，他要马不停蹄北进，要一举拿下北朝鲜，向全世界炫耀，然后向共产主义开战。"

彭总回头问高岗，"高司令，你的意见？"

高岗说："我同意邓华的判断。"

彭德怀给高岗点点头，然后他扭转身声色俱厉地说："我们的敌人不是宋襄公，他不会愚蠢到等待我们摆好阵势才来。敌人是机械化部队，有空军、海军支援。他们会利用朝鲜的南北铁路公路，迅速北进。进攻的速度会很快。你们想到没有？我们要想取得朝鲜战争的胜利，就要和敌人争时间。假如敌人占领朝鲜全境，把战线推到鸭绿江边，在鸭绿江南岸布防，大家想一想，那样的话，仗就难打了。美国会说，我们不会越过鸭绿江，那是鬼话！所以，13兵团各军要准备迅速出动。先敌占领平壤以北的北部山区。在北部山区站住脚跟，然后再图南进。大家也许记得1936年2月我红军就是过黄河在吕梁山区先站住了脚跟的。即先要有一个地盘，然后再实行跳跃。我要求各军克服一切困难，在10天之内，完成出国作战的所有准备工作！你们有什么困难？"

梁兴初军长站起来说:"没有什么困难,就是有些具体问题要解决。"

邓华说:"彭总呀,关于出国作战亟须解决的几个问题,赖政委、洪副司令和我,我们三个人给中央军委和四野有一个电报请示,不知彭总看到没有?"

彭总回答道:"我在北京时,军委把材料都给我了,我都看了。"

"主要是那几个问题。另外,大家有一个最担心的问题,"邓华瞅着彭总,说,"就是出国作战,有无空军支持问题。"

洪学智、解方、吴信泉、温玉成等也都说,马上要出国作战了,空军如何配合问题,到现在还不知道,有无空军协同,仗在打法上是不一样的。彭总既然来了,希望与军委联系,马上解决一下这个问题。

彭总容止若思,瞅着大家,觉得意见提得很对。在现代化战争中,空军的力量不可忽视。虽然不像西方军事家所说空军决定战争胜负那样,但空军是一支重要力量。军委是应该把这个问题,尽早尽快定下来,部队心中也有个数呀!可是,这个问题我也回答不了呀?得请示毛主席呀!

于是,他决定向毛泽东主席发一个电报,询问在我军出动作战时,军委能派出多少战斗机和轰炸机配合?何时能出动并由何人负责指挥?盼军委能速示。

彭德怀向来有自己起草电报的习惯。此时,他找了一张纸,写了几行字,交给秘书张养吾说:"发出去。"

"好吧,关于空军问题,我向军委发了电报请示,大家还有什么问题没有?"彭总把笔放下,眼睛注视着各位将军。在场的将军,他都有印象,但也都留下了岁月的痕迹。红军和抗战时,都还是小青年,现在都老成多了。

大家都点头赞许,都觉得彭总作为统帅,能够理解大家的心情,而且办事决策十分果断,当场向毛主席发电,言无虚发,雷厉风行,与前方将领想到一起,心中感到很欣慰。

可以说,这次小会是一次见面会,是统帅要见见将领们,将领们要见见统帅,是将帅之间的一次感情的交流,也是一次心理拱卫的深层认可。从此,开始了将帅之间鲜血凝成的友谊,也开始了生死与共的剑与火的生涯……

39. 彭总在列车上筹划志愿军指挥班子

这是沈阳开往安东的火车。

在公务车的客厅里，坐着中国人民志愿军的统帅彭德怀和他从北京、沈阳调来的很小的工作班子。

列车在争分夺秒地扑向安东边防。

彭总则伏在一个方桌上在争分夺秒地研究着朝鲜半岛地图。

窗外，两山如壁，黑影憧憧。窗内灯火通明，每个人都在忙着。

"彭总，休息吧，天不早了。"

警卫员郭风光走到首长面前催促道。

彭总问他："杨凤安怎么搞的，现在在哪里？到北京了没有？"

这时，张养吾在一旁答道："他今天可以到沈阳。"

今天才到沈阳？彭总惊讶地问，他似乎感到有些遗憾。

彭总在西安时有三个秘书。杨凤安是分管军事工作的，具体分工是分管西北军区以及剿匪。浦安修是管地方工作的。张养吾分管工业、文教、民族等工作。军事方面的事情，张养吾不熟悉。所以，彭总希望杨凤安赶紧来。

5日晚上，他就想到应该叫杨凤安马上来。

"杨凤安吗？"他在北京饭店接通了西安的电话，"我是彭德怀。"

"首长有什么事？"

"你马上来北京。"

"什么时候？"

"越快越好。"

"我这儿还有一大摊事，一堆电报，收拾收拾才能去。"

"你把那些都交给浦安修，马上来！"彭总的口气是不容商量的，"到北京后，你再给我买一个朝鲜的地图，可以随身携带的。"

彭总虽然没说是什么事，但作为他的秘书杨凤安心中已经明白了一大半。一定是有关朝鲜问题的。几天来，朝鲜战局已成为全党、全军、全国人民密切关注的一件大事。报刊广播天天是台湾问题和朝鲜半岛的新闻。人不分男女老幼，地不论东西南北，大家都在热议着，猜测着。洛阳纸贵。朝鲜半岛的地图一时间成了抢手货，好像大家都成了军事家似的。在此种形势下，彭总心中像着了火一样，还让他再买一个朝鲜地图，意图不是很明白了吗？现在是两个方面紧张，一个是朝鲜半岛，一个是台湾海峡。从电报上看，中央对这两个方向都早已未雨绸缪，各派了一个兵团的兵力以防不测。现在看来，首长是去东北方向了。

这时，恰好西北军区副政委甘泗淇和夫人李贞从兰州来到西安找彭总汇报工作。

"彭总4日就被中央接走了"，杨凤安对甘副政委说，"叫我也马上去呢！"

甘泗淇说："正好，咱们一块到北京吧。"

假如，那天天气晴朗，他们也许当天就到北京了。但是，飞机是最快的，也是最没有保证的。这天，飞机不能起飞。甘泗淇、杨凤安都很着急，西北局给他们买了火车票。两个包间，除他们3个外，还有3个警卫员。

那时的火车不像现在，速度很慢，晃荡了两天后才到了前门车站。因为没有通知北京，所以，出站后，也没有人接。杨凤安心想，带着这么高级的首长，到北京饭店怎么走呀？他雇了4辆三轮。甘泗淇、李贞两口子坐一个，杨凤安自己坐一个，3个警卫员坐了两个，排成一个车队到了北京饭店门口。

门卫说什么也不让他们进。

"我们是从西北来的"，杨凤安解释说。

门卫眉毛一挑："东北来的也不行。"

"这是甘副政委。"

"湿副政委也不能进。"

杨凤安感到很着急。甘泗淇对他说，没关系，慢慢联系，不要怪门卫，他挺负责的嘛。他们正在欲进不能的时候，从饭店里走出一个穿一身呢子服的高级军官，看样子起码是纵队司令员一级的干部。他一眼就瞧见了甘泗淇同志，几步外就是一个军礼，说："呀，首长你来了？"

门卫见他都叫首长，可见是大首长了，忙满脸笑着说："进吧，进吧。"

杨凤安到北京饭店一问，才知道彭总已经到沈阳赴任去了。他心想，这位志愿军统帅呀，到东北上任，连夫人浦安修都没告诉。从和平走向战争就是如此匆忙，如此简单，如此义无反顾，坚毅果决！

"首长呀，你真是个急性子！"

杨凤安心想，我得赶快买飞机票赶到沈阳。可是，转念又想，首长一定心急匆忙，没带资料。我既然到了北京，得找军委办公厅朱造观，把有关朝鲜战局的资料带去，这样首长用起来不就方便了吗？

在杨凤安从军委办公厅拿到所有志愿军材料，乘飞机在沈阳落地时，彭总在火车上正考虑着怎么成立志愿军的领导机构问题。

到沈阳两个白天一个夜晚，可以说，这位统帅的心情完全处在一种焦虑亢奋的状态之中，找将军们谈话，召集各方面开会布置，看有关战局的资料，亲自起草电文等，连轴转！一上火车，才好像有一种解脱似的感觉，感到饿了。

"张秘书"，他喊道，"找啥子吃一点呀？"

张养吾给他找来一个馒头。他伸手抓过来，大口大口地啃起来了，感到馒头蒸得特别有水平，那柔韧的咬筋感，正好可以解决他的饥饿感。他一边啃着馒头，一边在脑子里想着。志愿军马上就要出动了，已经是箭在弦上，不得不发了。可是领导机构还一直未确定，现在我既然担任了司令员，当然应该有责任向中央军委提出建议了。可是这个机构究竟应该怎么组建呢？他嚼着馒头，望了一眼窗外，火车在不知疲倦地飞奔，山野、村庄、树林都模糊为一团团黑影急剧地后撤。

时空在分分秒秒地变化着。他想，这个建议怎么提呢？粟裕、陈赓、甘泗淇的名字首先出现在他的脑海里，接着萧劲光、萧华的名字又闪现在脑海里……志愿军的领导班子应该很强呀！这些领导同志，无论政治上、军事上都是很强的，有的是战略家，有的是战役战斗专家，都是久经沙场的战将。但是他们有的身体有病，不能适应战争环境了。有的虽然身体可以，可工作离不开呀！他慢慢地嚼着馒头，想着这件刻不容缓的大事。就领导机构的关系而言，应该上边是志愿军指挥机构，然后下属兵团一级的机构，兵团下辖野战军……可是，现在是临战的非常时期。非常时期就不能按部就班行事。他脑子里一闪，可不可以考虑我的小班子干脆与13兵团合并作为志愿军的领导机构？13兵团的几位领导都是红军时期的老同志，邓华、洪学智、韩先楚解放战争时，都当过纵队司令员的。他们从东北到海南，解放了南方5省，指挥过重大战役，完成了中央军委和第四野战军赋予的作战任务，有勇有谋，战功卓著。他们临危受命到东北边防以来，工作抓得紧呀！短短的两个月时间，几个军很快就从搞生产转到战争的轨道，这中间做了多少大量繁重的转变工作？不容易！列车好像要倾覆似的左右摇摆，彭总的身子也随着列车的摆动而摇晃着。当然，他们是这几个军的老领导，对部队比较熟悉，比较便于指挥。这是指挥部队作战的不可忽略的因素。这几个同志，就是有那么一股子劲儿，带兵、训练部队就是要带出一个样儿来，训出一个样儿来，我欣赏他们这样一种精神。即将进行的是一场不同于以往时期的战争，让这几位最先研究过这场战争又十分了解参战部队的将领参加指挥机构是一个很好的主意。我应该向军委汇报一下自己的想法……根据实际情况，没有必要将我的小指挥班子与13兵团分成两个层次了。

"张秘书，"彭总煞住自己的思绪，拍拍手上的馒头碎屑，说，"把大家都叫过来。"

成普、海鸥、毛岸英等人都来到客厅里。彭总看了看每一个同志，又沉默了一会儿，才说："我们马上就要参战了，你们有什么想法没有？"

大家你看看我，我看看你，笑了，说："没什么想法，听老总的，为老总服务好。"

彭总的脸黑沉下来，不高兴了，说："怎么为我服务好呢？应该是为即将来临的反侵略战争服务好。"

毛岸英说："老总，你是司令员，我们把你交办的事办好，就是为战争服务。"

"好，"彭总赞许地瞅着毛岸英，说，"岸英呀，你要求来朝鲜战争前线，我很高兴。你参加过苏联卫国战争，有战争经验。我们需要与苏联大使馆和顾问团经常联系。我正好缺一个俄文翻译呢。你么，就是我的秘书，负责与苏联顾问的翻译。另外，还要在办公室做一些文字工作，行不行？"

毛岸英高兴地说："服从命令！"

彭总的眉眼露着笑意，他对毛泽东主席这种伟大的无产阶级革命家的国际主义精神，伟大的人民领袖的胸怀和气魄，伟大的公而无私的品格，很佩服，很感动。所以，毛泽东主席让他带岸英来，他就带来了。领袖把自己的儿子看作与平民百姓的儿子一样，我当然没有理由另眼相看了。岸英这孩子要求自己严呐，跟我到沈阳来，晚上就与张养吾、郭风光他们挤在地铺上，他还主动帮张养吾抄写材料。不容易呀！跟我都是要吃苦的！跟我享不了福！要准备艰苦奋斗。另外，我看这孩子同苏联人用俄语对话很流利，同苏联人说话一个样儿，这小子有才干，有出息啊，放着和平的幸福生活不过，要求跟我到战场上来，就这一点，我看他不愧为毛泽东的儿子！不愧为人民的儿子！想到这里，他说："岸英呀，我们对外嘛，就只说你是我的秘书,不讲你是毛泽东的儿子,以便有利于工作,你同意不同意?"

"我同意。"毛岸英爽快地答道。

"成普呀,"彭总说,"我们这个小班子,在杨凤安没来之前,你先多负些责。你们也要注意,不要对外去说毛岸英是毛泽东的儿子。这样不利于他的工作。你们在我身边工作,时间长了就知道了,大家都要口严。"

成普他们都颔首称是。

彭总的像麻袋布一样的黄呢子衣服的袖口都脱线了,他拉断了左手袖口的线头,说:"在沈阳两天太紧张,成普呀。"

成普"嗯"了一声,等待彭总的下文。

"我们一共多少人呀,把从北京和沈阳调来的人算在一起?"彭总说。

成普点着人头算着。

彭总说:"把人头账算好,分分工。我们的人虽然少,但任务很繁重。你们的任务主要是综合、联络、协调、文秘……"

40. 彭总决定自己先入朝见金日成

安东,是一个靠山临江的边境小城,与朝鲜的新义州隔江相望。凌晨,镇江山仍然黑黝黝的,像一头雄狮似的卧伏着。城区也是黑暗一片,看不到任何灯光闪烁。

彭总走下火车,被邓华、洪学智、解方、杜平等首长接到镇江山下为他准备的小楼里。彭总问邓华:"你们怎么都来车站接我?"

邓华说:"老总第一次来,不熟悉。"

彭总说:"怕我找不到13兵团呀?"

邓华搪塞道:"是是是。"

老总的脸一黑,"小题大做!"

10月的安东,秋色宜人,一树树黄叶、红叶随着秋风到处飘飘洒洒,好似天女散花一般,显示着秋景的特有风韵。

彭总在连续疲劳后有一种使自己清醒的办法,他先在洗脸盆里用双手捧起水,"呼哧呼哧"地洗过脸,然后把他圆圆的头沉到脸盆里,停留,再停留,然后手捧水"哗哗"地洗过,伸手接过郭风光递来的毛巾,把脸和脖子擦干净,草草吃过早饭,即在邓华、洪学智的陪同下,到鸭绿江边查看渡江地点。

鸭绿江水泛着白沫,波涛汹涌地奔流着。两架黑色的巨大铁桥气势雄伟地横跨在江上。对岸的新义州残垣颓壁,一片瓦砾。

邓华指着对岸对彭总说:"四天前的傍晚,美帝国主义的几十架飞机,有B-29,也有野马式的,一阵狂轰滥炸。"

彭总浓眉紧蹙,抿着厚厚的嘴唇出粗气。

洪学智说:"我们两人亲眼看见炸的。但美机没有炸大桥,也没炸江北的安东。"

彭总冷冷地一笑,说:"看来杜鲁门还没有狂妄到不顾一切的地步。假如他们轰炸大桥和安东市,那就是侵略我国领土,就等于向我国宣战。那我们就举国一致,全民动员,同美帝国主义决一死战!"

邓华说:"美帝国主义未必有向我国开战的决心。毛主席在论持久战中说过,日本是小国、地小、物少、人少、兵少;中国是大国,地大、物博、人多、兵多。现在,如果美国取代日本,侵略中国,也不成。美国虽然是大国,但远隔重洋,战略重点在欧洲,又在朝鲜半岛发动侵略战争,他们兵员缺乏,运输线长。东西方难以兼顾。侵朝的敌军总兵力达42万人,拥有飞机1100余架。地面部队达23万余人。其中美军3个军6个师约12万人,伪军两个军团9个师9万人。还有一些仆从国的部队。战争一持久,美国的不足就暴露出来了。"

"好吧,"彭总点点头,瞭望寒风横吹的江面,目光停留在大桥上,说,"不过,话又说回来,美机如果把桥炸了,我军渡江就困难了。"

江风很大,带着浓浓的湿气寒气直扑人面。彭总迎着江风,拧紧眉头眺望着江中那些像草甸子似的小岛,小岛上偶尔可以见到一两个草棚子,多数则是无人的荒洲。

邓华瞧着彭总,说:"美国虽然现在没炸桥,但说不准以后会炸。所以,如果中央同意4个军一齐出动,那么,4个军就应一块过江,以使我军在地面兵力上占绝对优势,确保初战获胜。"

彭总看看邓华和洪学智,点点头,心想,他们考虑得很周到,很细致。他感到自己初来乍到,刚刚进入情况,朝鲜战争又是风狂雨骤,形势紧张,日甚一日。自己虽然还想做许多事,以便把仗打好,但美帝国主义不一定给我时间呀!亏了有邓华、洪学智、韩先楚、解方、杜平这些好助手们。不然的话,中央一旦下令出兵,恐怕许多事情要抓瞎呢!我军出兵到朝鲜后能否初战获胜，此事关系甚大。如果初战获胜，我军就会站住脚跟，就会挫伤美帝国主义的锐气，就会使麦克阿瑟有所顾忌，也可能使帝国主义阵营内部发生分歧。如果初战未获胜，那么美国可就更狂了，更不可一世了，更迷信他们的炮舰政策了。他们的战争界限可能扩大，可能与我国进入战争状态，至少会让他们的空军轰炸我国沿边沿海许多大城市和工业基地，使用其海军攻击我沿海地带。这种严重的形势随时都可能发生。军委应考虑在福建方向和广东方向分别部署兵力，防止美国海军或者台湾蒋介石军队攻击沿海地带，但最好还是不要在东北和东南两个方向都出现战事的紧张局面。

这时，江风很冷，随员们都催他回去。他想，关键的关键，当然是要确保初战必胜，再战大胜。想到这里，他感到邓华他们的建议太重要了。毛泽东同志在抗日战争时就说过，几个大汉打一个大汉之容易打胜，这是常识中包含的真理。集中优势兵力歼灭敌人，历来是我军的作战原则嘛。两个军过江后，敌人又把大桥炸掉，我军怎么能在兵力上保持对敌人的优势呢？

吉普车风驰电掣一般，从安东市飞过，回到镇江山下。

邓华、洪学智以及刚刚带着司令部几个处长从江边回来的解方等，准备向彭总详细汇报一下朝鲜战局的最新情况以及我军集结准备情况，彭总对他们说："我边防军4个军3个师马上要全部过江，你们说说，你们是怎么安排部队渡江的？"

邓华示意解方讲，解方走到地图前，从杨迪手中接过一支铅笔，指着安东说："计划40军先从鸭绿江大桥上过江，39军从安东长甸河口过江，38军、42军从辑安……"

彭总默默点着头。

解方继续汇报说："按照中央军委的战略意图，部队秘密过江后，40军向球场、德川、宁远地区迅速开进。39军主力向龟城、泰川地区开进。42军向社仓里、五老里地区开进。38军向江界地区开进。这样，40军、42军两个军从东西两个方向在平壤以北利用有利地形组织防御。38军、39军两个军在40军、42军两个军的后面组织防御。4个军在这块山区，制止敌人北进，稳住战局，争取时间……"

彭总久久地注视着地图，问："敌人现在推进到……"

解方马上指指东海岸蜂腰部的元山说:"据情报,东线伪军两个师已占领元山……"

彭总挠了挠小腿,心想,敌人北犯的速度娘卖的很快呀!按照这个进度,估计几天之内,就到咸兴了。到那时,我军能否先敌到达预定防御区呢?到不了怎么办?他的眉心拧成一个很紧的结。

窗外,秋风卷着落叶呼呼地吹着,有些树上黄叶已所剩无几了。

他想,我们对敌情的侦察,属隔江观火,究竟美军是怎样北进的,在战略战术上有些什么特点,伪军又有些什么特点?朝鲜人民军现在情况怎样?现在还有多大战斗力?同美伪军作战与同蒋介石军队作战有什么不同之处?朝鲜的地形地物如何利用?尤其是平壤、元山以北的大块山区怎样利用?那一带究竟是什么样子?朝鲜党和政府下一步的打算如何?志愿军和人民军怎么协同配合等,许多问题都还需要作深入的了解和研讨。他感到在沈阳时,与朴一禹的会谈太匆忙,那时自己刚刚进入情况,所以交换情况比较浮浅、笼统,不够详尽,不够具体。目前朝鲜那边的具体情况不甚了解,找朝鲜方面联系也联系不上,就是靠我驻朝武官了解一些情况,只知道情况变化很快,形势急剧恶化。现在看来,邓华说进去一下没进去了,我得先进去见见金日成同志,亲自了解一下战场的情况,并且就目前想到的问题与金日成同志协商。因此,他决定,再向毛泽东主席发电请示他入朝问题。

按理说,在敌进甚急,情况若明若暗,进去要履危冒险的情况下,作为统帅不宜亲自进去。可是,这位统帅不是别人,是彭德怀。为了掌握战场的第一手情况,为了确保初战获胜,为了不至于出现指挥失误的情况,他决定自己秘密进去。

邓华、洪学智、韩先楚他们都说彭总不必自己进去,要去我们去就可以了。但他只是摇头不允。晚上20时,他把电报发给了毛泽东主席,说:"还有不少具体问题,须与金日成同志面商解决,拟明(11日)晨经安东前往德川。特报。"

这位志愿军统帅,从北京出发时,就早已把个人的生死安危置之度外了。不说有不成功便成仁气概的话,也颇有怕死不受命,受命不怕死的决心了。

41. 麦克阿瑟是"美军将军中最蹩脚的政治家"

在彭总决定要先入朝面见金日成同志之前，8日深夜，我驻朝大使倪志亮和武官柴成文到牡丹峰下的金日成地下指挥所通报了中共中央决定出兵的决定，金日成听后连声说："太好了！太好了！"然后拉着倪志亮的手，从桌子上拿起一瓶酒，斟满三杯，说："来，干杯！为中国军队旗开得胜！"

倪大使是不善言辞的，这时，他也很激动，说："为我们并肩战斗，打败美帝国主义，夺取胜利而干杯！"然后根据金日成的意见，倪大使和柴代办撤出平壤，带电台到达熙川。数日后，倪大使病重回国。柴成文19日夜接到外交部电，命他速告金日成，彭总要先入朝与金日成面商。柴成文接电，立即摸黑上路，到德川一带见金日成。

夜黑，伸手不见五指，司机紧急赶路，突然，"嘎"的一声刹住了，司机说："代办，请轻轻从我的后边下车。"柴代办下车一看，车的右前轮悬在悬崖绝壁外边！20日中午，柴成文找到郡委员长，在委员长的带领下，来到一个火车隧道里见到了金日成。通告彭总要过江面见金日成首相。金日成说："彭将军的到达，是令人高兴的事情，给极端困难的朝鲜人民带来了力量和鼓舞！"

然后，午夜，金首相与柴成文一起离开德川，向大榆洞转移，金首相准备在大榆洞会见彭总。

镇江山麓，彭总住下后，把"邓洪"找去。

"邓洪"进去后见老总站在客厅里思考问题。老总见到他们两个劈头就问："邓华，你们了解麦克阿瑟这个人吗？"

邓华回答："司令部收集了一些关于麦克阿瑟的材料。"

彭总说："拿过来我看一下。"

洪学智出去把解方叫来，路上把彭总要看麦克阿瑟材料的事给他讲了。洪学智对彭总说："解方同志懂英文。他让侦察处收集了一下材料。"

彭总注视着瘦弱的解方，问："你懂英文？"

解方谦虚地一笑，回答："懂一点点。"

彭总说："听你这口气就是懂呀。这很好，我们就是缺这方面的人才。你给我汇报一下麦克阿瑟这个人。"

解方说："麦克阿瑟这个人，性格上很有特点。好与别的将领争个山高水低，以狂妄自大，唯我独尊，爱慕虚荣，刚愎自用闻名于世。他自己设计的形象是戴软帽，身着卡其布军服，戴大墨镜，叼玉米芯大烟斗，走起来目空一切。他爱好收藏，有50多个不同的烟斗。他爱好读书，家中藏书万卷。"

彭总笑笑说："我与蒋军将领打了20多年，还没有遇到这样的。书不少呀。"

解方有一个简单的材料。他看着材料汇报了麦克阿瑟的出身和经历。麦克阿瑟1880年出生在军营，一个将门之家，其父亲担任过入侵菲律宾的美军司令；他1899年6月入西点军校，第一次世界大战结束后，被任命为西点军校校长；1928年夏天出任美国驻菲律宾部队总司令，父与子二人同任过一个侵略军的职务；1930年11月，就任美军陆军参谋长；1941年任美国远东军司令，在装备优势的日军进攻下，他曾经兵败巴丹岛，然后他被调到澳大利亚建立反攻日军的基地，阻止日军向西南突进，他挫败了日军攻取莫尔兹比港进攻澳大利亚的企图，尼米兹海军上将又在中途岛大败山本五十六，两次战役毁灭性地打击了日军海军航空兵，美国的太平洋战略出现了转机，麦克阿瑟取得了巴布亚的胜利，尼米兹取得了瓜达尔卡纳尔的胜利，两次战役的胜利，美军取得了太平洋战争的主动权。

彭总问，麦克阿瑟作战有什么特点？

解方说，麦克阿瑟在同日军作战中形成了自己战略思想，即进攻部队不脱离空军的掩护，沿着中轴线向重要目标外围作跳跃式进攻，即所谓的"蛙跳战术"。麦克阿瑟发起了强大的"蛙跳"战役，征服了新佐治亚、莱城、塞多尔、马努斯诸地。他的"回到菲律宾"的作战指导思想，受到尼米兹、欧内斯特、马歇尔3位上将的反对，然后他在罗斯福总统的支持下，12月占领了吕宋岛，他梦寐以求的杀回菲律的愿望实现了。

解方说，麦克阿瑟喜欢出风头，出大风头。他登上"纳什维尔"旗舰向菲律宾进发，他的舰艇周围有800多艘舰船，他耀武扬威，空前兴奋，到莱特岛，他突然故作姿态，跳到海水里，健步涉水上岸。在菲律宾总统的陪同下，他发表无线电广播讲话："菲律宾人民，我回来了！"日军制订了"捷号"作战计划，要竭力保持荷属东印度的石油，以继续进行侵略战争。日军的神风特攻队飞机和潜艇发射有人驾驶的鱼雷攻击美海军。麦克阿瑟集中了4艘航空母舰、3艘战列舰、10艘巡洋舰、

9艘驱逐舰，使日本海军一蹶不振。然后，麦克阿瑟在林加湾登陆，他坐在"博伊斯"号上抽大烟斗观战，他说："这使我热血沸腾。"他终于回到了马尼拉，马尼拉万人空巷欢呼。罗斯福、丘吉尔、蒋介石向他发了贺电。

彭总笑哈哈地说："我看他有点像我们的蒋委员长呀！"

邓华和洪学智都笑了。

解方接着汇报，日本投降后，杜鲁门任命麦克阿瑟为盟国驻日占领军总司令。他高兴得哭了。麦克阿瑟没有忽略这次出风头的机会，8月25日，天刚刚亮，45架美机飞临富士山，飞机在厚木机场降落后，第一个步出机舱的是麦克阿瑟。他戴着墨镜，叼着他的大烟斗，在舷梯停留了一下，让记者照相。然后由红色消防车开道，住进了新大光明旅馆。9月2日，天色迷蒙中，在"密苏里"号军舰上，他以盟国最高司令的身份用5支笔代表盟国在日本投降协议上签了字。第一支笔写了两个字"道格"后赠给了在巴丹岛被日军俘虏的他的部下温赖特；第二支笔写两个字"拉斯"后送给英国将军帕西瓦尔；第三支笔写了4个字"麦克阿瑟"送予美国政府档案馆；第四支笔开始签署他的职务和军衔后嘱送西点军校；第五支笔是从他的军服口袋里掏出的粉红色的小钢笔，接着签署完他的职务和军衔后，送给了自己的夫人琼妮。6天后，麦克阿瑟到达东京，住在美国大使馆大院内，开始了他日本"绝对的天皇"或"太上皇"辉煌生涯。他保护了头号战犯裕仁，保护了日本军国主义势力，保护了日寇法西斯残余分子，给饱受日寇侵略的亚洲人民留下了很多后患。他对联合国军总司令的职务非常感兴趣，想再创造一次军事奇迹。他有过拿破仑的威风，享受过皇帝的味道，被称为一代狂将。罗斯福曾对他说："我认为你是我们最出色的将军，但我觉得你将是我们最蹩脚的政治家。"

彭总对司令部掌握的情况比较满意，说："麦克阿瑟这个人的特点是目中无人，很骄傲。好，遇到这样的对手，骄兵必败，有可能帮我们的忙。你们要继续了解美军的动向和情况，随时提供我们参考。"

十 形势突变，斯大林出尔反尔，不同意出动空军支援，怕中国失败，怕拖住苏联；毛泽东电彭德怀紧急回京，彭总命42军先行过江进入东线

42. 聂荣臻深夜来电"主席命你明日回京"

这一夜，镇江山下，暮色沉沉，十分寂静。

彭德怀在屋内不停地踱着，手中拿着一支烟不时抽一口，焦急地等待着毛泽东主席的回电。可是，北京方面迟迟没有任何信息，好像两个电报半路拐了弯似的。

他当然不得而知，此时，中南海毛泽东主席的住地正是灯火通明。毛泽东主席也在不停地踱着，而且一支接一支抽着烟，领袖面临着一个历史性的重大抉择。

毛泽东主席担心的，彭德怀司令员担心的，13兵团以及所辖各军将领们担心的事情终于发生了。而且是在10月8日中央军委发布命令成立志愿军迅即向朝鲜境内出动之后。这件事就是全军上下大家普遍关心的苏联能否出动或者何时出动空军的问题。

就在彭总报告要入朝见金日成同志的电报之前，毛泽东主席刚刚收到周恩来发自莫斯科的急电，说斯大林答复道，苏联空军目前尚未准备好，暂时无法支援中国志愿军作战，请中央对出兵问题再作综合考虑。

斯大林是怎么回事呢？

毛泽东主席感到异常的焦虑。斯大林怎么能出尔反尔呢？当帝国主义阵营的盟主美国对一个小国家朝鲜悍然发动侵略战争的时候，在美军疯狂北进，朝鲜民主主义共和国眼看要亡国的时候，苏联怎么能袖手旁观呢？怎么能眼看帝国主义欺负一个兄弟国家呢？如果在这种亡党亡国关头都不出兵给予强有力的援助，那么，要这个老大哥还有何作用？况且，中国出动陆军，只要苏联出动空军配合作战。斯大林在7月时就许诺，中国志愿军出动时苏联将提供空中掩护，现在变卦了。况且，斯大林在5月14日曾发电给我们"在与朝鲜同志会谈中，菲利波夫（即斯大林）和他的朋友们提出，鉴于国际形势已经改变，他同意朝鲜人关于实现统一的建

议","现在的形势与过去不同了，北朝鲜可以开始行动"。

朝鲜半岛战争在苏联顾问指挥下，形成这个形势，苏联没有责任吗？现在同美帝国主义的这场战争完全是不可避免的。不是我们要对美国怎么样，非打一场战争不可，而是美国一定要打。就在今天下午，印度驻我国大使潘尼迦把英国外交大臣贝文致周恩来外长的电报交给了章汉夫。贝文称，要用武力达到统一全朝鲜的目标。"如果北朝鲜不愿放下武器，那么联合国军统帅就无他途可循，只有继续进行这个战争。"很显然，美英帝国主义国家是要灭亡北朝鲜。在这种形势下，难道我们能眼睁睁地让美英帝国主义消灭一个主权国家吗？

毛泽东主席瞅着放在写字台上的周恩来、彭德怀的两份电报，感到形势发生了重大变化。苏联不出动空军对我陆军作战影响太大。我们的部队将在无任何空中掩护的条件下艰苦作战。

中南海，秋虫唧唧，秋风阵阵。除此之外，了无尘嚣。

毛泽东主席感到应该立即找代总参谋长聂荣臻同志商量。他让秘书立即找聂总来一下。聂荣臻很快来到毛主席住处。两个人商量的结果是既然情况发生了重大变化，中央应该就朝鲜战局及我军入朝作战等有关问题再开会，以便作出决策，彭德怀同志应该速来北京参加会议，越快越好，战局变化很快，时间不等人。鉴于这种情况，彭德怀明日不能入朝了。与金日成同志见面之事，应待中央对出兵不出兵，出兵后的作战指导思想以及作战方案作出最后决定之后再相机进行。

毛主席对聂荣臻说："那就这样办，给彭德怀同志发电，请他来京一叙。"

毛主席向东北发电："10月9日命令暂不执行，13兵团各部仍就原地进行训练。"然后，毛主席另电告饶漱石、陈毅："东北边防军各部暂不出动，宋时轮兵力亦仍在原地整训。高岗、彭德怀速来京一谈。"

北京古城夜阑人静。灯光不知什么时候已隐去了许多，到处朦朦胧胧的。聂荣臻驱车向总参谋部作战室驶去。他感到事情万分紧急，现在离天明已经没有几个小时了，万一明晨以前彭德怀接不到电报，他入朝去见金日成同志了，怎么办？所以，他匆匆地赶到作战室。

与此同时，鸭绿江畔、镇江山下的日式小楼里，彭德怀正在与他的参谋班子围在桌子旁研究着作战预案。彭总感到作战处的情报还是及时的。

他们每天都分工负责了解汇总朝鲜战场情况。估计敌人占领元山、平壤后，再向北推进，可能需要一段时间。所以，我军入朝后，能在龟城、球场、德川、五老里北部山区一线组织防御。当然，我军也可能遇到相反的三种情况，一是敌人先我到达预定作战地区；二是我军刚到该区立足未稳，敌人就开到了；三是我军开进途中同敌遭遇。彭总想，到时候究竟出现哪一种情况？当然还要看战场情况的发展。但无论何种情况部队应该以战斗姿态开进。明天见金日成后，还要详细地研究一下。

这时候，张养吾喊他："首长，电话。"

他警觉地看了对方一眼，"哪里来的？"

"是北京，聂荣臻代总参谋长。"

"啊？"他放下手中的一支铅笔，大步走到电话机旁，"喂？我是彭德怀，聂总吗？"

"是的，我是聂荣臻。"

"聂总，什么事呀？"

"你的来电已经收到了。中央原定的方案有变化！"

"有变化？"彭总吃惊不小。屋内的高参们都愣了。战争是最令人捉摸不定的事物。不知道现在发生了什么意想不到的情况。是美国方面的？莫非蒋介石从福建登陆了？莫非苏联向美国宣战了？莫非毛泽东主席又重新考虑出兵的决定了？

电话里的声音很大，几乎室内所有的人都可以听到。

"对，有变化！"

"……"彭总知道，大概是有重大情况，不然聂总怎么这么着急，深夜亲自打电话，而且秘而不宣。

"主席请你明天迅速回京。"

"迅速回京？"

"对，马上回京，中央有事要讨论。"

到底发生了什么重大情况，彭总不得而知。但他默默地想，一定是发生了有关战争全局的大事，一定是发生了有关战争与和平的大事，不然中央不会在志愿军即将出动的关键时刻，把自己突然紧急召回北京。让前线统帅回京，当然一定是有关兵之大事。那么，涉及战争全盘计划的是哪些事体呢？这时候，战局如此紧张，我军出动已通知了朝鲜政府，还会有什么新的考虑？美国总统杜鲁门要甩原子弹吗？他们的部队既然已经越过了三八线,还怎么甩呢?甩了他们也别在朝鲜半岛了。这时,他的脑子突然一亮,想到周恩来,想到了苏联,想到了斯大林。一定是周恩来那边有什么情况。我老夫唯一不放心的就是苏联方面,现在果不其然,这里出毛病了……

43. 毛泽东和彭德怀敲定在无苏联空军助战下的作战方案

中南海颐年堂。长方形的会议厅内,毛泽东主席正在主持政治局紧急会议。

彭老总坐在一侧的沙发上,皱着眉头。他在默默地想,果不其然呀,不迟不早,就在这个节骨眼上,斯大林不愿出动空军。就是在中国已经决定出兵并且箭在弦上之时。他是怕与美军形成直接对抗,引起第三次世界大战呀?可这样子,还算什么老大哥呢?从13兵团进入战备以来,虽然我们没想到有完全的制空权,但也没想到完全没有制空权呀?斯大林这样做,他老人家真是不够意思!

颐年堂内烟雾腾腾,会抽烟的人都在抽烟。

9月15日,美军乘朝鲜人民军后方空虚之际,在260余艘舰艇,近500架飞机的配合下,第10军所属陆战第1师、步兵第7师以及炮兵、坦克兵、工兵部队共7万余人成功地在朝鲜西海岸仁川登陆。美帝国主义在仁川登陆的军事上的成功显示了他们海陆空军现代化武器装备的优势,一方面麦克阿瑟以及美军高级将领们更加不可一世、目空一切,五角大楼的官员们判断美军在麦克阿瑟指挥下,向鸭绿江边前进时,不会遇到任何阻碍;另一方面也使世界上那些本来就患恐美病的人更加恐美了。斯大林在这种情况下,对装备落后的中国志愿军能否打败美军更加忧虑了,更加担心了,也更加不愿意出动空军了。

朝鲜战场的形势发生了变化,志愿军还要不要入朝作战?参战与不参战的利害关系如何?毛泽东主席让大家发表意见,首先问中央军委副主席兼志愿军司令员彭德怀。

他沉着脸,稍事沉思,说:"即使在苏联不出动空军支援的情况下,我认为,我志愿军仍应入朝作战。我们可以考虑迅速增加防空炮火,从空军调高射炮入朝。我们不能让美帝国主义放手吞并北朝鲜,威胁我国国防。我们与美军的这场战争是不可避免的,迟早要打。现在不打,以后到鸭绿江边还得打。这种形势是明摆着的。仁川登陆成功后,反动报刊吹嘘美军是不可战胜的。麦克阿瑟是美军中最狂妄的将军。美军不会就此止步。与其到鸭绿江边被迫打,不如现在主动打。"

有人问彭老总:"你考虑这个仗怎么打法?"

彭老总说:"我考虑第一个时期,可以专打伪军。像在解放战争时打蒋介石部队一样。我考虑仍然是在元山、平壤线以北大块山区打开一块根据地,第一使我军站住脚,第二振奋朝鲜人民。只要在第一时期能歼灭几个伪军的师团,朝鲜局势就可以起一个对我军有利的变化。美军进入朝北山区,像日寇进入太行山一样,在运动中,在敌军分散后,我军再捕捉战机。"

毛泽东主席说:"好。我同意这样的作战方针。第一要先打伪军,第二要等待敌军分散后,集中优势兵力歼灭他一路。当然,我军没有空军支援,伤亡会大些。"

彭总提醒说:"我们自己的空军一定要出动。有与没有大不一样。"

会议一直进行到深夜。毛主席反复征求大家意见,政治局一致意见,认为我军还是出动到朝鲜有利。这样对中国、对朝鲜、对东方,对世界都极为有利。我们不出兵,让敌人压至鸭绿江边,国内、国际反动气焰增高,则对各方都不利。首先是对东北更不利,整个东北边防军被吸住,南部电力被控制。总之,不参战损害极大。

夜深,彭德怀才回到北京饭店。

第二天,10月14日,彭德怀到毛泽东主席住处进一步具体商谈出兵和作战的方案。

毛主席见他进屋,说:"来来来,我们把作战方案再详细研究一下。"

彭总摸着光头说:"这次到安东后,我先进朝鲜,见见金日成同志,许多问题需要与他商定一下。"

毛主席说:"你到德川与金日成同志要好好研究一下在元山、平壤以北山区建立根据地问题。"

彭总点着头答:"这是我们交谈的主要问题。一方面已经分散在三八线以南的人民军应在南方,在敌后积极开展游击战争;另一方面已经撤到北方的人民军应该迅速收拢集结,协同志愿军力争保住一块根据地。"

毛主席的床上铺着一张大地图,主席走到地图前,用一支铅笔指着地图,说:"我军进入朝鲜后,应在平壤、元山铁路线以北,德川、宁远公路线以南地区。"

彭总颔首说："我明白。"

毛主席俯身到地图前说："在这块地区，应该构筑两道至三道防线。"

彭总注视着领袖的手指，不住地"嗯嗯"着。

"如果敌人来攻，则力争在阵地前面分割之，进而歼灭之。如果平壤美军、元山伪军两路来攻，那么……"毛主席抬头看彭总。

彭总说："选择一路打。"

毛主席说："打孤立薄弱的一路。"

"这一路，先选择伪军。"

"对，伪军好打，可以振奋军心。但是在美军一路处于极不利的情况下，也可以采取突然袭击的方式，重创美军。"

"只要好打，不分美军、伪军都打。"

毛主席说："根据集中优势兵力的原则，以及敌人的火力情况，歼灭伪军一个师。"

彭总插话："我看有一个军就够了。"

毛主席说："歼灭美军一个师，我们要准备两个军的兵力。"

彭总在地毯上走起来。

毛主席一眼发现了他已经很破旧的黄呢子衣服，说："德怀同志呀，你看你的袖口都破了，让杨立三给你做一身衣服吧。你是我们志愿军的统帅嘛。中国再穷，也不能让你穿这样的衣服入朝呀。"

彭德怀笑笑，说："小事一桩。"

"好"，毛主席又回到他的思路上去，说："如果敌人不来攻，在半年之内固守平壤、元山一线不出动，怎么办？"

"这当然是最理想的了。在这段时间内我们可以准备得充分一些，到那时候再打，当然好了。"彭总沉思地说："可是……"

毛泽东主席抬高声音说："美军从三八线到平壤需要时间，由平壤再向德川进攻又需要时间。如平壤美军不向德川进攻，则东线元山伪军也不会单独进攻。这样就会给我军开进和构筑防线的时间。"

"退一步说，如果准备在 11 月内，在敌人进攻德川区域时打一个胜仗，我军还是应该有 26 万人，即 12 个步兵师 3 个炮兵师，一齐开进。"彭总对毛主席说，"在我军已把防御工事修好，在敌人固守平壤、元山不敢来攻的情况下，我军可以把军队的一半左右开回中国境内，练兵就粮，打仗时再开去。"

"这个想法是对的",毛泽东赞许说:"如果有那种可能性是很好的。"

"在我军修筑工事期间,朝鲜人民军方面应该与我军互相策应,继续抵抗美、伪军队,尽量迟滞敌人前进。同时要在美军的后方开展游击战争,作战略牵制",彭总说:"这个问题,我到德川后再与金日成同志谈。总之,两军应该协同好。"

毛主席深深地点头认可。

彭总继续说:"我军还必须做好充分准备,敌人占领平壤后,可能要乘胜,继续北犯。麦克阿瑟的性格是好大喜功。他可能要继续北进。"

毛主席的手一挥,说:"我军还是要做两手准备。既做停下来的准备,也做不停的准备。目前还是做最坏的情况准备。根据麦克阿瑟的性格,要做他不停顿的准备。两手准备都要做。你看我军渡江的问题……"

彭总接住毛主席的话头,说:"如果我军19日开动,先头军步行二百公里,四百华里,约需7天,加上休息时间,28日可在德川、宁远以南地区构筑工事。"

毛主席掐指算着,"全军19日过江,德怀呀,就确定这个时间吧!"

44. 朝鲜外相朴宪永紧急约见彭总

翌日,彭德怀又返回安东。

这时,东北军区已得到确切情报:美军已兵临平壤城下,旦夕可下。彭总看了情报后,眉头拧起来,心想,在北京估计敌人到达平壤需要一些时间,现在看来,对麦克阿瑟估计还是不足。敌人是机械化部队,进展确实很快!形势比昨天同毛主席研究时又有发展了。

很快,司令部又送来一份资料:美国总统杜鲁门担心朝鲜战争发展下去,中国和苏联会不会出兵,美军能否取胜,会不会影响下一届总统选举。10月15日凌晨,他带领参谋长联席会议主席布莱德雷、陆军部长佩斯、助理国务卿腊克斯等军政官员到威克岛去见麦克阿瑟。1948年美国总统竞选时,麦克阿瑟与杜鲁门是竞选对手。杜鲁门本来打算让麦克阿瑟回国或者在夏威夷会见,麦克阿瑟均以军务政务繁忙无法脱身拒绝前往。这才最后改到在1944年从日军手中收复的威克岛上面谈。该岛只有8平方公里,数百居民。新闻记者报道,在威克岛麦克阿瑟没有给总统敬礼。在民航办事处的木屋里,麦克阿瑟告诉杜鲁门,朝鲜战争发展顺利,联合国军正乘胜向北追击,北朝鲜的抵抗在感恩节前可以完全结束。中国军队驻扎在满洲有30万人,但在鸭绿江一线不超过10万,中国最多出兵5万至6万人,一旦出兵,就会遭到我们的毁灭性打击,直到被全部歼灭!杜鲁门很满意,授予麦克阿瑟一枚橡叶勋章,在华盛顿买了10磅布隆迪糖果送给麦克阿瑟的夫人琼妮。

彭总在仔细翻着这份材料,看毕,把材料往桌角一放,站起来踱开去,心想,杜鲁门到威克岛会见麦克阿瑟是一个很重要的信号。看来美军是不会在平壤停留,要一鼓作气呀!

正在这时,张秘书进来告诉彭总:"朝鲜的朴宪永来了。"

彭总眉毛一扬:"啊,在哪里?"

"在客厅等着。"

彭总大步向客厅走去。

朴宪永是朝鲜的副首相兼外相,黑黑的圆圆的脸,胖乎乎的,中等个子,着一身灰色的西服。

"朴宪永同志呀,你来得正好。"

彭总同朴外相紧紧地握手。朴宪永说:"我受金首相的派遣,来见彭总。"

"好,好",彭总让朴外相坐下,说:"金首相好吧?"

"他很好。金首相向彭总问好。他让我转告您,他希望与你早日会面。"

"我也希望与金首相早日会面,有许多问题需要同金首相交换意见。我本来准备4天前就要过江见金首相的。中央又把我紧急召到北京。情况有重大变化,斯大林不同意出动空军了。这个情况想必朝鲜方面已经知道了。"

彭总的目光专注地看着对方。

朴外相说:"是的。我们也知道了。"

"中国领导人认为,没有制空权是一个重大变化。需要针对这种变化很好地研究防空措施。包括加强部队高射炮、探照灯、加强铁道兵、工兵,加强抢修、抢运的抗击能力⋯⋯"

"金首相希望与彭总商谈一下两军协调作战问题。美军进展情况,可能彭总已经知道了。平壤可能很快就要被敌人占领。情况十分危急,我国已经危在旦夕。希望志愿军早日过江……"

彭总沉思了一会儿，说："我们党中央已经最后决定，不管有没有苏联空军援助，志愿军都要出动，都要参战，决心与不可一世的美帝国主义在战场上一见高低。"

朴外相被中国党的伟大国际主义感动，噙着泪花激动地说："我们党和政府对中国共产党和政府的伟大国际主义决策表示衷心的感谢。中国在我国极端危急时出兵援助，我们朝鲜人民世世代代永志不忘！"

彭总说："我们预定自10月19日部队开始分批过江。在这以前，希望人民军利用各种形式继续阻击敌人，迟滞敌人的进攻速度，给志愿军进入战场争取时间。"

"我将把彭总的意见报告金首相。"

"你什么时候回去？"

"我马上就回去。"

"我具体出发时间，再通知你们。"

"我来接彭总。"

彭总送走朴外相后，考虑东线路程远，42军必须提前过江。他把邓华、洪学智、解方等找来，商量42军立即过江事。"邓洪解"说42军是应该提前出发。彭总立即起草了一份给吴瑞林的紧急电报，命令42军16日夜渡江！

45. 彭总发现沈阳兵工厂可以生产18管的火箭炮

最高统帅部已经无可置疑地作出最后战略抉择。

作为战场统帅，则是将最高统帅部的战略决策具体为战役行动，击败敌人，取得胜利。

战争态势瞬息万变。硝烟已飘散到了鸭绿江上空。志愿军出师在即。彭德怀感到大战临近，必须将中央反复决策的情况向志愿军全军指挥员讲清楚，必须将敌我实力以及我军的战略策略向全军指挥员讲清楚，还必须向全军指挥员讲几个认识问题。孙子讲过，战争本以安定国家，保全军队为主要任务，唯人民利益为出发点。"主不可以怒而兴师，将不可以愠而致战。"否则，"怒可以复喜，愠可以复悦；亡国不可以复存，死者不可以复生"。

10月16日，在安东司令部会议室，他召集志愿军师以上高级干部进行出师动员。

彭德怀通过高级干部会议确定了志愿军入朝后在作战上的指导方针。他指出："根据敌情和地形的条件，过去我们在国内所采用的运动战，大踏步地前进和大踏步地后退，不适合于朝鲜战场。因为朝鲜地面狭小，敌人暂时还占某些优势，所以要采取阵地战与运动战相配合。敌人进攻，我们要把他顶住，不使他前进；发现敌人的弱点，即迅速出击，深入敌后，坚决消灭之。保守土地是我们的任务，但更重要的是消灭敌人的有生力量。只要有机会，哪怕一个营、一个团，也要坚决彻底予以歼灭。我们的战术是灵活的，不是死守某一个阵地，但在必要时又必须坚守某一个阵地。我们不是单纯防御，要不失有利时机，大量地消灭敌人，才能巩固阵地，守得住土地。既能消灭敌人，又能保守土地，那是最好的。"

在场的师以上指挥员，大多数对彭总还是久闻大名，未见其人。近日才算一睹这位在中外军界负有盛名的统帅的风采。39军副军长吴国璋，炮8师师长王珩等参加完这次会议后，耳边萦绕着司令员那朴实感人的话语，头脑中幻化着战场的情景，带领部队跨过鸭绿江便再没有返回……

本日下午6时，彭总采取了对朝鲜半岛东西两线战役的关键性动作，令42军5万余名指战员跨过了鸭绿江，124师直奔战略要隘黄草岭；军部率126师抢占赴战岭，担任向长津方向迂回的任务；125师向交通枢纽四通之地熙川方向攻击前进，配属第38军指挥。先敌占领此三处战略要点对朝鲜半岛敌我双方战局之影响半个月以后即显现出来了……

战争是军事、政治、经济、外交等诸种力量形成的合力的较量。

彭总一方面运筹着前方的战略战术，另一方面关心着后方的战争承受能力。

在沈阳对师以上干部动员后，他立即把主要精力转到调查研究东北的经济状况，工业布局，生产能力，可能对战争的支援，哪些工厂应适应战争的需要实行民转军，哪些工厂应实行战略转移，倘若美帝国主义轰炸东北的话，哪些工厂是一线，哪些工厂是二线……

沈阳和平街1号立即成为一个军事政治中心。东北局、东北政府的各级要人络绎不断，整个东北党、政、军和人民群众支援志愿军的热潮正在兴起。

"走，到工厂去看看。"

彭总同各方负责同志谈了半天，觉得还是要亲眼看看心中才踏实。

他带着杨凤安等随员先来到沈阳兵工厂。

"这种火箭炮不错呀。"

他在骡子拉的18管火箭炮周围转着，津津有味地看着，问着。苏联的喀秋莎是铁轨式的，沈阳兵工厂制造的却是管式的。这种火箭炮有两种产品，18管的，两排炮，一排9管。还有一种是3排的，一排是6管。以后，苏联发明出40管的火箭炮，基本上还是从中国受到的启发。

彭总想，我军的炮火不如美军。如果这种火箭炮装备到部队、用到朝鲜战场上，那多好呀！部队到达冲击位置后，来它一个波次，再来一个波次，然后部队立即机动，转移位置。既轻便又有威力，正是抗美援朝需要的东西呀！这真是踏破铁鞋无觅处，得来全不费功夫！

"你们给我打一下。"他兴奋地说。

于是，工厂立即把炮车拉到郊区给老总打了试射。那连发的炮弹形成一条条火龙，景况壮观极了。

"好，好，这东西可不错。"

他高兴得直搓手，没想我们自己还有这么好的东西，实在是叫老总喜出望外了！

"一个月能生产多少？"

"钢材供应有没有问题？"

"加班加点，很快给我装备一个团行不行？"

"装备两个团要多长时间？"

战争双方强弱的转化往往看什么人掌握什么武器。共产党人既重视作为第一因素的人，也重视作为第二因素的物。人与物的结合才是战斗力。

然后，他又到刚刚恢复生产的鞍山钢铁厂。那时，鞍钢破旧不堪，百废待兴。第6纵队解放鞍钢时，技术人员都跑了，总工程师跑到了黄石。在黄石恰好碰到了率军南下的第6纵队司令员洪学智，好不尴尬！

彭总交代："一切工作都要围绕着恢复生产去做。"

"生产要保证抗美援朝的需要，这是迫不及待的政治任务！"

"前方战士流血，后方工人流汗。前后方为着一个目的，战胜美帝国主义！"

10月中旬，辽南秋色宜人。

在中国马上要出兵参战时,美国的最高决策者们却陷入了盲区。麦克阿瑟向杜鲁门保证,"我本人希望到圣诞节能把第8集团军撤到日本"。

至于中国是否参战,他不断向美国决策者传递信息:"可能性很小,中国在鸭绿江的兵力部署很可能不超过12.5万人,只有5万到6万人能够渡江作战。红色中国的干预会被迅速报复的威胁所吓住。"

麦克阿瑟的骄狂,五角大楼的轻信,给了中国人民志愿军出奇制胜的千载难逢的绝好时机。

这个战机很快被毛泽东主席发现了。他指示彭德怀说:"我各部派遣的援朝志愿军侦察队,均要扮装成朝鲜人民军,而不要称中国人民志愿军,借以迷惑敌人。"志愿军"稳定改变战局的关键,在于能不能利用突然袭击……"

打突然性,对彭总来说,真是天赐我也!

从鞍钢回到沈阳,19日上午,他乘伊尔-14专机飞往安东时,机翼两侧有4架战斗机护航。

彭总坐在机舱里,从窗口往外望去,机翼的侧面可以看到战斗机在同步飞行。他心里想,我这老头子的命突然就珍贵起来了。哪有那么多危险,美军飞机现在还不会飞过鸭绿江北把我揍掉。这时,五架飞机在同高度同速度飞行,发出很大的声响。彭总心想,毛泽东同志早就说过,战争双方强弱的转化往往在几个关键动作上。在现在美军还不知道我军大批部队渡江参战的情况下,一定要千方百计继续迷惑美军,以保证我军渡江后首次战役突然袭击成功。

飞机很快落到安东机场。彭总被邓华、洪学智、解方等接到镇江山下的日式小楼里。

"渡江方案怎么样?"

往会客室一坐,彭总劈头问邓华。

邓华说:"渡江方案已经落实了。已经给各部队开了一个协调会。"

"大家怎么说的?"彭总又问。

邓华看着彭总,说:"渡江是没多少问题了。42军已经行动了。只是……"

"只是什么?"

"许多同志表示,现在部队高射炮太少,又无空军的支援,朝鲜多为山地水田,天寒地冻,工事很难挖。过去,我们在解放战争时多次遇到这种情况。敌军如果集中大量飞机、大炮、坦克向我阵地攻击,我们的阵地恐怕很难坚持。"

彭总凝视着邓华,说:"这个困难肯定是存在的。你说,还有什么主要问题?"

邓华说:"还是感到很仓促。"

彭总说:"再准备两个月也是这个感觉。"

在场的人都笑了。由于作战对象是美帝国主义,当然会有这种感觉。

"我给你说呀,邓华,我这次到沈阳兵工厂看了一下,他们那里生产18管火箭炮,是用骡子拉的,既轻便,又有威力。我军如果能装备几个团,炮火就加强了。"

彭总又对邓华说:"现在根据多方面的情报,美国方面还是认为中国不敢出兵参战。这对我们是很有利的。我们可以利用敌人的错误判断,隐蔽过江,对敌人实施突然袭击。"

邓华指着地图说:"现在美军和伪军兵分两路,分东西两线向北疾进。两军之间是高山峻岭,机动比较困难。中间大约有80公里的缝隙。"

彭总走近仔细看过,说:"这个情况很重要。美军是机械化部队,他不可能越过高山峻岭。要利用美军的弱点,用我军的传统打法,分割包围,一下子打掉他几个团就好了。42军先期向东线出动,就是要起这个作用。"

邓华说:"就怕美军又停下来。不知道麦克阿瑟意识到这个问题没有。"

"我想美军不会停下来。他们目中无人,以为世界上没有一个军队敢于抵挡他们了。"

事实上,第二天,麦克阿瑟就下达了"联合国军第4号作战命令",改变了原定美第8集团军和美第10军在平壤和元山蜂腰部会合的计划,让两支部队互不相连地继续北进,直到鸭绿江边。这样就形成了两支部队间的较大间隙,失去了协同。东线部队脱离第8集团军沃克的指挥,由第10军军长原麦克阿瑟的参谋长阿尔蒙德指挥。

13兵团司令部以及彭总虽然对"第4号作战命令"还不知道,但他们很敏锐地看到了美军两支部队之间难以弥补的巨大缝隙。军事家的狂妄往往导致战役指导的失误。麦克阿瑟为什么这样部署呢?彭总、邓华都不得而解。其实这已是麦克阿瑟犯的第二个军事常识错误。他在朝鲜战场犯的第一个军事常识的错误是在仁川登陆后,没有命令登陆部队乘胜扩大战果,通过平壤至元山的公路向东或向南与沃克的第 8 集团军合击人民军,令军事家们都大惑不解是 9 月 28 日命令阿尔蒙德漂洋过海从元山来第二次登陆,浪费了半个月的时间。美军仁川登陆成功后,麦克阿瑟即以陆战 1 师向汉城进攻,美步 7 师向水原进攻接应美第 8 集团军,9 月 28 日美陆战 1 师攻占汉城,9 月 26 日美骑兵第一师先头部队与美步 7 师先头部队在乌山会合,封闭了人民军主力的退路;29 日,反攻部队全线进抵三八线。麦克阿瑟刚愎自用,连美国总统和参谋长联席会议都制约不了他,在朝鲜半岛所犯军事常识错误他还要接着犯下去……

十一 细雨蒙蒙中,彭德怀身先士卒率先过江,旋即与后方失联。两天两夜后,到达敌后的小山沟大洞,与金日成面商,了解敌情,幸免被俘

46. 彭总草拟毛泽东命 13 兵团渡江令

10 月 18 日凌晨,彭总又接到军委的紧急电报,立即回京。并告,对志愿军出兵的时间,待周恩来从莫斯科回到北京向中央汇报后商定。

天空清澈爽朗,有几簇白云在马不停蹄地飞行着,大团的云朵一马当先,几朵小团也不甘落后,始终紧跟其后,保持着不变的距离。从舷窗下眺望,大地上的山岭、村庄、公路都依稀可辨,但看不到人类的活动。

彭总一直在沉思着。毛主席让他火速回京,看来毛主席是想听听苏联方面的情况,然后再确定出兵时间。主席慎重呀,战争对国家,对民族是大事,慎重对待是对的。但对于出兵的决策恐怕是不会改变的了。箭在弦上,不得不发,只是具体时间问题了。明天过江,当然,对于我军来说仍然是仓促匆忙的。朝鲜那地方,中部都是崇山峻岭,只有两侧海滨一带才有一些小平原,现在赶上了冬天,天寒地冻,工事不好挖。我们的高射炮太少。如果敌人集中大量飞机、大炮、坦克向我阵地大规模攻击,我伤亡会很大,阵地坚守很困难,机动也很困难。可是,反过来,什么时候我军作战是在不困难的条件下进行的?什么时候都困难!没有不困难的时候!

打兰州时我军装备好多了,你说困难不困难?还是困难!我们能克服的困难当然要想尽一切办法克服之,不能克服的当然是另外一回事了。现在就是后勤保障问题令人忧虑。

飞机在北京上空折了一个半圆,校正了方向,然后朝着西郊机场下滑下去……

深夜,中南海颐年堂会议厅灯火辉煌。

彭德怀走到颐年堂前时,毛泽东、刘少奇、周恩来、朱德等领导同志都已经先一步来到了。对最高统帅毛泽东来说,他是全方位战略,政治、军事、外交、经济万箭齐发,他今晚召集中央会议就是要听听外交和军事两个方面的真情实况,以便作出最终的历史性决策。

"总理呀,你好,刚到吧?"

彭总见到周总理,上前握手问好。周总理笑微微地说:"刚刚下飞机。边防情况怎么样?"

彭总说:"边防情况有喜亦有忧。"

总理问:"我听说,部队对斯大林不出动飞机支援,有些情绪?"

彭总叹息一声,说:"是呀。我军原来都是按有苏联空军支援训练的。现在制空权没有了,情况变化不小呀。"

"我没有完成主席交给我的任务……"周总理沉思地说,"当年,曹操率兵百万,旌麾南指,危及蜀汉,刘备以诸葛亮出使东吴,最后蜀、吴联盟,曹操赤壁大败。可惜呀,斯大林不是孙权,我不是诸葛亮呀!"

彭总倒背着手,沉思地说:"斯大林不是孙权,他也不是当年孙权的处境。美国没有直接危及苏联的利益,斯大林不着急呀。"

周总理说:"他这个人在中国革命问题上,很少支持我们的意见。过去,他派到中国的顾问,很少与我们党合作好的。不过,他毕竟是伟大的马克思主义者,当我把中国政府决定出兵的决策告诉他时,他还是很感动,很佩服我们的勇气。"

彭总说:"这个人呀,他想坐山观虎斗。"

"现在关键就看你们在前线打得怎么样了。"周总理双手抱于胸前,说:"假如我们打了胜仗,可能对斯大林是一个教育、促进。"

"从目前敌人的态势看",彭总对总理说:"麦克阿瑟已经改变了美第8集团军和美第10军在平壤——元山蜂腰部会合的计划,命令两支部队互不相连地继续前进，直扑鸭绿江边。这样两支部队失去了协同，我42军已经在两天前向朝北黄草岭、赴战岭奔进，阻止阿尔蒙德西进与沃克会合。沃克与阿尔蒙德中间有80公里左右的间隙，我军可以利用……"

这时，毛泽东主席走过来，说："你们谈得很投机呀，算上我一个怎么样？"

彭总高兴地说："那当然好。现在的形势，我们愿意听听主席的高见。"

毛主席说："我这个人最缺少的就是'高见'。"

周围的人都笑了。

"现在我们不能对斯大林抱有幻想了，"毛泽东主席说，"我们历来是欢迎外援，但立足自力更生。中国革命就是不靠天，不靠地，靠自己。现在敌人围攻平壤。平壤旦夕可下。麦克阿瑟已经放弃了东西两部在蜂腰部会合的计划，再过几天，敌人就进到鸭绿江了。等敌人在鸭绿江南岸构筑阵地，稳住阵脚，我们再出兵，发动进攻，还要渡江，就困难了。你们说是不是？"

彭总点头说："同意主席的分析。"

"我考虑"，毛主席眼睛先是注视着总理，而后又转过身看着彭德怀，说，"你们不是说后勤准备不充分吗？高射炮太少吗？我看我们不论有天大的困难，我军渡江援朝不能再变，时间也不能再推迟，仍按原计划渡江。你们的意见呢？"

彭总沉吟着说："我同意主席的意见。"

"你们同意，我就放心了。"毛主席又对彭总说："你代我起草一个电报，给邓华、洪学智、韩先楚、解方和东北军区的贺晋年，告诉他们渡江计划不变，立即着手准备，从明天起渡江，严格保密。"

"好，"彭总点头称是，"我先起草，呈主席看。"

毛主席主持着会议。彭总伏在茶几上用铅笔起草着一份历史性的电报。这份电报曾经给历史学家布下疑阵，一份落款毛泽东的电报却是几天来在北京、沈阳、安东几个点上行踪不定的志愿军司令员彭德怀的手迹。

一会儿，彭总把电报草就，又匆匆看了一遍，站起来送到毛主席面前。毛主席仔细看去："邓洪韩解并告贺副司令：4个军3个炮师均按预定计划进入朝北作战。自明19日晚从安东和辑安线开始渡鸭绿江。为严格保守秘密，渡河部队每日黄昏开始至翌晨4时即停止，5时以前隐蔽完毕并须切实检查。为取得经验，第一晚（19日晚）准备渡两个至三个师，第二晚再增加或减少，再行斟酌情况。毛泽东，10月18日21时。"

"加上一句，"毛主席说："余由高岗、德怀面告。"

彭总从毛主席手中接过电报草稿，加上"余由高岗、德怀面告"，让毛主席看过。毛主席摆手说："发出去！"

47. 19日上午彭总先飞沈阳继飞安东

世界战争史上有许多令人难忘的日子。

10月19日，是中国人民志愿军正式渡江的日子。

中国人民将世世代代永志不忘这一天。

这一天早晨，北京城内像往日一样平静。志愿军统帅彭德怀两个多小时前刚刚回到北京饭店。毛泽东、周恩来和其他几位领导同志又研究了一夜作战方案。毛主席的想法，他十分清楚，首战必胜，在朝北战场上争取一役歼灭美伪军3至4个师，给美帝国主义以致命的打击，振奋世界爱好和平的人民以及一切被压迫被剥削的民族。毛主席的想法鼓舞人心呀！可是对于彭德怀和志愿军来说，任务不轻呀！军事永远离不开政治。毛主席作为大国领袖，运筹帷幄，融军事、政治于一体。作为前线统帅，必须充分理解领袖的战略思想，才能顺利实现国家的战略目的。他感到头脑昏昏沉沉的，觉得两侧太阳穴微微有些跳疼，脸上像猫抓一样。缺觉呀！可是这种时候，怎么能睡着觉呢？满脑子里都是朝鲜的北部山区、清川江、志愿军发动突然袭击、高射炮平射、火箭炮发挥作用，集束手榴弹炸毁了敌人的坦克等等，就像战争的场景在脑海里预演一样。

"首长，上车了。"杨凤安喊他起程。

"喔"，他应了一声，快步走出北京饭店，坐进第一辆黑色的吉斯卧车，没想到车底的弹簧帮了大忙，晃晃悠悠的，睡意猛然像瘴气一样袭击过来，使他一下子进入了梦乡。突然，一群孩子手中拎着衣服喊着，叫着，向他跑过来。"伯伯，你骗人！"他们异口同声道。他惊了一下，问："伯伯怎么骗你们了？"他们奶声奶气地喊："你要去抗美援朝，为什么不告诉你们？"他沉吟了一下，"是呀，为什么不告诉你们？因为不能告诉。大人的事，你们长大了就会知道的……"他们说："不行，你不告诉，我们就不要你的破衣服。""不要！""不要！""不要！"一件件地送给他们的旧衣服，又一件件甩到他的面前。"不要就不要，我还没穿的呢？"他心疼地捡起那些被战争硝烟熏过、被战友的血泪浸过的旧衣服。每一件衣服都是他革命生涯的见证。"不要也好,伯伯还有用呢!"他说。可是孩子们七嘴八舌地喊道:"我们要跟你去抗美援朝!"他拦也拦不住。他们都疯也似的跑到朝鲜战场上,恰遇美国飞机轰炸,那飞机呼啸着朝孩子们俯冲下来,"嗒嗒嗒!嗒嗒嗒!"一阵机枪声。"啊!"他惊骇地叫了一声,醒了。是一个梦。如果时间从容的话,应该再看看孩子们才是。他这样想,可是,开战在即,我在京不能再多待一分钟了,晚上部队就要过江,我必须马上到安东,还有许多事情要安排、要交代。让解方先过江与新义州的李委员长联系过江事宜,不知情况怎样?而且,我要先过江,第一个过江,去见金日成。他这样想着,汽车开进了机场,这时,他的头脑已经很清醒明晰,心想,真是亏了这一觉呀!人就是这样,有时即使是进入梦乡5分钟,就完全可以进入较佳的工作状态。何况是在大战的前夕呢?

天气阴沉沉的,西郊机场上十分冷寂。一架银灰色的专机静静地等候在停机坪上。

彭总大步流星地向飞机走去,匆匆地走上舷梯。在走进机舱时,彭总站住,回转身,向送行的办公厅干部摆手,示意他们回去吧。

此时,送行的中办的同志心中忽然觉得有一种神圣庄严感。在美帝国主义把战火烧到我国东北边防时,在1950年的这个多事之秋,彭总就这样走向了抗美援朝的战场。老总呀,我们盼着你打胜仗呀!

此时高岗也已上机。彭总在座位上坐下,飞机发动,滑行,进入跑道,冲刺,直插天空。他从舷窗眺望古城,刹那间,古城的楼房街道就模糊了。他的心突然一动。半个月来,已经在这条航线上飞了几个来回了?实在军情紧急,关系重大,决策慎重呀!此次飞去,不会再被召回来了。老夫今年已年过半百,战争无情呀,或许我还能活着回来,或许就死在朝鲜半岛了。中国生,朝鲜死,朝鲜埋,不必马革裹尸还,死不足惜呀,在我之前已牺牲了多少战友了?难以计数。陆游诗曰:"死去元知万事空,但悲不见九州同。"老夫一生都在与蒋介石、反动军阀、日本帝国主义作战,可惜呀,到现在台湾还未解放。这不是,东北边防又出了战事!两个方向作战是不行的。美国的第7舰队借故进入台湾海峡,加大了解放的难度;如果战死在朝鲜,祖国未统一,是我唯一的遗憾哪!但愿此战不死,活着回京,那样的话,我还要向毛泽东同志请求,率兵去解放台湾呢。统一祖国河山，应该是我们这一代人的责任，不能给下一代留下缺憾呀！可是，国际形势难以预料，战场形势也不能未卜先知，我嘛……突然一种莫名的怅然若失的情绪袭上心头。他扭头远眺，在阴晦的天空下，群山像爬虫似的，灰蒙蒙的，光秃秃的，了无生气，偶尔可以看到墨线一样的铁路和灰白的公路在山野间蜿蜒。彭总想着，到沈阳以后应该再给东北军区叮嘱一下，一定要办好的几件事，到安东以后要叮嘱邓华他们要确保部队过江后昼伏夜行、秘密隐蔽，千万不可泄露出我军的动向；然后过江，与金日成同志研究几件事，首先是成立联合指挥部的问题，自己与金日成同志应该合在一起……

"彭总，到沈阳了。"

彭总往窗口瞭望了一眼，沈阳市已经尽收眼底，地面歪歪斜斜，似乎在晃动着。飞机很快着陆了，彭总走下飞机，钻进卧车，直接向东北军区机关驶去。

这时，李富春、贺晋年、李聚奎等东北军政领导同志已经在会议室门前站成一排，等候高岗和彭总。

"我军马上过江了。"彭总一边同他们握手，一边询问："都知道了吧？"

"知道了。"众人都点头。

"毛主席昨天晚上下了渡江命令，你们都看到了吧。这个命令我参加了研究。"彭总说着向会议室走去。李富春等领导同志尾随其后，一齐都走了进来。

在场的领导同志都明白毛泽东主席下达渡江命令的含义，战争时期来到了！战争一旦打起来，就没有界线，东北地区将首当其冲。美国飞机可能要轰炸东北，轰炸沈阳，美国军队也可能打过鸭绿江。麦克阿瑟这一仗打胜，他还想当总统呢！所以，战争究竟打成个什么结局，谁也拿不准，总之要未雨绸缪、做最坏的打算。东北局和东北军区要面临极其复杂严峻的形势。

彭总扫视了一下大家，说，"你们都应该清楚，从今天起，我国开始进入战争状态。以后想问题、办事情，都要拿出战争时期那股劲儿来。经济建设要进入战争的轨道。军工生产更要加强。要加强加快火箭炮的生产。一切为了前线。这次志愿军入朝作战，是出国作战，比辽沈战役遇到的困难要大得多，会有许多想象不到的困难。过去我们在国内作战，物资弹药主要是靠敌人'供应',现在是靠我们自己供应。我问你们,华东和中南组织的两个分部情况怎么样?"

东北军区后勤部长李聚奎回答:"华北组织的2分部,明天到沈阳。"

"多少人?"彭总问。

"包括警卫连在内有300多人。"李聚奎说。

"300多人完不成任务,你们要尽快从部队和地方抽调人员补充。"

"我们已经布置了,准备从50军抽两个营,从地方抽调干部。"

"十万火急,一切都要从速考虑,从速行动。"彭总打个手势,让大家坐下,又说:"供应线要部署,物资要沿兵站的供应线作纵深梯次储备,要分为一线,二线,三线。"

长征时,李富春曾经当过3军团的政委,他插话说:"军区已经作了部署。"

彭总说:"那就好。根据出国作战的要求,军区后勤要调整后勤编制,加强后勤力量,特别是各种技术人员……"

李聚奎说:"现在就是卫生、运输人员不足。东北军区报告军委后,军委已三次急电各军区抽调汽车司机,毛主席还在第二次电报文稿上加了'此事急如星火'。军委已命令炮兵学校、防空学校等抽250个拖拉机手,补充炮兵牵引车司机的缺额。"

"凡是缺额的,军区能够解决的,马上解决;军区解决不了的,要及时向军委报告,请求军委帮助解决,东北地区是志愿军的后方基地,你们要注意,你们必须紧急动员,要全力以赴保证前方的供应,这是关系到战争全局的大事,一定要办好。谁也不能当秦桧,供应出现问题,影响作战,我拿你们是问。"

"请彭总放心。"李富春说。

"我就是不放心,才提醒你们。"

彭总殷切而期待地望着大家。

静默。大家也都以关切的目光看着这位即将走向陌生战场的统帅。在座的哪一位不是他的老部下?这些久经沙场,经过无数次血与火洗礼的将军们,都明白彭总此行的意义,不仅对东北,对朝鲜半岛,对中国和亚洲的和平,都具有何等重要的意义!

这时,突然收到电报,上午12时许,两架美机飞临鸭绿江大桥上空,投弹数枚,未击中大桥。

彭总眉毛紧蹙，娘卖的，麦克阿瑟要炸掉鸭绿江大桥？他脑子里意识到问题的严重性。

彭总沉思地紧紧地抿着嘴巴，良久，才说："我军必须尽快过江。麦克阿瑟为了阻止我军入朝，什么手段都可以用上，桥会炸掉，桥一旦炸掉，战争就没有界线，可能要轰炸沈阳、鞍钢、抚顺等重要的工业城市。只有我军以迅雷不及掩耳之势，突然出现在朝鲜北部山区，遏制美军的势头，才能使美国不敢轻举妄动，才能保住我们的东北。"

李富春插话说："一切都靠前方打胜仗。"

"你们要布置各地做好防空。你们一定要保护好我们的后方，要很好研究一下工业布局问题。哪些工厂不转移，就在边防；哪些工厂转移，要考虑转到什么地方合适。要准备好第二线生产，不然的话，一打起来就麻烦了。"彭总语重心长地嘱咐。

大家知道保住东北的重要，也理解彭总的心情，说："你放心吧，老总，后方交给我们了！"

48. 彭总身先士卒过了鸭绿江

天气阴沉、冷风凌厉，欲雨未雨。

在沈阳机场，彭总的专机在四架战斗机的护航下起飞了。像战马闻到硝烟味，彭总心急如焚，恨不得一步就跨到朝鲜战场，同美帝国主义干起来！再者，也怕我军行动稍慢，美军发现了我军意图，失去战机！

安东到。冷雨已经下来了，寒风中，细雨成斜线，一落地成冰雪了。

彭总从飞机场直奔镇江山。这时，13兵团所属各军正伏在鸭绿江北等待着出发的命令。汽车驶进院子，彭总跳下车来，见谭启龙、邓华、洪学智、韩先楚等已在院子里等他了。

"马上把车准备好，"他指着邓华说"我先过江！"

邓华转身告诉司令部作战处，准备车去。

"昨天晚上我又同毛主席详细研究了渡江问题，"彭总没进屋，就站在院子里对围成一圈儿的兵团领导说，"从今晚起，在安东、长甸河口和辑安三个渡口，部队利用夜色掩护，秘密过江。现在美军和伪军兵分两路，中部隔着狼林山脉和赴战岭山脉，两路失去联系，无法协同作战。麦克阿瑟目中无人，太狂妄。他们分兵冒进，犯了兵家大忌。他要受到教训。我们一定要利用敌人的骄横麻痹，出其不意，打一个漂亮仗!"

谭启龙、邓华等冲他直点头。

"入朝作战的头一仗很重要。打好了,我们可以站稳脚跟,稳定朝鲜北部战局,也给友军收容整训时间。"彭总走进会议室,对邓华说:"要给各部队打招呼,必须服从命令,听从指挥。命令什么时间到什么地点,必须严格执行。让穿插到什么部位,不可延误!我们基本的战术仍然是大胆迂回包围,穿插作战,断敌退路,歼灭深入袋形之敌。包括战役上的,也包括战术上的。这就要求各部队都要按照方案坚决勇敢放胆深入。如果下面执行命令不坚决,不积极,那么指挥上布置得再好,有什么用?我就惦记着这个问题。"

彭总问邓华他们:"你们说是不是?"

邓华说:"彭总说得对。尤其第一次出国作战,山大林密,道路不熟,这个问题必须强调,十分重要。"

"到时候军法从事,勿谓言之不预!"彭总严厉地瞪着双眼,扫视着在场的将军们。好像预感到什么似的。

阴云四合,秋风瑟瑟,冷雨夹着雪花飘飘洒洒。

大战前夕,这么沉寂呀!

彭总皱起眉头瞅了一下天空。奇怪,从平江起义到现在,多少次了,打仗就是遇到这样的鬼天气!好兆头!这种天气从来不影响我军的士气,倒影响敌军的士气。他们怕艰苦,怕寒冷。

"叫车过来吧。"他看看手表,快一个半小时了,于是对走进来的杨凤安说。

杨凤安去把车引过来了。吉普车"突突突"地响着,催促着它的主人。

风裹着雨和雪直扑人面。鸭绿江上笼罩着灰色的水雾。江水泛着土黄色,吐着白沫,翻滚着大大小小的浪花,奔腾着。

彭总双手抱拳,对送行的军政领导们说:"同志们,再见!"然后,他一个转身,跃进车内,叫道:"开车!"

汽车像卧虎似的,前后身子一颤,"突"的一声,冲上了大桥。这是一辆嘎斯-67。上面坐着4个人,除彭总外,还有杨凤安和警卫员郭凤光、黄有焕。杨凤安几个人商量,准备给小车装上棉布篷儿,因为冬天很快就到了,但是由于走得太急,来不及了。

在嘎斯-67身后，紧跟着一辆大卡车，上面坐着通信处处长崔伦和负责电台的李东祥、负责通信的杜牧平和负责器材的苏冶等五六个电台工作人员。崔伦是陕西定边人，抗日战争时期，曾任陕西省委电台台长，警1旅电台区队长，解放战争时期任中共中央前委昆仑支队1大队大队长，军委无线电总台副台长，军委3局通信联络科科长，负责保障军委指挥作战的通信联络工作。新中国成立后任总参通信部业务处副处长。彭总从北京出发时，通信部长王诤推荐他跟彭总入朝，负责志愿军的通信联络工作。彭总几日来在沈阳北京安东穿梭行动，崔伦带着一部电台跟随彭总行动。崔伦带的通信小班子，缺少联络的翻译，谁也没料到彭总走得这么匆忙！按规定，为麻痹敌军，我志愿军入朝必须换成人民军军服，可是彭总连衣服也未来得及换，仍然穿着那身带着西北高原黄土的粗呢子军装。彭总成了志愿军总部渡江的第一个人。

　　汽车在暮色秋雨中缓缓驶过铁桥，在中朝两国国土的分界线上，彭总示意停一停。车停下了，彭总深情地从窗口探出头来，向身后的祖国大地瞭望。杨凤安和警卫员郭风光、黄有焕也都情不自禁地回望着祖国疆土。4个人都默默无语，一股股热流直往上涌，在冲击他们的鼻腔和眼眶。

　　"开车吧！"彭总回头说。

　　汽车开着小灯慢慢地驶出大桥。天渐渐地暗了下来，到处是苍茫的暮色，新义州在凄风苦雨中朦朦胧胧。彭总走下车来，站在桥下，寒风扑面，望着这旷寂的朝鲜土地，傻眼了。

　　朴宪永不是说好了，来桥头接的吗？怎么不见人呢？他发脾气了。怎么搞的吗？

　　"杨凤安，接我们的人呢？"他双手叉腰厉声问。

　　杨凤安谦恭地笑笑，"你别急呀，老总。"他四下张望着，希望发现朴宪永在街头的身影。

　　"你还不快去找朴宪永呀？"彭总催促着。

　　杨凤安说："到哪儿去找呀？我们连个翻译也没带。"

　　彭总嘟噜着脸不吭声了，走得太急了，应该打个前站，与朴宪永再联系一下就对了。

　　这时，在他们不远处，3个人民军战士向他们走来。

　　杨凤安马上迎过去，问："同志，我们找朝鲜领导……"

　　"你们是……"人民军战士会说流利的汉语。

"我们是志愿军。"

"志愿军？是不是彭德怀总司令？"

"是的，是彭总过江了。"

"彭……过江了？"

"过江了。我们要找朴宪永外相。"

"我们就是朴外相的警卫员，是朴外相派我们来等彭司令员的。"

杨凤安大喜过望，跨步上前，"啊，你们就是朴外相派来的？可算找到你们了。快带我们去见朴外相。"

杨凤安拉着朴宪永的警卫员见过彭总，然后让3个人民军战士挤上前后两个车，便直奔新义州城里。

此时，朴宪永同志正在新义州市李委员长的办公室里等候彭德怀司令员。见警卫把彭总领进屋来，"噌"地站起来，走上前去，握住老总的手，说："彭总呀，你过来了。我代表金首相，代表朝鲜政府，代表朝鲜人民，欢迎你，欢迎志愿军入朝……"

朴宪永很激动，眼里噙着泪花。

这时，李委员长也走过来同彭总握手。他是吃过延安的小米饭的，原是中国共产党党员，只有一只胳膊，中国话说得很好。杨凤安心想，赶快给李委员长说，给找一个翻译吧，不然，在异国行动，言语不通，要误大事的。他有些唐突地上前握住李委员长的手，说："我这回算是抓住你了，你赶快给我们找个翻译吧，我们急着过江，没带翻译。"

李委员长连声说："好，好，我马上给你们找一个翻译。"

那边，彭总正在同朴宪永交谈。

彭总说："我希望尽快到德川去见金日成首相。"

朴宪永低下头，沉吟地说："现在战场形势发展很快，金首相没有在德川。"

彭总"啊"了一声，说："没在德川？那么在哪里？"

"敌人今天攻占了平壤，我们已从德川撤离。"

彭总大吃一惊，立即让杨凤安拿出在北京买到的日本版袖珍地图，自己手持蜡烛，俯在桌子上仔细看了一阵。然后，他直起身子，沉默了一会儿，问："那么，金日成同志……"

朴宪永回答："可能正在熙川的火车洞子里，在一节客车的车厢里指挥。"

"希望你马上同金首相联系。"

"现在还联系不上。"

"那怎么办?"彭总问,心想,原定方案看来不符合战场实际了,可能要在德川、宁远一线与敌军遭遇了。

"我们在新义州不行。在这儿不好联系。"

"那你说到哪儿联系?"

"还是先去水丰发电站吧,那里有长途电话,可以联系。"

"行,就去水丰。"彭总果断地说:"你带路吧。"

此时,已是深夜,朔风横吹,雨夹雪花飘飘扬扬。两辆小车,一辆大卡,从新义州驶出。第一辆是朴宪永的灰色华沙牌小卧车,第二辆是彭总的吉普车,第三辆是崔伦的电台车。三辆车组成一个小小的车队,冲进黑暗中,直奔水丰发电站找金日成首相去了。

与此同时,冷雨霏霏中,志愿军4个军和3个炮兵师按照与彭总最后确定的入朝路线,正在雄赳赳、气昂昂地跨过鸭绿江,向军委和毛泽东主席预定的作战地区迅速开进。从安东出发的是40军过江,1个师从长甸河口渡江,过江后,向球场、德川、宁远地区插去;39军主力尾40军之后,一部至枇岘、南市洞地区布防,主力向龟城、泰川地区开进;42军从辑安过江,然后向东线社仓里、五老里地区猛插;38军尾42军渡江,向江界区开进!

现代战争的要求是速战速决。

名将用兵,多得力于用兵神速、掩敌不备。

这天晚上,雨雪迷茫,志愿军所有部队均采取夜行昼伏、严密伪装、封锁消息、控制电报通信等一系列保密措施,以隐蔽我军的行动和企图,以对敌突然袭击。这样,在朝鲜北部就形成一个十分有趣的态势:美伪军按照麦克阿瑟的"联合国军第4号作战命令",在轻取平壤后,忘乎所以,失却常态,部队以团营为单位,首尾不顾,左右不连,大大咧咧,分兵冒进,向鸭绿江扑去,要在江边饮马、洗战刀。我志愿军则严格按照毛泽东主席的指示伪装疾进,严守秘密,速插预定战场。还搞不清楚何时何地就要碰出火花。

彭总渡江前曾嘱咐邓华和洪学智说:"我走后,你们几位把部队入朝后作战的具体任务、集结地点以及可能出现的情况,都好好研究一下。另外，部队过江一定要组织好，不能出半点纰漏。"

邓华、洪学智、韩先楚、解方、杜平，在送走彭总后，又研究了作战部署，电告各军、师并报了彭总，吃罢饭，擦黑时分，他们分头随部队出发了。

49. 邓华、洪学智一过江即与彭总失联

赖传珠从9月2日到兵团，过江时接到新的任命，离开兵团。韩先楚副司令员随40军行动。洪学智出发前，指示解方参谋长率兵团部机关经宽甸从长甸河口过江，解方把具体指挥兵团机关过江的任务交给了作战处长杨迪。解方和杜平两位则先到长甸河口等机关部队。兵团机关随40军118师前卫团之后跨过了鸭绿江。晚8时进至朝鲜境内朔州西北地区树林内。立即打开电台，注意收听各军、师发来的密语信号，掌握各部队行军情况并及时处置出现的问题。

"邓洪"二位首长约定与机关在兵团预定驻地水丰和朔州之间会合。然后，他们先行出发了。

19日晚7时，雨雪交加，细密如麻，在江风中摆来摆去。在迷蒙寒冷的雨雪中，洪学智坐着拆卸掉篷布和挡风玻璃用松树枝伪装了的苏制嘎斯-67吉普车驶抵鸭绿江桥边。邓华的车跟在后边。40军部队正在过江。江桥上汽车、火炮牵引车轰轰隆隆，一队队身穿没有任何中文标志军装的志愿军战士正在"唰唰"地跑步过桥。

洪副司令在江边默默地注视着身负重任的指战员们，又瞭望了一下江南黑云浓重的天空，新义州已经没有发亮的灯火。他记得是10月8日，和邓华亲眼看到美国B29轰炸机炸新义州的。"首长，过江吧"，随行的作战参谋和联络员在催他。"好"，他回答。一种庄严神圣的情感突然撞击着他的胸膛。他转战东西南北，一生过了多少大江大河呀！从鄂豫皖到川陕过汉水，从川陕过嘉陵江，转战康定过大渡河，长征北上过白龙江、金沙江，到陕北过渭河泾河，出陕北过延河、黄河，抢占东北过松花江，剿匪到黑河呼玛过黑龙江，入关南下过黄河、长江到珠江，然后再过黄河长江。说是身经百战，百战多呀，千战了！现在要过鸭绿江，这一次与过去过江渡河不一样了！是同有现代化装备有海空军优势的美军作战，不能靠老经验了，必须摸索新的经验。他不由得回头望了一下灯火辉煌的安东，对司机说："出发！"吉普车迅速驶过了鸭绿江大桥。

朝鲜北部崇山峻岭中，寒风萧瑟，漫天飞雪。山路陡峭狭窄，我军的

汽车和步兵在南进。朝鲜被打散的人民军和老百姓在往北撤退。汽车、牛车、军人、百姓，人满为患，谁也别想走快了。副司令下车问："你们到哪里去？"一律回答："到鸭绿江集合！"有个朝鲜军官认出副司令不是人民军，因为志愿军携带的武器是美式的（缴获蒋军的），人民军武器是苏制的。他跑到副司令面前，问联络员："你们是中国军队？"答："是的。""你们有飞机？"答："没有。""有大炮？"答："不多。"那军官听了直摇头，说："没有飞机大炮要打美军不行咧。"

吉普车在盘山的山路上在人群中慢慢地爬行。在山崖的拐弯处，一辆卡车撞到山上，把路堵了很长时间。忽然，天上传来隆隆的响声，几架美机从天空一掠而过。一阵骚乱接着是一阵吵嚷。有一辆朝鲜汽车把大灯打开，把美军飞机引来了，飞机往下扔炸弹。有人民军战士把那辆汽车的大灯给砸碎了，双方吵起来。又往前走，突然我军的一辆大卡车翻到深沟里了，卡车滚了几个滚，听到沉闷的撞地的声音。上面喊，活着没有？下面回答，活着。洪副司令说："谢天谢地，活着就好，咱们赶路吧。"

要说蜀道难，朝鲜北部的道也够难了。山岭连绵起伏不尽，沟壑纵横交错，山路崎岖狭窄，常常是一侧山峰峻峭，一侧万丈深渊。由于蒙蒙雨雪下个不停，更是使山路难走了几倍。

邓华和洪学智两位将军的车不开大灯，加上同行的步兵，他们都穿着人民军军服，北撤的朝鲜军民并不让

作者与洪学智副主席合影

路，争先恐后地抢路。而且越向纵深前进，此种现象越是严重。

10月20日凌晨，仍是冷雨霏霏，时雨时雪，雨雪交加。

邓华与洪学智在东仓和北镇之间的树林里同从长甸河口过江的兵团司令部会合了。昨天还在国内，今天则在异国他乡了，好像分别了很久似的，见面有一种亲切感。韩先楚还在42军军部。这里是起伏不平的丘陵，丘陵上覆盖着茂盛的松树林和杂木林。

黄昏，他们看到40军部队正在精神饱满劲头十足地往前开进，洪学

智走到部队跟前，检查了一个连队的携行量，负荷虽然很重，但部队的士气很高涨。他询问了几个连营团干部，问："我们的敌人是美国鬼子，你们有没有信心打胜仗？"他们响亮地回答："有信心，我们一定能打败美国鬼子，请首长放心！"

邓华忧心忡忡，一个人在大树下转圈儿，转了一阵，停下，皱着眉头问洪学智，"老哥呀，彭总怎么也不给我们发个电报呢？他老人家走到哪里了呢？"

洪学智知道邓华老是担心彭总的安全，眨巴着眼睛沉思着说："说的是呀，他老总是怎么了？在赶路？"

"赶路也不妨碍拍电报呀，崔伦不是跟着吗？"

"是呀，我们需要尽快与老总联系上。"

"沿途我们都看到了，人民军的散兵游勇都快撤到鸭绿江了。可见美军推进之快。这样的话，彭总的安全就成了问题。他只带着两个警卫员，一部电台，像这样子，敌我界限不清，互相穿插，万一老总遇上美军怎么办？"

"那就不堪设想了。"

"另外"，邓华在树林下湿漉漉的草地上慢慢踱着，说："老哥，你看到了吧？我军已渡过江的几个师仅仅进至鸭绿江南岸新义州以东的朔州、满浦地区，速度太慢了！"

"走不动，你没见到路上南来北往那种拥挤情况吗？"

"是呀，在江北，没想到会出现这种情况呀！得想个办法呀！"

"我们现在距离预定防御地区还有120公里到170公里，已不大能先敌到达预定地区了。"洪学智转身喊作战处副处长杨迪。

杨迪应声跑到二位司令员跟前。

洪学智问："彭总有消息吗？"

杨迪摇头，说："一点消息也没有。要是跑到敌人后方可就糟了！"

洪学智打断他的话，说："行了。你报告一下现在各军各师所在的位置。"

杨迪报告了我军各师位置后，又说："现在敌军西线伪军第6、第7、第8师已进至顺川、新仓里、成川，距离我军预定的作战地区球场、德川、宁远仅70公里至100公里了。东线伪军的首都师已到达了五老里、洪原，我预定防御地区了。敌人是机械化行军，以车载步兵为前驱的行动样式，长驱直入。"

邓华神色肃然说:"先敌到达预定作战地区不可能了。"

洪学智点头,"不可能了。"

邓华发愁地说:"要与彭总联系上才好呀。战场形势发生了很大的变化。"

洪学智问杨迪:"解参谋长呢?告诉他,电台要千方百计与彭总取得联系。"

两位司令员在十分焦急的状态中等待了一天,彭总那里居然没有任何信息。作为志愿军的统帅,刚刚过江,就在与敌军犬牙交错的混乱战场上失踪,怎么不叫将军们担心呢?他们为彭总捏着一把汗呀!

这时,作战处报告,美第187空降团从金浦机场起飞,在肃川、顺川空投了伞兵和一些吉普车、火炮等。看来,麦克阿瑟还要加快进军的速度。在他看来,朝鲜战事很快就结束了。正像他对杜鲁门说的:"总统先生,当今是我们强大而中共孱弱的时代……没有任何一个中国指挥官会冒这样的风险,把大量的兵力投入已被破坏殆尽的朝鲜半岛……到感恩节,正规抵抗在整个南北朝鲜就会停止。"

50. 彭总失联后,毛泽东连发三封急电

军委经过多次讨论,计划我军入朝后,先打防御战,在平壤、元山铁路线以北地区修建2至3条防御阵线,利用防御阵线,适时分割进攻的敌人。要先稳住防线。我军充实装备,加紧训练。如果平壤美军、元山韩军来攻,选择薄弱一路围歼之;即防守一段时间后,再谈进攻问题。

这个方案与麦克阿瑟的作战计划恰好相反。麦克阿瑟在攻占平壤后,继续北上,要"在感恩节前让孩子们回家过节"。美军和南韩军马不停蹄疯狂北进。

我军因夜行昼停,隐蔽前进,路况极差,速度很慢,均未能到达预定防御地区,更是谈不上修筑防御工事。

邓华、洪学智、韩先楚、解方、杜平几位领导都感到焦急忧虑,必须改变作战方案。

他们在兵团司令部讨论敌我态势。根据作战地图标示,敌人兵力高度分散,高速冒进,而且中路伪军的3个师非常突出。可以看出,李承晚是急于抢头功了。敌人东、西两线之间有一个80余公里的大缺口。这个态势对我军集中兵力,瞅准一路,出其不意,分割包围,各个歼灭是太有利

了！可就是与彭总联系不上。怎么一出兵能出现了这种情况呢？

凌晨2时半，夜黑漆漆的，杨迪跑进来报告，收到毛主席的紧急电报。

"念！"邓华走到杨迪面前。

电报发给"彭德怀并告邓洪韩解"指出："截至此刻为止，美伪均未料到我志愿军会参战，故敢于分散为东、西两路，放胆前进。估计伪首都师、伪3师两个师要7天左右才能进到长津，然后折向江界。我军第一仗如不准备打该两师，则42军的一个师位于长津地区阻敌即够。42军的主力则宜放在孟山以南地区（即伪6师来路），以便切断元山、平壤的铁路线，钳制元、平两地之敌，使之不能北援，便于我集中3个主力师各个歼灭伪6、7、8等3个师。此次是歼灭伪军3个师，争取我国第一个胜仗，开始转变朝鲜战局极好机会，如何部署，望彭、邓精心计划实施之。彭、邓要住在一起，不要分散。"

杨迪念完电报，三位领导会意了。毛主席虽然远在北京，但他昼夜注视着朝北战局，研究朝鲜北部山区的敌我动态，思考着我军如何打才能打胜仗，毛主席对朝北战局态势看得很清楚，棋高一着，电报的意思很明确，志愿军在东线孟山以南阻敌，在西线应该先打突出态势的3个伪军师，取得入朝参战第一仗的胜利。

解方高兴地说："打伪军好打。"

洪学智说："毛主席在电报中要求彭、邓要住在一起，不要分散。现在连彭总的音信都没有，这样下去要误大事的。"

邓华说："是呀。怎么办？彭总暂时联系不上。老总到哪儿去了？会不会出事呀？"

他这一问，大家的心里"咄"地一下，心脏好像下沉了许多。

洪学智摇头说："从毛主席来电分析，老总没有出事。还不会。我估计是电台出了问题。"

邓华说："像老哥估计的就好了。这样先把电报精神告42军，让吴瑞林把主力放在孟山以南地区。你们看行不行？"

洪学智和解方都说坚决按毛主席的指示办。

大约到3时半，毛主席拍来第二封电报：邓华同志并告彭及高，你们是否已前进，我意13兵团应即去彭德怀同志所在之地点，和彭住在一起，并改组为中国人民志愿军司令部，以便部署作战。现在是争取战机问题，是在几天之内完成战役部署，以便几天之内开始作战的问题，而不是先有一个时期部署防御，然后再谈攻击的问题。你和其余同志率必要机构即住彭处为宜。

邓华满脸焦虑，手拿电报给洪学智，说："我的老哥呀，你说怎么办？毛主席连来两封电报，催促我们与彭老总合在一起，改组为志愿军司令部，研究近几天内就开始作战的问题。可是我们找不到彭总呀！"

洪学智沉吟了一会儿，说："立即把电报精神转告4个军3个师，让他们都知道毛主席的指示精神，使部队都做好应敌作战的准备。现在看来，毛主席的意图很明确，在运动中做好歼灭西线伪军3个师的准备。42军的作用很重要，他们主要是打阻击，不使东西两线敌人连成一体，即不让美10军与第8集团军联手。至于你我与彭总合到一起，那还得等他的消息。"

邓华在电报上签了字，交给杨迪，杨迪出去通知各军去了。

然后，邓华抽着一支烟，拧着眉头，念叨："彭总……"

凌晨4时，初冬的夜寒意袭人。毛主席又给彭、邓发来电报，指示他们在战役部署上要注意控制平安南、平安北、咸镜三道交界之妙香山、小白山等制高点，隔断东西两敌，勿让敌人占去为要。毛泽东仍然是在考虑隔绝东西两线美军，不使其会合问题。

毛主席非常关心志愿军司令部的安全，他指示：敌人测向颇准，请加注意。在熙川或其他适当地点建筑可靠的防空洞，保障你们司令部的安全。

邓华他们感到，毛主席虽然远在北京，但他在中南海彻夜研究着朝鲜半岛的形势，运筹帷幄，审时度势，高瞻远瞩，不仅把战局的发展前途预先告知，而且把各个细节都不厌其详地反复叮嘱。既是战略家，又是洞悉战争双方的战役专家。

邓华召集兵团领导立即按照毛主席3封电报的精神，研究了我军的作战部署。等待一旦与彭总联系上，即向老总报告，请老总决定。可是彭总……

51. 天黑下来，邓华、洪学智到朝北山区找彭总

"邓洪韩解杜"焦灼地等待到10月21日下午，他们终于在焦灼的等待中接到了彭总的电报，彭总说："本日（21日）9时，在东仓、北镇间之大洞与金日成同志见面。前面的情况很乱，由平壤撤退之部队已3天未联络上。咸兴、顺川以南已无友军，咸兴敌人是否继续北进尚不明。请邓、洪、韩三同志带必要人员急来我处商筹全局歼敌部署，解沛然（解方）同志率余留人员随部队跟进。"彭总还告诉13兵团领导与他联络的地点位置在北镇西北大洞，让三位领导先到联络点，与联络员联系上后，再到大洞与他会合。

这封电报甭提让13兵团领导多么高兴了。彭总呀，你让大家太焦急了！

战场形势发生了很大变化，我军26万人已陆续隐蔽过江，部队每时每刻都在行进。敌人早已越过我预定防御线。毛主席又十万火急地连续作了3次明确的指示。我军作战行动应该马上定下来呀，迫切需要向彭总请示并与他一起确定下一步的作战方案！

"怎么办吧？老兄，"洪学智问邓华，"韩先楚随40军军部到前边去了，怎么通知？"

邓华摸了一下脑门，说："马上通知也通知不到，况且他已经到前边去了。他就别去了。我们两个先去见彭总吧。"

"一块走？"

"还是分开，缩小目标。"

这样，邓华、洪学智于晚上7点许，天刚刚黑下来，分头出发，往大洞去见彭总。

冬夜很冷，冷风在大地上到处肆虐。路是崎岖不平的山道和山谷，天在不停地下着，似雨非雨，似雪非雪，落到地面立即变成冰凌，这种时候，就全凭司机的机智和勇敢了。

洪学智的车一路上飞快，到10月22日早晨5时许，天还黑乎乎的。洪学智正在车上打盹，向导告诉他前边朦朦胧胧的小村镇就是联络员所在地。他急忙揉揉眼，跳下车来，看到这里是一个有十几户人家的小村。他走进联络站。联络处主任是一位三四十岁的女同志，梳着一条大辫子。

约7时，天已经大亮，邓华的车子"突突突"地赶到了。

这时，美军的P-51飞机也跟着飞来了，对着这个小村庄猛扫射了一顿，飞走了。

邓华和洪学智都纳闷了。妈的，难道美国鬼子发现我们了？不会吧？

他们先自我介绍了一番，一个是司令，一个是副司令，是来找彭德怀同志的联络员的。那联络处主任说："这事我已经知道了。"他们问联络员，"什么时候可以走？"

联络员说："什么时候不好说。要等彭德怀总司令的联络员来了，才能走。"

"能不能快点？"

"派人去了，我们这儿没有电话、电台，也没汽车，只能步行。你们先休息一下吧。"

他们哪能睡得着呀。军情紧急，关系甚大，他们心中像着火一样，急于见老总。另一方面，美机真像是得到什么情报似的，不停地在这一带盘旋、扫射。

大约上午10点钟，彭总的联络员被找来了。

洪学智激动地上前握手，说："你可来了，把我们急死了！"

联络员说："彭总就住在附近一个名叫大洞的小村里，他要你们立即去见他。"

正躺在床上打盹的邓华闻听此言，一个鲤鱼打挺就坐了起来，对洪学智说："马上出发！"

他们两人风风火火出屋上车，吉普车刚刚冲出沟口，走到一片开阔地上，美军十几架野马式飞机就"呜呜呜"地围攻过来了，甩下一堆炸弹，又扫射一阵子。并没有直接对着两辆车扫射。两个司机迅速钻进山沟，两个司令员跑进树林子隐蔽，敌机又转了几圈，找不到目标，飞走了。

他们两位司令刚刚从山沟出来，敌机又飞过来了，大概它们惦记着这两辆吉普车呢！车又急钻山沟，他们又隐蔽，又钻出来，与敌机捉迷藏。

大约折腾了一个多小时，前边出现了一个只有几间黑乎乎茅草房的小村子。向导说："那就是大洞村。"是一条山沟，可以看见有很多岗哨。

在沟口，他们的车被警卫拦住了。洪学智大嗓门说："你报告，就说邓华和洪学智来了，要见彭德怀总司令。"警卫进去一会儿，出来告诉他们：跟我来。他们跟着警卫进到一条山沟，看到一间茅草房，彭总的警卫员郭风光出来见是两位司令，说："彭总正在同金首相谈话，还得一会儿，两位司令先吃点饭吧。"然后安排他们二人在一个茅草房中吃饭，又过了一个多小时，邓华让小郭进去看看。小郭出来，摇摇头。他们等得很着急。又催，又看，最后说："行了。"他们走进彭总的房间，房间有十几平方米，彭总和金首相坐在里边，还在边说边笑地谈着。他们二人在东北都见过金日成同志，但没有谈过话。以后他们与金日成首相成了朋友和同志。1989年，洪学智随赵紫阳率领的中共中央代表团到朝鲜访问时，金日成还问他："听说你出版了一本抗美援朝战争回忆录？怎么不送我一本看看？南方的报纸都连载了嘛！"洪学智回答："首相东木（同志），这次没有带来，回去后给你寄过来吧。"

他们看到眼下尽管朝鲜形势十分危急，但金日成同志面色红润，情绪高昂，泰然自若。他黑黑的头发向后梳去，在右鬓角有一绺儿头发自然地卷起来，很精神。彭总也乐呵呵的。两位司令一一敬礼，然后握手。金日成首相示意他们坐下谈，笑着问："这里很偏僻很隐蔽，你们是怎么找到这里的？"邓华回答："报告首相，是彭总发电报告诉我们的。"洪学智说："今天是彭总的联络员带我们来的。"金日成和彭总都点头。金日成说："这几天，敌军不断地北进，我们不断地北撤转移，我刚到平安北道，彭总司令就来了。"然后金日成说："你们同彭总司令谈吧"，自己就起身出去了。邓华急忙说："哎呀，老总呀，你把我们急死了！两天给你失去联系！好担心呀！"

"你们以为我被俘了？"彭总开玩笑地说。然后他说："出了点小故障。过江以后，20日下午，我同朴宪永才与金首相联系上。得知金日成同志在大洞。黄昏出发到大洞去见金日成同志。我坐的是小车，电台是大车，跑着跑着，崔伦坐的大车就给丢了！直到21日下午，崔伦的电台车才赶到这里，马上给你们发了电报！"

52. 在大洞"彭邓洪"修订第一次战役方案

邓华说："老总，再也不能发生这样的事了！战争时期，通信畅通是第一重要的。"

彭总瞪眼睛："你以为我愿意发生呀？"

邓华说："要误大事的。"

彭总说："知道，知道，以后可要注意这件事，我也急得够呛。"

邓华笑着说："几乎误了大事。"

彭总叹息了一声，说："是呀，恰好金首相也没带电台。好吧，我先给你们说一下同金日成同志会谈的情况，然后我们再研究一下部队下一步作战的问题。"

洪学智习惯性地摸摸脑门，说："出国前的作战方案不行了。"

彭总说，"是呀，我们得重新研究，然后报告毛主席批准。毛主席的几封电报，你们收到了吧？"

邓华和洪学智都说："收到了。"

洪学智说："老总21日发给军委和我们的电报，改变作战部署，符合毛主席电报的指示精神，同毛主席的意见是一致的。我们完全赞成。"

彭总说："我首先把我党和毛主席的决定告诉了金首相。我第一批入朝作战部队正在进入朝北战场；我军24个师正在调集，作为第二、第三批入朝作战的部队。我党中央和毛主席下这个决心是不容易的！我告诉金日成同志，现在问题是能否站住脚，无非是三种可能，第一是站住了脚，歼灭了敌人，争取和平解决朝鲜问题；第二是站住了脚，双方僵持不下；第三是站不住脚，被美军打了回去。我军要争取第一种可能。金日成同志表示，敌军进展甚快，志愿军很难先期到达预定防御地区。"

邓华和洪学智两个人都像小学生一样认真地听着彭总讲话。

彭总稍稍停顿后，又说："邓华和洪学智，你们两个人，要注意我军，当前必须立即改变原来设想的占领一块根据地，构筑阵地，进行防御的部署的作战指导思想，要改为在运动中寻机歼敌。像毛主席所说的那样，歼灭伪军第6、7、8三个师。"

彭总蛮有把握地说："现在敌军正在冒进。好呀！这个态势出国前还没预见到。打伪军我们还是有把握的。打好出国第一仗，阻止敌人进攻，稳定人心，军心，十分必要。你们的意见呢？"

邓华回答："同意彭总意见。"

"你们还有什么具体想法？"

邓华说："我同老洪在路上研究过了。"

"说说看。"彭总催促道。

邓华沉思了一下，说："根据毛主席和彭总电报的精神，总的设想是立即集中3个主力军于西线作战，各个歼灭伪第6、7、8师。42军在东线两个师的任务是打阻击，1个师附炮8师45团坚守长津地区，阻击伪首都师和伪3师。该军主力要按毛主席指示的，控制小白山地区，视情况向盘山以南地区推进。"

彭总点头，说："42军的任务很艰巨，要坚决阻止东线敌人西进。"

邓华说："对。吴瑞林这个军的部队曾长期在南满作战，对朝北地形熟悉，能攻善守。西线3个军，39军进到泰川、龟城地区，40军进到德川、宁远地区，38军进到熙川地区。"

彭总说："让38军赶快用汽车运部队抢占妙香山，把东线敌人挡在妙香山以东，不让它到妙香山西边来。西线我也是主张分头围歼、各个歼灭，不进行大的战役行动。"

邓华颔首，说："是的。一个军争取歼灭一个师。"

彭总赞许地说："好，好。"

洪学智说："老总呀，还有一个问题。"

"你说。"彭总凝神注视着对方。

洪学智说："39军东进以后，新义州、定州地区要空虚，为防敌人从海上登陆，得赶快把66军调到安东、新义州一带来。"

彭总认为这一意见很好，况且4个志愿军入朝后，志愿军缺少预备队，66军可以一身二任，担负这两个任务，于是说："马上给军委发电，建议66军明后两天即从天津出发，开往安东，以一个师负责新义州、定州交通线，主力作为志愿军的预备队。你们还有什么问题？"

洪学智又汇报了后勤保障，以及从东北动员了10万民工跟随志愿军入朝，做好战勤工作。

彭总说："要发一个政治动员令，号召全体指战员发扬勇敢顽强的战斗精神，保证首战获得胜利，扭转朝鲜战局，为祖国争光！"

"我们马上落实"，邓、洪回答道。

"我同金日成同志商量好了"，彭总对邓、洪说："志愿军司令部就设在大榆洞，离这儿不远。"

邓华、洪学智重复道："大榆洞？"

彭总指着墙上的军用地图，说："就在大洞北面，离大洞很近。一山之隔。你们马上派人通知解方，让他带着兵团机关马上向大榆洞运动。兵团机关一到大榆洞，就与各军、师沟通通信联络。"

"明白了。"邓、洪二人站起身来。

"你们赶紧去大榆洞，与解方他们好好研究一下部队的作战方案，要令各军充分做好行进中与敌遭遇作战的准备。各级前进指挥所要随先头部队行进，及时处置敌情。我在这儿同金日成同志还有些事再商量一下，然后我就到大榆洞去了。按照毛主席的指示，我们要住在一起，不要分散。韩先楚呢？"

邓华说："到40军去了，未通知到。"

"让韩先楚也回到大榆洞。"

"好。"

邓华和洪学智马上登车，直奔大榆洞去了。

53. 彭总坐朴宪永的华沙小卧车把电台车丢掉了

邓华、洪学智后来还特别向崔伦了解了事情的经过。

原来彭总和朴宪永联系上后,从新义州出发。一路上雨雾迷蒙,有时候是半雨半雪。山峦上一片花白中露着或绿或红的树叶。

朴宪永的华沙小卧车在前边带路,彭总的嘎斯吉普紧跟其后,一阵雪水泥水四溅,结果电台车掉队了。

杨凤安把崔伦没跟上来这件事告诉了彭总。彭总看了一眼前边飞驰着的华沙小卧车,说:"叫他们追吧,我们得紧跟着朴宪永。"

两辆小车一前一后到了拉古哨,休息了一阵,崔伦的车赶上来了。

当晚彭总和朴外相就住在拉古哨发电厂。

朴宪永则通过电话继续同金日成互相联系。

10月20日中午,1点半许,朴宪永满脸喜气,快步走来,说:"报告彭总同志,与金首相联系上了。"

彭总高兴地问:"金首相在哪里?"

"在北镇的山沟里,那儿叫大洞。"

"那我们马上出发,到大洞!"

朴宪永摇头,说:"还是天黑以后再走。"

"为什么?"

"美机不断飞来飞去,不安全。"

"哪管那么多!"

杨凤安插话说:"要注意防空呀。"

彭总生气道:"你这个人,怕飞机来朝鲜干吗。要防空在国内防嘛,来朝鲜防空来了?哼!这样,杨凤安留下防空,朴外相,我们走!"

朴宪永急了,说:"彭老总呀,这是金日成首相的嘱咐。你一进入朝鲜土地,我们就要为你的安全负责了。"

彭总长出了一口气,一副无可奈何的样子,眼睛不住地瞟杨凤安。

这样,到天黑下来,到处都已隐隐约约时,三辆车上路了。路本来就是山路,再加冰冻雨雪,又在晚上不能开灯,就更难走了。

"我说崔伦呀,"杨凤安在开车前扭转身对崔伦说:"这回,你可得跟上呀!"

崔伦说:"我们尽量吧。可是万一……"

杨凤安说:"万一跟不上,你们要记住我们走的方向,一直朝我们走的方向。不能走错了,闹不好,你可能与敌军遭遇呀!"

崔伦说:"是呀,是呀!"

"现在敌军北进,确切位置谁也不清楚。你当了俘虏,我和彭总可救不了你!"杨凤安把危险性告诉他。

崔伦说:"是呀,是呀。你一定要保证彭总的安全!"

不过大车跟小车是太困难了。三辆车走了几里路,电台车又掉队了。由于天黑洞洞的,辨不清方向,这回他们转了向,一直向南,往龟城开去了,与美骑1师、24师相对开进!后来,他们发现不对头,一问往北撤退的老百姓,才知道前边是龟城!妈的,快听到敌人的汽车奔驰的声音了!刚过江就被美军俘虏才叫丢人哪!不光丢人呀,完不成保障彭总通信联络任务就要影响大局了!赶紧掉头,开足马力,赶紧跑!他们前脚走,敌人的摩托化部队后脚就到了。险些没有当了俘虏!

山路九曲十八弯,许多路是在半山腰上的90度转弯,而且弯急坡陡,起伏不平。朴宪永的司机轻车熟路。彭老总的司机对这样陡峻的盘旋路很陌生,又怕彭老总出事,所以走着走着,就拉开很大距离。

"开快点,跟上。"彭总催促司机刘洋。

刘洋司机瞟了老总一眼,开车跟了上去,但很快又被拉下了。

"跟上,跟上!"老总又催促。

刘洋心里有主意,他把握住自己。

朴宪永走了一段,见后面的车没跟上来,停下了,又开出一程,又停下了。

"这样不行呀,彭老总。"朴宪永停车后,走到赶上来的吉普跟前,说,"我看,你干脆上我的车吧!"

彭老总笑笑,"那就干脆吧。"

这样,彭老总就坐到华沙里了。上车前,彭总问杨凤安:"后边有崔伦的车没有?"

杨凤安摆手:"连影子都没有。"

"这下我们无法与毛主席、邓华他们联系了。"彭老总忧愁地说。

杨凤安说:"既不能收报,也不能发报。"

彭总说:"邓华他们恐怕在找我们。"

"很可能,毛主席也在找。"

"找也没办法，我们走吧。"

彭总把车门一关，华沙车"噌"地一下开走了。这次，华沙车开得更快了，后边的吉普车更不容易跟上了。但还不能掉队呀，杨凤安、黄有焕、郭风光三个人在吉普车上，跟不上前边的华沙车，彭总的安全没人管了，出了事，怎么办？刘洋驾驶嘎斯吉普使尽浑身解数跟呀，跟呀，几次都险些出事。

路上，撤退的百姓蜂拥而至，有顶着罐子的，有背着孩子的，有推着小车的，一个劲儿朝鸭绿江方向跑。

"扁叽呀梭！扁叽呀梭！"

突然，几个老百姓冲着车惊恐地喊。

杨凤安和两个警卫员不知道是怎么回事儿，见老百姓直指天空，这才往天上一看，原来是敌机飞过来了。可是朴宪永和彭总的车高速奔驰着，并不管美国飞机是否光临。杨凤安告诉司机跟紧彭总，不能掉了队。

54. 彭总与金日成在敌后一条深山沟里见面

大约10月21日早晨8点钟，太阳从山巅露出红彤彤的脸来，山坡上抹上一层橘红色，一扫从19日晚到昨晚那种阴冷、萧瑟、阴霾的气氛。朴宪永和彭总的华沙小车顺着可以走过牛拉车的山沟，到达大榆洞金矿附近的小村庄大洞。

站在门口的是我国驻朝鲜使馆的武官柴君武即柴成文，3个月来，他目睹了朝鲜战场敌友态势及其变化，可以说是进入情况最早的中国人。

抗日战争时期，柴君武曾在八路军总部司令部参谋处工作过，对彭总很熟悉。这时，他见阔别多年的彭总穿着旧军装，面颊消瘦，两眼红肿，眼睑下垂，劳累不堪，现在又冒着敌人的猖狂进攻首先来到炮火连天的战场，心中一股热流直往上冲。

"彭总，您太辛苦了！"

柴成文的眼圈儿红了。

"辛苦啥呀？"彭总笑笑，说："你这个柴君武当武官了，你才辛苦哪！"

柴成文笑笑，连声说"不辛苦"，随即找了一个破瓦盆给彭总端来水，彭总洗过手和脸，把脑袋伸进盆里洗了一阵，一边擦拭，一边坐在木板凳上，很关切地询问起前线的情况。

这条山沟两面的山坡上，稀稀落落有五六处茅草房子，但是看不到老百姓。按照朝鲜的习惯，统帅住到哪里，哪里为了统帅的安全，就要清场，同苏军一样。

大山脚下有两间茅草房，柴成文把彭总领到其中的一间，说另一间房子就是金日成首相住的。过了一会儿，金日成首相在朴宪永的陪同下，大步流星走进屋来。

"彭总呀！"金日成首相非常激动，紧紧地握住彭德怀的手摇着，两人又紧紧地拥抱在一起。

金日成首相额角一绺儿头发自然地卷起来，很潇洒。他把彭总领到他住的那间房子里。这间房子里挂着军用地图，有一些简单的桌椅。

"彭德怀同志呀，可算把你盼来了！"金日成同志说。

"中朝两国有着共同的战略利益，唇齿相依。"彭德怀对金日成首相说："邻居被盗，我们不能袖手旁观呀！"

"我代表朝鲜党、政府和人民，对中国党、政府和人民表示衷心的感谢！"

"我们党中央、毛主席已经作出了中国人民志愿军迅即渡江的决定，协同朝鲜同志同美帝国主义侵略者作战，并最终取得胜利！"

"太感谢了！太感谢了！"

彭总详细地向金首相介绍了我入朝作战的部队，说："志愿军第一批入朝作战部队。已于前天晚上开始从安东、长甸河口、辑安3个方向渡江入朝。党中央、毛主席考虑到敌军兵力、装备占优势的情况，决定再调50军和66军尽快入朝。这样，我志愿军兵力可达29万人。军委还准备再调两个兵团作为第二批志愿军，入朝参战。我们决心与朝鲜人民一起打败美国侵略军！"

金首相满意地点头，说："这就好了，这就好了！我感谢你们的全力援助！"

彭总说："我们出兵的目的是能够援助你们歼灭美国侵略军，为合理解决朝鲜问题创造条件。当然，我们渡江作战，已经准备好了美国宣布与中国进入战争状态，准备它的飞机轰炸东北和沿海重要工业城市。杜鲁门、麦克阿瑟在威克岛会面时，曾宣布美军在朝鲜的行动将限制在'麦克阿瑟线'（朝鲜蜂腰部）。但是当它侥幸占领平壤后，立即撕下假面具，宣布撤销'麦克阿瑟线'，声称'在历史上鸭绿江并不是把中朝两国截然分开的不可逾越的障碍'。美国还很可能策动蒋介石从东南沿海进攻大陆。那样的话,我们就要在两个方向作战,那就相当困难了。"

金日成同志表示理解中国方面面临的困难局面。彭总继续说:"所以,我们党中央、毛主席下这个决心不容易呀,确实很不容易。新中国刚刚成立,国内经过几十年的战争,百废待兴,百业待举。"

"朝鲜人民不会忘记中国人民在十分困难的情况下,无私援助我们国家。"金日成同志说,"朝鲜人民世世代代,永远不会忘记中国人民的恩情。"

彭德怀说:"我来大洞还想了解一下朝鲜人民军与敌军的情况。"

金日成同志沉思了一下,说:"敌人方面,情况仍然是分路北进。东路敌人占领了咸兴。中路占领了阳德、成川。西路攻占了平坡。这些想必你已经知道了。我军方面,主力大部分还被分割包围在南方,正在想办法北进途中。"

"你手中可以调动的兵力还有多少?"

"这我对别人不说,但我不瞒您彭总司令。我现在仅仅有3个多师在手上,一个师在德川、宁边以北;一个师在肃川,一个坦克师在博川。一个工人团和一个坦克团在长津附近。"

彭德怀"啊"了一声,沉思了一阵,说:"根据现在敌我双方的情况,我志愿军原来设想在平壤至元山以北山区构筑防御阵地的预案,恐怕难以实现了。需要立即根据变化了的敌情,制定新的作战方案。"

金日成同志说:"同意彭总的考虑,敌人已经越过了志愿军的预定防御线。"

"是啊,"彭总心情沉重地拧紧眉头,一低头沉吟着,问金日成同志:"你有电台吗?"

"我未带来。"

"那么,糟了,我的电台车掉了队,沿途人畜车辆十分拥挤。电台车过不来,我现在无法与毛主席联系。应该把我们商谈的情况,报告毛主席才是。还有我军如何开展军事行动的问题。"

"是呀,没电台!"金日成首相也很遗憾。

彭德怀司令员满脸忧虑地倒背手踱着,说:"为使中朝两军能协调一致行动,希望金首相与志愿军司令部、人民军司令部住在一起。这样我们可以随时处置重大问题,住在一起就方便了。"

金日成深思了一阵,然后说:"感谢彭司令员的好意。不过,我国现在正处于危难时期,国内有许多问题要处理。另外,我还要同各国的大使接触,他们已撤到鸭绿江边的满浦附近了,中央临时办公地点准备就设在那里。我明天就得离开这里到中朝边境的高山镇。这样,为了便于联系,我拟派朴一禹同志,作为我国的代表,住在志愿军司令部,重大问题可以通过他协商解决。"

彭总沉默了一会儿,说:"那也好。"

两位领导会晤后,彭总忧心如焚地从屋内走出来,他的身后跟着柴成文、杨凤安以及两个警卫员。山沟里有几块稻田,彭总就顺着田埂慢慢走着。他对柴成文和杨凤安说:"现在我军必须有充分的思想准备,同北进的敌人打遭遇战。同时采取运动战的办法,大胆穿插,分割包围,将分散冒进之敌歼灭!要想办法给崔伦联系上。"

他这样一边说着,一边走着,突然回头向杨凤安:"崔伦他们不会出事吧?"杨凤安也在琢磨崔伦会不会出事。他说:"我想,不会。敌人还没进到这一线。况且,崔伦的战斗经验很丰富,他会赶来的。"

彭总"嗯"了两声,又继续踏着田埂往上走去。

"柴成文,你身上带着小剪刀没有?"他扭头问。

柴成文感到莫名其妙,"要剪刀干什么,彭总?"

彭总把手臂举起来,黄呢子衣服的两个袖口都又脱线了,大家见此情景都笑了。

柴成文从口袋里摸出一个剪指甲刀来,说:"就用这个小工具给彭总修理吧。"

"这个能行吗?"彭总问。

"试试吧。"

于是,五个人都在田埂上停步。柴成文弯下腰去,用指甲刀一根线一根线地给彭总修理呢子衣服袖口。彭总举着手让他修理,修理的时间长了一些。

"我说你这个柴成文,能不能快一点。"

"快了,快了。"

结果又剪了很长时间,线头还是不齐。

"算了!"彭总说,"马马虎虎就行了。刚才不是就这样会见外宾了吗?"

大家"哄"的一声都笑了。

杨凤安说:"彭总呀,你这身呢子服,在西北时就是这套,现在又穿到朝鲜战场来了。"

"将来,还穿到联合国呢!"

彭总的话使大家又笑了一阵。

柴成文说:"彭总,你把艰苦朴素的作风带出国来了。"

彭总说:"战争时期,没那么讲究。"

这时候,突然大批的敌机号叫着,发出吓人的巨大声响,从大洞山头上掠过。而且,隆隆隆的大炮声由远而近。

彭总的眉头拧成一个疙瘩。嗨,飞机怎么成批次地往北飞呢?从炮声听来,战场离这里已经很近了。不是说敌人离这里还有200里吗?不对呀!这时,柴成文、杨凤安等人也都感到了问题的严重。其实,金日成首相也不知道,此时敌人北进的速度,已大大超出了朝鲜方面掌握的情况。敌人一部分已经进到大洞东北的桧木洞了。中路敌人由熙川到了楚山,西路敌人由龟城到了大馆洞、新安州,已经绕到金日成和彭德怀住的大洞后边去了。大洞已经成为敌后了。彭总在被"中央二办"专案组审查时写的《彭德怀自述》中回忆这一段时,写道:"我与金日成会谈时,问当前敌情,金答:还在德川附近、离此约二百里。其实敌军异常骄横,如入无人之境。当时敌先头部队由德川经熙川窜到我与金会谈的大洞东北方向的桧木洞,已绕到我们住的大后边去了。我志愿军刚过江不远,即与该敌遭遇,我与金幸免被俘。"

彭总作为久经战场考验的指挥员,尽管当时没有确切的情报,但他判断,敌人离大洞不远,或者就在大洞周围,只是不知道彭德怀和金日成就在这个不起眼的山沟沟里罢了。

这时他才深感作为志愿军司令员,他太孤单,消息太闭塞了。

"我带兵打仗几十年,还没有遇到像今天这样既不明敌情,又不明友情和地形的被动情况。"他焦急发愁,烦躁难耐,往土炕上一坐,说:"我现在真正成了光杆司令了!"

但他坐不住,又从坑上站起,说:"不行,杨凤安,我们得到山头上看看。"

"危险呀,老总。"杨凤安企图阻止他上山。

"什么危险,敌情不明,稀里糊涂,才真正危险呢!"

他不管三七二十一，冲出茅屋，向山头攀去。秘书、警卫员只好紧紧跟上。

由于天气转冷，山上荆棘杂草都已变黄变枯了，树上偶尔可以看到几片黄叶或红叶。

彭总气喘吁吁地登上山峰，举目远望。大炮的响声听得更清晰了，东南方向炮声更响。远山在岚雾中呈现紫蓝色，近山黑乎乎的。他久久地向西北方向望着，希望能够发现志愿军的先头部队。假如，能突然看到志愿军某师部队从某一个山口雄赳赳、气昂昂地开过来，那么他该是多么高兴啊！但是，他的脸色渐渐从希冀变为失望，经过一阵眺望，没有发现志愿军的影子。只见山峰间的盘旋山道上挤满了身背或头顶孩子向北逃去的朝鲜百姓。

"唉！"彭总叹了一口气，板着脸一声不吭地走下山来，又气呼呼地坐在炕头上生闷气。

杨凤安也没想到一出国就出现了彭总上不能通中央、下不能通兵团脱离部队的困难情况。他暗暗地埋怨起崔伦来了，不是说得好好的，让他的车跟上，无论遇到什么情况，克服一切困难，也得跟上呀！这不是让志愿军司令员处于不能指挥部队的英雄无用武之地了吗？崔伦不会真的被俘或牺牲了吧？

正在大家情绪都极度低落时，突然，茅屋外，传来汽车开来的隆隆声。这时候，每个人的神经似乎都异常敏感。杨凤安和两个警卫员飞快地跳出门外。电台车刚刚停下，崔伦就跳下车来。杨凤安跑上前去，"哎呀，你呀，总算来了！得给你处分了！"

"哎呀！杨秘书，先是走错了路，美军往北进，我往南进；后来又走不动，到处是逃难的老百姓！"崔伦两眼红肿，疲劳不堪。

"行了，彭老总都快急死了！"

杨凤安与崔伦来见彭总。彭总喜出望外，握住崔伦的手，"你可算来了，你不来，我彭德怀就成了聋子、瞎子了，不过，我给你说呀，你几乎误了军机大事！"

"路上……"崔伦要解释。

彭总截住他的话，"知道，知道。你赶快开机吧！我要马上报告情况。"

崔伦他们忙了一阵，把电台安好。彭总异常高兴，发出了自己的第一个电报:"邓华并毛泽东、高岗:本日晨九时,在东仓、北镇间之大洞与金日成同志见面。前面情况很混乱。目前应迅速控制妙香山、杏川洞线以南构筑工事,保证熙川枢纽、隔离东西敌人联络。请设法集中部分汽车,速运一个师,以两个团至熙川以南之妙香山,一个团至杏川洞、五岭线,先构筑工事。另以一个师迅速进至长津及其以南,以德实里、旧津里线,构筑纵深工事、并于该线以东之元丰里、广大里派出一个加强营、扼守构筑纵深工事,保障侧翼安全和江界后方交通。如能确实控制熙川、长津两要点,主力即可自由调动,集中绝对优势兵力打击东西或西面之一路。"

战场处于动态。军事指挥员要适时根据战场的新动态决出新的作战指导。彭总即时变动作战方针,对于志愿军初战必胜太关键太重要了!他控制妙香山的想法与毛主席的电报指示完全一致。英雄所见略同。杨凤安觉得彭总的想法十分高明。隔离东西之敌,以便在西线我军有所作为……

电报发走后,彭总心情才算稍稍安稳下来。但现在各军、师现在都在什么部位?他不知道。如果按照在安东的部署,部队继续开进,那就糟了!部队不但不能完成任务,被美军装了口袋,反而会吃亏。一定要按照变化了的敌情,重新部署,抓住战机,打好第一仗!他意识到,现在关键是个指挥问题,所以,他让邓、洪、韩3位兵团领导立即来大洞。13兵团的领导不能与他分散居住,不然,在指挥上会因意想不到的原因出现纰漏。

十二 邓岳率118师与彭总、金日成不期而遇;彭总给他们面授机宜;彭总告诉"邓洪",志愿军司令部可设在朝北大榆洞金矿;大榆洞一举成名

55. 118师突然把部队开到了彭总和金日成所在的山沟里

10月19日傍晚,寒风凌厉,雨雪难辨,40军部队在江北一个空旷的沙场上举行了庄严的出征誓师大会。温玉成军长和袁升平政委都作了动员

讲话。

袁政委说:"同志们,我们40军是直接从海南开到鸭绿江的,是唯一没有休整直接参加抗美援朝的队伍,是党中央、毛主席对我们的信任!我们对手是世界头号强敌,我们能够打败美械装备的蒋军,也一定能够打败美械装备的美军!"

山呼海啸般的口号声:"打败美帝国主义!""保家卫国!"

温军长说:"同志们,党考验我们时候到了,祖国考验我们的时候到了!光荣属于我们!按118,军直,120,119序列,出发!"

寒风呼啸,江水和鸣,雪花飘飘。

40军健儿们跑步从鸭绿江大桥跨出了国门,进入朝北。然后兵分两路,东线一路由先头师118师,军部指挥所和后勤机关跟进,沿新州、朔州、温井,直插东西南北铁路公路交通枢纽地区熙川,卡死枢纽,不使美军东西两线敌军机动;西线一路120师沿永山、龟城、泰川、云山向宁边开进,119师跟进。全师按志愿军电示,赶至清川江沿岸构筑工事,组织防御,掩护人民军迅速北撤,保证志愿军部队在清川以北集结、展开。沿途所见一群群拖家带口逃难的朝鲜群众和向北撤退的人民军把路堵得行进异常困难,群众都说"我们是从平壤来的""我们是从博川来的""美军很快就过来了!"

路有多宽,逃难群众有多宽!严重影响部队开进!

118师指挥部和师主力经过几个夜晚的山路急行军,已经越过新仓、接近北镇、集结于北镇的大榆洞和两水洞地区待机。

大榆洞是一个小山村,原来是一个矿区,山上是茂密的松树林,到处都覆盖着皑皑的白雪。

24日,朝北山区,雪花不紧不慢地在寒风中飘荡着。

邓岳率领118师前进到北镇附近的大榆洞。

在一个山口,他的吉普车停下来,南边的天空红了一片,远处还有炮声传过来。

寒风卷着雪花在山地和沟壑中横行无忌。

师指挥车和电台车开过来,停在的一棵大树下隐蔽防空。

邓岳身材魁梧,他拉一拉扎着皮带的衣角,坐到路边一块大石头上,一边抽烟,一边瞭望附近的山林,等政委张玉华的车上来。一会儿,张政委的车像拖拉机一样响着进来了。张政委的车"突突突"地在他车后刹住,张政委跳下车来,说:"他妈的,这鬼天气,下起雪来了,部队要在风雪中行军了。"

邓岳站起来,一边睃着眼看天空,一边递给张玉华一支烟,这是战争时期指战员们表达感情的一种方式。他是湖北麻城人,土地革命时期在红军大学任警卫排排长,抗日战争时期任抗大干部营营长,军分区参谋长,八路军副团长。是从基层战斗部队成长起来的,打仗有一股子"鲁"劲儿。这时,他直脖子听了一阵,说:"敌人可能已经到了温井方向。"张政委说:"南边的炮声很厉害。"邓师长说:"美军一个劲儿往北进,我军往南插,可能要遭遇上呢!"张政委说:"要给各团下一个指示,各团营连要准备打遭遇战。"

师长邓岳、政委张玉华、副师长罗春生、张海棠、参谋长汤景仲、政治部主任刘振华等在一间独立的草棚前听作战科各团行军情况汇报。354团报告,发现温井方向烟尘滚滚,敌人可能正在沿温井至北镇的公路急速北进。

这时,山脚下,有4个人民军战士朝他们走过来。佩带苏式步枪,着装整齐,看样子不像是向北撤退的人民军战士。

邓师长的警卫班战士立即迎上去,问他们是人民军吗?答是。

是什么部队。

他们问你们是什么部队。

答:志愿军118师。

对方一听,似乎很震惊,很兴奋。不断地重复118,118。志愿军来了!

他们说,这里是人民军总部,就在前边的山沟里。

警卫班战士报告了邓师长。

啊?邓师长和张政委商量到前边看一看。他们两个带着警卫班顺着山路向后山沟走去。到了人民军总部的几间草棚子,人民军军官简单问了118师所在位置,南进的一般情况,告诉他们,彭总司令就在这里,然后就通知了杨秘书。

杨凤安跑了过去,问:"你们是哪个部队的?"

"118师,师长邓岳,政委张玉华。"志愿军军官回答。

杨凤安满脸喜气,"你们就是邓师长、张政委呀?"

"是的,是的。"

"你们师部队呢?"

"就在沟口。"

"已经开到沟口了?"

"是的,都开过来了!"

邓岳和张玉华赶紧整理服装和帽子,然后随杨凤安走了四五十米,来到彭总的屋门前。透过半开的木门,可以看见彭总正在踱步。

杨凤安先进屋内,对彭总说:"彭总。"

彭总正在聚精会神地想问题,听杨凤安一叫,有些受惊,瞪着眼睛瞅杨凤安。

"40军118师,已经开到沟口了。师长、政委来见你。"

"什么?"

杨凤安又重复了一遍。

彭总向前跃了一步,说:"快让他们进来!"

邓岳、张玉华拘拘束束地进屋,向彭总敬礼。

彭总上上下下端详着他们,问:"你们是40军的?"

"是,彭总。"

"是118师的?"

"是,彭总。"

"你们师已经开到沟口了?"

"是,彭总。"

"好!"彭总高兴地在邓岳的肩上一拍,"总算把你们盼来了!"

邓、张二人惊喜参半。他们没想到无意间来到彭总的驻地,没想到彭总会这么高兴。他们是半月前在沈阳参加高级干部会议时见到彭总的。当时彭总对朝鲜的局势做了透彻的分析,听了觉得长志气,增强了战胜美国佬的信心。他们没想到在异国他乡荒山里碰到彭总。而且,天上美机随时能飞来轰炸,地面美军和南朝鲜军摩托化部队随时能冲过来,这里只有少数的警卫人员,多危险呀!

彭总一个劲儿地说:"你们率部队来到这儿,太好了!大好了!"

邓、张二人说,"请彭总指示。"

"你们师多少人?"彭总问。

"13000人。"

"路上看到敌人没有?"

"没有。只听到温井方向炮声不断。温井离这儿只有三十几里,彭总在这儿危险哪!"

"你们来了,我还危险什么?"

大家高兴得都笑了。这是彭总过江以来第一次觉得这样愉快、轻松。

"你们吃饭没有?"彭总关切地问。

邓、张二位其实并没有吃饭,但却说:"吃过了。"

"那么,你们喝点水。"

屋内的火炉上坐着一个大开水壶。彭总走过来,提起水壶,给他们二人斟上水,说:"喝点水。一定渴了。"

邓、张二人端起杯子,大口大口喝着。

彭总说:"我的人都挤在后面公路上,上不来了!你们来了,太好了!"

彭总又说:"这里情况很紧急,金日成同志也在这里。现在敌情变化了。敌人分兵冒进,已经超过我志愿军预定的防御线了。我已打电报给军委,准备改变部队的部署。主要就是要在妙香山打好阻击,隔断东西两线敌人的联系,然后在西线的3个军进行包围,歼灭敌人。这是我经邓司令员和军委发出的电报,你们看看。"

邓岳从彭总手中接过电报底稿,低下头仔细看着,张玉华搭着师长的肩一块看。

彭总以赞许的目光瞅着两位师领导。

邓岳看完,把电报稿交还彭总,说:"明白了。彭总,请指示我师到哪个方向去作战吧?"

彭总变得严肃起来,说:"现在人民军正在北撤,敌人正在跟踪追击。一般是一两辆坦克开道,后边跟着载着步兵的七八辆汽车,正在高速向鸭绿江前进。情况很危急,很危急。你们把部队拉上去,在温井以北一带,占领有利地形,埋伏起来,做一个口袋,大胆把敌人放进来,然后猛打,狠狠打击一下敌人的气焰,掩护我军主力集结。"

"明白,彭总。"

"你们师是40军打头阵的",彭总鼓励邓、张二人说,"出国第一仗,一定打漂亮!我在这儿不走了,等你们胜利的消息!"

邓、张说:"请彭总放心,我们一定打好!"

这时,温井方向又传来轰轰的炮声,邓、张二人心中一阵激动,心想,彭老总呀,你为党为国身先士卒,指挥所设得太靠前了!不能这样设指挥所呀!这里还没有我们志愿军哪,太危险了!太危险了!

"你们回去代我向部队问好。"彭总笑眯眯地同邓、张握手,"你们辛苦了。"

"彭总辛苦!"邓岳说:"我们一定把彭总的指示、问好,传达到全师指战员,我们决不辜负彭总的期望,给美国鬼子装口袋,打伏击,118师一定要打好出国第一仗!"

邓、张二位一定要给彭总留一个营给彭总当警卫,彭总坚决不留,最后留下了先遣连。

邓、张二人这才上车回部队。两个人在车上议论起了跟彭总的谈话,都决心让彭总看到118师的喜报!他们回去给师领导传达了彭总的指示,大家都说,这头一仗关系到国威军威,关系到彭总和金日成同志的安全。现在,最要紧的是部队强行军,先敌占领有利地形,做一个口袋!邓师长命令全师部队立即跑步开进!

56. 彭总到大榆洞宣布组成志愿军领导班子

朝鲜北部山区金矿很多,还有很多煤矿、铁矿、铜矿,都是日本侵略军占领时期疯狂掠夺朝鲜资源开采的。战争时期都成了很理想的隐蔽部,只是所有的矿洞都十分潮湿,龇牙咧嘴。大榆洞就是朝鲜的一座有名的金矿,位于平安道北部的北镇西北3公里处,是一条四面环山杂木林覆盖的山沟。山沟周围的山坡上有一些金矿洞。矿洞周围还有一些被遗弃的破旧不堪的工棚。现在已经被一层薄薄的白雪覆盖着。

在这儿设志愿军司令部,考虑比较周到。

金日成首相本来说明与彭总见面后就要到满浦去;但是他考虑彭总身边只有一个秘书,一个翻译,两个警卫员,太不安全,所以,他又留下了。因为他起码还有个警卫排。后来,他见118师上来了,邓华、洪学智也来了,接上了头,彭总的安全问题不大了,第二天,他才走了。

大洞山沟也是风景如画。阴坡的树叶都掉光了,但阳坡的树叶有一部分还未掉完,未凋落的树叶斑斑驳驳,赤橙黄绿紫,十分好看。

彭总踏着清净美丽的树叶在散步。

这时候,他才觉得心里踏实了。他觉得需要给40军交代一下。

24日晚,天气阴沉欲雪,温玉成军长接到电话,到总部去一趟。

温玉成赶到后，杨凤安把他领到彭总的房间，彭总正在弯着腰端着油灯看地图，见他进来，把油灯放到炮弹箱子上，问："40军进展怎么样？"

温玉成是4个军长中唯一一个白白胖胖的。他一个立正敬礼，报告说："报告彭总，我军右路纵队两个师119师、120师，今晚可到达北镇以东，云山东北地区。军部和118师可到达北镇以西地域。"

彭总端起油灯去看地图。温军长给他指指云山、北镇两个点。

彭总点点头，满意地说："好，邓岳跟我不期而遇呀！"

温军长说："他向我报告了。"

彭总说："你们要按原定计划立即向球场、德川方向前进。"

温军长说："是。"

彭总说："南进途中可能与敌人遭遇，要沉着冷静，大胆指挥部队，在运动中歼灭敌人！"

温军长说："是。"

彭总说："金日成首相在这里，你去见一下。"彭总领着温军长到侧面一间草房内，彭总对金首相说："40军军长温玉成。"

金首相热情地给温玉成握手："欢迎40军入朝参战，支援朝鲜人民抗击美帝国主义！"接着，金首相向温军长介绍了以美军为首的联合国军向北开进的态势，要求40军帮助朝鲜人民消灭侵略者。

温军长离开大洞赶回军部所在地药水洞时，已经东方露白。

他的吉普车进入山谷，雪花在慢慢地飘着，他看到机关和部队的指战员在风雪中满山遍野在露营，心中一股热流冲上来，想掉眼泪，多好的部队，多好的战士！有这样的部队，这样坚贞无畏，这样不怕艰难险阻，不畏流血牺牲，有什么样的敌人战胜不了呢？

8时许，他接到118师前卫团354团报告，温井方向有敌人正在向北镇方向开进。

温井到北镇一带是高山大壑，沟深壁陡，不少地方都呈现口袋形，是给敌人装口袋的好地方。温军长与袁升平政委交换意见，决定354团即在温井以西两水洞地区利用有利地形阻击该敌。一定要隐蔽待机，要把敌人放进来打。敌军沿温井通北镇的公路大摇大摆，像受阅一样放着音乐。说明敌人是盲目北进，没有发现志愿军入朝参战。

温军长走后，彭总在山坡上散步。他考虑，当前要尽快健全志愿军领导班子，不然，像现在这样，自己一个人，下边是 13 兵团，编制也不顺。同 13 兵团领导接触的时间虽然不长，但印象很深。邓华这个人，很有头脑，考虑问题有战略眼光，也比较周到。洪学智有能力，有干劲，有点子，办事机敏，雷厉风行，可靠。韩先楚同志勇敢善战，很有经验，指挥几个军在某一个战役中是一个好指挥员。解方同志是一个好参谋长，很善于做外交工作，抗美援朝胜利后，推荐给周总理吧，让他在外交工作中发挥才干。杜平是老政工了。这几个同志参加领导班子，完全是能够胜任的。

寒风缓吹，阳光斜照过来，白雪反光。彭总考虑关于志愿军领导的组成以及机关各处的组成应该立即报军委。出国第一仗，很快就要打起来了。领导机构应该健全。

"杨凤安呀"，他扭转身喊了一声。

杨凤安小跑过来，彭总问："你对 13 兵团几位领导印象怎么样？"

杨凤安说："印象很好呀！"

"志愿军领导就由这些同志来担任，行不行？"

"怎么不行呀，这几位领导都能打仗。"

"能打仗就行呀？"

"战争时期，主要就是能打胜仗嘛。"

"好，我们最近就把这件事办一办。"

"应该明确了。这也符合毛主席电报精神。"

"还要报军委，报毛主席。"

10 月 24 日，彭总决定离开大洞，到大榆洞与 13 兵团会合。两地也就是翻一座山，很快就到了。

这时候的大榆洞已非同寻常，已经是志愿军总部所在地了。韩先楚、解方都已经赶到了。13 兵团的领导和兵团机关的同志都已到齐，并且迅速同各军、师沟通了联系，大家都忙起来了。

彭总的作战室设在山坡下的一座木板搭的工棚里。工棚不远处就是矿洞，彭总的住处就紧挨着作战室。成普、杨凤安、张养吾、毛岸英等同志住在离作战室三十多米的茅草房里。彭总与兵团领导见过面后，突然说要找杨迪同志谈一谈。杨凤安心想，杨迪是兵团作战处长，可能是要了解一下最近几天敌我双方的情况，赶紧去把杨迪叫来了。

"杨迪同志呀,"彭总亲切地问:"你是什么地方人呀?"

杨迪说:"湖南湘潭人。"

"湖南湘潭?"

"是呀。"

"我是湘潭人哪,咱们是乡里呀!"

"就是乡里嘛。"

"你很年轻呀,杨迪。这么年轻就当了作战处长,干得不错嘛。"

"领导叫干啥就干啥呗!"

"你要好好干,年轻,我已经老了。"

"不老,彭总。52岁不算老,正当年呢!"

"怎么不老,年过半百了。"彭总转移话题,问:"在13兵团司令部时间多长了?"

"好多年了。"

"同这几位领导熟吧?"

"熟。从在东北时就跟他们在一起,然后平津,然后过江,然后打广东,然后广西剿匪,然后解放海南岛,都在一起,然后又到东北边防……"

"你给我谈谈对他们的印象吧。"

"印象很好呀,彭总。"杨迪紧着说,"邓华是一方面军的,出身于书香门第,是军中儒将,有战略眼光。"

彭总对杨迪点头。

"文化程度高。洪司令是四方面军的。当过主力部队机枪班班长、连长出身,是打恶仗、打大仗锻炼出来的。韩司令也是特能打的,这次来抗美援朝,本来没有他,他特地打报告,要求来的。他愿意打仗。"

彭总笑了,"那么,没仗打了呢?"

杨迪回答说,"现在不是有仗打吗,抗美援朝不是正好用得着了?"

"有理,有理。"彭总赞许小老乡的精明。

"这几位司令同这几个军都是老关系了。"杨迪又说。

"指挥上不会有什么不顺畅的吧?"

"没问题,指到哪里,打到哪里!"

"这么灵啊?"彭总感到很开心。

杨迪很认真,重复道:"是的,指到哪里,打到哪里!"

彭总眼睛中露着喜悦的光,说:"我明白了。"

杨迪说:"彭总呀,我也不能光说好的,我也得提点缺点呀。这3个司令呀,都是急脾气。"

彭总点头,"我看出来了。"

"邓司令和韩司令都有个性,两个人都不注意互相协调,洪的特点就是注意上下左右的协调。"

"我明白了。好吧,以后你要经常给我反映情况。咱们是乡里嘛。"彭总站起来,同杨迪握手。

杨迪说:"我早就知道,我们是乡里。但我不敢攀彭总这个乡里呀!"

"这是什么话?"

一阵笑声之后,杨迪从彭总屋里出来了。

杨凤安碰上杨迪:"彭总给你谈什么来?"

杨迪不以为然地说:"就是了解情况。"

"了解情况,怎么谈得那么亲热呀?"

"拉起湖南老乡来了!"杨迪笑了。

"我还以为,你在延安时,在军委作战部工作过,同彭总熟悉呢。"

"哪里,我们是一个县的近老乡。"

杨迪走后,彭总一个人又沉思默想了一阵,决定立即向军委报告,以13兵团为主组成精干的志愿军指挥班子。机关各处的领导以彭总带来的人为正,13兵团各处长为副。战争之道,用将第一。志愿军总部的组织是否健全,是抗美援朝战争的一个重要问题。

此时,恰好杨凤安走进屋来,彭总瞅他一眼,说:"关于志愿军的领导班子,我考虑就以13兵团为主建立,马上报军委。你看这件事是不是该办了?"

"是该办了,符合毛主席的指示精神。毛主席电报不是让邓、洪与彭住在一起吗?"杨凤安说,"战争快打起来了,赶快解决了吧。我们从西安、北京、沈阳带来的人太少组织不起来。作战参谋的人是够了,可是管机要的少,电台都不够,管机要的需要几十个人,电台需要几十部。我们带的管机要的人少,得赶快与13兵团合起来。13兵团领导和机关力量都很强很健全。"

彭总聚精会神地听着,说:"你与我的想法完全一致。前两天因与金日成会晤,这件事耽误了两天,现在就向军委报告。"

杨凤安知道彭总经常亲自起草电报,便问:"你起草,还是我起草?"

彭总说:"我起草,然后你去发。"

彭总关于成立志愿军领导机构的请示电报,报到军委很快复电同意。

这天夜里,大榆洞的山沟像个大黑锅底似的,到处都是黑洞洞的。在作战室的工棚里,彭总在召集13兵团的领导开会,宣读毛泽东主席起草以中央名义的命令。

彭总扫视了一下在座的将军们,说:"现在是战争时期,一切事情都要适应战争的需要。我这个司令员兼政委,虽然下命令了,但是不能当光杆司令呀?手下连个指挥机构也没有,怎么指挥作战呀?"

彭总看了看邓华他们。

邓华不知道彭总要说什么,严肃地注视着老总。

彭总说:"在大洞时,我就感到自己很孤单。那时我就想,临时抽人员组织志愿军领导机构,一是没地方去抽,二是有地方抽,时间也来不及。所以,我就向毛主席请示,毛主席已同意,把13兵团的领导机构改为志愿军的领导机构。你们几位呀,同时改为志愿军的领导。这样我们就真正合到一起了,指挥起来就方便了。你们看怎么样?"

要说邓、洪、韩对彭总宣布的这项决定,一点也没有思想准备,是不对的。他们作为军队的高级领导,对此事是有预感、有思想准备的。他们已经多次接到毛主席的电报,要他们与彭总在一起,不要分开。直到23日,毛主席在给邓、洪、韩的电报里再一次提出:"你们应迅速乘车至彭处,与彭会合,在彭领导下决定战役计划,并指挥作战。"所以,他们对组成志愿军领导班子早有预感。

他们纷纷表示:"服从彭总和毛主席的决定。"

"这样,我已被任命为司令,邓华你就不能当司令了,你当副司令兼副政委吧,分管干部和政治工作。洪学智任第二副司令,分管司令部、特种兵和后勤工作;韩先楚任第三副司令,不具体分工,到部队督促检查作战问题;解方任参谋长,杜平任政治部主任。"彭总同时宣布了志愿军党委组成,然后对大家微微一笑,问:"有不同意见没有?"他看看大家,然后说:"没意见就这样了。"

志愿军最初的领导班子产生了!

彭总说:"现阶段的作战主要靠志愿军。人民军部队在北撤途中很多都分散了。据说方虎山军团还比较完整,现在正向北撤。有些部队虽然回来了，但需要一点时间集中休整，才能参加作战。为了便于工作，我与金日成同志商量，确定朴一禹同志参加志愿军的领导，职务是副司令员兼副政委。朴一禹同志大家都很熟悉了。"

大家都点头，说与朴一禹同志早就认识。有的说在抗日战争时期，也有的说在解放战争时期，朴一禹同志还参加过中国共产党呢！

十三 菊香书屋立刻又成了延安的窑洞、西柏坡的平房，毛泽东夜以继日指示韬略；彭德怀预测胜败如何之诀窍是看敌人主官脾气秉性；要利用麦克阿瑟的弱点，扩大他的弱点

57. 毛泽东电示明后两日"先抓住一两部敌军不使逃脱"

菊香书屋，从志愿军一出国，毛泽东就一直睡不好觉，晚上工作到天亮。

叶子龙来催他，值班警卫战士轮班催他，他总是说，彭老总和前方将士在冰天雪地苦战，我怎么能睡得着呢！他又回到了在延安，在西柏坡时期那个状态，一天只睡几个小时。实在太困了，坐在那把帆布躺椅上睡着了。

当院子里逐渐亮起来时，他会走出房间，点着一支烟，伸伸懒腰，口中喃喃自语说："东方欲晓，莫道君行早。"

他又回到军事统帅的感觉和忙碌。

周总理主持军委工作，方方面面运筹得很周到。聂荣臻任代总参谋长掌握战争动态，随时报告，及时请示。各方面各种渠道的情报都汇集到了古老的平房里。

美国的战略是逼着南朝鲜军打头阵，实现他们的战略目标。

毛泽东在我军第一次战役发起之前对美空军对我陆军的杀伤力究竟有多大感觉心中无数。他在菊香书屋考虑并指示"彭邓"我军如何巧妙地避开美军飞机轰炸问题。从红军作战、到八路军抗战、再到解放军作战，

他的军事思想和战术战役原则和意图都很有原创性。这就是为什么他的军事思想在世界军事史上能有不可取代性的原因。彭德怀从1928年就与毛泽东在一起作战,在一个草棚里铺着稻草盘腿商量作战方案,在一个窑洞里抵足而眠,共同指挥1、3军团和一方面军,共同指挥打硬仗、恶仗、大仗,至今凡22年,血雨腥风,浴血奋战,作战经验是共同的,军事思想财富是共同的。领袖与前方方面军司令员不需多说,只要上下之间轻轻一点,就立刻恍然大悟。毛泽东了解彭德怀;彭德怀了解毛泽东,是战争把他们的血脉相通相连。

10月23日,关于敌军飞机对我军的杀伤力,毛泽东电询彭总和邓华:敌人飞机杀伤我之人员,妨碍我之活动究竟有多大?如果我利用夜间行军作战能够做到很熟练的程度,敌人虽有大量飞机,仍不能给我太大的杀伤和妨碍。

如果夜间难以有效作战,他感到很忧虑。他说:敌人飞机对我的伤亡和妨碍,大得使我无法进行有利的作战,则在飞机条件尚未具备的半年至一年内,我军将处于很困难的地位。能否首战获胜,稳定朝鲜战局,扭转朝鲜战局,令领袖十分忧虑。

10月24日,他及时把朝北的敌情动态通报了彭总、邓华、高岗:南朝鲜第6师已经向鸭绿江边的楚山、北镇方向进攻。第8师经宁远到熙川后,掉头向北,折向江界。第1师(战斗力颇强),已到宁边(云山正南),似将向泰川、龟城进攻。

毛泽东一贯提倡选好战场诱敌深入的战术,在抗战中八路军用此战术对付日寇曾经屡战屡胜。现在又用到了朝鲜战场。诱惑与钓鱼是同样道理。他说:"请你们注意诱敌深入山地然后围歼之,敌人至今还不知道情况。请注意白头山制高点。"毛泽东判断北上的敌军是一群骄兵、躁兵、狂兵,请前线注意装口袋。

第2天,他通报"彭邓高",告诉在朝北有5个敌人,即6师、1师、8师,第7师已到达顺川,拟到熙川为预备队。英国第27旅已经过了安州,拟向新义州。毛泽东考虑,我军在解放战争中可以打败美械装备的蒋军,入朝打美械装备的南韩师完全是力所能及的。他指示"彭邓高"说:"我军第一仗必须准备与上列5部作战,并至少歼灭其中3个师,才能初步解决问题。"

10月17日，麦克阿瑟按照杜鲁门的计划，发布命令，除南韩军以外，所有军队应限制在距满洲边界30公里至40公里以南。这条界线大致应该在宣州、龟城、北镇、桧木洞、丰山、清津一线。

10月24日，他没有与华盛顿报告，没有知会参谋长联席会议，把杜鲁门精心策划的一项微妙的政策摧毁，突然发狂，发出命令，取消他17日的命令，指示他的官兵全力以赴，向北朝鲜北部边境进军！事后谎称"整个问题在威克岛会谈中均已涉及"。

美国有舆论说，麦克阿瑟是在引诱中共发动进攻；有舆论说他是认为共产党中国不过是虚张声势，因为釜山防御战已经结束，干预朝鲜战局的最好时机已经过去，战争几天后将结束。美国军队马上将屯兵鸭绿江畔。然后把军事基地设在台湾，军事上与蒋介石结成联盟。他要从朝鲜半岛打开共产主义的缺口，要当拿破仑那样的大英雄，然后竞选美国总统！

他的军事计划眼看要成为现实。朝鲜半岛的战争马上就结束了，他把将要到达朝鲜的军火船只转开日本；让开往远东的6艘军火船转向夏威夷。朝鲜半岛已经不需要了！

然后，他命令美军机械化分散夺路向北开进。

在西部主战场美军投入骑兵第1师、步兵第2师、步兵24师、3个美国师和一个英国27旅，后增加土耳其旅和澳大利亚营。战争几天内就要胜利结束了，动作慢就赶不上了。各部官兵立头功心切，"饮马鸭绿江"的口号多么浪漫呀！多么吸引人呀！可以立地就成为世界名人啊！美军和韩军如入无人之地，如乘大巴旅游一般，争先恐后，纷纷各显神通，举着照相机，向鸭绿江扑去！

第8集团军司令沃克也是久经沙场了，但他对麦克阿瑟竟没有不同意见。他电令他的部队：只管迅速向边界扑进！

英国27旅跑得最快，风驰电掣，从新安州大桥坐旅游车一样过了清川江，一直向北，向北！24师在其丘奇师长指挥下，紧随其后。

南韩1师则快马加鞭向云山奔驰。

第6师不甘落后，从距鸭绿江55公里的温井县城附近捷足盘山而过！

第7团官兵共3575人，喜气洋洋，其中美军军官弗莱明少校同样兴奋，眼看就要当英雄，个个奋勇当先，爬上卡车，然后，嚼着口香糖，喝着可口可乐，坐着汽车直插鸭绿江边的楚山。有的营连指挥员，看见车队浩浩荡荡，感觉甚好，应该检阅，于是吉普车走出队列，站在路边向车队敬礼，车队里发出"OK"的欢呼声。各部队之间没有联络，没有照应，没有协同，没有统一指挥，当然也无战术可言。

三八线以南已极为空虚，被冲散的人民军又活跃起来。在庆尚一带人民军就有5.6万余人，正在各地重新组织起来。只要北面打一两场胜仗，南面游击战将更加高涨。

毛泽东抽着一支烟，看着窗外，脸上露出了笑容。

他既组织指挥了像"三大战役"这样的世界上绝无仅有的大战，又组织指挥了抗日战争全民皆兵遍地开花的游击战，他的感觉是麦克阿瑟和沃克都太轻敌了，太目中无人了。他们怎么这样无视毛润之呀？

这时，领袖10月上中旬那种不安和忐忑的心绪忽然被战机和兴奋所取代。总参情报部报告，25日，南韩第6师第7团和第2团通过一条山间小道到达距离江边不足10公里的古场。今明两日，即可到达楚山。

1个团孤军深入，这就好呀！

毛泽东电示彭邓。彭邓电示了温玉成、袁升平。

这个口袋在古场以南扎住了。

可是同时也威胁着我辑安长甸河口两处交通线。高岗应准备多数船只，以备桥梁被炸坏时使用，桥梁应该随破随修，还要调查临江一带船渡是否容易。

这一天，南韩1师15团，顺利进到云山以北一里多的一个桥边，在这里他们俘虏了3名中国士兵。他们逐级把被俘的中国士兵送到了平壤沃克第8集团军司令部，被俘士兵交代云山北和西都有1万多中国军队在运动。

南韩部队和美军部队的长官都认为这是天方夜谭。美军的师空军战术指挥调度员用无线电把这一情况报告了空中的蚊式侦察机。蚊式侦察机把这一消息发往平壤沃克第8集团军司令部。

毛泽东在25日电报中说："敌已开始发现我军，昨（24）日夜伪某部称，敌主要为八路军，企图经云山、温井山路集结北镇。又空军夜间侦察报告称，敌军（指志愿军）车辆正自江界络绎南下等语。估计今明两日被敌发现必更多。"

毛泽东为保持作战的突然性，及时捕捉敌军信息，及时通报前线指挥员。他要求"彭邓"二人："考虑于明（26）日或27日先抓住一两部敌军围攻不使逃脱，吸引敌主力增援，是否妥当请酌定。"毛泽东启示"彭邓"注意运用我军对蒋军"围点打援"的传统有效战术。我军在西北、在晋冀鲁豫，在东北，在华东，一个"围点打援"战术难倒了无数蒋军名将。

他对在前线指挥作战的司令员们很民主，很客气。因为身临其境了解战情的还是前线的司令员们。仍然还是要先打韩军的既定策略。他说："据说美军战斗力比伪军弱，但第一仗以打伪军为主为适宜。"

毛泽东在书屋一边研究朝北地图，一边久久地思索。

战略策略是战役目标实现的生命。10月26日，毛泽东从情报得知，美英军的24师、27旅有可能与我39军遭遇，主力被钳制，影响我军既定先打韩军的战役计划。他给彭邓并告高：美军24师，英军27旅已在新安州一带渡过清川江，请令39军勿去龙山、宁边，暂时避开（如果可能的话）美英军，以免被其胶着，而应由泰川向云山及其以北方向前进，寻伪1师作战，与40军、38军配合，首先歼灭伪1、伪6、伪8等师，然后再打美英军。如伪1师与美英军在一起，则暂时也不要打伪1师，待伪6师和伪8师被歼灭后，寻机再打该敌。如何，请按情况酌定。指示"彭邓"，坚定的策略原则不可轻易变动。

此3个师，为南韩军第2军，军长为俞财洪。这些将军们在日寇侵华时，多数从朝鲜半岛出发，助纣为虐，参加侵华日军，烧杀掠抢无恶不作，双手沾满了东北、绥远、华北人民的鲜血。比如其第1师师长白善烨，与日寇一块进入我国东北杀人越货。他们对中国军队非常了解，当然，也领教了抗日联军的厉害，有一种不可解脱的恐惧感。一听说是毛泽东指挥的八路军进入朝北就先胆怯了几分。

同一天稍后，毛泽东经过对朝北地形、敌我部队、态势、美军战术的研究，运筹成熟，38军、39军、40军3个主力军在他的脑海里的作战地域和战役分工已经逐渐明确。原则是用一个军对付敌人的一个伪军师。从兵力上占绝对优势。他发电给"彭邓高"：（一）截至此时所得情报，伪6师正以其第7团主力、第19团全部向温井增援，利于我40军各个歼击。（二）伪8师指挥所已到熙川，3个团已到一部，估计明27日可全部到熙川，我38军如在明27日夜发起攻击，须以伪8师全部为目标而分割围歼之。（三）美24师称1师（指伪军）在云山被包围，美24师被阻不能前进，但决心歼灭共军等语。

58. 彭总说战争规律是 3 个胜仗后要跟着一个败仗

这时，麦克阿瑟命令美第 8 集团军司令沃克，美第 10 军军长阿尔蒙德，向中朝边境高速推进，先控制边境要点，堵住中国军队南下，然后再回头消灭人民军，实行全面占领朝鲜半岛。伪军和美军正在疯狂地不顾一切地直扑中朝边境的各要点。西线美第 1 军军长米尔本指挥的英第 27 旅、美第 24 师和南朝鲜第 1 师，指向边境城市新义州、朔州、昌城、碧潼。韩第 6、7、8 师指向楚山、江界，第 6 师已到熙川以西、温井及其以北。东线阿尔蒙德指挥美陆战第 1 师、步兵第 7 师指向长津、江界、惠山。南朝鲜第 8 师、首都师指向图们江边。

按照麦克阿瑟的算盘，如果以美伪军按越过三八线以后的推进速度计算，3 至 4 天之内三路大军即可占领中朝边境各要津隘口、咽喉之路。整个朝鲜半岛军人束手，黎民归顺，莺歌燕舞，大功告成，回美国当总统！

杨凤安拿到一份敌情动态，有些焦急，说："彭总，敌人已经到熙川、温井一带了。"

"那不挺好嘛。"彭总不以为然地接过反映敌人动态的材料。

杨凤安一怔，彭总好镇静呀！

彭总看完材料，放到一边，说："杨凤安呀，你知道吧？敌人打不赢这一仗。"

杨凤安不知彭总获得什么情报，这样自信，这样泰然。

彭总说："我不是在西北就给你讲过吗？分析敌我双方的情况，预测敌我双方在战场上的前景如何，特别重要的就是要分析敌人的主官，分析他的脾气、秉性，掌握他的脾气、秉性很重要。主官的性格往往影响着战争的发展。研究战争，除了研究地形、天时、敌情动态以外，还要特别注意研究指挥官。"

杨凤安边听边想，是呀，这个道理彭总在西北给他讲过多次了。

"你对麦克阿瑟这个人是怎么认识的？"彭总突然反问杨凤安。

杨凤安思考了一下，说："麦克阿瑟这个人就是狂嘛。"

"对了，这就是他的弱点。"彭总说："麦克阿瑟最大的弱点就是骄横跋扈，不可一世。美国参谋长联席会议，美国总统都制约不了他。他现在的表现就是太狂了嘛，我过去不是多次给你讲嘛，骄兵必败。麦克阿瑟犯了大忌，他能获胜？骄兵必败是硬道理，老天会特别照顾麦克阿瑟？"

杨凤安感到老总把麦克阿瑟看得很透，对战局很笃定。

彭总接着回忆道："我们在国内革命战争、抗日战争、解放战争时期就是这样，往往是接连打几次胜仗之后，接着就要打一次败仗。打一次败仗，大家都很痛心，总结经验教训之后，又打胜仗。所以，千万注意，打了胜仗或连续几仗都打胜了，都不能骄傲。麦克阿瑟就是打了胜仗就骄傲了。我们就要有意识地利用他的弱点。"

杨凤安说："彭总呀，你这都是经验之谈。"

"这是吃过败仗人的肺腑之言！"

彭总接着说："麦克阿瑟由于骄傲，就产生了轻敌思想。他认为中国不敢出兵，中国敢给美国打仗呀？美国是全世界老大呀？中国出兵也是象征性的，可能在鸭绿江占领前哨阵地，防止美军过江，只是在边防防御。这就是他的弱点，我们就是要利用他的弱点，扩大他的弱点。所以我军要更加隐蔽行踪，做到古人说的幽深立远，莫测端倪。事以密成，语以泄败。我志愿军务要推进快，要占先机，先于敌人占领有利地形。还要大胆分割、穿插、包围敌军。怎么样，我给你摆龙门阵了吧？"

彭总自我解嘲地笑了。

"我们都愿意听彭总摆龙门阵。"彭总平常是寡言少语的，杨凤安感到能就自己的方略讲这一席话，已经是很难得的了。

按照司令部的组成，彭总带来的人为正职，13兵团的人为副职。作战处丁甘如处长主要负责彭总和苏联顾问团的工作，作战处日常工作多由杨迪负责。这时，志愿军各位领导陆续来到作战室，杨迪拿出小本子，通报各军、师到达的位置。

42军按照彭总的命令阻击东线敌人，用汽车紧急运送了两个营，到了黄草岭、赴战岭，其主力正在向长津运动。

40军先头两个师进到北镇以东，云山以北，已接近熙川、西温井地区的伪第6师。

杨迪说："39军和38军距敌尚有不到50公里的距离。"

彭总看了一眼在场的领导，说："40军两个师进展理想，这其中有118师吧？"

解方说："有。"

"这个师的师长、政委我在大洞见了。我向他们交代了任务。"彭总瞅了一眼地图，说："40军的任务就是集结于温井以北、北镇以东，装一个口袋,待机攻歼南朝鲜第6师于温井西北。"

解方说:"39军在云山集结比较好。"

彭总点头说:"39军集结在云山,准备在南朝鲜第1师东援伪第6师时歼灭它。38军准备歼灭伪8师于熙川。66军过江后,准备阻击英第27旅。这个部署,符合毛泽东主席的指示精神,你们同意吧?"

邓华说:"我同意这个部署,东线42军阻击敌人,西线每个军分别歼灭一个师,各军一定要完成任务。"

"你们两个呢?"彭总问洪学智和韩先楚。

他们二人也同意这个意见。

"好,把任务下达各军",彭总手中拿着一份电报说,"毛泽东主席时时刻刻在注视着战局的进展。他考虑朝鲜战局,就军事方面来说,决定于下列几点:第一点,目前正在部署的战役,是否能利用敌人完全没有料到的突然性,全歼2个到3个甚至4个南朝鲜师。此战如果是一个大胜仗,则敌人将重新部署兵力,会立即处于被动地位。否则,形势将改为于敌有利。"

邓华抽着烟插话说:"这一点,毛主席强调多次了。"

"这正是我军的行动方针",洪学智说,"志愿军各军是按照这一方针部署的。"

彭总说:"反复强调,这说明重要呀。另外,毛主席还说,敌人飞机杀伤我军之人员,妨碍我军之活动,究竟会有多大?这个程度,毛主席不清楚,自然,我们也一下说不清楚,作战处要统计一下。毛主席说:如果我军能利用夜间行军作战,达到很精练的程度,敌人虽有大量飞机,仍不能给我军太大的杀伤和妨碍,则我军可以继续进行野战及打许多孤立据点。即是说除大城市及其附近地区,我军没有飞机无法进攻之外,其余地方的敌人,都可能被各个歼灭。如果敌人的飞机对我军的杀伤和妨碍,大得使我军无法进行有利的作战,则在我军尚不具备飞机的半年至一年内,我军将处于很困难的地位。毛主席关心的就是敌机影响我军作战问题。现在这个问题,解方,注意向各军了解一下。夜间我们要充分利用,白天怎么样?"

邓华回答说:"白天影响会很大。"

洪学智说:"两军如果在近战情况下,敌机发挥不了太大作用。就是在我军机动时,敌机会阻碍我军行动。另外敌机会重点破坏我后方运输和补给。"

彭总冲着洪学智点头说:"我志愿军要很好地研究这个问题,就是在敌机杀伤的情况下,如何作战歼灭敌人。毛主席都很重视这个问题,我们更得重视。"

邓华对彭总说:"这个问题正是这场战争中最关键也是最重要的问题。要用近战夜战打破敌机对我军部队的杀伤。"

"是呀,"彭总说,"毛主席讲了一个突然性问题,一个敌机问题,第三个问题是美国增兵朝鲜。毛主席说:如果美国再调5到10个师来朝鲜,而在这以前,我军未能在运动中及打孤立据点的作战中,歼灭几个美国师及几个南朝鲜师,则形势也将于我军不利。如果相反,则于我军有利。邓华呀,我们西线几个军能否都能歼灭正面敌人呀?这个问题,一定要提醒各军精心组织指挥。"

"几个军长都是能打善战的,要向各军明确作战任务,"邓华说:"各军能否消灭一个师左右的敌军,关系极大。"

"毛主席说:应当力争此次战役的圆满胜利,力争在敌机轰炸下仍能保持旺盛的士气,进行有力的作战,力争在敌人从美国或他处增调兵力到朝鲜以前,多歼灭几部分敌人的兵力,使其增补赶不上损失。总之,应在稳当可靠的基础上,争取一切可能的胜利。毛主席对志愿军的指示很明确,很重要!"

彭总抬起头来注视着大家,问:"你们的意见呢?"

邓华说:"毛主席特别强调打仗要稳当可靠,毛主席担心哪!"

洪学智说:"毛主席担心的3个问题,就是第二个问题,敌机问题,现在还不好说。第一个问题正在争取逐步实现。第三个问题,我看美国征兵困难,增兵也不那么容易。美国的战略布局是以欧洲为重点的,重点对付苏联,在朝鲜投入的兵力超过欧洲,就会轻重倒置,不符合美国的战略利益,也会与法、英产生矛盾。"

"解方,你是诸葛亮",彭总点名问:"你有什么意见?"

解方说:"这场战争,对美军来说是第二次世界大战后的最大一次侵略战争。究竟是一场最大的局部战争,还是要扩大为世界大战,看杜鲁门和麦克阿瑟的胃口了。杜鲁门与麦克阿瑟有矛盾。能不能发展为世界大战,还要看。对我们来说,是第二次世界大战后与美帝国主义交手的一次现代化条件下的战争。"

"这样说很对。"韩先楚欣赏解方的看法。

解方说:"学习毛主席的指示,在朝北的这场战争,我的理解是,首先由阵地防御转为伏击,就是以运动战为主。结合部分的阵地战,就是山地攻防战。要先打弱敌,后打强敌。即先打伪军,后打美军。主席在几个电报中很强调这一点,要求志愿军歼灭3至4个伪军师,以改变战局,而且提出了不打同美军连在一起的伪军,打离美军远一点的伪军。毛主席的策略思想就是要我们确保首战必胜。"

"毛主席的策略思想要让各军指挥员都清楚。"洪学智问彭总:"是不是给各军传达一下?"

"要传达。给各军发电报。"彭总说:"把他们召集来是不行的。"

解方继续说:"毛主席指示还要求我军发挥夜战、近战的特长。这是我们的传统,也是我们的拿手戏。就是力求在一个夜晚解决战斗,因为在一个夜晚解决不了战斗,第二天白天敌人的飞机就会来杀伤我军人员,地面部队也会很快在坦克的配合下来增援。敌人的弱点是怕近战、夜战。另外,敌军是机械化,在山地运动不便。他们习惯在白天、平原作战。"

"毛主席的指示为志愿军提出了战略和战役指导方针,这些战术思想要要求各军各师在战役部署和战斗部署中体现出来。"彭总对解方说:"作战处要随时掌握部队进展情况以及敌人的进展情况。"

59. 平型关成就了115师,两水洞成就了118师

麦克阿瑟有一个很得意的想法,就是利用他的部队机动的现代化,先期到达肃川、顺川一带山区,把朝鲜从平壤一路北撤的以金日成为首的朝鲜政府官员和人民军高级将领包围,然后一举围歼。这个想法很诱惑他的神经系统。

10月20日,他乘"巴丹"号专机飞往朝北山区,在空中指挥187空降团把千余人降在了平壤以北的肃川、顺川一带;他同时命令南朝鲜第6师、第7师、第8师从陆路向鸭绿江急进,与187空降团夹击金日成!

夜晚,118师进入北镇地区,118师师指挥部来到两水洞以北483高地在山脚下的大树下停下来,指挥车停在树下,电台车开下公路隐蔽在公路的涵洞里。

温井方向熊熊燃烧的火光闪烁染红了天空。邓师长和张政委几个师的领导在不住地向南瞭望着,显然敌军已经到了温井。然后,邓师长拿望远

镜观察地形，温井至北镇是一条长长的低谷洼地，是平壤北上通鸭绿江南岸楚山的必经之路。两水洞与丰下洞之间的谷地两侧是高低起伏的冈峦，宽不到一公里，由温井至楚山的公路贯穿其间，公路南侧是九龙江，北侧是山峦，紧靠着公路。山地上松树林子密布。

邓师长观察了一阵，突然一拍大腿，说，好！就这儿了！

政委和副师长们都说这地方太好了！他妈的，好像是专门给咱们准备的！

平型关成就了115师，两水洞成就了118师！

师部几个领导简单商量后，邓岳命令354团（团长褚传禹、政委陈耶、参谋长刘玉珠）迅速占领丰下洞、富兴洞山地的有利地形，准备一个口袋！

10月25日零时，雨雪交加中，354团指战员带着后勤准备的炒面进入阵地，2营在温井以北4公里的公路两侧高地的雪地潜伏下来；3营在富兴洞以北占领高地控制公路要隘，朦朦胧胧中，山下的公路像一条大白蟒蜿蜒向北。1营在长洞隐蔽待命为预备队；团指挥所设在长洞，准备指挥部队伏击通过谷地的敌人。

刚刚进入初冬，淅淅沥沥的冰雨卷着雪花，山野霜白一片。九龙江江水湍急清澈，穿行在北镇、温井、云井之间。早晨大雾迷蒙，在对面不见人影，美军飞机不敢起飞。

也就是在同一时间，南朝鲜第6师2团团长咸炳善一路北来，如入无人之境，十分骄狂，想立头功，命令他的部队向北镇狂奔！

25日凌晨2时多，志司作战室的气氛紧张起来了。解方把邓华、朴一禹、洪学智、韩先楚都叫到了司令部作战值班室。他没有叫彭总，彭总自己进来了。他睡不着，进来就一直在看地图。

大家一块守在电话旁，等待前线进一步的消息。

作战室内人头攒动。彭总等几个领导就伪军的进攻样式议论着。敌人以坦克汽车组成一个个支队，撒开向中朝边境乱窜。

不久，电话响了起来。

解方参谋长拿起话机，是118师邓岳师长打来的。

"我是118，我是118，"邓岳师长向志愿军司令部报告："敌人进入了我师口袋，敌人进入我师口袋。"

解方回头报告彭总。彭总一听很高兴，说："告诉邓岳，狠狠地打！"彭总的声音很高，说，"千万不能让敌人跑掉！"解方告诉邓岳："彭总命令你们坚决歼灭进入口袋的敌人！要随时报告情况！"

这时，南韩第6师2团2营的尖刀班两辆中型卡车在前面开路，然后是满载士兵轰然北进的7辆10轮大卡车，大卡车后面是两路松松散散的步兵纵队，步兵后面是20多辆汽车，榴弹炮车，轰轰隆隆，声势浩大。士兵们在车上吃苹果、嚼水果糖，有说有笑，旅游一般。一个团的队伍有摩托化行军，有步行，越走越长，前后拉开了10多公里。

354团团长褚传禹接到邓师长坚决歼灭敌人的命令，他把师长的命令传到各营。2营部队埋伏在高地上，看着敌军逐渐进到伏击圈，指战员们心里着急，怕敌人跑出去了。2营请示开火。团指挥所指示2营要把敌军全部放进来再打。结果敌军的尖兵班汽车开出了预设的口袋，进到了师指挥所山脚下，乱开枪，把师部指挥所的吉普车挡风玻璃击碎。隐蔽在附近的师侦察连发现敌人窜到了师指挥所来了，立即用迫击炮和轻机枪开火，一阵战斗，将敌人尖兵班全部消灭。

邓师长见火候已到，命令："打！"354团轻重机枪、迫击炮、手榴弹，突然枪炮齐鸣，铺天盖地，第一刀拦头，第二刀截尾，第三刀斩腰。然后部队如下山猛虎，冲下山头，杀向敌阵，低谷中回荡着"缴枪不杀，优待俘虏"的喊声，可惜南朝鲜官兵不懂汉语，争先恐后往汽车底盘下钻（此后彭总让部队每一个战士都学会用英语或朝鲜语喊"缴枪不杀，优待俘虏"）。未打烂的汽车掉转车头要逃跑。8连连长立即命令60炮班班长何易清打最前面的第一辆汽车，第一炮未中，立即调整瞄准器密位，连发两炮命中目标，汽车轰然着起大火，瘫在路上，堵住了后面要逃走的车辆。褚传禹团长见敌军车队被堵住，命令1营和3营发起攻击。南韩后续部队见2团加强营被歼灭，立即组织一个连和两个排兵力增援，未奏效，接着又以一个营的兵力采取羊群式反扑。354团4连8班阵地上的10多名战士只剩下1名伤员下山向营部报告了情况，2营副营长戴成宝立即命令4连连长孙洪铨夺回阵地。这样，敌人的火炮未开架，弹药未启箱，连同随队的美军顾问，全部被击毙或俘虏。

10月25日中午，邓岳向总部作战值班室报告："我354团在353团的配合下，在丰下洞、两水洞之间伏击了南韩6师2团一个加强营，战斗已经结束，毙敌325名（含1名美军），俘敌161名，包括一名美军。"

彭总听了参谋长的报告,说:"118师打得好!解方,拟一份电报发给毛泽东主席,向他报告我入朝部队首战告捷!"

这时,美军正在平壤举行阅兵式,麦克阿瑟对记者说:"朝鲜战争在感恩节前结束,一切进展顺利!"

敌人以营团为单位各自为战,分头急进。这种情况,完全不像解放战争时围歼国民党军队时那样了。我军应该改变策略。邓、洪、韩、解意见一致,彭总应就战场的具体情况请示毛主席,说明我志愿军一仗聚歼敌人两三个师甚是困难,各军师应捕捉战机,各个歼灭冒进之敌,即分途歼灭敌人的一个团或两个团,数个战斗合歼敌人一两个师,以阻敌乱窜、稳定人心。彭总认为助手们"分途歼敌"的意见符合朝北战场的具体情况。我军应该实事求是,灵活机动,适时改变策略。

这是符合毛泽东倡导的积小胜为大胜的一贯思想的。两水洞战斗结束后,当晚9时,彭总将改变战术的意见报告毛主席,很快收到毛主席的答复。毛主席认为,先歼灭敌人几个团,逐步扩大,歼灭更多敌人,稳定人心,使我军站稳脚跟,这个方针是正确的。他同意前线指挥官们的意见。

收到毛主席的电报,大家心中才算放下一块石头似的,感到轻松了许多。不然,完不成主席交给的歼灭敌人两到三个师的任务呀!

云山东侧有一座高峻的玉女峰,是云山通往温井的天然屏障。志愿军首长在这里也给敌人准备了一标人马——40军120师。

10月25日凌晨7时,韩军第1师的先头部队1个营从云山城出动向北冒进。该部队与第6师部队一样,既不搜索也不散开,而是以4路纵队大大咧咧有说有笑前进,后面是坦克和火炮车队。40军120师师长罗春生,遵照军长温玉成的命令,部署360团(团长徐锐)部队在云山城北几个高地已经等待多时。

拂晓时分,南朝鲜第1师先头部队以坦克为先导沿云山到温井的公路北进,逐渐进入120师的阵地。这时,突然杀声震天,弹如雨下,敌人先头一个步兵排猝不及防,全部被击毙,后续部队知道大事不好,赶紧又缩回云山。

作战值班室,解方用无线电暗语问:120师情况怎么样?

120师师长罗春生报告:敌人缩回去了。

解方立即向彭总报告:"云山敌人又缩回去了!"

"敌人还会北上的，"彭总忽然声色俱厉地说："告诉120师严阵以待，绝不能让敌人漏网！"

果然不出所料，很快，敌人组织了两个营的兵力，在10余架飞机和坦克的支援下，有计划地向360团阵地发起冲锋，企图占据有利地形。在敌人连续发起的5次冲击中，我军伤亡极大。有的连先后有4人代理连长，仍然坚守阵地，寸步不让。一天经受了敌军7次攻击。战士石宝山在20余名敌人冲上山冈时，提起爆炸筒，从战壕里一跃而起，冲入敌群，拉响爆炸筒与敌人同归于尽！残酷的激战一直坚持到10月27日下午4时，终于将南朝鲜第1师1个营280人消灭。

60. 弗莱明大喊"我是第一个抵达鸭绿江的美国人"

美伪军在遭到118师、120师的伏击后，李承晚报告了麦克阿瑟，说中国共军出兵了！他的部队在温井地区遇到了中国军队！麦克阿瑟觉得在强大的美军面前，一切军事武装皆可以忽略不计，仍下令一线部队向鸭绿江扑进！所以各部队并没有放慢脚步，仍然坚决执行麦克阿瑟"感恩节前攻占北朝鲜"的命令，分兵冒进，他们狂到公开广播某部队已进到什么位置的程度。跑得最快最远的是伪6师7团一部，已经扑到鸭绿江重镇楚山，并炮击了中国边境。伪8师主力进到熙川。伪1师主力进到云山。美24师、英27旅窜至了龙山洞、博山地区；东线阿尔蒙德第10军的海军陆战1师从海上到达元山，从元山登陆，正在向咸兴推进。

毛泽东主席在中南海研究着战场动态，注视着战场的微妙变化。这时，领袖以兴奋的心情致电前线，祝贺118师和120师初战获胜，揭开了抗美援朝战争的序幕。他指示说，目前全战役的关键是抓住已窜到古场、楚山的伪7团，不使逃脱，以诱惑伪第1、第6、第8师增援，要求各军到齐后，使战役展开，保证歼敌。

这时候40军和39军报告，40军和39军已完成部署，车马静默，枪炮无声，避开主要公路，占领有利地形，等待敌人来增援，诱导敌人主力上当。

彭总以及邓、洪、韩、解感到很兴奋，假如敌主力增援过来，那会打一个多么漂亮的大仗呀！太吸引人了！彭总当机立断，命令40军主力迅速歼灭当面的伪6师和伪8师的4个营。118师同148师迅速歼灭伪7团。39军主力包围云山伪第一师，待机一举歼灭。38军消灭进入熙川的伪8师。

29日拂晓，韩军第6师、第8师各出动两个营，企图由熙川北上接应第6师7团南逃,进到立石洞一带,40军119师(师长徐国夫)提前一步赶到,一见敌人,分外眼红,立即包围了韩军第6师19团1个营,355团从四面向敌人冲杀过去,将敌军全部歼灭,抓到230名俘虏。

10月26日,韩军第6师第7团蜂拥进入鸭绿江边的楚山镇,日本东京和南朝鲜汉城的广播电台向全世界广播:已经将美军的炮弹发射到了彼岸中国!美军军事顾问弗莱明双脚踩着鸭绿江江面的冰层大叫:"我成名了!我是第一个抵达鸭绿江的美国人!"

邓岳师长在歼灭了两水洞敌人后,接受北上歼灭南韩第7团的任务。28日,邓师长得到师侦察科报告,伪7团已经回撤到了龙谷洞一带。他意识到赶过头了,立即命令部队回头追,一定要追到敌人前面!353团在黄德思团长指挥下,终于赶到了伪7团的前面,命令:"各营按预定地区,占领公路两侧制高点!"从前线撤下来的人民军见中国军队要打伪军,用牛拉来几门战防炮。29日拂晓,伪7团2营乘车先进入353团的口袋,353团突然一阵猛烈的炮火,敌人已经溃不成军。敌人指挥官调来4架美军F-51战斗机疯狂轰炸353团阵地,同时组织了反击,但没有挽回溃败的命运。

邓师长命令夜间发起攻击,353团担任正面,352团和354团从两侧迂回,分进合击。

捷报很快传到了志愿军司令部作战室:118师未等148师到达,经过一夜苦战,把伪7团干掉了。伪7团共有官兵3552人,被俘虏469人,被打死打伤2208人。

"世界明星"弗莱明被俘3年后,被释放回国。

各部队"分途歼敌"的战术效果比预想的要好。

"很好,"彭总很满意,脸上绽开了笑容,问"那么38军呢?38军那边的情况怎么样?"

38军回话:西面是清川江,东面是大山,道路拥挤,公路上到处都是后撤的人民军和朝鲜百姓,走不动呀。

彭总反问,走不动?他们那边路拥挤,别的路就不拥挤了?为什么别的部队,39军、40军进展快,38军就进展慢呢?路上拥挤,路两侧的山坡、田野,满山遍野都可以走嘛,车不能走,人可以走嘛。

洪学智见彭总生气了,对解方说:给38军发电,要求他们迅速开进。

邓华说：要不惜一切，包围熙川敌人！

解方马上把电报发出去了。

这时，38军距熙川只有60公里路程，一天可以赶到。他们于28日终于进至熙川。

"赶紧列成战斗队形，展开呀！"

彭总十分焦急。司令部几次催促38军，但就是不见38军的动静。怎么回事儿？

志愿军的司令、副司令们心中像着了火一样。可是38军在熙川周围按兵不动，28日晚上没有动，29日白天没动，29日晚上才发起进攻，很快兵不血刃就占领了熙川，原来熙川城里的伪8师早已南逃了！空城！

彭总大发雷霆："梁兴初呀，梁兴初，娘卖的，你误了老子的军机！我饶不了你！马上给38军发电，令他们急速向球场、军隅里方向进击，阻断敌人南逃的退路！"

彭总正在作战室里发脾气，杨凤安又接到了位于大馆洞的我后方医院的电话。

"喂，喂，志愿军司令部吗？"

"你是哪里？"

"我是大馆洞后方医院，我们村子外面有外国人了！"

"什么？外国人？"

"对，就在村子外边，有外国军队。"

"有外国军队？"

"对，对，我们的部队赶快来呀！"

彭总走到电话旁，问："怎么回事儿？"

杨凤安说："大馆洞后方医院来电话，说那个村子里，去了外国人。"

"怎么可能？"彭总不相信，弯下腰去看地图。

"是去了外国人，他们看到了。"杨凤安重复道。

"那么，不是让66军监视龟城以西美24师吗？66军是干什么的？"彭总生气地问。

原来66军从新义州过江后，插进到龟城，在龟城集结，龟城那里孤孤零零地就一座小山峰。66军为了防空，在山峰上放了一个连。美军24师是从山峰下的公路上开过去，进到大馆洞的。

彭总眉头紧皱，说："前面有66军蹲着，怎么后边有了外国人？外国人怎么进来的？问问他们，外国人进去了多少？"

杨凤安把话筒又举起，问："喂，有多少外国人？"

"呀，外国人进村了！"

对方把电话机一扔，跑了。

彭总嘟噜着脸，对杨凤安说："赶快给66军打电话！"

杨凤安马上给66军接通了电话，"请军长听电话！"

军长接了电话，不料，军长耳朵聋，听不清楚。

"请政委听电话！"

政委接过话筒。

杨凤安说："我们接到了大馆洞后方医院的电话，敌人已到大馆洞了。"

彭总说："敌人过去不要紧，但是不能让它再回去。"

杨凤安眼睛看着彭总，在电话上重复道："敌人过去不要紧，但是不要让它再回去了，一定要歼灭它！听明白了没有？"

"听明白了。"

志愿军的领导们满以为66军会歼灭这股敌人的，都聚集在作战室静候胜利的消息。不料，美24师一部发现那一带有我们的大部队，又悄悄地从原路撤回去了。66军又没有发现。这件事真是离奇了。

"66军是怎么回事！"彭总感到不可理解。

洪学智说："可能他们怕飞机，都隐蔽起来了，连敌人的进退也看不到了。"

邓华、韩先楚等点头称是，大家都感到太遗憾了，假如这股鬼子消灭了……

61. 杜鲁门女儿回忆在云山"第8骑兵团几乎溃不成军"

39军部队隐蔽在掩蔽部里。这时漫天大雪飘飘洒洒落地，朝北的大山被银幕覆盖着。

39军在冷风冷雪中，从安东、长甸河口秘密渡江，以117师、军直、116师、115师开进序列，进入了朝北战场。

按照志愿军司令部原定4个军在朝鲜蜂腰部以北（泰川、云山、妙香山、宁远、阳德、新上以南）地域组织防御，稳定战局，掩护朝鲜人民军休整后再举行反攻的方案，39军防御地区在泰川（不含）、云山、妙香山以北地域。

10月23日，拂晓前进至泰川东西地区。24日、25日，志司无前进命令。

军长吴信泉与政委徐斌洲商量要先抓俘虏，查明敌情。117师（师长张竭诚、政委李少元）奉命，在宁边西侧，捕捉到两名美军哨兵，一审问，美24师已经进至宁边、博川东西地区。

吴军长高兴了。他们立即把敌情向志司报告。建议部署兵力防止敌军抄我军的后路。

10月26日上午，泰川山间指挥所，吴军长接到志司电令：韩军第6师（师长金钟五）主力已进至温井里，其一个营在两水洞与我118师遭遇，正在激战中。先头团第7团（从温井附近的高山地带横穿过去）已逼近鸭绿江边的楚山。进至云山的南朝鲜第1师（师长白善烨）企图与第6师靠拢，被我40军120师阻击于云山以北。令39军立即包围云山之敌，27日拂晓前接替120师防务，阻击云山南侧第1师北犯，确保我40军全歼温井（距离云川不足10公里）里南侧第6师主力以及38军歼灭熙川之敌。38军抄敌军的后路，确保我39军、40军、38军再集中力量歼灭云山之敌。这就是说39军要起两个作用。

云山是朝北中央大山中的一个县城。这里四围高山环绕，山上丛林茂密，纵横交错的公路从这里通过，是久经战场的指挥员看中的枢纽地区。第8集团军沃克派南朝鲜第1师固守（后与骑1师换防）。

彭总也看上了云山，令吴信泉坚决拿下云山。

军长、政委、副军长、副政委们围在一起，先看了地图，这里山峰逶迤，连绵不断。云山距离鸭绿江只有55公里。确认了敌我位置。大家都说，伪1师（实际上还有美军第6坦克营）这个敌人是顺着清川江过来的。看来沿途没有遇到人民军的抵抗。鉴于敌军已经分散向北突进。彭总根据战场情况，因势利导，命39军乘敌人分兵冒进之机，求得在运动中歼灭敌人。

晚上，将军们确定了包围云山的作战部署。

10月27日，拂晓，天蒙蒙亮，各师团依令进入指定作战地区。

28日，39军部队已经与美24师（师长丘奇）、骑兵第1师5团和南朝鲜第1师交火，粉碎了各路北进的敌人。把南朝鲜1师定格在云山，不能北进与其6师合拢。

第8集团军沃克为稳住云山阵脚，急忙把二线兵力骑兵第1师8团增调云山。把南朝鲜 1 师主力东调，稳住妙香山以东南朝鲜第 2 军的防线。

骑兵 1 师，师长盖伊是第二次世界大战中巴顿将军的参谋长。骑兵 1 师是美军"开国元勋师"，前身是 1855 年创建的部队，是北方联邦的主力，在南北战争中，参加过屠杀印第安部落的战争和入侵墨西哥战争。随着机械化时代的到来，离开了战马，但每个官兵都还佩戴着一个令美国人羡慕的马头符号，在麦克阿瑟指挥下，参加过第二次世界大战，向菲律宾群岛进攻，攻占了吕宋岛、马尼拉，最后进入日本东京。

骑兵 1 师 8 团共 5 个营（炮兵和坦克各 1 个营，机械化营 3 个）。他们还不信邪，中国军队拿着日本的三八式敢给骑兵 1 师打。骑 8 团到云山后，与南朝鲜 12 团联合，29 日，不惜一切代价，连续三昼夜向温井方向猛烈进攻，均被 39 军部队遏制。

39 军 116 师师长汪洋用高倍的炮对镜向敌阵地观察，发现有一个连的韩军背起背包上了汽车往后开，云山东北方向有敌人的坦克、汽车、步兵向后转移。

汪洋判断云山之敌有撤退迹象（实际情况是依沃克令，美骑兵第 1 师第 8 团与南朝鲜第 1 师第 12 团换防），与政委石瑛、副师长张峰商量，必须提前发起进攻。他报告了军长，军长报告了志司。

11 月 1 日上午，彭总和志司几位首长考虑，西线敌军虽然调整了部署，但其兵力仍然处于高度分散状态，对我军情况不明了。我志愿军总部对敌军兵力和部署基本掌握。敌军在清川江以北仅有 5 万余，我军则可以集中 12 万至 15 万兵力作战。我军占绝对优势。我军仍然可采取一部向敌后穿插迂回，正面主力猛烈攻击战术，可获得初战胜利。

彭总请示了毛泽东主席。毛泽东主席回电，只要我 38 军和东线 42 军 1 个师能切实切断敌军清川江后路，其他各军师能勇敢穿插各部敌人侧后，分割敌军而各个歼灭之，则胜利必能取得。

他们商量，既然 38 军没有插下去，决定发起云山战斗。同时要 38 军继续前插，切断敌军清川江的后路。

然后，彭总直接给吴信泉打电话，说："40 军已经歼灭了伪 6 师的主力，今天晚上配合你们消灭云山之敌。总攻时间定在 19 时 30 分，祝你们取得胜利！"

由于发现敌人在异动，39 军请示将战役发起时间提前到 16 时 40 分。

志司电 39 军，同意云山战役提前，攻击得手后，向龙山洞方向突击，协同 40 军歼灭美骑兵第 1 师。

担任主攻的 116 师（师长汪洋）从云山西北鹰峰洞地区攻击，348 团从左翼经过激烈战斗，攻占了 262·8 高地，突破了美军前沿，突入纵深；右翼 347 团却不顺利，骑 1 师利用优势炮火顽强抵抗，几次冲击，均未成功；后来改变攻击点，同时从三个方向攻击，突破了骑 1 师防线；但美军仗凭飞机、坦克、大炮的绝对优势，116 师苦战到晚间 1 时，刚刚占领了云山小城的外围。到凌晨 2 时，汪洋把第二梯队投入。3 个团从东西北三个方向插入市区，美军的飞机大炮可以歇息了。我军指战员端着刺刀，"杀！杀！"，刺刀见红，杀声四起，以排山倒海之势压向美军。美国兵哪见过这等短兵相接的阵势，一时间蒙了，不知道如何应付，顿时慌乱一团。116 师运用正面进攻与侧面迂回分割的战术，切断了骑 1 师的退路。

347 团和 348 团攻至云山城东侧街口，恰遇 300 多名美军，立即分兵穿插，包围，三下五除二，很快歼灭了这股敌人。348 团 4 连俘虏了联合国军总部驾机满载慰问团和记者来慰问骑兵 1 师的飞行员。他们进入云山城街，发现一个迫击炮连正在向我军发射炮弹，4 连一阵猛烈的攻击，敌人倒下去一大片，缴获了 8 门迫击炮。

117 师（师长张竭诚）进到云山东北泥踏洞地区，配合 116 师合击敌人，阻击敌人北援温井，切实保障 40 军歼灭温井里之敌。攻进时，部队指战员发现被围歼的敌人不是伪军，而是美军，人高马大，看上去很瘆人！杀敌情绪陡然高涨数倍。把敌人机枪射手推下山崖，把重型坦克炸瘫在街头。经过猛烈的夜战，拂晓时分，116 师与 117 师会合了！39 军攻克云山城。这时，佩戴马头牌符号的尸体遍地狼藉，坦克、汽车、大炮，给养遍布城中。李奇微在《朝鲜战争》一书中回忆："这支中国部队当时就像从地下钻出来一样，以很凶猛的近战，几乎全歼该团。"杜鲁门女儿曾经回忆："第 8 骑兵团几乎溃不成军。"

62. 我一个连歼灭美骑兵第 1 师一个连

确保 39 军云山战役胜利，必须坚决阻击由平壤、博川方向增援云川的敌人。

我军在长期的战争中哪些部队善于进攻，哪些部队擅长阻击，部队首长心中有数。这就是一个部队的风格，一个部队的脾气。10 月 30 日夜晚，军部把在博川至云川公路龙头洞的阻击任务交给了115师，115师交给了343团。

骑兵1师盖伊为了救出骑8团，命令骑5团在骑7团1个营和155榴弹炮1个营105榴弹炮两个连的配合下，向北疾进，不顾一切要打通龙头洞的道路，救出骑8团。骑兵1师由华盛顿组建以来，160年的历史还没有败绩，没有想到在龙头洞碰上了志愿军的"红军团"343团。

343团入朝后，临时驻扎在云山南侧的明堂洞。明堂洞距龙头洞有20多公里。

团长王扶之，陕西人，是个高大魁梧的汉子。抗日战争时期，随黄克诚东进山东、苏北，抗战胜利后，又随黄师长北上东北。他接受战斗任务后，与政委和其他团领导简单商量，一是晚上先派出以侦察股长薛强率侦察排火速前往龙头洞监视南面敌人；二是凌晨立即召开全团连以上干部动员大会。

团领导正在研究，侦察参谋徐鹏龄气喘吁吁跑进来报告："博川的美军正在沿公路北进，侦察排已与敌人接触，正在延缓敌人前进速度……"

王团长与政委小声说了几句，说："停止开会，按3营、团直、1营、2营顺序，强行军，立即出发！"路上，团长已经预料到可能与敌人不期而遇。果不其然。行进至距离龙头洞约5公里时，美军的炮火"咣咣"地向前进的道路上打过来。王团长在路侧的大石头后，用望远镜观察两侧山峰，发现龙头洞北一公里处有一高峰185·8高地，地位十分重要，一旦被美军占领，343团会立即被敌人压制在大沟里不能前进。敌人也看出此山峰的重要，企图先期占领，封锁云山至博川公路。

团长大喊："9连长！"9连是红军连，是有井冈山光荣传统的连队。连长跑步站到他的面前："到！"团长指指185·8高地，命令："立即强占185·8高地！如果敌人先我占领，你给我夺回来，如果我先占领，要不惜一切代价给我坚决守住！"9连长说声："是！"然后回转身喊："9连，跟我来！"9连先跃上山坡，然后栽下去，看不见了，突然又出现在山林中，然后，爬坡直上。先敌一分钟抢占了185·8主峰！"嗒嗒嗒"，集中火力把敌人打下了山坡。美军留下了30多具尸体，退到了龙头洞村里。

团长命令部队立即轻装，把背包行李留置路旁，打完仗回来取。王团长与政委随即登上185·8高峰，观察龙头洞村周围敌情和地形，发现我主阵地与美军占领的龙头洞之间太近，缓冲区太小，不利于我军防御，他们决定立即扩大缓冲区，晚间，向龙头洞村之敌发起攻击，占领龙头洞村。

晚上八时半，大地一片发白，村子四周黑乎乎的。团长根据白天的观察，判断村里小学校有一个排的兵力，并且连部也在小学校里。战斗打响。团长命令1连拿下小学校。1连最擅长夜战，一个冲锋，打进村里的小学校。机关枪、冲锋枪突然吼起来，手榴弹铺天盖地笼罩了小学校。然后8连投入战斗，两个连队很熟练地分割穿插，然后分片包干。后来从俘虏口中得知，对手是美王牌军骑1师5团1营1连，是来支援云山美军的。骑兵5团团长约翰逊上校被炸死，这样打太好了！太漂亮了！彭总很重视龙头洞村战例，令杨迪发出了《我一个连歼美一个连传令嘉奖》的通令："各军、师、炮司并报军委、东司：39军115师343团1连，1日在龙头洞（云山西南）歼灭美骑1师第5联队1个连。从此次作战中可以看出，我军指战员的战斗素质与作战精神比敌人强，我以一个连队即能歼灭美军一个连队。特此传令嘉奖，并号召志愿军全体同志，学习该连坚持勇敢作战的精神，歼灭更多的美国敌人。"

在116师和117师两师会合时，115师在师长王良太政委沈铁兵指挥下，一部在云山以南和西南，截断云山至宁边敌军退路；一部进到泰川以北阻击美第24师，保障我云山部队的右翼安全；另一部包围了由云山撤退的美骑兵第8团直属队和第3营700余人，在经过拉锯式的激烈争夺后，将这股已极度绝望的敌人全歼。

云山一仗，从11月1日至3日，歼灭美骑兵第1师第8团大部，第5团一部及南韩第1师第15团一部，其中毙伤、俘虏共1800多个美军，美国人最重要的是个脸面，这一仗够叫美国丢脸的！

与此同时，40军主力向宁边方向突击，歼灭伪6师两个营和伪8师两个营大部。120师359团歼灭美骑1师第8团一个炮兵连和美24师19团一个连，俘虏美24师少校情报科长，逼近宁边。还用刚刚缴获的美军榴弹炮向敌军阵地连射，美军士兵成片倒在阵地上。

38军攻占球场，球场之敌渡过清川江西逃。38军主力沿清川江左岸前进，占领院里，对西线敌军侧后构成巨大威胁。仗打到这里，美伪军在沿清川江以北山区已经坚持不住了，除少数兵力扼守清川江北岸滩头阵地，阻击志愿军攻击外，主力已全部撤到清川江以南。所以，有些外国的史学家习惯于把这次战役称为"清川江战役"。

39军云山一战一石三鸟：一是确保了温井围歼南朝鲜第6师的胜利，二是同时完成了对云山之敌的合围，歼灭了美军部队，三是防止了沃克抄袭志愿军的后路。

彭总对云山一战非常满意。在战役总结会上，他说："39军在云山打美军骑兵第1师，打得很好！起初我还担心在没有制空权的情况下，同美军作战，我们要吃亏。现在看来，这个困难是可以克服的。我们有近战夜战的法宝嘛。没有飞机，缺少坦克大炮，一样可以打仗，打胜仗！美国军队没有什么了不起，我们不只打了韩军，也打了美国的'王牌师'，这个师在美国很有名，又一直没有吃过败仗，这回吃了败仗，败在我们39军的手下嘛！"

十四 第一次战役后，麦克阿瑟傲气不减。我千军万马在他的思维盲区里隐蔽运动，进入朝北山区理想战场，以逸待劳看着美军钻口袋

63. 彭总说"要掌握战役的火候"

彭总倒背双手，两只大眼睛在看着地图思索。他面前的地图上插满了小旗。作战处杨迪他们总是很迅速地根据战场动态，用红蓝小旗子在地图上把敌我双方态势标出来。彭总的特点就是一刻也离不开地图，一天到晚站在地图面前，吃饭时把碗端起来还看着地图。所以，我军的情况、敌军的动态，他的脑海中往往清晰如画。

"下令，各部队停止追击！"

彭总下达了部队停止追击的命令，作战室内的其他人员都不由一怔。

假如，乘胜追击，打过清川江……

不，彭总的意见，战役只能打到此，告一段落。

彭总多次给身边工作人员讲，作为一个战役的指挥员，最重要是什么？就是要掌握整个战役的火候。如果战役发展过火了，就把整个战役的企图暴露了，发起下一次战役就有诸多不利因素，或者完全打不成。但是如果发展得火候不够呢，那么就达不到战役的目的，反为战争的进一步发展造成困难。前一次战役要为后一次战役创造条件。能否掌握战役发展的

火候，是对一个战役指挥员是否合格的检验。这当然是与指挥员的军事知识、修养以及战争经验，甚至个人的性格特征分不开的。

各部队按照彭总的命令停止追击后，彭总在作战室内同邓、洪、韩、解、杜谈了自己的想法。

"为什么必须停下来？"彭总注视着大家。

邓华笑眯眯地说："彭总的意见我们理解了。"

"我们同美伪军，还只是遭遇战，"彭总说，"我们的主力，还没有完全暴露。麦克阿瑟现在对此事还是半信半疑，感到莫名其妙！当然，他的情报部门会向他报告，中国确实出兵了，但他不知道中国出了多少兵！外电报道，中国出兵也只是五六万人，目的是阻止美伪向鸭绿江推进，中国的目的是有限的，是为了保护在鸭绿江上的发电站等等。总之，麦克阿瑟很自信，他是典型的美国军人，很自负，他不相信，中国真的敢于同美国侵略者开战。我们这次战役，就是利用了麦克阿瑟判断错误和分兵北进的弱点，发起突然袭击的。"

洪学智插话说："现在还存在着突然性。"

"对了，"彭总说："突然性就在我们是6个军18个师已到了清川江北岸。这是麦克阿瑟怎么也料不到的。"

韩先楚说："现在我们兵力占优势。"

彭总用嘲讽的语气说："麦克阿瑟是根据美国的经验推断的，即在这么短的时间内，我们不可能过来太多的军队。他的侦察机没有发现嘛。他当然想不到我国与朝鲜隔江相连，我们从陆地上走，夜行昼伏，几条线，几个军，一声令下，千军万马，齐头并进，20多万人很快就到朝鲜北部山区来了。他们运兵困难呀，他们要远涉重洋，他运一个师全世界都知道了。运一个师到日本，到朝鲜得费多大的劲儿呀！所以，麦克阿瑟会想，你们中国要进入朝鲜十几个甚至几十个师，需要多长时间呀？这是完全不可能的嘛。就是说，我们隐蔽了自己的企图，到现在为止，我们还没有完全暴露，你们同意不同意这个看法？"

韩先楚回答："我同意。"

解方说："我也同意。这场战争实际上是两大阵营的战争。社会主义阵营国土接壤，敌人则远隔重洋。"

彭总对解方说："老大哥到现在还没表示愿意出动空军支援哪！"

韩先楚生气地说："老大哥这一点就不够意思！"

"斯大林对苏联的民族利益考虑太多。"邓华插话。

"所以，基于以上的分析，我考虑，我军虽然一部分部队已经过了清川江，但必须在清川江停止攻击，"彭总走到地图前，指着清川江说："如果我军在清川江不停下来……"

邓华接过话说："那就势必逼着我军打阵地攻击战，对我们十分不利。"

"是呀，"彭总说："我军善于打运动战。我们是习惯在运动中歼敌，布置口袋、拦头、截尾、斩腰。这是我们的长处。隔江攻击，我军又要渡河，对我们不利。打阵地战，敌人正好可以发挥火力强的优势，我们的重装备还没上来，没有大炮，光靠机枪打清川江，我们该有多大伤亡？"

洪学智说："也不一定打下来呀。"

"是呀，隔江攻击，这种仗我们不能打。什么时候，我们都不能忘记我军的长处。打不顺利的时候是这样，打顺利的时候，也是这样。我们不能忘记博古、李德在井冈山御敌于国门之外的教训！打阵地战，死伤无数呀！我估计，麦克阿瑟现在目空一切，他不会善罢甘休的，他还会来的。"彭总坐了下来。

"彭总呀"，洪学智说"我军携带的粮、弹已消耗完了，我们也没有力量再攻击了。我军伤亡也很严重。已经伤亡万余了，按照在国内打仗的规律，各部队应该补充兵员了。"

邓华同意洪学智的意见，说："部队推进很快，作战位置不断在变动，给后勤保障带来很大困难。他们人少。战役后方后勤人员不到7000人，过江的大站，战役打响后陆续扩到7个，实施跟进保障，跟不上部队运动，况且，我们的后勤装备落后、陈旧，运输车辆少呀，敌机轰炸掉不少，这样少的运输工具，保障数十万军队作战和生活必需品，不适应。"

彭总说："开个会好好研究一下加强后勤保障的问题，不然会影响我们的战役发展。现在要加强运输，储存粮弹，利用大山深沟，挖窑洞、打土炕，解决住宿困难。"

历史事实已经证明，当时彭总对敌人的估计是正确的，后来接替麦克阿瑟任"联合国军"总司令的李奇微在回忆录中说："中国部队很有效地隐蔽了自己的运动。他们采取夜间徒步运动的方式，在昼间避开公路，利用隧道、矿井、丛林和村落进行隐蔽。每个士兵都能做到自给自足，携带由大米、豆类和玉米面做成的干粮，他们避免做饭的火光暴露自己的位置。因为中国人没有留下一点运动的痕迹,所以统帅部怀疑是否有中国的大部队存在是有一定道理的。"

李奇微说,麦克阿瑟对志愿军在温井歼灭了李承晚第6师500多人的战斗置若罔闻,采取了无视的态度。对李承晚的叫喊,说遇到了中国军队,也颇满不在乎。麦克阿瑟认为,中国派出少数志愿军象征性地出征不过是为了保卫边防和鸭绿江边的电力设施。中国遭受了长期战争的破坏,经济贫困,百废待兴,无力支援这场战争。中国志愿军尽是一些武器低劣的农民,缺乏正规训练,更没有海、空军支援,不具备和装备精良的"联合国军"展开交战的条件,也不敢和"联合国军"较量。

当然,在美军将军中,此时也有头脑稍微清醒一点的,这就是第8集团军司令沃克。他一方面不能不执行麦克阿瑟发动新的"圣诞节攻势"的命令;另一方面又小心谨慎,企图用试探性的进攻摸清我军参战的兵力以及意图。

在我结束第一次战役的第2天,沃克即让伪7师向飞虎山,伪8师向德川进攻。可是,美军怕死。多占便宜、少出资本是资本家的特点。在战场上就表现为怕死人。死人多了,他们怕国内舆论大哗,造成很大的压力。所以,美军总是让南朝鲜伪军打头阵。稍后一些时间,英27旅、美24师及美骑兵第1师才分别北渡清川江,向北部山区进攻。

在地面进攻的同时,麦克阿瑟为阻止我增兵朝鲜,以鸭绿江上所有桥梁为主要轰炸目标。侵朝美国空军全部出动,以最大的力量"摧毁在满洲边界上的朝鲜这一端的全部国际桥梁",以及边界南边的"所有交通工具、军事设施、工厂、城市和村庄"。麦克阿瑟决心消灭清川江以北至鸭绿江区域内的一切生灵,确保他的圣诞节攻势胜利。麦克阿瑟的如意算盘是以空袭战役,阻止中国大批军队过江南下,可以叫作"打援"。同时,已经过了清川江的美伪军稍加整顿,扑向江北,围歼已在朝北山区的所谓"小股共军部队",这叫作"围点"。

64. 清川江北部山区是一个好战场

敌情甚急。战场形势不以我军的意愿为转移,我军想休整,敌人不让休整呀!

彭总听取了解方、杨迪关于敌人动态的情况后,说:"把邓、洪、韩叫来吧。"

邓、洪、韩都被叫到了这间破旧的工棚里。

彭总瞥了大家一眼,然后问:"邓华呀,敌人到清川江南稍稍休整,马上又进攻了。东线的美陆战1师、美第7师、伪首都师也在继续进攻,你是怎么考虑的?"

邓华稍稍沉吟一下,说:"我同洪学智同志商量了。彭总不追击清川江以南的敌人,是避我军的短处,发挥我军的长处。我考虑,清川江北部山区是一个好战场。朝鲜这地方,愈往南愈狭窄,愈往北就愈宽。敌人东西两线,愈往北犯,它们之间的缺口就愈大。我们前次战役利用了这一点,下次战役仍然可以利用这一点。美伪军的西线集团与东线部队之间有80公里到90公里的缺口。东线我们仍然阻击。在西线,我军可以分割包围、聚而歼之,因此,我军可以采取诱敌深入的方针,相机歼灭敌人。"

洪学智说:"总的意思是,东西线布置口袋,打击敌人。争取歼灭更多的敌人。"

"韩先楚同志,"彭总问:"你的意见呢?"

"我同意这个意见。但要制定好战役方案,在运动中歼灭敌人。打穿插、分割的部队一定要有不怕死的精神和连续作战的作风,确实能完成任务。"韩先楚回答道。

"各部队必须有严明的纪律,规定什么时间到什么位置,要不顾一切到位,不能破坏整个战役计划。"彭总严肃地说:"好,大家如同意诱敌深入的方针,我们给毛主席写报告请示。"

司令员们均没有异议。彭总说:"给我拿笔来",杨凤安拿来毛笔和笔盒,彭总开始起草电报。

毛主席、党中央也在研究朝鲜的战局,认为第一次战役虽然歼敌不多,但初战获胜,振奋人心,振奋军心。第二次战役最理想的战场实际上主要还是第一次战役熟悉的战场,仍是在朝鲜半岛的蜂腰部铁路线以北地区。如果战场南移到蜂腰部则对我军不利。铁路线以北地区是崇山峻岭,有利于我军夜战、近战和实施战役战术迂回,切断敌人后路,可以趋利避害,对付美军的现代化装备。美军现代化装备在山区对道路和后方补给依赖性极大,因而对其侧后十分敏感,最怕后路被我切断。我军在二次战役中仍然要采取穿插分割、迂回包围战术。战场如果推到蜂腰部,我军就难于实施迂回包围的战术。

11月4日,彭总向毛主席请示说,第一次战役的胜利,对稳定朝鲜北部人心,使志愿军站稳脚跟,坚持继续作战,是有意义的。但消灭敌人不多,志愿军实力未完全暴露,敌人还可能重新组织反攻。志愿军部队在敌机袭扰下粮弹运输也已发生困难,且寒冬将至,长期露营,难于保持战斗力。因此,拟采取巩固胜利,克服当前困难,准备再战的方针。如敌再进,让其深入后歼击之。

此时,毛泽东主席看到前线司令官的请示,可以说同前线司令官的意见又是不谋而合。毛主席同意前线司令官的意见,同时提醒说,下一步作战,德川方面甚为重要,志愿军必须争取在元山、顺川铁路线以北区域创造一个战场。在该区域消耗敌人的兵力,把战线推到元山、平壤一线,以顺川、球场,宁边以北和以西区域为后方,才能对长期作战有利。

毛主席还告诉彭总,已命令宋时轮同志率9兵团立即入朝,全力在江界、长津东线一带作战,以求转变东线战局。主席风趣地说,我们对9兵团不遥控,完全交给你们指挥。

大榆洞的司令官们看到毛主席的电报,都很高兴。毛主席理解前线部队的困难,让他们巩固第一次战役的胜利,部队立即休整,以逸待劳,准备再战,指出二次战役的战场符合朝鲜地区的实际和我军的实际。下一步就是兵力部署问题了。彭、邓、洪、韩、解、杜根据毛主席的指示研究了作战部署。令西线各军以50、66、39、40、38军的编序次,一线排在西起新义州、龟城、泰川、云山到熙川以南的新兴洞、苏民洞地区。38、39、40军各派一个师和第125师到宣川、南市、博川、宁边、球场地区,采取运动防御与游击战结合的方针,如遇小敌则歼灭之,如遇大敌则边打边退,诱敌深入,志愿军在敌前,不是在敌后,把敌人引入口袋,配合主力消灭之。各军在后撤时,要有意识地丢弃一些东西,给敌人造成错觉,以为我军是败北而逃。

大榆洞司令部又将兵力部署报到了中南海。毛主席回话,部署甚好,江界、长津战略方向的战役应确定由宋时轮兵团全力担任,以诱敌深入,寻机各个歼敌为方针,尔后该兵团即由你处直接指挥。

邓华说:"东线完全交给9兵团,42军调入西线,加强西线。"

洪学智说:"42军就摆在38军东侧吧。"

"好。42军主力在第9兵团到达后立即移至社仓里,新邑一带,42军两个师后撤,也会给敌人造成一种错觉。"彭总指了一下地图,说:"这样西线就6个军了。"

战场形势瞬息万变。

此时的敌人不是纸老虎,是长着钢牙的真老虎。美帝国主义阵营的军队都有高度现代化装备,陆、海、空军联合作战。武器的质量超过了第二次世界大战,使用了第二次世界大战没有使用过的武器。喷气式飞机是第二次世界大战后期出现的,但没有参加战斗,现在用上了。汽油弹在第二次世界大战后,在我国解放战争时期还是保密的可以打破战场平衡的武器,现在也用上了。重磅炸弹也是如此。总之,就差用原子弹了。况且,这些所谓的王牌军队都有作战的经验,美、英有战略储备,指挥体制成套,通信联络快,一个旅参战不到半天,即可沟通联络,班、排的军士、军官都使用无线电话。师有侦察机。各兵种的运用与协同动作很快,而且很熟练。他们还注意研究我军的战术,从蒋介石那里吸取了教训,能根据情况的变化,快速改变战术……

这时候,敌人似乎要来一个"请君入瓮"了。东线的阿尔蒙德发起攻击古土里等地,企图迂回到江界,切断我东线志愿军的后路。西线沃克则沿着清川江北犯,其矛头所向是德川、熙川,待其侧翼得到保障后,再集中兵力逐渐靠拢压缩,向西北推进。两线敌人气势汹汹,目的仍然是染指鸭绿江,占领朝鲜半岛全境。

这时,大榆洞作战室内,志愿军指挥官们正在紧急研究着对策。

彭总仍站在地图前,看着他的巨大地图。邓华、洪学智、韩先楚等则围在一张不大的长方形会议桌周围。大家瞅着彭总和地图。地图上整个三八线,从东到西,插了一线红旗,十分醒目。我军用小红旗标出,军部是方形的,师、团是三角形的,师的大一些,团的小一些,营就更小。敌人用蓝旗标出。红蓝小旗都是用亮光纸做的,用大图钉插到地图上。可以说,这张大挂图,是彭总的心爱物,饭可以不吃,觉可以不睡,地图不可以不看。有时候,哪一位同志来作战室,不小心碰一下地图,彭总的脸就黑下来了,"冒冒失失,差点把地图给我撞坏了!"

"邓华呀,"彭总眼瞅着地图,背朝着大家,说:"你先说一说吧。"

邓华走到地图前,指着蓝旗说:"从敌人的态势看,他们还是要占领朝鲜全境。要在江界一带会师。麦克阿瑟的盛气不减。我们呢,根据毛主席的指示精神,可以在东西两线,诱敌深入,先歼其侧翼一路,而后再猛烈扩张战果。"

彭总说:"诱敌深入是对的,但是很不容易,一是要诱进来,不使敌人发现我之意图。二是要确实围住,打掉。好吧,谈谈具体部署。"

邓华说:"西线,38军拿出一个师诱敌深入。"

彭总问:"你们考虑用哪一师?"

洪学智说:"我和邓华都主张用112师(师长杨大易政委李际泰)。"

彭总"啊"了一声。

洪学智又说:"用112师是这样考虑的。这个师原来是四野第一师,是主力师。比较强。用最强的部队是考虑敌军战斗力很强。打阻击的部队,既要达到诱敌深入的目的,又能顶住敌人。顶不住敌人,被敌人一下子冲进来,我军就来不及调动部队,不能装口袋。所以,考虑来考虑去,用112师。"

彭总转过身来,倒背着手,走了几步,说:"这个考虑是对的。因为涉及我战役全局的成败,用最强的部队是对的。诱敌深入,说起来容易,做起来难。要冒极大的风险。"

邓华点着一支烟,说:"我们几个军,经过一次战役,打得很疲劳了,伤亡也很大。42军守备黄草岭的连队,伤亡近一半。124师在烟台峰伤亡也很大。有的连队连续牺牲四五任连队干部。特别是我们的粮弹不多了,只够一个星期用的。"

"是啊!"彭总叹了一声,说:"部队很疲劳,需要休整、补充。邓华,你接着谈谈部署。"

邓华说:"西线就是112师组织运动防御。42军125师1个团也干这个事。38军主力、42军125师主力和另两个师,待敌深入后,往东面靠,准备从东面猛击敌人的侧背。40军摆在宁边正面。39军主力也准备迎击敌人。66军集结于龟城、定州待机。50军担任西海岸的警戒,防止敌人从西海岸登陆。东线9兵团,在旧津里以南布置阻敌阵地,主力准备在西南和东南歼灭敌人。"

这时,阵阵寒气袭来,作战室外传来美机在远处轰炸的隆隆声。

彭总听完邓华讲的部署后,又默默地瞅了一阵地图,然后走到桌子旁,坐下,眼睛瞅瞅韩、解二人,问:"你们两个的意见呢?"他知道,邓洪两个人关系密切,两个人还常住在一个洞子里,邓的意见一般都是同洪商量过的。

韩、解都说,没意见。

彭总将这一兵力部署的情况又报到军委。毛主席批准了这一部署，同时指示，志愿军争取在一个月内，东西两线各打一两个胜仗，歼敌七八个团，将战线推进到平壤、元山间铁路线区域。如能达到这一目的，志愿军在朝鲜就完全站稳脚跟了。

毛主席喜欢说"有仗可打"。就朝鲜战场此时的形势来说，确实是有仗可打，美军在麦克阿瑟主观主义军事思想的指挥下，还在北进。战场对我军十分有利，我军兵力也占优势。西线摆了6个军，东线3个军。只要麦克阿瑟固执己见，确实是要有美伪军好瞧的了！

会后，志愿军司令部的副司令们个个摩拳擦掌，按捺不住内心的冲动，热烈地议论着，大声地笑着，走出作战室，调兵遣将去了。他们感到在第一次战役中我军的拿手戏没拿出来，第二次战役，完全可以拿出我军的拿手戏给美军看看，给全世界看看。战争的前景太可观了！

65. 彭总批评梁兴初"你贻误战机，按律当斩"

11月13日，北部山区又降了一场雨雪，有些地方白雪披在峰峦上，阳光一照，雪光反射，耀人眼睛。天气并不太冷。

上午八时半，一辆辆小吉普开到大榆洞来，志愿军总部突然热闹起来了。只见各军的军长们（有的军是政委），有的意气风发，喜形于色，有的阴着脸，沉默寡言，不愿意与大家搭话。

大凡你是打了胜仗，还是打了败仗，或者打得很不理想，从战后头头的脸上，就可以略知一二。

他们是来参加志愿军第一次党委会的。这次会要总结第一次战役的经验教训，部署第二次战役各部队的任务。

他们过鸭绿江已经20多天了。20多天来，大家都在枪林弹雨、硝烟弥漫中、不分昼夜，连续苦战，人都瘦了一圈，也黑了许多，难得聚到一起啊，难得在一起吃一顿饭呀，美机不放过一个行人，一台车，一个草棚，一缕炊烟，一道车辙。战斗中随时随地都可能牺牲。下次再见时还不知道少了谁呢！

饭前，梁兴初没有估计到彭总会对他发大脾气。因为他是彭总井冈山的老部下。他见到杨迪，笑嘻嘻地问："杨迪，你准备了狗肉没有？"他在6纵队当过师长，所以同杨迪很熟。

杨迪回答："村庄都被炸毁了，我到哪儿去找狗呀？"梁军长说："炒盘鸡蛋也行。"杨迪说:"梁军长,你尽出难题。"

39军吴军长走过来,说"老梁,你不要为难他了,你看这荒无人烟的矿洞子,他去哪儿找狗肉、鸡蛋吃!"大家都笑了。

这时,邓华走过来,说:"给你们打个招呼,这几天彭总的心情不太好,你们要有挨批评的思想准备。"大家伸了一下舌头,不说话了。

吃过晚饭,大家都严肃地走进彭总的作战室,就是大榆洞金矿的那个破工棚,大约有30平方米。

彭总已经黑着脸站在里边了。

军长们一个个向彭总敬过礼,坐到长方桌的周围,邓、洪、韩、解及政治部主任杜平都来了。

作战室门窗紧闭,点着油灯。会议之所以选在晚上开,是为了防空。因为敌机不时地光顾大榆洞。那时候,所有大的军事目标都遭到了敌机的轰炸。志愿军总部有几十部电台,每天都要发出各种信号,敌人利用先进的侦察技术,对电台能很快地测向、定位,判断出大榆洞这个地方是一个大的指挥机关。大榆洞每天都要与北京、沈阳、安东以及各军、师联系,要保持秘密,不让敌人知道是不可能的。这样,志愿军总部挨炸的机会比任何其他指挥机关都多,危险也就会多。所以,总部开会,一般都在晚上。

彭总把各军的头儿们扫视了一下,脸嘟噜着,对邓华说:"你先讲吧。"

邓华手中拿着几张纸,那是第一次战役时各军的战斗资料,是备用的。

他走到大地图前,指着地图,把第一次战役的大致轮廓画了一下,说:"第一次战役我军共歼灭伪6师的两个团,伪8师的两个营,美骑1师8团的两个营、5团的1个营,共计11个营,另有14个营被击溃。40军118师和120师首先揭开抗美援朝的序幕。40军打得漂亮,受到毛主席和彭总的表扬。39军在云山一仗,一下子打掉美军1800人,功绩很大,说明志愿军是完全可以打败美国侵略者的,长了我们的志气,灭了帝国主义的威风。42军打得勇猛顽强,两个师在东线顶住了敌人的多次进攻,完成了牵制东线阿尔蒙德第10军的任务,粉碎了麦克阿瑟企图在江界第10军和第8集团军合围的企图。我们共歼灭敌军1.58万人,恢复了清川江以北全部地区。我军是在朝鲜战局十分危急的形势下出兵的,对美军的作战特点还不清楚,但由于我们战略指导上的正确,达成了战略战役上出其不意攻其不备的突然性,加上战役指导上的灵活机动,针对敌情的变化,彭总多次改变作战计划，使我军始终处于战役主动地位。但是，总的来说，这次击溃敌人多，歼灭敌人少。客观原因是时间仓促，准备不充分，山大林密，道路不熟，语言不通，散敌难俘等。除客观原因外，还有一些主观方面的原因。有的部队在敌我力量相等的情况下，不是采取以小部挡正面，主力从敌后和侧翼攻击，不是首先完全断敌退路。甚至有些同志，还不懂得把自己主力插到敌军背侧攻击，是最有效歼灭敌人的战法。特别是球场战斗，伪军两个团本来已被我截断了退路，但113师只去了一个团，师主力则在离那儿二三十里的地方休息，结果让敌人逃跑了。"

邓华讲到这里略作停顿，彭总的脸上早已充满了怒气，眼睛瞪着38军军长梁兴初。梁兴初不敢正视老总。作战室内气氛有些紧张。

邓华接着说："有些军动作太慢，白天不敢行动，主要是怕飞机，夜晚本来是歼敌的好机会，结果由于对敌人估计过高，又不敢大胆地截断敌人退路，使深入袋形之敌又全部逃跑。对分散冒进、立足未稳的小股之敌的攻击，采取了对强大敌军固守阵地的攻击部署，延误了战机。从战役上讲，军主力未能到位……"

"啪！"突然一声响，长桌上的水杯、墨水瓶什么的，都跳了起来，大家抬眼一看，彭总的脸色发紫了。

"梁兴初！"彭总吼了一声。

梁兴初胆怯地站了起来。

彭总的手指都颤抖了，"我问你，你是怎么指挥的？你38军为什么那样慢慢腾腾、拖拖拉拉前进？你还是主力呢，娘卖的，鸟主力！"

梁兴初吞吞吐吐地说："我，我……"

"你什么？我让你往熙川插，你为什么不插下去？你什么？你是怎么搞的？"

梁兴初含糊其词："我以为……"

"你以为，我告诉你只有一个营，你们硬说有一个美国黑人团，推迟了攻击时间，使敌人跑了。黑人团有什么了不起？娘卖的，39军在云山打的是白人团，黑人团为什么打不得？"

"情报……"

"你的情报是从哪儿来的？由于你们行动迟缓，使球场伪军两个团跑掉了。更重要的是你们没有及时插到价川、军隅里，完成战役迂回、截断敌人后路的任务……"

38军一误再误，误了大事。彭总气得直喘粗气。讲着，他站起来，来回走着，声音也越来越大。38军112师334团的前身还是彭总平江起义的一部分。梁兴初是彭总看着他从战士成长为军长的。他把这支部队指挥成这个样子，彭总能不生气吗？

邓、洪、韩、解以及其他军长们，都在静静地听着。

彭总说："这是入朝第一仗，毛主席三令五申，打好出国第一仗，大家应该克服困难，不怕牺牲，完成志愿军司令部交给的作战任务嘛，应该消灭更多的敌人嘛！39、40、42军，打得都很好，奋勇杀敌嘛，你38军为什么还是一再地推延攻击时间？不仅没有歼灭熙川的敌人，还延误了向军隅里、新安州猛插的时间？这是什么行为？娘卖的！"

梁兴初嘟囔道："不要骂人嘛，情况摸不准……"

坐在梁军长身旁的丁甘如拉他的衣服角，提醒他不要给老总顶嘴。

彭总却听到了，说："你梁兴初没有把仗打好，我就是要骂你！你延误战机，按律当斩！"

梁兴初："我失职……"

彭总又狠狠地往桌子一拍："我彭德怀别的本事没有，可是斩马谡的本事还是有的！"

"请老总杀我的头吧，我贻误了战机……"

梁兴初脸色煞白，口中嘟嘟囔囔地。

彭总圆圆的大脸黑青，坐下自己生气，发出很大的喘气声。

梁兴初也坐下了，耷拉着脑袋，自己也觉得太憋气，38军是主力，老部队从山东打到东北，从东北打到南方，偏偏出国第一仗，就打得这么窝囊，也是交代不过去，彭总批就批吧，杀就杀吧。反正我梁兴初就这一个脑袋！

"还有66军，"彭总抬起头，眼睛盯住66军政委王紫峰。

王紫峰站起来了。

"66军是怎么回事呀，你主力在龟城，美24师怎么悄悄过了龟城？跑到龟城后边的大馆洞去了？我告诉你们，敌人过去了，别让它再回去了，结果还真的又让敌人回去了。怎么回事呀？"彭总的声音缓和下来。

王紫峰回答说："我们担任侦察的连队，自己隐蔽起来了。"

彭总说："叫你们入朝是干什么来了？是来躲飞机的？"

"我们有错误。"

"亏了敌人没发现我们的后方医院,要是发现了、端了,看你66军的脸往哪儿搁。"

"我们做检查……"

"敌人进去,又跑掉,是很不应该的。当然,我们在部署上也有缺点,如果我们不在龟城西北而在大馆洞布防,让敌人更放胆地深入,使敌人的队伍拉得更长,他们退缩的时候也就会慢些。或者将66军主力放在龟城东北,摆在内线,敌人南逃时正好可以截住。虽然如此,但66军不仅没有抓住敌人,而且连敌人的进退都不知道,这也不能不说是个重大错误。"

彭总遗憾地叹了一口长气,说:"你们两个军呀,由于你们没有抓住战机,致使整个战役断敌退路的包围计划未达目的,使歼灭敌人两三个整师的战役计划未能完成。这次战役打得不理想,我彭德怀也有责任,不能把责任完全推给你们。"

邓华见彭老总自己承担了责任,给老总点了一支烟,插话说:"老总,我们也有责任。没有当好助手。好在来日方长,以后还有仗打,这次大家认真总结经验,接受教训,下一次战役,打好就行了!38军的老底子是平江起义的老部队,总还是主力嘛,一定要重振军威!"

彭总抽了两口烟,点点头,赞成邓华的意见,说:"第一次战役就是这样,有的军打得好,有的军打得不好。老部队也好,新部队也好,我这个人向来功过分明,不讲情面。打得不好,我不能说你打得好。"

洪学智说:"老总功过是非分明,大家都看得清楚。"

入朝的这几个军,解放战争时期都是第四野战军的,彭总没有直接指挥过。这次将军们才算真正看出了他带兵的作风!

彭总接着说:"第一次战役尽管有些不尽如人意的地方,总的来说,胜利的意义仍然是很大的。稳定了朝鲜北部战局,使友军得到了收容整训的时间。"

洪学智插话:"我志愿军也站住了脚。"

"是呀,"彭总又说,"出国前,我们对于能否在北部山区打开一块根据地,心里还没数呀,现在我们就站在这块土地上。"

韩先楚说:"敌人不经打,一下就退过清川江。"

彭总说:"我们确实没想到打得这样顺利,当然,如果38军和66军两个军完成任务,胜利就更大了。那多好呀!令人悔很不已呀!这叫作大意失荆州呀！我听说梁兴初说熙川有一个黑人团的情报是在路上听说的。志司通报，你不听，你听路上碰到的熟人的话。这多不应该！"

"是呀。"邓、洪、韩、解、杜也都觉得太叫人想吃后悔药了。

彭总说："最主要的是我军取得了同美帝国主义作战的经验。我们没过江以前，听说敌人是如何的厉害呀，制空权、制海权、现代化装备等等，但经过这次战役，怎么样？美帝国主义也是可以打的。"

洪学智说："敌人离开了飞机大炮，攻也不行，守也不行，战斗力并不强。只要我军充分利用夜间，实行大胆地迂回包围，穿插作战，完全可以歼灭敌人，战胜敌人。"

"对，经过这一仗，部队认识了美帝国主义，克服了恐惧情绪，增加了胜利的信心。"彭总的脸舒展开了，说："还扩大了正义战争的影响！"

邓华高兴地说："对国内人民鼓舞很大呀！志愿军第一次战役推到清川江，影响太大了。对世界爱好和平的人民，对受帝国主义压迫、剥削的人民，都是一个很大的鼓舞。对朝鲜人民军鼓舞更大。他们很快就可以归拢一些部队，有些部队是很有战斗力的！"

66. 第二次战役"牵牛进屠宰场"

夜已经很深了。

彭总的工棚内烟雾弥漫。

邓华几个人烟抽得太多了，只好打开窗子透透气。

司令、军长们在室内略微松弛了一下，会又接着开了。

彭总说："今天晚上，大家别休息了。下边我们布置一下二次战役。现在……"他伸出左手腕看表，自言自语："啊，1点半。"

邓华说："我先讲吧。目前我军的军事指导方针，在我空军、炮兵、坦克尚未得到适当组成前，我们仍采取运动战、阵地战、游击战相结合，内线和外线相结合的方针。阵地战，是包括阵地防御和阵地进攻，不能片面理解为阵地防御。"

彭总接过邓华的话，说："防御是为了节省兵力用于进攻，以劣势兵力牵制敌人优势兵力，采取战国时代孙膑赛马的方法，即以我一个团牵制敌人三个团，集中我三个团歼灭敌一个团，在相等的兵力下造成局部的优势。我们志愿军的防御，大家都要切实注意到，无论从战斗、战役或战术来说，都是积极防御的动作，都不要去打单纯的防御战。好，你说。"

彭总指指邓华。

"关于游击战问题。我军准备在下一阶段，开展游击战。"邓华对42军的吴瑞林说："老吴呀，这个任务交给你军，由125师两个营组织两个支队，深入敌后，抗日战争时期叫敌后武工队。我们派出的游击队是为了配合战役作战，因为我军没有飞机进行侦察以破坏敌人后方的交通运输，我们必须派出游击队，袭击和破坏敌人的后方交通运输，分散敌人兵力，侦察敌情，直接配合作战。"

洪学智说："其他军可以把现有的侦察部队组织起来，携带电台，配合人民军部队和朝鲜地方政府插到敌后，开展活动。"

"开展敌后游击活动，很重要，"彭总说。

"在南朝鲜开展游击战争也很有可能"，邓华说："与现在还滞留在南朝鲜的人民军相互配合。"

彭总对邓华点点头。他对邓华的军事才干是很欣赏的。在第一次战役要结束时，彭总对邓华说："你这个人呀，我早就知道，你胆大心细，能打仗。毛主席、军委选你来朝鲜是对的。"

接着解方介绍了敌军的兵力和动态。美军7个师，2个团、英军2个旅，伪军10个师和1个团，还有土耳其1个旅，泰国、澳大利亚、菲律宾、波多黎各各1个营，加拿大1个大队，共有267000人。其中，西线美、英、韩军8个师，1个旅、1个团，有105000人。东线5个师又1个团，有88500人。敌人二线部队还有4个师、2个旅、5个团、1个营，有73900人。

彭总对大家说："第一次战役，敌人的气焰并没有被打下去。麦克阿瑟还是我行我素，还是按他的既定方针，向北进攻。他下一步的想法很大，准备让阿尔蒙德经长津湖西进，沃克由清川江北上，然后让这两支部队在江界以南的武坪里衔接，形成一个口袋，企图围歼朝鲜北部战场上的志愿军和人民军。他们达到目的后，下一步就是向中朝边境推进，在鸭绿江冰封以前抢占全朝鲜。"

洪学智嘲笑说："这计划很美呀。"

邓华说："麦克阿瑟直到现在还不承认我主力过江。"

彭总沉思了一下，说："我军有我军的打法。我军下一步作战，准备把敌人诱至大馆洞、温井、妙香山、平南镇一线，让敌人进到里面来，在内线打。"

彭总示意杨迪去指地图。

杨迪有些紧张，一指，把地名指偏了，彭总大声说："你指到哪里了？地图都指不准了？"

邓华爱护杨迪，示意他不要指了，退到后面的座位上去。杨迪感觉很懊悔，本来对各军在二次战役中的部署和任务都在地图上研究得很熟悉了，关键时刻闹砸了。

彭总走到地图前比画了一下，说："我把敌人让进来，会给敌人一个假象，以为我们不敢与敌决战，以弱示敌。当然反动舆论会有几天热闹，这没什么关系。待我们打了胜仗，嚣张的舆论就会一扫而光了。下一次战役，同第一次战役一样。第一次战役我们利用了东西两线敌人的缝隙，这次我们在调动部队时，要巧妙地利用敌人的内部矛盾。"

当时，彭总得知东线的阿尔蒙德与西线的沃克有矛盾，灵感马上就来了。彭德怀正好利用你们两个前线指挥官的矛盾。阿尔蒙德本来应该归沃克统一指挥，但麦克阿瑟把阿尔蒙德的第10军划出，成为一个独立方向。沃克指挥不了他。他是麦克阿瑟的参谋长，深得麦克阿瑟的信任，仁川登陆就是他具体指挥的。有了仁川登陆成功的战绩，他的眼里自然不会有沃克了。所以，他们两个人指挥的部队之间仍然有80公里到100公里的长缝。第8集团军东面的侧翼是伪军，伪军战斗力弱，是我军打击的重点。彭总领兵打仗20余载，火眼金睛，一眼就瞅准沃克的侧翼是敌军最脆弱的部位。第一次战役时，42军两个师对美军进行阻击，阿尔蒙德的军队就是没过来，现在我放到那一个兵团，3个军，又有高山峻岭挡着，阿尔蒙德的军队就是插翅也飞不到西线来。所以，他这次要在西线给沃克布置一个大口袋。

彭总想到这里有些兴奋了，说："我们要利用美军两个司令部的矛盾，先让3个军，就是38、40、42军，向东面运动，把敌人的当面让出来，我军运动到德川，宁远那边去，迂回到敌人后面，切断敌人的后路，包围敌人。在内线作战好处很多，一是减少运输补给的困难，二是地形熟悉，三是敌军兵力可以散开，四是敌后交通线容易受到我军的袭击。西线112师在熙川、球场的公路线上边顶边退，把敌人一步一步往北引，使之进入我们的口袋，就是我们做好准备的预定战场，让敌人打背水战，我们有的同志把这种战法叫牵牛进屠宰场。我看这种叫法很形象。"

已是凌晨3点多了。这一夜，工棚内的气氛比较沉闷，人们都因为第一次战役没打好生闷气，直到彭总描述了一下下次战役的美好前景时，气氛才活跃起来。

在场的将军们，都是一些敢打善战的主儿。考虑到往前就有胜仗可打了，他们能不兴奋？能不激动？

韩先楚大声说："好，这种叫法好。"

邓华哈哈地笑了，"老牛愿意也好，不愿意也好，反正得牵着它到屠宰场去呀！"

洪学智高兴地说："这叫作牛鼻子穿环，让人家牵着走！"

这句话逗得彭总也笑了，说："你洪麻子会说俏皮话呀！"

邓华说，"如果敌人不进来……"

"不进来，"彭总接话，"我们只好打出去。打出去有两个办法，一是围点打援，调动敌人，让敌人来增援，在运动中歼灭敌人。二是集中38军和42军从德川打出去，直插顺川、肃川，如果力量不够，再将40军调过去。东线则完全由9兵团负责，歼灭美陆战1师。"

室外天已蒙蒙亮了。

彭总说："天不早了，大家还要赶回部队去。望各军将敌我兵力、优缺点和当前形势与任务，深入传达到全体军人，尤其是党团员，使每个战士都能了解全局情况，发挥每个军人的积极性。"

说到这里，彭总停顿下来了，环视将军们一下，说；"你们都是高级将领，回去以后，一定要精心策划，周密部署。我一辈子打仗，没有什么高招儿，只懂得指挥千军万马，不是儿戏。指挥员多用一分心血，战士就少流一滴鲜血。万万不能以战士的生命去冒险，要知道，当父母知道自己的孩子牺牲了时，那种痛苦和悲伤都是难以忍受的。"

在座的将军们听到这里，深感彭总爱兵之深之诚。

将军们深情地注视着彭总，敬礼，握手，走出作战室。

这时，天已大亮，除山影朦胧，布满晨岚外，山沟里已经能看见人了。

梁兴初耷拉着脑袋走出屋。

邓华走上来，把手搭在他的肩上，说："老梁呀，不要有思想包袱。

总结教训,打好下一仗。"

梁兴初委屈地说:"彭总不让我解释呀。"

邓华说:"彭总要求部队严,但不是脱离实际。他是实事求是的。他对地理很熟悉,天天在研究、琢磨。他交给你的任务都是经过努力可以达到的,不是经过努力达不到。他不会提不切实际的过高要求。经过努力可以达到,可以完成任务,你不去完成,那他不答应,当然不能答应。叫我邓华当司令,我也不能答应呀,你当司令也不会答应。112师或113师,完不成任务,你能高兴?"

梁兴初长出了一口气,不吭声了。

邓华拍拍他的肩膀,又说:"你老兄打熙川,蹲了一天一夜才打,太不应该了!你要是打到熙川,往下插,没插到位,彭总也不会这样严厉批评你呀!"

梁兴初摇摇头,一副不堪回首的样子。

邓华走了以后,他在墙角蹲下了。

这时,杨凤安从作战室里出来,看见了他。

"梁军长,走呀,吃饭去。"

梁兴初气呼呼地说,"还吃饭,要杀我的头呢!"

杨凤安笑了,说:"那是彭总的气话,还真杀你的头呀?走吧。"

杨凤安把梁兴初拽起来,到饭堂去了。

吃饭时,梁兴初同洪学智一个桌。洪学智见他情绪很低落,问:"怎么,心里还生气呀?"

梁兴初说:"洪司令,我们38军可从来没打过这样窝囊的仗呀!我也从来没有挨过这样严厉的批评,的确心里很难受。"

"你们插得太慢了。"

"我们往前插时,确实有困难,插不动。当然,情况我们也没搞准。"

洪学智安慰他:"老梁,这次没打好,下次好好打!"

梁兴初提高声音,说:"请洪司令看吧,下次我们38军一定打出威风来!我要给彭总看看,他亲自带起来的38军是不是主力,梁兴初是不是胆小鬼!"

十五　二次战役以弱示敌，彭德怀派韩先楚到 38 军督战，确保"迂回到位后，没有我的命令，不准后退半步"；38 军完成三所里关门打狗任务

67. 彭总下令志愿军部队大步后撤 10 公里

军令如山倒。

志愿军各军的主力在向后转移，只以部分兵力节节阻击。整个战场上，志愿军呈现后缩态势。

担负牵牛鼻子的 112 师，是从飞虎山牵起的。

飞虎山，在价川东北，山高林密。山麓是平壤通往鸭绿江南侧重镇满浦的公路，敌人的摩托化部队必须经过这条公路，才能向球场、江界、满浦方向攻进。志愿军领导就把抗击敌军的任务交给了 112 师（师长杨大易）。112 师把 335 团（团长范天恩）放到飞虎山了。

从 11 月 6 日开始，飞虎山成了敌我双方众目所瞩的热点，也成了世界媒体的热点。伪军第 7 师和美军一部在飞机、火炮支援下，向飞虎山发动了 57 次冲锋，其激烈拼死争夺的情景可以想见。麦克阿瑟在东京不是正在做东西两条战线分进合击的美梦吗？我军却在这儿卡住了他的喉头。他气不通呀！美军打得飞虎山硝烟弥漫，大火熊熊，沙石飞舞。初冬天气，山岭上气温硬是增高了十几摄氏度！112 师部队却像焊在山峰上一样，岿然不动。志愿军官兵打得壮烈，打得顽强。副班长赵才山失去一臂，还向敌投手榴弹。战士张玉和失去双手，还往返于山峰阵地之间传达命令！就这样，在敌人拼死争夺，而我军不想放弃时，飞虎山仍牢牢地掌握在我军手里，335 团毙伤俘敌军共 1800 余人。

战斗是战役的构件，战斗必须服从整个战役。

彭总认为 112 师顶得差不多了，到了火候，应该放弃。112 师后撤到了九龙里一线。九龙里东侧有一无名高地。范团长判断敌军一定会抢占此高地。他命令 1 连 1 排打退敌人第一次进攻后，悄悄地撤离。然后，他用

望远镜观察无名高地情况。在1连1排撤离后，敌军用猛烈的炮火轰击高地，然后步兵蜂拥向高地发起冲击，冲上高地后发现志愿军已经无影无踪。这时美军战斗机飞来，对准无名高地一阵猛烈轰炸和扫射，阵地上一片鬼哭狼嚎声。范团长自己笑了个人仰马翻！

112师放弃飞虎山之后，39军115师又放弃了博川。在东线我军又放弃了在一次战役中鲜血洗过的黄草岭、赴战岭。11月10日，东西两线敌人向北推进。可是敌人的行动十分缓慢，走走停停，几天才前进了9公里到16公里，距离我们为他们准备的墓地还远呢！

彭总的作战室，将军们根据新的情况，又在研究新的作战部署。

"敌人接受了上次冒进的教训，小心多了。"韩先楚对彭总说。

彭总侧身沉思。

洪学智问："是不是112师顶得太硬了，把沃克吓住，对我们是不是小股部队产生了怀疑？"

彭总说："沃克的作战经验丰富，他比麦克阿瑟冷静，他很可能是在战场上对此事产生了怀疑。"

当时，沃克确实是产生了怀疑，他质问他的情报部门："你们不是说只有中共的小股部队吗？小股部队怎么这么厉害，这么能打呀？"但是，东京的麦克阿瑟对沃克的怀疑置若罔闻。

邓华有些着急，布置好的口袋，敌人不往里钻，怎么办？再好的口袋，也没用呀！

"照这样子，敌人什么时候才进我们的攻击线？"

"那怎么办？"彭总问。

洪学智说："干脆，我军连小规模的阻击、反击也放弃，大步后撤。"

彭总点头说："同意这个意见。舍不得孩子，套不着狼。我的意见，不向前来的敌人进行反击，主动再大步后撤10公里。电令各军，停止反击，再大步后撤10公里！"

解方说了声："好。"

彭总又想到，假如部队后撤，让敌人看出我军的动机，反为不好。他又嘱咐解方："通知各军时，让各部队在撤退的时机和方式上，一定要掌握好。要表现出我们是打不赢他们，撤退了，他们才能放心地往我们的预定区域推进。"

解方到作战处布置了任务，我军继续北撤，西线主力转到云山、球场以北，东线主力也在柳潭里以西和西北地区集结。42军主力向宁边东北地区转移……

　　与此同时，彭总指示39军吴军长和徐政委释放一批在云山俘虏的美军战俘。11月20日，39军给100名有伤有病的美军战俘发了路费洗了澡，对他们说：志愿军太困难了，缺粮缺弹，运输线被你们打断了，我们不打了，准备回国了……然后把他们放在前沿的公路上，让几名俘虏先过去通知美军过来把战俘领回去了。在嘎日岭、杜日岭、球场地区，志愿军部队把伤病战俘用担架放到公路上，通知美军来领。俘虏感动得热泪盈眶，用英语喊："我们永远不会忘记你们！"

　　这天，大榆洞一带降温，树叶都落了，光秃秃的。
　　彭总正在室内看文件，杨凤安进来告诉他："苏联顾问拉佐瓦耶夫来见你。"
　　"来见我？"彭总抬起头来，有些惊讶。
　　"是的。"
　　"那叫他来吧，邓副司令参加一下，叫毛岸英也过来。"
　　彭总把案子上的文件都收捡起来，走进他的作战室，不由自主地又站到地图前，瞅起地图来。
　　毛岸英先进来了。而后，邓华也来了。
　　彭总瞥了毛岸英一眼，问："你们那边潮不潮？"
　　毛岸英说："还可以。我和杨凤安是大通铺，铺了一些稻草。"
　　彭总拍拍腰，拍拍腿关节，说："我就怕潮呀。过去打仗时，落下了关节炎。"
　　"彭老总，你要注意身体呢。"
　　"我都年过半百了，活不了多长时间了，你们年轻人，要注意，可别像我落下这关节炎。"
　　这时，杨凤安领着拉佐瓦耶夫走进来了。
　　拉佐瓦耶夫人高马大，身体壮实，红脸，眉毛很重，秃了顶。
　　他一进门通过毛岸英翻译就问："彭德怀司令员，我想问问你，美国和南朝鲜军队既然大败，志愿军为什么不乘胜追击敌人？"
　　彭总凝视着这位顾问，说："我们有我们的考虑。"
　　"你们志愿军不但不追击敌人，近几天还连续后撤，把已经占领的地盘又让给敌人,这是什么道理?第 8 集团军已大踏步北进了!"

拉佐瓦耶夫说的也是事实。但他只看到了表象,不知道这其中的谋略。我军一退再退的行动,使敌人产生了错觉。麦克阿瑟和他的情报处长威洛比以为美军所实施的空中战役,已迫使我鸭绿江北岸的支援部队不能过江,不能进入已被封锁的山区战场,而我在朝的兵力不过六七万人,不是一个"不可侮的势力",于是便全线猛攻。我西线 6 个军已分别退至定州、泰川、云川、宁边以北一线。看到这样的态势,完全不懂得毛泽东军事思想奥妙的拉佐瓦耶夫坐不住了,他以为他背后有斯大林撑腰,所以气势汹汹地从他们的驻地跑到大榆洞来,质问我军的前线指挥官。

彭总心平气和地解释说:"拉佐瓦耶夫同志,关于这次作战方针,都是请示过毛泽东主席的,是毛泽东主席批准的。我军装备落后,又没有制空权,所以,不能打阵地战。我军的长处是打运动战。假如苏联可以出动空军支援志愿军作战的话,那么,我军倒是可以试试打阵地战,但我军打阵地战,也不同于你们苏军。"

拉佐瓦耶夫听了毛岸英的翻译后,有些生气,好像彭德怀把他的嘴堵住了一样,说:"我们正在研究给志愿军的援助问题。"

彭总蔼然可亲地回答:"我希望你们果断地做出决定。"

拉佐瓦耶夫说:"我希望你重新考虑你们的作战方针。"

"不行了,我没有这样的权力。况且部队已经都快到位了,战场上是不能闹儿戏的。"

"我要向斯大林同志报告中国军队的表现。"拉佐瓦耶夫发脾气道,"你们是怯战,胆小!"

"我要对我们的军队负责。"彭总回答说。

拉佐瓦耶夫气呼呼地走了。

苏联顾问走后,彭总的心里久久不能平静。叫你们出动飞机吧,你们这个顾虑,那个顾虑。我志愿军在无制空权、每天都因敌机的狂轰滥炸而减员的情况下,打了第一次战役,经过连续 13 个昼夜的艰苦作战,把敌人打过了清川江。我军歼敌机会已失,部队所携粮弹也消耗殆尽,如再渡江继续进攻,就要陷入不利地位。考虑到我军实力未完全暴露,敌军主力也未受到严重打击,为保持主动地位,决定停止进攻,结束战役,以图再战。这完全是我军的事情,与你们何干?我心里是有本账的。麦克阿瑟不占领朝鲜是不死心的。我军如果与敌军硬顶,非吃亏不可。我军唯一的选择是避其锐气，故意示弱，迷惑敌人，诱敌深入到预定地区，分散敌军，在运动中寻机包围，歼灭敌人。你们却出来说三道四。老夫打仗，叫你来督战？娘卖的，有本事，你们来打一打！

他把这件事情报告了毛泽东主席。

毛主席在中南海把此事同周恩来、朱老总、刘少奇等领导通报研究后，指示彭总应该再找拉佐瓦耶夫谈谈，以交流情况，统一认识。彭总又把他从鸭绿江边的满浦请了来。彭总说："经过第一次战役，我军取得了一些经验，我们打夜战、近战和实施战役迂回，切断敌人后路，是趋利避害，扬长避短，这也是战胜有现代化装备美军的有效战法。我军下一次战役，仍然准备采取诱敌深入，迂回包围的战术。所以，我军才安排目前这种阵势，且战且退，佯装败北，以出其不意地杀回马枪。"

拉佐瓦耶夫大概也将此事报告了斯大林，他这次谈话态度很温和，听了彭总的解释后，没有再提出什么意见。

苏联客人走后，彭总在室内思忖：在战争中，战役计划很好，设想也很好，但是打起来，往往就会出现这样那样的问题、困难，不能尽如人意。第一次战役计划也是好的，但是，哪里会想到38军反而没打好呢？主力军嘛，66军连敌人的来去都不知道呢。这都是意外，叫人懊悔不迭哪！下一次战役还会出现什么意想不到的情况呢？会不会出现某些部队怕敌人的飞机，不敢运动，到时候穿插运动不到位的情况呢？下一战役的关键，还是大胆迂回穿插。要采取一些必要措施，一是使迂回穿插到位，二是即使确实由于某些客观原因不能到位，也要有临时补救的办法，确保不能让敌人跑掉，他走到地图前，拿着带把的放大镜又看起来……

战场形势一步步发展。志愿军节节后退。麦克阿瑟判断，中国人不敢继续作战了，并且认为他们的空中战役已经生效，封锁了朝北战场，切断了志愿军的补给。美军是老大，你几万名中国军队敢与美军打仗？他命令沃克放胆前进。东线美步兵7师先头团已进占了鸭绿江边的惠山。西线美24师到了嘉山，骑兵1师进到宁边北的立石，南朝鲜第7师东移德川，第8师进至宁远，都到达了"攻击开始线"。东西两支部队企图在江界以南的武坪里衔接，形成一个口袋，围歼在朝鲜北部的志愿军（不知美情报部是否已知此时江界是北朝鲜党政主要领导的集结地），在鸭绿江冰封以前占领全朝鲜。

美伪军向北推进时，美军的一些指挥官和美国国内一些人，曾对美伪军的攻势提出了异议,但这并没使麦克阿瑟产生任何怀疑。他说:"任何不实施进攻的计划都将彻底瓦解我的军队的士气,它产生的心理上的影响将是不可估量的。" 11月21日,时任美军陆军副参谋长的李奇微在马歇尔召开的研究朝鲜战局的会议上说:"麦克阿瑟让西线第8集团军与东线第10军之间露出80余公里间隙的进攻部署,简直像一个没有军事常识的见习参谋所为。这就会给敌人提供穿插迂回的机会。"但没人接他的话,也没有人敢对天才军事家的部署提出异议。

11月24日早晨,麦克阿瑟乘坐斯卡帕喷气式专机,降落到清川江南岸沃克司令部一侧的临时机场。沃克带领一大群高级将领迎接。一大群记者在等待。麦克阿瑟主动走向记者宣布:"圣诞节前强大攻势马上就要开始。我已向第24师官兵们的妻子和母亲们打了包票,让孩子们在圣诞节结束朝鲜战争,回国团聚!"然后他转脸对沃克说:"你可别叫我当骗子噢!"

68. 彭总杀向敌军"第一刀"

这时,我军各部队已按照预定作战方案转移到了集结地域,以逸待劳,休息整顿,恢复体力,补充给养和弹药。

洪学智又找东北军区后勤部派驻志司管后勤的张明远、杜者蘅研究了加强后勤保障的一些具体问题。

"彭总呀,"洪学智对彭德怀说,"我们又组建了一个后勤分部,对原来的3个分部充实了人力和器材。"

彭总说:"铁道兵呢?"

"铁道兵第1师已入朝了,抢修铁路,各军的工兵正在抢修公路……"

彭总说:"把邓华、韩先楚、解方都找来,我们研究一下。"

邓、韩、解很快来到作战室。

彭总指着地图说:"敌人是进来了。英27旅指向新义州、美24师指向朔州,美骑兵第1师指向碧潼或昌城,伪军8师经熙川进入满浦。比第一次战役时,美军增加了8万人。增加的主要是美英军。仍然采取沿交通线多路分兵冒进。绝大部分兵力在第一线,预备队兵力薄弱。加上东西两线分离,指挥不统一。美军的后方空虚,侧翼暴露。很有利于我军实施战役迂回,截断敌军的后路和补给线。"

解方和韩先楚都说该动手了。

彭总说:"待敌人进到熙川以南妙香山一线,我军即可动手。38、42、40军从侧翼实施侧翼攻击,歼灭该敌,占领德川、宁远后,向军隅里、三所里、肃川方向插进,断敌退路,打开战役缺口,造成整个战役扩张战果的战机。然后……"

"然后再打清川江西岸的敌人。"邓华接话。

"对。东线9兵团的主力,在长津地区也同时歼敌。"

这时候,彭总瞅了韩先楚一眼,若有所思。他在想指挥所是不是前移或者自己到前线指挥。邓、洪、韩、解都不同意。他又考虑是不是派一位副司令员到前线去,组成一个临时指挥所?叫指挥也好,叫督战也好,反正得去一个人。必须保证不折不扣地实施志愿军司令部确定的作战方案,再不能出现第一次战役时38军那种完不成任务的情况了。下一次战役是关键一役,如果能歼灭美伪军几个师的兵力,麦克阿瑟就神气不起来了,我军在朝鲜就主动多了。那么叫谁去呢?

他把自己的想法说了,邓、洪、韩都争着上前线去。邓华不能去,洪学智也离不开,他负责司令部和后勤工作,韩先楚去比较合适。

"彭总,我去吧。"韩先楚一再请求。

彭总与韩先楚四目相对说:"那就你去。"

韩先楚是非常能打善战的,指挥打过许多大仗、恶仗。他离座站起,十分有把握地说:"我一定完成任务!"

按照彭总的部署,我军要首先攻击第8集团军薄弱的右翼伪军第7师,扩大麦克阿瑟东西两线难以相顾的弱点,任务是38军和42军攻克德川的南第7师。然后要不顾一切向价川、三所里实施战役迂回,切断敌军退路。

韩先楚立即到达了38军前指。38军在隆仙洞村召开了团以上作战会议,韩先楚副司令员讲话,要求38军要认真总结第一次战役的经验教训,正确对待彭总的批评,打好第二次战役。

梁军长在会议上没有批评他的师长们,他说:"第一次战役38军没有打好,主要责任在梁兴初,对不起全军的广大干部战士!我相信38军是不会服输的,会拼出老命打好下一仗,打出我军的威风来,向毛主席和祖国人民报喜!"

他在会上这么一说，坐在下面的3个师长杨大易、江潮、翟仲禹听了心中很不是滋味！责任怎么能由军长一个人承担呢？是我们师长没打好呀！前卫师113师师长江潮感觉自己要负责任，自己是前卫师师长嘛！

韩副司令对梁军长说："老梁，攻下德川是二次战役杀向敌军的第一刀！成功与否至关重要。42军先配合你军打德川，然后再打宁远。"

梁兴初脖子一拧，回答："打德川我们包了！42军该干什么干什么！"

韩先楚问："军中无戏言？"

梁军长回答："绝无戏言！"

正好此时彭总来电话了解情况。韩先楚报告："梁兴初要单干，包打德川。"彭总那边"啊"了一声。韩先楚补充说："38军要包打德川，42军可以同时打宁远。"彭总说："梁兴初好大的口气！"韩先楚回答："是，口气大。"彭总说："我要的是歼灭，不是赶羊。他准备多长时间拿下？"梁兴初"噌"地一下从韩先楚手中拿过话筒，大声回答："我要包第7师的饺子！时间是25日黄昏发起，26日一天结束战斗！"话筒里发出"哒哒"的声音，然后彭总说："让韩先楚听电话！"梁兴初把话筒交给韩先楚。韩先楚叫一声："彭总。"彭总说："让他干吧！"

11月24日晚间，梁兴初和刘西元按照路程远近，命令江潮、于敬山率领113师于25日17时由现地出发，穿插到德川南侧，切断敌人后路，由南侧向德川进攻；112师由杨大易、李际泰率领提前一个小时出发，经德川西侧，穿插到云松里由西向德川发起攻击；翟仲禹、李伟率114师晚3个小时从正面向德川猛攻。梁兴初把作战方案报告了韩先楚副司令。韩先楚说："好，就这么打！"

梁兴初把军部侦察科副科长张魁印叫来，说："给你一个任务。你与113师侦察科长周文化带两个连，两个工兵排，配英朝语翻译，300多人，组成军先遣队，在朝鲜平安南道内务署配合下，秘密潜入德川以南，在26日上午8时以前，把德川通顺川、平壤的武陵桥炸掉！你敢不敢去执行这个任务？"张魁印脖子一梗，说："那有什么不敢的！"梁军长一摆手说："那就出发吧！"

梁兴初把江潮和翟仲禹两个师长叫来军部，闲言少叙，开门见山，说："你们3个师长，杨大易路远来不了，我用电话讲清楚了。德川一仗，是整个战役的突破口。我向志愿军首长保证了，一天拿下德川！你们谁打不好，谁就别来见我！"说罢自己把脸扭到一边去了。江潮和翟仲禹心中一沉！

25日黄昏，总攻德川战斗开始。112师未及休整，不顾疲劳，翻越白雪覆盖的兄弟峰，翻过大山就是胜利！杨大易下命令，"途中谁恋战误点，谁负责！"途中打掉敌人一车队，车队运的是鸡。战士们饥肠辘辘。有人说吃了鸡再走吧。杨大易说谁吃鸡就毙了谁！抓到俘虏的办法是把他们手脚捆住扔到路旁，待打下德川再说。不料抓到几个美国军官顾问，把他们抬走了。到第二天清晨5时准时切断了德川敌军西逃的退路，切断了南朝鲜第7师与美25师、土耳其旅的联系。

江潮是河北定县人，早年参加东北军，1938年参加革命，抗日战争中曾任团长，解放战争中曾任军参谋处长。他与政委于敬山商量，一定把第二次战役打好！他们带领113师巧妙地从伪第7师和第8师接合部穿过，晚上9时到达大同江边，顺便歼灭了烤火的一股敌人。然后两个师首长脱下棉衣棉裤，"扑通！""扑通！"跳入冰冷的江水之中！338团指战员浑身冻得发麻，刚刚上岸，即见一个营的敌军要抢占大同江渡口。一阵激战，活捉俘虏140余名！南朝鲜俘虏一直在瞅这些仅穿裤头的志愿军！

26日上午8时，113师快速穿插德川之南，途中粉碎了敌军4个营的拦截；在莎坪村歼灭了南7师第15营榴弹炮营，缴获榴弹炮11门，完全切断了敌军德川与宁远的联系，切断了敌军南逃顺川的后路。

114师在师长翟仲禹和政委李伟的指挥下，25日20时，从德川正面猛攻伪7师的防御阵地，攻势十分凌厉，先后攻占堂洞北山、铁马山、三峰、发阳洞北山、斗明洞、马山里地区，把南朝鲜第7师压制在狭小的城区，动弹不得。在南坪站地区歼灭敌军4000余人。南第7师多次向沃克求救，沃克回电："不理会这种无碍大局的骚扰。"南7师师长大骂："婊子养的美国佬！"

梁兴初派出的炸武陵桥的张魁印先遣队24日黄昏出发，摸到敌军阵地时，遍地都是铁丝网，黑暗中发现一处山崖可以勉强爬过。爬过后立即掉到河里。穿插到一个离大同江不远的小镇，有一敌人出来撒尿，先遣队即随此人回屋，敌军正在睡觉，"嗒嗒嗒"，把敌人全部击毙。来到江边，从俘虏口中得知大同江还有一条水下桥，有敌人守着，但守军正在玩牌赌博。张魁印命朝鲜语翻译用朝语大声说："快把鞋脱了，马上过江！"守军听了也不理睬。先遣队顺利过了江，在朝鲜老大爷和一个小姑娘的帮助下，找到了武陵桥，朝鲜村民们给先遣队找来绳索和梯子。26日清晨7时50分，武陵桥飞上了天！南7师发现武陵桥被炸毁，企图修复，美军飞机以为南朝鲜军是志愿军，反复猛烈轰炸，南7师伤亡惨重！

电影《奇袭》叙述的就是张魁印小分队炸毁武陵桥的故事。战争产生战争文学。直接从抗美援朝战争中成长起来的著名作家魏巍、孟伟哉给我们贡献出了《谁是最可爱的人》《东方》和《昨天的战争》。魏巍入朝前是总政宣传部学校教育科科长，接受组织派遣到朝鲜了解美军俘虏的思想状况，以便针对性地对敌展开政治攻势，结果被最可爱的人的精神感动升华为不朽的文学作品。孟伟哉是第3兵团60军180师538团排级文化干事。他在战壕里在阵地上亲历了第五次战役3兵团部队与美军作战的残酷和激烈的强度，他随180师第2梯队在美军封锁下强渡汉江突围成功。牺牲在三千里江山的战友们一直在给他述说，责任感和激情的驱使，使他给社会奉献了《昨天的战争》一份真实的战争记录！这两位反映抗美援朝战争的作家都受到洪学智副司令员的赞许和接见。

26日下午3时，梁兴初下令总攻开始，南7师师部、第5、第8联队（团级）5000余人恰似网中之鱼到处乱窜。336团5连指导员和17名战士遇到2000余敌人如潮水一般涌来，立即开火，敌人落下200多具尸体，掉头往回跑，被另一路志愿军战士打散。经过一昼夜激战，38军俘获敌人2087名，俘虏美军顾问8人，其中上、中校各1人，6名少校。韩先楚和刘西元乘美式吉普进入德川城，见到美军顾问团团长根波中校，问他有何感想？他说："真想不到你们反击组织得如此巧妙，我们简直是在梦中就当了俘虏！"

其间，韩先楚到了42军指挥所，对拄着拐杖的吴瑞林说："梁兴初包打德川了，说不需要42军配合。42军该干什么干什么！"

吴军长说："呵，梁大牙口气不小呀！我吴瑞林就是再瘸一条腿，也要拿下宁远！"吴瑞林和周彪仍然是运动中迂回穿插分割。126师（师长黄经耀、政委车学藻）要起两个作用，一是迅速穿插龙德里、孟州里一带，切断宁远伪8师退路，二是阻截孟山、北仓、龙泉里敌军北援；124师（师长苏克之、政委李铁中）从宁远东南攻占德岩里、石幕里等，然后向宁远总攻；125师（师长王道全、政委谭文邦）担任北面主攻。25日23时，125师375团从西面突破成功，373团突入直里一带，保障了主攻宁远的侧翼；374团首先潜入敌人阵地前沿10米，捅死哨兵，扑上敌阵地。南8师官兵猝不及防，纷纷逃命。在城内一座小楼内，伸出一条白毛巾，然后17名美军鱼贯而出，其中有几个漂亮的女军人。一个昼夜的穿插、包围、激战，42军攻占了宁远城，歼灭南8师第10团、第21团全部及第16团两个连4700人。

吴军长一瘸一拐地去见韩副司令，见面拍拍自己的好腿，说："报告司令，宁远打下来了，我这条腿还是好好的！"

1949年2月16日，大军撤离北平南下时，吴瑞林曾经是韩先楚的副军长。这时，韩先楚拍拍吴瑞林的肩膀，说："老吴，我就稀罕你这股子劲儿！"

德川、宁远两城被攻克，美国广播公司就向全世界播出一条新闻："韩国第2军团业已被完全消灭，再也找不到2军团的痕迹了。"

与此同时，40军配合38军向球场以北之美2师发起猛烈攻击，在新兴洞歼灭其3个连，在苏民洞歼灭200余人。然后根据彭总命令，转向球场、价川。50军和66军分别向博川、安州、宁边、价川突击。39军3个师从25日开始，115师攻占了云山东侧的南山洞，116师攻占了龙兴洞。这一带对39军来说是一个熟悉的战场。116师347团在柴山洞发现美25师24团正在撤退之中，一阵炮火拦截，敌军倒下一片。在重重包围之下，美军官兵退入一狭窄山沟树林中，116师山炮连对准树林子"咚咚"一阵猛击，然后我军翻译喊话，此时有两个黑人士兵打白旗走出树林，我方4连黄有和班长出去受降。不料，美军背信弃义，将黄班长射杀。美军的行为激怒了4连指战员，山炮、手榴弹、机枪等一阵猛烈火力，美军又倒下一片。这时，一黑人士兵举一白纸，上画一个黑人士兵，还有数字。是美军连长斯坦莱。我方翻译问："你们部队番号？"答："美军步兵25师24团C连。"问："人数？"答："148人。"问："你们为什么搞假投降？"答："黑人弟兄不愿意打了，白人反对，是白人打的。""这次是真投降？""是真的，没饭吃了。""你向黑人弟兄喊话出来吧！"这样，116师争取了美25师1个连115人的投降。

69. 彭总默默地念叨："岸英，你年纪轻轻的……"

第二次战役发起前，毛岸英参加了对我军抓获的第一名美军俘虏莱尔斯少校的审讯，担任翻译。审讯后，他在作战室先整理了审讯的笔录，又按彭总的指示，写一个通报，把莱尔斯提供的情况通报全军。这时杨凤安走进来，问："毛秘书，通报起草得怎么样了？"

毛岸英打了一个哈欠，说："差不多了，就剩下个尾巴了。"

杨凤安关切地说："我们出国30多天了，你爸爸可能惦记你呢。你写封信吧，把记录稿给你爸爸附上，也算是你的汇报吧。"

毛岸英说："我是该给爸爸写封信了。"

这一天，美机光临了大榆洞，先是来了4架，在大榆洞的上空盘旋。其间，扔下两次炸弹，把山坡上的变电所炸掉了。

黄昏时，美国野马式侦察机又飞来了，像是目的很明确似的，在高空游弋了一阵，然后飞走了。

志愿军司令部进住大榆洞后，美机不断光顾，引起了党中央的注意，不断来电，让他们注意防空和安全。

洪学智因为分管司令部和后勤，所以防空问题也让他管。美机的行动引起了他的注意。

"既然轰炸机炸了大榆洞，侦察机为什么接着又来呢？"他觉得此事有些蹊跷。根据入朝一个多月的经验，凡是敌人侦察机转过的地方，第二天准挨炸。

他想到毛主席和周总理多次指示志愿军司令部要切实注意安全的电报："你们的指挥所应建筑可靠的防空洞，保障你们司令部安全。你们现在的位置不好。你们指挥所应速建坚固的防空洞。请你们充分注意机关的安全，千万不可大意。"毛主席、周总理对志愿军司令部的安全牵肠挂肚！邓华和他因为这个问题，还专门向中央军委发电请示。后来党委分工，让他负责此事，他得找邓华商量一下怎么办了。

"伙计，我看不对劲儿呀，"他匆忙地找到邓华，说："明天敌机肯定会来炸大榆洞，研究一下防空吧？"

"那你去叫老总吧。"

"老总呀"，洪学智跑到彭总屋内，说："敌机今天来侦察过了，明天可能要来轰炸，邓华让去研究一下防空问题。"

彭总沉着脸，说："我不怕美国飞机，也不躲，我不去开会。"

洪学智摸摸头，没法子，只好回来告诉邓华，说："伙计，你知道老总的脾气，你还叫我去叫，老总一听说防空、躲飞机，就很不高兴。"

邓华笑了。

"你呀，你！"洪学智指着邓华说。

邓华说："老哥，甭说了，把解方、杜平叫来吧。"

邓、洪、解、杜经研究后决定：志愿军司令部机关干部、战士，明天天亮以前吃完饭，天亮以后不准冒烟，一律进防空洞，疏散隐蔽。

第二天只有一个人不服从决定，就是彭老总。邓、解、杜都不敢去叫，一致意见让洪学智去叫。洪学智进了彭总的办公室，说："老总呀，进防空洞吧，敌机可能马上要来。"

"哪个要你多管闲事！"彭总不予理睬。

"出了事就晚了，老总！"洪学智着急呀。

"来朝鲜是来躲飞机的吗？"彭总厉声问。

洪学智一看天已亮了，他怕彭老总被炸，上去就从背后把老总抱起来，招呼警卫员郭凤光、黄有焕快来帮忙。这样几个人且拉且拽，且扶且搡，勉强拉着彭老总上了山。

"我的地图呢？"半道上，彭总嚷道。

洪学智说："都拿上去了，快走吧，老总。"

邓、解、杜见洪学智把老总拉上来了，心中一块石头才落了地，对洪学智说："跟老总下盘棋吧。"

邓华对杨凤安说："赶快把火烧旺一些。"

棋摆起来，彭总脸上才舒展开了，"娘卖的，咱就下一盘吧！"

邓、解、杜围着助兴。

这时，杨凤安见毛岸英披着杨凤安的呢大衣同高瑞欣又下山了。

"喂，你们干什么去？"

"下去取东西。"

"赶快上来，敌机马上就来了。"

"马上就回来。"两个人跑下山去了。

转眼间，敌机直飞大榆洞，连盘旋也不盘旋，对准彭总的房子和作战室扔下几颗凝固汽油弹。成普曾经给洪副主席画了一张示意图。首长批转给了作者。彭总的作战室呈东西长方形。门口在西南角。毛岸英、高瑞欣坐在会议桌后排；成普和警卫员坐在南面。成普坐在靠近作战室的门口，一个鱼跃从房子里冲了出来，脸上烧焦了一块，抓了一把雪捂上了。毛岸英和高瑞欣在作战室大会议桌的后排，没能跑出来。

彭总以为大家都安全撤到山上来了，当敌机飞来时，他们无心下棋了,都站在洞口看飞机。彭总问杨凤安,都出来了吗?杨凤安说,好像高瑞欣和毛岸英没跑出来。彭总的脸顿时严肃了,说:"快去看看!"但这时两位同志都已牺牲了。

彭总快步走下山站在荡然无存的作战室前,呆呆地看着两具烧焦了的遗体,半天说不出话来。

两个烧焦的尸体一大一小,在大尸体的旁边有一块手表,大家知道那是毛岸英的。

人们把彭总拉到山上后,他还默默地念叨:"唉,为什么偏偏把岸英给炸死了呢?岸英呀,你非要随我来,你说你有战争经验,你说你参加过苏联红军,参加过苏联装甲兵部队,是上尉,哪想到你年纪轻轻的……"

高瑞欣是彭总在西北时的作战参谋,彭总用得很顺手。彭总入朝时,他正结婚,新婚之后,到19号才入朝的。同一天,张养吾回国去了。志愿军司令部的同志习惯叫他"高参"。

"高参"和毛岸英之死,使彭总许多天内都陷在深沉的悲痛之中。沉默寡言,郁郁不乐。

吃中午饭时,杨凤安几个人已经把彭总的东西搬到作战处的隧道里去了。原来的作战室已经是残垣颓壁,炸得不像个样子。在隧道里作战处东面用苇席隔开一角,放了一张行军床、一张小桌子,这就是志愿军司令员兼政委的办公室。

70. 第二次战役的关节点

这时,进入思维盲区的麦克阿瑟果然中了彭德怀的拖枪佯败计。

他在东京帝国大厦衔着大烟斗,得意扬扬地说:"联合国军,猛烈的钳形攻势已经开始,全面的空中突击均已达到了目的。"

他说,阿尔蒙德的东线部队已达到一种控制性的包抄形势。沃克与阿尔蒙德两路虎头钳部队正在完成压缩和合拢,对在北朝鲜作战的赤色军的庞大压缩与包抄行动现正接近它决定性的努力。如果这个攻势获得胜利,实际上就可结束战争。

在他看来,他一生的军事生涯最辉煌的时期要到来了。仁川登陆成功已经令世人吃惊了,我再来一个圣诞节总攻势,占领全朝鲜,进而再进入中国东北,全世界舆论界都得惊呆了。

11月25日上午10时,这位总司令在十多架战斗机的护航下,乘专机到朝鲜半岛北部山区战场,亲临前线指挥。他叼着一个大烟斗,俯瞰大雪覆盖的朝北山区,要亲自侦察一下朝鲜北部的地形并寻找中共军队行动的迹象,可是,他见到的是"广阔无垠、十分荒凉的乡野,起伏不平的山丘和张着大口的裂谷"。哪有中国军队的影子呀!中国军队打仗的目的是有限的,至多是为了保卫鸭绿江上的水丰发电站。他的飞机到了清川江以北,又飞到鸭绿江南岸的新义州。这时的新义州已经被他炸为废墟了,鸭绿江中碧绿的江水被无声无息的厚厚的冰雪掩盖着。从清川江到鸭绿江,这位司令一点也没发现中国人的影子,他有些忘形了,忘了军事尚秘的常识,他在空中对他的地面部队广播了,说:"中国人现在没有参战,战争在两星期之内就会结束,要迅速打到鸭绿江,回去过圣诞节。"

这样,沃克和阿尔蒙德便放胆地推进了。总司令都亲自侦察过了,还有什么理由停滞不前呢?一向谨慎的沃克也只好迅速北进,以实现麦克阿瑟的钳形攻势。美军就在这样不顾军事常识的司令的驱赶下像羊群一样向北再向北。

麦克阿瑟发动的战争是立体的,空、陆军协同作战,动作迅速而技术操作熟练。地面部队机动能力和火力都很强。美军是世界警察,参战的几个师没有脱离过战场,都有现代作战的经验。海、空军支援地面部队作战,随叫随到,对战场形势影响很大。

朝鲜北部山区风雪弥漫,气温骤然下降到零下10多摄氏度。

综观朝北战场态势,我38军和42军一举歼灭了南朝鲜第2军团的第7师,第8师和第6师一部后,沃克的右翼打开了一个战役缺口。沃克一看不妙,急忙把预备队骑兵第1师由顺川调向新仓里方向,调土耳其旅由价川向德川方向机动。要堵住这个缺口。彭总策划,38军主力要迅速向院里、军隅里方向插下去!要以一部向军隅里南侧的三所里进攻,攻占三所里,堵住从价川和军隅里南逃的美军。

三所里靠近大同江,东西两侧是高山,地势险要,是美军南撤北援的必经之地。彭总对38军强调,一定要插到三所里!要坚决插断价川敌军与平壤的联系,38军插到了,插断了,就是胜利!

大榆洞作战室,彭总指着作战地图对韩先楚说:"38军和42军攻克德川和宁远,从沃克的防线上打开了一个大缺口。任务完成得不错。我考虑,38军和42军两个军马不停蹄地从沃克东面侧翼来一个双层战役迂回，第一层38军，以主力向院里、军隅里方向进攻。一个师插向三所里，堵住敌人南逃之路。第二层42军，向顺川、肃川攻进。这样可以确保截断敌人退路。下一步的任务很重。你随38军行动，指挥这两个军作战。不是不相信梁兴初，是怕他发生错误判断，影响整个战役。在第一次战役时，38军动作迟缓，没按时完成阻敌任务，让敌人跑了，使整个战役没有达到预期目的，我发了脾气。38军在解放战争时是很能打的，这次德川战斗已经证明他们是能打的。我要再考验他们一次，看看他们的战斗作风到底如何。112师撤到球场以后，消耗已经很大，可以令他们转移，可作为38军的二梯队。"

邓华说："三所里是位于价川至顺川公路上的一个重镇。镇北是连绵的山峦，镇南就是大同江，镇西是平壤通往价川的一条南北向公路。军事上可以说是一个险要的关隘，是西线美军主力北进南逃的必经之路。应该再给38军他们一个立功的机会。"

彭总说："这个问题，我考虑很久了，仍让38军担任西线迂回阻击任务。这次阻击关系到整个战役的成败。"

洪学智在旁插话："第二次战役是有关朝鲜战局的最关键的一役，各个军都不能有大的失误。"

"各军都必须坚决完成任务。"邓华严肃地说。

"你的任务就是要保证他们完成作战任务，"彭总走到韩先楚面前，说："向三所里穿插，你们沿途遇到敌人，千万不可恋战，要不顾一切，直插交通要道三所里！这是我军截断敌军南逃北援的闸门，一定要按我要求的时间，插到底，像钉子一样扎到那儿，你要亲自指挥38军行动，如插不到指定位置，别回来见我！"

邓、洪、解都关切地看韩先楚。

韩先楚深感责任重大。作为志愿军副司令员，他当然深知第二次战役的重要性。一次战役没歼灭敌军多少主力，二次战役就是要达到歼灭美军几个师的目的。我军必须实行战役迂回。在敌人的侧后实施战役迂回是极为艰难的，难以估计的困难可能要接连不断地出现，要消除和躲开路途中一切阻挠，到位后，阻击战、阵地战可能要打得很艰苦。究竟到时候会出现一些什么情况，困难到什么程度，现在都还难以估计。但是，不管怎么样，不管遇到多大阻力，我韩先楚既然敢去，就敢立军令状，不指挥部队完成迂回阻击任务，不再回来见彭总！

这时候，作战室内司令、副司令们都很严肃，心情激动。既然受毛泽东主席、中央军委的派遣到朝鲜来，谁不想一举战胜敌人，扭转朝鲜战局，胜利回京？第二次战役的成败在能不能把战役迂回打好。也就是38军、42军能不能按时插到位置，能不能坚决抵住南北敌军的猛烈攻击。假如把朝鲜战争比作一个棋盘的话，那么，毛泽东主席、彭总以及副司令们，正在同杜鲁门、麦克阿瑟以及沃克、阿尔蒙德下这盘棋，看谁棋高一着，胜了这盘。

韩先楚理解彭总的心情，也理解迂回穿插在整个战役全局中的位置，他红涨着脸，说："老总，我敢立军令状，不插到位，不回来见老总！"

彭总久久地盯视着他面前的这员黑瘦黑瘦的虎将，说："路上会遇到各种各样的困难，沿途可能会遇到小股敌人的纠缠。你们能避则避，不能避就冲过去。在占领三所里和龙源里以后、要不惜一切代价，扎到那儿，狠狠地钉在那里，没有我的命令，不准后退！"

"请老总放心！"

韩先楚离去了。他到38军指挥所，梁兴初刚刚部署完各师的作战任务，梁兴初伸手去掏烟，烟盒已空空的，他随手把烟盒向掩蔽部口一甩。被进坑道的韩先楚看见。韩先楚问："怎么，断粮了？"随手递过一盒。梁兴初对韩先楚在他的指挥所蹲着，心里怎么也觉得不舒服，你蹲到42军不行吗？他虎着瘦脸说："谢谢韩副司令雪中送炭。"进入坑道内，梁兴初告诉韩先楚说："关上铁门打老虎，是彭总的一步好棋。从地图上看，从现地到三所里有150里路程，都是山路，要在一个晚上穿插到位，困难很大。但我相信38军能完成任务。我相信。"

毛泽东主席说过，战争的奥妙在于关键的几个动作。

命令38军插到三所里是第二次战役的关键动作之一。

彭总与邓、洪、解在作战处，对38军的行动还很担心，怕他们又运动不到位，出现了第一次战役的那种情况……

"韩先楚吗？"邓华按照彭总命令，与前线通话。

"我是韩先楚。"

"彭总命令，38军一定要插到三所里，切断价川与平壤的联系。要坚决插到，坚决切断！"

这时，从价川北上增援的土耳其旅和美骑兵第1师两个营，占领了地势险要的嘎日岭支撑点。嘎日岭在德川的西南约20公里，高山上有一个垭口，是通军隅里的必经之地。美军占领嘎日岭的意图是在从侧面威胁我穿插部队，使穿插部队成为孤军深入的险棋。

韩先楚向梁兴初提出必须在今夜夺回嘎日岭问题。

梁兴初告诉韩先楚，你说的问题，已经作了部署，114师已经在执行任务中。今晚一定拿下嘎日岭。另外告诉韩先楚，38军前方指挥所决定插向三所里的任务，由113师担任。

在113师出发前，韩先楚把江潮师长、于敬山政委叫到跟前，严厉地规定了三条铁的纪律：

1. 必须保证当天下午6时以前，从德川出发。
2. 路上任何人无权让部队停下来。
3. 到达三所里后，不论代价多大，必须把敌人截住。

山路崎岖，沟壑纵横，荆棘丛生。113师刚刚打过德川，指战员们两昼夜没有合眼。江潮师长考虑从德川到三所里按公里算是72.5公里，按军部命令到达的时间只有十几个小时了。他与政委于敬山、副师长刘海清研究339团留两个营在德川打扫战场。337团和338团先行出发。338团团长朱月华刚刚端起警卫员送来的一碗稀饭，突然栽倒地上，睡着了。这时，师长江潮来电话，确定338团为师先遣团，由副师长刘海清率领，要在今夜穿插到三所里。部队急需补充的粮弹药由后勤部门统一集中卸到部队前进的路口，随到随补。部队实行轻装，笨重装备由师部组织留守，重机枪和迫击炮改为人扛。朱月华与政委邢泽研究，在穿插途中每个连都要准备与敌军相遇，要确定由一小部歼灭敌人，保证大部队能继续快速行进。各连边出发边吃饭边传达任务。多数连队换上缴获的美式步兵武器和弹药。

27日黄昏，113师主力从青龙里、松荫里沿着德川以南的小路攀藤附葛前进。在安山洞歼灭南朝鲜一个排，行进到沙屯洞时，又歼灭敌人一个连，抓了30多个俘虏。他们趁着微明的月色，奔走了一个通宵，天大亮时，接近了大同江，离三所里还远呢，还有30多里呢！这里已插到敌后，没有我们的部队了。敌机在空中飞来飞去。有人建议说：部队歇一歇吧，已行军作战两天两夜了。师长、政委研究后，坚决不同意，说我们没有这个权力！误了军机，谁吃得消？必须马不停蹄、人不歇肩地往下插！他们干脆把伪装扔掉了，留着伪装敌机一看就知道是志愿军。白天照样行军，大摇大摆地走。飞机来了，他们也不躲。美机当然不会想到这一带会有志愿军，以为他们是南朝鲜的部队。美军的无线电监听很先进，113师为了不让美军侦听出部队的位置，关闭了电台，与志愿军司令部也不再联系。只是顶着生命的极限在奔跑。当338团指战员接近三所里时，守备三所里的南朝鲜部队以为是他们的部队下来了，把煮好的咸鱼、米饭端出来。338团5连和9连冲入镇里，在敌人莫名其妙之时，歼灭了南朝鲜部队一个连，歼灭了美骑兵1师先遣队30余人。

江潮师长此时发高烧，是用担架抬着走的。江师长率师指挥所进到冷站，然后他们又靠前进到阳地站。

这时，他们听到隆隆的声响，往南的山路一望，有两辆十轮大卡车满载士兵在爬坡，后面还有步兵开来。敌人比338团晚到5分钟！奔在最前头的4连和9连迅速跑过公路，爬上制高点，向南侧山下的敌人开火了。

113师一直没有任何消息，这可急坏了在大榆洞的彭、邓、洪、解。

彭总在屋里转圈儿。

邓、洪、解一会儿跑到电台看看，一会儿派人去问问。但是什么消息也没有，113师就像突然消失了一样。莫非出了什么事故？

113师失联，彭总的心仿佛悬到了空中，脸色发黑。

他这个统帅的特点是，在他下了实施战役的决心，命令各部队开始作战后，在各部队实现他的战役计划过程的几天几夜里，茶饭不思，难以成眠，唯恐什么地方出现纰漏。他脑子完全绷到战役计划能否实现那根弦上了。他让发给各军的电报，一般是发出去之后，他又让秘书检查各军是什么时间收到电报的。秘书把各军收到电报的时间登记送给他过目，他说声"好"，这才算下了一次命令。命令发出后，他站在地图前，头脑特别冷静，考虑部队会遇到什么困难，发生什么问题，又补发电报提醒部队注意。总之，在战役没有结束前，对他来说是一个不断煎熬着的痛苦期待的过程。

这时，叫他怎么能不心如火焚呢？38军呀，38军！我苦口婆心，三令五申，嘱咐你们完成这次战役的任务，采取了不讲情面的断然措施，让韩先楚出马督战！怎么主力113师现在连个消息也没有呢？这个韩先楚怎么搞的？叫你去是干什么的！

"问问韩先楚！"彭总生气了。

邓华打电话问了韩先楚，摇了摇头，"他也在着急呢！"

"他也在着急!"彭总学着邓华的话,心里真是担忧得厉害呀!113师不但与志愿军司令部没联系,同指挥所和军部也没有联系,大家都搞不清楚它跑到哪儿去了。

彭总黑沉着脸,瞪瞪邓华,又扫了洪学智、解方一眼。

解方一看这种情况,便马上带上作战处副处长杨迪和通信副处长崔伦,亲自守电台去了。他到电台后,即命令所有电台听38军前线指挥所和113师的电话。崔伦也上了电台。在大榆洞,从彭老总到每一个干部,谁都明白,113师是否能够插到位,是决定这次战役成败的关键。

在这时候,彭总又想到了起双保险作用的42军。

"问问42军,看他们插到什么位置了?"

邓华去问,然后邓华回到作战室时,彭总迫不及待地问:"怎么样?"

邓华摇摇头,说:"受阻了,被美骑兵第1师一部阻在新仓里了。"

"命令他们不惜一切代价,冲破阻击,迅速插向顺川!插不到军法从事!"

"是!"邓华这个大办事员传达彭老总的指示去了。

彭总这时候满脸怒气,一会儿去瞅地图,一会儿又"唉唉"地发急。

这时,作战处来报东线的情况。美军指挥也叫奇。我军在西线全线出击后,西线美军处于极被动地位。东线美军却按照东京的既定计划继续北进。美陆战第1师主力已进到长津湖南侧,美第7师主力和南韩第3师一部向美陆战1师靠拢。在东部沿海,南韩首都师沿铁路线已经越过清津,向长津逼近。南韩第3师进到端川以北的白岩。美步7师一个团占领惠山后,又掉头沿鸭绿江向西,已接近新坡了。

经过两天的围攻,9兵团搞清了被围敌人的兵力,他们有美陆战1师师部和两个团欠一个营,美步兵第7师1个团外加1个营,炮兵部队3个营、1个坦克营,约2万多人。

美军一下子被围住1万多人,应从东线指挥官阿尔蒙德和他的官长麦克阿瑟的性格上找原因。阿尔蒙德是麦克阿瑟的参谋长,年轻气盛,志得意满。他像他的司令官一样,吃亏就吃在个"狂"字上。

彭总知道了东线的战况,才松了一口气,这叫作"西方不亮东方亮"。

他指着地图说:"命令9兵团,全力围歼在长津湖东侧新兴里、在长津湖西侧柳潭里、在长津湖南侧下碣隅里!"

这时,38军报告作战值班室,114师342团(团长孙洪道、政委王丕礼）攻占了嘎日岭主峰，歼灭土耳其旅1个加强营外加1个连，美军骑兵师两个营兵力来增援土耳其旅，被112师打退了。彭总得知夺回嘎日岭的消息，很高兴，说："好，好，太好了！三所里方向呢？"

28日晨8时，113师终于打开了报话机，通信处副处长罗长波突然高兴地喊："听到113师电台发出的呼叫信号了！"但因师电台功率较小，距离太远，信号很微弱。113师给志愿军总部发来的是联络的坐标暗语。罗长波立即给113师发出了回答信号。然后，113师马上发来一封密语电报。杨迪对照密语表，其意是"我部已到达三所里"。杨迪立即翻译出第一条，送解方参谋长看，解方看毕，送彭总。彭总正在看，又收到第二条，杨迪又翻译出："敌人企图从三所里向南撤退"；接着马上收到第三条："请示我部任务。"杨迪跑步送给解方，解方念给彭总听。

电台一片欢笑声。

彭总看后，眉眼舒展开来，瞟了一眼邓、洪、解，长长地出了一口气，说："113师总算插到了位置！哎呀，这下子我才放心了！江潮、于敬山、刘海清总算完成任务！"

"洪麻子呀，下盘棋吧，轻松轻松？"

彭总高兴了，两天来的郁闷和焦灼一扫而空。

他就是这样一个指挥员，关键的动作，部队完成了，他就认为战役成功了。

美军测向很准，113师到三所里打开报话机后，马上就知道了。

沃克怕的就是我军抄了他的后路。他一看三所里咽喉要津出现了志愿军，立刻明白了志愿军的动机，立即命美骑兵第1师第5团从北面价川方向南下，争夺113师占领的阵地。双方展开了激战。沃克又命令三所里南边的敌人北援，也被113师击退了。我军占领三所里后，切断了美军由军隅里经过三所里向顺川撤回的道路。解方参谋长从上午9时开始至下午3时多次用无线电与江潮、于敬山通话，要求他们不惜一切代价，坚决截断敌军退路！江师长表示："就是113师全师打光了，也要守住阵地！"

沃克一看三所里被堵死，便命令美军迅速占领龙源里。

作战处杨迪与几个参谋几个人对照地图，呀？三所里以西还有一条路可以通顺川，杨迪立即拿着工作地图跑去给"邓洪解"看。邓华看过，说："不要耽误时间，立即去给彭总报告。"杨迪跑送彭总看，彭总看后，立即对杨迪说："你立即用密语令113师派一个团迅速占领龙源里，截断敌人退路。"然后,解方为了节省时间,与杨迪一块跑到电台,要电台台长通知113师和38军电台注意收听。杨迪拟出"令你师立即派1个团,于29日晨抢占龙源里,断敌逃路"的密语电报,送解方看过,要电台发出去了。

38军前线指挥所收到这个电报,立即电告113师:在三所里的西北有一个叫龙源里的地方,是敌人的第二条南逃之路,你师立即抢占龙源里。但是,前线把"源"字误写成了"泉"字。113师几个领导看了半天地图,怎么也找不到叫"龙泉里"的地方。他们见有一条路可以通往南边,未及请示,即令师预备队337团沿这条路急进,另外用一个营的兵力向安州、肃州前进,破路炸桥。337团于29日凌晨4时占领了龙源里,堵死了敌人第二条南逃之路。

彭总在大榆洞对113师能否卡住敌人,心中还没底儿,便亲自问113师。113师指挥所的无线电报话机里,突然响起了急促的信号,师政委于敬山拿起话筒一听,是一个湖南口音很浓的人。

"我是彭德怀!"

"啊,"于敬山听到彭总的声音,吃了一惊,"彭司令员,我是113师政委于敬山。"

"于敬山,我问你,你们那里的情况怎么样?"

"敌人的数百辆汽车和坦克正在猛烈冲击……"

"我告诉你,现在南逃的敌人正在涌向你们,你们到底能否卡住?"

"报告彭总,我师坚决把敌人卡在这里!"

"好!你们打得蛮好!现在主力部队正在向你们靠拢,你们加把劲儿,把美国人牢牢给我卡住,不能让敌人跑掉!让敌人跑掉,我不饶你们!"

于敬山立即把彭总的电话指示传达到师党委,然后又传达到团党委、营党委、连党支部,直到每条战壕……

我军在西线歼灭伪7、8两个师,并占领了三所里和龙源里,对美军的震动很大,美军从上到下情绪一落千丈。麦克阿瑟是一个很情绪化的美国人,在东京一下子从乐观的顶点堕入了沮丧的深渊。东线阿尔蒙德的部队被困在长津湖地区,被我军卡住了咽喉要地,一夫当关、万夫莫开。西线沃克钻入了我军的大口袋,南逃要塞也被彭德怀的军队占领,犹如铜墙铁壁,重型轰炸机也炸不开。两个包围圈,彭德怀在西线画的两个圆儿,正在逐日逐时地缩小。每缩小一圈,美军就要被歼多少人呀!这难以计算出来。有什么锦囊妙计,能使彭德怀的两个圆圈消失呢?没有,一点也没有。他原计划发动圣诞节攻势后,把骑兵师和陆战师调回日本,让"孩子们"回东京,回美国过圣诞节的。这下爷爷说话不算数了,让孩子们真的"回老家"了!他惊慌、恐惧、懊悔、一筹莫展,立即向美国参谋长联席会议报告了志愿军大举反攻的紧急军情,又把沃克和阿尔蒙德召到东京,商量摆脱困境的对策。他在给美国的报告中说,估计中国军队接近20万人,本司令部尽其所能,采取了所有部队能够实施的措施,但是目前面临的局面是难以驾驭和力所不及的。美国兵力有限,"联合国军"还是东拼西凑的。美国的兵力部署重点在欧洲,不可能从欧洲抽调更多的兵力到朝鲜半岛来。捉襟见肘!拆西墙补东墙,不符合美国的根本利益。这件事不是麦克阿瑟一个人能说了算的,也不是杜鲁门一个人能说了算的,还有美国的上、下两院呢!麦克阿瑟与沃克、阿尔蒙德在东京紧急磋商的结果出来了,建议调台湾的国民党军队"编入联合国军司令部",增强在朝鲜的兵力。他们的这一招,叫中国的将军们哑然失笑,我军同国民党的军队进行过多次较量,国民党军队的那点战斗力还不知道?麦克阿瑟不提此建议尚好,这条建议一提,志愿军的将军们才知道他是黔驴技穷了。

麦克阿瑟感到危局无法扭转,只好给他的"孩子们"指出一条活路,撤到朝鲜半岛的蜂腰部元山、成川、顺川、肃川一带。这样,美军第1军就撤到安州,美第2师、25师、土耳其旅和美骑兵1师、南朝鲜第1师撤到军隅里、价川地区,落到了我志愿军布置好的口袋中。沃克命令被包围的部队从龙源里、三所里向顺川突围,位于顺川的美骑兵1师和位于平壤的英第29旅北援接应。

彭总命令西部的各军主力发动进攻。

38军主力迅速向113师靠拢,歼灭了向军隅里撤逃的美第25师1个团大部,在龙源里西北又与南逃的美第2师展开了一场恶战。112师335团1营发现美军一支部队顺着高山下的一条山路向南开来,1营3连立即抢占东南侧高地,以机枪对准第1辆汽车射击,有两个班冲入敌阵,把前面的十几辆车打得稀巴烂,堵住了后面的长长的车队。美第2师用几十架飞机及坦克、炮兵配合,发起6次集团冲击,我335团1营3连只剩下了副指导员和6名伤残战士,仍坚守阵地,一直守到主力部队赶来,把敌人全部歼灭。战后,志愿军的官兵在几百具美军尸体中发现不少与敌人同归于尽的志愿军战士。29日和30日两天，113师在三所里、龙源里的顽强激烈的阻击，硬是使南逃的美2师与支援的美骑1师和英29旅，在1公里的距离内可望而不可即。被包围的美军绝望了，遗弃大量辎重转向安州经肃川南逃。40军尾随敌人追到安州。这次围歼战，给参加过"八国联军"的老牌侵略军美2师以歼灭性的打击，重创美25师和美骑1师，歼灭土耳其旅大部，使敌人胆寒心战。李奇微在他的回忆录中说："第8集团军已遭到一次沉重的打击。美第2师在清川江一带损失严重，11月底已宣布失去战斗力。"

71. "万岁军"称谓这样产生

12月1日，寒风横吹，干冷干冷的。

邓华和洪学智到彭总办公室，研究敌人后撤时我军各部如何行动的问题。彭总正在看前方报来的战报。他满脸笑容，非常高兴，把战报往桌角上一拍，说："打得太好了！"

邓、洪一看，是韩先楚报来的38军的战况。

洪学智说："38军立了大功了。"

邓华说："多亏38军了。"

洪学智又说："第1次战役他们没打好，受了老总的批评。这次战役憋足了劲儿，要打出一个样子来。这支部队，有一种不服输的战斗劲头儿！"

彭总笑眯眯地说："确实是一支过得硬的部队，我们要通令嘉奖他们！"

邓、洪走后，老总就喊杨凤安："喂，你再给我拿过韩先楚的报告来。"

杨凤安立即又把报告放到老总桌子上。

老总又看了一遍报告，就亲自拿起毛笔起草给38军的嘉奖令："梁、刘（西元）并转38军全体同志：此战役克服了上次战役中个别同志的某些过多顾虑，发挥了38军优良的战斗作风，尤以113师行动迅速，先敌占领三所里、龙源里，阻敌南逃北援。敌机、坦克各百余，终日轰炸，反复突围，终未得逞。至昨（30日）战果辉煌、计缴仅坦克、汽车即近千辆，被围之敌尚多。望克服困难，鼓起勇气，继续全歼被围之敌，并注意阻敌北援。特通令嘉奖并祝你们继续胜利！"

彭总写完后，对杨凤安说："给邓、朴、洪看看。"

邓、朴、洪看了嘉奖令，杨凤安准备发出。彭老总又说："你把稿子拿过来"，杨凤安把电文稿递给彭老总，彭老总接过电报底稿，不假思索，又写了一行字："中国人民志愿军万岁！38军万岁！"

"行不行？"老总兴奋地问杨凤安。

"太好了！"杨凤安对彭老总的赏罚分明，非常敬佩。

彭总一扬手："拿去给邓、朴、洪看看。"

杨凤安去找三位领导时，只找着了邓、朴。

朴一禹这时住在大榆洞，是联司的副司令员。他在延安时，还获过毛主席的模范党员称号呢。

邓和朴看完了电报稿，找不到洪学智，杨凤安就把电报底稿送电台了。过了一会儿，彭老总又问："他们都看过了？"

杨凤安说："洪副司令有事出去了，没找到。"

老总问："电报呢？"

"送电台了。"杨凤安回答。

彭总不高兴了，说："赶紧去电台把电报稿拿回来，给洪副司令看后再发。"

"我马上去拿。"

"哎，"老总又交代说，"以后再起草了这类电报，让他们都看了再发。"

杨凤安郑重地回答："我明白了。"

杨凤安忙到电台拿回电报稿，找到洪副司令，让他看过后，才发了出去。

电报发走后，彭老总很激动，在室内兴冲冲地来回地走，又喊杨凤安："把邓、洪叫来。"

邓、洪很快就来了。

彭总说："我想呀，入朝以来，38军既有经验又有教训，可以在38军召开一个现场会，你们的意见呢？"

邓和洪相视而笑，说："同意。"

彭总说："两次战役说明了一条，敌军的装备虽然是优势，并有制空权、制海权，但是我军只要有两点，一是灵活的战役指挥，二是勇敢顽强的战斗作风，两点密切配合，完全可以打败敌人！"

邓华说："老总说得好！"

彭总的情绪非常高涨，说："10月4日，在中央开会时，反对出兵的人不少啊,林彪追着主席的屁股,连声说,要慎重呀,要慎重呀!好像美国是世界头号强国,你一惹它,它就会与中国宣战,侵占东北,让蒋介石进攻大陆,刚刚得来的胜利就会毁于一旦。现在怎么样?啊?"

邓、洪也都很高兴。

老总未等邓、洪说话,又说:"你们看看西部战场,军隅里,三所里,新安州以东,德川以西,在这个广阔地带,美、伪军逃命时丢弃的坦克、汽车、大炮、各种军械和军需物资、罐头、饼干,应有尽有,漫山遍野!说明了什么?"

邓华说:"美国人战术太差劲儿。"

洪学智说:"美国俘虏说,中国军队打仗太不正规,掐头,截尾,斩腰,太难对付了。这样作战,历史上从未见过。"

"我们当然不会按美国的战斗条令去打了。"彭总笑了,说:"毛泽东的军事思想和军事艺术,日本学不到,蒋介石学不到,美国也学不到。因为他们进行的战争都不是正义的。他们的士兵从根本上就缺乏勇敢不怕死的精神!两次战役证明,在敌我装备悬殊的条件下,我军力求夜战、近战,大胆迂回、包抄、分割,进入敌之纵深和后方,有重点地集中绝对优势兵力和火力,逐股歼灭敌军。两次战役说明,在渗入敌人纵深处,或迂回敌后的条件下,对美军白日作战仍是可能和必要的。未出国前,讲这些作战原则,还比较抽象。现在大家都看到了。对美国这样的作战对象,就应这样打。所以,我考虑在38军开个现场会。让各部队都很自觉地学习掌握这些管用的经验。"

"这个想法好呀,老总。"洪学智很赞成。

"看来朝鲜战争短期结束不了,"邓华对彭总说,"总结经验教训,很有必要。"

"你们两个同意的话,就通知韩先楚吧。"彭总说。

邓华说:"也通知各军。"

彭总说了声"好"。

邓华又说:"我和老洪也去一下吧。"

彭总一摆手,"你们两个在家,我去。"

邓、洪听了,都感到惊讶。

负责彭总安全的洪学智着急了,说:"老总呀,你可不能去呀!"

老总瞪着眼睛,问:"我怎么不能去?"

洪学智说:"大榆洞到38军驻地200多公里呢,要通过球场、价川、军隅里交通枢纽部,沿途天上有敌机轰炸,地下到处都是敌人撤退时埋的地雷,很不安全呀!"

"你们去安全不安全?"

"我们可以去,我们与老总不同嘛。"

"什么不同?"

"老总的安全关系重大呀!"

"什么重大,我死了,你们照样打胜仗。"

"不行,不行,说什么也不行。"洪学智连连摇头,说:"老总是统帅,不能去冒这个风险。这样吧,我代表你去。"

"我用你代表?"

邓华笑了,说:"老总呀,老洪说得对,你不能去。中央军委已有电令,要我们保证你的绝对安全。要去得请示中央。"

"别小题大做。"

"那不行,这是大事。"

邓华和洪学智的态度越来越坚决。彭总最后妥协了,说:"我被你们捆得身不由己了,好吧,我不去了。"结果邓、洪二人又争了起来。邓华对洪学智说:"你是管司令部的,还专门负责彭总的安全,你不能去。"

洪学智说:"你是第一副司令,要协助彭总指挥,你不能离开。"各说各有理。

最后,彭总拿了个意见:"邓华同志去吧。麦克阿瑟吹的牛皮,吹破了。正在狂怒时候,命令远东空军不分昼夜轰炸扫射,来解他心头之恨。邓华同志,你一路行车要注意安全!"在朝鲜,彭总称其他领导都是直呼其名,只有称邓华要加一个"同志"二字,以后陈赓来朝鲜,也加"同志"二字。他与陈赓在湖南省军阀部队中时,是在一个班。对洪学智副司令,在正式场合,直呼名字,在非正式场合,比如下棋,则呼"洪麻子"。称解方为"小诸葛"。这些称呼都有一层深刻微妙的含义在内。从他以后使用这些领导上就可以看出。

邓华从彭总房间出来,即到作战室,告诉杨迪随他到38军开西线各军作战会议。要杨迪立即通知38军作准备,通知各军12月5日拂晓前到达军隅里以东10公里处38军军部,并要38军转告韩先楚副司令;通知38军于4日晚到5日晨沿军隅里以东要派出调整哨,要准备一个安全的地方开会。

72. 邓华的嘎斯-67从火海冲出军隅里

4日晚间22时，邓华和杨迪各乘一辆苏式嘎斯-67，放倒车篷和挡风玻璃带着几个警卫在朦胧的月光下迎着刺骨的寒风出发了。沿途敌人飞机不时地投下带伞的照明弹，把大地照得景物毕现，敌人扔下的汽车、大炮、坦克等布满山冈和沟谷，堆积的军需品都十分狼藉。有些地方，我军正在打扫战场，缴获各种战利品。可惜的是，敌人丢弃的汽车，由于我军缺少驾驶员，开不走。有的部队把俘虏的美伪军司机放出来，让他们把车开走。到球场，已经是半夜了，敌机还在空中飞行，一批投下带降落伞的照明弹挂在空中，一直到价川以南三所里，照得山野都是明晃晃得像白天一样。

杨迪与两位司机约定采取跳跃式前进，即第一批照明弹正亮时，停车靠路边树林下暂时躲避，待第一批照明弹暗下来，第二批还未亮起来时快跑，如此循环。邓司令说就按杨迪的办法跑。到军隅里，是二次战役的主要战场之一，敌军遗弃的大炮、坦克、车辆、军需物资漫山遍野，战士们不知道鸭绒被是干什么的，用刺刀跳开，鸭绒满天飞。敌机在轰炸军事物资，照明弹没有间隙，总是明亮明亮的。杨迪停车向邓司令报告："照明弹一直亮着，不能跳跃了。干脆冲过去吧？"邓司令说："好，不跳了，冲！"他们冲入军隅里街区，到处是颓壁残垣、炸弹坑和火光，他们避开大街，进入小巷，从火海中冲出了军隅里！出军隅里不远就看见了38军派出的调整哨。然后杨迪请调整哨把他们带到38军军部所在地降仙洞。杨迪在半路上又跑回军隅里了，收拾了一些战利品。他到38军军部，各军军长已经到齐。会场是一个小矿洞。大家纷纷同梁兴初开玩笑说："祝贺你们成了万岁军呀！"

第一次战役后在大榆洞开了个总结会，梁兴初回到军部闷闷不乐，一言不发。其他同志当时还不明就里，说："梁军长呀，开会回来了，有什么精神，给大家传达传达呀！"梁兴初眼一瞪："传达个屁！"这次在38军开现场会，他高兴了，乐得嘴都合不上，哈哈笑着，用缴获的好吃的东西招待大家。梁军长看到杨迪说："杨迪，你又跑到军隅里了，我以为你被炸死了呢！"杨迪说："托万岁军军长的福，没有被炸死。军隅里、三所里真热闹呀，战利品太多了！""你小子想发洋财呀？""我想开出一辆美吉普，道路太差，没有开出，只挑了两支卡宾枪。"

然后，杨迪开玩笑地问："梁军长，有狗肉吃吗？"梁兴初说："你小子也想吃狗肉？""是呀。""给你猪肉罐头就够你美的了。"

38军招待大家的是一锅大米饭，美军各式各样的罐头和饼干，好像是沃克宴请大家一样！军长们多数和梁兴初是老战友，他们开玩笑说："好你个梁大牙，一夜之间，成了万岁军军长了！"梁兴初嘻嘻笑着说："不敢当，不敢当。"吴信泉说："你梁大牙真是被彭总批出劲儿来了！佩服佩服。"

在经验总结会上113师领导扬眉吐气，大家都给师长江潮伸大拇指，让他介绍一下经验，白面书生似的江潮脸腾地红了，他说："要说经验不敢说，就是大胆地穿插，美军对他的后方交通很敏感，一旦交通线被切断，立即陷入恐慌和混乱。"

杨迪插话说："这就是彭总一直强调的穿插迂回战术。"

于敬山政委说："部队作风顽强。我们连续三昼夜行军作战，14个小时行程72.5公里，站着都可以打呼噜呀！部队勇敢顽强不怕牺牲，部队在腹背受敌的情况下，战斗到最后一个人也要守住阵地！"

江师长说："韩副司令规定，我们没有权力停下来。还有我们是合理编组。各级都编为两套班子，第一梯队被敌人牵制，第二梯队立即后卫变前卫，继续前进。副职干部在前卫组指挥。另外我们始终掌握有预备队337团。在发现美军企图通过龙源里突围时。立即把337团派过去，337团在29日晨4时赶到了龙源里，断了敌军的另一退路。"

邓华听后说："113师作风顽强，指挥坚决果断，战术动作主动，掌握着强有力的预备队，配合主力部队，取得了战役的胜利！好，你们要把经验总结出来，供全军学习参考。"

38军的大落大起，彭总的从严治军，"万岁军"的响亮称号，毛主席的军事艺术，通过这次战争间隙的不同寻常的现场会，已变成一种无形的精神力量，鼓舞着已入朝和以后入朝的志愿军官兵的斗志。

美军兵败如山倒，西线和东线都遭到惨败，美军和伪军部队被恐慌的情绪笼罩，无心恋战，只想逃生。战场上尸横遍野，装备和军需物资堆积如山。

麦克阿瑟命令西线部队立即撤出平壤，然后向三八线实行总退却。我39军、40军各一部以及新开到前线的朝鲜人民军收复了平壤。

12月23日，我西线6个军压向三八线。

战争进行到第二战役时，我志愿军入朝参战尚未公开宣布，我军统帅是谁，也未公开宣布。第二次战役结束，新华社才奉命公布了中国人民志愿军在彭德怀将军的指挥下，两次战役歼灭美伪军5万多人的消息。世界为之震惊，国民为之振奋！国内进行了各种庆祝活动。慰问信、包裹，源源不断地寄到朝鲜战场。

彭总也感到轻松了，脸上露出了笑意。

今日得宽余。他倒背着手，到志愿军司令部各处室去转。入朝以来，他经常一连几个昼夜连续指挥作战，面颊消瘦，眼睛红肿。许多机关部门他还没去过。大榆洞那地方，依山傍沟建的一些房子稀稀落落，不像中国的山村一样连在一起。司令部的工作人员见到指挥我军打了两个大胜仗的统帅，对他无比钦佩。

"祖国人民寄来的慰劳品收到了吧？"彭总微笑着问大家。

他握住志愿军司令部干部的手，关心地问："家里来信了吗？前几天战斗紧张，今天大家可以往家里写封平安信了，免得父母亲惦记呀！结了婚的同志更要写信了。"

听了他的话，大家都笑起来。

他走到作战处，有意识地问了几个参谋一次、二次战役敌我双方的参战部队、指挥官姓名、秉性、经历，战争中伤亡比例。凡是对答如流的参谋，他都拍拍他们的肩膀，笑哈哈地说："好呀，是一个好参谋，作战参谋就要这样才行呀。"凡是对情况不是那么清楚的，他就嘱咐说："还要好好地锻炼呀，情况不熟，是当不好参谋的。"

"作战处在两次战役中完成任务很好，"他对大家说，"但大家还要好好干，毛主席指示我们要马上准备下一次战役。过去往往打两次胜仗后，就要打一次败仗。这是为什么？乡里，你说说。"

彭总瞅着杨迪。

杨迪不假思索地说："骄傲了呗！"

"是呀，就是这个问题。"彭总一仰头，说："现在就是要告诫全军同志，切戒骄傲。对前两次战役也要有一个正确的估计。美军的实力，我们还没有消灭多少呀！敌人是主动撤到了三八线，他为什么不坚守平壤，而要撤到三八线呢？你们想过这个问题没有？"

杨迪说："三八线以南那里有他们的防御工事。"

彭总说："对了。所以，大家要有思想准备，还要打大仗，打恶仗。要总结经验教训。一次战役和二次战役，我们也都是有教训可总结的。就拿这次战役来说，假如按毛主席的指示，从西线调一个军加强38军、42军这边，也许更理想一些。我考虑东调一个军，目标太大，有后勤保障问题，所以就没有调过来。另外，有的军还是打了个平推，没很好地执行我们的战术方针嘛！下次战役，怎么打，作战处可以先拿出一个意见。是不是啊，杨迪？"

杨迪点头："我们马上开会研究。"

"三个臭皮匠，赛过一个诸葛亮嘛。发扬军事民主也是我军的传统嘛。大家好好议一议。"

彭总回到自己的办公室后，对杨凤安说："把洪副司令找来。"

杨凤安把洪学智找来了。

"来来来，洪麻子，咱们下盘棋。"

洪学智笑哈哈地说："老总下棋老是带绳的（悔棋），不行呀。"

彭总跟他瞪眼睛："谁带绳了？"

这是彭总在战争期间的唯一娱乐。洪学智下棋打扑克都是高手，反应很快，彭总下不过他。为了使彭总的思想放松一下，洪往往巧妙地让老总一两步棋。下三盘棋，让老总赢第三盘。这时，老总就会哈哈一笑，说："赢了，咱们明天再下吧！"

作战室的成普进了屋，拿来了一封信，说："老总，你的亲启信。"

"你拆开看是什么内容。"老总一摆手说。

成普拆开一看，是他的夫人浦安修寄来的。

浦安修同彭总一起经过了抗日战争和解放战争的艰苦岁月。10月4日，彭总匆匆离开西安，到北京开西北建设会议，一去不复返，后来她才知道我军在朝鲜打了大胜仗。她来信问，是不是可以到朝鲜来。

"几十万大军在打仗，她来干什么？"彭总说。

成普不知如何回答了。

洪学智对成普说："来，来，告诉她，让她来。"

彭总用棋子敲着，说："下你的棋，不要多管闲事！"

"哎，老总，这就是你的不对了。老伴关心你，你干吗不让来？"

"如果凡是结过婚的干部家属都来，那我们还打仗不打？你写封信，告诉她，不能来。"

老总让成普去写信，成普不由得一怔。

"应该你写。老总你不让来，也得回封信呀！"洪学智向成普摆摆手，对老总说。

彭总说："净给添麻烦事！"

73. 毛泽东对刘西元说"我们打胜仗的办法就出在这里头"

毛泽东是最愿意同各行各业在第一线的同志了解真实情况的。

他在中南海里最担心的是听不到真实情况，害怕领导同志们给他报喜不报忧。他经常有意识地安排在他身边值勤的警卫团战士回家乡了解农村情况，回来后他直接听取汇报。这些情况都是亲闻亲见亲历，完全可以作为制定农业政策参考。抗美援朝战争涉及新中国的前途和命运，是同世界上头号帝国直接作战，我国与美国的军事实力是不对称的。美国号称他们的骑兵师、陆战师、步兵师、空降师有百年的不败纪录。

毛泽东力主同美国开战以来，他的压力也很大，日夜焦虑担忧……

1951年春，他得知38军政委刘西元回北京向中央军委汇报朝鲜战场情况。就想亲自听取朝鲜战争的情况，听听38军的情况。

他的办公室通知了总政萧华，萧华副主任用车拉上刘西元前往中南海。

暖风习习，刘西元与萧华一起坐车进入中南海，然后使向颐年堂，领袖已经在门口等候了。

刘西元一个立正敬礼。"主席，你好！"

毛泽东久久地握住他的手，端详着他，说："前线的同志辛苦了。哎呀，你这个人为何这样瘦呀？要请个医生来给你诊一诊呀！"

刘西元激动地回答："我很好，谢谢主席的关怀。"

萧华在一旁介绍说38军在第二次战役时实行大迂回，插到了三所里，截断了美军的退路，打了大胜仗。

毛泽东说："知道呀，知道呀，你们打了个蛮好的仗，名气可大哩，把美国佬打痛了，是不是？"

刘西元谦虚地说："我们在指挥上还存在许多缺点和不足。"

这样说着，主席和他们走进了菊香书屋的小院，然后顺着草坪中间的小路走进领袖的起居室。刘西元一看，墙上挂着巨幅的朝鲜作战地图，图上标示着敌我双方的最新位置，38军的红色大箭头指向三所里和龙源里。

哎呀，主席真是运筹帷幄决胜千里之外呀！我们朝鲜前线的每一战役的胜利，都与毛泽东主席在中南海夜以继日殚精竭虑分不开呀！

毛泽东请了他们每人一支烟，他坐到沙发上后，说："西元同志，你刚刚从朝鲜前线回来，你谈谈前线情况吧。"

刘西元与毛泽东主席是熟悉的。刘西元是江西吉安人，1931年参加红军，任红3军团师和军的青年干事，红1军团4师总支书记，12团政委，参加了红军东征、西征和山城堡战役；抗日战争时任115师686团政委即被井冈山人称为"老6团"，山东军区第1师政委；解放战争时，任师长，军副政委。刘西元汇报了第一次战役时，没有打好，对敌情不了解，攻击熙川扑空；后来又未穿插到安州，新安州，没有切断美军的退路。两次歼敌机会错过，致使敌人退到清川江以南。彭总严厉地批评了38军。我们是老部队，彭总的批评是很正确的，这一仗没有打好，我这个政委是有责任的。

他说，第二次战役前，38军在降仙洞召开了团以上会议，韩先楚副司令员黑着脸，严肃地要求38军一定要接受第一次战役的教训，要坚决按照总部的战役部署，38军是我军有井冈山传统的老部队，要坚决完成任务！要不辜负党中央和毛主席的希望！梁军长站起来讲话说：第一次战役没有打好，主要责任在梁兴初。我相信38军全体指战员会拼出老命打好下一仗，打出志愿军的威风来！向祖国人民报喜！根据总部的部署，38军第二次战役的任务，首先要歼灭德川的南韩第7师，而后再向价川迂回，断绝敌人退路。

毛泽东很投入地听着，忘记了抽烟，烟灰很长，要掉下来。

刘西元继续汇报说，德川背靠大同江，德川同宁远、咸兴公路是敌军联结东西战线的主要道路。我军拿下德川，即可切断东西两线敌人的联系。梁军长把两位师长江潮、翟仲禹叫到指挥部，向他们面授机宜，当面交代的任务。向杨大易师长发了电令。113师为前卫师。必须从德川以东的伪8师和伪7师之间向南穿插，打开战役缺口。南韩部队正在古城江江边烤火，没想到志愿军神兵天降，然后部队把衣服脱下，裸体跳入大同江，涉水过去，前卫过去，后续刚到江心，有一个营的敌人从对岸山谷冲出，大家来不及穿衣服，光着屁股开火，抓俘虏。过江的前卫团一边战斗一边猛插，作战目标明确，指挥及时果断，不恋战，不贪图小便宜，不顾一切冲锋，一夜迂回穿插50公里，切断了德川宁远敌人的联系，以及敌人南逃的退路。江潮和于敬山命令师主力全线进攻。混战中，南韩7师师部5000余人和美军顾问团被歼灭。打开了战役缺口。毛主席亲自发来"祝德川大捷"的贺电。

毛泽东这时高兴地发出短促的笑声。

刘西元说，彭总在德川我军打了大胜仗之后，指示下一步38军向三所里穿插迂回，是战役的关键。我们要求执行任务的113师部队要有总的战役观念和顽强的战斗意志，要克服一切困难，把美军的后路切断。师长江潮和政委于敬山决定由刘海清副师长带前卫团338团执行穿插任务。113师在韩副司令的监督下，出色地完成了任务。

毛泽东坐在沙发上抽着烟，认真地听着，不断地点头。

刘西元说："美军最怕截断他们的后路，后路一断，就恐慌了。我军在战役上要穿插迂回，在战斗中也要如此。要敢于同敌人打近战，打夜战，使美军的飞机大炮不敢发挥作用，制约了美军的空中优势。美国人最怕我们同他们拼刺刀，甩手榴弹，抄他的屁股。二次战役我们部队成功地插到了美军的后面，把敌人堵住了，与兄弟部队配合，打败了敌人。"

毛泽东听到这里高兴地站起来，拿烟的手比画着，说："好呀，这就是生动的军事学、战略学、战役学，我们打胜仗的办法就出在这里头。"

刘西元说："基层连队在同美军战斗中还创造了很多很好的战术。实际上是把我们同日寇同蒋军作战的经验都变通用上了，把敌后的游击战和部分的阵地战结合起来打。"

"好呀，你们要注意总结同美军作战的经验，要向其他部队介绍，"毛泽东在地板上踱着，说："美国人仗势欺人呀，他们仗着装备好，有飞机大炮，钢多，欺负我们，欺负世界人民，到处发动侵略战争。我们的办法就是利用敌人的弱点，发挥我们的长处，把敌人调动开，分散开，然后集中优势兵力，利用近战夜战同敌人拼刺刀，拼手榴弹，美军是搞不过我军的！"

毛泽东又联想到解放战争时期，一个旅一个旅消灭蒋军的积少成多的战略，说："我们可以一口一口，一股一股地把它们包围起来吃掉！"

毛泽东走到地图前，用拿烟的手指着说："朝鲜的山沟沟多，是我们屯兵打仗的好地方。我们在井冈山，在延安，都是靠钻山洞打败敌人的！萧华和西元同志，这个你们都是经历过的。"

萧华说："我军玩的就是地老爷战略嘛。"

毛泽东说:"对头呀。要会玩山洞子嘛。抗战时期,我们同日寇玩山洞子。日本人很聪明,很快就掌握了山地战术。他们很注意培养山地战专家。但它是侵略战争,是残酷的反人民战争,所以他们是玩不好的。没有人民的支持嘛。'三光'政策,人民还会支持你?那时你们两个到山东了吧?"

刘西元说:"是的,在343旅。"

毛泽东脸上洋溢着很欣慰的笑容,说:"1945年,日寇投降,蒋委员长一下子占领了北平、南京、上海、天津等大城市,进了洋楼,我们只能在乡下钻山沟沟。蒋委员长心里很美呀,他的高级将领们很美呀。他们还愿意离开大城市吗?还愿意到乡下过艰苦生活吗?不愿意了。声、色、财、气四个字害死了他们。后头看,怎么样?还是我们共产党钻山沟沟的有出息。因为不到4年,我们就把蒋委员长和他的高级将领们从大城市和洋楼里请出去了!"

毛泽东说着自己笑了起来,说:"这就是进与出、胜与败的辩证法,不去是为了去嘛。"晚上,毛泽东主席留他们二人在西侧平房小餐厅吃饭,一条武昌鱼,一盘红烧肉,一盘辣椒炝扁豆,一盘菠菜,一个紫菜汤,一盘小辣椒。四菜一汤。江青与他们一块吃饭。毛泽东一边劝他们多吃,一边说:"你们都是南方人,喜欢吃辣椒。我们是可以吃到一起的。今天是两荤两素。你们要多吃。中华民族对世界有三大贡献,一是《红楼梦》,二是中医中药,三是蔬菜。你们可能还不知道。"1958年毛泽东对时任副总参谋长的张宗逊将军也讲述过中华民族的三大贡献。

萧华和刘西元都摇摇头。毛泽东给每人夹了一块红烧肉,问:"前线战士们能吃上热饭吗?"刘西元也是摇摇头。毛泽东询问的目光看着刘西元。刘西元说:"主席,前线的战士吃不上热饭。由于美军空军和坦克、大炮的封锁,后勤送不上阵地。有的连队在阵地上,只能用雪拌着炒面吃。干吃炒面吃不下去,因为拉不下来,必须用雪来拌。有时候,他们几天都是饿着肚子硬着头皮打仗。长时间不能洗澡,不能换衣服,身上长了虱子。"

毛泽东听后,脸上表现得很痛苦,突然放下筷子,呆呆地坐着,不说话,也不动筷子。

突然,他站起来,说:"我们的战士太苦了!"

萧华和刘西元都说:"是呀,是呀。"

毛泽东说："美军就是用封锁来削弱我军的战斗力。有什么办法呢？国内人民正在想办法帮助前方的战士克服困难。我们的总理朱老总都亲自组织群众给志愿军做炒面、做干粮。西元同志，你们在前方吃到了这些东西没有？"

刘西元说："吃到了，吃到了。前方的战士尽管吃不好，但他们很乐观，不怕牺牲，不怕艰苦，同敌人在阵地上拼刺刀，刺刀断了，子弹打完了，就扑上去同敌人厮打，或者身上烧着火，拉响最后一颗手榴弹，同敌人同归于尽。这就是我们可爱的战士。"

毛泽东眼睛里闪着泪光，强忍着，沉默很久，待他的情绪缓和过来，他手中拿着一双筷子，比画着说："我们的战士是不怕困难的，我们的人民是不怕困难的，我们的民族是不怕困难的！战争是杜鲁门强加到我们头上来的，你不打也得打！我们为了支援朝鲜，为了保卫我们的经济建设，为了亚洲的和平，我们硬是要进行这场反侵略战争的，硬是要把这场战争打赢它，一直打到杜鲁门罢手为止！"

从中南海出来，萧华直接把刘西元送到了医院。

十六　毛泽东命令战略预备队宋时轮第9兵团立即出动进入东线；9兵团穿着华东的小棉袄在大风雪中将美军陆战1师和步7师分割为数块围歼，扭转了东线战局，迫使麦克阿瑟放弃了东线……

74. 宋时轮到中南海领受任务

上海市，黄浦江畔，华东野战军第9兵团部队，一方面担任上海城防，另一方面准备执行解放台湾的渡海作战任务。中央命令粟裕担任解放台湾的总指挥。9兵团所属第20军、26军、27军部队在宋时轮司令员和郭化若政委的指挥下，正在参照我军攻克海南岛和金门岛战斗海滩失利的经验教训，紧张地进行装载、航渡、抢滩、登陆、插入纵深迂回包抄逐街逐点巷战的军事训练。

第9兵团部队是华东野战军的主力。9兵团部队在参加了莱芜、孟良崮、济南、淮海、渡江著名战役后，1949年5月参加上海战役，所属部队几经调整后，辖第20军、26军、27军。

外滩，9兵团司令部兼淞沪警备司令部，轮渡的汽笛声不断地传来。

突然，司令部接到毛主席签发的军委命令，宋时轮率兵团部和所属3个军立即离开上海，乘车北上，进驻曲阜及其附近地区整训，作为东北边防军的二线部队。政治委员郭化若留上海接任淞沪警备区司令员。

秘书送给宋司令，宋司令阅后，拿着电报到郭政委的办公室，一边走，一边说："老郭呀，我们不攻打台湾了，到东北边防去了。"

郭政委一惊，啊？他接过电报一看，"好呀，关键时刻党中央、毛主席又想到了我们9兵团。可是，为什么把我留下呢？老宋呀，我得要求一块去"。

宋司令员说："你就执行命令吧，说不清，你这个诸葛亮，解放台湾用得着你呢！你想想，你还是继续研究如何渡海作战解放台湾吧，台湾不解放，我们这些老革命睡不着觉呀！"

他们两个都是我党我军的著名儒将，都毕业于黄埔军校。宋时轮曾经组建浏阳县红军游击队，任萍醴边区游击队长，湘东红军第二纵队政委，中央苏区西方军参谋长，红28军、30军军长，参加了两次出兵山西；抗战中任120师主力团716团团长；解放战争时期，任山东野战军参谋长，北平军调处执行部中共方面执行处处长，华东野战军第10纵队司令员。

郭化若曾经到莫斯科炮兵学校学习，后任红1军团参谋处长，中央军委1局局长，是毛泽东延安战略研究小组成员。还是我军著名的书法家，"延安南市场"几个字即出自他的手笔。新中国成立后，他们二人都在军事科学院任职。

10月1日，汽笛一声长鸣，宋时轮率9兵团开始北上，离开了华东大都市上海。

火车顺着津浦线以特等快车速度一路北上，10月29日机动到山东曲阜停了，部队官兵下车，立即投入紧张的整训，再待机北上。

其间，中央军委电令宋时轮进京领命。

宋司令到京被直接送到中南海。

在颐年堂菊香书屋，毛主席接见了他。毛泽东比他高出很多。

毛主席先递给他一支烟，说，时轮同志，军委决定解除9兵团渡海作战解放台湾的任务，到东北边防去。现在麦克阿瑟已经命令美军、英军等部队全速向北推进。军情甚紧呀！这之前，南韩部队已经向鸭绿江挺进。我军已经过江6个军，3个炮兵师，兵力仍显不足。我军东线兵力太少，只有一个42军。军委决定9兵团和19兵团作为我军第二梯队，以应战略急需。总理还要给你具体交代一下。

宋司令向主席表示坚决执行命令。

然后，他又来到西华厅。

总理匆匆地来到客厅，说："时轮同志呀，我们有一段时间没有见面了。你们9兵团的渡江战役，上海战役都打得很好。军委决定，你们立即结束原定在曲阜整训的计划，开赴东北边防。到梅河口地区整训，朝鲜前线如有战略上急需，准备立即开赴前线。9兵团作为志愿军预备队，你们先头部队27军要先进至安东地区，一旦入朝，作战方向是朝北的东线。因为毛主席考虑，我军东线只有一个军的兵力是不够的。美军在东线有一个第10集团军，3个美军师，两个南朝鲜师。他们的3个美军师是很有战斗力的。所以你们立即过江，准备到东线去。"

宋时轮点头说："好，好。坚决执行命令。"

西线南朝鲜的第1师、6师、8师，正疯狂扑向鸭绿江。美军第8集团军的第2师、24师、25师、骑兵第1师，还有英军27旅，土耳其旅，澳大利亚一个营，都在西线这个方向。东线主要是南朝鲜的首都师、第3师，据说已经占领了元山城。美军第10军团通过海运陆续到达东线元山，其陆战1师、步兵第3师、7师，两个南朝鲜师、3个美军师。

总理说，我军在彭老总的指挥下，已经进入朝北作战。我要对你说的，就是你们入朝后，要坚决执行毛主席历来强调的军事思想和作战指导原则。你是与我军一块成长起来的将领，身经百战，对我军的战略战术是不陌生的。这次入朝后，作战形式不同于过去，基本上是阵地战与运动战的结合。过去我们在中央苏区反"围剿"时，用的是带游击性质的运动战；抗战时期用的是"基本的是游击战，但不放松有利条件下的运动战"；解放战争时期，执行毛主席的"集中优势兵力，各个歼灭敌人"的作战方针。作战形式根据作战对象、地形、气候、兵力对比不同来决定。你们要用少量兵力坚守要隘阵地，用多数兵力迂回到敌人的后方去，打歼灭战。

宋时轮说："总理，我明白。"

周总理说："我军入朝参战，又是一场特殊的战争，是以劣势的装备技术，优势的人力，对装备技术优势，人力劣势的美军作战。要发挥自己的优势，打敌人的劣势。毛主席指导战争，中心是一个'活'字，要出敌意外，打得巧，打得好。'活'就是对具体情况具体分析，创造性地运用一般军事原则，先敌一步，胜敌一招。"

宋司令说："我记住了。"

总理说："你们要按照毛主席历来强调的'初战'这个关键。初战必胜，对全局影响极大。可以一直影响到最后胜利。在初战时，要想到第二、第三仗，乃至最后一仗如何打。你们在东线是一个独立的方向，你们9兵团的领导陶勇、覃健、谢有法等都是战将，都是战功卓著的。希望你们在彭老总的统一指挥下打得很好。"

宋时轮回答："9兵团坚决不辜负军委的期望，坚决按军委的要求，力争初战必胜！"

毛泽东不断地研究着变化着的战局。东线从元山登陆之美军系由汉城南登陆后移去之美陆战第1师和由大丘移去之美步兵第7师，以及美阿尔蒙德第10军部。外电号称5万并不可信，估计陆战第1师和步兵第7师实力均2万多人。

这实际上是麦克阿瑟一个很大的失策。

9月15日在仁川登陆成功，阿尔蒙德部队，没有与沃克第8集团军一块北上，而是又乘船海运绕半岛而行，1个半月后，才到了元山一带。然后从元山再北上鸭绿江，如果从平壤、元山一线直接北上呢？从战略策略上这是一个笑柄。

10月27日，毛泽东告诉"彭高"："该敌早已船运，因受元山港水雷威胁不敢登陆。现在始登陆。过去因该两师美军未登陆，伪3师须守备元山咸兴一带，致伪首都师孤军东进，该师长表示恐惧。原拟俟美军登陆后接防元山、咸兴线，让伪3师、偕伪首都师一起东进，现在我军出现，其计划可能变更。目前尚不能定，因平壤、元山间200多公里向我军敞开着，元山本身亦受威胁。"

宋时轮离京回曲阜后，毛泽东电示给彭德怀并高岗："（一）宋时轮已来京面谈，9兵团定11月1日起，车运梅河口地区整训，前线如有战略上急需可以调用。如无此种急需，则不轻易调用。"

毛泽东想第9兵团要用在东线对付东线美军3个师，韩国两个师。10月29日，他电示彭、高："东线伪首、伪3及美7师共3个师由咸兴向北进攻的可能性极大，必须使用宋时轮主力于该方面方有把握，否则于全局不利。请你们考虑除第27军11月1日由泰安直开辑安或满浦直上前线外，余两个军是否接着开通化、辑安地区休整待命，以备必要时使用，盼复。"

75. 朱老总把自己的望远镜留给了战将陶勇

10月29日，山东曲阜孔庙建筑群的孔林享殿前的天井里，9兵团副司令员陶勇、参谋长覃健、政治部主任谢有法、副参谋长王彬和团以上干部济济一堂，都在等候总司令的到来。

宋司令员陪同总司令走上了主席台，会场立即响起热烈的掌声。总司令先给主席台上的将领一一握手，朱总司令握住陶勇的手笑哈哈地说："呵，这员虎将到了朝鲜，美帝国主义这只纸老虎，也要怕你三分啰！"

陶勇一听，脸红了，颇不好意思，说："请总司令作指示！"

朱总说："没有指示，我是来给你们喝壮行酒的。"

朱德是我军的主要创始人之一。从我军设立总司令一职起，直到1954年10月撤销，朱德一直担任这一职务。好像这一职务是专门为他设置的一样。而总政委职务，毛泽东、周恩来、张国焘等都担任过。1928年4月，他率领的南昌起义部队上井冈山，使井冈山的红军陡然增加了10倍，超过万人。他带领的28团，产生了3个元帅，两个大将。在长期的战争岁月，他与毛泽东共同创造了御敌的"敌进我退，敌驻我扰，敌疲我打，敌退我追"16字游击战战术和"部队大有大的打法，小有小的打法，打得赢就打，打不赢就走"的运动战的战略战术，以及"有什么武器打什么仗，看什么敌人打什么仗，在什么时间打什么仗"的军事辩证法，都得到了毛泽东的首先肯定和科学发展。在井冈山，他是作战的主要指挥员；在遵义会议后，周恩来和毛泽东决定了战略方针，他制定作战方案，颁布作战命令，而后他到前线指挥红军作战。他一生久在阵中，谙熟军旅，军事造诣高超，作战经验丰富，专业知识具体，熟悉各种武器性能、各种兵器火力的配合、各兵种的协同、战术动作的实施和地形地物的利用。熟悉部队作战、生活和管理；熟悉部队行军、宿营、隐蔽、警戒、侦察、包围、进攻、退却、掩护等，以及部队的各种条令条例。他在部队高级将领中享有崇高的威望。他的拥护与反对对毛泽东的决策具有举足轻重的作用。

陶勇与宋时轮不同，他是从四方面军成长起来的，红军时期曾任四方面军主力师10师连长、营长、团长，代师长，因作战勇敢被称为"傻子团长"；抗日战争时期，任副团长、支队司令员、新四军1师3旅旅长、1944年年底任苏浙军区第3纵队司令员，第23军军长。

10月5日，陈毅让第23军军长陶勇来办公室谈话。

陶勇来到外滩滨江路上海市人民政府市长办公室，他喊了一声"报告"！

"是陶勇，请进！"陈毅喊了一声。

陶勇推门而入，给陈司令员敬礼，见粟裕副司令员也在场，给粟副司令员敬礼。

陈毅笑呵呵地从写字台后出来，握手，问："你知道我找你是么子事嘛？"

陶勇问："还是兵团副司令的事吧？"

军委半年前任命陶勇为第9兵团副司令，他一直不愿意就任。

陈毅严肃地说："陶勇，这次我不是征求你的意见。美帝国主义把战火烧到我们的家门口了，毛泽东命令第9兵团赴朝参战，为了保家卫国，你必须到9兵团就职。你是一员虎将，到前线要发挥你的虎威，打好出国第一仗！"

粟副司令员说："你陶勇在荣誉和待遇上是从不伸手的。但当兵团副司令也是军队建设的需要。9兵团的命令已下，你要协助宋司令员打好出国第一仗。为第3野战军争光，为祖国人民争光！"

陶勇说："两位司令员放心，陶勇坚决服从命令！"

"好，这才是陶勇嘛！"陈毅说："我和粟司令员等你们的喜讯！"

陶勇说："打好出国第一仗，向祖国人民报捷！"

这时，总司令满面笑容，环顾四周，向大家招手；然后，用浓重的四川口音，单刀直入地说："9兵团的同志们，你们好！我代表毛主席，代表党中央、中央军委来看望你们！向你们问好！"

"毛主席万岁！中华人民共和国万岁！"的口号声响彻孔林，松柏树上的宿鸟哗然大惊，成群飞舞。

朱总说："9兵团是有战斗力的部队！是有光荣传统的部队！是战功卓著的部队！20军、26军、27军是第3野战军的主力部队，在华东战场上打过许多硬仗、漂亮仗，你们这次入朝参战，在宋司令员、陶副司令员指挥下，一定会打出雄风来！"

"决不辜负党中央、中央军委的希望！""打出9兵团的雄风来"的口号声响彻云霄。

朱总说："美帝国主义不顾我国政府的警告，已经越过了三八线，直逼我国边境，严重威胁到新中国的安全。对此我们绝对不能置之不理。为了保家卫国，支援友邻，中央决定派出志愿军。出兵朝鲜作战是党中央的英明决策。现在毛主席，中央军委根据朝鲜战场的实际情况，决定解除你们攻台训练任务，参加志愿军，以厚志愿军兵力。你们又要打仗了，这次不同于以往，是出国打仗，是同美帝国主义打仗。宋司令员上过黄埔，红军时期当过我们30军军长，骁勇善战，有勇有谋；陶副司令员是新四军的一员虎将，是陈毅开辟苏北根据地的一把斧头。你们肩负着光荣而伟大的使命。我们的战争是正义的，有世界和平民主阵营的支持，我们一定能够胜利！"

临别时，朱总司令把自己的望远镜送给了陶勇。陶勇推辞，不敢接受。总司令说："收下吧，我老了，不能去打仗了。这个望远镜还是我在红军时期用的。在国内已经用不上它了，你到战场上还可以用，物尽其用嘛！提高使用率，多打胜仗！"

陶勇眼睛红了，双手恭恭敬敬接过望远镜，向总司令敬礼！

然后就挎在自己的脖子上，轻易不会摘下。

76. 外电称9兵团秘密进入战场是"当代战争史上的奇迹之一"

曲阜动员大会会后，第3野战军第9兵团立即改为中国人民志愿军第9兵团。

10月31日，毛泽东主席致电宋时轮司令员、陶勇副司令员，"并告陈（毅）饶（漱石）、彭邓、高贺：（一）兵团全部着于11月1日开始先开一个军，其余两个军接着开动，不要间断。（二）该兵团到后受志司指挥，以寻机各个歼灭南朝鲜首都师、第3师、美军第7师及陆战第1师等

4个师为目标。该敌现位于城津、咸兴、元山及以北一带地区，有分路向临江、辑安方向进攻模样。（三）兵站事务须自设机构办理"。

宋时轮与陶勇接到毛泽东10月31日开进的电报，立即召集参谋长覃健和参谋处长金冶商量，从元山到鸭绿江，只有300公里到500公里的路程，美军是机械化进军，而我军是徒步进军。其间虽然有42军在顽强阻击，但不能希图我42军两个师坚持时间太长。按照总部的安排，由覃参谋长负责组织27军迅速开进。金冶具体负责车运。11月1日，开出第一列，向东北边境进发！

宋司令说："美军长驱直入，已迫近我国边境，美军有向我东北边境地区进攻的可能。军委、毛主席对我兵团有厚望焉。我兵团从上海到山东，又从山东到东北，入朝作战准备工作只能在行进中解决。部队在列车上要组织收听广播，在火车站购买报纸，使官兵了解朝鲜战局发展。部队下车后，要抓紧时间，进行出国作战的思想动员，后勤保障只能保证最低水平，请东北军区后勤部予以解决。各军准备情况要及时报告，金冶要及时汇总报告。"

然后他带少量参谋先期出发到了沈阳，了解战况，找高司令解决换装问题。

他到沈阳军区首先见高岗司令员。他与高岗在西北横山根据地时经常配合作战，一个窑洞指挥作战，一个炕上睡觉，也是熟得不行。

他对高岗说，老弟，兵团马上要入朝，现在还未完成换装，干部战士还穿着南方过冬的小棉衣和球鞋。毛主席说要找你解决。

高岗问，需要多少？

宋司令说，至少每人配发一件棉大衣。

高司令说，时间紧迫，15万人全部补齐肯定来不及。

他拿起电话给李聚奎，命令后勤立即给9兵团补发5万件大衣。还不到兵团的编制的一半。

每个部队都有一位诸葛亮。9兵团作战处长是金冶，中等个子，偏胖，戴深度近视眼镜，是9兵团的诸葛亮。作者作为彭明治司令员随员在南京新四军高层老同志会议上见过这位诸葛亮。抗战时期他在南方"金句丹"地区打游击，后为新四军军部参谋，解放战争时期任山东军区参谋处副处长，7兵团作战处长。1950年秋，上级决定他到南京军事学院学习，他利用途经上海的机会去看看他在山东时的老首长宋时轮司令员。

他进入警备司令部，见到宋司令员，很高兴。

他说："宋司令，我到南京学习，特地来看看你。"

宋司令很高兴，说："你来看我，好呀。9兵团有新任务，你随我北上吧。"

金冶很出意料，说："我去学习是组织安排的，我文化不高，也需要学习学习。"

宋司令说："新的作战任务比课堂学习更实际，我给军区说一下，你不要去学习了，留在兵团吧。"

这是宋司令对他的赏识和信任，他不好推辞了，留下当了作战处长相当于杨迪在13兵团的角色。

然后他立即进入了角色，组织车运。那时，刚刚解放，铁路交通恢复正常不久，铁路上领导都缺乏大兵团车运的经验。金冶找军事运输部门，找地方铁运部门，找军师有关同志，落实车运计划，落实各项措施和要求，严格行车的规定和纪律。原定在曲阜整训一个星期，突然，兵团接到通知，朝鲜局势急变，立即北上，第一站到沈阳待命，由东北军区给换装，进行物资装备的补充。部队要准时到位。

9兵团指战员穿着秋天的服装，从曲阜乘火车出发，日夜兼程，风驰电掣开进。到了第一站沈阳，部队刚刚补充，突然又接到通知：9兵团立即继续前进，到安东过江入朝。大家紧急上车，各就各位。列车一声鸣叫，向安东奔驰起来。

辽南的大山里，几十列军列在行进。

正在运行中，兵团司令部接到军委通知：兵团转向辑安入朝。

前锋已到辑安，后车正在"嗒嗒嗒嗒"地行进途中，当"副班长"的车还停在沈阳车站。金冶可以发挥自己应变的才华了：已到安东的列车，前卫变后卫跟进；正在途中飞驶的列车迅速转向，由安东转辑安，未出发的列车直接开辑安。27军11月4日从安东已入朝，又撤回到辑安入朝。

金冶把调整转运情况、行军序列、部队到达位置、下车地点，立即报告了司令、副司令。"宋陶"对这个有丰富经验的作战处长的组织应变能力很满意。

战争时期每一个首长身边都有一个精明参谋。

和平时期每一个领导身边都有一个"精吏"秘书。

9兵团按时到了鸭绿江边，按军委电令，从临江、辑安跨过了鸭绿江。

部队冒着朝北的大风雪，直接进入东线战场。

9兵团指战员比西线指战员多了一分考验，就是他们只有一少部分在沈阳换上了冬装，大部分是穿着单衣直接从气候温暖适宜的江南水乡开进霜冻遍地风雪弥漫的朝北山区的。

东线美军第10军在元山港全部登陆后，按照麦克阿瑟战略部署，与南韩第1军团，立即向鸭绿江扑进。第8集团司令沃克中将二战时曾在著名的巴顿第3集团军任军长，征战欧洲，战功显赫。他在釜山防御反击，为麦克阿瑟仁川登陆创造了条件。但麦克阿瑟对沃克并不信任，把第10军从第8集团军中分离出，直接归麦克阿瑟指挥，但指示后勤供应仍由沃克保障。沃克在西线。阿尔蒙德在东线。麦克阿瑟在东京要看看谁先占领鸭绿江南岸，叫他们两个来个NBA式的比赛，他要看看比赛的精彩性。然后在圣诞节凯旋回美国。在华盛顿可能要举行盛大欢迎会。

战场是一个天平。毛泽东摸准了麦克阿瑟的战略意图，审时度势，把9兵团加入东线战场。

此时，阿尔蒙德指挥第10军和南韩1军团从元山、利原登陆后，分3路正沿黄草岭、吉州向鸭绿江推进。从海滨兴南城的后勤补给基地沿一条大山谷，逐渐向北，经五老里、到黄草岭、然后下碣隅里到长津湖，两侧峭壁深涧，是阿尔蒙德的十分脆弱的生命线。他将在这条山路上蒙羞，付出沉重的代价。

麦克阿瑟在东京帝国大厦抽着大烟斗，听取他的情报处长的汇报后，认为大量军用物资从中国东北地区通过鸭绿江运往朝北，将造成"联合国军"迅速占领全朝鲜的困难，为实现"联合国军"在两个星期完成"最后攻势"，他命令美国远东空军司令斯特拉迈耶中将"以最大的力量摧毁在满洲边界上的朝鲜这一端的全部国际桥梁"。封锁鸭绿江大桥，确保沃克和阿尔蒙德的胜利！

斯特拉迈耶在发动空中战役前，把此事报告了五角大楼，五角大楼报告了国务院艾奇逊。艾奇逊立即报告了杜鲁门。杜鲁门作为总统说他主要关心的是部队的安全,同时要麦克阿瑟讲明轰炸的理由。麦克阿瑟强硬地回答说:中国的"大批人马和物资从满洲越过鸭绿江上的桥梁潮水般涌来。这一举动不仅对我指挥的军队构成威胁,而且还有可能最终导致我的部队全军覆灭。过江的实际行动可以在夜幕的掩护下进行,而鸭绿江和我军防线之间又很近,敌军遭遇不到什么空中封锁即可完成针对我军的部署。阻止敌军增援的唯一办法就是摧毁这些桥梁,并从空中最大限度地摧毁北部地区帮助敌军推进的所有设施。每迟延一个小时,美国和联合国其他成员国就要付出巨大的血的代价。"

杜鲁门在强硬的战区司令官面前妥协了。

斯特拉迈耶发动的"空中战役",自11月8日开始至12月5日结束,每天平均出动各种飞机1000余架次。但到中旬,鸭绿江已经完全冻结,军用物资从江面上就可以运到南岸,麦克阿瑟要中断志愿军的后勤运输是困难的。1794年法国骑兵就是从结冰的河上进入阿姆斯特丹的。

7日晚,寒风凌厉,宋司令和陶副司令指挥9兵团开始隐蔽入朝。

第20军在军长张翼翔、副军长廖政国的指挥下,由辑安跨过鸭绿江,经江界、云松洞等地区向柳潭里以西及西北地区紧急开进,17日,部队完成集结任务;第27军在军长彭德清,政委刘浩天的指挥下从辑安以东10多里的临江过江,向长津湖地区挺进,21日到达旧津里地区集结完毕;19日,第26军在军长张仁初,政委李耀文指挥下过江后在中江镇地区集结待命,担任兵团预备队。

"宋陶"兵团指挥部随27军过江后,向江界的胜芳洞指挥位置前进。

9兵团在向战场开进途中,天低云暗,冷风呼啸,走着走着,有小雨飘荡,然后逐渐变成了雪花,然后又逐渐形成了大风雪。气温一下降到了零下30多摄氏度,大风雪中,官兵们有的鼻子冻得发白,嘴唇青紫,腿脚麻木。老天在有意考验着从上海戴着大盖帽穿着单衣薄棉衣球鞋的兵团官兵们。

在美军经过第一次战役,已经获悉中国人民志愿军过江的情况下,大风雪限制了美空军的行动,帮助9兵团3个军15万人秘密过江,进入朝北大山中集结。

战后,西方军事学家称9兵团入朝集结行动是"当代战争史上的奇迹之一"。

77. 史密斯对"超龄的屎壳郎"颇有微词

到此时，美军情报机构还没有发现我 9 兵团已经秘密进入东线战场，他们还只掌握我军在东线的兵力仅有 42 军两个师。

阿尔蒙德看到西线沃克集团向鸭绿江推进遇到很大困难，想立头功，催促陆战 1 师、步 7 师和南朝鲜军昼夜兼程，向鸭绿江扑进。老头子在东京看着呢！

陆战 1 师在师长史密斯的指挥下，从海港出发，在恶劣的天气里，身穿防寒的毛皮风雪大衣，一路向北，越走越高，越走山越深，越走路越险，通过海拔 1200 多米的古土里高地，在积雪中跋涉，到达已经被他们的飞机空袭烧毁的下碣隅里村，在这里建立了美军的前进基地。南朝鲜部队则到达长津。

步 7 师从利原登陆，在丰山一带遇到了朝鲜人民军的抵抗。

步 17 团一直向北挺进。

步 31 团则向赴战岭水库进军，在白山山峰受到我军部队阻击，损失一部分兵力。

步 17 团部队于 11 月 19 日先到达甲山，然后又兴奋地向北穿山越岭推进 13 公里，21 日上午到达鸭绿江南岸的惠山村。惠山村已经被美军炸成一片废墟。

军长阿尔蒙德、步 7 师师长巴尔和第 7 师炮兵司令凯发随步 17 团进到惠山村。得意忘形，在鸭绿江边饮酒欢呼。21 日黄昏时分，坐一辆吉普车，由两辆坦克开道，爬上了惠山村的山头，瞭望了鸭绿江北岸的中国边境。太阳余晖照耀着的鸭绿江波光粼粼。

他们想，美军不久就会在鸭绿江北岸安东饮酒了！老头子不会就此止步的！美军 3 位将军感觉甚好，像占领朝鲜半岛一样占领中国富饶的东北，战略要地渤海湾，只不过是总统和"麦帅"（美国人喜欢这样称呼麦克阿瑟）的一念之间了！

阿尔蒙德在 1945 年就说过："为了反对中国军队，朝鲜是再好没有的战场……朝鲜是头等大事的战略地区。"（1945 年 12 月 10 日《美国新闻与世界报道》）他的感觉与当年日寇大本营的少壮派们的感觉一样！

瑰丽的晚照中，步 7 师 17 团团长鲍威尔上校向得意扬扬的 3 位长官报告:"我们打得很好,明天我们一起来就动身,以最快的速度到达边境。"

次日,步32团到达甲山村。然后分出一支小队到达甲山以西的新葛帕津村。

美军的战报吹嘘说:"当美军第7师抵达中国边境之际,共军在韩国东北部的抵抗已告瓦解",美军"正在扩展其在鸭绿江上的阵地""联合国旗帜在鸭绿江上空飘扬"!

美军司令官们喜欢说"大炮已在向东方瞄准"。

阿尔蒙德、巴尔、凯发三个将军到了鸭绿江南岸,美国各大报纸上了头版头条!这是麦克阿瑟指挥的美军到达的最远的地方,也是美军中唯一到达鸭绿江饮马的部队。美国国会中那些老牌殖民主义分子,那些完全不讲理具有强烈的始终仇视中国的老意识形态分子,看到美军真的到了鸭绿江边,兴奋得脑充血!占领中国的台湾岛,屯兵于鸭绿江边,伺机占领中国的东北和沿海各大城市,是美国以麦克阿瑟为代表的一部分老牌帝国主义分子梦寐以求的愿景!

11月23日,是西方的感恩节,阿尔蒙德在他的指挥所内招待他的高级指挥官史密斯、巴尔等。他下达了作战命令:"第10军将主攻方向指向武坪里,突击至与第8集团军相对峙的中国军队背后,同第8集团军攻势相配合。在捕捉和歼灭中国军队之后,从武坪里西进,占领鸭绿江南岸。决定第10军11月27日晨开始进攻,陆战1师担任主攻任务,第7步兵师作为助攻部队,从陆战1师东侧,经长津湖东岸北进,会同第3师和第8集团军的右翼部队相互配合。"

会下,巴尔对史密斯说:"我对这种不顾侧翼安全,无视对手存在的推进感到不安。"史密斯说:"我觉得我们正在一步一步地走向深渊。内德(阿尔蒙德)只是'超龄的屎壳郎'(麦克阿瑟外号)的传声筒。"

11月下旬,东线狼林山脉下了一场大雪,峰峦起伏的山脉上覆盖着尺厚的白雪。气温骤然下降到零下30多摄氏度。到处是冰天雪地的世界。

长津湖是由流经高山的长津江形成的自然湖泊,四围高山环立,有点像卧在长白山峰的天池一样,湖畔有发电站,周围的山脉有丰富的矿藏。

24日,东线美军已经兴高采烈地进至长津湖地区。陆战1师在真兴里至柳潭里的山路上摆了一个一字长蛇阵。其第5团(团长默黑)两个营进入柳潭里;第7团(团长利兹伯格)2个营位于第5团以北高地,1

个营位于死鹰岭和西兴里；炮兵 11 团位于柳潭里之东侧；长津湖之南侧的下碣隅里则是陆战 1 师的前进指挥所。在这里部署了师坦克营、航空联队，陆战 1 团（团长刘易斯普勒）2 个营、陆战 5 团 1 个营、炮兵 11 团大口径榴弹炮 1 个营，还有师后勤部队；师部则在真兴里。黄草岭是在长白山脉向南伸展的狼林山脉和赴战岭交叉的地点，从咸兴通往下碣隅里的公路是朝北贯穿南北要冲的唯一大动脉。沿途崇山峻岭、深沟巨壑。美军陆战 1 师和步 7 师就是在鸭绿江边与第 8 集团会师的美丽幻想中忘乎所以地沿着这条交通命脉直扑鸭绿江边的。

美军陆战 1 师装备精良，有"海盗"式飞机，战斗力很强，是美国推行侵略政策抢占世界资源的有效工具。1846 年美国在海外征服战争中成立了陆战 1 团，然后在战争中又陆续成立了第 5 团、第 7 团。1900 年陆战 1 师参加八国联军入侵中国，镇压义和团，抢劫火烧圆明园，无恶不作。然后侵略古巴、海地，参加两次世界大战。

史密斯身材魁梧，面额消瘦，头脑清醒，举止文雅，曾经在美国驻巴黎大使馆工作过，参加了两次世界大战，对日作战时是中校指挥官，有丰富的作战经验。

他有些不太相信"超龄的屎壳郎"。

他自己乘直升机到朝北的山林巡视，飞机上的温度计已经到了零下 40 摄氏度。他飞了几十公里，没有发现中国军队的任何痕迹。他想，在这大风雪中，中国军队恐怕待不了 10 分钟也就僵了！

78. 毛泽东提醒"宋陶"注意陆战 1 师的战斗力

11 月 12 日，中南海的毛泽东担心前线将领忽视美军陆战 1 师的战斗力，特意提醒彭总和邓华："美军陆战 1 师战斗力据说是美军中最强的，我军以 4 个团围歼其两个团，似乎还不够，应有一至两个师作预备队。9 兵团的 26 军应靠近前线，作战准备必须充分，战役指导必须是精心组织的，请不断指导宋（时轮）陶（勇）完成任务。"

11 月 25 日，"宋陶"接到志愿军总部要求 9 兵团发起反击命令。宋时论和陶勇立即召集军以上干部研究。

宋时轮传达了总部的命令，介绍了敌情。

陶勇提出一个对长津湖一带敌军分割围歼的方案。即以第 20 军、27 军为第一梯队，第 26 军为第二梯队。利用美军还不清楚我大军已经进入朝北东线的时机，隐蔽企图，出敌不意，打突然性。还是我军的老战术，像打三大战役一样，靠勇敢不怕死，先行割裂，然后，从侧面猛击。第一梯队两个军要迫敌成混乱被动态势，乱中及时穿插分割，分兵包围，包干歼灭。分割包围的好处是可以变全局的劣势为局部的优势。按照毛泽东倡导的军事辩证关系，在辽沈战役分割廖耀湘，在平津战役分割平津之敌，在傅作义摆的长蛇阵上多次分割，在淮海战役分割杜聿明，都使我军在局部战场上兵力顿时成为优势。从量的变化达成质的变化。"宋陶"对此战术烂熟于心。具体部署是集中第 20 军（欠第 60 师）及 27 军主力，首先歼灭下碣隅里、新堡里、旧津里、柳源里、新兴里之间地区，得手后视机再歼灭美 7 师 31 团，26 军为兵团总预备队。

但天气不配合，"突突"地下着大雪。山野间风雪弥漫，山峦迷蒙一片，有的地方雪达一米深。大部分部队指战员衣服单薄，穿球鞋的脚红肿着。宋司令看到部队仓促入朝，东线地形山高路险，人烟稀少，各项准备工作还在紧张进行中，不打准备不好的仗是我军的一贯原则。他与陶勇商量，最好晚两天，不然打成夹生饭，对于全局不利。他们请示志愿军总部。同时要求各部队要紧急动员，鼓励官兵克服一切困难，不畏一切风险，不惜一切代价，战胜严寒，勇猛进攻敌人！

彭总回电同意 9 兵团的建议（战役发起时间 27 日与阿尔蒙德的时间恰好是同一天）。

战役发起前，陶勇感到江界距离前线较远，向宋司令提出到前线去就近指挥。宋司令说，你有胃病，有时候疼得直冒汗，捂着肚子工作，还瘸了一条腿，还到前线去，我去吧。陶勇说什么也要自己去。宋司令说，不用争了，你身体太不好，还是我去。陶勇说，就像下棋，哪有主帅跑出田格子的？没有主帅过河的！不由分说，带上参谋处长金冶就出发了。

前线，大风雪中，山脚下有一个小白雪覆盖的小屋，就是陶勇的指挥所。

他刚刚开始研究地图，几架 B-29 就来投了几颗炸弹。屋顶的泥土灌了他一脖子。金冶要他赶快到山沟里躲避一下。

他说："金冶呀，不用怕，我这个人虽然命苦，却生就一副铁骨头，天生不怕枪炮子弹，砖头瓦片更不在话下，再说我的革命任务没有完成，马克思哪会要我去呢？"说着接通了第 27 军军长彭德清的电话。

彭德清长得眉清目秀，像一个小生，却是一员战将。他是福建同安人，大革命时期参加农民协会带领贫苦农民抗捐抗税，反对土豪劣绅，在少爷的牙床上打过滚儿。土地革命时期担任同安县委书记、特委书记、工农红军闽南第2支队政委，在南方山林中坚持游击战争。抗战时任新四军苏北指挥部第5团政委、华东野战军12师师长、渡江先遣总队第4支队支队长、第23军副军长，参加了鲁南、莱芜、孟良崮等著名战役，1965年后任交通部部长，香港招商局董事长。

"彭德清，"陶勇大声喊："你那里情况怎么样？"

彭军长回答："陶司令，情况发生了变化。"

"发生什么变化？"陶勇马上问。

"长津湖本来只有陆战第1师，美第7师不是在惠山方向吗？"

"对呀。"

"美7师回到了长津湖！"

"这龟儿子的机械化快呀！"

"是呀，美军的机械化程度很高呀！作战计划恐怕要变一变。"

"当然要变！"

彭军长问："先打哪一个？"

"哪个刚到？"陶司令问。

"美7师呀。"

"哪个立足未稳？"

"美7师呀。"

陶司令问："你说打哪一个？"

彭军长说："明白了。"

陶司令说："毛主席的作战策略嘛，要先打弱的，新到未有防御阵地的，立足未稳的。你们的任务是先分割陆战1师与步7师，分割成功后，要立即包围步7师，包围后，采取数路勇猛穿插的战术。坚决吃掉巴尔的步7师！"

彭军长一声："是！"

然后，陶司令接通了宋司令，向宋司令报告了敌情变化情况，作战方案必须要变动一下，首先分割史密斯陆1师和巴尔步7师，然后27军先打步7师，20军打陆1师，26军还是预备队。宋司令说，步7师情况，我已经得到情报，正要给你联系。按你的意见，马上给各军下达作战任务，力争一个旗开得胜！陶司令说："好，就这么办了！"

然后，陶司令接通了第20军军长张翼翔。

张翼翔是湖南农民运动的大风大浪陶冶出来的高级指挥员，土地革命时期任过第3军团的营长，6军团的团参谋长；抗战时期，任新四军特务营营长，团长；解放战争时期任山东野战军第1纵队第3旅旅长，第20军军长；新中国成立后任福州军区副司令员，铁道兵司令员，第二炮兵司令员。

陶勇拿着电话机问："张翼翔吗？"

"是的，陶司令，我是张翼翔。"

陶勇说："敌情发生了变化。美7师昨夜出现在长津湖。你们的任务是围歼陆1师。你与彭德清两支部队要协同配合好，首先把陆1师和步7师分割开来。第一步要分割成功，第二步作战任务包干。明白了？"

张军长回答："明白。"

陶勇说："宋司令在等候你们胜利的喜讯！"

张军长说："二位司令，你就等着我们胜利的消息吧！"

79. 首先围歼长津湖东侧美步7师孤立无援者

27军部队在军长彭德清和政委刘浩天的率领下，在冰天雪地中冒着严寒，在朝北的深山密林中日夜兼程，奔向长津湖东侧预定战场。

11月23日，副军长詹大南和参谋长李元率领各师参谋长和侦察分队先期进入预定战场勘察地形。入朝时，上级下发的朝鲜地图，年版非常老旧，地图上的标示多与现在地形不符。他们根据侦察分队的报告，一一进行了校正。

27军虽然战功赫赫，打济南，战淮海，攻上海，积累了许多成功的经验。但是在朝鲜山岳丛林严寒地区作战还缺少经验，也缺乏思想准备。武器都还是抗日战争和解放战争中缴获敌人补充的武器，型号多，质量差，尤其不适应在寒冬作战，反坦克兵器和防空武器更是数量少，质量差。

27日17时30分，两颗红色信号弹升空，长津湖东侧白雪皑皑的山林，立刻变成一片火海。步兵第242团勇猛穿插，切断了湖东新兴里美步7师部队的退路。239团向纵深穿插，激战至拂晓，将新兴里美步7师第31团压缩在不足4平方公里的狭窄地区。

阿尔蒙德、麦克阿瑟、美国参谋长联席会议得知这一消息都一片惊慌。"共军"是从什么地方冒出来的？东线不是只有中国的两个师吗？

国会严令麦克阿瑟设法解救被围的巴尔步7师。

彭总得知一下围住这么多美军，也很高兴，令宋时轮一鼓作气，歼灭被围敌人。但战斗进行到这个地步，难点和问题就出来了。美军故技重演，把坦克围成一个防护圈。等待天亮以后，调动轰炸机来解围。我军的无坐力炮不能摧毁美军30吨以上的中型坦克。有些枪炮还因天气寒冷上冻打不响。后来得知被围的不是1个营，而是5个营！

当我军在东西两线发起第二次战役时，美国报纸还在鄙视中国军队的战术，说"共军"奉行的是"人海"战术，"人肉"冲击。麦克阿瑟说中国军队都是一些"洗衣工"，完全不懂军事。西方老爷们对赢得抗日战争和解放战争的这支部队还是如此无知，如此有偏见！美国军人的傲慢常使他们很愚蠢。殊不知，1945年11月在辽西走廊时，林彪就坚决反对进攻部队太拥挤，总结了班进攻的"三三制"战术，在部队普遍推广。

27军是久经战阵的主力部队。各级指挥员都讲究战术。参谋长李元高挑儿，精瘦。他在战前拟定作战指示中要求部队"机动战术是现代战争最机动的战术。中国革命战争的胜利，在作战方法上，很大程度上取决于发挥了高度的运动战战术"。

27军要求部队根据一线的态势，随时随地调整我方的部署和战术，要会调动敌人，创造和利用敌人的弱点，进行渗透，在我轻兵器的火力范围内近距离杀伤敌人。前线阵地敌我是一对矛盾，要始终把自己置于矛盾的主要方面，处于主动地位，要在战术上集中优势兵力，优势火力，主动进攻敌人。

美海军历史学家说："中国人很少采用超过一个团的兵力发动袭击……他们善于运用欺骗战术来达成攻击的突然性。"

鹅毛大雪纷纷扬扬地飞着，寒风又把山野上的积雪刮起来，扑到指战员的脸上，脖子里，塞到单薄的衣服里。

在恶劣的天气里，27军80师首先围住长津湖东侧新兴里的美步7师第32团1营，该营被称为东线美军的特遣队，其营长麦克利恩在指挥部队反冲击时，受伤被俘，几天后不治身亡。费斯中校接任营长。

28日，我27军80师从侧翼运动过去攻击步7师32团A连阵地，美军连长斯卡利恩当即被如飞蝗一般的手榴弹炸死。接任连长海恩斯又被我渗透小分队神枪手击中。其3排长登斯菲尔德腹部受伤。费斯只能命令主管伙食的凯西中士去救海恩斯，凯西到海恩斯身旁时发现海恩斯已气断身亡。刹那间，凯西中士也被我军神枪手击中。美军31团的另两个营也被27军部队四面包围，其兵力和装备损失惨重。第57野战炮营的两个连队12门炮只剩下4门。

我80师部队从北边的山林以凌厉攻势冲下来，沿山路进攻美军的右翼。

美军用75毫米无坐力炮、81毫米迫击炮和机枪封锁了山口，顶住了我军的攻击。我80师部队勇猛穿插，将美32团1营余部与31团的两个营用路障隔离。

美军32团1营费斯营长组织部队向路障发起攻击，并指示美军炮火覆盖了我攻击连队。美军两个部队得以会合。美空军C-54飞机马上给被围美军空投食品和弹药；美军黑色的海盗式飞机不断地在美军上空盘旋，用凝固汽油弹攻击我军部队，或者为美部队指示我军位置，美军立即用远程炮火打击我在山谷中行进或在阵地上坚守的部队，每炮必中，造成我军的极大伤亡。

11月30日，宋时轮召开志愿军东线作战会议。他说："东线长津湖地区的美军都处于9兵团部队的包围之中。美军已经被我军分割成几块。有许多迹象表明，美军企图向南逃跑。我们要紧紧抓住当前的有利战机，将美军各个击破。大家意见怎么样？"27军军长彭德清说："我看要首先集中力量围歼长津湖东侧的美7师31团。这个团在长津湖东岸很孤立，只有一条公路通向下碣隅里。陆战1师所有部队均被我20军、27军包围，抽不出部队增援31团。"

20军军长张翼翔说："我完全赞同彭军长的意见。步7师的战斗力要比陆战1师弱一些，可以集中兵力先歼灭步31团，回头再对付战斗力很强的陆战1师。"

宋司令说："围歼东线敌人是我们9兵团入朝参战的第一仗。长津湖地区是崇山峻岭，有利于我军歼灭敌人。同意先歼灭东岸的步7师31团，对陆战1师部队实行牵制性进攻。陈毅老首长很关心我们，几次打电话询问我军的情况。我们一定要以东线战役的胜利来回答老首长的关心。"

30日晚上，又一场大雪降温袭击东线战场，战场积雪1米多厚，气温突降到零下38摄氏度，给习惯在华东作战的9兵团部队造成了极大的困难。27军集中主力80师和81师5个团的兵力，在铺天盖地的冰雪，呵气成冰的严寒气候下，星夜翻山越岭，从四面八方插向新兴里村。暴风骤雨般的弹雨飞向敌军31团。新兴里村东侧和东南侧的我攻击部队越过美军的阵地与西面部队会合。敌人大乱，到处乱窜。有一股敌人企图从丰流里江的冰面上逃命，刚刚跑到江心，冰面破裂，掉进江里。

由于天气寒冷，我军战士的手被冻僵，不能打枪，要把手伸入口中，暖一暖，再打。重机枪的散热筒冻结，战士们马上抬进工事，用火烤热，再打！英雄们用一颗火热的心抵御酷寒，忍受饥饿，坚守着阵地。

美军出动40余架海盗式飞机发射炸弹、汽油弹，大炮"咣咣"地打到阵地上。一小时内就有成百吨的钢铁倾泻到我军阵地上。阵地上的岩石被削去了1米多，变为粉末，树木变为灰烬。烟雾笼罩着整个山顶。7连长史福高臂膀负伤，他命令连队不要急，放敌人到十几米时，才命令开火，飞蝗般的手榴弹飞向敌群，敌人被打退了，史连长腹部又中弹，倒在雪地上，鲜血染红了一大片雪地。

敌人又冲上来，枪声又把史连长唤醒了，他睁开眼，艰难地爬起来，指挥部队迂回出击，然后又倒下了，这次他再没有站起来。

"为连长报仇！"

没有子弹了，从牺牲的战友身上找子弹；腿被打断了，用手爬着前进；右手被打断，用左手甩手榴弹；这就是英雄部队钢铁般的意志和顽强的作风！

雪停了，月光明亮，照着白雪皑皑的山野。

美军海盗式飞机飞了一夜，发现我军部队兵力很多，美军就疯狂地向防御圈周围打炮，每炮都能伤人。我军发动袭击时，美军就发射照明弹，把阵地照得如同白昼，然后组织炮火扑灭我军。

新兴里距离南边的下碣隅里大约13公里。美7师副师长霍兹在下碣隅里组织了一支北上新兴里的接应部队，由飞机助战，坦克开道。但很快被我军阻击部队击溃。被围美军部队弹药已经很少，一些士兵只剩下一个子弹夹，炮兵的炮弹已经告罄。

4架美军飞机飞来了，美军官兵很高兴，结果飞机把凝固汽油弹投到了美军突围的部队里，开道的坦克顿时着火，立即有几名官兵被炸死，部队乱作一团，四散逃命。美国人说是中共军队打出了缴获的信号布板，指引飞机打美国军队。向南突围的美军千辛万苦过了桥梁，却又被美军飞机俯冲扫射打倒一片。一部分徒手美军由代理连长史密斯中尉带领向西走上了长津湖发着亮光的冰面。有些美军士兵被残酷的战斗惊吓，自己在冰面上兜圈子。费斯中校的肩上裹着一条毛毯，不断地命令能作战的士兵清除路障，我军阵地射来一枪，打中费斯的后腰，他的脸色逐渐变黑，被士兵抬进了吉普车内。伤员们都趴在山坡上壕沟里或被炸毁的卡车里无望地呻吟。不断有还能走的残兵败卒从水库的冰面上插到下碣隅里。下碣隅里的步7师和陆战1师也组织人员到水库边去寻找自己的士兵。经过6昼夜的浴血奋战，美步7师31团3营、32团1营、23团1营和增援的第57野战炮营部队除极少数士兵翻山越岭逃到下碣隅里外，被歼灭3000余人（含第31团团长麦克莱恩），9兵团创造了一举歼灭敌军一个团的战例。

80. 一夜之间一条大蟒被切为数段

26日，根据兵团命令，20军（军长兼政委张翼翔）部队进入狼林山脉长津湖一带阵地隐蔽集结。朝北大雪封山，气温在零下20多摄氏度。20军指战员长期生活在华东地区缺乏天寒地冻和山高雪深作战经验，又没有防寒被装。由于连续开进，全军都还穿着华东地区的冬装，未来得及换。张军长命令后勤部门将集中在沈阳、梅河口的冬装转运到辑安，部队过江时随到随补，同时派后勤人员到沈阳领取粮食和物资。但终因作战任务太紧迫，开进太急，先头两个师已经过江，补给计划未能实现。未过江的一个师，也未赶上，弹药、粮食只能靠战士随身携带。15日，全军穿着单薄的冬衣迎着突然降临的风雪进入朝北，然后逐渐南下，到达长津湖西南侧的柳潭里西北的西兴洞村一带接替了42军的防线。

20军的当面之敌是美军陆战1师的第7团（团长利曾伯格上校）和5团（团长默里中校）。这一带东面是长津湖，西侧为连绵的高山。美军作战目的是企图越过死鹰岭，占领柳潭里，而后向西北进犯，取道江界，直逼鸭绿江边的满浦。

长津湖在朝北山区的一块高地上，海拔1200多米，其南侧山麓的下碣隅里村是美军陆战1师和步兵7师的后勤补给基地。美军在这里建设了简易机场、大型运输机C47可以降落，还建了野战医院和军需仓库等。下碣隅里村是两条山路的交会点，一条通向湖东侧的新兴里，一条通向湖西侧柳潭里，是美军在东线的军事枢纽。

从海滨城市兴南一直通到下碣隅里村，到镇兴里村即进入大山的山口，一直到古土里村，山路两侧路段险峻陡峭，曲折蜿蜒，或挂在山腰，或攀登于山顶，或下降入沟底。古土里村后再深入就是崇山峻岭的高山寒区。这条山路由陆战1师第1团（团长普勒上校）守备补给线。美军构筑的阵地和坦克大炮构成了一个防御圈。东侧为步7师的32团1营在水库岸边，31团3营和增援的第57野战炮营，与陆1师隔湖相望。

张翼翔带作战处、侦察处、管理处长等到前线勘察地形、确定阵地构筑，兵力部署和火力配备，确定军需储备，生活补给和后方医院地点；然后，召集师团长一块分析战情，确定战术技术。他说："美陆战1师摆成一字长蛇阵，有利于我军分割围歼。我们对付敌人长蛇阵的最好办法，就是把它切成几段，然后猛击七寸要害处，而后分段各个歼灭。"

20军部队按照兵团的反击作战计划，在张军长的统一部署下，一个晚上突然将一字长蛇阵的美军截为几段。

58师部队在师长黄朝天、政委朱启祥的指挥下，突然包围了下碣隅里美军的前进基地。美军为打开合围，打通补给线，连续猛烈反击。

60师在师长彭飞和政委杨家保指挥下，迂回到下碣隅里以南的富盛里村、乾磁开村一带。美军在这里部署了两个步兵连队和一个工程兵分队。60师突然行动，切断了下碣隅里与古土里村的美军南逃之路，阻击美军从五老里、咸兴北援。

柳潭里村在长津湖西侧的深谷中，这里地势低洼，有长津水库的一个入水口，海拔1300多米，周围有5座高山峻岭，平均海拔在1400米以上。在美军的狂轰滥炸下，村庄残破，到处是断壁残垣，老百姓都跑掉了。从柳潭里绕着长津湖通下碣隅里的公路是美军的湖西补给线。第59师在师长戴克林、政委何振声指挥下占领死鹰岭及以北以东地区，割断了柳潭里与南面下碣隅里两地美军的联系。

20军部队迅速将陆战1师割裂为4段，柳潭里至死鹰岭一段；下碣隅里一段；古土里以北一段；真兴里一段。

余光茂师长、王直政委率领89师向西南迫近社仓里，把美3师7团孤立在社仓里地区。

20军各部队戴着大盖帽穿着草鞋在白雪覆盖的山林里艰苦奋战。同样，严寒冰冻使枪栓拉不开，机枪不能连发，手榴弹不爆炸。部队自己携带的粮食大部分吃光了。军党委号召，采取各种防寒措施，以顽强的毅力，发扬我军艰苦奋战的精神，战胜严寒，战胜饥饿，战胜疲劳，坚决歼灭美军陆战1师。

在党委会议上，张翼翔说要与战士同甘共苦，脱下棉大衣，拿出仅有的两茶缸黄豆，对后勤部长说："给我送到前沿阵地去！"他这么一脱，参加会议的首长们都脱下来了，统统送到了前线。张军长的大衣，连夜送到厚厚积雪掩盖的前沿战壕。一班战士听说是军长的，说"我们不冷，应该给二班"；二班说"应该给三班"；排长说"不用穿，摸一下，就行了"！大衣从一个战壕传到另一个战壕。军长与我们穿一样的衣服，我们冷，军长不冷吗？！

张军长利用指挥间隙，下到基层，与战士一起缝耳套、棉袜、手套等。全军一个口号："熬过困难就是胜利！"战士饥寒交迫昏倒，班长用胸膛暖和过来；粮食断绝后，每天能分到几个冻土豆，也舍不得吃，用自己身体化开后送给伤员吃。

20军本来是在杭州湾进行准备解放台湾的紧张的军事训练。

突然接到兵团通知，张军长马上到上海开紧急会议。

张翼翔军长兼政委想，难道攻台战役要开始了？

在上海外滩市委大楼会议上，陈毅司令员作报告。解除9兵团攻台作战的军事训练任务，各军做好入朝的思想准备。20军开赴山东兖州地区一边训练，一边整补，待命行动。张翼翔回到招待所一个晚上都辗转反侧不能入眠，形势突变，美国的侵略行径，威胁东北，威胁华东，威胁世界和平。党中央、毛主席在祖国和平建设受到威胁，朝鲜战局可能发生逆转时，把9兵团作为战略预备队，20军立即北上，是对我们军的信任。20

军在长期的革命战争中具有丰富的作战经验，形成了自己的战斗作风，自己的战斗脾气，善于野战，敢于近战和夜战，长于穿插，能打硬仗、恶仗。

10月14日，他率部到达兖州，部队进行训练整补。29日，团以上干部到曲阜听取了朱老总的动员报告。11月3日，兵团命令20军立即乘车北上，到梅河口整补。部队还在火车上，北上途中接到命令，兵团部队参加抗美援朝第二次战役，20军立即入朝。在梅河口整补的计划搁置，先头部队两个师已经根据兵团命令直接向辑安开进。张翼翔赶到沈阳接受兵团首长命令时，20军部队正在兖州至辑安的几千里铁路线上，无法与部队联系，他派参谋赶到辑安，要各部队立即组织学习《中国共产党和各民主党派联合宣言》，一边开进，一边开誓师大会。坚决响应党中央的号召，保家卫国，为祖国争光，为毛主席争光！7日至11日，20军全部跨过了鸭绿江。

按照兵团反击作战计划，20军58师部队在师长黄朝天、政委朱启祥指挥下，攻占上坪里村，从北东南三面包围下碣隅里村。172团和174团2营在冰雪中徒涉长津江，凌晨3时快速攻占富盛里、松亭里等地，同时控制了独家峰、三德峙等高地，由北向南攻击美军占领的下碣隅里。173团攻占了京下里美军的坦克营地，炸毁敌军坦克3辆，经过激烈的夜战，取得歼敌800余人的胜利。172团3营部队夺取了下碣隅里村东边的高山，美军称为"东丘"，从东丘可以俯瞰下碣隅里村庄，也即可以俯瞰美军的后方基地。这如同一把匕首刺入美军的咽喉。陆战1团3营副营长迈雅斯奉命率领预备兵力不惜一切代价夺回东山。29日上午8时，美军用大口径火炮和坦克火炮对东山进行覆盖性的狂轰，美航空兵对东山投掷大量汽油弹，东山大火熊熊，映红了天空。然后敌人一波一波地向东山我阵地发起冲击，同时用大口径火炮和重型坦克向我攻击部队攻击，都被172团3营7连和9连英雄们击退，但我两个连队有30多人伤亡。

12月3日，毛泽东在中南海密切注视着东线战场，他电志司和9兵团："我9兵团数日作战，已取得很大胜利，不但在下碣隅里地区，将陆战第一团及其他数部增援部队基本歼灭，而且在新兴里地区将美7师1个多团完全消灭。敌方在数日内可能增援的部队，只有两个李承晚师和美7

师1个多团。如我军能将这些增援部队各个歼灭,在朝鲜战局上将起很大变化。因此,(一)请宋、覃(覃健,参谋长)考虑,将26军迅速南调,执行打援任务。(二)对柳潭里地区之敌,除歼灭其一部外,暂时保留一大部,围而不歼,让其日夜呼援,这样便可吸引援敌一定到来,使我有援可打。如果柳潭里地区之敌被我过早歼灭则援敌不来了,他们将集中咸兴一带,阻我南进,对我下一次作战不利。以上意见是否可行,请宋、覃就当前情况统筹决定为盼。"

12月5日,黄昏,58师172团对下碣隅里东侧高地发起攻击,坚守在下碣隅里村东高地的陆5团2营死伤过半,丢弃阵地,逃入下碣隅里村内。在下碣隅里村基地的陆5团1营与陆1团3营彻夜受到志愿军部队的攻击,日夜惶恐。突然看见一个大火球降落下来,爆炸了!接着又是一个,美军官兵死伤一大堆。原来是美军B52轰炸机向下碣隅里投的重磅炸弹!史密斯师长哭笑不得,美军经常干这种蠢事!

81. 59师切断柳潭里陆战5团撤回下碣隅里的退路

大风雪在高山险隘和深山密林中肆虐。

按照军部的命令,师长戴克林和政委何振声率领59师在深可没膝的积雪中,26日抵达集结区域,以师主力攻占死鹰岭及其以北、以东地区,切断柳潭里美军的退路;以176团接替42军的防御阵地;以一部兵力进抵松落洞村一带,阻止美陆战5团(中校团长默里)和7团(上校团长利曾伯格)西进武坪里、江界。

戴师长是何许人也?是抗日战争中坚持沙家浜根据地斗争的沙家浜部队创始人之一。这时,他身上穿的还是单衣,披了一件薄薄的毛绒大衣。他虽然挺着,但还是不由自主地浑身直打战。他举起望远镜瞭望了一下四周白皑皑的山林,命令作战参谋:"向军部报告,59师进抵预定阵地。"

狼林山脉有牙得岭、荒山岭、雪寒岭、黄草岭、死鹰岭;死鹰岭是狼林山脉的高峰之一,海拔1519米,雄踞万山,有一怪石颇似老鹰之嘴,终年积雪有几米厚,传说老鹰飞来也要冻死,因此而得名。死鹰岭恰恰耸立在柳潭里至下碣隅里的唯一通道上。

27日晚上,戴克林命令各部队出击。夜色笼罩下,175团攀登悬崖绝壁,翻越海拔2125米的牙得岭雪山,迅速攻占了柳潭里通下碣隅里的

1419·2等3个制高点。他们到达1419·2高地时，雪山上静悄悄的，看不到一个敌人，可是通信员刘云典听到了打呼噜的声音。部队往下一看，在一个长方形的山坑里美国兵都钻在鸭绒睡袋里酣睡，睡袋的拉链拉得严严实实，上面还盖了雨布！有睡袋在动，战士们用冲锋枪"嗒嗒嗒"，把敌人都消灭在睡袋中。

177团部队摸上死鹰岭时，美军正在山上烤火。突然枪声大作，杀声震天，通宵激战，到凌晨，天麻麻亮，177团攻占了主峰1519高地，歼灭美7团2营一部。美7团2营剩余部队藏匿在死鹰岭山背雪窝里。第二天，美军调来飞机、大炮掩护，分三路向死鹰岭反扑，企图夺回死鹰岭。守卫死鹰岭的1连连长王龙保动员说："同志们，我们是大功连，大功连要在死鹰岭再立新功，坚决打退敌人的反扑！"1个小时后，王连长中弹牺牲！

176团完成掩护友邻部队归建后，戴师长命令176团接替了175团部分阵地。

戴克林率师指挥所进入黑水洞，指挥3个团不顾美军的空中和地面火力的疯狂反击，空中海盗式飞机大面积杀伤，不怕牺牲，在枪林弹雨中，牢牢控制了下碣隅里西北、死鹰岭、西兴里阵地，成功地割断了柳潭里与下碣隅里美军陆战1师各部的联系，使毛主席的策略落到了实处。

陆战1师部队一夜之间发现被志愿军包围分割，首尾不顾，诚惶诚恐不可终日。28日开始连续不断猛攻59师和60师阵地。59师和60师按照军部的指示，组织部队反击和反冲击，连排级的阵地双方争夺异常激烈。双方的战役战斗指挥员都在尽力发挥自己的优势。我军部队有优良传统和作风，不怕苦不怕死，可以不受道路的影响，穿着胶鞋或光着双脚爬到任何地势险恶的地方，靠自己的体力携带武器、弹药和食物；可以穿插到敌人的纵深，可以迂回敌人的侧翼，或切断敌人的前线部队。

美军不仅在战役中使用空军，在战斗中，美军前沿部队可以及时呼叫陆战队强盗式飞机对我军的阵地进行轰炸，投放火箭弹、炸弹和汽油弹；炮兵发射81毫米和155毫米的榴弹炮，步兵发射81毫米迫击炮，4.2寸迫击炮和双管40毫米自行火炮。对我坚守阵地的排班部队全面覆盖和进行火力阻隔。我连排班战士没有通信工具，阵地上的情况不能与上级指挥随时沟通，随时请示，伤员不能下送，粮弹不能上送。阵地上全军覆没，上级也不知道，是我军一线指战员最难解决的问题。

美军经常利用它的飞机、坦克、大炮封锁我军阵地周围，不使我军阵地得到兵力增援和后勤补给。我军一个连一个排在山谷中运动，如果被美军侦察飞机发现确切位置，它可以立即把信息传给地面空军调度员。空军调度员可以立即调来海盗式飞机，地面部队可以立即调动大口径炮火覆盖，马上给我军正在机动的部队造成极大伤亡，甚至失去战斗力。

28日上午，史密斯为了打破被分割包围状态，以空中火力、地面火力掩护，下令第5团部队向下碣隅里撤退。陆5团3营营长塔普利特上校奉命带领3营从柳潭里向下碣隅里突围。下碣隅里的美军同时出动接应塔普利特指挥的3营部队。

敌军在40余架飞机和大量坦克大炮的配合下，4次攻击岭西的175团阵地，连续11次攻击177团阵地。

戴克林师长冷静地指挥部队，不断调整部署，不断调整战术。59师部队采取小分队先占领公路两侧的山地，在山林中隐蔽待机。待美军从公路过来时，从公路两侧的山谷中突然出击，枪炮大作，敌人猝不及防，倒下一片。然后敌人再前进一段，又遭受从山沟中冲出的志愿军部队的猛烈射击，又倒下一片。每前进一段，就会遭受隐蔽在山林里59师部队一阵猛烈的侧面攻击。层层阻击的作战形式，不断重复，敌人3个小时前进了100米！美军部队只好调动飞机和大炮狂轰一阵。敌人调动飞机大炮助战时，我军部队便消失在山峦中。飞机大炮停歇时，立刻又出现在敌人的两侧。后来陆战1师7团1营（营长戴维斯）的部队也在飞机和坦克的支援下，开始沿公路突围了。当敌军推进到死鹰岭、德洞岭1520高地时，被59师两个营前后夹击，又一批美军士兵横尸在山路上。塔普利特营长感到十分苦闷，对志愿军的这种游击战性质的战术百思不能破解。他只能狂轰一阵乱打一阵。他的部队伤亡很大，走了几十个小时，只走出几千米，只能把上百吨的炸弹发泄在我军的阵地上。

戴师长要求部队坚决抗击美军的连续猛烈攻击，同时要求部队以快速的反击和反冲击积极行动，歼灭被围美军，消耗美军的有生力量。29日，美军攻击更猛烈，59师采取短促出击战术，突然接近敌人，甩出集束手榴弹，美军遭到很大伤亡，不得不退回。

死鹰岭北坡残余敌人在美空军助战下，企图突破包围，也被击退。

晚上，9兵团命令："59师归27军指挥，继续控制死鹰岭、新兴里、西兴里等高地，坚决阻敌突围和增援，并与27军79师共同围困柳潭里和困水里之敌，坚决阻止敌人向下碣隅里突围。"戴师长立即对3个团传达了兵团的指示，要求3个团坚决完成作战任务，确保围歼柳潭里之敌。美军向我军坚守的死鹰岭阵地每平方米发射炮弹两枚。在死鹰岭上坚守的177团60余名英雄们都冻僵在深可没腰的大雪中。敌军才从死鹰岭下逃去。有许多阵地，战斗已经结束，但不见我军坚守的指战员撤下来，原来他们不是全部阵亡就是一部分阵亡一部分冻死在山头上了。

82. 杨根思连队的一头瘦牛

58师172团3连连长杨根思坚守下碣隅里东南角1071·1高地及其高地上一座山岭。地势险要。山下是下碣隅里通咸兴、兴南撤退的必经之路。下碣隅里被围之敌必须经过此路向南撤退。所谓美军的"安全通道"被杨根思连控制着。

29日拂晓，天蒙蒙亮，美军海军陆战1师和步7师部队，在海盗式飞机和大炮的掩护下，交织着希望、惊慌和死亡恐惧的突围战开始了。美军企图夺取制高点1071·1高地，解开"安全通道"的钥匙，向山岭上的172团的3连阵地狂轰8次，用重磅炸弹炸，用汽油弹烧，山头上硝烟弥漫，烈火熊熊，石头都烧红了。杨根思连队战斗到上午10时，弹药告罄，我军前线连队没有无线电装置向后方报告，团指挥所不了解前线情况，不能将弹药前送。我军作战不能持久，不能继续有效地扩大战果。这个弱点被美军看出来了。

杨根思不畏数倍于自己的强敌，指挥全连从敌军尸体上收集枪弹，准备再战。杨根思是从基层成长起来的英雄，是战争烽火淬炼的特殊材料的共产党人。他是江苏泰兴人，1944年3月参加新四军，在部队最基层最容易牺牲的班长、排长、副连长的岗位上经过了抗战和解放战争，为172团爆破英雄，华东军区一级战斗英雄。172团是在火车上接到开赴鸭绿江命令的，是在火车上进行战前动员的。杨根思在车厢里传达了立即入朝参战命令后，全连干部战士纷纷表决心，各班是在火车上写好立功杀敌决心书的。杨根思站在车厢的过道上说，"同志们，朝鲜情况非常紧急，我们团来不及补充，来不及换装，要穿着华东的衣服上战场。同志们，有决心没有？"全连战士回答："有！"杨根思又说："只要我们有一个坚强的革命意志，就不怕九十九个困难！我们一定能打败美国强盗！"

连队到达朝北后，老天要特地考验志愿军英雄们，"突突"地下了一场大雪，寒风刺骨，积雪超出一米之深。团部由于运输工具缺乏，一线连队的粮食供应不上。宿营就在积雪的山林里，收集一些枯枝败叶铺在山间，再用树枝把油布撑开，以班为单位挤在一起，互相取暖。

连队严重冻伤18人，全连人的耳朵和手脚都裂了口子。他作为连长觉得必须想出办法来。他与指导员商量，召开班长会发动全连想办法。有的班把裤腰处的棉花掏出来，剪下军装口袋，缝成耳套；有的班用玉米皮垫鞋，包脚；有的班把毛巾剪成两截，缝到军帽两侧当耳帽，保护耳朵。每到宿营地，战士们休息后，杨连长要落实警戒，安排炊事，检查冻伤情况，及时解决存在问题，安排第二天的行军和作战。

部队到达柳潭里以北时，美军陆1师和步7师部队已经越过黄草岭，进入长津湖南侧的下碣隅里村，陆战1师部队向柳潭里攻击前进。

杨根思连根据团部命令，绕过柳潭里和死鹰岭，踩着积雪，在山峦中一夜急行军65公里，11月17日，进入柳潭里以南，下碣隅里西北集结。

连队断粮了，团后勤送不上来。几天前还可以喝稀饭，喝黄豆汤，啃干粮，到今天什么也没有了。部队怎么打仗？考验连干部的时刻到了！

他派45岁的老司务长出去看可不可以征到一些粮食。司务长只买到了一点黄豆。在回来的山里，在一个山洞里意外地发现了一头肩胛骨鼓起很瘦很瘦的牛。司务长心中不禁一阵窃喜。这只老牛虽然瘦，但也可以给战士们补补呀！老牛对不起了，你是为抗美援朝牺牲的！他把牛从山洞里牵出来。老牛大概意识到此去凶多吉少，出了山洞就不走了，怎么拉也不动。司务长对老牛说，我也不忍心呀，可是战士们没吃的怎么打仗呀？你牺牲了，我们会记得你的。你是为打美国狼牺牲的！像我们牺牲的战士一样光荣！老牛似乎懂得了他讲的道理，迈步走起来了。

司务长一想，坏了，亏说走得不远，怎么能随便把朝鲜老乡的牛牵走呢？毛主席要我们要爱护朝鲜的一草一木嘛。"三大纪律八项注意"嘛。他拍了一下自己的脑袋，又回到山洞，写了一张便条，说，"老乡，我们是志愿军172团的，我们断粮了。未经你们的同意就牵走了你们的牛，真是对不起。此处是我们买你们牛的钱，请收下"。他放下两头牛的钱。回到连队，炊事班大家都很高兴，正在磨刀霍霍，老牛浑身在战栗，在流泪，发出惨叫声。人类的行为它是懂的。这时，杨根思听到牛叫声来到炊事班，炊事班已经把老牛的四条腿用绳子捆了起来，正要拉倒。老牛眼泪汪汪，它一辈子任劳任怨为人类服务，终于没有躲开杀身之祸而流泪。连长问司务长，哪里搞来的牛？司务长兴奋地叙述了一番。连长的脸黑下来：胡闹！我们再困难，也不能杀朝鲜老乡的耕牛呀！耕牛是个宝，农家少不了。等打败美国侵略者，朝鲜老乡还要靠它发展生产，重建家园呢！连长还从来没有在战士面前冲老司务长发过这么大的火。看见司务长为难的表情，态度缓和下来，说赶紧送回去。司务长说，连长，你批评得对，我违犯了纪律！不过，连长说，不要不过，把牛送回山洞，还要送些草料。老司务长把牛牵走了。

杨根思与指导员把连队集合起来，动员说，同志们，红军长征没有粮食吃，能爬雪山过草地。眼下我们这些困难算什么！团里正在为我们的粮食想办法。在粮食没有送到前沿前，我们一定要坚持，一定要克服困难！然后连长和指导员带头喝开水充饥。全连战士都喝起开水来。正在这时候，营部通信员脸上冒着汗挑着两小筐土豆小跑到连里，说，"报告3连长，是团部送给前卫营的，营长说3连是前卫，应该送给3连"。全连战士这下都知道不是一个连队缺粮，是全团缺粮，甚至整个部队都缺粮。营首长也是几天没粮食了，大家感动得掉泪！杨根思和指导员把土豆分给战士们，每人3个，分到最后，没了，连长和指导员一个没留！

172团考虑天明后，敌军必定要打通与古土里的联系，要打通古土里的联系，敌军必定要先夺回1071高地，1071高地将有一场恶战。决定把这个艰巨任务交给3连。

营长向杨根思交代任务：1071高地是下碣隅里的制高点，该高地东南的小高岭是下碣隅里通古土里、咸兴、元山公路的门闩。守住了小高岭，就能切断了美军的退路，就能保证我军围歼下碣隅里的陆战1师。可是小高岭只能摆开一个排的兵力，营党委决定，由你亲自带领一个排加上营机枪连1挺重机枪，支援2营6连夺回小高岭，天亮后，你们接替阵地，决不能让敌人爬上小高岭一步！

杨根思说："请营党委放心，坚决完成任务！"

他回到连队，把一个小布袋交给指导员替他保管，里面装着杨根思在国内南征北战的立功受奖纪念章。指导员眼泪要出来，握住连长的手说："老杨，我和同志们等待你和战友们胜利归来！"

杨根思说："放心吧，同志们！"

天不停地下着大雪，杨根思进入阵地后发现，小高岭地形独特，如同一把刺刀插在敌军的咽喉上。小高岭面对下碣隅里方向右翼坡度不大，通往1071高地的马鞍山坡部较长。他根据地形，决定7班、8班两个班放在右翼，9班放在左翼。重机枪配置在小高岭侧后。29日，陆战1师1团3营营长里奇调来远东空军4架B26轻轰炸机用凝固汽油弹、化学迫击炮弹对小高岭猛烈覆盖，使小高岭成了一个火海。然后，炮火延伸，美军成羊群式扑向小高岭。

杨根思告诉林德江排长，把敌人放到30米时再开火。第一次攻击失败，敌人第二次以两个连的兵力在8辆坦克的掩护下，又疯狂扑上来。这次杨根思把敌人放得更近，20米，敌人上了山，杨根思一声"打"字，3排的步枪、轻重机枪一齐开火，前面的敌人倒下一片，后面的敌军掉头就跑。

杨根思抓住战机，命令3排出击，拼刺刀。3排长一连捅倒了3个敌人，不料在消灭第4个敌人时，一颗子弹打中了他的腰部，牺牲了！敌人一批接一批往上拥，杨根思命令8班穿插到敌人侧后，7班和9班从正面冲击。敌人一见后路危机，惊恐万状，溃退下去了。然后敌军以坦克为引导开始了第三次攻击。

杨根思考虑必须要先把敌军的坦克炸掉，他抱起炸药包，一跃而起，突然被战士赵有新抱住后腰，说："连长，这是我的任务！"抢过炸药包，直奔敌军坦克，他巧妙地从侧面接近了坦克，很准确无误地把炸药包塞进了坦克的履带里，接着一声巨响，敌军30吨的重型坦克瘫痪了。其他坦克立即掉头下山了。杨根思指挥一个排的兵力，连续打退了敌人优势兵力的8次冲击，他们也付出了惨重的代价，阵地上只剩下杨根思和重机枪排排长。有3枚手榴弹、1支驳壳枪和一包5公斤重的炸药。

前沿阵地与营部没有通信设备。杨根思对排长说："我们的重机枪不能给敌人拿去，你立即扛着去向营部报告小高岭阵地情况。这是命令，你执行吧！"

排长走后，杨根思隐蔽在弹坑内，敌人冲上来时，他用手枪先打倒一名敌军官，第二枪击倒了扛旗兵，第三枪击中一名士兵。他见还有40多敌人往上冲，他连续投出3枚手榴弹，敌人倒下一片。敌人这时发现，小高岭上只有他一个人了，几十名敌人呐喊着冲过来，他抱起炸药包，拉着了导火索，导火线"嗞嗞"地冒着一缕白烟，他冲入敌群，轰然一声，敌军倒下一大片，杨连长与敌人同归于尽了！

83. 美军 3000 条军毯的微妙作用

政治工作最终目的是不断提高部队的战斗力。

89 师的作战任务是歼灭长津湖西南社仓里之敌。这次歼敌显示了政治工作的威力。正在部队冻饿交加之时，267 团在柳潭里、新兴里阻击战中，缴获了美军 3000 余条军毯。这是意外收获。

政委王直意见，立即把军毯发到各班去，剪裁之后，保护战士的手和脚，解决防寒的燃眉之急。不料其他师首长不同意，说缴获的战利品应该如数上缴，自行处理是不对的。后勤部长说，这么好的毛毯剪掉太可惜了。

王直说，保护手脚就是保存战斗力，保存战斗力是最硬的道理。我负责。

他是福建上杭县才溪人，1929 年参加革命，红军时期，抗战时期，解放战争时期，一直是我军的政治工作干部，政治工作从基层干起，连指导员、支队政治处主任、师政委，层层不落；凡华东战区著名战役，无役不与。在战场上，他在敌机的狂轰滥炸中，不顾自身安危，抢救出 3 个儿童，一个老大娘。爱护战士，爱护百姓，是他坚定不移的工作准则。

11 月 3 日，89 师从兖州分乘 5 列火车从兖州北上时，王直作为师党委书记就一直在想政治工作如何保证完成赴朝作战任务。

列车向东北奔驰，5 日晚，在锦州停靠时，他从车站看到报纸上登载有中国共产党和各民主党派联合宣言。立即派人购买了几十份，分给各团，要求在车厢里立即组织学习，明确出国作战的意义，激发干部战士的斗志。

列车停靠沈阳西站，接到军部的命令，89 师立即向中朝边境辑安进发。11 月 9 日到达鸭绿江，军部命令 89 师当晚过江。

部队在不停顿的运动中，上下联系都十分困难。王直清楚这时候比任何时候都更需要强有力的政治思想工作。按照实际情况决定工作方针，是一切共产党员必须要牢记的工作方法。他自己动手起草了《给各团党委和政治机关的一封信》，以师党委的名义发出。号召全师指战员，要牢记军委和毛主席提出的作战原则，各营各连要机动灵活，集中优势兵力，一口一口地吃掉敌人，积小胜为大胜。

进入朝北山区后,全师只有一份作战地图,一部电台。大雪封山,地形复杂,人生地疏,我军通信装备和技术又很落后,师电台一连几天与军部联系不上,不能及时得到军部的作战指示。他们到江界只停留了两个小时。

师部几个领导决定按军部原定方案继续南进,以阻击美军向鸭绿江奔进。

部队继续前进后,42军侦察参谋前来联络,师领导才知道,89师部队距离美军只有15公里了。

14日,师部终于接到军首长指示:89师准备在南兴洞一带歼灭北进美军。

此后几天,敌情变,89师的任务也在变。

敌情日益严重,但后勤供应跟不上,89师部队曾断粮一个多星期。师领导整整两天没有吃饭。42军部队得知89师断粮,立即支援了几袋大米。师部立即把大米送到了一线部队。榜样的力量比说多少话都管用。

在这种情况下,带部队作战是多么的不容易!

这时,王直想到部队作战任务很重,指战员的身体健康就是战斗力。

他果断地下令把军毯发到连队,剪成小块分给战士包住手和脚。这一措施虽然小,但却保存了89师的战斗力,使89师完成了作战任务。9兵团共伤亡4万余人,其中冻饿伤亡21000余,每个师冻伤平均都在2000人以上,89师冻伤仅400余人,是9兵团冻伤最少的一个师。

王直一直坚持政治工作不能说空话,保护战士的体力,最终是为了提高部队战斗力。89师剪毛毯保护战士的故事传遍了东线战场。

89师按照军部的命令在长津湖西南的社仓里把南韩的第26团包围。然后发扬不怕牺牲浴血奋战的精神,266团对社仓里之敌攻击如猛虎扑食,班长蒋德林和吴怀有突然怀抱炸药冲上去,舍身炸毁敌人两个地堡,炸死敌人30多人,把口子打开,部队从口子一举冲入敌人的指挥部,俘虏美军7人。经审问俘虏这才知道,社仓里之敌原来是南韩部队,攻击前已与美步兵3师部队换防。

12月1日,东线之敌全线撤退。社仓里之敌也于2日撤退。

师长余光茂和政委王直决定率265团从大山中直插过去,追赶逃敌。

在天寒地冻，风雪弥漫中，师领导与战士们甩开两条腿与美军的汽车轮子赛跑。美军坐汽车，在山峦中颠簸了一天，赶到剑山岭已疲惫不堪。

他们认为早已把志愿军甩开了，只有坐直升机才有可能赶上他们，拿出睡袋，宿营了。不料，265团在师首长的率领下，抄近道翻越了海拔1300米的香榆山，突然出现在美军的面前。大家的体力已经到了极限，但一听说追上了美国鬼子，精神陡然一振。师团领导紧急部署，明确各连的战斗任务，包围、穿插、分割、围歼。战术动作异常熟练。战至第二天上午10时，将美步兵3师7团2营大部歼灭，俘虏美军80余，少校副营1人，尉官3人；毙伤200余。胜利之后连续作战，在12月5日至12日追击美军中，又击毙敌人百余，俘虏300余。战役结束后，王直被提拔为第26军政治部主任，体现了彭总在战争实践中考核选拔干部的用人准则。

84. 阿尔蒙德作战部长助理的传奇故事

11月28日，陆战1师师长史密斯判断美军凶多吉少，必须打通从古土里到下碣隅里的"安全通道"，恢复美军的主要补给线。他命令海军陆战第1团团长普勒上校统一指挥，组织几个连组成特遣队，向北进攻，与向南突围部队相对进攻，打通后路。普勒团长组织陆战1团1个连，步7师31团B连、陆战1师通信营、陆战1师坦克营两个连，英军第41特遣分队以及师部人员，共千余人，由英军海军41特遣分队负责人德赖斯代尔中校担任总指挥。29日上午10时，特遣队从古土里出发了。

60师部队在镇兴里村一带，与北上的美军部队展开激战。美军在第一个回合失败后，重新在古土里村南侧组织部队冲击，由M26潘兴坦克开道，要求29日必须打通到下碣隅里的道路。

在距离下碣隅里与古土里之间，有一个长约3公里的洼地，洼地东侧是一座小山，洼地西侧有一条结冰的小溪，小溪西边的山坡上树林密集。德赖斯代尔称这里为"地狱之火谷地"。我军60师179团用迫击炮和机枪火力击中了由南向北攻击前进的美军特遣部队中间的一辆汽车。燃烧的汽车把路卡死。在卡车前面的美军冲了过去，在卡车后面的美军掉头回返时，又被我军炮火截为两段，陆战师后勤助理奇德斯特中校被击毙。

下午3时特遣队接近了1182高地，1营2连副连长寿之高组织两个排用集束手榴弹迎战美军的中型坦克。战士罗金山和徐忠启拉响捆在一起的8颗手榴弹把敌人的坦克炸瘫在路中间。然后，我军的轻重机枪、迫击炮、手榴弹一齐打向敌群，汽车的油箱爆炸起火，一辆烧起来，又引燃第二辆，公路顿时成了一条火龙。后续车辆也无法掉头往南返回古土里，又被我179团部队截为数段。

举步维艰，德赖斯代尔指挥美军在海盗式飞机扫射配合下，拼命冲出火龙，用坦克推开障碍物，刚刚走出一段，又被猛烈的火力截住。这样艰难向下碣隅里走一段，停一阵，一小时大约只能前进1公里。美军从古土里射出的炮火阻截我军，对他的部队形成远距离的火力保护圈。在富盛里地区，遭到60师小分队的拼命拦截。德赖斯代尔的信心终于动摇了，他请示史密斯可否取消行动。史密斯命令他不管遇到什么艰难，不管伤亡多大，要千方百计向下碣隅里前进！坚决完成开辟通道的任务！

夜晚降临，我军战士运动到手榴弹投掷距离内，向美军猛投手榴弹。但美军很快就用坦克大炮构成了4个防御圈。美军从古土里出动坦克救援，但被穿插到那里的179团部队成功阻截。

30日，排长朱大荣在乾磁开公路边发现一个负伤的美军中校，把他背到营部，教导员沈灿向他宣传志愿军的俘虏政策，不料中校会说中国话，叫伊杰斯达，过去是新闻官。此时，179团送来一名黑人俘虏，团长张季伦指示利用俘虏进行战场喊话。经黑人喊话，被围的美军同意派人谈话。美军的一名少校与我前线连队谈判，通过谈判，美军军官同意投降，然后让他们带着敦促投降的命令放回，但半个小时过去，美军方面没有动静。原来美军故意拖延时间，希望在此时间美军的一些士兵可以逃掉。然后等待天明后，美军航空兵来救出他们。营长张宝坤命令向被包围的敌人开火，敌人遭到杀伤后，同意投降。

敌军又来了两名美军军官。一进草棚就东找西翻，结果在房间里找出一个已经负伤的少校军官。两名军官向他敬礼。我营部干部大吃一惊！美军伤员什么时候藏在这里的？此少校叫麦克劳克林，是美军第10军司令部作战部部长助理兼陆战1师联络官，同时是特遣队的指挥者之一。麦克劳克林受伤后先于我营部藏在草棚内。他的身上还有通话机。

我负责人警告美军官说只能给你们10分钟时间，否则就进攻。麦克劳克林少校同意投降，但要求志愿军派出一名高级别受降代表。营长与教导员商量后，决定派高大魁梧的通信班长杨锡林出使美军阵地。然后，杨班长示意麦克劳克林下投降命令。麦克劳克林"叽哇"了一下，敌军官兵原地放下了武器，举起双手，鱼贯而出。在这次美军特遣队投降队伍中，有美英土耳其籍官兵 179 名，南朝鲜军 53 名，日本军人 3 名，台湾特务 2 名，属于营一级成建制投降。

特遣队的"首长"德赖斯代尔没有同麦克劳克林等一起投降，他乘黄昏夜暗带一小部分士兵拼命冲出包围，向下碣隅里方向逃跑，逃跑中中弹，由希特尔上尉连长代理其职务。上尉连长在枪林弹雨中冲到离下碣隅里不远的拐弯处，看见了一排美式帐篷，喜出望外，终于看到自己的部队了！终于达到安全地带了！他带领残兵败将刚刚接近帐篷，突然冲锋枪响了，手榴弹投过来了。美军特遣队通过这条山路付出了 320 多人死亡的代价（美国人的数字），只有希特尔连长少数人侥幸活下来，跑进了下碣隅里村。

85. 史密斯的大逃亡

美军东线指挥官阿尔蒙德乘专机飞抵下碣隅里基地，目睹了下碣隅里被志愿军围困的现实，看到了长津湖东西两线美军步 7 师 31 团和陆战 1 师 5 团、7 团部队的惨状，突然流下了眼泪，然后不由自主地"呜呜"哭起来。

少壮派阿尔蒙德的意志和决心终于崩溃了。

他决定放弃东线，由史密斯指挥东线全军进行逃离死亡的大撤退。

他们精心策划了顺着下碣隅里向兴南海滨的撤退行动。只有突围才可能从死神的怀抱里逃脱。他们在用大炮和迫击炮提供保护的同时，实行了一次美国历史上的战斗机大集结。美国远东空军出动所有的战斗机和轰炸机，出动澳大利亚 F-51 飞行中队；远东空军的中型和重型轰炸机也参加阻止行动，阻截我军向长津湖水库运送增援部队和粮草；美海军"雷特号""福日谷号""菲律宾海号""普林斯顿号" 4 艘快速航空母舰上的飞机随时起飞攻击主补给线上的地面目标；海盗式 VMF-312 飞机、VMF-214 飞机、VMF-212 三个飞行中队都进入战场。两艘护卫舰，1 艘轻型航母在近海支援突围行动，为其部队提供了一个空中保护伞。它们的飞行员不顾天气恶劣，不顾云低有雪，不顾甲板上有冰雪凝结，不顾风大浪高，强行升空。从陆地突围的有坦克开道的陆战队和步兵，在空中保护网的掩护下，形成一个向前移动的有钢铁护卫的环形堡垒，一旦受到我部队的侧击，立即呼叫空军和海盗飞机向我阵地开火，往往我军会受到很大的伤亡，尤其在固定阵地，伤亡更大。

12月1日拂晓，在50余架飞机的掩护下，以坦克开道，倾全力突围，向我阵地平均每平方米落炸弹两发。175团1419高地部队凭险坚守，出其不意地给敌人重大杀伤，被敌人疯狂的炮火全覆盖，全部壮烈牺牲。

12月6日，史密斯师长调来20余架战斗机支援，以陆5团2营作后卫，同坚决阻击的志愿军连续不断地激战，用了38个小时，逃出18公里，到了古土里，平均每小时行进500米，但死伤官兵616人，平均每公里阵亡34人。

美军主力常胜师美陆战1师遭此惨状，引起美国朝野震惊。陆军参谋长柯林斯乘飞机到西线和东线战场视察，特地视察了陆战1师撤退时惨不忍睹的景况。他在空中也甚觉无奈。

7日晚，史密斯在古土里召集紧急会议，决定8日晨，5团和7团（残余部队）担任开辟道路任务，1团（团长普勒上校）担任后卫。陆1团1营营长玛克中校统一指挥美军偷袭我60师180团坚守的1081高地。不料，180团早已严阵待战，美军到达我射程内时，机枪、手榴弹如暴雨一般，美军在督战军官的监督下，第一批倒下去，第二批又上来。玛克营长在损兵折将后，调动10多架飞机助战，1081高地上，礁石变成一尺厚的松土，面目全非。美军重新组织向1081高地进攻，我阵地上的2连只剩下10多名战士。就是这10多位英雄打退了玛克组织的多次攻击。最后，我军剩下3名英雄，玛克的一个营300余人，也只剩100余人了。

在古土里以南有一段山路是沿着陡峭的山腰修建的，此处有一断裂开8米多宽的深谷，原来是日本人水力发电系统用的水槽，我志愿军已经把架在山间的桥梁炸毁。美军撤退到这里傻眼了，他们虽然有工兵，但没有预制构件。如果丢弃了重装备，那他们的突围就更加无望。

史密斯的参谋们建议从日本空投预制构件来。他们从日本用8架C119运输机空投了两倍的搭桥构件，他们的工兵专家经过3个多小时的艰苦不懈努力终于把桥架好，陆战1师的车辆、坦克和大炮以及步兵才通过了这一天险。12月11日，终于撤到了真兴里，从古土里突围到真兴里共用了77个小时，每两个小时走1公里。

陶勇副司令拄着木棍，与20军89师部队一起翻山越岭，从雪坡上滚下，从冰道上滑下，指挥部队沿美军的这条主补给线占据有利地形，连续追击。史密斯指挥的陆战1师和步7师残余部队,上有飞机掩护,下有坦克开路,后有装甲车殿后。志愿军部队开始硬顶,伤亡很大。陶勇召集师以上干部研究对策,指示必须像解放战争时期我军在鲁南对付蒋军快速纵队一样,要先破路,要采取小分队袭击和大部队突击相结合的战术。

各部队按照陶勇的指示,在交通要道上破路,埋地雷,抑制坦克和装甲车的冲击,抑制敌军前进的速度。敌军行进速度一慢下来,我部队沿途从侧背猛烈攻击陆战1师残部,12月12日,史密斯才带着他的残余部队逃到五老里、咸兴地区。17日,我军部队追击敌军到咸兴,敌军又逃到了兴南,20军部队又向兴南追击。恰好天降大雾,大雾中又降大雪,陶勇命令部队隐蔽行动,把大衣翻过来穿,在雪地里快速行进,美军充分利用海岸的有利地形,在第7舰队舰炮的掩护下,坦克大炮组织层层火力,封锁志愿军的行动。陶勇指示部队不能贸然冲击,还是以近战夜战歼敌。24日,终于占领了海港工业城市兴南。27军克服了巨大的困难,忍受着生命的极限,连续作战28天,在风雪中连续追击敌人,一直到12月25日,我军部队控制了西海津、兴南港地区。

十七 麦克阿瑟遭遇美军最大败绩,杜鲁门面临严重危机,彭总要不要越过三八线?中南海与大榆洞出现分歧,彭总军事服从政治。志愿军的非凡战绩,使苏方、朝方和志愿军部队许多人产生了速胜思想

86. 麦克阿瑟彻底泄气了

我军第二次战役,是彭总在毛泽东军事思想指导下的军事杰作。

12月3日,麦克阿瑟给参谋长联席会议报告说:"如果没有最大数量地面部队的增援,本军不是被迫节节后退,抵抗力量不断削弱,就是被迫固守在滩头阵地。""胜利的希望是渺茫的。而实力不断地消耗,以致最后全军覆没,那是可以预期的。"

美国舆论界把美军的失败称作是"美国陆军史上最大的败绩"。

美国前总统胡佛惊呼:"联合国军在朝鲜被中国共产党打败了。现在世界上没有任何军队足以击退中国人。"

总统杜鲁门说朝鲜局势的发展使美国"面临一次严重的危机","我们可能要节节败退"。

华盛顿的政界要员如热锅上的蚂蚁炸了窝。美国国家安全委员会会议、内阁会议、参谋长联席会议,国务卿、国防部部长以及联席会议主席的"三巨头"会议,一个会议接着一个会议,均被朝鲜局势所困扰。但对朝鲜战争的估计却是一致的,认为现在已是"在完全新的情况下和一个具有强大军事力量的、完全新的强国进行一次完全新的战争"。

英、法等国对朝鲜战争局势深表忧虑。它们害怕美国陷在朝鲜半岛的深山峡谷中,削弱了在欧洲力量的投入。尤其担心朝鲜战争会"把全世界拉进一场大战"。

但是,杜鲁门还不想就此放下屠刀,收兵回朝,仍然坚持侵朝政策和全球战略,"不打算放弃在朝鲜的使命"。他打算从三个方面应付新的局势,一是坚持朝鲜战争,二是加强西欧防务,三是加强美国的军事力量。另外,黔驴技穷,扬言美国政府"一直在积极地考虑"在朝鲜使用原子弹。

杜鲁门此言一出,弄巧成拙,其目的是恫吓中朝人民,结果把他的盟国吓得不轻。英国100名工党议员联名给首相艾德礼写信,对杜鲁门的狂言表示抗议。艾德礼匆忙飞往华盛顿,与杜鲁门交换意见。杜鲁门这位在世界历史上唯一下令甩过原子弹的总统,顾不得面子,收回了在朝鲜使用原子弹的言论,说"并没有这种打算"。

杜鲁门从政治、军事上采取了一些紧急措施,他玩弄假和谈的阴谋,操纵以印度牵头联合国13国包括已经出兵朝鲜的菲律宾提出首先在三八线停战,"如果中国宣布不越过三八线,将会得到13国提案国支持",通过了一个成立"朝鲜停战三人委员会"的决议,要求"先停火,后谈判",企图争取到一个喘息的时间,整军再战,玩弄一个路人皆知的骗局。周总理通过外交途径向印度提了4个问题,为什么不反对美国对中国和朝鲜的侵略?为什么不提从朝鲜撤退外国军队?为什么美军打过三八线时13国没有讲话?为什么13国中还有参加出兵朝鲜的菲律宾?

杜鲁门宣布美国"全国进入紧急状态",要求美国人民为侵略朝鲜战争做出"任何必要的牺牲",准备多死一些美国青年。战争经费是从殖民地半殖民地掠夺来的,使用起来并不心疼。兵员短缺历来是美国统治者感到掣肘的问题,宣布全国进入紧急状态后,杜鲁门设立了国防动员局,在全国动员征兵,要把美国军队由250万人增加到350万人,在一年之内要把飞机、坦克的生产能力分别提高5倍和4倍以上。

美国陆军副参谋长李奇微接替第8集团军司令后,看到他接管的是"一支张皇失措的军队",从军官到士兵时刻准备着继续南逃,好像人人都正在患着一种奇特的疾病——"后退狂"。他连续忙碌了几天,对第8集团军进行了一系列的整顿,撤换了5个不称职的师长,决定立即放弃了进攻的打算,加筑三八线原有阵地,建立纵深防线。

被称为李奇微的防线横贯朝鲜半岛250公里,总战线上设置了两道基本防线。第一道基本防线西起津江口,东沿三八线到东海岸的襄阳,由南朝鲜的1师、6师等南朝鲜军队防守。第二道基本防线西起高阳,东经议政府和加平到东海岸的冬德里,由美25、24师,英29旅等美、英部队防守。在第二道防线和三七线之间,还准备了第三道机动防线。李奇微布防的策略也没有什么奇特之处,就是把南朝鲜伪军推到了死亡的边沿第一线,这是美国统治者的习惯思维方式,即美国人的人头比它的仆从国家的人头要贵重得多。

两次战役期间,麦克阿瑟迷信他的远东空军对志愿军后勤供给线的封锁,发动后方战役,昼夜不停地对交通线进行狂轰滥炸,使我作战部队的口粮和副食供给难以得到保证。即使有粮食,白天也不能生火做饭,敌机连一缕炊烟也不放过。同时,因为战事紧张,作战部队运动快,进展神速,一是运输赶不上部队,即使赶上了,还未来得及分送,部队又转移了。志愿军前后方终于被逼出了办法,都同意用炒面作为志愿军的主要口粮。炒面是用70%小麦,30%大豆、高粱或玉米等原料制作而成的易于运输、储存食用的"方便面"。第一次战役结束,东北军区后勤部,即把炒面的样品送到前线征求意见。彭总看后,很满意,也很高兴,战士上阵地随身带上一条炒面口袋,饥饿了,随手抓一把,再吃几口雪,就可以坚持战斗。很好。彭总让洪学智给李聚奎部长发电报:"送来干粮样子,磨成面放盐好。炒时要先洗一下,要大量前送。"东北军区后勤专门下发了《关于执行炒面任务的几项规定》,确定沈阳市党政军各系统各单位每日炒面任务最低为13.8万斤；二次战役前送到前线405万斤。12月18日，东北局又召开了"炒面煮肉会议"，要求在一个月内，制作650万斤炒面和52万斤熟肉，送往前线。根据前方的意见，东北军区后勤按每人每月定量的三分之一供应，东北地区尽最大努力也完成不了，必须发动国内其他地区帮助解决。周总理也抽出时间亲自同北京市机关干部和人民群众一块炒炒面。一线战士感谢炒面解决了前线缺粮的大困难。战士们在堑壕里情不自禁地喊"炒面万岁"。"一口炒面一口雪"是前线阵地能够维持能够坚持战斗的最低生活标准。12月23日，二次战役即将要结束时，彭总让洪学智起草了一封电报给中央军委和东北军区："因敌机破坏，昼夜均不宜生火做饭。夜间行军作战，所有部队对于东北送来前方之炒面颇为感谢。请今后再送以黄豆、大米加盐制的炒面。"

87. 彭总审时度势"我军需要在三八线以北休整"

12月8日，朝鲜北部山区大雪纷飞，天寒地冻。

大榆洞作战室内，志愿军党委正在研究第三次战役问题，委员们在发表自己的意见。邓华在38军开了作战经验总结会后，回来的路上撞伤了脑袋回国治病去了。彭总在皱着眉头踱步。

解方说："敌人仍然有很大的实力。他们为了防止中朝军队的反击，在三八线部署了13个师，兵力约20万。"

洪学智插话："现在敌人每天出动近千架飞机对三八线以北的我军供应线轮番轰炸。我军损失很大，大部车辆被毁，物资被炸，粮、弹、被、服靠夜间突击抢运，不能按时供应。"

解方又说："经过两次战役，我军战斗减员以及非战斗减员有几万人，部队亟须休整、补充。"

彭德怀停住脚步，注视着大家，说："现在战场情况发生了变化。敌人已由进攻转入了防御。前两次战役中，敌人是拼命北进，经两次战役的打击，他们在三八线一带构筑防御工事。这样，敌人的战线就缩短了。"他走到地图面前指着三八线说"敌人的正面狭小，兵力集中，纵深加强"。

解方说："敌人在这里利用了原有旧工事。"

彭总若有所思，问洪学智副司令员："是呀。这种形势对他们的联合兵种作战有利。我军目前运输困难，气候寒冷，相当疲劳，战略战术也必须转变,要由运动战转为阵地攻坚战。我们没有很好的准备呀。部队在未入朝以前,虽然作了一些有针对性的训练,但是,我认为很不够。你们认为呢?"

洪学智说:"我军的长处是集中优势兵力,分割包围敌人,予以各个歼灭。前两次战役胜利,证明这个原则是很正确的,现在敌人进入防守,迫使我军打攻坚战。我同意彭总的意见,我军必须做很充分的准备。"

解方说:"新兵要补充6万多人,另外要求军委派空军掩护后方运输线。"

彭总说:"从政治上讲,敌人马上放弃朝鲜,对帝国主义阵营很不利。就是再吃一两个败仗,可能退守釜山几个桥头阵地,他们也不会马上撤出朝鲜。朝鲜战争将是长期的。美国因为要维持其在远东和世界的政治地位,要保护他们在朝鲜所掠夺的财富,不会马上撤出朝鲜。美国还相信他们装备上的优势可以帮助他们守住朝鲜南部的阵地,他们也不会自动退出朝鲜。我们必须有长期作战的思想。现在敌我双方的主客观条件都有了变化,我军要按照新的情况进行各项准备,包括采取新的战术,以求取得更大胜利。所以,我考虑,我军在三八线以北数十里休整补充,让敌人先占着三八线,以便我军做充分的准备后,明春再战,歼灭敌人的主力。这个意见,你们同意不同意?"

彭总询问的目光注视着他的战友们。

大家异口同声地说:"完全同意彭总的意见。"

彭总高兴地说:"前两次战役胜利了,歼灭敌人五万余人,但同时也产生了轻敌思想,速胜思想。这个思想苗头是很危险的。你们要提醒各部队。我过去多次讲过,我军过去往往打两次胜仗,接着就要打一次败仗,问题就出在轻敌上。红军时期,抗日战争时期,我们都吃过这个亏。"

洪学智说:"彭总的考虑很正确,我考虑,要向部队发一个指示,把这个问题提出来。"

彭总说:"我同意。"

会后,彭总把对形势的估计以及我军下步行动的意见,用电报报告了毛泽东主席。

88. 毛泽东来电要求"我军必须越过三八线"

中南海,毛泽东主席收到彭总的电报后,考虑异常缜密。

在这前一天，印度驻华大使会见我外交部副部长章汉夫说："如果中国宣布不越过三八线的话，则将得到印度等13国的欢迎和道义上的支持。"周总理有针对性地指出："美军既已越过了三八线，因此三八线已被麦克阿瑟破坏而不复存在。"既然美军可以越过三八线，我志愿军为什么不能越过三八线呢？谁规定志愿军不能越过三八线？为什么只许官家放火，不许民家点灯呢？我军没有必要宣布不越过三八线。越不越，何时越，那是我们的自由。

战争时期常常是最高领导考虑政治、外交因素多，即从战略层次考虑多；战场指挥官往往从军事形势、战场态势考虑多，即从战役因素考虑多。上下级及时交换情况和意见，兼容互补，是非常必要的。领袖与司令考虑问题的角度是不一样的。

5天后，毛主席回电了，说："（一）目前英、美各国正要求我军停止于三八线以北，以利其整军再战。因此，我军必须越过三八线。如到三八线以北即停止，将给政治上以很大的不利。（二）此次南进，希望在开城南北地区，即离汉城不远的一带地区，寻歼几部分敌人。然后看情形，如果敌人以很大力量固守汉城，则我军主力可以退至开城一线及其以北地区休整，准备攻击汉城条件，而以几个师迫近汉江中流北岸活动，支援人民军越过汉江歼击伪军。如果敌人放弃汉城，则我西线6个军在平壤、汉城间休整一时期。（三）明年1月中旬补充一大批新兵极为重要，请高（岗）加紧准备。请高、彭考虑是否有必要和可能，从前线各军（东西两线共9个军）抽派干部至沈阳加强管训新兵的工作……"

毛主席不同意我军在三八线以北地区休整补充，要求我军必须越过三八线，准备在开城南北地区寻歼几部敌人，准备攻克南韩首都汉城的条件。彭总没有想到毛主席不同意他的意见，接电报后，他长久地在他的棚户办公室踱步，然后，他立即与党委成员们紧急讨论研究。

他考虑，从军事上讲，确实是不应该马上打的。打过三八线，不管怎么说都比较勉强。我军入朝才40多天，已连续打了两个战役，取得了比预期要好得多的胜利。应该不让敌人有喘息之机，理所当然应该乘胜前进，追击敌人是上策。但是，当前我军不具备这个条件。西线6个军已很疲劳。在使用13兵团上，这支部队南下解放南方9省、渡海解放了海南岛马不停蹄北上异国作战，打胜两次战役，打的是老骨干，伤筋动骨，总不能太伤其元气。东线9兵团，冻伤几万人，目前人员、弹药、粮食还得不到及时补充，马上又打一次战役就用过劲儿了。各部队需要补充老兵，老兵没有上来。从国内各部队抽调，需要一定的时间。另外，敌人虽然败逃，但其主力被歼灭不多。敌人之所以撤退那么快，主要是三八线以北没有防线。三八线以北平壤以南是平原，无险可守，又值冬季，天寒地冻，临时构筑工事也很困难。三八线以南，南朝鲜伪军有防线，有现成工事可以利用。美军经过两次战役，两次失败，部队也需要补充整顿。他们希望同我军脱离接触，依托其三八线以南的阵地整顿队伍。敌人撤得那么快，是有抢占既设阵地的意图。在这种情况下，马上发起进攻，是不宜的。但是，从政治上讲，我们停止在三八线以北，确实正合美、英的意图。美、英正需要停火使敌人重整旗鼓，想利用三八线，阻止我军，以利它们下一步行动。从军事上考虑马上打不好，从政治上考虑马上打好，二者距离很大。

彭总久久地拧着眉头思考着。从入朝以来，还未遇到过政治与军事尖锐对立的情况。他与洪学智、韩先楚、解方经过彻夜反复研究，决定军事服从政治，放弃原定过冬休整的计划，各部队必须克服连续作战异常疲劳、兵员不足和供应不足等困难，做好作战准备，发动第三次战役，打过三八线去！洪学智提出向朝鲜政府借一部分粮食解决志愿军部队的燃眉之急。彭总同意他与金日成同志商量。

12月15日，彭总与洪学智、韩先楚、解方等研究后，以志愿军司令部的名义向部队下达了为粉碎敌人阴谋，准备再战，志愿军继续向三八线以南挺进的命令。确定在汉城、原州、平昌以北地区歼敌一部，集中兵力先打伪军，牵制美军。首先歼灭伪1师，而后相机打伪6师。如果战役发展顺利，再打春川的伪第3军团。如果进展不顺畅，再改变作战方针。

彭总对洪、韩、解说："你们几个应该清楚的。我们这次打，条件是不好的。尤其是战场正面狭小，不利于发挥我军打运动战的特长。现在既然政治形势要求我们打，既然毛主席下了命令要我们打，而我们现在打起来，实际上又有很多困难。所以，我考虑，一定要慎重，要适可而止。政治上要求我们突破三八线，那么，我们就坚决突破三八线。各部队，突破就是胜利。千万不要打得太远了，太深了。否则，我们困难很多，对我不利。歼敌，能歼多少算多少。歼多了更好，少了也没关系。总之，突破三八线后，采取稳进方针，看情况适可而止。你们是不是同意这个意见？"

洪学智等人说："我们完全同意。"

彭总搔搔头发说："我们的意见同时报告毛主席。另外，我考虑，志愿军司令部必须前移。"

洪学智等人早已意识到彭总会提这个问题。二次战役后，志愿军部队已经开到了三八线附近，司令部仍然驻在大榆洞，离前线确实太远了。

"彭总考虑前移到什么地方？"洪学智问。

彭总说："平壤以北找个合适地方。"

洪学智派志愿军司令部的同志去找地方，为了便于防空，让他们还是找矿山洞。司令部的几位同志初步确定在距成川郡西南5公里的君子里设司令部，也叫君子洞。这儿有朝鲜一个兵工厂，被敌人占领以后，矿洞遭到轻微破坏。选择君子里这个地方，主要是有利于防空，也有利于与金日成首相联系。因为金日成已迁到平壤附近的西浦了。洪学智、韩先楚和解方对君子里这地方都比较满意。

但是，他们没想到彭总不满意。

彭总气呼呼地找到洪学智，说："麻子，不能在这儿，离前线太远了，还得再往前移。"

洪学智说："老总呀，怎么还靠前？"

"部队突破三八线后，就离部队太远了。"

"老总呀，指挥太靠前了，情况一旦变化，会影响指挥的稳定性。"

彭总一听，不吭气了。

洪学智又说，"老总呀，君子里这地方位置比较适中。现在敌人还在运动。这儿已经很靠前了，不能再往前了。"

彭总听了，点点头，说："那就听你的，先定在那儿，看情况，再说。"

这样，志愿军领导机关就由大榆洞迁到了君子里。

19日，彭总又致电中央军委、毛主席，对当时的战争形势和应采取的方针提出建议，同时重申了12月8日电报的观点：两次大胜后，朝鲜党政军民与中国志愿军的影响大为提高，速胜盲目乐观情绪也在各方面增长。苏联驻朝大使说："美军将速逃"，要我军速进。这种意见，不仅是苏联大使意见，而且是朝党中央多数同志要求。据我看朝鲜战争仍然是相当长期的、相当艰苦的。敌人由进攻转入防御，战线缩短，兵力集中，正面狭小，自然加强了纵深，敌军集中是不利于我军作战的。对美军联合兵种作战有利。目前敌军士气，虽然较前低落，现还有26万左右的兵力。从政治上看，如果敌马上放弃朝鲜，对于帝国主义阵营说来是很不利的，英、法两国也不要求美国这样做。如果再吃一两个败仗，再被消灭两三个师，有可能退守几个桥头阵地，也不会马上全部撤出朝鲜。我军目前仍应稳进。现在开始第三次战役展开接敌运动，此役要由山地运动战转为阵地攻坚战，原想待充分准备来年开春再战。现遵示，越过三八线作战，为避免过失，拟集中4个军（另以50军、66军至两翼牵制敌人），先歼灭南朝鲜第1师后，相机打南朝鲜第6师。如果不顺畅即适时收兵，能否控制三八线，亦须看当时情况再行决定。

第三天，彭总在君子里收到了毛主席的电报。毛主席同意彭总的作战方针，说："你对敌情估计是正确的，根据实际情况，必须作长期打算。目前，美、英正在利用三八线在人们心中存在的旧印象，进行其政治宣传，并企图诱我停战，故我军此时越过三八线再打一仗，然后进行休整是必要的。打法完全同意你的意见，即目前美、英军集中于汉城地区，不利于攻击，我应专找伪军打，就总的方面说，只要能歼灭伪军全部或大部，美军即陷于孤立，不可能长期留在朝鲜。如果再歼灭美军几个师，朝鲜问题更好解决。就此战役说，如果发展顺利，并能找到粮食，则春川、加平、洪川地区可能寻歼较多的伪军。在战役发起前，只要可能，即应休息几天，消除疲劳，然后投入战斗。在打伪1师、伪6师之前是这样，在打春川之前，也是这样。总之，主动权在我手里，可以从容不迫作战，不使部队过于疲劳。如不顺利则适时收兵，到适当地点休整再战，这个意思也是对的。"

至此，领袖与前线统帅在关于突破三八线和作战指导方针上认识取得完全一致。

89. "月亮是志愿军的，太阳是美军的"

毛主席虽然远在北京，但对前线形势十分了解，对作战方针具体而详，而且很体谅前线的困难，实事求是，通情达理。以后在24日、26日，毛主席又电告彭总："南朝鲜和美军一部已在北纬37度线至三八线之间站住脚跟，组成防线。志愿军和人民军不用走很远的路便能寻敌作战。这就应该改变原先和人民军商定的以人民军第二、第五军团深入敌后，分散敌人的计划。因为南朝鲜军集中于我有利，分散则于我不利。如果人民军第二、第五军团插入朝鲜南部，威胁敌人后方，就有分散敌人，使敌人变更部署，不敢在北纬37度线以北建立防线的可能，而汉城美军则有放弃汉城，集中大田、大邱一带的可能。那样，将使志愿军和人民军作战出现很大困难，不易各个歼灭敌人。因此，不但应建议人民军第二、第五军团不要深入南部，而且志愿军主力还应在战役后后退几十公里进行休整，以使美军和南朝鲜军感到安全，恢复其防线，以利志愿军和人民军而后的春季歼敌作战。"

彭总一个人在房间里反复研究了毛主席的电报，主席强调了不要威胁敌军后路问题，彭总自己在掂量着，又同洪学智、韩先楚、解方仔细研究了第三次战役的作战部署。最后，他与三个助手商量的结果是，根据与毛主席反复往来的电报，决定9个军的兵力实施攻击，志愿军6个军，人民军3个军团，按人民军1军团、50军、39军、40军、38军、42军、66军、人民军2军团、5军团的顺序，从西到东，一线排开。以志愿军50军、39军、40军、38军加强6个炮兵团组成右纵队，以42军、66军加强1个炮兵团组成左纵队，由42军领导指挥。战役的目的是突破三八线，重点消灭伪军。采取正面突破的办法，中央突破后，把美、伪军分裂开，然后消灭东面之伪军。右纵队首先以38军、39军、40军这3个主力军为主，39军从中央突破，撕开口子，割裂美、伪军联系，38军从东面往下插。40军从38军、39军两军之间突击。三个军先包围、歼灭伪6师，再歼伪1师，得手后向议政府方向发展。左纵队在永平至马坪里地段上突破，首先集中主力歼灭伪2师1两个团，得手后向加平、清平里方向扩大战果，切断汉城与春川两城市之间的交通。以1个师向春川以北之敌佯攻，抓住南朝鲜第5师。人民军第1军团配合志愿军右纵队作战，在海州担任警戒，防止敌人从海上偷袭，保障志愿军的右翼安全。人民军第2军团、5军团与我军保持一定距离，于战役发起前，以一部兵力从南朝鲜伪军的接合部突破，而后视情况机动处置，配合志愿主力作战……

"战役发起时间，你们考虑了没有？"彭总问。

大家沉寂了一会儿，洪学智说："我看选在31日比较好。敌人容易麻痹。"

彭总掐指算着时间。

韩先楚说，"月底，正好是阴历11月中旬，是月圆期。"

解方插言道："12月31日，正好是月圆的后几天。错过这个时间，到1月上、中旬，就都是月亏期了。31日最好了。"

彭总的脸上露出了笑容，"好，那就定在31日。你们还有什么意见没有？"

洪学智说："没意见了，报告中央吧。"

彭总说声"好"，杨迪起草电报去了。利用月圆期发起战役，这就出现了后来的说法："月亮是志愿军的，太阳是美军的。"

彭总在屋内又踱起来了。现在轻敌和速胜的思想在一些同志身上好像虱子一样滋长起来了。这种思想危害性很大呀！他想，不错，我军前两次战役是取得了很大的胜利，也打破了美军不可战胜的神话。但是，也要看到我们并没有成建制地消灭美、英的一个师一个旅，土耳其旅是被大部歼灭了，现在土耳其的国民党要求内阁辞职。如果像消灭土耳其旅一样，消灭美军一两个师，我心里就觉得轻松多了。现在他们的主力还在，我们怎么就能被胜利冲昏了头脑呢？危险哪！假如在前两次战役之后，我们再打一个败仗，譬如，让敌人从西海岸或者东海岸偷袭成功，那就糟了。我彭德怀真是无颜见江东父老了！所以，第三次战役，东西两个海岸必须有足够的兵力担任警戒任务，一旦有情况，还能把敌人赶下海去，至少也不能让敌人把我军主力阻隔在三八线以南呀。仁川登陆后的形势决不能让它重复出现。突破三八线是毛主席下达的政治任务，任务必须完成，但必须防止南进太远、太深了，以防出现不测！两次战役的胜利来之不易，战场的好形势也是志愿军战士的鲜血换来的！他缓缓地走着走着，站住了，目光炯炯地瞅着洪、韩、解3人。

"韩先楚同志，战役发起前，你还是到前面去，"彭总严肃地瞅着韩先楚，说："二次战役你指导得不错。"

"是，"韩先楚说，"我的位置确定后报志愿军司令部。"

彭总点点头，回过头说："洪学智和解方呀。"

洪学智、解方注视着老总。

"邓华恐怕马上回不来，伤得不轻，"彭总走到他们二人面前说，"有几件事，你们两个马上催办落实。"

洪、解二人点头。

"军委已决定杨得志、李志民19兵团入朝。要与军委联系，让19兵团必须尽快入朝。"彭总走到大挂图前，从上往下一指，说："我们已经打到三八线了，后方空虚呀。兵家大忌。所以，19兵团必须马上上来，越快越好。你们知道，第三次战役一打响，我军的主力就都在三八线南了，三八线北没我军主力了。这个情况历来是兵家大忌。你们千万注意这件事，要多提醒中央军委注意这个问题。解方，你可注意呀。"

解方点头，"是，彭总。"

"洪学智呀，从国内动员8万多名老兵问题，要马上落实，我们主力部队减员太多，必须恢复部队的战斗力。这个问题，在战役发起之前，落实了。"

洪学智说："好。"

"军委决定给我们补充2000台汽车，什么时候到？"

"正在路上。"

"分配好。"

"已经有一个方案，一会儿请老总过目。"

"战役发起前，一定要力争改善后方交通运输……"

"为了适应部队前伸的要求，把原有的9个大站增加到11个，实行定向供应。新调来的工兵团担负修建定州至平壤的公路、桥梁和扫雷任务。铁道独立团和桥梁团抢修大同江桥等铁路桥……"

"日夜不停地抢修，一定要在战役发起前修通。"

"关于借粮问题，也与朝鲜方面说好了，先借3万吨，以应急需。祖国人民制作的炒面已陆续运来了。"

"这几个问题，洪学智，你都给我落实好。在战役发起之前都要准备就绪。另外，要特别强调，这次对敌人在三八线南的既设阵地进攻，就必须要准备以绝对优势兵力和强大足够的火力打突破口，要炮兵准备好，一定要保证突破，各部队还要大胆分割，搞一个作战指示，发到各部队。"

"好，随时向老总报告吧。"

第三次战役已经部署完毕，与领袖取得了完全的理解和共识，彭总感到轻松愉快，想到26日这一天正是毛主席的生日，新年也快到了，便高兴地向中央拍去一封贺电："毛主席，朱总司令，在您英明领导之下，取得了两个战役的重大胜利，现在正继续努力，争取再打一个胜仗，作为新年献礼。谨祝健康！中国人民志愿军全体指战员。12月26日。"

战役发起日临近了。

彭总的思想也高度紧张起来。他的脑子里总是一刻不停地想着三八线南北的战场，以及敌我双方军队的运动态势。他想：如果能歼灭伪军两三个师及美军一部，敌人还要不要三八线？他看到美军在前线表现出无意抵抗时，估计敌人不仅不要三八线，还有可能放弃汉城，退守南汉江。

彭总又想，敌人一旦放弃汉城，又退守南汉江，志愿军如何动作？如果敌人像对平壤一样，自动放弃，可即令39军和人民军一军团前往占领。志愿军还是要撤至三八线以北，此次战役强调越过三八线的政治意义。占领三八线，又不要三八线，是毛主席电示的。这恐怕得向部队作一番解释。他把自己的想法电告了毛主席。

毛主席从国际政治关系与抗美援朝方面的关系考虑较多。他复电告诉彭总，打第三次战役，对世界各国人民的影响是好的，对帝国主义打击是很大的。他说，所谓三八线在人们的脑子里存在的旧印象，经过这一仗也就不存在了。我军在三八线以南或以北休整，均无关系。但不打这一仗，从12月初起整个冬季我军都在休整，没有动作，则必引起资本主义各国甚多揣测，民主阵线各国亦必有些人不以为然，发生许多议论。如我军能照目前部署，于1月上半月，打一个胜仗，争取歼灭伪军几个师及美军一部，然后休整2个月准备春季攻势，则对民主阵线及资本主义各国人民大众影响甚好。对帝国主义则给予新的打击，加重其悲观失败情绪。菲里波夫（斯大林）同志，认为志愿军的领导是正确的。他批评了许多错误的议论，他了解朝鲜作战中的困难，他自动提议增加汽车2000辆，解决你们的困难问题。军委已令全国军队，每连抽老兵20人补充志愿军，如进行顺利，可于2月底集中第一批4万余人。

这样，彭总心中的后顾之忧也解决了。说实际话，他一直还担心斯大林会支持他的大使的意见呢！

他获得了战场指挥官必要的自由。

90. 李奇微为何虽有坚固防线而不固守

12月31日，君子里的矿洞里人们进进出出，电话铃声此起彼伏，充满繁忙紧张的战前气氛。彭总低着头在洞内来回走着，洪学智、解方在注视着钟表。

洞外，寒风呼啸，大雪飘飞，像从天上往下撒棉花一样，厚厚的雪花把三八线两侧覆盖住了。在一阵震天动地的炮声之后，志愿军左右两个集团向离43英里远的敌军阵地发起了猛攻。在我军进攻的前边有临津江、汉滩川、永平川等江河，有道城岘、峨洋岩、图望峰、华岳山、高秀岭等高山峻岭。

韩先楚仍然被彭总派出组成"韩指"，在40军军部，指挥38军、39军、40军、50军4个军在敌人密集的炮火下，徒步涉过了冰冷刺骨的临津江、汉滩川，3个小时中先后突破敌军前沿阵地，迅速向敌人防御纵深推进。担任穿插迂回任务的39军117师从西往东插，38军114师则从东往西打，40军119师从正面往南压，形成包围态势。很遗憾，114师有的部队插错了路，未能与117师完全构成合围。119师阻击阵地不严密，形成了缺口，南朝鲜伪6师大部化整为零脱逃了。

在君子里的彭总以及洪学智、解方不住地摇头咧嘴，感到没能合围太遗憾了！

志愿军左纵队42军涉过永平川，在敌人顽强阻击和高山大雪中兼程前进，圆满完成了断敌退路、围歼敌人的任务，加平之敌见势南逃。66军主力在两尺深的大雪中，突破了图望峰、华岳山、高秀岭等天然障碍，向敌军防御纵深发展，在42军124师的协同下，歼灭南朝鲜2师两个团、南朝鲜5师36团大部、炮兵营1个，胜利完成了预定战斗任务。

彭总和洪学智、解方均十分满意。

"给66军发电，祝贺。"彭总高兴地对解方说。

解方马上去发电报。

人民军第2军团、5军团5个师越过三八线后，分别向洪川、横城、原州方向渗透迂回，主力向南逐渐攻进。

元旦这一天，三八线附近，天气寒冷，朔风裹着大雪到处肆虐，但却没有敌人的部队了。敌人各部争相南逃。

南朝鲜人写的《韩国战争史》中说："联合国军士兵扔掉所有重炮、机关枪等支援火器，爬上卡车向南疾驰。车上挤得简直连个小孩子都不能再挤上去了，甚至携带步枪的人也寥寥无几。他们只有一个念头——'把那可怕的敌人甩掉几英里'。拼命跑呀！控制不住的'后退狂'蔓延开了。"

美军第 8 集团军新任司令李奇微元旦上午驱车由北面出了汉城，目睹了南朝鲜士兵丢弃了所有的火炮、迫击炮、机枪以及数人操作的武器，甚至扔掉了自己的步枪和手枪，拼命溃逃的一幅令人沮丧的景象。

李奇微知道要想制止这些被吓破了胆的士兵大规模溃逃，是枉费心机的，他看到汉城正面吃紧，东部侧翼又完全暴露，志愿军会实施深远包围，使汉城处于绝境。况且，如果汉江上仅有的两座浮桥被浮冰冲散的话，10 多万"联合国军"就会拥挤在汉江北岸背水作战。那样的话，"联合国军"失败得会比前两次更惨。

于是，1 月 3 日，李奇微通知李承晚说，他已下令下午 3 时从汉城撤退。他自己还站到汉江大桥的桥头指挥撤退，下令桥梁和要道除军队之外，民间车辆和行人一律禁止通行，可以向不听招呼想通过的难民直接开枪。

君子里矿洞里，志愿军司令部，彭总与洪、解正在作战室里，注视着各部队追击敌人的进展态势，突然，我军收听到美国无线电报话机里传出要撤离汉城的对话。一参谋跑来将这一重要情况报告了彭总。

"啊？"彭总扭过头来瞧着洪、解二人。

洪、解二人建议我军向汉城攻击。

"给吴信泉发电，下令 39 军主力向汉城进击，"彭总声色俱厉地说。

这样，到 1 月 4 日中午，39 军 116 师和人民军 1 军团占领了汉城。为了不使"联合国军"据守汉江南岸，控制金浦机场和仁川港口，威胁汉城和妨碍下一步作战，彭总决定我军一鼓作气，打退汉江南沿敌人；令 50 军立即控制汉江大桥，占领汉江南岸滩头阵地，攻击南岸敌人，如敌南逃可尾追至水原待命。令 38 军、39 军、40 军渡过北汉江，攻击、歼灭杨平、利川之敌，而后由东南向西北前进。

彭总的命令下达后，志愿军和人民军两路纵队摧枯拉朽，迅速推进。

志愿军 50 军和人民军 1 军团主力渡江成功……

人民军 1 军团先后占领了金浦和仁川港……

志愿军左纵队占领了洪川、龙头里、砥平里……

人民军第 2、5 军团占领了横城……

到此时，我方 9 个军在暴风雪原、天寒地冻的恶劣气候下，以猛虎下山的锐不可当之势，经过七昼夜的连续奋战，向南推进了 80 公里至 110

公里，歼敌有生力量 19000 余人。

我军进展神速，追敌如驱羊，将敌驱至三七线附近。

新华社发了通稿，《人民日报》发表了通讯《午夜的欢声——记北京清华同学庆祝汉城光复大游行》。

彭总、洪学智、解方在君子里指挥室里密切注视着我军各部队的态势。彭总站在地图前，久久地瞅着那些标志着我军各部队进展的小旗子。

"怎么样？"彭总回头问洪、解二人。

洪学智说："不浅了。"

"你呢？"彭总问解方。

"不能再深了。"解方回答。

彭总"嗯"了一声，搔了搔发痒的两腿，走开去，说："新华社和《人民日报》几天来声势浩大的宣传不一定好呀。庆祝光复汉城，把战争的胜败，把人民的视线，集中到光复汉城这点上，不合适呀！"

洪、解二人都面露沉思，说："是呀。"

"我军历来的作战方针不在于一城一地的得失。战争的目的是消灭战争，这是毛主席一贯强调的。在对待汉城问题上，我们也是这个指导思想。依我看，敌人主动放弃汉城，只是应急措施，是不得已。麦克阿瑟是不会认输的。敌人海、空军还占绝对优势，他们肯定会反攻的。目前我军无力防守汉城。我军也不能死守汉城，不能为一座城池损兵折将。所以，我们待敌人反攻时，也可能放弃汉城。你们说呢？"洪学智说："彭总的考虑很好。"

解方也插话说："占领汉城的军事意义不大。"

彭总说："我考虑，我军应该停止追击了。"

洪和解两人知道彭总担心的是什么。从七八天来战役发起后的情况看，我军在进攻中未能大量歼灭敌人的有生力量，敌人就是争先恐后南逃，虽有坚固的防线但不固守，其主力一直在南撤。种种迹象表明，敌人有诱我深入后，实施侧后登陆夹击我军的企图。这方面的顾虑和判断，彭总已经同他们谈过多次了。所以，他们二人完全同意部队停止追击，认为我军不能重蹈在 9 月 15 日朝鲜人民军被敌人从侧面截击的覆辙。

十八　美军大溃退中沃克阵亡，剽悍将军李奇微执掌第8集团军；金日成、朴宪永雪夜访彭总，苏联大使对彭总大发脾气，质问为何不一气呵成，为何不把美军赶下大海？

91. 军衣上别着一颗手雷的美国将军

1950年12月22日早晨，在第8集团军全线向南慌不择路的大溃退中，二战名将第8集团军司令沃克匆匆忙忙用过三明治后，开快车到美军步兵第2师一个连队的驻地，见到上尉连长萨姆·沃克。他表扬他的儿子作战勇敢，全连撤退，安全到达目的地。

小沃克情绪很颓伤，不领情，戗着他的老爸说："谈不上安全，我保全性命是上帝的恩赐。我们连被中国人打得蒙头转向。他们冲上阵地，用刺刀将我们的士兵刺死在散兵坑里。20分钟就有70多人被打死。"

沃克立刻发火："你是被中国人吓破了胆……"

"你为什么要撤退到汉城地区？为什么要撤退？"

"浑蛋！你懂什么？"

沃克情绪很不好，他还要到英27旅嘉奖这个部队。他习惯坐快车，他这时也是一迭连声地要求司机开快车。

山野的狭窄道路上向南撤退的车辆很拥挤，卡车经常把他的路堵住，他伸手不停地按司机的喇叭。但逃命赶路的卡车无视他挂着三星中将的吉普车，并不让路。在一个山头的拐弯处，沃克命令司机"绕过去！绕过去"！司机加大油门冲过去，一辆满载南韩士兵的卡车出现在视野，说时迟那时快，吉普车轰然一声响，被撞下了深沟，顿时燃烧爆炸……沃克从1948年以来一直担任第8集团军的司令官，以作战迅猛出名，为巴顿的部下，在海外不停息地为美国侵略战争服务，平常喜欢把自己打扮成一个福尔摩斯式的便衣侦探。此人有大侠作风。

有美军士兵在喊："他是沃克将军，他急着逃跑，该死！"

有人说："可惜了一个美军中将！"

东京，麦克阿瑟得知沃克死信，对记者说："沃克是巴顿式的将军。不久前，我曾提出把他提升为四星上将。"

记者："据说你以前还准备解除沃克的职务？"

麦克阿瑟答："没有的事！"

记者："关于提升他的事，你向参谋长联席会议提出过吗？"

麦克阿瑟："我没有来得及。"

记者哄堂大笑。这就是指挥远东美军的最高司令官的作风。

战争进行到此时，美国朝野情绪降到了最低谷。美国人是不分青红皂白的，只要对美国掠夺世界资源有利，只要美国能当世界老大，只要美国人扬眉吐气，民意调查就拥护；只要对美国不利，民意调查就下滑。民意是一种民族主义情绪的集中反映。朝战、越战、伊战、南斯拉夫战，阿富汗战，利比亚战，都是如此！

"联合国军"总司令麦克阿瑟感到灰心丧气，他要走极端，与共产主义决一死战，扩大战争，轰炸中国东北和沿海，轰炸中国重要城市，他邀请国民党"战略顾问委员会"主任何应钦到东京同他会谈，要求杜鲁门允许蒋介石出动部队参战；或者就干脆撤出朝鲜战场。他在做梦战胜共产主义名留青史！他完全不理解和不同意总统杜鲁门的对外政策。杜鲁门在朝鲜打的是一场局部有限的战争，而他要打一场全面的世界大战！

当天晚间，李奇微在迈尔堡同他的老友们共进晚餐。

柯林斯来电，告诉他沃克阵亡，命令他立即去朝鲜接替沃克的职务。

李奇微出身于一个炮兵上校家庭，前额已经光秃，面相严峻彪悍，性格有些粗暴，55岁，自己能驾驶专机飞行，经常穿一件上衣口袋挂着一颗手雷的军衣，表示他对战争的自信和勇猛作战的作风。

他1917年毕业于西点军校，当时的校长正是麦克阿瑟。他喜欢运动，在西点军校1917届，他是橄榄球队队长，还打过冰球，与柯林斯、克拉克是同班同学。在第二次世界大战期间，在中国、菲律宾、尼加拉瓜服役。他指挥第82空降师，参与了盟军1943年在西西里岛进攻意大利的敌后空降作战和1944年开辟第二战线的诺曼底登陆作战，他主要在欧洲战区，是布莱德雷的部下，算是美军的名将之一。

他在华盛顿担任陆军副参谋长，负责陆军的后勤供应，在军事会议上曾经对麦克阿瑟的指挥战术颇有微词。

美国的将军们性格中都有一个共同的美国基因，就是认为老子天下第一，不当第二，骄傲狂妄好战，以侵略弱小国家掠夺世界资源为天职。只是李奇微比麦克阿瑟有政治头脑，冷静清醒，能服从服务于美国政府的对外政策。

所以，以布莱德雷为主席的参谋长联席会议的将军们更喜欢头脑清醒的李奇微。同意他接替出师不利在惊惶撤退中坠下山崖的沃克将军，任第8集团军司令。

12月26日晚上，在东京的美国大使馆，李奇微拜见麦克阿瑟。

麦克阿瑟对李奇微说："欢迎新官上任。马修，第8集团军就交给你了，按你自己的想法去干吧！"

李奇微回答："谢谢，司令官，沃克将军献身国家，美国的利益高于一切，看我的吧！"

麦克阿瑟说："我特别要告诉你，不要小看了中国人，他们是很危险的敌人。"

然后，李奇微乘专机到达朝鲜，先拜访了李承晚。

李承晚此时最担心的就是美军撤走，把他遗弃了。

李奇微告诉他："总统先生，很高兴见到你，我很高兴到朝鲜这个地方来，我是要长期留下来的。"

李承晚一听，顿时眼睛红了，说："我们的利益一致，相信你们不会背信弃义，扔掉朋友不管的。"

李奇微进入朝鲜时，我军在西线和中线正向美军和南韩军队猛击第三掌，进行第三次战役，摆在第一线的南韩军队不战而逃。颓败惊恐情绪笼罩着美军和南韩部队，战线一片混乱。他对美军作战部队进行了两天马不停蹄的视察。他在回忆录《朝鲜战争》一书中说："我沿途遇到了一些士兵，与他们进行了交谈，听取了他们的不满意见。从他们的身上我也深深感到，这是一支张皇失措的军队，对自己、对领导都丧失了信心，不清楚自己究竟在那里干什么，老盼望着能早日乘船回国。"

他到第8集团军指挥所吃饭，发现餐桌上的台布是床单，盛饭的是朝鲜瓦罐。

他的自尊心受到伤害，大发脾气，说："什么时候我们美军高级司令部变成了狗窝？马上把台布给我换掉！"

他的副手库尔特中将说:"司令,更重要的是更换美军的情绪。"

元旦上午,他从汉城开车出去,李奇微在汉城看到了一种令他沮丧的场面,"一卡车一卡车的南朝鲜士兵"正在撤退,"没有秩序,没有武器,没有人指挥……"将无斗志,兵无士气,败退如洪水决堤,不可阻挡。

李奇微跳下吉普车,站在路中央,挥动手臂拦车,几辆车不但不减速,反而绕过他开跑。他无助地看着这兵败如山倒的颓势。

他看到此种景象,一惊讶,二无奈,美军打遍了全世界,没想到在小国朝鲜败北到了如此地步!意识到固守汉城的前沿阵地的希望很渺茫,他毅然决定第8集团撤退到锦江附近。这个决心难下呀,美军是全世界的保护伞,是全世界的警察,如今不得已要撤出南韩的首都汉城!全世界人都在看美国的笑话!欧洲人在考虑美国保护伞的可靠性。

美军进入一个低谷期。

美国在英帝国衰落之后,掠夺世界资源,国力增强,普遍滋长了世界老大的思想意识。朝鲜第一、二次战役,吃了如此大的亏,许多美国人开始怀疑美国为李承晚政权付出如此高昂代价是否值得,或者麦克阿瑟的战略战术是否正确。在中国出兵之前,民意测验75%的美国人支持杜鲁门的侵略战争行动。1950年11月,前线的坏消息代替了好消息,民意测验56%的人相信美国犯了一个大错误,中国人反战潜力深不可测,美军不该卷入这场战争。杜鲁门开始受到共和党人的猛烈攻击,指责他没有采取足够的行动使美国赢得这场战争。

被他的部将史密斯称为"超龄的屎壳郎"的麦克阿瑟的思想意识是极端的,或者趾高气扬,或者灰心丧气。他想扩大战争规模,从欧洲调动援兵,容许蒋军参战,被华盛顿决策者拒绝,他就完全失去了信心。1月10日,我军第三次战役把美军打到三八线以南,美军第8集团军司令沃克阵亡后,他感到中国志愿军的战斗力很强,他指挥美军不可能把志愿军赶到鸭绿江北。他电告参谋长联席会议,如果美国的决心不变(包括他三番五次要求要增派美军部队到朝鲜,要对红色中国实施海上封锁,要轰炸满洲,要利用蒋军反攻大陆。如果杜鲁门总统仍然不答应他打全面战争),那么,"如无极其重大的政治原因,则我军应以作战情况允许的速度尽快撤离朝鲜半岛"。很情绪化。

杜鲁门看到这个前线司令员的意见大吃一惊,主张打的积极分子是他,现在主张撤离的还是他。成亦萧何,败亦萧何。杜鲁门难以判断这场战争的前景,难以判断中国志愿军的战斗力,他派参谋长联席会议成员到前线评估。

1月15日,参谋长联席会议两位兵种参谋长柯林斯和范登堡为了解朝鲜战局和美军的士气,决定战争是否继续下去飞往东京,与麦克阿瑟会晤后,飞往朝鲜。

李奇微向柯林斯表示,他不相信麦克阿瑟的判断,"从来就不相信,如果俄国人不派兵介入战争,中国人能够把我们赶出朝鲜"。他要按照总统的意图,扭转败局。美军部队的士气比他的总司令要高。战争是可以继续打下去的,中国军队不可能把联合国军完全赶出朝鲜,即便中国人下决心强攻不舍,可能将联合国军赶回釜山周围的滩头堡阵地,第8集团军仍然可以凭借两翼的大海,从空中袭击中国的补给线,从而守住阵地。

范登堡还冒险乘直升机到美军阵地十多公里以外视察,并且走下飞机,踏上冰雪覆盖的山地,与地面巡逻队一起侦察。1月18日,他们二位回到华盛顿,向参谋长联席会议汇报了他们的意见,第8集团军至少能在朝鲜坚持一段时间。战争可以继续下去。柯林斯后来写道:"这是自去年11月以来,华盛顿当局首次对联合国军被赶出朝鲜不再持悲观态度。"

这是美国决策者对这场战争的重新定位和下决心。

美军在一退再退中面临着严重的信心危机。

李奇微了解参谋长联席会议的最后意见。

他自己驾驶直升机亲自到前线视察。

他在军中闭口不言失败和撤退,只强调进攻和胜利。

李奇微认真作了调查研究,还详细地研究了志愿军发动的3次战役的战略战术,他决定要改变美军的战略战术。作者归纳:(1)他观察到志愿军是借撤退而恢复力量,然后进行新一轮的攻击;他要求第8集团军部队紧紧咬住撤退的志愿军,全面又谨慎地向前推进;美军要以迅速而猛烈的"磁性"行动打乱志愿军为新的进攻所作的准备,不能让志愿军从容做好准备再发动新的战役。(2)他认为美军部队不能过分依赖公路,中国人控制了山头,就可以给美军的运输车队以沉重的打击。美军士兵必须走下汽车,必须以徒步方式占领山头。(3)美军各部队的目标不是占领阵地,而是应该尽可能多地杀伤志愿军。(4)发动进攻时,美军攻击模式还是陆军教科书上的老模式,即先由坦克、防空自动武器和大炮轰击对方的山丘高地,在火力掩护下,步兵开始进攻,清剿敌人的地面部队;把志愿军部队赶出阵地后,立即指示空军或者海军的战机进行跟踪攻击;而后再向下一个目标挺进。(5)行军要防两翼有志愿军迂回袭击;要摒弃前面的战法,即主力纵队沿公路挺进,不管有没有步兵在邻近山区进行侧翼支援。(6)挺进部队必须保持坚固的前线,与左右两翼的其他部队保持联系;目的是要防止志愿军从两翼迂回包抄,或者穿插到美军身后建立破坏性路障;志愿军这种战法在前几次战役中曾经重创过联合国军部队。

所以他决定美军和其他仆从国家的部队要交替掩护,有秩序地向后撤退,包括放弃汉城,一直退到过去建有防线的三七线附近。在他周密计划指挥下,美军的兵力未受损失,不像沃克指挥的第二次战役那样的大慌乱和大溃退。

西线美军第1军由米尔本少将指挥美25师、南韩第1师、土耳其旅、英国29旅扼守临津江一线;美第9军由库尔特少将指挥第24师、南韩第6师、英国27旅和希腊、菲律宾营驻守中部地区;东部山区后来还是由第10军防守。他不服输。

92. 志愿军入朝作战的80个日日夜夜

1月8日,雪停了,但凌厉寒风在山野间不停地呼啸着。

晚饭后,彭总穿着大衣,戴着棉帽在矿洞口的小溪旁的一块空地上边散步边沉思默想。他一脸的凝重,一脸的坚毅。两个警卫员站在靠边的地方注视着他。志愿军司令部机关的干部们来回进出洞口都怕惊动了彭总,悄悄地傍着山根儿石壁而行。

彭总散步回来,脱下大衣和棉帽,告诉杨凤安,"通知他们都来"。

他所说的"他们"就是他的助手们。邓华回沈阳治疗,同时向军委和东北军区汇报前线情况,还没有回来。韩先楚带杨迪到前线成立"韩指"指挥部队作战也还没有回来。所以在志司的就是"洪、解、杜"三人。

彭总站在地图旁,先看了一阵地图,然后回头见洪学智、解方、杜平都到了,说:"都来了,我们开会,一起分析一下三次战役后的朝鲜半岛形势。"

这时,志愿军从去年10月19日出国作战到今天已经80天,恢复了朝鲜民主主义人民共和国的全部国土，取得了震惊中外的伟大战绩，使帝国主义阵营内部矛盾重重，争吵不休。但战绩的取得很艰难很不易，虽然毙伤俘敌7万余人，但80个日日夜夜，每时每分志愿军指战员都在流血。彭总的心情很沉重，整日嘟噜着脸，很少言笑。当杨秘书把国内登载志愿军占领汉城，北京、上海等大城市群众集会庆祝的报纸递给彭总时，彭总的脸拉了下来，说："假如志愿军以后还要放弃汉城怎么办？"一些友好国家的大使也在散布美国可能要放弃朝鲜的言论。在自己阵营内部轻敌速胜的思想也抬头了。彭总感到自己阵营内部对形势盲目乐观，滋生轻敌速胜思想很危险。领导层必须要开会统一一下认识。

彭总瞅了大家一眼，说："三次战役后，社会主义阵营内部有人在散布说美国要撤出朝鲜了，你们怎么看这个形势？"

洪学智说："我看不可能。美国人是非常爱面子的。"

彭总喜欢摸自己的脸，他的副手不知是否受他的影响，比如洪学智也喜欢摸自己的脸。彭总这时摸了摸脸，然后说："美军在朝鲜半岛是遭到了惨重的失败，但会不会撤出朝鲜呢？我看不会。美国集团内部是在议论这个问题。但美国为了维持在远东和世界的政治地位，为了当世界的老大，为了保护它在朝鲜掠夺的财富，它不会自动撤出朝鲜。这是我的一个基本的判断。"

彭总喝了一口瓷缸里的茶水，说："解方，你可以看英文资料，你说说你的看法。"

解方说："我军三次战役后，美国朝野议论纷纷。有主张坚决打下去的，有主张撤退的。但以杜鲁门为代表的主流派是要打下去的。杜鲁门现在撤退，对他的选民交代不了。"

彭总说："有人给我建议要乘胜追击。我说乘胜追击要十分慎重。第一，美军的主力还在，没有受到大的损失嘛，我军还没有成建制消灭它们一个师，它们的后备力量还很强，技术装备仍然占很大的优势嘛，它们的火力是我军的30倍；第二，三八线上敌军既然设有坚固工事，为什么不顽强防守？有的部队还未与我军接触就后撤了，为什么？第三，我军现在已是在严重减员的情况下的疲劳作战，是靠政治素质靠指战员的革命觉悟在顽强坚持战斗；我军第一线6个军已经减少到了21万人，我军入朝时，13兵团4个军就26万人嘛；两个多师的兵力打没了。大多数战斗连队的员额多者为原来的三分之二，少者不足一半，还有更少者，一个连剩下不到一个排一个班的兵力了；第四，我军战线逐次南下，运输线延长到550公里到700公里，敌机对我军运输线封锁严重，物资运送更加困难，前沿阵地战士吃不上饭，营养不良，疾病增加。打得很苦呀！我这样的老头子死也就死了，战士们都还是孩子呀！"

彭总说到这里说不下去了，停顿下来。大家都看着老总，都沉默不语。

老总的情绪转换过来后，说："所以，我军同美军决战的时机未到，李奇微放弃了汉城还要后撤，为什么？醉翁之意不在酒！"

洪副司令说："老总，我看这里有诈。"

解方说："咱们打了这么多年的仗，还看不出李奇微这点鬼名堂！"

洪学智说："李奇微这个人比起麦克阿瑟头脑要冷静，要务实，是很狡猾的，他的撤退是有企图的。我军的补给线延长后，供应会更加困难，他就发挥他的空海军优势，摧毁我军的有生力量，他很可能实施第二次仁川登陆。"

大家都不住地点头，对这个判断表示认可。

解方说："李奇微是诱我深入到他的有备之地，以逸待劳，杀伤我军。"

杜平说："我同意大家的意见。如果我军一直追下去，肯定要出大问题。局面会难以预料。"

彭总说："作战必须要主观与客观相符合。求胜心切是要付出代价的。战争不是赌博，我们不能拿志愿军的生命当儿戏！也不能拿国家的大局开玩笑！"

彭总一巴掌拍在桌子上说："就这样定了，错了我负责！"

老总的脸都涨红了，眼睛里充满了血丝，眼袋下垂得很明显。下这个决心不容易！

彭总对解方说："给各部队下达停止追击的命令。"

事实上，我军将敌人追至三七线后，敌人从日本和国内抽调兵力7个师，又从欧洲抽调老兵补充部队，集结在洛东江的预备防线上。敌人的战略战术是诱我南进，不断攻坚，以消耗我军实力，待我疲劳消耗殆尽后，进入它的大炮射程之内时，再从正面反击，从侧翼登陆截击，断我军退路。李奇微是有大阴谋的，我军此时战斗和非战斗减员很大，基层骨干伤亡最多，由于无空军掩护，部队连续几天几夜不能休息，十分疲劳，亟须休整，亟须补充。

战场指挥官的判断完全符合前线的实际。知己知彼，是他们的基本素质。恰好在彭总下达停止追击的命令后，韩先楚从40军军部给彭总、洪学智和解方拍来电报，说："这次战役……打仗的都是老骨干。在前面作战的部队极度疲劳，困难太多。三八线以南沿途群众跑光，敌人把房屋烧了。粮食抢光，使部队吃饭、休息都很困难，体力大大减弱，加之后勤供应跟不上，前面部队急需粮食、弹药、鞋子等补充。如不增加新的力量，仅靠现有的兵力，再发动大的攻势，显然是不可行的。"

然后，几个助手又研究留人民军1军团两个师，志愿军第50军和第38军一个师于汉江南岸坚守防御，42军一个师与人民军2军团、5军团各一部在南汉江以东，警戒当面之敌和监视东西海防，其他各军主力分别集中于高阳、议政府、东豆川、金化、金城、横城等地休整，准备再战。

彭总考虑，志愿军打到现在这个阶段，虽然给美军以很大的杀伤，但还没有完成毛泽东主席交代的消灭美军两三个师的任务。他有很多感受，很多思考，有很多话要给部队讲一讲。相信各级指挥员也有很多考虑，很多体会，很多话要说。所以，他考虑要开一个战役总结会，召集各军长、政委来面对面，好好总结第三次战役的经验，同时部署下一步的作战和工作。"洪、解、杜"都同意老总的意见。

93. 金日成要求志愿军乘胜南下釜山

1月，朝鲜北部山林到处都是白雪覆盖着。由于是半岛气候，海风如刀一样。

只要是白天，美军的各式轰炸机就在空中耀武扬威，佩刀式，雷电式，野马式，海盗式，女妖式等空中流氓把美丽的朝北山林和村庄炸成了焦土，破坏了生产、生活设施和生态环境。蓝色的天空成为美国强盗飞机的屠杀场。朝鲜的山区有很多矿区，麦克阿瑟一方面指挥侵略战争，另一方面还开金矿发财。激烈的战争使很多矿业停产，所以大山里有很多废弃的矿洞子。矿洞子在战争时期是不可多得的好去处，可以藏车、藏人，藏弹药物资，美军飞行员技术很高，可以钻电线杆，但在很窄的山沟中不敢俯冲，怕撞到山峰上。所以，敌人明知道山洞里有部队有物资，就是干瞪眼，没有好办法。朝鲜人叫矿洞为"救国洞"。

成川西南5公里君子里就有一座金矿。志愿军司令部就巧妙地利用了这座金矿洞子。

矿洞子面积很大，像楼房一样分为几层，中间有一个小广场一样大的平地，周围还有很多弯弯曲曲的小洞子，被管理处用圆木和木板分割为首长和各部门的办公兼休息的小房间。洞子的石壁顶上明晃晃地在渗水，到处都滴滴答答的。

1月10日深夜，大雪飞扬，寒风呼啸。金日成首相在朴宪永和柴成文的陪同下直接来到君子里志愿军总部与彭总商谈中朝联军继续向南追击敌军问题。

金日成身穿一身灰色的列宁装，身材魁梧，一头浓密的头发，右额上有一绺头发绕了一个圈儿，一笑露出两颗虎牙，很英俊。朴外相胖胖的，要比首相黑一些，矮一些。

彭总见金日成亲自匆匆来访，已经明白友人的用意了。彭总让杨秘书把洪学智叫过来。洪副司令很快就过来了。

他见到金日成，立正一个军礼，"首相好！"金首相给他还了一个军礼。然后彭总与朴外相见过面。坐下。

彭总亲自从铁炉上拎起热水壶，用印有"赠给最可爱的人"的白色搪瓷缸给首相和外相各沏了一杯湖南茶水，说："喝吧，好茶，我家乡湖南的上好茶叶。乡亲们给我捎来，让我老汉好好打美国鬼子。我一闻到茶叶的香味，就想到乡亲们的重托。不敢稍有疏忽呀。"

金日成先闻一闻说："闻到了，很香。很香。感谢湖南人民的好意。"

然后洪学智给彭总的茶缸加了水，顺便给自己沏了一杯。彭总说："我家乡的茶叶比龙井还要好呀！"

金日成说："你是有乡情在内呀。"

然后金日成言归正传，说："我这次来是向彭总祝贺连续取得三次战役的伟大胜利！已经解放了朝鲜人民民主共和国的国土，志愿军解放了汉城，打到了平泽、安城、堤前、宁越、三陟一线，我代表朝鲜人民表示衷心的感谢！"

彭总十分称赞金日成指挥的人民军恢复休整快，很快恢复了战斗力，在第三次战役中作战勇敢，打得好！

金日成说："都是按老总的作战部署打的，是老总部署得好。关于下一步作战部署，想听听彭总的意见。"

彭总知道了金日成的来意，说："很多友人关心我军要不要继续南下作战问题。我想金首相也很关心这个问题。"

金日成说："是的，苏联顾问团一再提这个问题。我想亲自听听你的意见。"

彭总呷了一口茶，说："金首相你都看到了。我们前三次战役志愿军伤亡很大，运输极度困难，前线缺粮食缺弹缺药的现象很严重。部队亟须休整，交通亟须修复改善。现在我们虽然打了三次战役，但美军和南朝鲜的主力还在，如果能消灭美军两三个师就好了。美军和南朝鲜军还有20多万人。现在美军和伪军主力在平泽、安城、堤前、宁越、三陟一线布防就绪。我们在这一线歼灭敌军，要比把敌军压到釜山狭小地带打较为有利。我们应该做充分准备，求得在这一线歼灭更多的敌军。"

朴宪永插话说："苏联驻我国大使拉佐瓦耶夫建议我们，要抓住当前有利时机，想方设法克服困难，向南乘胜追击，对敌军施加最大的军事压力，这样才能迫使美军撤出朝鲜半岛。"

洪学智要是不同意对方的意见，常习惯性地抿着嘴仰面摇头。这时他抿着嘴，仰首不住地摇头。

彭总喝了一口茶水，笑笑，看看朴宪永，说："朴外相，我打了一辈子仗，怎么会不懂得乘胜追击的道理？我军历来都是主张在作战中要猛打猛冲，对击溃了的敌人应乘胜追击，使敌人没有喘息的机会，最后歼灭敌人。但是，朝鲜战场有它的特殊性。半岛地形，大的运动战受到限制。我军不能大踏步后退大踏步迂回。我个人看法，不消灭敌军七八万人，敌人是不会退出朝鲜半岛的。美军主力还没有遭受到根本的削弱，敌军主动从汉城撤退，根据我对各方面的观察，有许多迹象表明，美军是有计划地向南撤退，是引诱我们南进。李奇微有意引诱我军南下釜山，把我们的后方拉长，然后它们从东西海岸登陆，来一个第二次仁川登陆的好戏。所以，李奇微有的师不战而退，是一个阴谋。我方应准备在三七线一带更多地歼灭敌人，而不是到釜山一带。我军如果把敌人追赶到釜山，相反不利于中朝军队分割歼敌，不知金首相的看法怎样？"

朴外相接过话回答："若不乘胜向南追击敌人，那要错失良机。"

彭总心想苏联大使和顾问们在军事上是外行，起码缺少与美军作战的经验。他们在苏联卫国战争时期没有单独指挥过战役，都是按斯大林的意图打的。斯大林靠这些家伙，已经把朝鲜搞得亡国一次，现在还想让我们重蹈覆辙，要让志愿军兵败釜山呀？苏联红军为什么不来参战呢？让我们中国人民志愿军在前线打，你们在后面指手画脚呀？

想到这里，彭总有些生气，他说："不知道苏联顾问们在卫国战争中是怎样打仗的。听说他们还是上将、中将。他们怎么连李奇微诱我南下的阴谋都看不出来？他们懂不懂军事？他们的意见也许对苏联红军是适宜的。苏联红军有责任有义务支援朝鲜人民作战嘛，你们可以要求苏联红军参战嘛。苏联可以派红军参加朝鲜战争，这时候，如果苏联红军参战，他们可以指挥红军乘胜追击美军到釜山嘛。你们要求了没有？"

朴宪永沉默不语。斯大林有民族自私心理，是坚决拒绝参战的。

彭总继续说："把战争寄托于侥幸，那很可能把战争引向失败。苏联顾问想让我们一鼓作气进军釜山，把美军一举赶下大海，是不现实的，是军事上的主观主义。我们不能听他的，我们都是唯物主义者，打仗，主客观要一致。从目前各方面的情况看，不再歼灭美军及其仆从七八万人，如无重大政治情况的变化，敌军是不会退出朝鲜的。"

朴宪永看看金首相，又看看彭总，说："反正不乘胜前进是不对的。"

彭总一笑，说："外相同志，志愿军需要休整两个月，休整前，一个师也不能南进。毛泽东主席委托我指挥志愿军，我要为志愿军负责。我不能被美军诱至釜山，不能上美军的当，使它们再次从后方登陆，把我志愿军打回鸭绿江。那样的话，我老汉真的无颜见江北父老矣。我怎么回国呀？外相同志，你想象到此种情形了吗？"

朴宪永坚持说："我们认为拉佐瓦耶夫的意见应该考虑。"

"是他个人的意见，还是斯大林同志的意见？"

"不清楚，他未说。"

"兵者，国之大事。"彭总言辞谆谆地继续解释道："这样的国之大事，他不能乱说一气。我也不能听他的。我要听国内的指示。"

彭总稍稍停顿，思考了一会儿，然后说："也好，你们认为可以南进，不南进就要错失良机。那么人民军5个军团，12万余人，已经休整两个多月了，照你们的愿望可以向南发起进攻。你们南进，海岸线的警备任务由志愿军担任。你们把美军赶出朝鲜，我庆祝朝鲜解放万岁。"

金日成一边喝着茶水，一边仔细地听着彭总与朴宪永的对话，沉思着。然后，他说："看来彭司令员的意见是对的。我们应该停止向南追击敌人，部队需要休整，但不知道需要休整多长时间？"

彭总对金日成说："你也看出来了，我们的第三次战役打得有些勉强呀。部队是在极度疲劳减员，没有休整，没有补充弹药的情况下打的。当时气温在零下30多摄氏度，部队衣单体弱，涉水强渡临津江、汉江。有的部队整营整连冻伤减员，失去战斗力。我军咬紧牙关打到三七线一带，主要是出于政治上的考虑，现在部队已经是强弩之末。所以部队必须要休整一下。准备下一个战役，我们重点是坚决打好春季战役。"

金日成说："彭司令员的想法是对的。不过，部队的休整时间不宜过长，有一个月时间就可以了。休息时间过长，稻田与河川会化冻，部队运动会增加困难。"

彭总考虑一下说："首相同志，部队休整一个月太少了。志愿军第一批入朝参战部队连续作战3个月了。再打战斗力就成问题了。第二批参战部队最快的速度也要三四月才能到齐，还要进行必要的战前训练准备。你想一想。联合国等地面部队约25万人，志愿军和人民军加起来才28万人。当前中朝军队第一线的部队的作战能力已经不占优势。"

金日成点着头思考着。彭总呷了一口茶，放下茶缸，瞅着金日成，说："你考虑一下。我考虑下一次战役必须等志愿军第二批部队到齐，至少需要两个月。"

朴宪永问："那么，时间到……"

彭总说："要到4月。这之前部队要抓紧整训。"

94. 拉佐瓦耶夫的"一气呵成"名言

这几天君子里一直下着一种雪雾，雪在雾中紧下，雾与雪凝聚成一体，到处湿不叽叽的。树林中形成晶莹剔透的树挂。

突然，苏联驻朝大使拉佐瓦耶夫中将乘嘎斯-67从江界来到志愿军司令部，他身材高大，黄发红脸，像一个庞然大物。有点瘆人。

他带着一名中文译员，一进洞子，见到彭总就大声嚷道："彭司令员，你运筹帷幄指挥得好，哈拉嗦！哈拉嗦！达万里希！在强大的攻势下，美军被迫向南逃跑得很快，你只要进一步一鼓作气，指挥中朝军队乘胜快速南追，就能把美军一举从朝鲜半岛赶下海去！"

洪学智听说拉佐瓦耶夫来了，也过来了。

老拉很兴奋，滔滔不绝，说："达万里希！社会主义阵营就要胜利了！马克思列宁主义就要胜利了！斯大林主义万岁！以美国为代表的资本主义国家要在东方失败了！按照苏联的兵团作战要领，必须要乘胜追击，乘胜出击！你们中国不是也说要穷寇必追吗？现在正是时候！"

洪学智严肃地瞅着这位苏联中将，沉默，用眼睛看彭总。

彭总站在拉佐瓦耶夫的对面，听我方译员翻译后，倒背双手，抿着嘴唇，凝视着处于兴奋状态的人高马大的苏联中将，心想这位将军不知道参加过卫国战争没有？是在什么部队呀？懂不懂得战略战术？打没打过仗呀？你们苏联顾问已经指挥人民军失败一次，如今还有什么资格对志愿军指手画脚？他压住火，说："想必大使先生来朝鲜任职已有时日。对美军仁川登陆后朝鲜战局的逆转还记忆清楚。我军参战后，虽然从鸭绿江打到三七线，给美军造成很大的伤亡，但美军主力尚未受到毁灭性的打击，还没有到大伤元气的程度。所以，要正确分析判断朝鲜战场的形势，正确估计敌我的力量，确定正确的作战方针。轻敌速胜的看法，是不符合朝鲜战场实际情况的。以此来指挥战场作战是十分有害的，会产生严重后果。"

拉佐瓦耶夫有点像六届四中全会时期的苏联代表米夫，也有点像红军时期的共产国际代表李德，还是以老子党对儿子党的霸道态度对待中国人民志愿军统帅彭德怀，开口就出言不逊，说："彭司令员，达万里希，你发表的是奇谈怪论！朝鲜人民统一祖国，既是社会主义阵营的事业，也是中国自己的事业。要咬紧牙关打到釜山去，把惨败的美军赶下海去！解放朝鲜全境。不能错失良机，停止追击不符合无产阶级国际主义精神。不符合苏军兵团作战要领，在朝鲜战场上不能当大傻瓜！"

这位大使粗暴野蛮缺少基本外交风度的言论惹得彭总一肚子火！他怒视着这位中将，心想斯大林派出这样一些不懂战争、不懂外交礼仪的愚蠢家伙真是有损苏联的形象！丢人！口口声声说是社会主义阵营的事业，无产阶级国际主义精神，那么为什么苏联不出兵呢？中国出兵难道还不知道怎么打吗？还需要你们来指挥吗？说我是大傻瓜，听你们的才是大傻瓜！我们中国革命吃你们钦差大臣的亏还少吗？王明说要听蒋介石的，我们能听他的？米高扬说要与蒋介石划江而治，我们能听他的？李德说红军要坚守阵地与蒋军决战，听了他怎么样？红军30万人减少到3万人！听你们的，我们中国革命要失败！抗美援朝战争要失败！

彭总怒形于色，斩钉截铁地对拉佐瓦耶夫说："我根据朝鲜战场的实际情况，已下令中朝军队停止追击，结束了第三次战役，这是唯一正确的选择！"

拉佐瓦耶夫没想到一个中国的统帅敢不听苏联大使的话，他怒不可遏，情绪失控，大声训斥说："彭德怀！哪有打了胜仗不追击敌人的道理？哪有你这样的司令官？你赶快下令继续追击敌人，一气呵成，一直打到釜山，一气呵成，把美军赶入大海去！"

彭德怀见这位大使趾高气扬、盛气凌人的样子，惊愕不已！一个粗鲁无文喝伏特加过量的家伙。我们中国党和军队吃这样老爷的亏太大了！没想到在朝鲜遇到了这样一位。似曾相识呀！想到中国革命在这些钦差大臣的手里受到的巨人损失，想到湘江上漂浮的红军战士的尸体，心中隐隐作痛！

彭总压制住内心的愤怒，保持一个大国统帅的风度，说："大使阁下的好意我领了。但是，我作为中国人民志愿军司令员，中朝联军总司令，要为几十万将士的生命负责，为中朝两国的生存安危负责，岂能视同儿戏？"

拉佐瓦耶夫见彭德怀不给苏联大使的面子，气急败坏，脸红脖子粗，暴跳如雷，大喊："好好，彭德怀，你竟敢不追击敌军。你竟敢放纵敌人。我要向斯大林同志报告！让斯大林同志来教训你！"

彭总的火再也压不住了，他生气地问："大使先生，你谈到无产阶级国际主义精神，很好！当美国发动侵朝战争时，你们苏联3000多名军事顾问为什么要撤出朝鲜？你们的无产阶级国际主义精神在哪里？当美军越过三八线向鸭绿江进犯时，你们为什么不出兵？你们为什么不尽一个社会主义国家的义务？"

拉佐瓦耶夫气呼呼地甩门而去。洞外的嘎斯－67"突"的一声撒野似的冲出山沟。

彭总气得脸黑青。洪学智劝老总说："老总消消气吧，这种人连军事常识都没有。不要因为他生气。"

彭总回头对洪学智说："洪学智，你说说，第三次战役应该不应该停下来？"

洪学智说："应该停下来呀！"

彭总大声嚷道："你说说，要把那么多的装备精良的美军和联合国军赶下大海，能赶得下去吗？赶不下去！战争能一气呵成吗？不行！要是可行的话，我彭德怀还不愿意早日完成消灭敌人的任务吗？"

洪学智说："你不要理那个愚蠢的家伙！"

"对，我们不能理他，"彭总说："我对人民负责，错了我一个人承担责任。"

洪学智说:"停止追击是我们集体决定的,错了我们都有责任。"

彭总倒背着手,气呼呼地转着,又扭回头,问:"能一气呵成吗?不行!"

矿洞外漫天大雪还在密密匝匝地下着。四周好像围着白色的幕帐一样,密不透风。

这位大使走后,彭总脸色铁青,一个人坐在他的房间生气。

他的脸瘦了,圆圆的脸庞瘦进去了,由于休息不好,考虑作战问题,考虑内外关系问题,考虑部队作战困难问题,通宵都睡不好,双眼红得好像得了红眼病一样。

他倒背着手,瞪着眼珠子,浓重的眉毛一抖一抖的,在地上转圈,不住地喘粗气,活像受伤的虎!一个人一直在嘟囔:"能一气呵成吗?能一气呵成吗?"这个"一气呵成"的成语在志司一时间成为著名成语。

高个子红脸膛的杨秘书走进来,他见苏联大使把首长气成这个样儿,心中很气愤,把茶水给彭总端过来,说:"消消气,喝口水吧!"

彭总把茶缸一推,说:"喝什么水!"

杨秘书说:"不要同他生气,不值得!什么狗屁大使,一点马克思主义者的味儿都没有!"

彭总顶了杨秘书一句,说:"可他代表苏联政府呀!"

杨秘书说:"他这种水平,像过去的白俄大力士。我看他未必能代表斯大林。斯大林指挥卫国战争打败了德国法西斯,能听他的?"

彭总扭过头,沉思地看着在国内战争时期就跟了自己多年的秘书,感觉大杨说得有道理。大杨还有水平哩!娘卖的!能一气呵成吗?

95. 彭总说"打过三八线我真是害怕了"

拉佐瓦耶夫回到他的住处,立即给斯大林发了一封电报,告了彭总一状,说:"彭德怀右倾保守,按兵不动,不乘胜追击敌人。"

彭总在矿洞子里,心中翻江倒海一般,他还在想红军时期德国人李德的瞎指挥。李德不顾红军连续作战,十分疲劳,减员很严重,下命令在平坦开阔没有城墙的广昌及其以北地区同蒋军决战,结果一败涂地。广昌丢了,红军伤亡一大堆。他冒着被杀头的风险同李德争论,说:"你们指挥作战,从开始就是错误的。我们从第四次反'围剿'以后,就没有打过一次好仗。你们坐在瑞金，在地图上指挥战斗，连迫击炮放在那个位置都规定得死死的，几乎造成一军团全军覆灭。中央苏区开创到现在已5年了，现在被你们给葬送掉，你们是'崽卖爷田心不痛'！"

这个拉佐瓦耶夫活脱脱又一个李德！

他在司令部给洪学智、解方、杜平有一次掏心窝子的话，他说："我打了一辈子的仗，在井冈山，在长征路上，在陕北，特别转战陕北那一段，都是惊险的恶战，两万多兵力，同胡宗南斗，害怕过吗？从来没有害怕过，可当志愿军打过三八线，我害怕了。不是考虑我个人的安危，是眼看几十万志愿军在美军空军、坦克、大炮和步兵强大的攻势下，异国作战，南下五六百公里，真是害怕了。"

洪学智说："老总，我也害怕。怕我军悬在朝南，断粮断炊呀！那种情景真是令人害怕！"

彭总点头说："是呀，你说的是实话。我几天几夜睡不好，总想如何摆脱这个困境。美军有空军、坦克、大炮，我军的左右沿海还有美国的海军舰队，敌人不下舰就可以把炮弹打过来，封锁我军后路。我军难以回头呀！"

洪学智说："彭总，我军不能再往南进了。后勤供应成了大问题。没粮没弹，怎么打？"

解方说："作战必须粮草先行，我们是粮草后行还行不通。"

彭总说："时值严寒季节，志愿军随时都有遭厄运的可能。我军第一线部队已经减至21万人，一部分连队已不足参战初期的半数。后勤运输线最远已经延长到700公里。尽管后勤部门各级人员尽了最大的努力，但我们一线部队的粮弹很难保障。部队营养不良，十天半月不见油盐，造成前线战士失明，在雪地上看不见敌人。羊肝丸也运不上来。听说羊肝丸治疗这种情况的失明有效。可国内哪有这么多羊肝丸呀！我们不能把几十万志愿军的生命当儿戏。所以必须停下来。不停下来不行。难道我错了吗？我没有错。拉佐瓦耶夫来把我教训了一顿，要我一气呵成。能一气呵成吗？不能！"

解方说："他拉佐瓦耶夫懂什么，战争是前线与后方的结合体。第一次在他们指挥下朝鲜人民军打到釜山防御圈，造成人民军全军覆没。他们指挥已经失败了一次，还想让我们再失败一次？"

洪学智说："我们不能顾前不顾屁股。志愿军打到三七线，向南推进了几百公里，后方情况不改善，说什么不能往前了。"

会后，彭总把拉佐瓦耶夫来志愿军司令部催促志愿军部队继续南进一气呵成把美军赶下海的情况如实报告了毛泽东主席。电报发出后，彭总的心还悬着，不知道毛主席是否同意自己的意见。主席他会同意一气呵成？

毛泽东主席收到彭总的电报，很快回电，不仅赞同彭总的意见，还把朝鲜战场的实际情况和拉佐瓦耶夫的意见向斯大林作了通报。

莫斯科，克里姆林宫，斯大林收到毛泽东的电报，很惊讶，感到他的大使言行很粗鲁愚蠢，给他捅了娄子；苏联驻朝鲜大使并没有指挥志愿军作战的权力，苏联没有授权他这样干，让志愿军继续南进的意见是错误的；朝鲜战争打到现在苏联空军还迟迟没有参战，不用说地面部队了，怎么能去指挥中国志愿军？去年苏联与中国协商中国出兵问题，也没有粗暴干预中国嘛。我们是很尊重中国党和政府的意见的。周恩来到苏联，我们与周恩来是平等协商的嘛。这个拉佐瓦耶夫把事情搞得一团糟！

他立即发报给拉佐瓦耶夫，批评了这位不知轻重的大使，说："彭德怀是久经考验的统帅，是当代天才的军事家。今后一切听从彭德怀的指挥，不准你再乱发言。"

然后斯大林又复电毛泽东，称赞志愿军作战勇敢，以那样劣势的装备打败了世界上最强大的美帝国主义，了不起。他说："彭德怀的意见是对的。已严厉批评了拉佐瓦耶夫，不准他今后再乱发言，准备把他调回苏联，不让他再在朝鲜给彭德怀捣乱了。"

96. 彭总说"我军在三七线停止追击方针是正确的"

国内用火车和汽车送来了很多报纸，彭总一有空闲，就认真地翻看国内的报纸，了解国内争取财政经济状况基本好转和解放军在边远山区剿匪的最新情况。国内目前各方面各条战线都还很困难，但是把支援前线作为第一要务，经济建设服从服务于抗美援朝战争。两者的开支已经持平。

报纸是铁路工人冒着生命危险在敌机的追击轰炸下送到前线的。光清川江大桥一带就有安东铁路局一个护路大队日夜不停地在冰天雪地里、在冰冷的江水中抢修路轨和大桥。铁路工人不仅给前线送弹药，还送精神食粮。他翻着翻着，突然从《人民日报》上看到一篇社论说："汉城的光复，又一次证明了中国人民志愿军和朝鲜人民军的强大。美国绝对优势的空军、海军、坦克和大炮，在伟大的中国人民面前，无论在进攻和防御中都已证明无能为力。"社论号召："向大田前进，向大丘前进，向釜山前进！把不肯撤走的美国侵略者赶下大海去！"

他"啪"地一下，把报纸拍到桌子上，看看国内这速胜的思想头抬得多高，宣传的调子定得多高！这不是拉佐瓦耶夫一气呵成的翻版吗？是《人民日报》呀！代表党中央说话的呀！说大话，定高调，不实事求是，军事上的主观主义！冒险主义！你现在可以向大丘、釜山前进？你现在有力量把美军赶下海去？忘乎所以呀？我们在前线打一仗要付出多大的代价呀！

彭总让杨秘书把杜平找来，用手点着报纸说："杜平，你看看，《人民日报》社论，鼓吹打到大田、釜山去！"

杜平俯下身子看了一会儿，问："《人民日报》怎么能写这样的社论？"

彭总瞪着眼珠子反问："你问谁呀？"

杜平面对着彭总坐下。彭总说："不仅国内有速胜的思想，就是志愿军部队中，速胜的思想也很浓！有的干部不刮胡子了，等朝鲜战争胜利了再刮胡子。他们不刮，反正我刮。杜平你刮不刮？现在轻敌思想很严重。你们政治部要很好地了解一下，写出一个通报发到全军部队。骄兵必败的道理大家都是懂的。政治部要抓紧时间抓住轻敌速胜的思想苗头搞好教育，各级干部都要树立长期作战的思想。你去吧，找几个秀才，先调查，然后写出来。另外我还要向中央报告。"

彭总在矿洞子里时间长了感到腿的关节很痛。杨秘书和医生就劝他黄昏出来走走。

洞外地面积雪有几寸厚，彭总和杨秘书、警卫员郭风光、黄有焕从洞子里出来向山林走去。

彭总缓慢地踩在白雪覆盖的山路上，脚底下发出"咯吱咯吱"的响声。

向南边看，天空一闪一闪的，红了半边天。彭总在山坡上瞭望了一会儿，未言语，继续向山上走去，突然看见山腰的一棵栗子树下站立着四只仙鹤，浑身雪白，与大地一色。看见彭总，脖子一伸一伸地侧头瞅人。彭总停住脚步，嘴角泛起笑容。突然仙鹤起飞跃入白茫茫的天空。彭总仰着头看了半天，直到它们融入天空，什么也看不见为止。

杨秘书说:"按过去说法,这就是看见了祥瑞之物,好兆头。"

彭总说:"我们是共产党人,你不要给我说这些唯心主义的东西。就说打仗,你没有实力,你没有战略战术,见到几只仙鹤就能打胜?"

随员几个人被说笑了。彭总自己也笑了,说:"明天美军退出朝鲜半岛,我就信你的。"

然后他又往上走,一边走一边想,所有这许多情况,金日成首相和朴宪永外相,拉佐瓦耶夫,《人民日报》社论,部队的急躁轻敌思想等,都说明了取得三次战役的胜利,速胜的思想在抬头,要影响部队。还是要尽快召开一次军事会议,统一高级指挥员的思想,上上下下都要明白我军的现状,要树立持久作战的思想,至少要准备两年的时间。

散步回来,他把邓华找来,征求邓华的意见。

邓华两颊深深地陷进去。他已经从国内回到前线。他是烟不离手的著名烟客,一吸烟两腮就更加瘪进去了,但眼睛亮亮的,很精神。他很同意彭总的意见。然后彭总召开"邓洪韩解杜"小会,具体研究了开会的内容、程序,决定1月25日开会。

然后他向周总理、毛主席请示:"为了总结经验,统一思想,准备春季攻势,拟于1月25日至29日间召开军级干部会议,并希望有中央、东北局同志出席。为就后方同志,开会地点可在成川西南之君子里。如朝鲜劳动党中央同意,即拟名为人民军与志愿军高级干部联席会议。如不同意,就以志愿军党委会议,仍请朝中央主要负责人出席。"

彭总让解方把准备1月25日开会的情况给金日成首相通报。

金日成首相回话,由中朝两军共同来开这个会,因为第三次战役人民军3个军团参加了作战,第1军团在西线,参加了解放汉城的战斗,第2、第5军团在东线,抗击美军第10军。中朝两军并肩作战。金日成说,不仅他参加,而且朝鲜党政军主要领导同志都来参加,说这不仅是一个总结的会议,还是一个祝捷的会议,要庆祝中朝军队联合作战取得伟大的胜利。

彭总欣然同意,两军共同研究作战情况,统一思想,交流作战经验,很好,是个好方法。

1月25日,天还黑乎乎的,雪花飞舞,寒风扑面,远处还可以听见美军夜航飞机的声音。

风雪中，金日成率领朝鲜党政军主要领导金枓奉、崔镛健、朴一禹、朴宪永等已经来到矿洞的大门前，彭总、邓华、宋时轮、洪学智、韩先楚、解方、杜平等志愿军主要领导都站在洞口迎接金日成。高岗特意从沈阳赶来参加会议。陈赓也从国内赶来参加会议。志愿军各部门负责人，各军主要负责人，朝鲜人民军总部和各军团主要负责人，19兵团先期来朝学习参观的领导干部，正式代表60人，列席代表62人，共122人，在矿洞底层的小广场上济济一堂。这是中朝军队的一次盛会，也是胜利之师的一次集会。为了更好地交流作战经验，参加会议的中朝代表混合编组，共编为6个小组。

中朝联席会议在龇牙咧嘴的金矿洞中央的"大会议厅"挂有大会会标，总务处临时用圆木搭了一个主席台。彭总和金日成以及志愿军和朝鲜主要领导同志共9人组成了大会主席团都上座。选举志愿军政治部主任杜平为大会秘书长。主席台上每个领导同志面前都放着一个"赠给最可爱的人"的搪瓷缸。已经泡好了热腾腾的茶水。

按照会议议程，联席会议首先由朝鲜政治局负责人金枓奉致开幕词。

然后，彭总请金日成先作指示，金日成请彭总作总结。

彭总身穿一身旧呢子军服，袖口还耷拉着线头，他把军帽放在台子上，光着头，短短的白发很闪亮。

他站起来先给大家敬了个礼，然后坐下，表情坚定刚毅，用炯炯锐利的目光扫了一眼会场的高级将领们，高级将领们手里拿着笔记本都目不转睛地看着他。就是这样一个农民模样的看上去很普通的人指挥中朝联军把美国佬打败了。美军号称从华盛顿建国以来有不败的纪录。现在他们由鸭绿江退到了三七线，退出了朝鲜民主主义人民共和国的国土，不容易呀！感觉这个人就是圣人，就是胜利的保证，就是胜利的象征，大家都怀有一种对他尊崇敬佩的心情。

彭总拟在大会做《三个战役的总结与今后的任务》报告。

他是一个党性原则很强、组织纪律很严格的方面军司令员。不像他的对手麦克阿瑟，刚愎自用，独立性很强，不服从总统杜鲁门和参谋长联席会议的领导。

这个报告稿，彭总拟出后，与副司令们研究了多次，要求要能确实总结出作战的经验教训，要能正确指导下一步联军的作战，涉及成千上万个年轻的生命，涉及战争的胜败，涉及中朝两国的国家利益，涉及社会主义阵营的形象,关系重大。所以,他决定派专人送回国,请中央和毛泽东主席审定。

派出的干部携带报告稿出发后,他抽着一支烟,一边抽,一边又想一旦途中遭到敌机袭击或者出现其他事故,不能把文件按时送到中央怎么办?1月16日,他又决定把报告稿的内容先摘要用电报报告毛主席审阅,看内容是否正确可用。

报告稿报到军委,周总理立即呈送给毛主席。毛泽东主席看到后,亲自作了修改,并就中朝两国两军团结一致共同作战作出重要指示。

彭总首先向大会传达了毛泽东主席对这次会议的指示。他说,金首相,朝鲜政府各位领导,同志们,毛泽东主席对我们的会议很重视。他指示"以金日成同志为首的朝鲜劳动党和人民军,在朝鲜5年来的斗争中有了伟大的成绩,他们坚决反对帝国主义和封建主义,建立了为人民服务的人民政府,建立了英勇的人民军,和苏联、中国及其他人民国家建立了友好关系,现在又正在和美国侵略军及李承晚匪军进行着英勇的斗争。因此,一切在朝鲜的中国志愿军同志必须认真地向朝鲜同志学习,全心全意地拥护朝鲜人民,拥护朝鲜人民民主共和国政府,拥护朝鲜人民军,拥护朝鲜劳动党,拥护朝鲜人民领袖金日成同志。中朝两国同志要亲如兄弟般地团结在一起,休戚与共,生死相依,为战胜共同敌人而奋斗到底。中国同志必须将朝鲜的事情看作自己的事情一样,教育指挥员战斗员爱护朝鲜的一山一水一草一木,不拿朝鲜人民一针一线,如同我们在国内的看法和做法一样,这就是胜利的政治基础。只要我们能够这样做,最后胜利就一定会得到"。

彭总宣读完毛泽东这一段指示后,金矿洞内爆发出长时间的掌声,有的朝鲜高级将领感动得直流泪,气氛十分热烈。

然后,彭总说,毛泽东主席的指示很重要,要立即把这一指示传达到志愿军每一个战士。我们为什么能够打败日寇?为什么能打败蒋军?就是我们有一整套爱护人民生命财产保护人民利益的纪律。纪律严明的部队才是不可战胜的!中国有句古语叫作"师直为壮"。不知道大家知道不知道。这句话出自《左传》,原话说:"师直为壮,曲为老,岂在久乎?"说的是,军队士气的高低,完全在于出征作战是不是有正当的理由。有正当的理由出兵,士气必然旺盛,强大无敌;没有正当理由出兵,士气必然衰落。朝鲜人民勤劳勇敢能吃苦,能忍耐。他们给日本帝国主义榨取了几十年，现在又遇到像美帝国主义这样强大残暴的敌人。美国鬼子像日寇一样残酷，他们把抓到的朝鲜老百姓集中起来用坦克碾，他们把汽油浇到稻田里烧，朝鲜的城市和农村已变成漆黑的焦土。朝鲜民族正处在苦难中。过去我们知道日本帝国主义的暴行，美国军队的残忍凶狠只会超过日本兵。所以朝鲜人民普遍憎恨美国侵略军队。有朝鲜人民的支持，我相信美军及其仆从一定要失败！我们的抗美援朝一定能够取得彻底胜利！这时全场同志发自内心地爆发了长时间的鼓掌。

  彭总说，从1950年10月25日到1951年1月6日，我们进行了三个战役，我军第一次战役采取诱敌深入，第二次战役相机行事，先诱后追，第三次战役虽然大胜，但适可而止，不猛烈追击。在三次反击作战中，取得了伟大的胜利，共歼灭敌人7万余人，收复了朝鲜三分之二的领土。经过三个战役的实践证明，敌人的技术装备虽占绝对优势，但中朝军队有战争的正义性，有对敌作战兵力的优势。我们还有依靠夜战、近战、灵活机动的战役指挥与勇敢的作战精神相结合，取得战斗和战役的胜利是完全可能的。不讲究战术蛮干是不对的！

  彭总时刻惦记着前沿阵地上的连队，时刻惦记着那些年轻的生命。他特别讲到前线部队要讲究新的战术。谆谆嘱咐在敌我装备悬殊的情况下，我军应力求夜战和近战。但在渗入敌军纵深，或者迂回敌后，或者疏散追击溃败之敌，求得白日作战仍是可能和必要的。力求大胆迂回，包抄分割，勇敢渗入。要组织小部队袭击敌军炮兵阵地，袭击敌军的指挥所，混乱敌军之部署。应尽可能采取积极的机动防御，对必须防御的要点，必须掌握主力，随时注意隐蔽于阵地之侧后，灵活地进行阵地前的反突击，力戒过早暴露。

  矿洞的穹顶上有许多地方往下滴水。有的代表发现滴水躲避一下，有的代表由于太专心，滴水滴湿了后背衣服。一滴水滴到彭总的头发上，彭总摸了一把头，说，我们兵法家孙子说得好，知己知彼，百战百胜。相反地，敌人始终没有把我们摸清楚。

  彭总重点向中朝高级将领解释为什么没有追击敌军？他习惯性地摸了一下自己的脸，说，我们第一次战役后，不但未追击，且将主力后撤30公里至50公里，这是因为敌军主力还未被击败，敌人还不知道我们出兵没有，对我军力量还没有正确的估计，迷信其空军威力，还没有放弃进至鸭绿江的野心，这就造成我诱敌深入、以逸待劳的可能；而如果我军乘胜追击,则只能赶跑敌人,不能歼灭敌人。是不是?第二次战役在东线击败敌人后,曾实行相机追击;在西线亦曾以一部兵力分为三路相机追击败敌,但主力则相机集结休整,准备再战。事实证明以徒步追击现代化装备的敌人,不能取得大的战果。第三次战役后,志愿军和人民军都作了部分追击,亦未取得大的战果。鉴于诸如要解决交通运输和补给,要恢复部队的体力,要巩固海岸的防务和后方的安全,我们没有采取猛追和连续进攻的方针,正确不正确?是正确的!

会场爆发出雷声滚动一般的掌声。

彭总说,作战主要依靠士兵,自古以来兵强第一,强将不过是利益和士兵利益一致的指挥员。指挥员好比乐队的指挥,有好的乐队没有好的指挥固然不行,可是单有好的指挥没有好的乐队也不行。第三次战役虽然取得了重大的胜利,但绝对不能实施过远追击,追击过远要上大当吃大亏,有弊而无益。

矿洞里又是一阵雷鸣般的掌声。然后金日成讲话说,朝鲜劳动党和政府感谢毛泽东主席对朝鲜人民和政府的深情厚谊,感谢彭总率领志愿军入朝参战取得伟大的胜利。相信中朝联军一定能够战胜美帝国主义。然后他报告了朝鲜劳动党今后的工作方针。

25日上午,邓华就三次战役的作战经验讲话。他说:"……美帝侵略军这个敌人是比较强的,它有制空权,有大炮坦克,地面部队火力强,运动快,是经过了第二次世界大战的美国精锐部队,是不能轻视的;敌人的弱点是它是非正义的、新兵多,步兵战斗力不强,攻击力弱,怕近战、夜战,怕迂回包围,基本上是依靠技术。我们装备不如敌人,但有高度的勇气,丰富的战斗经验,步兵战斗力强;同时战场是山地,敌之飞机、大炮、坦克受到一定的限制,敌占平壤后轻敌冒进,更便于我之打击。根据上述情况,彭总确定以运动战为主,与部分的必需的阵地战和游击战相结合的方针。避免和缩小了敌之优势,抓紧和扩大了敌之弱点,发挥了我们的长处。在战术上集中优势兵力渗透进去分割包围,对运动之敌不让它摆开站住就打它。我们许多部队勇敢地执行了这种战术,使勇敢与战术技术相结合,才取得了三个战役的伟大胜利,使得敌人很佩服我们的打法,很害怕我们的勇敢,其飞机感到目标多得不胜处理。"

邓华结合战役进程中的具体情况说:"第一个战役,我们在思想上对敌认识不够，把敌人估计得高一些，把自己估计得低一些，有些同志产生右倾情绪，不敢大胆迂回穿插，如龟头洞战斗打敌人四个营、一个师指挥所，只俘虏了500多人，大部分敌人跑了；云山战斗打敌人骑一师一个团，伪军一个师，我之力量不足，未能和39军同时攻击，敌人大部跑掉了；球场战斗打伪七师的两个团，338团按时完成任务，把该敌向南逃跑的道路切断了，但师主力未能很快地跟上去，致使该敌从西南方向的缺口逃走了。第二个战役比第一个战役好得多，缺点还是有的：38军打得很好，把价川以南的敌人切断，113师按时插断军隅里、三所里之敌，这是带关键性的切断，打得很好。如42军能够插到顺川，117师的两个团能机动地往东南插一下，堵住口子，胜利就会更大；宁边龙山洞战斗，未坚决向敌后插，形成平推，敌25师就跑了；新兴洞战斗打敌人一个团，118师担任消灭这股敌人，但因354团把方向搞错，这股敌人跑掉了；339团四个尖刀连强渡清川江，切断敌人打得很好，完成了占领龙山的任务，但因战术上有缺点故效果不大。第一个战役摸到了底，第二个战役打得好得多，38军搞得好，整个部队积极性更高了，写下了许多光辉的例子，仍有个别部队没有打好。第三个战役打得很好，有了很大的转变。总之大家是尽了高度的努力。东线搞得很不错，东线准备不够，临时拉在火线上边打边动员，棉衣薄，山大，天冷，人家少，汽车运输困难，在困难比西线更多的情况下，还能歼灭这样多的敌人是很好的。彭总对好的表扬，对有缺点的进行批评，各级都应这样做。"

邓华对今后作战提出意见。他说："我们的有利条件，我们打了胜仗，有了经验，补充兵员，改善装备，物质准备较好，敌人损失很多的人力和装备，敌人的士气更低了。我们的困难，是敌人更集中了，靠海作战，敌人的海军可以支援它的陆军，敌人也得到休整补充；我们的运输线更长了，南朝鲜是新区，夜更短，化雪泥泞，下雨，河流多，山小，许多地方是丘陵地带，供应的困难还是严重的。……虽然打过三八线是一个突破，但那是在敌人两次大败立足未稳的情况下的突破，今后对突破当然要有信心，但要准备突破敌人的坚固工事，立体防御，一道两道三道的纵深防线。要尽一切努力加速准备好，我们的飞机大炮坦克只能在决定的战场上形成优势，不要依赖，基本上要争取。有了这一套就可白天干，或者下午、黄昏前由飞机大炮坦克掩护对敌突破，夜间发展，一夜基本上解决战斗，打不完，第二天早晨还可继续掩护着打。"

26日一天，朴宪永报告了人民军的政治工作，洪学智报告了后勤供应情况和后勤组织状况，杜平汇报了志愿军在三次战役中的政治工作，韩先楚汇报了志愿军在战役中的战术运用，解方汇报了志愿军练兵计划和司令部的工作。27日，开始分组讨论，高级将领们一个个都是直性子，关于第三次战役后要不要乘胜追击美军问题，有的说这么好的形势，不追击是错误的，有的说追击你就上当了，局面将不可想象；唇枪舌剑，针锋相对，争论非常激烈。最后还是统一到彭总的报告思想上来了，基本上克服了轻敌速胜的思想。

28日一天，东北军区司令员兼政委高岗讲了话并表示要坚决当好志愿军的后勤部长；第9兵团司令员宋时轮介绍了东线作战的经验教训，朝鲜人民军第5军团长方虎山介绍了人民军的作战经验。会议的间隙，彭总特地与39军116师副师长张峰和38军113师副师长刘海清面谈，了解云山战役打美军的情况和穿插三所里和龙源里截断美军退路的情况，并请他们在会议上介绍了成功的经验，请各部队学习。

这两位副师长，用老同志们的话说，都是一说打仗就可以"疯"起来的战将。这种"疯"是有特定内涵的，即勇敢不怕死，在敌我较劲儿的关键时刻，敢冲锋，敢穿插，敢迂回。尤其是张峰（后为济南军区副司令），老同志叫他"张疯子"。笔者到他小楼采访他时，他毫无保留滔滔不绝地讲了一通他攻打汉城的情节。当然这种"疯"必须是在总部和军部确定的战役战术指导下，才能让他们去"疯"。

会议开得很好，潮湿冰冷的矿洞里，几天来中朝军队高级将领们亲临会议，人才济济，会场上热情洋溢，热气腾腾，使与会者都感到中朝军队充满活力，充满希望，胜利就在前面。彭总高兴，抿着嘴笑眯眯地，比他预料得要好。

29日上午，彭总又作了大会总结，他重点讲了两点，一是政治上，美国要维持在朝鲜在远东的霸主利益，不会自动退出朝鲜，除非遇到意外情况，比如苏联参战，受到更沉重的打击；二是军事上，中朝联军擅长夜战、近战、分割迂回、敌后渗透等战术，经实战证明是行之有效的。志愿军原准备在下次战役使用的第3、19兵团还未到前线。拟补充的4万老兵、8万新兵也未到。朝鲜战局形势恶化是不可避免的。不过，庆幸的是我们部队在三七线附近停止了进攻，不然后果真不堪设想。

97. 李奇微指挥所设在骊州的山崖绝壁上

也许是要证明彭总的判断正确吧，就在中朝联席会议期间，李奇微整理其部队后，发动了"霹雳作战"攻势。第8集团军开始以一个加强团的兵力在航空兵和大量炮火的配合下，向水原至利川地区实施试探性进攻。1月25日，在初露锋芒后，李奇微增加兵力，发动大规模进攻。攻占了水原、金良场里、利川、原州等地区。然后，由西向东在200公里的志愿军防御正面发动了全线攻击。

李奇微的第8集团军军部在大丘。但他与麦克阿瑟有区别，他不主张他的指挥所设在大城市的大楼里，他认为这样做会从身体和思想上与作战部队隔离开来，指挥官会很不容易同他指挥的部队打成一片，无法做到上下级之间的相互尊重和信任。

所以，他的指挥所一般与米尔本第1军前进指挥部在一起，靠近前线，可以随时使用第1军的通信手段和情报网络。当反攻行动开始时，他的指挥所别出心裁地设在骊州一座光秃秃的山崖绝壁之上。位置在朝鲜西海岸至东海岸三分之一的地方。他有两顶帐篷，中间连接，构成里外套间，里间休息用，有帆布床和睡袋、汽油取暖炉等生活用品；外间有一张桌子，桌子上放着作战地域地图，是专为他制作的。他有一架四引擎B-17专用小型飞机。后来他的指挥所从骊州山崖移至汉江的堤岸上，远离城市的车水马龙，远离农村的腐败臭气。他可以不受任何干扰地静静地思考作战计划和战术。

美国总统杜鲁门和总司令麦克阿瑟赋予他一个军事指挥官渴望得到的军事指挥权，这是他梦寐以求的东西，他体会到这副担子的分量。他踌躇满志，要在朝鲜战场创造一个奇迹，要叫美国人相信他会扭转战局，要叫西方盟国佩服他的指挥能力。在美军上下一片失败的情绪中，他要像他的副手库尔特提醒的，首先要恢复作战部队的士气和荣誉感，要让作战部队相信，他的决策是正确的。

光秃秃的山头上，寒风卷着雪在飞舞。他在帐篷内抱着汽油取暖炉长时间琢磨地图，长时间地思考。他要亲自掌握第一线的情况。他不像他的上司一样常常住在700英里以外的东京大城市指挥部队。他从山岭上乘坐AH-6老式教练机深入我区纵深20英里范围内进行仔细观察，有时在树梢上方和山岭下方飞行，观察有没有志愿军的人影儿，看有没有营火烟雾和车辙,雪地上有没有痕迹。

他形象强悍,头脑冷静务实而不浮躁,不像麦克阿瑟那样喜欢出风头,爱上纽约报纸的头条。他在地处偏僻一隅的帐篷里一个人静静地仔细认真地总结了在麦克阿瑟指挥下美军失败的教训,也总结了志愿军三次战役的战略战术,然后对美军的战术作了很多改进。

他首先使美军上上下下树立进攻的作战指导思想。志愿军第三次战役后,美军从麦克阿瑟到基层部队指挥官普遍存在撤退的思想,认为美军没有希望打败中国志愿军。南韩军队更是不行,他们见到穿胶底鞋的中国军队就惊慌失措。

1月底,他的参谋们为他拟制了一份报告,使他大吃一惊,主张第8集团军部队撤至太白山脉以南阵地,冬季坚守现在的阵地,夏季则撤退至原先的釜山防御圈内,彻底打消了转入进攻的计划。这份报告获得了情报、后勤、工兵、气象、驻远东海岸司令代表的认可和支持。一种失败的情绪完全笼罩了美军上上下下。他坚决地否决了这个意见,主张美军和南朝鲜军要毫不迟疑地转入进攻作战。

他在帐篷中分析了志愿军的作战特点,分析了美军与志愿军的作战能力比较。他是一个精明的家伙,他发现了中国志愿军作战的薄弱环节就是"礼拜攻势"。第一次战役10月25日发起,11月3日结束,8天;第二次战役11月25日发起,12月2日结束,7天;第三次战役12月31日发起,1951年1月8日结束,8天;志愿军士兵肩扛手提弹药和食物,只能维持一个礼拜的时间。他发现第三次战役中没有第9兵团的部队,说明第9兵团还不能参战。如果9兵团不能参战,中朝军队在第一线的兵力只有17万人左右,地面部队相对联合国军23万人不占优势,所以他们发动新的攻势有困难,没有理由存在恐惧心理。

他的参谋长艾伦对他说:中共军队"一战云山,二战清川江,三战汉城,中共军队都因粮弹供应不足,进攻只能维持一周。我们掌握这个规律后,将军就可乘机攻击取胜"。

李奇微说:"我还想使敌人得不到变更部署补充兵力的时间。""最好不给敌人以喘息时间。"

他说:"唯有发生苏联大规模干预的事态,才可能迫使我们撤离朝鲜半岛。"所以他给他属下的3个军的军师长们下达命令,只有他才有权考虑或研究后退行动。只有在下列情况发生他才下令撤退:一是苏联以现有的军事实力进行干预；二是中国军队和朝鲜人民军全力以赴投入战斗；三是气候条件对美军不利。

然后，他主张在战场上主要是消耗我志愿军的实力，"我仍然认为应当告诉（美国）国内的人民，战争就意味着杀人。对于任何企图使人民相信打仗是件流血甚少，只是稍微有些令人不快的做法，我是从内心反对的"；"至于我们的意图仍然是给敌人以最大限度的杀伤，同时尽量减少我们的伤亡"。他的作战行动代号是"屠夫行动"，直白表述战争就是杀人。参谋长联席会议不同意，认为美军会给公众一个不好的印象。他说："我不明白承认战争就在于杀死敌人这样一个事实有什么可反对的。"他不像美国那些政客那样虚伪，赤裸直白是他的作风。

他作战的目的同毛泽东主张的我军作战原则一样。不追求一城一地的得失，以消灭对手的实力为原则。人类精英们的精神世界有许多共同的东西。他说反击作战的"目的不仅在于收复首都或者占领新的地区。其主要目的在于俘虏和消灭敌军有生力量，缴获和摧毁其武器装备"。"以最小的代价换取敌人的最大伤亡；避免采取一切不顾后果的无计划的推进行动"；他要求美军要"保持各主要部队建制的完整性，要小心谨慎，避免因敌之诡计或我之贸然行动而陷入敌人包围，被其各个击破。我们追击要有限度，只能在仍可获得强大支援的情况下才继续追击，或者至少要在部队能及时与敌脱离接触，进行局部后撤的情况下才实施追击"。他要求1月25日的"这次推进同上次毫无计划、不顾一切地向鸭绿江突进大不一样。这一回，所有的地面部队将统一由一个司令部指挥。所有的大部队都必须相互支援"。

李奇微在美军反击开始后，认为"武器装备完好无损的第8集团军在汉江以南有了实施机动的余地"，"美第1陆战师和第2、第3、第7师也将齐装满员地重返前线"。应该乘志愿军兵力和粮弹未补给之际，兵员未得到休整之际，组织第8集团军全力向北发动进攻，把中朝军队打回三八线以北，争取再占汉城，改变盟国和世界的观感。现在西方和美国国内都在指责麦克阿瑟指挥失误，此时正是他大显身手一展军事才干的时候。

他对美在朝战争有清醒认识，是一场局部战争，不像麦克阿瑟那样坚持主张打全面战争。"我们所计划的全部进攻行动都是目标有限的行动，进攻的目标经过精心的选择，通过地形预先进行过充分的研究。每次进攻都十分小心谨慎，注意防止因积极性过高而不顾后果地实施追击，以致造成不应有的甚至是惨重的损失。"在制定作战方案时，他都要亲自与军长、师长进行面商，亲自了解这些人的看法。他希望自己每次都能像具体负责这项计划的军官一样，切实了解和熟悉具体情况。他比他的上司要务实得多。

李奇微的所作所为，都在彭总的判断之中。

李奇微在山崖、堤岸上，彭总日夜在山洞中，日夜坚守在阵中，通过作战和情报部门24小时不间断地零散地获得信息。然后，他自己对照地图不断地进行综合分析。他一直很奇怪，第三次战役中美军是主动撤退，有些师我军还没有碰到就匆忙撤退了，其主力没有受到任何损失嘛，为什么要撤退呢？他就判断李奇微有谋算。彭总的这个准确无误的判断建立在他一生指挥了无数大小战役，同无数个大小敌军指挥官较量过，积累了丰富的作战经验之上；成功有切身体会，失误有切肤之痛。这种指挥能力和指挥水平是李奇微无法超越的。

98. 毛泽东电令彭德怀我军目标是三六线上的大田和安东

1月28日，风雪还在肆虐，雪花织成纱幕，迷迷蒙蒙的，罩着君子里的山林。

彭总房间里生着一盆炭火，因为湿度很大，还感觉阴冷阴冷的。

他很高兴，对中朝联席会议取得这样好的效果很满意，中朝两军的思想取得了一致，认清了形势，克服了轻敌速胜的思想，消除了某些顾虑，克服了对战役指导和作战精神不利的因素，树立了长期作战的思想。

他嘴角浮着笑容，手中拿着一个黑色的长柄放大镜，站在地图前研究地图，他要运筹志愿军下一步的作战行动。

杨凤安秘书手里拿着一封电报匆匆走进来。

"你手里拿着什么？"彭总眼睛虽然瞅着地图，但已经发现杨秘书手里的电报。

杨凤安说："毛主席有一封电报。"

彭总"啊"的一声，急转过身来。

杨凤安把电报递给他。他戴上老花镜，坐到桌子旁，往下看，脸色变了。

电报说："德怀同志：……（二）我军必须立即准备发起第四次战役以歼灭2万至3万美李军，占领大田、安东之线以北区域为目标。

（三）在战役期间，必须保持仁川及汉城南岸桥头堡垒，确保汉城，并吸引敌人主力于水原、利川地区。战役发起时，中朝两军主力应取突破原州，直向荣州、安东发展的计划。……（五）第四次战役后，敌人可能和我们进行解决朝鲜问题的和平谈判，那时谈判将于中朝两国有利。而敌人则想现时恢复仁川及汉城南岸桥头堡，封锁汉江，使汉城处于敌火威胁之下，即和我们停战议和，使中朝两国处于不利地位。而这是我们决不能允许的。（六）我军没有补兵，弹药也不足，确有很大困难。但集中主力向原州、荣州打下去，歼灭几部分美军及四五个南朝鲜师的力量还是有的，请你在此次高干会议上进行说明。此次会议应即作为动员进行第四次战役的会议。（七）中朝两军在占领大田、安东之线以北区域以后，再进行两个月至三个月的准备工作，然后进行带最后性质的第五次战役。……（十）你的意见如何盼告。"

彭总看毕电报，把电报放置一边，双手捂住脸，从上摸下来，又从下摸上来，来回几次，站起来，走到地图前看。杨凤安知道他要看毛主席点到的几个地点，他个子高，用手向顺水原、利川、原州、荣州、大田、安东指去。

彭总目不转睛地看着，不说话。他嘟噜着脸琢磨了好长一阵儿，坐下，拿起电报又反复看。白纸黑字，领袖确实是电令向三六线进军。

他在想，我军打到三六线是不可能的。部队开到三六线上休整更不可能。目前部队在三七线上休整，李奇微利用他的装备优势，空军和海军优势，整天黏住你，不让你休整，不让志愿军喘口气呢！如果志愿军勉强发起攻势，向南进军，李奇微不搞我军的后方呀？不但打不到大田、安东一线，连三七线也可能保不住呢！

"你说能不能打到三六线？"他问杨秘书。

杨秘书摇摇头，说："我看难。"

他说："你去把邓华叫过来。"

邓华正准备到会议上去，说是彭总叫，急匆匆跑过来。

彭总见他过来说："你看看。"

邓华接过电文看，看毕，眼睛疑惑地瞅着彭总。

彭总很喜欢邓华，百团大战时，邓华带5个团从晋察冀南下太行山，打得很不错。所以，每逢大的决策，他喜欢先听听这位部下的意见。这时，彭总看着他的老部下，说："邓华，我听听你的意见。"

邓华也没有想到这时候收到领袖如此内容的电示，说："论条件不具备发起新的攻势。兵员没有补充，几个老部队基层骨干连队越打越少了，敌机封锁，弹药和粮食补充不上来。马上打大的战役太勉强了。"

彭总叹息一声说："是呀，本来在发起第三次战役时，很多方面条件就不成熟，打得勉强。现在兵力、粮食、弹药都还没有得到补充。敌军已开始对我发动进攻。这时候，发起第四次战役，很明显是勉强上加勉强。但是，军委主席已经下达了命令，我们得执行呀！"

邓华说："毛主席在北京，从国际政治斗争大战略方面考虑是应该打，但从战场态势和我军准备情况看，不应该打。军事斗争要服从政治斗争。还是要硬着头皮打。"

彭总踱了几步，沉思默想一阵，然后回头对邓华说："把大家叫过来，讨论讨论吧。"

洪学智、韩先楚、解方、杜平都来到彭总的房间，传阅了毛泽东主席的电报。

"你们说打不打？怎么打？"彭总见他们都传阅了电报问道。

大家都说听彭总的。

"听我的，"彭总不满意他们的回答，问："洪学智，你的意见。"

洪学智说："现在就打怎么行？部队必须要补充兵员，补充粮弹呀。"

解方对彭总说："是呀，怎么也得补充一下呀！"

彭总点点头，说："克服一切困难，执行毛主席的决定。"

然后他到会议上传达了毛泽东主席的决定。

他又嘱咐各军要组织爆破，打坦克，排雷，架桥，粉碎敌军的连续设防战术，粉碎敌军撤退时的阻截，要熟练夜战，要翻山越水，要动作敏捷，要熟练打击敌人，要敢于向敌军阵地猛烈穿插，要扰乱敌军……

第三次战役后，美军退到了三七线附近，杜鲁门接受不了这个现实，美国国会接受不了这个现实，一切有"美国基因"的人们都接受不了志愿军停留在三七线，汉城在志愿军手里这个现实。所以，美国内部争吵激烈，争吵的结果是美军和南朝鲜部队必须向我军发动全面的进攻，向北推进。

彭总在洞外山坡上一小块平地上散步。他倒背着手稳健地慢慢走着。面对美军的进攻，彭总认为，亏说我及时收兵，没有上李奇微的当。他掐指算了一算，我军只争取了不到20天的时间，部队的疲劳没有很好地恢复，物资弹药没有得到较好的补充，战线拉得太长，与美军再战，确实有很多困难，比第三次还要勉强。

战场态势瞬息万变。不到几天时间，战场形势发生了一个大的逆转，几天前还是志愿军向南追着美军，现在美军不但不再向南逃，反而向中朝军队发起大规模的进攻。战场上我地面部队与敌人相比，不比敌军多。现在要发起新的战役，确实感到力不从心。再打下去是拼老骨干哪，要伤部队的元气。勉强再打一仗，万一打坏了，无法向祖国人民和中央交代呀！但是，毛泽东主席决定要打，那我就得坚决打。还必须打，而且要创造条件，非打好不可。否则，我们在朝鲜半岛取得的主动权，就有可能丢掉。还要影响国内财政经济的根本好转，影响国内的土改和剿匪，影响社会主义阵营的威信。兹事体大呀！

他散步回到洞内，拿着放大镜一直在看地图，由于思想压力太大，反复琢磨怎么打，还一直没有找到一个好的方案。所以一直没顾上吃饭。警卫员也不敢打搅他的思考，悄悄推门而入，把饼干放到桌子上。到了后半夜，他确实感觉饿了，就喊"小郭，小郭，快给我拿一个土豆来"！小郭早已在火盆里给他烤着两个土豆，听首长一喊，立即送了进去。彭总一边啃，一边说："香，真香！"除烤土豆外，他还喜欢厨师给他做油炸馒头片。

彭总考虑无论如何19兵团赶不上第四次战役了，9兵团的20军和27军尚在休整，也不能参加了。他计算了一下，还是邓华的13兵团和9兵团的26军，共7个军，这7个军减员太大了，缺额太多，目前只能精减机关人员，撤销担架连，充实到基层连队去。有的连队还剩一个多排，不补充怎么行呢？有的连队基本打光了，要合并呀！

但是，不管从哪一方面分析，困难很多，要像毛泽东主席要求的那样从三七线打到三六线，是不可能的。即使勉强打到三六线，也有极大可能被李奇微的反击再打回来。大兵团作战最忌掉头，这么多的部队掉头，要出大问题的。那样的话，部队会受到很大的伤亡，政治影响会很不好。我不能不顾客观条件向南冒进。

第二天他又与副司令们研究确定，以一部兵力在西线进行防御，坚决顶住美军主要集团的进攻；在东线则让南韩部队深入，造成有利于我歼灭突出之敌的态势，集中我军主力实施反击，坚决歼灭南韩部队一两个师。

随即向敌人的纵深猛攻，从侧翼威胁西线美军的主要集团，动摇美军的进攻，争取制止敌人，停止在三八线以南或三八线附近一线。

彭总与副司令们研究决定采取"西顶东放"的策略，"力争停止敌人前进，稳步打开战局，并从各方面加紧准备，仍作长期艰苦打算的方针"。

1月31日，彭总向毛泽东主席报告了志愿军司令部的作战计划，彭总实事求是地向领袖报告了部队目前的情况和准备发起战役的时间。

他说，我军指战员的鞋子、弹药、粮食均未补充，须2月6日才勉强完成。各级部队特别要避免部队赤脚在雪地行军。由于拟补充前线的老兵4万和新兵8万还在安东，从时间上考虑，赶不上新的战役。所以将各军、师直属担架兵抽补步兵团，亦需数日。13兵团由现地出发至洪川、横城集结有200公里路程。因此我军拟于2月7日出动，12日晚开始攻击。

攻击部署：拟由韩先楚指挥3个军（38军、50军和人民军第1军团）在西线阻击迟滞敌人，坚守汉江南岸阵地，相机配合主力出击；邓华指挥4个军（39军、40军、42军、66军）在中线反击，首先消灭美2师，然后进攻堤川美7师或南朝鲜伪8师、2师，得手后视情况再图发展；金雄指挥人民军3个军团在东线配合行动，消灭伪7师，得手后向荣州前进。9兵团目前只能出动26军8个团，2月18日才能到达铁原做预备队。

彭总在报告中说："第三次战役带着若干勉强性（疲劳），此次（四）战役则带着更大的勉强性。如主力出击受阻，朝鲜战局有暂时转入被动的可能。为避免这种可能性，建议19兵团迅速开安东补充、以便随时调赴前线。"

电报发出后，彭总心中忐忑不安。如果统帅不同意这个方案怎么办？在等待军委回电时，他把副手们叫来，要求志愿军司令部前移。大家根据彭总的意图研究了一阵，最后决定前移至金化以北的山沟里。一是接近了一线部队；二是也比较隐蔽。

就在志司搬家的过程中，战场形势迅速恶化，李奇微的10万主力在西线攻击很凶猛，步炮空协同连续猛烈反击我38军、50军和人民军1军团的阵地，部队伤亡很大。一旦西线我军38军、50军抵抗不住美军的进攻，溃败下来，将影响我军整个防线，那么"西顶东放"的方案将落空。

担任中线进攻的我主力39军、40军、42军、66军还在200里以北呢！我军发扬艰苦奋斗作风连续急行军可以，可是粮弹跟不上呀！

机关的干部们感觉彭总愁得白头发都多了。

2月4日，周恩来为中央军委起草至彭总电，同意第四次战役采取防御作战的方针，但请他注意敌军此次进攻虽以主力9个师旅防御西线作为主攻，但敌在南汉江以东，仍有8个师纵深配备进行助攻，而沿海又有两个师为之策应，"其特点为力求东西呼应，其弱点为东线伪军多，力弱，山多，呼应难。我如能在东线歼敌一两个师，打开缺口，则西线敌人冒进可能被停止，但必须设想敌进占汉城后，侦知我西线正面力薄，仍有继续前进，逼我东线后退可能"。因此，"请邓华集团在寻机歼敌部署中切忌仓促应战"。如敌冒进，"宁可让其深入，利我围歼。如敌不进，必须寻敌弱点，利我分割歼击一部"。

彭总看过这个电报，心中一块石头落地，感觉中央统帅部与前线指挥部的意见得到了统一，军委居高望远，一语中的，很符合前线的情况；对前线敌军态势很清楚，特别是提醒敌人纵深配备强。前线没想到的，军委都指明了，还给志司可以诱敌深入的作战自由度。他心中豁然开朗。

多数时候，彭总都在阵中指挥部队作战；多数时候，他在前线遇到大的艰难决策的时候都能与在后方的毛泽东、周恩来取得意见的一致。这种不谋而合的深度默契是杜鲁门与麦克阿瑟能够做到的吗？不能。帝国主义阵营各有各的利益原则。只有共同信仰共同经历几十年战争磨合的毛泽东、周恩来、彭德怀战友之间才能有这种默契！

彭总立即与金日成同志共同商量了中朝军队下一步作战的战术问题。两个统帅又具体敲定了中朝军队东西两线互相配合一体作战的具体细节。这是中朝军队能够战胜世界上头号强国军队的重要因素。这与在国内战争中紧紧依靠人民群众的道理是一样的。

2月5日，中国农历大年三十，天气欲雪未雪，特别阴冷。

李奇微利用中国人重视过春节的机会，分别从日本基地、南朝鲜机场和航空母舰上出动了1600架次飞机，对我军的前沿阵地施行空前强度的地毯式轰炸，把中朝军队的前沿阵地炸成了一片火海，岩石变成了黑色的粉末。按照他的轰炸计划，我军前沿一线阵地上将不复有生物！

十九 李奇微"磁性战术"挽救美军败局;彭德怀"西顶东放"拣软柿子;"孙膑赛马","韩指"险中求胜;"邓指"横城大捷;砥平里失利

99. 女情报员得到了美第 8 集团军参谋长艾伦的记事本

彭总是志愿军的统帅,整天都是考虑作战问题,没有其他消遣。

这时杨凤安自作主张去把洪副司令叫过来跟彭总下棋。

洪副司令知道中朝联席会议开得很成功,毛泽东主席批准了志司的作战方案,老总很高兴。洪副司令笑嘻嘻地走进老总的房间,一进门就说:"老总呀,下一盘棋吧?"

彭总看了一眼洪学智,说:"下一盘就下一盘!"说着站起来,说:"小杨,把棋拿过来。"

杨凤安把棋摆好,作战双方在炮弹箱上坐下。

洪学智说:"老总呀,咱们可说好,不兴许带绳的。"

老总说:"走吧,就你洪学智啰唆!"

彭总先来一个当头炮,洪学智来一个跳马。老总来一步跳马,洪学智来一步拱卒子。不料走着走着双方就吵起来了。洪说:"老总你怎兴带绳的?"老总说:"谁带绳了?"洪说:"带绳还不承认。"老总说:"就你洪麻子事多!"

正在吵得热闹,黄有焕进来悄悄地对杨秘书说:"金雄来访,在会客室等着。"

杨秘书手遮右颊,小声对彭总说:"金雄副司令来了。"

彭总警觉地问:"在哪里?"

"在会客室。"

他对洪学智说:"洪麻子,你不要动呀,你等着。"

他急忙往会客室去了。彭总见到金雄,握手后,金雄把一本《工作记事手册》递给了彭总,说:"请彭总看看。"彭总疑惑地看了金雄一眼,翻开手册看,是英文,说:"金雄呀,它认得我,我可认不得它。"金雄笑了,彭总也一笑,说:"还是把解方叫来看看。"

解方通晓几个国家的文字，他进来给金雄打过招呼，彭总把记事本递给他，说："看看是什么内容。"解方看了一页说："是美军和南朝鲜军最近的兵力部署。"

"啊？"彭总很惊讶，"你翻译给我听听。"

解方一边看一边说，美军，韩军以及联合国军，一共5个军16个师，外加3个旅1个团，共23万人，准备兵分三路，在春节期间向北发起大规模进攻。参战飞机、大炮、坦克各多少，发动攻势如何部署，如何协同……

彭总大惊，问："这是敌军的最高机密，哪里搞来的？"

金雄说："彭总呀，这个记事本子是朝鲜人民军女侦察员金玉姬获得的。她原来是平壤大学英语系学生，美国侵略朝鲜后，她参加了人民军，在人民军情报部门工作。她化装成朝鲜农村姑娘，深入到三七线以南收集情报，路上恰好遇到美军第8集团军参谋长艾伦少将的吉普车抛锚。她见是一位美军少将，于是就装作酒后的醉态，稀罕美军的罐头食品，听艾伦和他的随行人员谈话，弄清了艾伦的真实身份。艾伦见她是一个农村姑娘，老实可欺，就把她带到了营帐内，她灌了艾伦很多的酒，艾伦昏睡后，她从艾伦的口袋中拿到这个记事本，巧妙地混出了美军营地……"

彭总津津有味地听完这个故事，说："这个艾伦好色呀。"金雄说："不好色丢不了记事本。"彭总说："这姑娘是一位英雄，了不起，人民军应该给她记功。"

金雄回答："是，是，已经报告了金首相。"

彭总略作深思，说："金雄呀，我原以为经过三次战役，美军要遭受很大的损失，在短时间内美军不能发起大规模的进攻。看来，这个估计不准确。敌军很快就调整过来了，说明敌军有现代化的装备，有现代化的运输条件，兵员、粮弹、物资能很快得到补充，所以敌军进攻很快呀。"我军的保障水平与美军还差得远呀！

金雄说："彭总的分析很对，美军的补充很快。"

彭总回头对解方交代说："解方，你马上组织作战情报几个部门很好地研究研究这个记事本子，结合我们第四次战役的计划，看看哪些地方要修正一下，哪些地方要加强，你们先拿出一个对付敌军的妙计嘛。"

解方拿着艾伦的小本子，先喊杨迪。

杨迪从房间出来，解方对他说："你去把崔醒农叫来，一块到我这儿来。"

100. 彭总问韩先楚"听说过孙膑赛马的故事吗?"

这时,志司向前移动到金化以北一条大山沟里。山沟里松林茂密,既靠近前线,又比较隐蔽。

雪在不紧不慢地下着。我军西线总指挥韩先楚本来已经出发。他是很辛苦的,从第一次战役开始,彭总就一直委托他在前线指挥几个军作战,几乎很少在司令部机关。他对前线战役战术指导有很深的体会。

第二次、第三次战役,他带的都是杨迪,感觉用得很顺手。杨迪对前线战事很熟悉。

这次出发前,他对杨迪说:"走吧,杨迪。"

杨迪面露难色。

韩先楚不解,问"你怎么了?"

杨迪说:"邓司令说让我跟他去。"

"你小子,你不愿意跟我呀!"

"不是……"

"那你赶快给我喊崔醒农。"崔醒农是从八路军战士经班长、排长、连长成长为部队侦察科长的。在山东军区7师当作战科长,一直跟着号称"山东的夏伯阳"杨国夫师长的。7师进军东北编入6纵后,崔醒农在6纵任侦察科长。抗美援朝回国后,任总参情报部处长,中共中央联合接待室主任,昆明军区步校副政委。"文革"后,他到总后勤部丰台干休所休息。笔者曾经到他的住处采访过他。到老年,他身体没有发胖,还一直像大侠一样精神,说起杨迪来滔滔不绝,故事很多。

韩先楚带侦察处长匆匆忙忙出发了,但走到半路又返回来了。

他琢磨,西线有美军10万余兵力,空海军与步兵协同,攻击力极强。我军只有38军、50军和朝鲜第1军团,一强一弱,不对称呀。形势会很快恶化,比彭总预料的还要快。我3个军一旦顶不住,西线出现问题,不就要影响整个志愿军的防线吗?我韩先楚去西线也扭转不了强弱的态势呀!

"掉头回去!"他对司机说。司机不明白,疑惑地看他。他说:"让你回去,你就回去!"

然后,韩先楚风风火火走进彭总的房间,说:"彭总,不行呀!"

彭总见他进来，很诧异，问："怎么了，韩先楚，你怎么又回来了？有什么急事？"

黑瘦黑瘦的韩先楚坐到彭总的对面，说："不对呀！"

彭总问："怎么不对了？"

韩先楚说："彭总呀，西线是美军进攻的重点，李奇微在西线集中了约10万兵力，我们在西线打阻击防御的部队太少呀，两个军一个师，武器装备都很落后。西线兵力太少，一旦顶不住，会影响到邓华方向，影响到全局。"

彭总叹了一口气，说："这个问题我不是没有估计到。我是不得已而为之呀。"

韩先楚将军是一个作战勇猛快人快语的人。他说："邓华方向那里只有约5万敌军，而且是南朝鲜军队，配备邓华的兵力就4个军，是敌军兵力的三倍呀。他用不了这么多部队。你给我一个军吧。"

彭总摇摇头，站起来踱了几步，回头说："不能给呀，韩先楚。"

韩先楚皱眉头，"为什么？"

彭总说："从来用兵无诡不胜呀，这是我布置的一步险棋。"

"险棋？"

"你听说过孙膑赛马的故事吗？"

韩先楚摇摇头。彭总说："齐国大将田忌与人赛马，孙膑给田忌当参谋。田忌的马都不行呀。他的三匹马都比对方的三匹马差。怎么办？赢的希望很小。你说怎么办？"彭总问韩先楚。韩先楚一时回答不上来。

彭总说："孙膑想了一个策略。对方出上等马，田忌不出上等马，出上等马也是输，干脆出下等马，对方1：0赢，很高兴；对方出中等马，田忌不能出中等马呀，出上等马，田忌赢，双方1：1平；对方还剩一匹下等马，田忌则剩一匹中等马，对方没有选择了，1：0，田忌赢。这样是田忌2：1赢对方。我这里就参考了孙膑赛马的策略。"

"啊？彭总你真行！以你的下马对李奇微的上马呀？"

彭总笑哈哈地说："这样比喻也不完全恰当。李奇微以为我军主力在西线。西线是主要方向。我是干脆以较少的兵力对李奇微的主力。你那里确实困难会很大。但我们这是劣势对强势，险中求胜。我们要集中力量突破一路，动摇李奇微的防线。"

"我明白了。"韩先楚笑嘻嘻地说。

彭总神情严肃,心情沉重地说:"你那里会打得很艰难,会有很大伤亡。这是不得已的事情。有失才有得。为的是为中路邓华集团创造歼敌的条件。"

"我明白了。"

"你去吧,不要埋怨我厚此薄彼呀。"

101. 韩先楚毫不客气地要梁兴初和曾泽生给他立军令状

雪花飘扬,朔风劲吹。

韩先楚离开总部时,天已经大亮,彭总建议他等天黑了以后再走,不要冒险。

韩先楚说:"下着雪呢,能见度不好,敌机看不见。"上车就催司机窜出去了。

敌机很快就捕捉到了这个目标。敌机判断凡是坐吉普车的一定是一个大头儿。于是一直黏住吉普车,炸弹在车的前后左右开花,掀起的碎石土块把吉普车一直包围着。驾驶员是一直跟着司令员久经战火锻炼的,他与敌机玩起了捉迷藏,或快或慢,或停或走,车篷被打穿了好几个洞,韩先楚坐在后座安然无恙。

吉普车浑身是"伤"开到西线指挥所,在此等候的梁兴初、刘西元、曾泽生、徐文烈和朝鲜人民军师以上干部,见他脸上、身上浑身都是灰土,吉普车浑身是弹洞,都说:"司令员,你是玩命的!"

韩先楚说:"都在这里了,闲言少叙,走走走,到作战室,说一说。"

到作战室,大家先叫他摸了一把脸,然后他就传达彭总的作战部署,说:"此次战役分为东西两线。邓华负责东线,我负责西线。西线是敌人重兵集结的地区,是美军主力第8集团军进攻的主要地区。美军的精锐都在这儿!彭总让我们弱马对李奇微的强马。"

他用一个小棍子戳戳地图,然后说:"配合美军主力作战的有几百架飞机,几百辆坦克,还有3000余门大炮。在西海岸敌人的舰队还可以对我军的阵地直接实施轰击。形势很严峻。彭总的战略是西顶东放。西线为东线歼灭敌军创造条件。"

警卫员把一支中华烟点着,自己抽两口,送到韩司令的唇边儿。韩司令员接过烟,猛抽了几口,然后抬起他黑瘦黑瘦的脸,指着地图说:"38军和50军任务是在西线汉江南岸组织防御,牵制美军主攻集团。详细方案，一会儿由崔醒农给大家传达一下。50军在野牧里、庆安川以西地区，依托修德山、老教头、文衡山等要点，构成防线；38军在50军以东，从庆安川到汉江间，于堂谷里、泰华山、广舰、天德峰地区，构成防线。彭总要求我们还要部署第二道防线。"

梁兴初和曾泽生等都走到地图前仔细看了一阵，比画了一阵。

韩先楚让与他一块来的高挑个儿的肖剑飞（42军副师长）给大家念一下总部的作战方案。

然后，韩司令亮晶晶的眼睛看着军长们，问："怎么样？"

梁兴初点点头，回答："明白了。"

曾泽生回答："明白了。"

韩司令注视着他的军长和师长们。

"我已经给彭总立了军令状，从水原至汉城30公里的地段"，韩先楚指指地图上水原到汉城一条线，说："我保证坚守20天的时间，每天只能让李奇微前进1公里，但他要每天把1000个美国官兵给我撂到阵地上，我才让他离开。就是说他要拿1000个美军官兵的生命作代价。看美国人民答应你李奇微不答应。"

志愿军各军军长政委们消瘦的人多。韩先楚瘦，梁兴初的胃不好，更瘦，他们都没有通常当官的将军肚，脸颊和肚子都深深地陷进去了。

梁兴初贴近地图看了半天。曾泽生贴近地图看了半天。师长们凑上去贴近地图看了半天。

韩司令问："都看好了？"

"看好了。"

韩先楚满脸认真地说："我这个人个子矮，就是浑身是铁，也打不了几个钉子。我给彭总立了一个军令状，你们也给我立一个吧。"

大家都笑了。

然后，梁兴初说："韩司令，38军人在阵地在，坚决完成任务！"

曾泽生说："韩司令放心，50军就是战斗到最后一个兵，也要完成在汉江以南的坚守任务！"

韩先楚虽然黑瘦，但明亮的眼睛透露着军事的智慧。他这次西线指挥所设在著名的汉城。

他的特点是亲自到第一线掌握瞬息万变的战场态势，以便及时掌握情况变化，及时调整部署。

韩先楚与刘西元来到妙香山、金谷德山的山谷中检查部队准备情况。这一带属于高寒山区，人烟稀少。森林峡谷被一层白雪覆盖着。38军各路作战部队都在松树林中靠点燃篝火取暖。他和刘政委挤到正在烤火的战士群中了解情况，他告诉战士们我军必须打掉美军几个师才能从根本上扭转朝鲜战局，要相信有党中央、毛泽东主席、彭总的英明指挥，我军一定能打败美军！

他问战士们有什么想法，有什么意见。

战士们说："首长，我们就怕上到阵地后，美军用炮火封锁，弹药打光了。"

韩先楚和刘西元对视，多么要命、多么重要的问题！各师各团都要在进入阵地前预先准备如何解决这个问题。

战士们说："敌人的炮火很准确，我军不能打他们的炮兵阵地吗？"

"可以呀，"韩先楚回答，他对刘西元说："步兵与炮兵要配合好，步兵要及时给炮兵发出信号。"

梁军长和刘政委决定派遣在二次战役立功的侦察科副科长张魁印为队长再组织一个先遣队，深入敌后，交代张魁印出去后要独立自主地作战，当好军主力的耳目……

1月25日，美军米尔本第1军首先在西线野牧里至金良场里地段发起反击。28日，美军库尔特第9军在金良场里至鹂州地段发起进攻。

李奇微本来认为汉城没有重要的军事意义。但麦克阿瑟告诉他汉城的政治意义很大，对联合国军的士气有很大影响。所以李奇微把此次反攻的重点放在水原至汉城的铁路和公路两侧20公里的地段，实施宽正面多路抢占制高点控制要隘的战术，企图恢复到三八线，夺回汉城。

我38军和50军，在粮弹俱少天寒地冻缺乏工程器械做工事极为困难的条件下，依靠比较简易的工事，一上阵地，四围被美军封锁，后援不继，指战员均抱定与阵地共存亡的决心，寸土不让，与敌死战。

美军平均每天要付出900个美军官兵的伤亡代价，才能前进1.3公里。没有达到韩先楚所定的指标。

美国新闻界的跟踪报道常常把战场情况捅到头条。

2月4日，韩先楚命令第38军对前进之敌要突然实施反击，38军反击成功，歼敌400余人。

然后，他经过几天对战事的观察思考，对反击战术的研究，考虑要防止部队产生拼命思想，防止不注意战术的蛮干思想，必须对部队提出战术要求。他对西线部队下达了一个战术指示，各部队兵力配置要前轻后重，火器配置要前重后轻；各部队要选择有利地形设置观察所，及时了解敌情；要确保通信联络顺畅，适时指挥部队疏散和反击，适时协同炮兵打击敌人炮兵阵地；加强阵地隐蔽伪装，阵地前沿和两翼多设地雷或以炸药手榴弹代替，要破坏敌人必经之路，要注重杀伤敌人有生力量……

这个战术指示同时上报到志司。

彭总在金化大山沟里看到这个战术指示后，感觉对一线部队很有现实指导作用，非在战壕里，不能产生此针对性强的战术。韩先楚吃苦了，2月7日，他指示志司立即转发了韩先楚关于一线部队加强坚守与反击的战术指示。

战争是双刃剑。西线我军经过10多天的连续作战，给敌人以很大的打击，但自己伤亡也很大，一线阵地连队多数减员三分之一到一半。

102. 三七线阵地上50军官兵都被活埋过几次

50军防御正面达40公里，为敌军进攻的主要方向。

曾泽生军长受领任务后，回到军部，立即与政委徐文烈、副军长蔡正国等军部领导研究作战部署。曾军长久经战阵，经验颇丰。政委徐文烈与他是云南老乡。前者为永善人，后者为宣威人。徐文烈参加的是红军，是贺龙的部下，在东北曾利用老乡关系组织滇军184师起义，善于做政治工作。现在他们二人亲密合作指挥50军抗击李奇微主力北进。

曾、徐二人立即召开了师团长会议，决定采取"积极防御与主动反击相结合"的作战原则，各师团要从正面坚决顶住敌军的蚕食进攻，同时要从侧面适时机动反击，不断给敌军以有力打击，消耗敌军的有生力量，动摇向前推进的敌军阵线。

曾军长宣布军部决定148师（师长白肇学、政委陈一震、参谋长吕兆萱）在修理山、帽落山、文徽山、国土峰地域组织防御，150师（师长王家善、政委李冠元、参谋长杨滨）前出至东鹤山、金良场里、阳智里组织防御；442团与各师侦察分队进至七宝山、发安场一带进行活动，在乌山、水原一带与敌军接触，查明敌情。

政委徐文烈说:"我完全同意曾军长的作战部署。同志们,考验50军的时候到了!汉江南现在是世界两大阵营注意的前沿。汉江南岸阻击战,事关战役全局,打得好与坏,对我东线主力部队大反击影响很大。现在天寒地冻,粮弹供应都很困难,还要抗击数倍于我的有飞机大炮的敌军,对50军是一个非常严峻的考验!军党委要求全体指战员,要有'四不怕'的精神,要不怕飞机轰炸,不怕大炮轰击,不怕坦克冲击,不怕流血牺牲的大无畏精神,要有誓与阵地共存亡的战斗决心!"

曾军长有严重的关节炎,他又比较胖,作战会议后,他一瘸一拐地穿越敌军不断的炮火轰击,到山梁沟壑的前沿一线阵地,与师长们团长们根据地形和敌军兵力部署进一步研究了3个师的兵力部署,对火力配系和阵地上可采取的战术作了具体指示;检查连排班的防御工事,亲自勘查前沿的地形,他要求各部队战前要熟悉地形地物,根据不同的地形,构筑不同的工事,要抓紧阵地练兵,熟练地掌握战术技术,特别要发扬孤胆作战的精神,灵活机智地打击进犯敌军。

1月15日,美3师、25师、英27旅、南韩6师齐头向北推进,向50军阵地作宽正面试探性进攻,试图以此先消耗我军有生力量,扰乱我军休整。

1月16日,150师449团在金良场里山区成功设伏,突然消灭进入我军口袋的美第3师侦察分队50余人,缴获通信车7辆,干净利落,很鼓舞士气!很有抗战时游击战的味道。

1月25日,军长和政委正在志愿军总部开第三次战役总结会,李奇微发动飞机200余架、坦克80辆、火炮约300门,4个师(美3师、24师、25师和南朝鲜兵力一部)的兵力,向汉江南岸我军发动了全面进攻。第二天,美军有400余人由乌山进入了水原地区。

这是我军的最前线,是战争的微循环血管,神经末梢。

50军副军长蔡正国在副参谋长李佐的协助下,指挥部队进行反击。

149师,师长陇耀、政委金振钟、参谋长宁坚。陇耀师长,读者不陌生,东北战争时,他作为60军62师师长在吉林伊通双阳一带丘陵地区曾在四野洪学智的6纵队围歼下溃不成军。现在149师在陇耀的指挥下,坚守在朝鲜战争中志愿军曾经到达的乌山、水原一带,与美军作战。447团利用夜晚昏暗掩护,袭击水原。水原在汉城以南,是我军的最前沿。

3营副营长代汝吉带领两个连到达水原地区，占领了有利地形后，像"李向阳三进山城"一样，他自己率18名勇士突然冲进水原城，在美军25师直属宪兵连一个排毫无察觉准备的情形下，机枪手榴弹并发，毙伤敌军60余名，抓回俘虏1名，烧毁满载物资的汽车10余辆，拂晓前喜气洋洋，凯旋归队。这就是一种抗战时的游击战术在三七线的出色运用！用对付日寇的一套对付美国佬！美军最怕的就是这种偷偷摸摸的战术，最讨厌的就是这种已经钻进睡袋后发动袭击的战术。这一点上他们还不如日寇。

美军连日以数倍于我的兵力轮番向149师的兄弟峰、东远里阵地，148师帽落山、修理山和150师文衡山阵地猛烈进攻。

军情如火。总部会议刚刚结束，军长和政委急匆匆赶回军部。

曾泽生立即赶到149师设在山沟里的指挥所。陇师长一见到他的老军长，就说："军座，你可回来了，美军打得很猛烈。"两个患难与共的战友自有一番非常的感情。他们一块打过日寇，一块与解放军作战，现在在三七线上一块打美帝，也是别有滋味在心头。

曾军长点点头，听了陇师长的汇报。他就在师指挥所住下了。他要与陇师长一块指挥447团白云山部队抗击10倍于我的敌军轮番进攻。447团阵地上承受了百余枚汽油弹和炸弹的轰击。

李奇微指示美军部队要坚持美军行之有效的老战术，就是步空炮坦协同作战。447团在美军老战术的轰击下，阵地失去了，又发动反击夺回来，反复争夺11昼夜，毙伤敌军1400余人，守住了白云山阵地。

每天晚上彭总都在总部作战室注视着三七线的战事。

他对50军白云山阵地的部队非常满意，传令授予447团"白云山团"的光荣称号。

148师443团顽强地坚守着帽落山。

7连遭受美空军地毯式铺天盖地的轰炸，每平方米平均落弹1枚至4枚，雪山变得墨黑，岩石成为粉状，工事不复存在，指战员均被活埋过几次，清醒后又从松土中顽强钻出来，再打，打退敌军11次进攻，最后全连打到只剩一个战士叫王正冒。

王正冒没有感到孤单，他感到他的战友们还在他的身边，还在打机枪，还在扔手榴弹，还在点射，还在与他一起战斗！还在阵地上看着他为他们报仇，好像他一个人分明就是整个的 7 连。

他端起机枪，迎着敌人的弹雨，杀过去。他是一个王成式的英雄！

9 连打退敌军 5 次进攻，弹药告罄，拿起十字镐同敌人拼杀，最后全连剩下两个战士。

8 连稍好，有险可踞，自己伤亡极大，但敌军有百多具尸体横陈在阵前。

444 团坚守修理山阵地，伤亡惨重，但指战员们一直在苦战死守着，美军未能攻破。

所有我军坚守的前沿阵地，弹药不能送上，兵员不能补充，伤员不能后送……

50 军打得好！经受了血与火的考验！

彭总几天几夜注视着汉江南岸，令志愿军司令部转发了 148 师防御作战的经验，传令嘉奖 50 军全体指战员"打得英勇顽强，特别是 148 师 443 团、444 团和 149 师 447 团"。

不用说，在三七线附近的防御战，打的全是我军的战斗骨干，甚至是基层干部。

恰到好处吧。抓住美军主力，顽强给予打击，适时后退，保存骨干。

韩先楚一直在第一线指挥部队作战，部队作战的甘苦，他心领神会，感同身受，他经过长期的观察思考，3 月 29 日，向彭总提出了《关于防御作战的意见》，志愿军每次战役之后，必须争取时间进行下一次战役准备。往往要以防御手段取得战机。由于我与敌军装备和技术之悬殊，对付敌之进攻，必须采取运动防御，主力避免直接与敌军主力对峙及死守固定防线，不宜频繁转移，必要时要坚决阻击敌人。要建立缓冲地带，以积极运动防御，阻敌进攻，争取时间。放置兵力要前轻后重，以一部控制要点，掌握机动兵力，随时准备反击突入我方阵地和运动中的敌人，要依托山地制高点构筑阵地，在山峰两侧或谷地构筑坚固工事，应设置预备阵地和假阵地。步兵工事以兵力分散，火力交叉集中为原则。建立反坦克小组。高中级干部要深入前沿，发现问题及时纠正。

彭总看后，觉得很好，对一线部队作战有指导意义，立即转发全军，指导部队防御作战。

103. 338团1951年大年三十这一仗

1月中旬，38军部队所在的嘉谷里一带山林被一层厚厚的积雪覆盖着。

38军东起金谷堂里西至南汉江西岸，防御正面达30公里。

正面敌军为美骑1师、美24师、英27旅、29旅、希腊营和南朝鲜6师。

美骑兵1师是美军主力，英29旅是蒙哥马利的起家部队。

梁兴初、刘西元都感到38军又面临更严峻、更残酷、更艰险的考验。

梁兴初在洞子里站在大地图前不停地咳嗽。政委和副军长看着心痛，都劝他休息一下。

他说，这种时候，我怎么能休息呢？

在军指挥所的坚强有力指挥下，部队发扬坚忍顽强死打硬拼连续作战的战斗作风，人在阵地在，在汉江南岸守备50个昼夜……

连续三次战役下来，38军的部队体力已经极度疲劳，后勤供应困难，部队减员严重。120人齐装满员的连队，三次战役后，有的连队只剩下一二十人，有的剩下几十人，可以说都已残缺不全。而且弹药均已告罄……

梁兴初军长和刘西元政委都是与部队长期生死与共的将军，是从战壕里打出来的将军，梁兴初、刘西元见部队残破到如此程度，心里痛啊。有点像黑山阻击战时候了！干部都是我军的战斗骨干，战士多数是翻身得到土地的农民，都是活蹦乱跳的小伙子，几仗下来，长眠在异国他乡！为什么伤亡这么大呢？是指挥有问题吗？该不该这样打呢？如何改进呀？作为指挥员的有责任呀！心里难受呀！他们食不甘味，寝不能眠。怎样才能既打胜仗又减少伤亡呢？这是军长和政委日夜深思的问题。他们要听听基层指战员的意见。

战争间隙前线很寂静。

山洞里温度很低，到处在滴着水。

军长和政委召开一线"连营团师"指挥员会议，大家都是在第一线指挥作战的，对怎样打能打好，怎样打就打不好，怎样能减少伤亡，怎样就加大伤亡，都有用鲜血换来的切身体会，发表很多很好的意见。

长期的战争生活，梁兴初胃肠长年消化吸收不好，还有严重的气管炎，人很消瘦，两颊深陷，只露着大大的眼睛，整个人只剩下精气神了。

最后，梁兴初分析了第一次战役没有完成任务的教训和第二、三次战役的经验，总结了我军应该采取的战术。

他说："同志们，听了大家的作战经验，很受感动，很受启发。我们减员如此严重，再总结不出管用的经验来，有愧于牺牲的烈士们！部队伤亡大，军长有责任呀！是我指挥不高明呀！我向牺牲的烈士们鞠一躬！向受伤的指战员们鞠一躬！"

梁兴初这么一说，站起来深深地一鞠躬！大家的眼圈儿都红了。

梁兴初平复一下情绪，然后说："通过三次战役，大家都有体会，美军的攻击精神很差，他们不敢同我军近战、夜战，攻击精神还不如南朝鲜部队，是不是这样？南朝鲜部队在督战队枪口的威逼下，尚能反复攻击，美军则不行；所以一定要创造条件，同美军近战、夜战，减少我军伤亡；大家在战场上都看到了，美军习惯集团冲锋，他们不敢三五人单独反击，美军和南朝鲜军它们有一个长处，就是在战场上火力组织严密，炮兵飞机配合步兵技术上很熟练，射击也很准确，能形成对我军杀伤很大的火力网，敌空炮坦协同密切，能很快地轰击我军阵地侧面或后面；但美军很怕我军的炮火，遭到我军炮火打击，马上仓皇溃乱，队形混乱，所以要加强我军的炮火协同，炮兵火力要有明确分工，不能打乱了，要集中打点；三次战役经验看出敌军最怕截断他们的后路，我军部队在战场上的迂回穿插是很有效的。"

刘西元插话说："二次战役时，113师突击团向三所里穿插，韩副司令亲自督战，我们没有停止的权利。以后凡是担任穿插的部队，自己没有停止行动的权利，要由上一级决定。要确保战役的胜利！"

突然梁军长咳嗽起来，越咳越厉害，他喝了一口水，才算把咳嗽按住。他说，刘政委说得好！穿插迂回决定战役的胜败，代表我军的坚强不屈的勇敢坚定的攻击精神，是我军的刀刃，各部队要选一等部队，尖子部队担任。

他又咳了一阵，咳嗽时，身子强烈地振动，往后吸。他强忍住，说："我军部队集结位置要在敌军炮火射程之外；冲击道路要避开敌人的火网；攻击部队要力求缩短纵深，要敏捷，要肃静，攻击成功后要立即严密搜索，肃清残敌；关于阵地防御的经验，必须扼守要点，构筑坚固工事；防守要点，即使伤亡很大，从全局看，必须要坚守；前沿阵地，兵力安排要少,减少敌军炮火造成的伤亡,要以主力隐蔽于山地侧后;不能死守一地,容易被敌军的炮火轰炸;要在阵地上同敌军打游击战;各级要控制二分之一到三分之二的预备队;敌军的必经之地要用火力控制,形成火网;要在几十米近战开火,不要远了,要弹无虚发,要先打敌人的指挥官;要派小分队袭击敌人的预备队和指挥所;反击的兵力不可过多,每个突击队10人至15人,出阵地不宜过远。"

刘政委说:"梁军长讲的这些战术要求很重要,都是部队用鲜血换来的,对下一步作战有很重要的指导作用。你们回去后要立即传达到每一个战士,特别是营连排班长要在战斗中掌握。"

113师进入莺子峰防御阵地。

这一带地形险要,是一道天然屏障。339团为第一梯队,按照上级的部署,组织了多道防御线,阻止敌人进攻。338团为第二梯队,成侧后纵向配置,阻敌于汉江以南。

2月1日至9日,是汉江南岸防御作战最残酷的日子。

美军倾泻的炸弹把厚厚的冻土层削去了1米多,每日都在几个方向上发动团、营规模的轮番进攻。我军主阵地得而复失,失而复得,与美24师等展开异常激烈的拉锯战。

按说,美24师是最早进入朝鲜半岛的部队,仁川登陆前,已经受到人民军的严重打击,其师长迪安也被俘虏;前3次战役中被我军打击有很大伤亡。只是美军有现代化的后勤补给手段,部队能很快得到补充整理,恢复战斗力。我军由于后勤补给手段很传统落后,美军飞机抓住我军的弱点实行绞杀,我军兵员和粮弹都不能及时得到补充。

2月5日,正是中国旧历年除夕,鞭炮声中国内人民正在合家吃团圆年夜饭,三七线上李奇微命令他的部队开始偷袭了。美军24师第19联队(相当于团,全机械化)利用扬子山东北地形较为平坦,突然插入接合部,迂回到了113师侧后,沿南汉江左岸占领了我113师侧后的山中里几个重要高地,直接威胁到38军和113师后方的安全,并且威胁到38军来往汉江的后勤运输线。

19联队在美军炮火掩护下,向纵深扩张,出动飞机向我113师第二梯队一带地域狂轰滥炸,炸毁了师指挥所的车辆,震塌了掩蔽部,企图隔断38军一线梯队。

守卫阵地的师侦察连一面抗击钻进来的敌人,一面报告师指挥所。

江潮、于敬山、刘海清等几位领导决定时不我待,立即对立足未稳的19联队迂回分割,然后进行围歼。任务交给338团。

338团正在南汉江东侧的梧月里,团长朱月华回国开会。团政委邢泽正在召开党委会研究第三次战役的立功授奖人员名单。邢泽是1939年参加抗日战争,在苏北新四军部队任营教导员,解放战争时任团政委,在东北参加了三下江南、三战四平等战役,是经历过大战恶战淬炼的干部,用通俗的话说是"从死人堆里爬出来的人"(最后职务为某学院正军级政治部主任)。邢泽正在想给师部再多要几个名额,338团英雄辈出,立功受奖名额太少了。

这时,电话响了,是副师长刘海清,找政委。

邢泽接住话筒,"邢泽吗?"

"是,刘副师长。我是邢泽。"

"24师19联队占领了我师侧后几个高地,直接威胁我军我师后方安全和军后勤供应线。师部命令你们团立即进到山中里以北,阻截突入敌人,团主力顺汉江,迂回到19联队侧后,大胆反击,无论如何要在今晚,把进来的敌人完全彻底消灭,夺回山中里!"

"请师首长放心,338团一定完成任务!"

邢政委放下听筒,摊开地图,与副团长谢春林、参谋长胡光、政治处主任崔浦紧急研究后,决定2营派一个连到背面顶住敌人,1营和3营加团部警卫连沿东侧山谷,迂回到山中里村南侧,切断进入山中里敌人退路,各部队要充分发扬338团第二次战役迂回猛插的光荣传统,坚决歼灭敌人!坚决完成任务!完不成不下火线!

说得很坚决,但领导心中还是打鼓。338团3个战役下来,来不及补充,你猜各连队还有多少人?各战斗连队各剩几十人!全团连炊事员、驾驶员加在一起,不过千余人。用这样单薄的兵力去抗击美军一个齐装满员的机械化团,困难和风险可想而知。团领导都知道38军的家底,军师两级已经没有预备兵力可以补充一线阵地。大年三十这一仗,如果出什么差错,后果将不堪设想!会危及我军西部防线。邢政委给各营连干部下达一个死命令,说:"各连队要不惜一切代价把敌人歼灭!明天是大年初一,全团要艰苦奋战,拿下山中里,迎接1951年春节!"

黄昏时分，形成了合围之势。

入夜，反击战打响。

然后，师指挥所指挥部队从一侧穿插到山中里南，一刀切过去，把19联队切断。19联队一时间搞不清楚陷入多少敌军的包围之中，四处乱窜，阵脚大乱。

子夜，从南北两面发起攻击，虽然是夜幕低垂，但美军打得也很顽强，338团8连苦战不息，打成了一个班！但就是一直勇猛厮杀3个小时，歼敌200余人，夺回141高地；团警卫连插入敌人侧背，与300多名美国鬼子肉搏，连夺5个山头；3连激战到4日拂晓，仅剩下7名战士，硬是靠不怕死精神夺回了133高地；美军失去141高地和133高地后，一个营被困山中里一侧高地。24师集中了两个营兵力，在飞机大炮紧密配合下，前来解困。一方要拼命解围，一方要坚决围歼。美第9军派出10多架飞机和百多门大炮对338团阵地疯狂轰炸。338团部队在敌人的炮火中熟练地穿插分割，338团参谋长胡光带领一部分部队插入敌群，打乱了龟缩之敌，敌我交叉错乱，敌机和大炮不敢发威。较劲儿的关键时刻，担任正面防御的339团抽出2个连队截断了19联队的退路。

强烈的太阳光直射下来，照得战场上一片狼藉，敌人尸体、坦克、车辆、食品等满山沟都是。

一场异常激烈残酷的恶仗一直血肉横飞地打到4日下午3时许，整整苦战恶斗23个小时！

338团每个战斗员都坚守到了极限，终于把美19连队打垮，歼灭其一个营，击溃其两个营，毙敌409人，俘虏37人，夺回了山中里，恢复了38军在南汉江的防御态势。

穿插迂回几乎就是志愿军的专利。

单兵作战能力较差的美军部队是不能玩的。

至此，李奇微再也不敢轻易玩迂回突入的战术了。

338团的机动防御任务一直坚持到了2月中旬。每一天的坚持都是在血与火中度过。

2月15日，338团还在坚守着汉江南岸莺子峰。

莺子峰上早已没有莺子的叫声，只有美军大炮飞机坦克的轮番轰击，5连指战员已经与美军激战了9个小时，打退了敌人空炮坦协同的7次进攻，战至下午3时，全连只剩下5名伤员，工事被炸毁，弹药告罄，同上级联络被敌人破坏，敌人像潮水一样向阵地涌上来。5名战士准备学狼牙山五壮士，毁掉了身上的证件，怀抱手榴弹和炸药包，打算跳入敌群中，与敌人同归于尽。突然，他们的身后北侧响起了激烈的枪声和手榴弹的爆炸声，美军像潮水一样退下去。奇迹出现了，团长朱月华和政委邢泽带着7连7名战士上到前沿阵地来了，同时带了弹药和干粮饮用水。5名战士见到自己的首长都呜呜地哭了！团首长要用7连（这个连也只有这7名战士了）换下5连，但5连坚决誓死不下阵地……

104. 草下里南山336团5连与骑兵1师惨烈的争夺战

泰华山地处汉城以南70公里处，像一道屏风横卧在南侧。

孤立突出的草下里南山则在屏风南面不远处。

草下里南山，地图上标高311.6米，山下是一条东西走向的公路，东通利川，西及水原，南达金良场里，北至京安里和汉城，是汉城南侧的一条交通枢纽，是汉城的南大门，战略地位十分重要。但它只是我军西线防御链条上的一环。

公路南侧是两公里正面的比较平坦的低凹地段。

草下里南山是我38军和50军防御的接合部，是志愿军第三次战役的前沿阵地。

38军把有优良传统的112师336团5连部署在这里。

连长为徐恒录，山东莒县人，1945年6月参军，整个解放战争期间都在主力部队的基层作战，浑身都散发着硝烟味。朝鲜共和国为他颁发了一级战士荣誉勋章，曾经多次得到毛泽东主席接见。

1月25日，5连接受了在咽喉要地草下里南山抗击美骑兵1师1个团的任务。

美骑兵1师号称是华盛顿打天下起家的部队，在第一次战役中已经有被我39军不可磨灭的击败纪录。

1月28日，团里转来通报，骑兵1师扬言三天内重占汉城。

一场恶战在等待着5连英雄们。连长在阵地上检查着，琢磨着，看还有没有疏忽之处。一点疏忽，都会付出血的代价。一个机枪工事露出新土的茬儿，他让通信员苗景春拿来小铁铲，把附近的雪盖上去又折了些树枝插上去。

此时，山下被大雾笼罩着，山林静静的。他用望远镜在仔细地观察，突然发现在远处的公路上多了一棵树，奇怪树在移动，他怀疑自己眼花了，把小苗叫过来再看，小苗惊叫，敌人来了！大约两个营的美国鬼子，一路从山谷向泰华山方向，一路乘汽车坦克从金良场里北上。他立即派小苗去向营部报告，另派战士通知隐蔽在后山的部队准备战斗。他与排长们研究后，决定兵力要前轻后重，先利用在400米以外的4班在无名高地上打两个回合。4班要隐蔽好，要把敌人放近打，连里机枪不响，不准开火。4班把一挺重机枪和3挺轻机枪隐蔽在左前方300米的灌木丛中。骑兵1师敌人先向无名高地扫射一阵，不见动静，然后端着枪向山头逼近。一军官喊了一声，美军士兵们有的坐在石头上掏香烟，有的旁若无人地撒尿。

徐连长喊："打！"子弹如飞蝗扑向敌人，手榴弹一排排投入敌群。敌人猝不及防，死伤一大片，活着的滚下山去了。

初战告捷，徐连长命令4班迅速转移到防空洞内去。

说时迟，那时快，公路上排成一条龙似的32辆坦克整齐划一地转动炮塔，对准无名高地喷射出32条火龙。

徐连长判断美军在炮击后，要马上发动第二波次的进攻。我连不能再在正面抗击，4班和5班要在无名高地两侧待机，夹击敌人。

果然，美军又冲上来了，前进到半山腰时，从左侧射出一阵弹雨，倒下一批；美军跑向右侧，一排手榴弹迎面飞来，然后，12名战士端着刺刀跃出战壕，美国大兵一看见刺刀，马上屁滚尿流往山下逃，留下了50多具尸体。

然后一字排在公路上的32辆坦克愤怒了，刹那间，把美国的钢铁覆盖了无名山各个山头。美军决计要大规模报复了。

虽是基层连长，但责任重大，事关汉城防御和战役全局。

徐连长环视阵地，地域狭窄，难以机动，只有把敌人放到主阵地和无名高地之间，效果还好些。坚守阵地是长期的，5连必须要保存实力，最好使用小部兵力正面抗击与侧后袭击相结合的战术。命令5班在主阵地前沿正面阻击，4班放弃原阵地，与6班潜伏在无名高地两侧。

炮击渐渐稀落，美军两个连队从两个方向夹击无名高地顺利地占领了无名高地后，向主峰拥来。徐连长见敌人越来越近，他妈的，"打！"他的驳壳枪一响，5班主阵地的轻重机枪、卡宾枪响成一片。突然敌人的屁股后有一片黑老鸦飞来，那是4班和6班投出的手榴弹。主阵地和无名高地之间形成了火力网，把美国大兵掩盖，此时徐连长发现前方800米的山梁上有美军大兵扛着81迫击炮往上爬，"60炮给我打！"美军大兵被60炮弹掀到深沟里去了。

28日一天，5连打退了骑兵1师组织的6次进攻。

29日清晨，骑兵1师集中5个炮群、32辆坦克和8架飞机向草下里南山狂轰滥炸，要消灭山峰上的一切生物。

徐连长为主阵地上的文凯等3名战士担心，焦虑。炮击稀落后，他带上通信员和司号员跑上主峰。主峰上弹坑遍地，防御工事没有了，也看不到人影儿。4架敌机俯冲下来，投下凝固汽油弹，连长的棉衣起火了，通信员和司号员赶紧往他的身上捧土灭火。正在此时，一发炮弹把他们都掀翻了。通信员把连长拉起来，连长忽然看见他的前面有一个小土堆，这不是文凯的警戒位置吗？他不说二话，用手赶紧刨，刨着刨着，那土动起来，再一刨，一个人的身体出现了，他拉起来，文凯还活着！满脸都是土，只有眼睛还是亮晶晶的，他吐掉嘴里的泥土，大口喘气，突然趴下去，用手刨了一把。连长知道他是在找枪，从土里把枪扒出来了，但枪已经断为两截，通信员塞给他两颗手榴弹。他摸了一把脸上的泥土，说"妈的，今天埋我3次了！只要我死不了，就再和美国佬干！"连长和文凯赶紧扒另两个战士，扒出一个战士，已经牺牲了，文凯说杨春喜呢？他在这儿，就扒，左臂露出来了，一拉，断的，再扒，把一个血与土黏合的杨春喜扒出来了，司号员赶紧给他包扎。

文凯大叫："敌人上来了！"敌人有两个营分为两路，向山坡爬上来，5连的轻重机枪手榴弹一齐开火，美军像潮水一样退下去，又被督战的军官逼着冲上来。徐连长对机枪手说："瞄准督战队打！""嗒嗒嗒"，督战队倒下几个，活着的比战斗分队跑得还快！

但5连的弹药越来越少，枪支损坏太多，人员伤亡也很大。增援连队一直没有信儿。由于炮火封锁饭送不上来。连长让三班长牟林去炮火未炸到的地方把雪取过来与炒面和在一起，用手帕包住在胸口暖化，苦中作乐，叫作"黏豆包"。

连长估计在汉江南岸漫长的防御线上都很紧张，草下里南山只是其中的一个坚守点而已，不能为上级增加困难，应该自己想办法，克服一切困难。他与排长们一商量，大家想出了一个很妙的办法。每个战士把炮火炸碎的石头集中在工事前,要把石头当炮弹用。连长规定以前是 30 米打,这次是 50 米,听我的命令。美军进至 50 米,大小石头铺天盖地落在美国大兵的钢盔上"叮叮当当"响成一片。美军都卧倒了,有一个军官喊:"共军没弹药了!"美军"呼"地又起来一片,把卡宾枪挂在脖子上,"嗷嗷"叫着往山上爬。当他们爬到 40 米的地方,连长命令把大石头推下去,大石头在陡峭的山坡上滚着跳着以压倒一切的气势覆盖了敌群。有军官还在喊:"冲,共军弹药用尽了!冲上去就是胜利!"等敌人到 30 米以内时,连长才命令"投弹",敌人以为还是石头呢,不躲不停,照样往上冲,结果冲上来的敌人全部被消灭。连长命令赶快到 50 米以内搜集弹药,准备再战。

敌人打出几发烟幕弹,滚动的白烟笼罩了山峦。

"敌人要进攻了!"连长喊道,只见敌人五六路黑压压地爬上来。6 班长王文兴到阵地前 40 米处捡子弹,一发炮弹在他身旁爆炸,一只眼球被炸出来。

王文兴脸上的肌肉在抽搐,他捂着眼,说:"我是共产党员,牺牲也是光荣的!"

连长说:"王文兴同志,你完成了任务,我让人送你回国治疗!"

他又接着说:"你放心,我们一定为你报仇,坚决守住阵地!"马上给 6 班班长包扎伤口。

这时通信员从营部背回 16 颗手榴弹,敌人又号叫着冲上来了。

这时,王文兴扯掉绷带,大喊一声说:"我死也要来个够本的!"抓起两颗手榴弹,夹在腋下,冲向敌群。敌人见山上跑出一个人来,几个敌人上去就把他摁倒了,拖着就往山下跑。王文兴悄悄地拉响了手榴弹,两声爆炸,一片火光,英雄在草下里南山永生!

"为 6 班班长报仇!"连长大约一时间忘记了自己指挥员的身份,眼睛里全是泪水,端着刺刀冲出战壕扑向美军!恰好此时,山后的 3 排长带预备队冲上来了,敌人溃退下去。

29 日这一天 5 连打退了美军 4 次进攻。

30 日下午,战斗间隙的寂静。白云在山峦间缭绕,寒风在山梁上掠过来掠过去。

山后一个隐蔽部里,徐连长在召开党员干部会。"同志们,我们 5

连坚守在异国他乡的汉城南面的草下里南山,为着什么,为着朝鲜半岛的和平,为着亚洲的和平,为着世界的和平!祖国人民在看着草下里南山,全世界人民在看着草下里南山!毛主席在看着我们,彭总司令在看着我们!我们 112 师是英雄的部队,是祖国的优秀儿女,我们能够经得起美军飞机大炮的考验,经得起残酷战争的考验!我们是可以信赖的部队!"连长的眼窝里闪着泪光,他继续说:"我们连没有一个孬种,个个都是英雄,个个都是祖国优秀儿女!我在这里给大家宣布,经过草下里南山残酷的战斗,证明你们个个都够了入党条件。我在战斗的间隙,已经写下了介绍入党的 5 连战士的名单。我要求排长们都签个名。战后,我们在草下里南山阵地上的谁还活着,谁就有责任把这个名单交给组织,请组织确认他们都是一个合格的共产党员,合格的中华民族的优秀子孙!"

"同志们!"连长继续说:"根据通信员传达的命令,右侧兄弟部队已经转移。营长命令我们 5 连必须要坚持到天黑,现在是 15 时 30 分,根据现有人数全连编为 3 个班,两个步兵班防守正面,炮兵班在侧后机动。我们一定要坚持到天黑!"

黄昏时分,敌人分 3 路又发动了新的攻击,但到 60 米处就隐蔽在弹坑内不动了。奇怪,敌人玩什么名堂?

通信员报告,敌人从侧后又上来一路。

连长一听,带上两支卡宾枪,跑到后山,一看,两个连的美军正在向山上迂回。

啊!敌人是两手策略,后山先偷袭,偷袭不成,前山正面进攻。

侧后阵地的敌人打响了。正面敌人满山满坡地号叫着往上冲。

弹药已经不多了。徐连长规定不瞄准不打,要保证一颗子弹要消灭一个敌人。

望远镜里,连长发现一个军官腰里插着手枪,手里拿着卡宾枪,用望远镜向他原来的指挥位置瞭望。那里他用两根木棍顶着两个军帽。敌人正在不停地向那里射击。他明白了,这位军官是要打掉他的指挥部。连长把牟林和小苗叫来说:"看见了,你们把那个指挥官打掉!"牟林说:"我一个人包了!"连长说:"我们一共 6 个人,每排枪都要消灭 6 个敌人。"说话间,牟林一枪打过去,那指挥官一头就栽下山坡去了。接着 6 名志愿军一排枪,6 个敌人毙命。3 排枪消灭了 18 个人,没有一枪放空。连长纵身跳出弹坑，喊道："同志们冲呀！"前方追出60米，然后向左穿插，把中路敌人拦腰冲断。美军投过来的5颗手榴弹"嗞嗞"地转着冒烟，战士们都用脚回敬给了敌人。战士文凯左右冲杀，倒在了山坡上。

天黑了，山梁上黑黢黢的，寒风肆无忌惮地横灌着。

美军在草下里南山留下了500多具尸体，进军汉城的大门还牢牢地关着。

子夜，兄弟连队接替了5连的草下里南山阵地。

营长来到草下里南山，握住连长的手说："老徐，营党委决定为你们请功！"

徐连长泪如雨下，他的连队上阵地时是106人，三天三夜的炮火烟云，还剩下20多人。他们将永远与草下里南山为伴，草下里南山的一草一木一土一石都能证明他们是为朝鲜人民为世界和平贡献了他们的青春和生命的！草下里南山至今还屹立在汉城南侧，人们习惯说它是海拔311.6米，战后它再也恢复不到311.6米了。但它是112师336团5连英雄的一座雕像、一座丰碑！

105. "邓指"在花田里瞄准了洪川山沟中的南韩8师

战场像一盘棋，也像一座大堤。任何一步或一处出现不测，都可能危及全局。

用兵尚诡。韩先楚指挥38军、50军和人民军1军团在汉江南岸实施机动防御作战，迟滞美军，为中线和东线集团集中与展开赢得时间。这是彭总部署的一步险棋。

中路我军第39军、40军、42军、66军及所属炮兵部队，人民军第2军团、第5军团，归邓华指挥，组成"邓集团"，也叫"邓指"，秘密进入集结地区。然后，全军"猫"下，让南朝鲜部队深入，再深入，等待敌军突出后，穿插围歼。

从李奇微到南朝鲜指挥官都认为志愿军的主力在西线。

所谓"邓指"，实际上就是邓华和精瘦中透着精明的杨迪。邓华决定，到春川以南选择指挥所的位置。

杨迪报告邓副司令，"我先出发了"。然后他坐一辆吉普车，直奔三八线以南，在洪川西南横城西北砥平里正北的花田里，发现两山（梅花山和中元山）之间有一块丘陵地区，树林覆盖，山山岭岭不断看见有疏疏落落的房屋，奇怪的是这里几间茅草房还没有被美机炸掉，但老百姓都跑了。

他上到山顶向四处瞭望，远山灰蒙蒙的，一层层的浓淡分明，越远越淡。近处的山峦上长满了赤松。松林中积满了厚厚的松叶，处于原始状态。这一带山林泛绿，梨花正白。半岛的春天真的到了。

山野好像画家轻轻点缀了几笔水彩，美极了。

杨迪心中高兴，走进靠山而建的一户人家。他走进去一看，这里还有一个大的菜窖，好呀，邓司令可以在菜窖指挥作战，电台和车辆可以隐蔽在山谷的树林里。敌机虽然不断从这里路过往返，却没有投过炸弹。杨迪报告了邓司令选择的地方后，立即与"邓指"麾下的几个军、师电台和无线电沟通了联系。

2月6日拂晓，邓华的嘎斯-67吉普车进入花田里村。

邓华两颊深陷，越来越消瘦。他下车，站在车旁用望远镜先瞭望了一下周围的山野。然后点着一支烟。

杨迪问："看看吧？"邓司令点点头。

花田里大约在横城西北、洪川西南，即横城与洪川南北大山谷的西侧。杨迪陪司令在屋前屋后山地和院内视察了一番，邓司令点头表示满意。

他说，地窖比较大，杨迪你也住在这里，我有事找你方便，免得跑来跑去耽误时间。

杨迪说，好。已经把地图挂好了。

邓司令由于日夜休息不好，眼睛布满血丝。

他笔挺地站在地窖里，一边抽烟，一边长时间地琢磨墙上的地图。

此时，李奇微命令西线敌军向北推进的同时，命令中路军骑兵第1师向原州、汉城以西北进，南韩第8师从原州向北推进，美军第2师1万余人机动待命。

南韩第8师师长陈映隆接到命令后，心中窃喜，志愿军的主力在西线阻击联合国军北进，想必中线不会有志愿军的主力了。

陈映隆命令8师部队步步为营试探性北进。

邓华命令部队出动战斗小分队与南韩8师接触，然后佯装败北，节节后退，诱敌北上。

我派出的小分队与南8师部队经过一个多小时的激烈战斗，显露不支迹象，向北后退。

陈映隆判断，此部队不是志愿军的主力，战斗力不强，命令部队加快追击，攻占了重镇横城。晚间，陈映隆以胜利之师的姿态会见了记者，然后美美地在横城狂欢一夜。败象已露。

第二天，南8师全军机械化行军，耀武扬威不可一世向洪川急进。

横城到洪川属于高山区，两侧高山林立，逶迤连绵，山沟一条山路，有时在沟底蜿蜒，有时爬上山坡，颇不利于机械化部队。此时崇山峻岭中还被积雪覆盖着。山风在两山之间横吹。伪8师已经顺利通过了横城至洪川的大山沟。

邓华与杨迪研究，认为中朝联军的战机来了。一个平型关战役式的机会，机不可失！

邓华把南8师突出的情况报告了彭总。建议"邓集团"实施战役反击，歼灭横城方向突出的南8师和砥平里之敌，得手后，向原州方向发展进攻；朝鲜第5、第3军团由金雄大将指挥在靠近东海岸地区向突出的南朝鲜军发动进攻。

金化附近的大山沟里，彭总看到邓华的报告，立即把在总部的洪学智和解方找来，他们三个人分析了一阵，南8师孤军进入横城至洪川的南北大山沟中，不利于摩托化部队作战，又是伪军，又是在运动中，又是立足未稳，是歼敌的好机会。于是他们完全同意邓华的意见，立即回电邓华："集中中朝军队主力，坚决歼灭横城以北的南朝鲜第8师，若横城作战得手后，再歼灭南朝鲜军几个团，以此稳定朝鲜战场局势。"

决定东线反击于2月11日夜间开始。

杨迪收到彭总的回电，急匆匆跑进地窖，把电文递给邓司令。

邓华看过，抽着烟看地图，看了一阵，回头看杨迪。

杨迪明白了司令员的心思，问："是不是立即通知师以上干部……"

邓华："是的，你立即通知军、师长今晚来指挥所开会。"

2月6日晚10时，东集团军长、政委吴信泉、李雪三、温玉成、袁升平、吴瑞林、周彪、肖新槐、王紫峰与他们的师长们还有炮兵的师长们，有的坐吉普，有的骑马都来到花田里山村。

杨迪在花田里山谷放出了调整哨，在村周围500米处放出了岗哨。

菜窖里挂着一盏瓦斯灯发射着白炽的光。

会议开始后，杨迪先介绍了彭总关于第四次的战役安排，然后邓司令说："开个短会，听取你们对反击作战的准备情况和实施反击的具体行动意见。西线38军、50军和人民军1军团从1月15日起，在汉江南岸阻击，已经20多天了，他们打得很好，非常艰苦，也非常英勇。现在是背汉江而战，我们中集团要配合西集团作战，迅速实施反击，我们发起战役的时间不能再晚了，西集团退到汉江北岸就不利了。"

邓华扭过脸看地图，杨迪已经把小棍子准确地指到地图上横城的小圆点上。给首长指地图，也不是一般参谋能干得了的。首先要跟上首长的思路，要熟悉首长熟悉的情况，要能预先知道首长要讲到什么情况，这时候，首长一下讲到的地点，你才能做到话落点到位。杨迪是点地图出身，在延安，军委首长到作战局开会，他就开始点地图了！

邓司令说："敌第8师正在向洪川方向疾进，在横城以北形成了一个较大的突出部……"军长们都站起，围过来看了一阵，都点头。

邓华说："非常有利于我军从两翼迂回包围，将其一举歼灭！"

"你们有没有信心，一下弄掉它一个师？"

吴信泉军长大嗓门说："看司令的决心了！"

温玉成军长说："搞掉这个伪8师正其时！"

邓华说："我意就是要搞掉这个伪8师！战役发起时间在10日至12日之间。"

有位师长说："能不能延长一天时间？"

邓司令瞅了他一眼，说："我们必须迅速发动反击作战，实现彭总的战役目标，歼灭敌人一至两个师，为19兵团和3兵团开进和展开争取更多时间。彭总已经批准，向横城之敌发起进攻时间为11日17时，有4天时间准备，你们回去马上动员。"

然后，杨迪宣布作战部署，第40军配属炮兵29团两个炮兵营从南朝鲜第8师之正面猛烈突击。今日，40军由议政府、东豆川里一带东进，9日前要进至洪川西南之花田里、阳德院里地区待机。战役发起后，要迅速向纵深进攻发展，突破敌人的防御，为而后穿插断敌退路奠定基础。39军（欠117师）为集团预备队，位于龙头里地区。

此次战役39军的117师（师长张竭诚）和炮兵一个营附属42军指挥。42军以126师（师长黄经耀）附属125师一个团，4个团的兵力部署于注邑山与砥平里以北地区，钳制砥平里之美军（据情报有法国一个营），防止美军东援；第124师（师长苏克之）和117师两个师于2月10日从龙头里出发，以夜行军百里之速度，抵达横城西北侧的鹤谷里和上下加云里地区实施突击，切断南朝鲜第8师向横城方向逃窜之退路；第125师（欠1个团）进至横城西南侧介田里、回岩峰地区阻击援敌，并策应第66军作战；第66军196师（师长晨关）、197师（师长成少甫）配属两个炮兵连从横城东北穿插到东南，向横城方向突击，并有阻击援敌任务；朝鲜人民军第5、第3军团，首先歼灭横城东北地区南朝鲜第5师一部，而后向鹤谷里、乌原里地区突击；朝鲜第2军团位于百主峰一带阻击南朝鲜第7师和第9师西援。

这是一个铁桶似的围歼方案，是我军各级指挥员都很熟悉的惯长选择的伏击战场。

南韩第8师的摩托化部队将从那个四围全部截断的大山沟里插翅难逃！

邓华担心炮兵。他瞅着炮兵的干部们，说："我这里特别说一下炮兵，你们一定要与步兵协同好，要选择好阵地，要靠前隐蔽好，充分发挥威力！"

40军在此次战役中是主攻部队。40军从入朝以来，无战不与，无战不胜，是靠得住的部队。虽然如此，他还是特别交代温军长："你们担任主攻任务，突破敌人横城阵地后，要迅速穿插分割包围，打破敌人的部署，以全歼伪8师！"

"42军附117师，吴军长和张师长。"吴军长和张师长都站了起来："你们和66军，要向横城以南猛插，猛进！要克服一切困难，坚决截断敌人的退路！并要阻击原州方向敌人的增援；39军为预备队，战役发起后迅速逼近砥平里，如敌人南逃则予以截歼！"

会议结束时，119师师长徐国夫悄悄地问杨迪，邓司令怎么不批评那个要求战役推迟的师长？

杨迪回答："这个师长不是原13兵团的。邓司令与他不熟悉，如果是你徐国夫，你试试？"

杨迪让管理员等人抬来一大锅热汤面，杨迪说："军长师长们，指挥部粮食有限，只能保证每人一碗葱花汤面条！祝你们打一个大胜仗！"

军长师长们哄然大笑，119师师长徐国夫说："妈的，打了胜仗，还你美国罐头！"

杨迪说："说话算数呀！"

徐国夫大声说："你等着吧！"

106. 张竭诚指挥117师夜奔百里完成对内合围

作战会议开完后，邓华对杨迪说："你在家值好班，注意掌握情况。"

杨迪说："司令，你要到前面去？"

邓华说："我到前面看看。"

杨迪说："帅不能离位呀。你下去太危险了，出了事，关系到东集团的作战胜败呀！"

邓华说："看你说得有多严重！"

杨迪说："我代表你去吧。"然后杨迪开上车冲出了山沟。

邓华在后边喊："快去快回，注意安全。"

杨迪对邓司令的意图、想法、担心部队出现的问题都一清二楚。

半夜，杨迪从前线部队回到花田里菜窖。

邓华一手夹着烟，一手拿着蜡烛对照地图，听取了他的汇报。

邓华指出了几个部队需要注意的问题，杨迪立即记录下来，写出电报稿或者密语，请司令过目，然后又马上发往有关军和师。

战役发起后，温玉成和袁升平指挥40军部队采用了运动进攻，向心突击的战术。

命令118师配属军炮兵一个团，向上榆沟等地攻击；120师配属一个炮兵营向圣智峰、石子沟等地攻击；119师为军预备队。118师和120师并肩突破敌人的战斗队形后，迅速向纵深猛插。各部队突击力量大，边打边靠拢，越打越集中。一鼓作气，打乱敌人防御态势，为穿插，断敌退路，打好基础。

军指挥所命令120师在罗春生师长和张海棠政委指挥下，突破伪8师的防御后，358团要避开敌人防御正面，由侧后巧夺圣智峰；360团由军和师的炮兵配合，夺取800高地。

118师以大部兵力向纵深发展压缩，要以一部兵力从伪第8师两个团的接合部直插广田，限制伪8师的东西机动。

邓岳、张玉华在部队休整时，一刻也没有休息，坐着嘎斯-67在各团各连转，精减机关勤杂人员补充一线连队，调整配齐了战斗连队缺额的干部，使118师战斗连队基本上齐装满员。邓岳令一部兵力（353团配属师山炮营）攻歼高岱东山和东南山高地之敌，师主力354团坚决不惜一切代价插入敌军纵深新岱，完成割裂敌军任务。352团在353团和354团之间直插广田，抢占要点，断敌退路。353团和354团两团，要积极主动向352团靠拢。355团为师第二梯队，保障师侧后安全，负责堵歼逃敌，并随时准备上去支援352团战斗。

邓师长强调："每个团营连都是一条链子上的一个环，这个环决不能开，有一个环开了，整个链子就断了！"

张政委号召："各团要准备打恶仗，打苦仗，战士要勇猛顽强，干部要身先士卒！"

11日17时，我军炮火向敌军阵地覆盖，17时20分，全线发起冲击，354团突破成功，半个小时歼灭伪8师一个加强连，插向纵深；353团在炮火的支援下用一个小时攻占了高岱东山和东南山两个高地，团主力也插向纵深；352团由上两团之间，似一箭飞出，前卫营接连消灭伪8师3个排后继续向纵深插去。

邓岳得知各团第一步由部分兵力正面反击，主力插向纵深的意图已经实现，非常高兴！向军指挥所报告的同时，要求各团下一步穿插要更迅速，争取并肩发展。352团必须在翌日拂晓前攻占广田东山和523高地，卡住公路，让我军关门打狗！到凌晨，352团3营和2营用两面夹击和迂回战术完成战斗任务。2营发现南下的公路上敌军在30多架飞机，十几辆坦克的掩护下要夺路突围。5连迅速出击，击毁敌汽车和坦克数量，将公路堵死；敌人疯狂反扑，5连大量伤亡失去战斗力，6连上去……

到12日15时，共歼敌2798人（其中俘虏美军267人，日军1人，菲军2人）。

在前线，美军一个班的步兵发现我军小分队在山林运动，都可以立即向师部呼叫飞机或大炮扑灭我军。他们有装备和技术的优势。我军在步炮协同上，是难以实现的短板。这是我军装备和技术落后决定的。

彭总一直在考虑，不解决这个问题，在战场上我军的增援、穿插、迂回、后勤的前送和后送，都有很大的困难。他与助手们研究后，决定采取一个大的行动，在第一线指挥作战的师、团长们要充电，要总结经验，学习陆空炮协同作战的知识。报告军委同意后，1月，志愿军总部把他们集中到了沈阳，由解方主持集训。这是志愿军师团长们打仗观念认识的一个大跃进。

2月3日，解方突然召集开会，敌人发动了大规模进攻，彭总指示结束集训，马上返回前线指挥作战。117师师长张竭诚乘车急匆匆赶回部队。连续奔波了三个昼夜，7日，他赶回了117师指挥所——议政府西北的都内里。

冬雪覆盖着群山，山上的松树都戴着厚厚的雪冠。

张师长身材魁梧，头发浓密，性格内向，举止沉稳，待人诚恳真挚，爱兵，爱部队，作战经验丰富，下决心果断。

他是湖北黄安人，鄂豫皖红军，长征到达陕北，抗战时为115师344旅团参谋长，新四军团长，第四野战军师长，志愿军39军代军长，回国后任乌鲁木齐军区副司令兼新疆军区生产建设兵团司令员。

他见师里领导已经带部队出发，就直奔军部作战室，想要争取一个"赶劲"的任务。作战室内烟雾弥漫，军首长们正在研究作战部署。

"我们的大将军回山了，"吴信泉军长一见张竭诚进门，就这样喊了一声。他们二人是新四军3师的老战友。

张竭诚风风火火劈面就问："军长，给我什么活？"

"你这家伙，人还没有坐下来呢，就要任务。"军长深深陷进去的眼睛看了一眼大伙儿，说"他妈的，李奇微这个美国鬼子，不让我们过好春节，从大年初一，就给我们出难题！"

谭友林副军长说："李奇微新官上任，要表现给美国人看。"

"你回来得正好，昨天，总部已经下达了命令，第四次战役已经打响。西线38军，50军正在机动防御，迟滞美军进攻速度，为我东线部队创造反击条件。"

吴军长身体消瘦，脸庞黑黑的。

他没有像通常交代任务一样走向地图讲，背对着地图说："上级命令我军担任东线反击集团的战役预备队，待我军诱敌深入突出后，实施反击，令117师归42军吴瑞林军长指挥，担任穿插任务。你没有思想准备吧？"

张师长一怔,啊?

吴军长笑笑,说:"这是我军的经常做法。具体任务你要请示吴军长。可不是我这个吴军长呀!"

大伙都笑了。两个主力军的军长都姓吴。

吴军长说:"我只要求你作为39军的代表队,打好这一仗!"

谭副军长说:"我们相信39军的部队,不管放到哪儿,都能打好!"

显得很瘦弱文质彬彬的沈启贤参谋长说:"李少元政委,赵参谋长等已带部队先出发了,你要尽快赶上!"

吴军长说:"具体任务由42军首长下达。"

张师长说:"请首长们放心,保证完成任务!"

2月8日刚刚拂晓,他的吉普车在北汉江北岸赶上了部队,马上与其他师领导研究,立即派副师长韩曙到42军汇报情况受领任务,然后召集团长们开会。

他说,部队休整时间不长,后勤补给运输等基本情况没有改善,各部队在作战中只有靠速度,靠近战夜战,靠出奇制胜,靠出奇兵取胜。各级指挥员要坚定灵活,处置情况要快,要敢打夜战近战、要敢于独立作战。

黄昏,夜幕罩了下来。在冰冷的江水中,他指挥117师部队紧急蹚过了汉江,然后部队以强行军速度向东急进。黎明前,进至汉城东侧50公里的龙头。

上午,在山脚的小树林里一棵老树下,作战参谋挂起了作战地图。团以上指挥员在此集中,韩曙传达了42军吴瑞林军长下达的任务。

韩曙说:"117师的任务是11日夜,从上物安里敌人的接合部投入战斗,沿药寺田、都仓村、琴岱里,向横城西北穿插迂回。42军125师1个团插到横城西南侧之介田里、回岩峰,66军穿插到横城东南。"

韩曙一边说,一边指着地图。

张师长弯着腰仔细地对照着地图,对韩曙说:"你往下讲。"

韩曙说:"12日7时前,我117师要占领夏日、鹤谷里公路两侧有利地形,断敌退路。"

师领导们都集中过来看夏日、鹤谷里这条公路。张师长用手指戳戳地图,点点头。

韩曙说:"要求我们以一个团的兵力保障师主力翼侧安全,并牵制横城原州之敌，配合正面反突击部队歼灭南朝鲜第 8 师及美 2 师部队。"

张师长直起腰来，说："明白了。机动作战，时间就是军队，就是胜利。351 团为前卫，行军中要坚决击退敢于阻击之敌，但不要恋战，目标要攻占夏日公路两侧要点和下加云以北高地，协同 66 军形成战役对内合围正面。"

张师长问王团长，明白没有？

王团长："明白！"

张师长："你们是前卫团，行动要迅速！按时按点完成任务！"

然后他继续发布作战命令："349 团任务，攻占鹤谷里两侧，协同 351 团切断敌人退路；并以部分兵力，控制汉江北岸要点，阻击从横城出援之敌；薛团长明白没有？"

薛团长："明白！"

然后，张师长说："350 团为师部预备队，负责打援。要前出至三才里，监视和牵制横城、原州之敌，保障师侧翼之安全，准备支援师主力作战。还是那句老话，军中无戏言。立功者受奖，未完成任务者受罚！我师穿插序列，351 团，师指挥所，349 团，350 团，师机关。你们马上回部队传达作战命令，准备天一黑就出发，具体时间等师部通知。"

参加会议的团长们做准备去了。

山风在山野间呼啸，把山峦上的积雪刮起来，在空中飞扬。太阳在云层中很快就隐蔽在山梁后边。这一天下午才 4 时多一点点，天就黑乎乎了。张师长让作战科长给各团下达命令："出发！"

全师指战员全部在左臂上系一条白毛巾，静默，急行军。

这条山路高山连绵不断，而且林深路隘。

突然，敌军的夜航机飞过，投下两颗照明弹，把积雪覆盖下的山川照得一片白。全师部队迅速在山林中散开隐蔽。敌机发现了一头黄牛，追赶着黄牛在山路上狂奔，敌机俯冲，用机关枪扫射，直到黄牛被击中倒下。敌机折腾了十多分钟，飞走了。山野重归黑暗和平静。官兵们一跃而起，40 分钟出到了几柴里村。然后，隐蔽等待战役发起时间。

17 时整，我军炮火准备还未开始，张师长看看表，说步兵出发时间已到，351 团出发！

主力 351 团早已箭在弦上，听到命令，"呼隆"一阵响冲出去了！

然后，张师长把望远镜往脖子上一挂，挎上手枪，说了一声"出发"，就钻入夜幕中，接着349团，350团依此跟进，投入战场。

依稀听到枪声传来，张师长令参谋问前卫团是怎么回事儿？

作战科长问明情况，答："351团与敌军一个排遭遇，已消灭。"

张师长说："告诉351团，争取时间，切不可与敌过多纠缠，误事！"

晚10时，进至一个叫都仓里的村庄，村庄已经是一片废墟，不复存在。张师长停下来，在一棵松树下，向朝鲜向导了解地形情况，让参谋拿过地图，打着手电对地图看。部队已经走了一多半的路程，还有一少半，但后边的路进入深山，山高路险，遍地荆棘，还有一座700多米的高山挡住了去路。越往前走，越接近敌占区，351团不要走错了路呀！他正在这样琢磨，结果不幸被言中。在琴岱里，作战科长报告，351团可能真的走错了！

啊？张师长在雪地上蹲下看脚印，然后再对地图，不是走错了是什么！351团呀，351团！什么主力走错了方向，还有屁用！他平时对古代兵法颇有兴趣，这时他就告诫自己，兵以静胜，"将不可以愠而战"。要冷静。

手电光下，他涨红的脸平静了。他问向导，从这里到鹤谷里，有没有近路可走？

向导回答，有是有，就是要翻一座大山。翻过去就是鹤谷里。

师长说："东木（同志），志愿军不怕翻山，凡是你能走的地方，我们都能走。"

向导说："那你们跟我走吧。"

师长对作战科长说："命令349团出至前卫团的位置，取捷径由昆矣洞，向鹤谷里行进；派参谋立即追回351团，令其迅速采取应变措施，任务与349团对换；350团任务不变！"

作战科长马上用无线电密语下达了命令，立即派出一参谋追赶351团。

黑暗中，琴岱里两侧的峰峦黑黢黢的。张师长站在黑暗中，举目眺望，山峰如剑直刺天空，往北就是南朝鲜8师16团防地上草院，还可通美2师防地新村。可称咽喉要地，位置十分重要。伪8师如果向横城方向突围失败，可能丢弃辎重经此南逃。

他把350团长叫来，说："留下1营在这里占据两侧有利地形，准备阻截敌人！"

这时，42军指挥部传来消息，我军已经从洪川方向正面突破了敌军防线，敌军正从丰水院、苍峰里向横城方向溃退。117师离敌军南逃方向尚远，张师长命令各部加速前进！与敌军的汽车轮子赛体力赛意志！

天空飘起了密不透风的鹅毛大雪，几米之外看不清人影。不一会儿，山野就白茫茫的了。脚下多是鱼脊一样的山峦，走一步打滑几次。东北方向大口径的炮弹爆炸已经映红了半边天空。师长棕色的高头大马在山脊上不停地摔倒又顽强地起来，像战士一样顽强。部队中的军马就是在编战士！

349团在山峦荆棘中不顾一切地穿插！翻越了一座700多米高的大山，12日子夜，到达昆矣洞，迎面遭遇一股敌人。敌人没有想到在这深山老林中碰到穿胶鞋的志愿军，猝不及防，陈尸116具。天渐渐发亮，但山中还很暗，全团部队夜行百里，占领了横城西北鹤谷里公路的两侧高地，按时到达指定位置。

立即报告张师长。

张师长说："好！密切注视横城和丰水院方向的敌军！立即报告42军指挥所，同时报告39军吴军长。"

351团被追回来了，返回琴岱里，直插夏日。

在夏日，他们发现公路上有美军，东侧高地也有美军。

王团长请示张师长。

张师长说，不要犹豫，打！

351团2营乘敌不备，突然冲击，机枪手榴弹同时飞入敌群，210名美军毙命。将敌人压缩到一片凹地内。1营将南朝鲜8师后撤部队击退，夺取了夏日以北至新村以南的有利地形。

12日7时前，全团进至师指定位置，与友军形成了战役对内正面，切断了南朝鲜8师和美军第2师南逃的退路。

350团两个营在向才三里村急进途中，顺便歼灭南朝鲜8师一个连。然后在到达才三里时，又遇敌百余，第3营把敌人解决后，遇美军空降兵187团伞兵一个连，打死打伤敌军40余人。全团按时到达了才三里，保障师侧翼安全。

这样，117师全师部队就像钉子一样扎在了横城以北，切断了北敌南逃和南敌北援的通路。敌军万万没有想到,这支部队是从天而降的?

张师长的特点是组织纪律观念强,而且像关公一样忠勇。此时,他又让作战科长报告了42军吴军长,然后又报告了39军吴军长。

然后,他带上作战科长、参谋、通信兵,向前山坡高处移动了两公里,在位于昆矣洞、夏日、鹤谷里三地几乎等距离的一个山地建立指挥所,三地战斗情形可以尽收望远镜内。

这时,42军124师(苏克之代师长,政委李铁中)受领作战任务是在智女里、上古论里一带阻击南韩第3师西犯。2月6日,372团在追歼美军2师9联队(相当团)一个排时,发现敌人已经占领了要隘780高地。苏克之立即命令372团驱逐敌人。372团与美军第9联队在780高地展开了残酷的拉锯战,连续三个昼夜,打退美军一个营以上的兵力在重炮的配合下20余次的猛烈冲击,反复争夺10余次,拖住了敌人,控制住了有利的反击阵地。但自己伤亡惨重。

2月10日,横城地区的战役反击开始,42军指挥所考虑124师在拉锯战中伤亡很大,只参加两个营的兵力配合117师将横城西北南朝鲜8师的退路切断。苏克之向军长吴瑞林要求说,372团正在整补,很快就完成整补,370团和371团是齐装,士气高涨,我全师部队都可以参战。吴军长同意了他的要求。不让他参加,他难受!

12日拂晓,124师指挥370团、371团、372团不顾一切困难,前出到鹰峰、鹤谷里、石子洞地区,与张竭诚指挥的117师一起手拉手,将横城西北的南韩8师的退路切断,造成我军东线集团歼灭伪8师的有利态势。我军部队很快把第8师和美军第9联队的建制和战斗队形打乱。

8时,山野发亮了,来情况了,从正面退下来美军两个营,美军之后有南朝鲜两个营。敌军通信发达,协调到位。同时,横城方向就出动了航空兵、坦克北上接应。

张师长在高坡上看得清清楚楚,他用无线电报话机,给各团长通话,严令各团不惜一切代价截住敌军!美2师是八国联军之一,报仇的时候到了!351团2营截击美2师的两个营,4连打得顽强,只剩下指导员、通信员和炊事员3人,阵地还没有丢失。1营对付南朝鲜的两个营,以抗击与出击相结合战术,双方形成了对峙。

炮弹在师指挥所周围不断爆炸，张师长一直在与各团长下达命令。作战科长担心炮弹伤着师长，劝他隐蔽。他说，我隐蔽了，还怎么指挥？

敌军南逃未遂，北援无果，窥测方向，企图从上草院里以南山地，经过琴岱里逃跑。岂料，张竭诚早已在那里放着一个营的部队以逸待劳，营长指挥部队猛烈出击与战场喊话相结合，俘虏敌军800余名，剩余之敌被351团3营解决了。

张师长分析，敌军败局已定。我军如果白天围歼，敌人会利用飞机和火炮，杀伤我军，用凝固汽油弹把阵地上的岩石烧红，炸成白色粉末。所以他决定晚上展开攻歼。敌军眼看处于插翅难飞的绝境，一架直升机把第8师师长陈映隆接走了，敌军顿时成为无头苍蝇。此时，敌军发动了羊群式的反扑。恰好66军一个营的部队赶到，从西北方向投入战斗。我军很快将被围敌军歼灭。俘虏敌人2500余人，毙伤敌军850余人。

张师长站在山坡上想这次战斗之所以胜利，一是开进路线选择正确，出敌意料之外，二是大胆穿插，控制住了要隘；三是各团指挥员指挥灵活；四是烈士们拼命死战，用年轻的生命换取了胜利。

下山时，看到遍山坡是横七竖八的我军与敌军的尸体，他的心情很沉重。

107. 邓华在菜窖里指挥砥平里战斗失利

2月13日横城大捷后，"邓指"收到志愿军司令部的情况通报，砥平里只有敌军不足4个营的兵力，邓司令一看兵力甚少，抽调39军、40军、42军8个团的兵力，由40军军长温玉成指挥，拿下砥平里。同时以42军、66军主力和40军120师向原州方向攻击前进，阻击敌人增援。

邓司令给温军长交代说："你去吧，那里有法国1个营，美军1个营，荷兰1个营，3000人左右。敌人立足未稳，只有一般野战工事，有可能逃跑。要马上打。"

当晚，温玉成指挥，立即发起进攻。但实际上由于轻敌，战事发起匆忙，没有实施战前侦察，没有统一规定战斗发起时间；有的团打起来了，有的团见兄弟部队都打起来了，才开始打；有的团没有按时到达冲击发起阵地；各团来自3个军，互相之间不熟悉，40军不能施行有效的统一指挥。

我军发起战斗后，遭到敌军坦克和炮火的猛烈还击，进攻部队受阻。

实际上敌军进砥平里已经6天，构筑了地堡、壕沟、地雷区等坚固防御工事。新任第8集团军司令范弗里特已经下令部队必须坚守此战略要地。

邓华与杨迪研究如何集中优势兵力，坚决歼灭砥平里之敌。我几个军在此，还拿不下他几个营？

邓华命令各军、师，14日要准备好，同时派参谋去通知美式105加榴炮重炮团，命令重炮团15日拂晓赶到砥平里参战，归40军温军长指挥。

15日黄昏采取野战攻坚战术，消灭法国营！这些美帝国主义的跟屁虫！

2月14日黄昏，杨迪又代表司令下到砥平里一线部队"视察"。

吉普车上路后，敌机不断地在阵地上空盘旋，投下带着小降落伞的照明弹一串一串的，把战场照得如同白昼，发现我军一兵一卒一车一棚一缕炊烟都要如同下雨一般投下炸弹，或用机枪扫射。

他到了39军117师阵地，张竭诚师长见到杨迪就说："老杨，战场上的真实情况你都看到了，在砥平里那样的小地方，部队太多，一个晚上要调整完部署完成进攻准备是很难做到的。这不是叫苦，请你立即向邓司令报告，再给一个晚上就好了！"

杨迪又跑到了40军指挥所，温军长见到他就喊："杨迪呀，你来得正好，新来的重炮团只有团营干部到了，火炮没有到，这怎么发动进攻？罗春生的120师正向这里急行军赶路，一个晚上做好准备，真的是做不到。横城战场上武器物资很多，也来不及打扫，恐怕美军飞机给炸了呢！建议16日晚上发起。"大家过去就很熟识，现在经过4个月的战斗洗礼，见面更是熟得不行。说话用不着绕圈子，都是直言不讳。

杨迪驱车回来的路上正好遇到了正在向砥平里赶路的重炮团。重炮团是解放战争时期用缴获的国民党军的新的美式105加榴炮装备起来的，每门炮要用8匹骡马牵拉，是我军的宝贝。杨迪与团长熟识。

"团长呀，"杨迪下车，亲切地递给团长一支烟，说："我刚从砥平里回来，温军长对我说，你们团的干部到了阵地，但炮还没有到。温军长很着急呀。你们团今晚拂晓前必须到达阵地。黄昏就要参加攻击，你看离天亮只有3个小时了。你得加快速度。你这些大炮和骡马还需要有伪装的时间呢！"

团长说："哎呀，我是尽快地赶呀。你看夜晚行军路窄，结冰，路滑，步兵还给我们抢路。赶太快了，我怕骡马太累了，牲口也和人一样呵，给它们带的粮草一路行军已吃得差不多了。特别是黑豆快吃完了。"

杨迪站在对面耐心地听团长叫苦。

团长继续唠叨说："黑豆得不到补充。黑豆是骡马的饭，草是菜。谷草还可以找一点补充，黑豆就找不到。"

杨迪心想在东北就认识他了，他怎么像一个老娘们一样唠叨！

远处夜航机又投下许多带降落伞的照明弹。

团长说："牲口饿了，拉不动炮呀。"

团长说："二是没有想到朝鲜的山路太费马掌。这几天行军，马掌磨损得很厉害，在冰冻的山路上，马蹄打滑，很厉害。"团长的烟抽完了，杨迪没有再给他。团长说："三是我们对道路不熟，万一炮滑进沟里，要拉出来就费时间了！"

杨迪赶紧截住团长的话头，说："困难是有，哪个部队没有困难？你得早点赶到砥平里。不然要误事！你这个团还是敌人飞机的目标，如果被敌机发现了，那还得了？温军长在眼巴巴地等着你呢！"团长自己掏出一支烟点着了。

杨迪把司令搬出来了，说："我是奉邓司令的命令来第一线了解情况和检查各部队准备情况的。你必须克服困难，加快速度，拂晓前进入阵地。"

杨迪看他徒步而行，说："你的兵都骑在骡马上，你怎么徒步走呢？这样的话，骡马的速度与你的徒步就一样慢了，这什么时候才能进入阵地？"

他苦苦一笑，说："老杨，我不敢让骡马走快了，怕出事呀！"

"错了，"杨迪提高了声音，说："时间不多了！时间就是胜利！你快快上马，按骡马的正常速度走，也比你步行快多了。不要怕一两门炮掉到沟里，掉进去了，也不要去拉，留下人员处理。你赶快上马！团主力要先进入阵地。"

作战处长代表司令能不听呀？团长只好上马了。

杨迪看他上了马，说："快走！祝你团取得作战胜利！"

团长回头笑笑，打了马一鞭，跑远了。

杨迪心想，这位同志在解放战争时的那股子劲儿那去了？担心重炮团要误事儿。

杨迪回到花田里把温军长和张师长的建议如实报告了司令员。未提重炮团的事儿。

司令员问："你是什么意见？"

杨迪回答："我的意见推迟一天比较好。"

"推迟一天，"邓司令自言自语，然后他说："如果再给敌人一个白天，法国营可以利用飞机掩护撤走呀。"

杨迪说："反正美国绝对不会让我军把法国营消灭掉的。法国只派了一个营和一艘军舰参战。如果法国营被吃掉了，美国无法向法国交代。二次战役后，英国、法国都对美国不满。杜鲁门还挠头呢。"

邓华在菜窖的土地上徘徊，沉思良久，然后说："现在我担心的是美军白天如何行动，是增援，还是固守？现在暂时不改变决心，到下午两三点视情况再定。打阻击部队要随时准备战斗，堵截增援之敌和撤退之敌。立即派出小分队带报话机潜伏到公路边，及时了解敌人动向，及时报告。"

杨迪立即把司令员的指示发给打阻击的部队，立即让电台和报话机全部开机监听情况。果然，美军很快就派出增援部队，美骑兵1师和英27旅在飞机的掩护下，从西线公路迅速向砥平里和原州飞驰而来。有20余辆坦克已经进入砥平里。还获悉美军第2师23团13日已经进入砥平里。

啊！一个美军建制团进去了？久经战阵的司令员和高参都大吃一惊！

邓司令的瘦脸严肃了，在菜窖里瞪着眼睛看地图，猛抽烟，不说话。

杨迪也感到没有给司令当好参谋，敌情差得太大了。

李奇微在回忆我军第四次战役前后美军和南朝鲜部队遭受的巨大损失时，他说："林肯诞辰前后，中共军队发起了第四阶段的攻势，企图像他们电台每天广播的那样把我们撵入大海。我们被迫又放弃一些地区，在中共军队的进攻面前，美第2师又一次首当其冲，遭受重大损失，尤其是火炮的损失更为严重。这些损失主要是由于南朝鲜第8师仓皇撤退所造成的。该师在敌人的一次夜间进攻面前彻底崩溃，致使美第2师的翼侧暴露无遗。南朝鲜军队在中国军队打击下往往损失惨重，往往对中共士兵怀有畏惧的心理，几乎把这些人看成了天兵天将。""脚踏胶底鞋的中共士兵如果突然出现在南朝鲜军队阵地上,总是把许多南朝鲜士兵吓得头也不回地飞快逃命。"

李奇微谈到美第2师第23团的砥平里战斗时说:"在这三个星期中,打了许多硬仗,但是,哪一次也不如保尔·弗里曼上校(现晋升为将军)指挥的第23团战斗队(配属有勇敢的蒙克拉尔指挥的法国营)打得巧妙、勇敢和顽强。在中共部队发动第四阶段攻势的整个过程中,第23团战斗队一直在原州西北大约20英里处的双洞——砥平里地区作战。中共5个师包围了这支部队。第23团战斗队粉碎了敌军的全部进攻,使敌军遭到极其重大的损失。在中共军队突然中止全部进攻行动之后,我立即乘直升机飞抵第23团战斗队的阵地,看到了数百具尚未掩埋的敌军尸体。"

李奇微拍拍弗里曼团长的肩膀,然后在帐篷里坐下来,听了汇报,他很兴奋,他感觉弗里曼提供的信息很有意义,他终于找到了对付中国军队的办法。他说:"砥平里战斗很重要,是参战以来,同中国人作战中第一次坚守住了。"

他在返回的飞机上想,只要不怕中国人,只要战术得当,是可以打败中国人的!

邓司令烟不离嘴地在地窖的地上来回踱着,地窖内烟雾弥漫。突然,他站住,抬腕看看手表,时间已到下午2点半,对杨迪说:"立即向各军、师发出停止进攻的密语。并通报各军、师说明敌情有很大变化,'邓指'决定停止进攻,令各部于今夜撤出战斗,向北转移!同时要立即报告彭总和志司。"

杨迪在小本子上简单记了几个字,说声:"好!"往电台跑去了。

杨迪把报告彭总的电报发出以后,邓华久久地抽烟,心中忐忑不安,不知道彭总是什么意见,如果彭总建议要坚决拿下砥平里怎么办?我军成建制消灭美军一个团,是十分困难的,在美军援兵到达的情况下,即使准备极大的牺牲,也可能拿不下。

杨迪忧虑地看着司令员。他明白首长在想什么,他心中也在这样想。在现在这种情况下,敌军的援兵已到,不可能重新调整部队的部署。到下午5时半,电台送来彭总的电报,邓司令说快念一下,"停止向砥平里进攻,迅速撤出战斗,部队向北转移"。

司令员:"啊!"

杨迪也不由自主地"啊"了一声。

他说:"好了,司令,你的决心与彭总的决心完全不谋而合,这就好处置了。"

邓华的脸上一亮,说:"杨迪呀,你不知道,我下达停止进攻和向北撤退的命令后,心情是很复杂的,你可能也看得出来,我很沉重,如果万一彭总有另外的处置,那怎么办?又重新调整部署,就要给各军、师带来很多困难。而且在敌军的眼皮子底下调整部队,会有很大的非战斗减员。现在好了,我的心也就放下来了。"

国内外都在瞅着砥平里。毛泽东主席和彭总都在注视着菜窖。杨迪想,邓司令不容易呀,在地下洞子里钻着指挥千军万马,担负着胜败的责任,他想得让司令高兴一下,说:"司令,我发现,你与彭总总是能想到一起。"

邓司令不以为是奉承的话,而是很认真地想了想,说:"我与彭总在一起这么多年了嘛。在井冈山,在陕西,百团大战时,都是在他的直接指挥下。对彭总为人的高尚品德和指挥作战的战术思想可算是熟悉和了解的了。"

然后,他平静地说:"立即把彭总的电报转发各军,停止进攻,撤出战斗,要规定各军、师梯次向北转移的路线和要占领的阵地,要相互掩护,防敌人利用机械化快速优势向我追击。"

108. 杨迪到横城战场开走4辆美吉普

2月15日月光清亮,静静地照耀着洪川一带的或白一片或暗一片的山峦。

下半夜,杨迪忙碌了半夜,想起温军长说的伪8师新装备的美式重武器和车辆都还丢弃在战场上的话。多可惜呀!总部机关多需要呀!他已经给管理处长张仲三发了一电,派几名司机来。司机已经来到邓指。他想请示一下司令去横城战场发点洋财。原来以为司令会不同意呢!不想司令说:"要快去快回,注意安全!"好极了!

他带上司机飞往战场。见40军、42军都有一部分干部战士在收拾战场,人少东西多,尤其司机少,他们着急要撤,带队的认识杨迪,说:"杨处长,战场上的胜利品太多了,美军飞机还没有顾上来轰炸,我们上半夜已经拉走了不少东西,你看战场上还有这么多车辆和物资,弄不走呀！能弄走就好了！你来了，汽车你们尽管开走，东西你们尽管拿！"

杨迪心想，这话说大了，好像是农民说的话。他说："你倒挺大方呀！"

对方说："天一亮，就不是我们的了，飞机一定会来炸掉。你们也快些收拾吧，天快亮了。"

杨迪心想，邓司令入朝时的那辆嘎斯也该换了，都撞了好几次了。他首先给邓司令挑了一台崭新发亮的美式小吉普，挑了两辆中吉普，还有几辆卡车，都装满了各种罐头和军需物品。带去的司机每人开一辆。

杨迪高高兴兴地说："怎么样？还能装吗？"

大家都说："实在不能装了，明天早晨被美军炸掉太可惜了。"

杨迪说："可惜什么，开路！"

嘴上说开路，他自己轻快地跑来跑去，又去开了一辆小吉普。超额完成了计划，他心中高兴。打了胜仗嘛，就应该换装嘛！这是我军的老传统了嘛！从红军时期到抗战时期再到解放战争时期都如此嘛！

16日拂晓，杨迪满载而归。

天快亮了，东面山峰的上空已经发白了。他想邓司令可能还睡觉，别把司令吵醒了。他蹑手蹑脚轻轻地走进菜窖口时，从菜窖深处传出："你回来了？"

杨迪说："回来了。"

他看到邓司令员背靠着土墙上，两腿叉开，在抽烟，看去情绪不好，菜窖内烟雾弥漫。

司令员一个晚上没有睡觉！

"司令，你还没有休息？"

邓华干瘦干瘦的脸膛上双眼布满了血丝，他心情沉重地说："砥平里没有打好，我心里后悔呀。我能睡得着吗？"

杨迪嘴张得大大的，不知道说什么好。

邓司令换了一支烟，又说："我在思考失利的原因。你回来了，我听听你的意见。"

杨迪思索一下，说："司令，我们对敌情了解不准确。战前说是南朝鲜部队，打响后才知道是法国营。尤其是13日白天美军第2师23团进入砥平里，这个情况我们一点不知道。"

邓华说:"是呀,又进来一个美军团,我们没有得到情报。"

杨迪说:"法国就来了一个营,这个营好像是编在23团。美军不会让我军打掉。我军如果打掉这个法国营,巴黎会大哗,伦敦也会大哗。对世界观感不好,所以必救。我到战场上发现敌军是以坦克围成环形防御。另外,我军参战部队8个团,来自39军、40军、42军3个军,部队都是刚刚到达就投入战斗,各部队协同不好,尤其通信联络没有沟通好。我军参战的炮兵少,有的炮兵部队还没有赶到。重炮团行动迟缓,15日晨才到,没有发挥作用。西线的美骑1师和英27旅动作很快,大白天就从西线驰援过来,再打下去是不行了。"

邓华站起来,抽着烟,看地图,说:"我们的情报太不准确了。"

杨迪说:"你与彭总果断地命令停止进攻,撤出战斗,不然会造成大的损失。还好。我们有横城的一个大的胜利,歼灭了南朝鲜第8师。"

邓华严肃地说:"你起草一个检查报告吧,报彭总和志司、发各军。"

杨迪一脸的惊愕,"不用,司令,我们取得了横城这么大的胜利"。

邓华说:"杨迪呀,我不能因指挥横城反击作战胜利,就掩盖砥平里指挥上的失误嘛。"

杨迪感到司令员要求自己太严格了,这种主动承担

笔者在沈阳杨迪参谋长日式小楼的客厅里

责任精神太令人感动了,他说:"司令,是我这个参谋没有当好。对敌情了解和判断有错误,影响了你的决心。是我的责任。"

邓华说:"你有这个认识很好,接受教训,以利于再战。但我怎么能怪你呢?敌情也不是你杨迪编造出来的。你这个参谋跟着我也很辛苦,是尽了力的。"

杨迪说:"我看,司令你是不是回到志司,当面给彭总汇报一下,检讨一下就行了。"

邓华严肃果断地说:"检讨不能只给彭总知道,还要志司其他领导都

知道，还要让各军领导同志也知道。所以，必须发电报，必须在我回去之前将电报发出。"

他回头往窖口看了一下天色，说："现在已经是白天了，看来今天敌人的飞机主要是侦察我军的行动企图，不会来光顾我们这个小村子了。我们不要猫在这阴暗的菜窖里了，走，到上面房间去，我说，你写。"

他们二人一样瘦，但却一高一低，从菜窖走上来，到草棚子坐下。

邓司令黑瘦，坐在一个美军的炮弹箱子上，先点了一支烟，抽了几口，然后把烟盒递给杨迪，杨迪抽出一支点上，把烟盒放到司令的炮弹箱上。他搬来一个炮弹箱，坐下。他们你看看我，我看看你，互相沉吟了一阵。

然后，司令说："杨迪呀，你刚才说的几条，有道理，但我的检讨要少讲客观原因，多从主观上找原因。要从自我检讨的角度，这样才能有利于以后的指挥。不然叫什么检讨呢？"

杨迪木然。

然后，邓司令讲，杨迪记。杨迪对司令太熟悉太了解了。邓司令抽着烟不断地踱着，他也顺着司令的思路"沙沙沙"地在写着。他们二人的合作是这样的默契，这样的到位。不容易，没有身经百战淬火的经历是到不了这个境地的。杨迪把司令要说的和没说的话很快都形成了文字，递给司令审阅，司令心情沉重地看着，当看到他今天并未说到但以前说过的话都赫然在纸上，他瞅了杨迪一眼。这样的助手不可多得。司令作了几处修改，然后郑重地签上他的名字。

杨迪愕然。过去司令发电，他有的签名，有的就不签。此时，司令郑重其事地签发，杨迪理解到司令是表示负责和重视这个电报稿。

然后，司令站起来，把电报稿递给杨迪，说："马上发出。"

杨迪接过来，跑出去，交给了发报员，说："立即发走！"

杨迪见司令的心情一直很沉重，自己心情也沉重。

假如我派参谋到前线侦察，假如我建议开战前会议，假如我强调炮兵要加强，假如……哎，一切都晚了。这就是战争！差之毫厘，胜败已定。

砥平里一战的意义，可能太大了！可见司令是多么看重砥平里一战。

一切都已经生米煮成熟饭。在我们忽略某一个细节时，饭已经在煮着。温度在逐渐升高嘛。

他想转移一下司令的注意力,他是一个好的部下,一个热爱自己首长的部下。他说:"司令,我去横城打扫战场,开回两辆崭新的美吉普,司令,你去看看吧?"

"你还开回小吉普?"

"是呀,我开回一辆。"

"那你能耐可不小。走,去看看。"

他们二人顺着山沟进入后山的树林里,还未到车跟前,那车在雪光下,在太阳光下,锃亮锃亮地发着油光。那漆可真好呀!

邓司令一震,站住,指着前面问:"是在山坳里吧?"杨迪说:"是呀,看多亮!"

司令脸上露出笑容。"嘎吱嘎吱"踩着雪,顺着坡路,走过去。那里确实停着几辆美吉普,油光发亮。邓司令的眼睛露出一阵惊喜,"咦?你小子还真弄回来了?"杨迪指指一辆吉普说:"那还有假的!"邓司令说:"你小子可以,我们他妈的,砥平里失利,横城缴获不菲!"

杨迪说:"这是给你选的,只跑了200公里。"

邓司令伸手摸摸吉普的前脸,说:"是好东西。"

杨迪说:"回志司我们就开它了!"

109. 朝鲜战场胜利者在花田里的晚宴

南边飞机扔下炸弹爆炸和大炮的声音不断传来。但花田里一带山林却很寂静。

"邓指"决定要在16日晚间上路返回志司。

要离开南朝鲜的花田里了,晚上杨迪让管理员把缴获的美军的肉食、饼干、罐头米饭、罐头面,还有罐装的啤酒,大家对它的味道不习惯,叫"马尿",分给各组会餐。气氛当然很热烈。在战场上用缴获的食品会餐是很惬意的事情。

把上面安排好,杨迪到菜窖去向司令员报告了大家会餐的情况,然后他说:"司令,我们要离开南朝鲜了,我让炊事员把剩下的狗肉都炒了,给你多放了点辣椒,再尝尝美国罐头。"

司令一听笑眯眯地说:"好呀,我吃狗肉喝酒,你吃美国猪肉罐头和牛肉罐头解馋。"

"只有胜利者才能吃上美国罐头!"

"说得好,我们志愿军入朝以来打败了美军,据说他们从美国建国以来没有打过败仗。我们取得了很大的胜利,缴获了这么多美国的物资,当然是胜利者,应该吃美国罐头!去给我也拿几个来。"

"司令,我还馋你那半瓶二锅头呢!"

"你的意思我明白,今晚咱们俩就把它消灭掉!"

杨迪按照司令的指示去拿了6罐罐头。回到菜窖里,邓司令与杨迪把美国牛肉罐头、猪肉罐头等等都撬开,倒到一个炮弹壳里,把狗肉也盛在另一炮弹壳里,炊事员还给司令找到一个素豆角罐头,撬开放在一旁,然后给两位领导一人一个米饭罐头,这确实是胜利者的一次晚宴。

司令突然说:"不好。"

杨迪问:"怎么了?"

邓司令一直说:"不好,不好。"

杨迪一直问:"怎么了?怎么了?"

"没有咱们湖南的辣椒呀!毛主席说辣椒是革命辣椒嘛!"

"是,是,我让炊事员放上点。"

待炊事员在美国罐头里放进革命元素后,两个湖南老乡,吃起来很够味,很高兴。

美国的罐头也可以改造嘛。一切外国的东西只要对我们中华民族有用,都可以改造得有中国特色,改造得适合我们的口味。

杨迪把二锅头倒上,双手捧起递给司令:"司令,你痛痛快快喝吧,喝完我们就回去。"

司令接住酒杯,一饮而尽。

杨迪又给他满了一杯,司令说:"杨迪呀,东北战争时期你跟着老洪,入关南下到九江你就跟上我了,跟了我这么多年,完成了许多作战任务。我们部队解放了江西、两广,解放了海南岛。我这个人要求严格。你也很辛苦。共产党人都是无产阶级,我没有什么感谢你的,今天我敬你一杯酒吧。"

杨迪双手无序地乱摆,说:"不不不!司令,所有的任务都是为了祖国的解放,为了人民的幸福,为了国际和平,都是我应该做的。我不能喝司令这杯酒!"

"你不喝,难道要让司令在这举着?"

"不不不,司令,你放下,你放下。"

"你不喝我怎么放下?"

"哎呀,司令,你叫我难死了,你这是折我的阳寿呀。"杨迪不知道如何解决这个局面,突然想到一个解围的办法,说:"司令,咱们同起吧!"

"好,那就同起,喝了!"邓华和杨迪一仰脖子,酒下去了。

酒到火候,邓司令哼起了京戏《杨八姐游春》。

一时间,菜窖内气氛很热闹。

杨迪说:"司令呀,我们不是游春,我们是游南朝鲜呀!你看花田里这一带景色多美呀!"

"是呀,杨迪,你不说,我还没有注意到呢!"

杨迪喝多了一点,在司令面前拘谨和矜持少了一点,他说:"司令呀,从我跟上你,洪司令、韩司令对我好像有看法了。"

司令问:"什么看法?"

杨迪说:"有一次,洪司令对我说,杨迪呀,你小子可要好好干。你过去跟我,我水平低,还勉强。有什么情况,我也可以提醒你。你现在跟上邓司令,邓司令水平高,可要操心,可不能'瞎参谋,乱干事'。你说洪司令是不是对我有意见呀?"

邓司令说:"当好一个高参不容易,我看老哥是在提醒你兢兢业业做好工作。你就当洪司令鼓励你吧。"

杨迪说:"是是,积极方面理解。"

司令说:"你们小知识分子就有爱琢磨的特点。"

"是是,司令,不过我是被战火改造过的小知识分子。"

邓司令说:"好,好,改造得不错。"

论酒,杨迪不是司令员的对手,喝得满脸通红。他的话多了,说:"司令,我们吃了美国罐头,一会儿坐美国吉普回去。你看可以不可以?"

邓司令又哼着京戏,停下来,说:"好呀。"

杨迪说:"这就叫派。"

"一胜一负,也没有忘记派。"他们二人都笑了。

杨迪说:"黄昏后,我计算今日黄昏部队后撤,行军到半夜,就完全可以同敌人脱离接触,可以拉开一段距离了,担任阻击任务的部队也占领了阵地。到16日零时(24时),我们就可以令各军、师直接接受志愿军司令部的指挥。邓指与各军师脱离指挥关系。我们就出发,返回志司,下半夜敌机活动也少了。"

"好，你要安排好。彭总和志司已经到金化以北下甘岭的山沟里了。我们要赶往下甘岭。你现在就给各军各师和志司发电报，16日24时后归志司指挥。"

邓司令沉默了一会儿，说："杨迪，我征求你的意见，我们指挥部要在各部队撤出战斗，与敌人脱离接触后，再转移，以便及时处置意外情况。你同意吧？"

杨迪意识到这意味着指挥部要面临着很大的危险，说："司令，我同意。只是司令……"

司令一笑说："你担心我呀，我还担心你呢！"

"我的意见零时准时出发。"

"好，零时出发！"

然后杨迪确定了分批开进的行军顺序并报告邓司令同意，一名参谋率电台、报务员、译电员乘车先出发；然后是一名参谋带领警卫人员随邓副司令出发；其他人员坐苏式吉普车跟后；杨迪自己开着他缴获的新吉普殿后。所有的车辆夜间行车都放倒挡风玻璃和车篷的帆布罩，开小灯前进。

邓指在各军报告部队全部与敌人脱离接触后，从花田里出发了。

夜黑沉沉的，很寂静，只有寒风在不停息地呼呼地叫着。远处的山野后有明晃晃的光，是敌机在放照明弹。

杨迪问："谁坐我的车？"谁也不敢黑夜坐他开的车。

有的说："杨处长，夜间行车，不能开大灯，我们不敢给你玩命。"

他只好与他的警卫员两个人玩命。

不料，还真出了问题，跑着跑着，左后轮被扎破跑气了，第一他不会修，第二在战场没有缴获小车的修理工具。他就硬着头皮，用三个轮胎开着。路上大炮弹坑连着小炮弹坑，车在跳舞，人在蹦高，美军夜航机在不断投照明弹，照明弹一照，到处明晃晃的，车就得拐进树林隐蔽，照明弹暗下来又不顾一切冲出来再走。

2月17日拂晓，布满灰尘的"邓指"车队进入了下甘岭的山沟。

警戒分队已经报告了志司值班室。值班室报告了洪副司令。

洪副司令带着机关几名处长在洞口欢迎。邓华满脸尘土从车上下来时，腿不会走路了，洪副司令上去拉住他的手，问："老弟，辛苦了，你没事吧？"

邓副司令回答:"没事,没事。腿麻了。"

警卫员架着他进洞了。

杨凤安见到杨迪就说:"杨迪,邓副司令怎么还给彭总和各军发了检讨报告呢?"

杨迪说:"邓司令坚持要发,我怎么劝都不行。"

杨凤安说:"有横城大捷就是大胜利嘛。"

杨迪关切地问:"彭总看到说什么了?"

"彭总没有吭声。"

"啊!"后来志司开会,彭总讲到砥平里没有打好,只是说:"邓华同志有一个电报发给各军了,你们好好看看。"

后来杨迪见到温军长,温军长是个大嗓门,他与杨迪很熟,他对杨迪说:"杨迪呀,老实说,我们是有意见的,可是见到邓副司令的电报,我没意见了,他不仅向上级,还同时向同级、下级承认和检讨自己的失误,我很受感动。这样高的将领给我们做了榜样。我这个做军长的,一个师一个团没有打好,我没有作过检讨。这样指挥解放了海南岛的高级将领一小仗没打好就作检讨,太叫我们受教育了!"

二十　彭德怀思前想后觉得朝鲜战局的作战指导到了一个转折点,必须紧急回国与毛泽东主席面商,为解决志愿军的困难,他在居仁堂发了脾气

110. 彭总向毛主席请示立即回京"面报各项"

2月15日,天阴冷阴冷的。君子里一带山林阳面的积雪有的已经消化,露出了黑色的山坡,多数地方还被积雪覆盖着。寒风卷着雪粒在肆虐。

晚饭后,彭总倒背着手沉着脸在矿洞周围的山路上散步,转了一圈儿,回到他的办公室,捏了一撮茶叶放进嘴里嚼着,然后在汽灯下,看一阵地图,徘徊一阵。

砥平里战斗失利，生米做成了夹生饭，部队只能撤出战斗，对彭总触动很大，一个美国团，一个法国营，一个荷兰营，被我军8个团包围，由邓华这样的战将亲自指挥，却拿不下来。我军没有强大的炮火，不能消灭敌人的坦克，不能压制敌人的炮火，不能突破敌人坚固工事的防守。第四次战役我军仍然没有达到毛泽东主席的要求，一战未能消灭美军两三个师，仍然没有扭转朝鲜的战局。

这时警卫员黄有焕推门进来，把他的被褥铺开，催他休息。

他的嘴唇嘟噜着，不耐烦地说，我知道了。他站到作战地图前，看着砥平里那个小点。砥平里战斗说明了很多问题。我志愿军几个老部队四次战役打下来，主力部队伤亡过半，战斗力大不如前。现在部队速胜的思想抬头。苏联和朝鲜方面都有主张继续向南进攻的意见。金首相同他谈话时，开始也是这个意见。彭总感到各个方面对他的压力很大。

他一个人这样徘徊着，前思后想，已经到了后半夜。洞外，狂风卷着雪粒在狂舞。

白色的灯光下，他满面忧愁，两眼布满血丝，头上短短的银发闪着亮光。矿洞子里，他披着件军大衣，房间里有一盆炭火，仍然感到后背很冷。

他喊道："警卫员！"警卫员黄有焕应声而到，彭总对他说："烧个土豆来嘛！"

不一会儿，一个烫手的黑乎乎的土豆拿来了，彭总瞪了黄有焕一眼。黄有焕赶紧跑出去了。不知为什么，彭总感觉很饿。土豆热得他直烫嘴，他狼吞虎咽地吃下去了。他又在地图前琢磨了一阵，郭风光进来说，首长，后半夜了，该休息了。他瞪了对方一眼，未搭话。

郭风光以为他是因为砥平里没打好在生气，说："休息吧，仗没打好，也不能不睡觉呀！"

彭总说："你知道个啥，谁生气，休息去！"

他在想，朝鲜战局到了转折的关头。毛泽东非常了解志愿军在前线的困难，他正在积极运筹第二番入朝作战部队。2月7日，他在给周恩来并告聂荣臻的指示中说：在你计划轮番作战兵力时，请将杨得志3个军，西南3个军（先开两个，另一个军于到达河北后教育两星期接着开），杨成武两个军（在66军及50军回来接防后开），47军（2月底集中岳州，3月初开东北，训练两星期开前线）及董其武兵团两个军（先补充一万人，武器方面亦须有所改善,准备4月间开前线负守备任务),变为第二番作战兵力。西南已到之两个军,杨成武两个军,董其武两个军须令其立即开始出境作战的各项教育,应召集这些军的负责人来京开会授予任务。

中央抓紧调兵遣将运筹第二番入朝作战,但目前志愿军上上下下需要转变思想,必须树持久作战的思想,想沿用在国内作战的经验,几个战役就取得大的胜利,就可以扭转战局,在朝鲜半岛是行不通的。

他想必须把许多关系重大问题的自己想法给毛泽东主席面陈,希望主席能同意自己的看法。

他想用电报方式,但电报说不清楚,没有其他法子,部队有许多问题,需要回国亲自向毛泽东主席汇报,请求他的指示。

2月16日,彭总给毛泽东主席发电:"我拟乘此间隙,利用黑夜回中央一次,面报各项,如同意我拟21日晨到安东,为争取时间,请聂总备机在安东等我,以便当日即可到京,如何?盼复。"

17日,毛泽东主席回电同意他回京汇报朝鲜战局。彭总马上把刚刚回来的邓华和洪学智、解方、杜平找来,说,"我要回北京一躺,在我离朝期间,作战指挥由邓华和朴一禹负责,其他同志按照分工做好自己的工作"。

洪学智关切地问:"老总你怎么回去?"

老总瞥了对方一眼,说:"怎么回去,坐我的车嘛!"

洪学智和邓华都说:"哎呀,路上可危险哪!"

老总不高兴地说:"你们一天到晚就是危险、危险,危险就不工作了?"

洪学智说:"反正老总你要注意。"

老总说:"我自己有脑子!"

111. 彭总执意要去看金日成首相

2月18日上午,他把红脸关公似的军事秘书杨凤安叫到他的办公室,告诉他下午去看金首相。

杨凤安一听去看金首相,瞪大了眼睛,很惊讶,说:"那要过大同江呀?"

彭总严肃地问:"过大同江怎么了?"

"敌机封锁大同江呀!"

"它封锁我们就不去看金首相了？不要婆婆妈妈的！"

天黑下来，洞子里早已点灯了，可以听到有"黑寡妇"敌机在远处轰炸的声音。

彭总从自己的办公室出来，走到洞子门口，邓华、洪学智、解方等都等在门口。

彭总问："你们都在这儿干什么？"

邓华说："彭总路上小心呀！"

彭总瞪了他们一眼，说："又不是上前沿阵地，有什么大惊小怪的？"

郭风光给他穿好大衣，他昂然大步流星走出洞子。

吉普车停在洞口，车前的挡风玻璃放倒了。他没有回首，警卫员给他拉开车门，他一步跨上车，杨凤安和警卫员赶紧上去，司机刘洋把车已经窜出去了。

彭总的脑袋里一直在考虑怎么与金日成首相相谈，主要是战争的局势，谈李奇微的战术新变化，以及中朝联军的战略战术要有所转变，不能急于求胜，苏联大使的观点是错误的，南下速胜的思想，我军可能陷入被动，要出大问题。

无边无际的黑暗笼罩着山峦，刺骨的寒风在山峦沟壑间肆虐。远处有夜航机在投照明弹，照明弹拖着股白烟，晃晃悠悠地挂在半空中，把山地和松树林子照得清清楚楚。路上看不到有村庄的灯火，美军已经把这里变成了焦土。一个弹坑连着一个弹坑，吉普车在跳迪斯科，在左右扭转。车窗和车门都在不停地摇动着，发出很大的声响，一会儿耳朵就听不到声音似的。要用双手使劲儿按耳朵，然后再突然松开，"嗡"的一声响，就又可以听见了。

吉普车掀起的尘土从车前和各个缝隙钻进了车内。彭总坐在后座一声不响。任凭车怎样折腾，他就是不动。

杨凤安和警卫员都伸着脖子帮着司机刘洋看路。到了大同江边，江面上还结着厚厚的冰层，吉普车一个油门就直接开过去了。

他们向西南跋涉了3个多小时，黎明时分终于到了平壤西侧山沟金日成首相处。彭总5个人都变成了土人。

朝鲜一负责同志一直在路口等彭总，接到彭总后，先让彭总洗漱一阵。

彭总正在弯着腰洗脸，金日成首相过来了。金日成可以讲一口流利的东北腔，他进门就说："彭总呀，你太辛苦了！"彭总把毛巾移开，看到金日成，赶紧擦脸，擦手，给金首相握手，一边握手，一边说："东木，我想了很久，怎么也得来给你交换一下意见。"

一边谈着，金日成一边把彭总带到饭厅吃早餐。

金日成年轻英俊，很富态，黑黑的浓密的头发从中间分开。

杨凤安是第一次与金首相在一个桌子上吃饭，不敢伸筷子，很拘束，被金首相看出来了。金首相说："小杨，吃菜，不要客气。"

彭总一边插话说："都是无产阶级，客气什么！"

他自己大口吃着菜和饭，然后把碗往桌子上一放，给金日成说："咱们谈谈？"

金日成说："再吃点，走了一晚上。"

彭总抹抹嘴，说："吃好了，有好的，等战争胜利后，再来吃！"

金日成给他递烟，彭总接过来，点着，抽着，问："在哪里谈？"

金日成带彭总到他的办公室，刚刚坐下来，彭总就眯细了眼睛看着对方，说，"这次来，是征求金首相的意见，看我们中朝联军下一步如何打法。"

金日成说："你告诉我，我去你那里就可以了。"

彭总说："本来打算第三次战役后，部队要休整一段时间，但是李奇微发起了全面的反攻，一直同我军黏着，不让休整。这次就是来同你商量，如何对付李奇微的进攻。"

金日成说："我看彭总已经胸有成竹了，人民军听你的指挥。"

彭总说："首相同志，中朝联军是我们共同指挥。我考虑部队南进已经超出了我军后勤供应的能力。现在供应线太长，美国空军日夜封锁我军后方交通线，粮弹供应不上，前线阵地的指战员在饿着肚子打仗，光着脚板在雪地上追击敌人，抱着石头同敌人拼命。第一批入朝作战的部队已经伤亡一小半，战斗力大不如前哪。看到部队的状况，首相同志呀，老彭心痛呀！都是翻身农民，都是年轻娃娃。他们听党的话，发扬无产阶级的大无畏精神，勇敢战斗，不怕牺牲，都是好样的！作为指挥员要为他们负责。所以我们必须要确定正确的适合战争形势的作战方针。"

金日成说："彭总，你的意见我完全同意，我们想到一起了。"

"好，这我就放心了，"彭总像孩子似的天真无邪地一笑，说："这就好。我考虑要坚持运动防御，就是从现在的前沿阵地逐渐向北作机动防御，但我们不放敌人过三八线。三八线是一条政治线，是中朝联军后撤的底线。"

金日成说："点支烟"，说着递给彭总一支烟，彭总笑眯眯地接过来，点着，抽起来。然后习惯性地眯细了眼睛看着对方。

彭总说："毛主席已经决定我军第二批志愿军兵团开进朝鲜前线，参加作战。"

金日成说："非常感谢毛主席、感谢中国人民的全力支援，我代表朝鲜人民表示衷心的感谢！"

彭总说："从前四次战役看，我军虽然不能把美军赶入大海，但美军也没有能力占领整个朝鲜半岛。只要我们两国唇齿相依，生死与共，团结战斗，我们就一定能够打到胜利为止！"

午间，金首相款待彭总，有朝鲜的人参酒，朝鲜辣椒泡白菜，红烧狗肉，干鱼萝卜汤，冷面。战争期间，这就是盛宴。金日成自己是海量，他劝彭总喝一点酒，彭总说："我知道你与我们周总理都是海量，我酒量不行，我陪你几杯吧。"金日成高兴地举杯一饮而尽。彭总见金日成干杯，也喝下去了。然后金日成又让杨凤安喝，杨秘书恭敬不如从命，一杯干下去，弄了一个大红脸。彭总笑了，说："我从来没见他喝过酒。"杨秘书手捂着嘴直摆手说："我不会喝，我不会喝。"然后金日成说："这杯酒敬毛主席的，朝鲜人民感谢毛主席！请彭总代毛主席喝了。"彭总笑着问："你敬毛主席的，我怎么能喝？不能，不能。"金日成点头回答："你不代表，谁代表呀？"彭总说："好好好。我喝了。我回国还得报告毛主席我代他喝了。"他一仰脖子喝下去了。金日成又让管理员倒满了一杯，彭总眼睛一亮，指着酒杯，说："我猜你这杯是敬周总理的，对不对？"金日成笑了，"怪不得彭总能打胜仗，判断准确，怎么办，你还得喝了"。彭总端起酒杯说："周总理为了抗美援朝战争的胜利，殚精竭虑，他是总调度、总统筹，亲自给志愿军炒炒面。无论如何我喝了。我感谢他！"彭总举杯而尽，然后说："首相东木，不能再喝了，少奇、朱老总我可不能代表了，我们的领导人还多呢！我不能都代表了。"金日成说："酒到此为止，多吃点菜！"

彭总说："今天我们对下一阶段作战意见取得了一致，我很高兴。"

金日成说："吃饭、打仗、下棋的规律似乎一样，饭只能一口一口地吃，仗只能一仗一仗地打，不打无把握之仗，下棋要看对方的车马炮如何走，看三步，看准后再走。"

彭总说："你讲得好。我们全线转入机动防御，争取两个月左右的时间，掩护第二批部队向前线开进。采取机动防御，逐渐北撤，诱敌深入，待机发起反击，这也是三步棋嘛！我要回国一次，向毛主席和周总理汇报。"

金日成说："好，向毛主席和周总理问好！"

112. 彭总乘大浮冰险过大同江

暮色降临，夜幕低垂。在夜幕的掩护下，彭总又踏上了归途。车到大同江边，寒风凌厉，飘着小雪花。江边的大树上有一群寒鸦在不停地鸣叫。江上一块一块的大冰块浩浩荡荡向下游缓慢漂荡。原来敌机把冰层轰炸开了。

彭总下车，倒背着双手，站在江边，说："美国佬办的坏事。"

彭总和杨凤安站在江边一时不知道怎么办。大同江大铁桥的骨架子悬在暮色薄雾中。

彭总问："小杨，你有什么高招儿？"

杨凤安心里正在想，大事不好，志愿军统帅呀，"黑寡妇"来了，躲都没地方躲呀！他在想采取什么应急措施好。这时他见彭总还开玩笑，就气呼呼地回答："我有什么高招儿，等美国'黑寡妇'来炸呗。"

彭总面露微笑，说："革命军人遇到困难还闹情绪呀？我们共产党人什么样的困难没有遇到？难道一条大同江就难倒我们了？"

几句话把大个子说了一个大红脸。

彭总点了一支烟，仰起脸，向下游望去，四壁山环，暮色笼罩，他想大同江一带应该有我们的部队呀？他把自己的想法告诉杨凤安。

杨凤安恍然大悟，说："对呀，这里是应该有部队的。"

恰好这时，大同江江的上游不远处，好像有几个战士。

彭总用手一指，"你看那里不是有人过江吗？"

杨凤安一瞅，判断是我们的人，跑上前去，问情况。

战士们说："昨天我们还在冰上运粮来呢。可是一大早，敌机来轰炸，把昨晚修好的水泥桥和冰层都炸毁了。"

战士们很聪明，他们把粮食一包一包地放到冰块上，然后用树枝当桨，顺流而去，慢慢撑向对岸。

以浮冰代替轮渡，好呀。彭总对战士们的做法很欣赏，他走到战士身旁，拍拍战士的肩头，问："累不累？"战士说："累一点没关系，干活就不冷了。部队正需要粮食呢。"

"你们这是用冰排当轮渡呀？"

战士们很乐观，说："全自动的，顺江一漂就到对岸了。"

彭总回头对杨凤安说："小伙子们动脑筋想办法，好，我们也照此办理好了。"

杨凤安一看，江上的大小冰块争先恐后，无序下泄，互相撞击，安全完全没有保证，急了，说："首长，这样太危险了！如果到不了对岸，冰排顺江而下，后果不堪设想！要是下不了冰怎么办？或者碰到敌人怎么办？"

彭总说："照你说我们还坐着冰块到大海呢！看看你说得多吓人！军人本来就是勇敢者的职业！"

彭总是最有资格说这个话的。他一生有多少次冒险？他说不清楚，别人也说不清楚。一个"胆"字伴随着他一生。平江起义后，向井冈山转移，湘军集结十多个团围追堵截，一天打了8次恶仗，两千多人，千余战士阵亡，剩下500多人，被敌军3个团的兵力堵截在江西万载大桥上，他一马当先，奋力冲杀出一条血路；1929年1月他与滕代远奉命指挥七八百人的部队留守井冈山，被湘军围成铁桶，半夜，他提着驳壳枪站在山口指挥部队，直插敌阵，从敌军的接合部打开缺口，冲出包围；遵义会议后，他奉毛泽东指示，回师黔北，东渡赤水，指挥红3军团攻下娄山关，两次解放遵义城；长征向陕北行进途中，先遣队作战部队和机关的老弱病伤只有六七千人，反动的回民骑兵沿途冲杀残害红军，他指挥部队攻关夺隘，与马步芳、马鸿逵、马鸿宾的骑兵恶战；1940年8月突然发起百团大战，正太路一夜之间化为一段段废铁，粉碎了日寇的"囚笼"政策；1947年3月，他按照毛泽东的决策，带领两三万部队与董钊和刘戡的两个军14万多兵力在陕北的高原大壑中周旋，多次化险为夷。

但随员杨凤安不同意一个统帅去冒险。他说："你的安全事关重大，可不能冒险。"

彭总仔细地看战士们运粮食，指着战士们说："你看他们如何操作，你看到对岸了。我看可以。你不要阻拦。司令员与战士是平等的，都需要有不怕苦不怕死的革命精神，都要有压倒一切困难的精神，都需要把生死置之度外。"

他把司机刘洋叫过来，指着运粮食的战士说："你看清了吗？"

刘洋回答："看清了。"

彭总像战前面授机宜似的，说："冰块来了，你瞅准了，既小心又果断地把车开上去，杨秘书、郭风光、黄有焕你们用树枝撑。还可以让战士帮忙嘛！你看可以吗？"

刘洋说："我看可以。冰块越大走得越慢，我拣一块大的。"

年轻人爱冒险，结果一次成功。

彭总很高兴，说："人家都是乘船过江，我们是乘天然大冰块，不用钱不用汽油，多好！这种娱乐真好玩！"

杨凤安说："彭总呀，你还觉得有趣呢，我吓得出了一身冷汗！"

彭总说："能出什么事？我们是义军，替天行道，诸神退位，老龙王保驾，有什么危险？"

回到总部，杨凤安把过江遇险的事情告诉了"邓、洪、解"，他们像听惊险故事一样惊叹了半晌。

113. 周总理说"把'三杨'拿到朝鲜叫作'三杨（阳）开泰'嘛"

他们沿平壤至阳德的山间公路颠簸着于拂晓前返回了下甘岭。

彭总觉得头发里全是灰尘，要洗一把脸。他把脑袋栽到脸盆里，打上肥皂后，用手上下使劲揉搓，然后用温水把头浇几下。洗过脸，他感觉很舒服，很清爽，吃了一点早餐，沏了一杯热气腾腾的湖南老家茶，神情严肃地沉思。沉思默想的时候，就好像噘着嘴一样。

邓华、洪学智等听说彭总回来了，都过来见彭总。

彭总简单给他们说了一下与金日成商谈的情况，然后大步走进了作战室。他惦记着这两天各个方向的战况。杨迪和一个参谋在值班，说："彭总回来了？"彭总严肃地点点头，说："简单介绍一下战情。"杨迪一边指地图，一边汇报，说："我军从砥平里北撤后，敌人马上尾追上来，整个战线又拉平了。没有突出部了。"

他倒背着手，听完，点点头，说："打得很艰苦，38军和50军那个团已经完成了阻击任务。"

然后回到自己的房间，杨凤安说："彭总，路上很难走，你休息一会儿吧。"

彭总双手把脸搓了一下，说："把他们都叫过来吧。"

杨凤安知道是要给副司令交代工作了。

邓华、洪学智、韩先楚、解方、杜平进来后，他靠在椅背上，瞅着大家，面露轻松地微笑说："我这次与金首相谈得很好，意见取得了一致。金首相充分肯定了我们的作战方针。"

洪学智说："老总与金首相意见取得一致就好。"

彭总说："那当然好了。从此次敌人尾追进攻中可以看出，不消灭美军的主力，敌人是不会退出朝鲜的。这就决定了战争的长期性。从此次敌人进攻还可以看出，敌人兵力多，纵深大，齐头并进，东西两线靠拢，相互呼应。"

洪学智说："李奇微对麦克阿瑟的战术作了很多的改进。"

彭总捏了一小撮茶叶放进嘴里嚼了嚼，然后说："我韩集团为邓集团创造了条件。但我军东线的胜利极不完满，未能适时切断敌人的退路，使被围之敌大部逃脱了。原州敌人纵深未能打破。各个歼灭敌人的时机已经慢了一步。我主力已经转至上荣峰里、洪川线及其东西地区待机。退是要退的，但不能退得太远了。只能退到三八线。退得太远了，第一要影响士气，第二在政治上对我们不利，不好向民主阵营和朝鲜同志说清楚。人家会问，怎么回事儿，上一仗打到三七线，这一仗又撤到三八线以北呢？所以机动防御是受三八线这条政治线约束。"

彭总站起来，踱着步，说："朝鲜战局面临一个转折点。李奇微还会继续北犯。以图破坏我军的休整补充，还要利用他的优势装备大量杀伤我军。我军第一线部队已经很疲劳，兵员减员太多。杨得志、李志民的19兵团已于前天入朝向预定地点开进。但3兵团和9兵团要到4月初才能到达三八线及其以北地区。所以必须要全线转入机动防御，准备两个月的时间，掩护第二批部队开进。同时我们要改善交通运输，囤积物资，诱敌深入到汉江以北，再发起新的反击战役。"

彭总感觉第三、四次战役都没有实现毛主席指示的战役目标，没有消灭美军几个师，思想上压力很大。彭总点了一支烟，眯细了眼睛看着大家，少顷，他说："前线的态势和我们的处置，已经报告了毛主席。我考虑电报说不清楚。我要回国向毛主席亲自汇报一下。面陈朝鲜战局和今后的作战方针。我离开后由邓华和朴一禹牵头，洪学智协助做好工作。另外,解方同志,志愿军司令部要前移,要靠近第一线各军。以便与各军可以直接通电话,直接掌握战场情况。你派人调查,看什么地方合适,与邓华副司令研究后,报告我。另外,你通知一下杨得志,我到19兵团看一下。"

彭总正准备上车,9兵团给他报告,9兵团急着出发,4分部没有给9兵团送去粮食。

彭总叫来洪学智大发一顿脾气,说:"洪学智,4分部的钟羽一没有给9兵团送粮食,误了军机,我要处理他!"

洪学智说:"老总,这事肯定有什么岔子!钟羽一敢不送粮食?你让我处理吧,我一定会弄清楚的!"

老总点头后,洪学智跑回到他的洞子里,指定东北军区后勤部前指负责人杜者蘅亲自去处理。杜者蘅马不停蹄到了4分部。原来,昨晚钟羽一从阳德运40车粮食到元山指定地点,晚7点到,9点找不到部队。司机们怕把粮食丢失,又把粮食拉回去了。9兵团拂晓到达,找不到粮食,这怎么作战?一个电报就拍到了总部。洪学智立即将得到的情况报告了彭总。彭总问:"你说怎么办?"洪学智说:"9兵团作战计划照常执行,9兵团照常前进。今天晚上补不上,你拿我是问!"彭总高声说:"麻子,军中无戏言!"洪学智说:"无戏言!"洪学智回到洞子里给2分部部长王希克和政委李钢下了死命令,"今晚其他车一律停运,组织70台车给9兵团运粮食,明天晚上7点以前把粮食送到9兵团指定地点!"然后给钟羽一打电话说:"你亲自带车,把昨天送的东西重新送到。送不到拿你是问!"

大雪"突突"地下,山路上积雪没膝。2分部的车路上被敌机打掉了6台,送到64台。钟羽一带着4分部的车送到指定地点后,9兵团又转移了。钟羽一在雪地里等着,没敢动,一直在联络部队,到第三天,终于完成任务。宋时轮报告彭总"所有粮食全部补齐!"彭总一边看电报,一边说:"洪学智这个人说话还是有点准头儿的!"

黄昏,雪花在飘着。漫山遍野雪天雪地。

彭总的小班子增加了徐亩元参谋和1名警卫员,然后又增加了一辆电台吉普车。彭总与邓华、洪学智、解方等领导握手后,冒着敌机轰炸的危险,登车北上。

路上，恰好遇到五六个朝鲜妇女顶着双耳罐走路。彭总的两台车卷起雪尘一溜烟奔过来，妇女们自动让开路，站在路旁，用朝语大喊："志愿军万岁！"然后还跟着小车撵了十几步。

彭总从车内伸出手去，向她们招手。他在车内说："朝鲜人民多好！若我们不是急于赶路，应该下车向她们问好才是。"

杨秘书说："招招手就行了。没有时间了。"

一路上敌机把道路破坏得不堪设想，一个大坑连着一个大坑，小车忽上忽下，颠上去时常常碰着彭总的脑袋；有很多次车进坑后，前轮打转儿，必须倒车转向才能开出来。雪和尘土从车窗的缝隙钻进来，不管小车如何折腾，彭总一声不响。这样艰难的行驶，已经连续三个晚上。他从不说一句苦。

2月19日夜色浓重，寒风肆虐。彭总一行的两台吉普车越过白雪覆盖的山峦和山林，山路上没有灰尘了，山风把松脂油的香气吹过来。司机把灯关了，彭总在后座说："开灯走。"杨秘书说："不能开灯，敌机发现了不得了！"彭总说："不开灯翻车是个死，开灯敌机炸掉也是个死，还不如开灯走。开灯。"司机只好听司令的，把灯打开了。杨秘书让警卫员负责看敌人的飞机。

吉普车像拖拉机一样呼呼隆隆进入殷山19兵团部。

杨得志、李志民、郑维山、陈先瑞和副参谋长康博缨早已在路旁迎候了。他们都是老总的部下。跟老总一块长征，一块开拓陕北，一块艰苦抗战，一块进军西北。现在老总点名让他的老部队来朝鲜发挥作用。他们在异国他乡见到老首长觉得很欣喜、很亲切。

杨得志等把老总迎进掩蔽部，在一个炮弹箱子垒起来的长方形台子周围坐下，台子上铺了一条美军的军毯，点着几支蜡烛，烛光一闪一闪的。

杨得志请彭总坐到垫着美军军毯的炮弹箱上。

彭总开玩笑地拍拍军毯说："李奇微给了我们不少东西呢！"

杨得志说："不过这都是兄弟部队缴获的，不是我们缴获的。"

彭总说："我相信19兵团也会有大量缴获。"

杨得志憨厚地笑笑，给彭总沏了一瓷缸茶，笑容可掬地问："老总，有什么重要任务给我们吧？"

彭总摆摆手说："没有，没有。你们进来才一个星期。我这次是回国给毛主席汇报，顺路过来看看你们。代表志愿军党委欢迎你们。"

杨得志问："你坐吉普车回国？"

彭总问："19兵团有飞机吗？有飞机就坐飞机。"

一句话说得大家一阵笑声。

李志民政委谈到在天津，周总理、朱老总对19兵团亲临指导，天津市委书记黄敬热情送行，说黄敬还给你送了大虾。

彭总惊讶："大虾？在哪儿？"说着大虾端上来了。

彭总问，"这就是黄敬同志送给我的大虾？"

杨得志回答："是呀。"

彭总一仰头说："啊，你们这是要共我的产呀？"

掩蔽部内一阵爆笑。

大家一边"共产"，杨得志一边给彭总汇报："周总理对我们说，19兵团，还有杨勇、杨成武指挥的两个兵团，都是有着光荣革命传统，战斗力很强的部队。要把'三杨'拿到朝鲜去，叫作'三杨（阳）开泰'呢！"

彭总说："这是个重大的战略措施。美国也把二战中的名将西点军校的高才生李奇微拿上来了。毛主席、周总理把你们调来正是时机。志愿军现在有点青黄不接的味道呢。"

杨得志说："彭总，我们新来乍到，心中无数呢！你看我们怎么打吧？"

杨得志给彭总点着一支烟，彭总抽了一口，看着大家，说："出国前，党内许多同志担心打不过美军。说实话，我心里也不像我们在西北打马家军那样有底儿。但打了三次战役后，底数就比较清楚了啰。美军有美军的优势，我军有我军的优势。美军占了天上和海上，有装备优势。我们部队有长期的山地实战经验和八年抗战的经验。我们干部战士作战勇敢不怕死，冰天雪地可以饿着肚子，光着脚追击敌人，能吃大苦，受大罪，还有灵活的战术。同美军打仗，就是要打近战、夜战、游击战及运动战。打美国鬼子不同于打蒋介石。你们要向第一批参战的部队学习战略战术，要准备打恶战，准备天天场场都是打恶战啰！"

杨得志说："我想请13兵团的同志们给介绍一下作战经验。"

彭总亲切地用手拍拍杨司令员放在桌子上的手说："你想对了。"

李志民说："朱老总给我们送行时，鼓励我们要勇敢加技术战胜敌人。"

彭总说:"对了。朱老总说得对。要研究怎样在美军步炮空协同作战的情况下,还能打胜仗。我们吃美军的步炮空三位一体的亏太大了。他们的步兵可以立即呼叫空军和炮兵支援,用重磅弹和凝固汽油弹轰炸我阵地上的连队或者运动中的后备部队。你们这个问题要解决好了。"

杨李二位将军都说:"好好好。"彭总突然问:"战士们的棉衣怎么样?"

李志民回答说:"没问题。山东群众用新棉花做的,很暖和。"

彭总说:"朝鲜是个好地方,就是太冷呀!9兵团入朝急了些,没来得及换装,不少战士冻掉了耳朵,冻坏了手脚,还冻死了人。你们有什么问题要早讲,早准备。要讲实话,要对战士负责。"

李志民说:"在国内就重视这个问题了。"

彭总说:"你们要做好充分准备。你们的任务是参加打第五次战役。"

114. 毛泽东对彭总说"我不是宋高宗"

2月20日拂晓,在薄薄的晨雾的笼罩下,两台吉普车迅速驶过鸭绿江大桥。

两车在桥头停下来,有安东留守处和东北军区的干部在桥头接彭总。

彭总向前瞭望了一下人民安居乐业的安东市区,又回头望了一眼江南的一片黢黑的焦土,他心头一热,自古有言,杀敌一万,自损三千。江北的繁荣景象是志愿军将士用鲜血和生命换来的!

"彭总,是不是先到留守处休息一下?"杨凤安问。

彭总严肃地说:"直接到机场!"

聂荣臻代总长是军队的大管家,一切都安排妥当。彭总的吉普车驶进机场时,一架银灰色的苏联伊尔-14专机已经恭候多时。彭总的小车直驶伊尔身旁。彭总健步登机后,伊尔在4架米格-15喷气式战斗机的护卫下,翘首直冲蓝天,穿云破雾,落到沈阳。

高岗和李富春、贺晋年等领导在机场等候。

高岗上前紧紧握住彭总的手,说:"彭总,你辛苦了!"

彭总习惯对两个将领不叫名字,直呼"麻子"。他对高岗摇头,说:"麻子,战争时期,不可言辛苦。敌机把后方的道路破坏很严重,前方供应很困难。多数前沿部队断粮断炊,一餐难求。麻子,想到前线战士几天饿着肚子光着脚在雪地里追击敌人,抱起石头当武器,我心里不好受呀,你们要想办法尽最大的努力!"

高岗说:"彭总,军区全力以赴。"

彭总说:"你高麻子可不能当秦桧呀,我岳飞在前线作战,你在后方掣肘。"

高岗说:"彭总呀,我不是秦桧,我是尽力了,敌机绞杀太厉害了!"

飞机加好油后,彭总又登机飞北京。

晴空万里,机下雪原连绵,像一堆堆大蜥蜴一样。机下有絮状的白云在飘浮着。彭总满脑子是见了毛主席如何汇报,如何争取主席的支持,无心看机身外的景色。

西郊机场,空旷辽阔,彭总的专机落地。彭总在舷梯口出现,人们见他穿着肥大的棉军衣,黝黑,消瘦,疲惫,但身体健康,举起右手给接机的领导打招呼,然后快步走下舷梯。聂代总长与彭总是井冈山的老战友,到达陕北和抗战时期一直在彭总的指挥下作战,他快步走上前去紧紧握住彭总的手,摇呀摇,许久才说:"你一路奔波,太辛苦了,欢迎你胜利归来!"其他领导也很激动地同这位一辈子都在为人民的解放和幸福而战的老首长握手。最后,彭总发现他的夫人浦安修,"咦?你怎么来了?"浦安修的眼睛里有泪光在闪烁。聂代总长赶紧说:"是我让她来的。"

原来聂代总长知道彭总入朝时都未来得及告诉妻子浦安修,所以他觉得这次彭总回国,很难得,无论如何要叫他们老夫妻见上一面。他特意安排了一架专机从咸阳把彭总的妻子浦安修接到北京。

聂代总长:"先休息一下吧?"

彭总说:"不要休息,要马上给主席汇报。"

聂代总长说:"那得到玉泉山静明园,主席这一段时间在那里。"

彭总说:"那我到玉泉山吧。"聂总说:"好。"他指示警卫局带路,把彭总送到玉泉山。

从西郊机场到玉泉山经过几个疏疏落落的小村庄,一丛丛槐树杨树都还光秃秃的,一方一方的麦田还未返青,弯弯曲曲的乡间柏油路,车很快驶进了玉泉山中央首长疗养地的东大门。1959年庐山会议后,老总晚年居住的挂甲屯吴家花园也在这一带。不过不在西山中央首长疗养区内,那是明末清初吴三桂修建的一处独立的院落。

毛泽东主席一般是晚上办公，黎明时休息，叫作"东方欲晓，莫道君行早"。上午起床后，再工作一会儿，中午是必须雷打不动休息的。这是他在长期的战争年代养成的独特习惯。在中央工作的领导同志都知道毛泽东的这个作息时间。

玉泉山麓的静明园十分静谧。彭总到达时，恰恰是毛泽东中午休息的时间。

过去因为中午有人在窗外大声说话或者有鸟叫，影响了主席的休息，主席批评过警卫人员，也发过脾气。所以，凡是主席休息时间，身边警卫人员对来人一律挡驾。

彭总在聂老总的陪同下，进入东大门。彭总脑子里想着前线的战事，到静明园大门前，下车，风风火火进院，不想毛泽东今天中午并没有睡觉，而是与刘少奇、周恩来、朱老总等都在客厅里等他。

毛主席穿着宽大的睡衣，还未系好纽扣，走到门口同彭德怀握手，见他很憔悴，眼里布满血丝，眼袋很明显，脸色也不好，问："老彭呀，你一路辛苦呀！"

彭总说："不辛苦。"他与刘、周、朱等一一握手，就往里走，准备汇报。

毛泽东关切地问："你刚刚到，吃过饭了吗？"

彭总坐下来："还没有。"

毛泽东："那你赶快去吃饭。"

彭总："汇报完，我就去吃饭。"

毛泽东说："不行，你不吃饭，我就不听汇报。"

彭总一怔。

周总理立刻把西山管理局的人叫过来，说赶紧带老总吃点饭去。

两个湘潭老乡，家离得很近，性格都很拗。1959年10月13日，毛泽东突然给在挂甲屯的老总打来电话，约他到中南海一晤。彭总大为感动，毛泽东没有忘记我这个老战友啊！他到颐年堂时，在座的还有刘少奇、朱德、邓小平、陈毅、彭真、李富春、谭震林等。彭总说希望读几年书，毛泽东同意，责成彭真和杨尚昆予以安排。毛泽东说："不要学那么长时间，两年就够了。"彭总说："同意。"然后，毛泽东抽着烟静静地注视着彭总的脸,好像等待着彭总有话说。比如认个错,表个态。但倔强的彭总咬紧牙关沉着脸不说话。颐年堂的空气一下子凝固起来了,其他领导同志谁也不说话。然后,彭总站起,说:"主席,没别的事,我回去了。"毛泽东站起来与他握手告别。1965年9月23日,毛泽东又在颐年堂给他谈要他到大三线工作的事情。毛泽东说:"彭德怀同志去西南,这是党的政策。如有人不同意,要他同我来谈。我过去反对彭德怀同志是积极的,现在要支持他也是真心诚意的。"彭总还是没有一句认错的话。1969年秋天,他在被关押在西山这一带的一座俄式三层楼内,门窗都用木条封死,不透气儿。他叹了口气,对偷偷地关心他的战士茅飞说:"我失去的机会太多了。我知道,我的毛病就是性子太直,爱讲老实话,被小人利用,离间了我和毛主席的关系。"他的性格倔强是出了名的。但他还犟不过毛泽东。

彭总感觉自己拗不过主席,他不乐,心想汇报完再吃饭怎么就不行呢?他郁郁地被带去吃饭。

他是战士性格,不讲究吃饭出不出声响,很快把米饭连菜扒拉到嘴里,然后抹抹嘴,就出来了,回到毛泽东房间。

毛泽东惊讶地问:"这么快就吃了?"

彭总回答:"不快,在前沿阵地十分钟打退敌人一次冲锋了。"

在座的领导一笑。

毛泽东主席手里夹着一支烟,递给彭总一支烟,彭总放到茶几上,毛泽东穿着睡衣坐在沙发上,目光瞅着彭德怀。刘少奇、周总理、朱老总、聂代总长都坐下。

彭总把随身带来的几份材料放在茶几上,回头看着领袖,说:"主席呀,我琢磨得给你汇报一下。"

毛泽东回答道:"我也很想听听你的意见。"

彭总说:"在朝鲜我军已经打了四次战役。第四次战役中,砥平里战斗使我考虑了很多问题。美军一个团,外加一个法国营、炮兵营等部队,它们用坦克围起来,再利用比较坚固的工事,顽强抵抗,我军8个团就是攻不下。李奇微从砥平战斗受到启发,我也从砥平里战斗思考了很多问题。按照过去在国内战争的用兵情况,这个兵力对比也还算是可以的。但在朝鲜战场就是不行。几次战役中都出现了这样的情况。主要是我军的装备不行，以轻武器为主，射程近，炮弹很少，不能消灭敌人的坦克群，也不能摧毁敌人坚固设防的工事。如果能加强我军的炮火，就好了。这需要向苏联提出。"

毛泽东在对面抽着烟目不转睛地看着彭德怀。

彭德怀说："我军部队作战勇敢，不怕困难，不怕牺牲，一个连队可以一直打到剩下几个人甚至一个人，阵地都没有丢掉。战士们多数是翻身农民。但经过几个战役打下来，主力部队减员过半。尤其是38团、39团、40团、42军，这几个老部队；9兵团取得了东线战役的胜利，但9兵团付出了极大的代价，冻伤2万多人，20团和27团两个军尤其严重。现在部队还没有得到补充。战斗力减弱。我军的战斗力大不如进去的时候了。"

毛泽东点点头，他相信老彭的汇报是真实情况。美军对我步兵的杀伤太大了。

彭总继续汇报说："主席呀，敌人日夜轰炸我军后方运输线，战争从前方发展到了后方。后方千里江山一片焦土。我这次路过朝北，所有道路都破坏得很严重。有的路段被敌人的重磅炸弹炸得不能行驶。我军第一批入朝的老驾驶员已经没有了。车辆损失近800辆。弹药损失得不到补充。粮食得不到补充，饿着肚子坚守阵地，追击敌人。朝鲜海风横吹，很寒冷，广大指战员衣服破烂，营养不良，体力下降。国内对前线存在的问题知之甚少，殊不知我军前线几十万部队粮弹俱成问题。如果不能改善，无法坚持长期作战。"

毛泽东听到这里，站起来瞭望着玉泉山的冬天景色，山上密林中小塔下仍然有残雪，山脚的林木房舍都静悄悄的。这里真是毛泽东运筹帷幄的好去处。他在想前线的困难，拿烟的手停在半空中都忘记了抽。他何尝不知道前线的困难呢！何尝不知道几个老部队打得艰苦呢！像老彭这样从不叫苦的带兵人都专门回国给他反映困难，前线统帅都感到继续坚持作战都有困难，可见困难之大了。我军的兵员、装备和后勤供应必须要有所改善才是。

彭总由于几天来不断地赶路，睡眠太少，时不时地抹一把脸。周总理示意他喝口水。他喝了一口服务员给他沏上的茶水。看样子是杭州梅花坞的龙井。他相信主席不是宋高宗，他也不是岳飞。主席会同意他的意见，他会与主席取得一致的意见，主席会解决前线面临的困难。

毛泽东沉思默想一阵，缓慢地回过头来，弹弹烟灰，用夹烟的手点点彭总，说："你汇报得好，你继续谈。前方的问题，我们总会想出法子来解决的嘛。现在我国军队出国作战的开支已经与国内经济建设的经费一样了。我们还必须要加大出国作战的经费，才能解决志愿军面临的困难，才能坚持长期战争。战争这玩意儿是很费银子的呀。"

彭总给领袖点点头，说："主席呀，这次战争与在国内战争时期有根本不同，比如抓到俘虏，不能补充自己，也不能动员朝鲜青年参加志愿军。另外，美军把朝鲜的城镇村庄全部炸毁了，包括经济作物全毁了。这是与日寇不同表现形式的'三光'政策。美军同日寇一样屠杀朝鲜老百姓。我军发现美军用坦克碾压老百姓。用汽油弹烧毁农作物，破坏朝鲜人民的生产力。我们运输能力有限，战场缴获物资如果一个晚上运不走，天一亮，美军就会派飞机全部炸毁。过去我军取之于敌、取之于民、取之于战场的做法都行不通了。必须全部靠国内前送。"

这个情况在出国之前，周总理已经派人出国考察过。军委是知晓的，并且确定了全部作战物资由国内前送的方针。只是由于敌机轰炸，不能实现，造成前线供应十分困难。

毛泽东说："这一点在出国之前，我们就是知晓的。"

彭总说："现在苏联顾问团和朝鲜方面都有速胜的思想要求。在我军部队内部速胜的思想也很有市场。他们认为只要志愿军继续向南追击，就能把美军赶下大海。这是对敌我客观情况不了解。"

毛泽东说："我们的同志和朋友对你不乘胜追击很不理解，很有意见呢！"

彭总说："主席呀，志愿军不能不顾后方安全，不考虑后方供应困难，一味地追击，不能重犯他们犯过的顾前不顾后的错误。根据我们对战局的分析，我们虽然打了四次战役，但没有消灭敌军的主力。李奇微正在策划在我军的侧后登陆。"

朱老总说："李奇微企图诱我南下，重演美军仁川登陆的好戏。彭总没有上他的当。"

周总理插话："听说斯大林要把苏联驻朝大使调回国。"

毛泽东坐下，对彭总说："这个问题我们已经解决了。军委是支持你的意见的。我们历来主张打仗的目的在于歼灭敌人，不在一城一地的得失。我们不能听他们的，他们指挥朝鲜人民军打到洛东江，弄到朝鲜亡国的地步，还不接受教训，还在指手画脚，让我们重蹈覆辙呀！"

彭总说："李奇微很有作战经验，他利用我军装备的弱点，利用我军只能自身携带粮弹的弱点，一方面利用他的强大火力杀伤我军部队，另一方面在我军作战差不多一个礼拜粮弹要告罄的时候发动强大的攻势。这时候我军粮弹都不能及时供应上来。前线出现很大的困难。只能一边抗击，一边后撤。如果坚守一线一点，美军会用空军和炮兵的强大炮火消灭我阵地上的部队。我们的一线连队，常常战斗到最后一个人。"

毛泽东面色沉重，神情痛苦地看着彭总，他拿烟的手悬在空中。

彭总说："主席呀，我考虑志愿军作战十分困难，朝战具有长期性。作战指导思想也需要转变一下，在解放战争时期打大歼灭战的思想在朝鲜行不通。"

毛泽东用拿烟的手点了一下彭总，说："老彭呀，当初出兵时，我们两个意见是一致的，是坚持要打这场战争的。同世界上头号帝国主义美国打到现在这个程度，我们恢复了朝鲜民主主义人民共和国的全部国土，这个胜利是不容易的。莫要怀疑。"

毛泽东又站起来，皱着眉头，踱了几步，回头对彭德怀说："但是美国不承认这个胜利，就是一些中立国家也不承认这个胜利。当清川江、长津湖战役结束后，美军打了大败仗，死伤严重。美国和西方世界舆论一片哗然。美国内部主战的和主和的意见不一致。杜鲁门气急败坏，扬言扩大战争到中国国内，要使用原子弹，英国吓坏了，出来制止。印度等13国在联合国提出一个貌似公正的倡议，要求中国在三八线上停火。沿三八线向北10公里划停火线。不提台湾问题，不提恢复我国在联合国的代表权问题，不提美军撤出朝鲜半岛问题。这是什么道理？我们是胜利者，为什么要让美军在停火的名义下，侵占我们的胜利果实？所以我们派伍修权将军到联合国，在大会上阐述我国政府的观点，宣传我们的胜利，把军事胜利转变为政治胜利嘛。如果我们接受13国的建议，就等于承认美国侵占我国台湾和帮助蒋介石窃取联合国席位这个现状。所以我们不能接受这个建议。在这种国际形势下，中央决定打第三、第四次战役，南进到三七线。壮大我国的声威，加强我国的政治地位。这就是政治大于军事，政治与军事统一的道理。德怀同志，你统一于我了嘛。"毛泽东说到这里自己乐了起来。

然后，毛泽东接着说："中央对志愿军在前线作战的处境和困难，一般是了解的。但没有你在前线了解得这样具体，这样深刻。朝鲜这个地方不能打大的歼灭战，地域狭长，不易大部队迂回。当地筹粮困难，运输又送不上去。李奇微是动了脑子的。他看到我军是靠战士肩负手提，打光了，就难打下去了。他就用空中封锁，想在我军弹尽粮绝时，把我军打垮。他发明了磁性战术，像磁石一样，把我军吸引住，把我军吸引到他的纵深，远离我军的后方，然后再相机歼灭我军。他还指挥美军坚持'主力靠拢''等齐发展'，有点像在苏区时蒋介石步步为营的战术。李奇微不像麦克阿瑟，打点胜仗就忘乎所以。你彭老总不去洛东江，不上他的当。你比麦克阿瑟高明得多啰！"

彭总说："都是靠主席的指导，我在前线具体办。"

毛泽东说："我们之间没有分歧。依据你汇报的情况看，朝鲜战争能速胜则速胜，不能速胜则缓胜。我们是唯物主义者，不能打超出我军能力的仗嘛。"

彭总听到这里很动容，心中的疙瘩一下就化为乌有，说："主席呀，有你这句话，我就放心了。"

毛泽东说："你担心我们意见不一致，我是知道的。你放心，我不是宋高宗。"

彭总赶紧解释说："主席，我不担心。"

毛泽东说："恩来同志，由你主持召开政务院与军队有关部门领导参加的紧急会议，你和老彭共同召开这个会议，认真研究落实前线亟须解决的问题。"

彭总感到有主席的支持，身上的压力减轻了许多。他觉得应该给主席说说岸英的事，他一直觉得有内疚心理。假如我很重视司令部的安全问题，假如把岸英放到更安全的地方，假如……他对毛泽东主席说："主席，你叫岸英随我到朝鲜前线，岸英是个好孩子，他能吃苦，工作很积极，可我对安全不重视，导致岸英和高参谋不幸牺牲，我应该负极大的责任，我至今很难受。"说着他的眼圈红了。

毛主席见到老彭，很自然想起送老彭和岸英赴朝时的情景，一切都历历在目。如今只看到老彭回京，不见岸英回来，不由得悲从中来。他沉默了一下，强压住情感的波涛。他的手颤抖着点了一支烟，停顿，沉默，再沉默，情绪平稳后，主席说："战争总是要死人的嘛。志愿军已经付出了那么多年轻的生命，岸英是他们中的一个。他们的牺牲是光荣的。不要因为岸英是我的儿子，就当成一件大事。美军在朝鲜战场上使用的各种型号的飞机有1000多架，你们千万不能疏忽大意，要采取一切措施，保证司令部的安全。"

彭总回到住处，见到他的夫人浦安修说："我都不知道你来北京了。"

"是人家聂老总安排的。"浦安修仔细地端详着丈夫，见他风尘仆仆，满脸的疲惫，胡子拉碴，又黑又瘦，好好的一个人累成这样，只有一双大眼睛还是那样炯炯有神，眼眶里不由得充满了泪光。

彭总觉得对妻子亏欠很多，他这个人从参加革命即以身许国，二十多年，想革命，想人民，想国家，想作战方案，想部队疾苦，唯一没想的是家庭和妻子，是一个不够格的丈夫。在陕北转战最紧张的时候，他都不知道妻子在什么地方。在太行山前线，浦安修在直属部队工作，离总部还有10多里路。每个星期，她都是自己步行回来看一次，给彭总洗刷洗刷。彭总从来不让派马去接她，说马是组织上给他配的，夫人不能享受，她也毫无怨言。1942年5月，日寇对太行山大扫荡，左权牺牲在涉县与辽县交界的十字岭上，然后日寇封锁太行山十字岭一带大山达半个月，见有人出来就射杀。不少八路军干部，躲在山洞里，不是被搜山队搜捕，就是突围时被杀。还有许多是饿死在山洞里的。

彭总突围后，经过一个星期辗转到了冀西，他亲自清点总部人数。他知道他妻子没有回来，所以对总部人员点名时，唯一没有点的就是他的妻子，也不派人去查找。大家都以为浦安修牺牲了。不想一天晚上，一个满身是血的灰头土脸的人跌跌撞撞找到总部的院子，大家一看，是浦安修！她居然突了围！她说："太累了，路遇一个山洞，进去一觉睡过去了。"有人说："你不怕狼？"她说："想也没想。"世家出身的知识女性经过血与火的淬炼与老红军出身的一个德行了。

从抗战初期，他们结合后，分多聚少，与牛郎织女差不多了。

彭总掏出自己的手绢，递给妻子，说："在聂总的精心安排下，我们见面了。高兴还来不及呢，流么子眼泪嘛！莫要流泪嘛！"

浦安修哽咽地说："我看你身体消瘦，一定是胃病经常复发，消化不好。在前线条件太差。"

彭总怕她担心，说："嘿，你还别说，到朝鲜老毛病一次没犯！"

浦安修破涕为笑，说："看谁相信你！"

彭总瞅着妻子说："我看你也瘦了，你要注意保重身体。"

浦安修说："我自己工作忙一点倒没啥，你在前线，美军飞机天天狂轰滥炸，你叫我成天为你提心吊胆的！"

彭总说："你操的哪门子心。我在前线又不上阵地，安全得很！"

她说："我给聂总说了，要求调到志愿军机关工作，一方面为前线做点事；另一方面也可以照顾你的身体。这种情况过去在红军时期都有过。"

彭总一听连忙摆手说："不行，不行，志愿军首长没有一个带家属的，我也不能搞特殊化！你给聂总说了也不行。"

浦安修说："反正聂总说行，这次我就顺便同你一起到朝鲜。"

彭总说："那可不成。你给聂总出难题了，也给我出难题了。老实给你说，我们都住在矿洞子里。很难找到适合你住的地方。我们都是共产党员，是无产阶级，服从大局吧。"

浦安修听后知道多说也无用。她很了解她的丈夫。于是很痛快地说："那好，我听你的，不给你出难题。但希望你到朝鲜要保重自己的身体。身体是你的，也是党的，革命的。"

彭总一听很高兴，说："这就对了。你真是善解人意的好妻子。"

115. 彭总在居仁堂会议上发了火

2月24日，聂总安排彭德怀与苏联驻中国总顾问沙特哈诺夫大将会见。

彭总向沙特哈诺夫介绍了朝鲜战场的一般态势，着重谈了志愿军没有空军保护，美空军对志愿军杀伤太大；我军大炮太少，不能突破美军的坦克保护圈和坚固的工事；美军对志愿军实行后勤封锁，后勤供应遇到严重的困难，希望苏联老大哥帮助中朝军队渡过难关。请沙特哈诺夫转告苏联政府和斯大林同志，最好能派遣两个空军师，担任保护三八线以北的交通任务，可以驻在鸭绿江北岸中国境内。

彭总说，苏联是社会主义阵营的老大哥，有责任、有义务帮助中朝人民反抗侵略者。

沙特哈诺夫大将一听，立刻说："涅特，涅特。苏联不能派空军介入朝鲜战争。"

彭总问翻译他是什么意思。翻译说他说："没有，没有。他拒绝了。"

彭总严肃地与沙特哈诺夫握手告别了。

2月25日，中南海居仁堂二楼会议室，金色的阳光洒满房间。

周恩来主持军委扩大会议，研究各部队轮番赴朝作战和如何保障志愿军的各种物资供应问题。参加会议的有军委各总部、各军兵种负责人和国务院有关部门负责人。林彪、罗荣桓、萧华、萧劲光、总后勤部部长杨立三、空军司令刘亚楼、炮兵司令陈锡联、军委运输司令部司令吕正操等在座。

参加会议的高级将领们不是他的战友就是他的老部下。井冈山出来的就不用说了；原来是四方面军的将领，抗战时期改编为129师，是在他的麾下；原来二方面军的，后来改编为120师，也是在他的麾下。现在见到他，都有一种久违的感觉，都高兴地过来给他握手，问身体，问战情，问朝鲜情况。

周恩来等大家同彭总打过招呼，说："彭老总刚刚从朝鲜前线回来，毛主席听了他的汇报。根据毛主席的指示，今天专门研究志愿军轮番作战和解决供应困难问题。先请彭老总介绍朝鲜前线的情况。"大家给彭老总热情地鼓掌。

彭总严肃地看了看会场，然后说："我把情况介绍一下。在前线，志愿军已经打了四次战役。解放了朝鲜民主主义人民共和国的全部领土。战线推进到了三七线，推进到了水原、利川、原州、金良场里一线。中朝人民取得了很大的胜利！但是由于我们的对手是世界上头号强国，所以打得很艰苦，很艰难。这个胜利的取得很不容易。第一批入朝的9个军，经过3个多月的连续作战，各个主力部队都已伤亡过半。伤亡总数达到四五万人。主要原因还是因为美军有优势的装备，我军还是步枪加手榴弹。美军步炮空协同好，可以及时支援步兵，步兵受到攻击，可以立即呼叫炮兵和空军，对我军攻击部队实施轰炸打击。可以封锁我援军的去路。他们掠夺贫困国家的资源，钢铁多，志愿军阵地每平方米要落一两颗炸弹。我们的攻击分队和坚守阵地的分队伤亡太大了。一个连队打到最后，只剩下几个人。第四次战役证明，我军依托一般的野战工事，抗击有现代化技术装备的敌人进攻，是十分困难的。我军在汉江南岸的局部实施坚守防御，付出的代价是很大的。他们的战略战术是发挥他们的优势，我们当然也是发挥我们的优势。"

将军们都在啧啧地咂嘴。周总理神色凝重。彭总继续介绍说："我军第三次战役后，南进过远，运输线过长。部队主要在三八线以南至三七线一段地域作战。这一地区原来为敌军占领，当地人民对志愿军不了解，加之这一地区战争频仍，人民遭受敌军的摧残，形成了300里无粮区。就地几斤粮食都筹措不到。我军在这里主要是防御作战，缴获甚少。我军在这里遇到极大的困难，阵地上的战士断粮很严重……"

彭总想到前沿阵地上战士饿着肚子的情景，讲不下去，稍作停顿。

聂代总长见彭总心里难过，他插话说："后勤工作发生了深刻的变化。对后勤工作要有一个新的认识。'小米加步枪，仓库在前方'的时代过去了。志愿军后勤的基本情况是，后方物资很多，前方拿到的很少。不是说后勤部门没有努力，而是后勤部门费了很大力气，部队供应仍然没有保证。李奇微实行封堵战略，打我军的弱点。卡我军运输的脖子。如何把作战物资送到前线，关键在运输。"

彭总嚼了几下茶叶，喝了几口茶水，平稳了在胸膛内激荡的情绪，然后继续说："一切物资全部要靠国内运到前线。这是我军的弱点所在。李奇微看准了我军的弱点，对我后方实行绞杀战，在我军的后方发起战争。敌机日夜对我后方交通线进行轰炸。敌军的参战飞机由1100架增至1700架，由对后方的普遍轰炸转向重点破坏我军的运输线。大量使用照明弹、定时弹、凝固汽油弹、四爪钉、蝴蝶弹等，破坏性极大。特别是凝固汽油弹对我坚守阵地的连队，对后方的仓库、对我物资集结地破坏甚大。美军对大宁江、清川江、大同江的桥梁重点轰炸。我军晚上修，它白天炸。炸了修，修了炸，循环不断。但是仍然改变不了一击就烂、一打就断的被动局面。美军把公路、铁路都已炸毁。我这次沿途看到朝北千里江山，一片焦土。几不能认得有村庄和农户矣！美军的汽油弹可以燃烧一大片，重磅炸弹可以炸出80米直径的大坑。一下雨，像小湖。我军修复很困难。所以粮弹服装很难运到前线。战士们几天未进一粒粮，衣服破烂得像乞丐，就是这样，他们精神不倒，还在坚守阵地，追击敌人！"

周总理说："前线的供应情况比我们在国内了解的还要差。"

彭总说："现在部队有三怕，一怕没饭吃，二怕无子弹打，三怕负伤后在阵地上没人管。为什么没人管呢？因为连队都牺牲了。所以战士们要留一颗手榴弹与敌人同归于尽。为什么出现这种情况呢？我们没有制空权。由于敌人飞机炮火的严密封锁，我后备连队上不到阵地，弹药送不上阵地。后勤物资送不到阵地。敌军的封锁，给我军造成的损失太大了！前三次战役，汽车损失达 1200 台。后勤力量不足。美军 1 个后勤人员保障 1 个兵，志愿军则是 1 个兵大体保障 6 个至 10 个作战人员。必须要加强后勤机构和人员，必须要向前方调整部署，必须要组织健全有效的兵站运输线。高炮部队、铁道兵、工兵入朝部队都要增加。各总部和各军兵种都要想办法，大力支援前线，解决志愿军面临的巨大困难！"

周总理看看与会的各位将军，说："大家谈谈吧，看怎么解决前线的困难。"

各部门将领确实没有料到作战对象以美军为首的这场战争越打越困难。

有的将领说："听了彭总的介绍，前线确实很困难。但是新中国刚刚成立，各条战线都是百废待兴。国家财力有限，一下恐怕很难解决这么多的问题。"

彭总瞪着眼睛在看着这位领导。

有的将领说："我们部门是刚刚建立，机构还不全，人手不够……"

这时突然听到"咚"的一声巨响，将军们愕然。

原来是彭总拍了桌子，他突然站起来，大发脾气说："都是秦桧的腔调！"

他的脸色本来就不好，现在由于生了大气，血液供应不上变成了深红色，说："娘卖皮，谁说这样的话，就叫谁上前线，到前线阵地坚守一个星期看看！"

周总理站起来拉他，说："老彭，老彭，别发火，别发火。坐下，坐下讲。"

彭总嘴噘得老高，气呼呼地坐下了。

周总理面有愠色，很不悦。他觉得彭老总一生征战，出生入死，从井冈山开始，创建根据地，保卫根据地。长征，粉碎蒋军的围追堵截，直罗镇切尾巴；1936 年 2 月征战山西，掉头又西征，抗战初期他们一块到五台山。他们二人无战不与。抗战中他在山西前线指挥部队抗击日寇，看到人民糠菜半年粮，他自己不吃肉，为了革命成功，艰苦奋斗，几十年如一日，如今年过半百，全国解放了，他又亲自带兵出征，朝鲜那个半岛，地形特殊，作战对象是世界头号强国，双方的实力是不对称嘛。部队作战太艰难太困苦，部队伤亡太严重。他热爱人民，热爱军队，热爱战士，他看到指战员伤亡太大，装备太落后，后方供应不继。他心如刀割，这次亲自回来是要求解决问题的。他这个人不到万不得已，不会说有困难的话。这种情况下，我们在后方工作的同志有什么理由给他打官腔？于心不忍嘛！

他说："今天会议是根据主席的指示，专门研究解决志愿军的困难的。各部门要全力以赴，能给前线解决什么困难就解决什么，不要强调自己的困难。有什么困难可以另会研究嘛。"

彭总稍事平息，情绪转好一些，说："大家讲的什么千疮百孔，什么百废待兴，还讲这方面有困难，那方面有困难，有前线志愿军困难吗？有没有？没有啰！"

彭总回头看总理，面有愧色，说："对不起，总理，我脾气不好。"

总理摆摆手，说："老总，你有话尽管说。你有火你就发。"

彭总说："我这个人就是这个脾气。大家原谅吧。我要说的当前志愿军遇到的困难，比你们在国内遇到的困难更大更多。他们在阵地上除了空气不缺外，什么都缺！志愿军缺少武器弹药，缺少医药，缺少被服鞋袜，前沿作战部队断粮。战士们饿着肚子趴在冰天雪地里准备冲锋，光着脚在雪地上追击敌人！"

彭总说着自己感觉心里难受，要掉眼泪，沉默了一阵。

总理也沉默不语。会议室里一时很静寂。

彭总想，战士们在前线献出了青春和生命，后方的同志们在高楼大厦里养着花喝着茶水怎么不理解呢？

他停顿了一会儿，然后说："朝鲜前线比长征时还要艰苦，指战员们天天都在零下30到零下40摄氏度的冰天雪地里作战，饿死冻死的不在少数……"

他说："我是代表几十万前线指战员回国的。"

他说："我这次回来求大家了。"

他突然站起来给大家一鞠躬！

老总这一鞠躬把高级将领们的眼泪防线冲垮了！

总理激动地说："军委必须继续开会，非得解决志愿军的困难不行！"

然后，彭总的小车出中南海东门，由警卫局带路，送回王府井总参招待所。他黑着脸，嘟噜着嘴，情绪很不好，浦安修关切地问他："你遇到什么不愉快的事情吗？"

彭总沉默不语，站在客厅中央，看她一眼，把公文包递给她，然后说："周总理主持军委扩大会议，讨论如何解决志愿军诸多困难问题。许多人讲得很漂亮，但实际问题一个也不能帮助解决，光打官腔，我没办法，你说气人不气人？就在会上发了一通牢骚。"

浦安修心想出国作战是国家大事，是社会主义阵营的大事，部队在前线有困难，他们为什么不积极解决？老头子50多岁的人了，在前线领兵作战，他千里奔波，难道是他个人的事？是个人的利益？把老头子气成这个样子？他们是不是共产党人？是不是马克思主义者？她很同情老头子这份爱国爱兵之心！安慰说："你光发脾气也解决不了问题，他们现在位高权重，有些人进城市，喝着牛奶，地位一变，面孔也变了。你有话要平心静气好好给他们说。"

彭总气呼呼地坐到沙发里，"我还去求他们哩！"

116. "大将冲天怒，惊醒梦中人"

25日散会后，周恩来、聂代总长把军委会议讨论的情况，如实报告了静明园主人毛泽东。

毛泽东听说老彭发了大火。他与老彭戎马倥偬，对他的脾气秉性焉能不了解？他曾经多次说过，他对彭德怀最了解。彭总发脾气说明什么？说明了志愿军困难的严重性，说明志愿军作战到了一个关键的时刻。国内领导层特别是身居要职的高级将领们养尊处优对前线的情况并不是很了解，没有切身的体会。他说："大将冲天怒，惊醒梦中人。老彭发脾气不是坏事。"他决定要亲自研究解决志愿军的问题。

25日夜晚，玉泉山的四周静得很，只听到小鸟归巢后叽叽声。

他在客厅里抽着烟踱着小圈儿。他想志愿军在前线没有后备兵力，这个问题我们是可以解决的呀！我们有强大的陆军嘛！同意周恩来和聂荣臻的轮番作战的决定，国内的部队要轮番到朝鲜参加同美帝国主义的作战；用第一批入朝的9个军一直打下去怎么能行呢？作战消耗的兵力没有得到补充嘛！难道要让我们的骨干部队在朝鲜打光吗？在国内作战我们都是有预备队的嘛。可要求苏联出动空军师掩护三八线以北的中朝军队运输线的安全，斯大林和苏联是有这个国际主义义务的。苏联老大哥有责任保卫世界和平，这不只是中朝两国的事。不然，我军的后勤供应难以保证嘛！前线阵地连队断粮断炊太困难了！

他把秘书叫过来，让他通知周恩来、彭总、聂总，26日在静明园研究解决志愿军问题。

26日，玉泉山笼罩在一抹晚照中。西山厢红旗一带的农舍冒着缕缕的炊烟。

周恩来等三人的小车出北京城区，进入颐和园西侧风景区，"嗞嗞"地滑过寂静的柏油路面，在静明园门前下车，刚刚走进毛泽东的客厅，就闻到一股浓郁的茶香。

周恩来对毛泽东说："主席，你办公室有股很香的味呀。"

毛泽东与彭德怀都喜欢喝茶，同时也都喜欢吃茶叶，为了表示对这位前线统帅的欢迎，没有别的招待，只有一杯浓茶，说："那是给彭大将军泡了一杯龙井茶，目的有二，一是为彭大将军洗尘，二是为他消消气。"他握住彭总的手说："老彭呀，你顾全大局，忍辱负重，带兵出征，就是火暴脾气一时改不了，不过你发出来，也就舒服一点了。是不是舒服一点了？"

他说着递给彭总一支中华烟，给客人点着。

彭总给领袖点点头，表示舒服一点了。

毛泽东自己先抽了一口烟，请彭总坐下来谈。

然后毛泽东说："李奇微发明了磁性战术，说明他是动了脑子的。他比麦克阿瑟高明。磁性战术就像磁石一样吸住我军。把我军吸到他的纵深去，离我们的后方远远的，然后相机消灭我军。李奇微很聪明，但他对你老彭是打错了算盘。你不吃他那一套。你不像麦克阿瑟，打点胜仗就忘乎所以。骄将必败是个规律。你彭老总比麦克阿瑟高明多啰！"

彭总说："打得赢就打，打不赢就走。这是主席的一贯思想。"

周恩来插话说："听说斯大林称彭老总是东方伟大的军事家。"

彭总腼腆地笑笑，说："一切靠毛主席的指导。"

毛泽东说："当务之急是我志愿军一线部队要坚守，要争取多一些时间和空间，要坚持到我军二线部队上去。"

彭总说："坚持两个月时间是没有问题的。国内第二番参战部队要尽快上去，早作准备。现在杨得志19兵团已经上去了，宋时轮9兵团休整后，可以参加春季作战。但这6个军还不够呀，主席。我建议陈赓3兵团开上去，其他如杨成武和董其武兵团也要准备出国作战。"

毛泽东听后，抽着烟略加思考，说："好，这个建议好，老部队要开上去锻炼锻炼，恩来开会布置一下。"

彭总说:"邓华同志有一套实战经验,可以用三种方法和敌人周旋,一是快打,快撤,抓一把;二是拉锯式反复争夺,轮番攻歼敌人;三是克敌固守,打敌反扑。"

毛泽东说:"邓华同志的经验不错。我们有我们的优势。我们组织部队,轮流打,消耗敌人的有生力量。但要大部消灭敌人,则需要时间。因此朝鲜战争有长期化的可能,至少要作两年的准备。"

彭总说:"我同意主席朝鲜战争可能要长期化的判断。"

毛泽东说:"坚持长期作战,达到逐步歼灭敌人之目的。可以考虑编组三番轮战部队,采取轮番作战方针。第二番部队要在4月上旬全部到达三八线地区;第三番轮战部队要准备6月调用。恩来与德怀同志开会具体布置。"

周恩来与彭总对视,点头。

毛泽东站起来稍稍歪着头,抽烟沉吟一阵,然后说:"在我二番部队4月上旬到达前线以前,敌人的陆军还较我占优势。"

彭总说:"是这样,主席。实际上美军现在的兵力要超过我军。"

毛泽东坐下,把腿跷起来,说:"我应避免进行战役性出击。"

毛泽东说:"如果敌逼我应战,拟让敌人进至三八线南北地区。在我第二番志愿军部队到齐后,再进行有力的新战役。李奇微在占领三八线后,有三种可能呀,一是趁我疲劳继续北进;二是暂时停止于三八线10天至20天;三是较长时间,两个月或三个月,进行永久筑城,待阵地大部巩固后再进。这三种可能以前两种可能为大。但当敌军发现我军有大量援兵到达时,第三种可能不仅存在,而且可能发生另一种情况,即变为长期相持在三八线。为避免这种可能出现,我军在第二番部队入朝后,趁敌进至三八线立足未稳之际,在4月15日至6月底,两个半月内实施战役反击,在三八线南北地区消灭美伪建制部队几万人,然后向汉江以南地区推进,最为有利。"

周恩来和彭总都点头。

117. 彭总向周总理鞠一躬

毛泽东在静明园二次与彭总面谈后,主持军委工作的周总理加大了工作力度,多次召开军委会议,彭总连续参加,先后逐步落实支援前线志愿军的一系列重大决定。首先要转变思想,消除速胜的幻想以及一气呵成把美军赶下大海的思想,确定准备长期作战的战略方针。在朝鲜半岛,美军不被大部消灭,是不会退出朝鲜半岛的。打着联合国旗号的美国人是要面子的。朝鲜战争有长期化的可能,至少我军应作两年的准备。

会议根据我军1、2月的作战情况看,由于我志愿军没有后备部队,在战役取得胜利时,不能有力地扩大战果;在敌人增兵时,不能分兵打敌人的援兵;在我军不断南进时,还必须留下一定兵力守备(注:野战部队实际上在减少是出国作战难免的。即使在东北战争时期,蒋介石部队从沈阳铁岭北进,就要不断留下野战部队留守城镇和要道,使野战兵力不断在减少。解放军兵力从数量上逐渐超过了蒋军。兵力的计算要扣除守备兵力);如果我军追击敌人,迫敌南退,敌人兵力会更集中,纵深加厚,反不利于我分割,不利于歼敌主力;在我第二番作战部队到达前线之前,敌人的陆军较我占优势,我军应避免进行战役性出击;只能在南汉江一带进行防御,迟阻敌军;在我第二番部队6个军及朝鲜人民军4个军到齐后再进行有力的新的战役。

会议决定粉碎敌人的企图,坚持长期作战,按照军委2月18日确定之精神,志愿军必须采取轮番作战的方针,国内各军区部队轮番到朝鲜参战。决定现在在朝鲜作战的9个军30个师为第一番部队;正在从国内调去的19兵团和3兵团的6个军和现在朝鲜的即将补充好的9兵团的3个军(9兵团3个军在长津湖战役后,有两个军在元山、咸兴地区休整)共9个军27个师作为第二番部队;约4月上旬可全部到达三八线地区集结,接替现在汉江前线的6个军的作战任务;然后将从国内新去的6个军和第一番入朝的部队中的4个军30个师作为第三番作战部队,准备6月使用。

军委会议决定向苏联购买数十个师的武器装备;决定改装空军和高炮部队编入志愿军序列,进入朝鲜北部掩护后方交通线;决定4个高炮师入朝,担负掩护后方交通和我机场的任务;决定高炮第505、第513团入朝,负责掩护大宁江、沸流江等主要桥梁;决定高炮第23、第24、第25、第26营入朝,配属各分部,掩护后方兵站和运输的安全;决定铁道兵第3、第2师入朝,担负铁路抢修任务,铁路要修通新幕、三登、阳德区段;决定入朝工兵达到7个团,负责主要公路和桥梁的抢修任务,要修通熙川、宁远、阳德等线;决定后勤分部增加到7个,大站29个,医院39个,汽车团10个外加2个大队,辎重团5个又10个营,警卫团5个(担任沿途警戒放哨)又2个营,担架团11个。决定加强兵站运输线的建设，第一条由安东长甸到汉城，650 公里；第二条由辑安到铁原、加平，800 公里；第三条由宁边经阳德、元山到洪川，400 公里；按照兵站运输任务的划分，统一调整后勤部署，连点成线，分段包干；决定给各后勤分部配备工兵连、工程大队；抽调国内各种物资支援前线志愿军。后勤工作要迅速向现代后勤转变，有效保障抗美援朝战争的供应。号召全国人民爱国爱军深入开展增产节约和捐献飞机大炮运动。

周总理在会议结束时说："在毛主席的亲自关心和决策下，国家尽了最大努力，中央军委尽了最大的努力，采取以上一系列措施，目的是减轻中国人民志愿军的困难，提高和增强志愿军的对敌作战能力，使我军在朝鲜战场取得决定性胜利！"

周总理把头扭向彭老总，说："老总呀，这次你专程回来，先落实这些问题，你看可以不可以？你回前线后，有问题，随时来电。军委随时研究，我当好你的总后勤部长。"

彭总对毛泽东主席和周总理急前线之所急，一下解决这许多问题，心存感激，说："周公，你的为人太好了！我代表前线指战员给你鞠一躬吧！"说着站起来给周总理一个大鞠躬。周总理猝不及防，站起来还了一个鞠躬礼。

毛主席很关心他的身体健康，要他在京好好休息几天，不要急于返回前线。

彭总日夜焦虑不安，惦记着前线，他感觉事情办得差不多了，就匆匆离开了北京。

二十一　四次战役后，我军老连队打掉了一半还多，实力大减，彭总采取机动防御，实施战术反击，避免大打，每天后撤 1 公里，要美军付出千人的伤亡，掩护我战略预备队开上来

118. 当务之急是如何打破李奇微的磁性战术

李奇微是一个强悍的进攻型专家。他要打出一个不同于麦克阿瑟的局

面给杜鲁门、马歇尔、布莱德雷看看。

2月15日，他仗着美军部队的优势：武器装备优良；后勤保障充分；有制空权，有些飞机还可以夜航。他采取黏住我军战术，尾随我军后撤部队，实施小规模的反扑，寻觅我军的空隙讨便宜。他摒弃麦克阿瑟的战法，由主力部队只沿公路前进，改由公路和两翼同时并进，防止我军两翼迂回包抄，或防我军穿插到美军身后建立破坏性路障。

金化以北上甘岭山沟的空寺洞，解方参谋长和杨迪召集作战处参谋多次研究分析形势。我第一批入朝的6个军（38军、39军、40军、42军、66军、50军）经过四次极大强度的作战，伤亡接近三分之一，战线从鸭绿江到三八线，前后方距离500公里到700公里，一线连队在700公里。

我军疲劳，美军也疲劳。第8集团军经过我军连续四次战役的打击，士气很低，恐惧我军，亟须休整；第10军在长津湖败北后没有得到休整就投入西线正面作战；南朝鲜各师遭受我军毁灭性歼灭，刚刚重建，已成惊弓之鸟，不能说有多大战斗力。

李奇微不困难吗？要说困难，交战双方都困难。

李奇微并没有得到后备力量，欧洲国家不允许美国从西德抽调兵力到朝鲜战场。欧洲那个方向直到苏联解体才松口气。

李奇微要发动一次大的战役，在扩大正面上展开全面进攻，也力不从心，顾虑重重。

因此志司作战处建议志愿军采取第3次战役后在朝鲜汉江南岸阻击战的运动防御样式，实施梯次配置，扩大正面防御。

各部队要构筑坚固的野战工事，组织好各种火力炸毁敌人北进的道路和桥梁，像抗战时一样加强破袭战；在山与山之间配置多层次多种武器的交叉火力，控制要隘和咽喉要道；多埋反坦克地雷，组成反坦克手小组，要用手雷和炸药包对付敌人层层叠叠阻拦，利用夜间组织小规模的反击和偷袭。我军争取两个月的时间还是有把握的。

解方与杨迪向彭总和副司令们汇报了他们的方案。彭总很满意，说你们动脑子了。

2月17日，彭总以中朝联合司令部的名义发布命令：决定以运动防御的战术，迟滞敌人的进攻，作战方式为重点设防，梯次配备，扼守要点，以点制面部署；兵力配置前轻后重，以减少前线部队伤亡；火炮配置前重后轻，充分发挥我炮兵的威力，最大力度杀伤敌人；一线部队采取轮番作战，节节阻击敌人；各部队要尽最大可能，发挥主观能动性，采取有效作战方式，迟滞敌军，使敌再次深入三八线以北，而后即发动第五次战役。必须要争取两个月的时间，一是等待第3和第19兵团开到朝鲜；二是9兵团主力还需要休整补充；三是要争取时间确保几十万大军的后勤供应物资。

按照彭总的总体要求，各军各师必须要在200公里宽的宽大正面，60公里至70公里的纵深，迟滞李奇微的进攻，坚持两个多月的运动防御和阵地反击相结合的作战。朝鲜的地形狭窄，运动不起来，只能是在有限的地域内战术范畴的机动作战。

有情报说美国有两个师运到日本，美军可能重演仁川登陆的故技，从元山和西海岸镇南浦两处登陆，东西对进，迂回我军侧后，与其正面部队夹击我军。

彭总对此情报都很重视，不能不有所防备，他让解方抓紧弄出一个方案来。

解方和杨迪从3月上旬就着手拟制发动大规模战役反击的作战方案。

解方让杨迪与司令部几个处长、副处长包括崔醒农、崔伦、陈乙斋几个人集思广益，先讨论一番，由杨迪汇总，拿出一个初稿来。

解方看到这个初稿，自己先改了一个大花脸，然后让参谋誊清，再与处长们研究出一个成形的反击方案。

方案拟定志愿军的反击在4月25日以后，争取在美军实施登陆作战之前，使新近入朝的3兵团和19兵团有一个恢复疲劳期，了解敌情，熟悉地形的时间。

反击作战的要点是：还是要像第三次战役一样从正面突破，然后向纵深穿插迂回；正面突破的部队要不失时机地迅速穿插迂回包围敌人；各部队都要力争在拂晓前解决战斗；参考第三次战役经验，部队要敢于在白天与敌人靠近行军和作战，使敌人空中打击和地面打击优势不能发挥。由于第3和第19兵团参战，我军与美军兵力对比可以达到2∶1的优势。我军步兵力量强，但美军有装备优势，所以还是要发挥夜战近战的特长，充分利用敌人的弱点和失误；作战地域选择在金化、铁原地区，要迅速扩大突出部；宋时轮指挥9兵团突破后要向西南攻击，王近山指挥3兵团突破后要向东南攻击，对敌人实行大迂回向心突击。

119. 3 月底第 8 集团军付出昂贵代价后抵达三八线

3 月 9 日拂晓，志愿军司令部所在地金化北侧上甘岭的山谷还在一层薄雾中。彭总一行两台吉普车披着伪装的树枝出现在山口。

警卫哨兵立即报告作战值班员，值班员立即报告了解方，解方立即报告各位副司令。

就在彭总回国到达北京的那一天，麦克阿瑟的专机在 6 架战斗机的护航下，带着大批新闻记者，飞抵原州第 10 军军部。麦克阿瑟一边抽着他的玉米芯烟斗，一边得意地对李奇微口若悬河地说："按照作战计划若重新攻占韩国首都汉城，标志着联合国军的胜利，在外交上政治上意义极大。重新夺取汉城我们可以重新利用金浦机场和仁川港，会加强我们空军的打击力量，同时可以减轻我们后方补给线上的困难……而后采用规模较大的空袭手段，达到彻底摧毁整个后方运输线。那时华盛顿方面如果仍不准我们轰炸鸭绿江对岸集结的增援部队，那我们还可以全面轰炸鸭绿江大桥，还可以在北朝鲜所有主要补给线上敷设放射性废料，切断中国与朝鲜的联系。"

麦克阿瑟还想利用蒋介石的部队加强地面战争，蒋介石已经安排其第 52 军准备入朝参战，并派 52 军军长先遣入朝了解情况。此 52 军就是 1945 年 10 月与第 13 军先期过山海关抢占东北的那个军。麦克阿瑟说："我多次提出使用台湾蒋介石的军队，国防部长马歇尔总是搁置不理。马修，你与陆军参谋长柯林斯关系最好，你可以以老朋友的身份写一封信请柯林斯参谋长帮助，同意使用台湾蒋介石的军队增援，以便我们赢得朝鲜战争的胜利。"

李奇微了解陆军决策总部的政策，他只是应付他的上级说："有机会我会做这件事的。"

麦克阿瑟没有忘记院子里的记者，他忘乎所以地走出来，记者们一窝蜂似的围上来，他大声宣布："我已经命令第 8 集团军向汉江南岸地区中朝共军阵地发起大规模进攻！"

李奇微一听统帅公布了作战计划大惊失色！

而后李奇微的"屠夫行动作战计划"向北推进，出师不利，美 9 军军长穆阿到前线督战机毁人亡！朝鲜人民军第 2 军团一部迂回穿插到丹阳、安东地区，袭击了美军后勤部队，造成美军很大伤亡！

在彭总还在路上的时候，3月7日，李奇微重整旗鼓，实行"撕裂者行动"，集中14个师3个旅又两个团的兵力在强大炮火的支援下，全线发起了大规模的进攻。李奇微企图以美军第9、第10军为主要突击力量，从战线的中央我志愿军与朝鲜人民军的接合部突破，敌军以突入中部防线为预标，然后与西线第1军分别从汉城东北、西南方向围攻汉城，威胁我占领汉城部队和在东部山区的人民军部队。然后向三八线推进，包括攻占朝鲜中部交通枢纽春川。

这一带山势陡峭，易守难攻。

志愿军部队按照彭总回国前的部署，利用路障，山岭，隘口，反坦克地雷，地堡及战壕与敌军且战且退。

彭总在吉普车上已经得知了前线的情况。

我军对敌军展开了逐山逐水地节节阻击。但由于防御经验不足，战术不够灵活，在敌人的大火力覆盖下，伤亡很大。

彭总的车进入总部的洞子前，邓华、洪学智、解方等都在洞子口了。

彭总冻得鼻子耳朵都红红的，下车腿好像僵了一样，跟他的部下一一握手。

洪学智上去扶住彭总，说："老总，你冻坏了，快进屋暖和暖和吧。"

彭总说："看你说得多吓人！"大家都笑了。

他们把老总拥进洞子里的房间。老总说："快给我弄一盆热水洗洗脸吧。"警卫员赶紧端来一盆子热水，又兑了一些凉水，老总"噗噗"地用双手捧水热了脸，然后还是很习惯地把头栽进脸盆里去烫了一会儿。

这几个部下都在旁边看着老总的一举一动。冰天雪地，老总坐敞篷吉普回国，又坐敞篷吉普回来，路途遥远艰难险阻可想而知。五十多岁的人了！不容易！他们几个老部下，不仅在战场上与老总生死与共，回国后在高层政治生活中与老总更是生死与共难以分开了。在官场在政界一个人在政治上一旦有了某种烙印，能否再分开不是以他们的意志为转移的。1959年彭总在庐山提了一份意见被定为反党政变集团后，邓华被下放到四川省当副省长，洪学智被下放到吉林省当厅长，一过就是17年！1977年他们陆续被平反回京后，没想到彭总离开他们已经快3年了！他们听说叶剑英派人到301医院14病室西头北面房间征求处于弥留时期的彭总临终有什么话。已经瘫痪在木板上的彭总还清醒，说："毛主席发展了马克思主义……周总理，我们相处了30多年，他是我们党内的大好人，最能掌握和运用毛泽东思想策略……"然后彭总流下了泪，说："我自己虽然犯了很多错误，但我不搞阴谋诡计，在这一点上我是清白的。已经审查我8年了，我已经瘫了，现在还没有结论。我要见毛主席……"他们听后不仅潸然！老总你走得太早了！老总小北屋对面是陈明仁将军。1973年，笔者参加张汝光将军的301工作组，曾到老总的门前，往里张望，门前有屏风，屏风有双岗，十分寂静，老总被编为134号。然后笔者到陈明仁将军病房稍坐。

彭总匆匆洗刷完毕，伸伸胳膊腿，看着这几位与他同甘共苦的部下，大眼睛流露出喜气，说："说说情况吧。"邓华说："老总呀，部队防御作战，打得很顽强，就是伤亡太大呀！"洪学智说："打的全是老骨干。"彭总抬眼看着他们，说："机动防御的目的，是为了掩护后面的两个兵团上来嘛。所谓机动，什么是机动？机动就不是死打死拼嘛。"

邓华、洪学智、解方从彭总房间出来，在邓华的房间坐下，大家都感到部队防御作战的经验太缺乏，急需把彭总的指示下发。解方立即把杨迪叫来，告诉杨迪立即把彭总的精神作为志司的指示下发到各军各师，要求各部队在兵力配备上确实贯彻前轻后重的原则，坚决要杜绝在一个阵地堆很多部队，招致美军炮火的大量杀伤，也不应死守一地，避免阵地的目标太明显。在火力组织上则宜将步兵火器尽量配属前梯队，加强前沿阵地火力，给敌人以较大杀伤。要在夜间派出小分队对敌人阵地进行夜袭，杀伤疲劳敌人，集小胜为大胜。

美军出动23万地面部队，飞机300多架次，10个炮兵营，148门大口径火炮以及48门重迫击炮配合下，对中朝军队汉江附近的防御阵地发起了一波一波超大规模的猛烈进攻。

彭总与邓华、洪学智、解方商量，根据毛主席机动作战方针，不争一城一地得失的一贯作战原则，我军不在汉城与敌军决战，我军还放弃过延安呢！决定主动放弃汉城，待机歼敌。我军3月14日从汉城撤离，美军步3师和南韩1师进占汉城。

麦克阿瑟贪天之功为己有，在东京向记者发布新闻说："现在局势证明了我的战略有效性。"

他还公然说："要用核废料在中朝边界设置一条放射废料区。"

我军各部队在机智灵活地打击北进敌军。第42军375团1连防守的624阵地，击退英军第27旅部队在美军飞机和炮火掩护下的多次进攻。班长关崇贵用轻机枪3个点射打下美P-51战斗机。彭总得知很惊喜，说凡是用步兵轻武器打下敌机的要给重奖。然后重机枪手杨德贵10发子弹打下一架美军中型轰炸机。

42军吴军长在山沟指挥棚里担心624阵地，派两个营从山头两侧突然冲上了624高地。高地上布满了英军官兵的尸体，看不见我军战士。他们在一条石头缝隙里找到了关崇贵，他还活着。他的子弹打光了，到英军的尸体中寻找。他的身旁堆放着30多英军枪支。他的战友都牺牲了，他一个人用英军的枪支坚守了三天三夜！三天三夜他没有东西吃，他与饥饿、疲劳、瞌睡做斗争！他只能趴着开枪，站不起来了！是什么精神使他坚持战斗的？42军把关崇贵的事迹报到总部，彭总激动异常，就是有这样特殊材料造成的战士才使我军能战胜世界上头号强敌美军的！他指示对关崇贵要连升三级，由班长坐直升机升任副连长，记特等功，授予"一级战斗英雄"称号。朝鲜民主主义人民共和国政府授予"一级战士"荣誉勋章。

志愿军各部队巧妙地只用小股部队守住隘口和制高点。

彭总计划在三八线以北几英里的铁三角（铁原、金化地区）山地组织反击。这一带属于高山峡谷，公路主要是崎岖狭窄的乡村公路，由于春季雨水不断，有限的道路也泥泞难行。有利于我军防守，不利于美军机械化部队机动，再往南一点，到华川水库和麟蹄一带交通状况就好一些。

我军坚守在铁三角地区，铁三角后面是一块较平坦的丘陵地带，有利于美军的坦克行动。

美军付出昂贵的代价（伤亡7.8万人）后，3月19日，第9军进入春川河谷；3月23日，占领高阳、议政府、加平、春川一线；3月底，第8集团军部队抵达了三八线；4月10日，进至西起汉江口，沿临津江，经三八线以北附近地区至襄阳一线。

整个防御阶段，我军还是没有得到补充，实力大不如前。按照毛主席的指示和彭总的部署，避免大打，要等后续部队上来。李奇微的兵力展开后，也没有后劲儿，不能大打，只是用磁性战术黏住消耗我军。我军以空间换时间，同敌军对峙，逐步向我军下次战役的预定出发线靠近。敌军进一点，我军退一点，他不进，我不退。他避免伤亡，我也避免伤亡。

后来，精明的李奇微发现我军的大兵团上来了，4月18日，他命令联合国军转入防御。

从1月25日，李奇微发动磁性进攻，我军转入机动防御作战，包括其间的战役反击和运动防御，一共历时87天，美军每天要付出千人左右的代价，可以前进1公里多。我军赢得了3个月的时间，掩护战略预备队开到了前线。

120. 彭总对李聚奎说的最后一句话是个"嗯"字

3月下旬，朝北山区莺飞草长，但海风仍然很阴冷。

东北军区后勤部部长李聚奎带着高岗司令员的指示，乘吉普车到朝鲜向彭总汇报如何改进抗美援朝的后勤保障问题。一路上，为了避开敌机的轰炸，他的几辆车夜间行驶，还不敢开灯。突然，他坐的吉普车"嗵"的一声被大石头颠了起来，车身往上一颠不打紧，他突然觉得腰部剧烈疼痛，然后就昏厥过去了。骨折，不能走了，几台车在山坳隐蔽。敌机转来转去找可疑目标。由于飞机擦着树梢低空飞行，带起的风把车上伪装的树枝刮起，敌机疯狂轰炸。车队中的一台车被炸毁。

天黑，继续上路，摸到了志愿军司令部的上甘岭山洞。

李聚奎被人搀着到彭总的房间。彭总一见李聚奎就惊讶地问："你怎么了？"

他回答："被车子颠了一下。"

彭总说："没有把你颠死，算你命大！"彭总说罢，哈哈大笑起来，然后一边看李聚奎的腰，一边给他揉搓，突然严肃地说："我告诉你吧，夜间行车要开着灯走。这样走得快。开灯走，被打中是个死，不开灯翻了车，也是个死，反正都一样！我就是开着灯走！"说完，彭总自己又乐了一阵。他们二人就是这么一种关系。

1926年李聚奎参加国民革命军湖南独立第5师1团3营9连当兵，彭德怀在1营当营长；第二年年底，李聚奎升为班长，彭营长升为1团团长，月薪为400块大洋。彭团长新官上任宣布两条，一是取消军官的小厨房，军官同士兵同吃一样的饭菜；二是取消军官手中的皮鞭。这在旧军队里是了不得的大变革！

他是彭德怀暗中指挥士兵闹响的积极分子，闹响最后发展成为平江起义。平江起义后,他升任排长,跟彭德怀上井冈山,在茅坪遇到毛泽东。毛泽东给他们讲工农兵是三兄弟。工人是大哥,农民是二哥,士兵是老三。兄弟3个占人口多少呢?85%以上。地主资本家军阀是少数。3个人打一个人谁能赢呀?所以,工农兵联合起来,就能打遍天下!然后李聚奎升任中队长,彭德怀为第5军军长。他在彭德怀的指挥下,转战井冈山,穿树林、钻山沟、爬石头崖,与敌军转圈圈;晚上在山间宿营,彭军长担心敌人突然袭击,他自己就在周围转,担任警戒。李聚奎由于作战忠勇,升团长,升红1师师长,一方面军的主力,率部抢渡乌江、攻占遵义、四渡赤水、强渡大渡河;抗战时期,奉朱总和彭总指示,与陈再道、宋任穷等一起于1938年春进入平汉路东开辟平原根据地,解放战争到东北民主联军任后勤部副部长兼西线后勤司令员,第四野战军后勤部第2部长。彭总还与他客气什么?

李聚奎给彭总汇报了东后保障抗美援朝的情况。

彭总问:"你对今后的工作有些什么想法?"

李聚奎说:"老总呀,我有个建议,已经想过一段时间了,也向高司令汇报过。"

彭总说:"那你吞吞吐吐干什么,讲一讲嘛。"

李聚奎说:"仗打到现在这个程度,东后对全军的后勤保障已经管不了了。今后还不知道仗要打多久,是不是能建立一个志愿军后勤部?东后管国内一段,志愿军后勤管国外一段,由东后把物资交给志愿军后勤部,再由志愿军后勤部负责分配。"

彭总一听,眉毛一扬,把手往大腿上一拍,说:"你这个主意好嘛!"

李聚奎一路上还担心老总不同意呢,挨批评呢!见老总很高兴,他也很高兴。

从1950年7月13日,聂代总长与李聚奎谈话,交代边防军后勤的物资弹药保障由他统管起来。8月7日,他到沈阳,向高司令汇报,东后正式成立,9月在辑安成立第1分部。10月11日,按照军委的指示开始向朝鲜北部山区运送物资。

过了几天,彭总在沈阳,李聚奎去见彭总。

彭总拉拉他的手,很亲切地说:"聚奎呀,在沈阳又见到你了。怎么这么黑呀?你还是这个老样子,老面孔。我给你说,我们这次是出国作战,同过去在国内打仗可不一样了。这次可是全部物资都要从国内运过去。我们的对手决不会让你顺利送过去。你的预算要搞得大一些，要准备至少损失20%。"

李聚奎回答："老总，我们已经有所准备。"

彭总说："有准备当然好。我就怕你们有疏忽。志愿军过江作战，要是没有弹药，没有饭吃，我可要找你李聚奎算账！怎么样？能不能保证？"然后用眼睛盯住李聚奎。

李聚奎说："一定保证。但从目前情况看，不知道能保证到什么程度。"

彭总一听，就火了，大发雷霆，抬高嗓门，指着李聚奎的鼻子，说："好呀，李聚奎，没想到你当了几年干部，会用军事官僚的腔调给我说话了。仗还没打，你就不知道保证到什么程度。这怎么能做好工作？"

李聚奎与彭总是20多年的生死之交。他敢与彭总争，这时他也把嗓门提高了，说："老总，不是我不保证，我在拼命往前送！可是我的400辆汽车才过了三天就损失了一半！"

彭总惊愕地看着他的这个老部下，低下头，停顿了很长时间，然后才抬头看着李聚奎说："聚奎呀，困难是不少的，但要用一切办法去解决！实在解决不了的要向上级反映。我也想办法。可是有一点，作战物资是一定要保证的！"

我军原计划是在德川一带建立一块防御阵地，后来根据美军进攻的态势，改变决心，以运动战与阵地战、敌后游击战结合的战术，后勤保障就不能按计划进行了。敌我攻防交替，战线伸缩多变，战术手段多变，部队前伸迅速，间隙时间很短，运输线急剧延长，后勤保障任务加大，后勤力量弱，敌机破坏严重……

彭总略一思索，然后问："志愿军成立后勤部，你看由谁来干好啊？"

李聚奎说："当然是洪学智了。他一直在管这个事情。"

彭总说："你说得对，洪学智这个人能干，我向军委反映一下。"

李聚奎说："老总呀，我考虑呀，要保证运输，必须要对后方兵站加强保护。最好配备高射炮部队打。我们不能老是藏呀。还要打！"

彭总说："你这个意见好，我们要打，必须打！"

经过彭总的筹划，经过后方和前方的共同努力，第四次战役前，铁道兵、工兵、高炮部队相继入朝，加强了后方战线的对敌斗争；后方勤务已经建立了6个分部，固定了三条兵站线；划分后方地域和路线，运输物资实行连点成线，分段包干，在2000多公里的运输线上设置了1600多个防空哨；汽车由每晚行驶三四十公里提高到100多公里；后勤"前指"系统达到18万余人，基本形成了一支由多兵种多勤务组成的合成大军。

李聚奎最后一次见到彭总，是1973年4月，他在301医院14病室监护治疗，一天他在走廊上散步，迎面走来4个人，3个军人持枪押着一个老人，老人一头白发，戴一个大口罩，但浓眉大眼，穿一身宽大的黑色衣服，有些驼背，脚穿一双旧布鞋，手里提着一个白布小包袱，像一个农村老汉。

李聚奎一看这老人，心里"嘣"地一下，这不是老总吗？他压抑不住见到多少年来生死不明的老总的喜悦，不顾忌讳，迎面走到老总的跟前，持枪的军人伸手一拦。他只能小声说："身体好吗？"彭总给他点头"嗯"了一声，便被带到最西头那间朝北的被木板钉了窗户的小黑屋了。这一层的最东头小北屋是谭政，但老总是不会知道的。林彪说："'文革'是革革过命的命。"殊不知，他在将帅一个个被"革命"后，就要迫不及待地走向权力的顶峰！

李聚奎像这样的不期而遇，红军长征时也有一次。那是红军主力出现在贵阳近郊时，红一军团靠龙里西侧前进，红三军团靠贵阳东侧前进。李聚奎率领红1师居中偏西，与红三军团的先头部队出现了抢路和插队情况。第二天，天一亮，彭军团长正在路旁吃早饭，一眼瞅见李聚奎，那种越是熟人越容易发作的火暴脾气就上来了，大声喊："李聚奎，你过来！"李师长见是彭军团长，跑步过去，敬礼！"军团长，李聚奎到！"

彭军团长手拿筷子站起来，指着李聚奎说："好呀，你个李聚奎！你带的红1师，昨天把红三军团的队伍给我插乱了。中革军委和大部队都还没有过来，敌人在贵阳有4个师，在龙里有3个师。如果出了问题，你要负责！"

李聚奎赶紧给彭军团长作解释。彭军团长听了解释，火气消了，说："你别走了，你的红1师归我指挥，你们占领西南山，监视龙里方面的敌人。敌人出动，要死打！听明白了？"

李聚奎答："明白了！"心里想，我还得给林彪军团长报告一下。

彭军团长叫警卫员："警卫员，拿碗筷来，请1师师长吃饭！"

李聚奎没想到在14病室又与老总不期而遇。这一个"嗯"字包含着无数的内容，竟是彭总对他说的最后一句话！

121. 麦克阿瑟"大帝"突然从朝鲜战场消失

白宫越来越感觉在东京帝国大厦的麦克阿瑟"大帝"是令人头痛的人物。

4月6日，美国总统杜鲁门在他的椭圆形办公室突然召集会议，国务卿艾奇逊，国防部长马歇尔，特别助理哈里曼，参谋长联席会议主席布莱德雷到会。

杜鲁门开门见山地要四位高级助手回答一个问题：如果麦克阿瑟继续违抗他的指令，应该采取何种行动？

哈里曼经常担任总统的特使，是美国外交战线的明星。

他旗帜鲜明地第一个发言说，总统应解除他的职务。

马歇尔比较老成，中国人并不陌生，他曾经多次来中国调解国共两党的内战，为国共两党都能接受的人物。他知道麦克阿瑟在第一次世界大战时，就已经升到了师长，声名显赫；1930年为美军陆军参谋长；第二次世界大战时欧洲盟军统帅艾森豪威尔曾经是他的副官和参谋长；是1944年美国首批授予的7位五星上将之一；7个月前，他的仁川登陆扭转了朝鲜战局，挽救了第8集团军，军事事业如日中天，为了美国在国外的军事利益14年未回美国本土，在美国妇孺皆知。麦克阿瑟的解职会被反对党利用，造成政局不稳。

他说应谨慎行事，给麦克阿瑟将军一些反思的时间比较好。

杜鲁门把眼睛看向布莱德雷。布莱德雷也是五星上将，二战的名将，负责美国的军事政策，具体领导各战区司令长官。布莱德雷说，麦克阿瑟应该被革职，但总统应该给他时间，参谋长联席会议应首先就此问题进行讨论。

艾奇逊表示，应该罢免麦克阿瑟，但这一决定会在政府内引发一场最激烈的斗争。总统应按照自己所有文职和军职顾问们深思熟虑的建议行事，并应得到他们坚定不移的支持。国防部与参谋长联席会议应在不考虑总统意见的前提下，与参谋长联席会议充分讨论这一问题。

杜鲁门听后，说，你们4个人在今天晚些时候再相互协商。此问题今天不定，明天这个时候，我们再作商量。

麦克阿瑟的误区在于他似乎不知道他与总统谁的职务高。

杜鲁门和艾奇逊正在酝酿一项停火协议，在联合国频繁活动，谋求同盟国的支持，还打算通过适当渠道传递给中国一项和解信息，因为再打下去民意会更低，会危及民主党的执政者地位。3月20日，参谋长联席会议致电麦克阿瑟，提醒他注意政治解决朝鲜问题事态的发展变化："国务院正草拟一项总统声明……现在联合国准备讨论解决朝鲜问题的条件。联合国坚持认为，应进一步进行外交努力，以便解决朝鲜问题。"

麦克阿瑟对国务院以谋求停火政治解决为借口，进一步限制他的军事行动很反感。他在回电中毫不客气地说："建议不要再给联合国驻朝司令部进一步施加军事方面的限制。已有的限制不应再增加。对我空军和海军行动范围的限制已造成我方军事失利，同时也造成了敌我地面部队数量上的悬殊。由于受到种种限制，我军既不可能扫清北朝鲜的部队，也不可能做出大的努力来达到这一目的。"他归纳在朝鲜战败的原因是杜鲁门的军事政策所致。

3天后，24日，这位军事大玩主儿有惊人之举。他擅自发表了一个声明，与白宫的既定政策完全相反，他除了篡夺美国总统大权的话未说以外，用傲慢和轻蔑的语句贬低中国人，说如果中国不求和，战争将会继续扩大。他一贯反对把朝鲜战争局限在局部战争之内，主张轰炸中国沿海大城市和中国东北，不惜与共产主义世界一战！坚决要玩大！他的话好像希特勒再世，令全世界人民大跌眼镜！

这位老牌的殖民主义者也是文过饰非，他把刚刚在朝北一、二次战役中自己指挥失误的事情忘得一干二净，大言不惭，说："一旦联合国决定改变其宽容的态度，不把战争局限在朝鲜地区，而把军事行动扩大到中国沿海地区及其内陆基地，那么红色中国注定会在军事上面临迅速崩溃的危险……然而作为一名军事指挥官，不用说我会随时准备在我的权限之内与敌军指挥官在战场上进行会谈努力寻求一切军事途径。"他自己可以一切都在战场上解决，难道还用得着杜鲁门文官政府吗？军事不是政治的继续，政治是军事的累赘！

杜鲁门看到这个声明气得要晕过去。他在后来的回忆录中说："政府曾三令五申不得就外交政策自行发表任何声明，这是一种完全无视命令的行为，这是在公然违抗我作为总统和总司令下达的命令。"

参谋长联席会议反应迅速，立即给麦克阿瑟一个指示，"总统指示你应注意他在1950年12月6日下达的命令。考虑到1951年3月20日向你发出的指令，你今后发表的任何声明不得违背12月6日命令的内容。如果共军领导人在战场上要求停战，你应立即将这一情况报告参谋长联席会议，以听候指示"。

麦克阿瑟在东京帝国大厦继续我行我素，对华盛顿的指示置若罔闻。

众议院共和党领袖人物马丁3月8日致函麦克阿瑟，希望这位名将能够支持自己有关在朝鲜战争中使用蒋介石军队的观点。

麦克阿瑟一贯主张在朝鲜战争中使用蒋介石军队开辟第二战场。每次提出都遭到杜鲁门政府的严词否决，同时告诫他利用蒋介石会引发政治问题，会扩大战争的规模。麦克阿瑟每次都是满腹牢骚。

这次他接到马丁的信喜上眉梢，3月20日，立即回信再次提出主张利用蒋军扩大战争的观点，批评杜鲁门政府的政策是牺牲亚洲偏爱欧洲，有限战争的战略是有害无益的，"没有任何东西可以代替（军事）胜利"。美国不乏这样对政治完全忽略不计的战争狂人！

马丁毫不迟疑地在众议院宣读了麦克阿瑟的复信。

共和党人正在利用麦克阿瑟。他俨然成为民主党政府的叛徒。

麦克阿瑟的所作所为令美国人难以置信，是不是脑子出了问题？

在美国历史上，美国将军挑战总统的权威还有过一次。那是林肯执政时期，联邦军总司令麦克莱伦常常公然无视林肯总统的命令。杜鲁门总统在椭圆形办公室常常想起林肯的遭遇。他回忆道："林肯常常直接向麦克莱伦下达命令，可是这位将军却不予理睬。美国有半数的人都知道麦克莱伦有政治野心，并且知道反对林肯的那些人企图利用这种野心。林肯是个宽宏大量的人。但是，在拖了很久之后，他终于被迫解除了联邦军最高司令的职务。"

在过了将近一个世纪后，美国的历史重演了这一幕。

4月6日下午，杜鲁门的4位高级顾问从杜鲁门的办公室出来进入马歇尔的办公室，他们讨论了两个多小时，对这位战争英雄的去留感到很棘手，没有得出结论。不过他们建议杜鲁门从缓，4月9日之前，不要作出任何决定。恳求他利用周末与国会两党领袖进行商谈。

布莱德雷回到五角大楼，召开参谋长们开会。大家都知道是麦克阿瑟的解职问题，都神情凝重，面带忧伤，沉默不语。毕竟是一个令人尊敬的老军事首长。

柯林斯说得明白。他说:"总统有权拥有一位与自己见解更为一致更能积极响应总司令意愿的司令官。"

谢尔曼说:"总统应该有一名我们可以信赖而且可靠的司令官。"

大家都是头脑清醒的,虽然感情上不忍,但理智上坚定不移。最后结论,麦克阿瑟将军应该被免职。

4月9日上午,4位顾问再次来到白宫。决定麦克阿瑟命运的最后时刻到了。

杜鲁门环顾一下4位顾问,然后先告诉他们,他已经在周末与国会领导人就麦克阿瑟的解职问题进行了磋商。现在想听听你们的意见。

布莱德雷直截了当地说,参谋长联席会议认为麦克阿瑟应该被免职。

马歇尔说他赞同免除麦克阿瑟的职务。

艾奇逊和哈里曼都同意罢免麦克阿瑟的联合国部队总司令职务。

杜鲁门说,现在决定解除麦克阿瑟的指挥权。然后他又向4位助手说,其实3月24日,我已经决定罢免他的职务。

杜鲁门问,那么谁来接替他的职务呢?

布莱德雷说:"李奇微将军。"

马歇尔说:"应该是李奇微将军。"

杜鲁门说:"我同意由李奇微将军接替麦克阿瑟的职务。"

会后,马歇尔和布莱德雷找柯林斯,命他尽快草拟致麦克阿瑟免职、李奇微继任联合国军总司令和范弗里特(范弗里特诺曼底登陆战役中,他任第29师步兵团团长,攻占滩头阵地,艾森豪威尔和布莱德雷解除了作战不力的29师师长职务,任命他为师长。后又被提升为军长)任第8集团军军长的电文。

这就是美国的一员名将不顾美国的全球利益执意要在朝鲜扩大战争的性格悲剧。

4月10日,要员们再次在白宫商谈此事。

杜鲁门命令新闻秘书准备新闻稿。4月10日杜鲁门签署了命令。根据原定计划,4月12日上午由陆军部长佩斯把这一决定带给在帝国大厦的麦克阿瑟。

但在朝鲜前线的佩斯因商务通信故障没有接到电文。

此时获悉《芝加哥论坛报》于11日要刊登这则消息。

杜鲁门命令立即用军用通信系统直接发给麦克阿瑟。

这则由布莱德雷署名的命令说:"我奉命将杜鲁门总统的以下指示传达给你:作为美国总统和美国武装部队总司令,我有责任撤销你作为盟军最高司令官、联合国部队总司令、远东总司令和美军驻远东指挥官的职务,并对此深表遗憾。请将你的指挥权立即移交给马修·B. 李奇微中将。你将有权发布必要的命令以完成你所选择的归国旅程。"

同时还跟着一道杜鲁门解释的电文,说他必须变革远东司令部,为此对他不得不采取的行动而遗憾:"我深感遗憾地得出结论,道格拉斯·麦克阿瑟五星上将在与其官方职责相关的事务中已不能全心全意地支持美国政府及联合国的政策。""重要的是军事指挥官必须以我们的法律和宪法所规定的方式遵守下达给他们的政策和指令。在紧要关头,这种考虑尤其必要。"

这道震惊世界的电文,本来出了故障的商业通信系统还是抢到了军事通信的前头。在麦克阿瑟接到电文之前,东京的电台已经播放出来。

麦克阿瑟的副官听到广播打电话告诉了麦的夫人琼妮。琼妮立即把此消息告诉了这位赫赫有名的五星上将。这位上将正在官邸内与华盛顿州的参议员沃伦、马格诺森、美国西北航空公司斯特恩斯一批老朋友谈话。麦克阿瑟先是大惊失色,然后就面露呆滞现象。但很快地,他就恢复了平静,说:"琼妮,我们终于要返回美国老家了。"

这对于一个处于事业巅峰的高官来说无异于是一个毁灭性的摧残。

4月11日,华盛顿、纽约以及美国各大城市报刊都以头版头条以大字标题发表了杜鲁门的电文。

李奇微立即坐"星座"号飞到东京,到帝国大厦见麦克阿瑟。

麦克阿瑟情绪正常,泰然自若,不动声色,未表现出任何伤感和怨恨情绪。

4月16日,麦克阿瑟的车队驶向厚木机场。李奇微到机场送行。4月19日深夜零时飞抵华盛顿机场,马歇尔以下军队高官和各界1万余人在机场欢迎。其中有杜鲁门的特使沃恩。麦克阿瑟看到沃恩时,脸沉下来,视而不见,不握手,不打招呼,昂首而过。他决不向杜鲁门低下高贵的头!麦克阿瑟后来在他的回忆录中发出怨言说:"司令官历来都是经常调换的,但没有哪一次比对我所采取的手段更粗暴了。""即使是办公室里的一个勤杂工、一个打杂的女佣或者随便什么仆人,也不会被这样绝情地打发走人。"

122. 水淹"八国联军"龟儿子

朝鲜山脉多南北走向，公路沿山脉走势也是南北走向。

李奇微在他的帐篷里，仍然乘志愿军疲惫未得到休整补充之机，指挥曾经被我9兵团和13兵团打败过休整补充快的美陆战1师沿洪川、春川、华川公路向北攻击，骑1师向杨平、清平川、加平方向进攻。

在此防御的是他们的老对手志愿军39军。39军在军长吴信泉的指挥下，撤退至北汉江，奉志司命令在春川至华川一线组织防御。39军第1任军长是刘震和政委吴法宪，第2任是吴信泉和徐斌洲。

毛泽东针对八路军和新四军蒋介石要分而治之的策略作出八路军东进支援新四军后，黄克诚率344旅经过一个小长征，到达苏北，编为新四军序列，加强了新四军的力量。当时新四军3师师长兼政委黄克诚，参谋长洪学智、政治部主任吴法宪。下编有4个兵强马壮的野战旅，7旅旅长为彭明治、8旅旅长张爱萍、10旅旅长刘震、独立旅旅长吴信泉。笔者参加了洪学智首长组织的这些老3师高级将领在京丰宾馆回忆3师历史的座谈会。近距离目睹了这些赫赫有名战功卓著的高层首长的风采和个性。然后作为彭明治司令的服务人员到南京军区参加了新四军首长高层座谈会。吴军长大嗓门，为人直率、敢作敢为的性格给笔者留下了生动的印象。

39军115师奉命在华川湖西侧一个在地图上标为288·4的高地阻截美军北上。

288·4阵地位于鹰峰山北两公里处，往北是华川湖大水坝，东侧为华川湖，西为北汉江，南侧为春川至华川的公路。288·4高地是39军机动防御的最后一道防线。

华川湖是朝鲜中部最大的水库，为汉城等几个城市的水源。

吴军长带作战科副科长沈穆和参谋来到华川湖一带看地形。师长王良太陪同军长在水库周围的山梁上勘察，议论。王师长原是新四军3师主力团22团团长，在苏北战场凡主要战斗无战不与。老革命们谈起王团长来均啧啧称赞有声。

湖水蓝莹透彻，白云倒映。湖面似汪洋大海，坐落在大山之中。

吴军长瘦骨长身，站立在山头上用望远镜瞭望整个湖面和华川以南的山川公路。

良久，他突然想到了古代战争故事"水淹七军"。古代把水作为武器抵挡敌军的故事不乏其例嘛。蒋介石还利用过黄河呢。李奇微不是迷信自己的现代化的装备技术吗？不是想乘我军疲惫之危吗？不是想摆脱美军的被动局面吗？华川湖居高临下，我一放水，在湖下方的陆战1师，那才有好戏呢！他与王良太小声谈了几句。

王师长说："军长，这要征得朝鲜同志的同意。"

军长点点头说："嗯，你小子比我想得全面。"

然后他把沈穆叫过来如此这般交代完毕，沈穆带上参谋和朝鲜语翻译下山，上坡，到一间房子找到华川水库管理人员说明我军的意图。水库管理人员听说是冲击万恶不悛的美军，表示非常赞同。沈穆等跑步回来报告了军长。

军长眼睛瞅定王师长，说："就这么定了，具体方案，你们师再研究一下，等我的电话。"王师长回到师指挥所，与政委沈铁兵，副师长程国璠研究了具体方案，具体由程国璠组织执行（笔者在成都和上海分别找后两位将军了解过当年战争情况）。

吴军长回来报告了志司作战处。作战处报告了彭总。

彭总问："那一带有老百姓没有？"

报告老百姓早已跑光了。彭总说："蒋介石水淹日寇，我水淹美军。那就淹龟儿子吧！"

4月9日4时，华川湖一带的山峰黑黢黢的，湖面上十分静寂。

王师长接到了吴军长的电话："王师长吗？他妈的，美国佬，干！"

王师长立即命令在水库管理处的几个115师干部："开闸！"

这里的黎明静悄悄，突然沉闷的雷声滚滚而起。华川水库的10个大闸门洞开，高山平湖，居高下泻，洪水喷吐出的洪流先向水库的斜上方冲去，有10多层楼房高。库前的河道顿时猛涨满溢，北汉江下游水位上涨两米多。河道一边的一个美军陆战1师炮兵阵地顿时土崩瓦解，美军架起的浮桥，营房的帐篷随着洪流而去，公路不复存在，坦克和汽车，有的被淹没，有的像小帆板一样被冲走。39军部队的阵地只有500平方米，只能容纳一个连的兵力。39军115师344团1连就扎在这个山头上。连长是一个20岁出头的小火子，叫赵志立。

李奇微得到报告，志愿军放水淹了陆战1师的部队。他急眼了，命令陆战1师夺取288·4高地！下午，陆战1师在飞机和榴弹炮的轰炸配合下，先用一个连的兵力发起攻击，继而用两个连的兵力，发起了集团冲锋。在赵连长指挥下用少数兵力打退。9日一天，敌军共发动了6次进攻，均未成功。然后，美军决意要把288·4高地变为焦土，往这500平方米土地上发射了无数的炸弹、汽油弹和榴弹炮。从四周远望288·4高地上红光闪耀在燃烧！像火山在喷发！

军长、师长、团长们的心都在为1连指战员们揪着！师团集中炮火支援一线阵地。

第二天，美军加大兵力，连续两次出动一个营的兵力，发动了羊群式的攻击。但以撂下百具尸体而告终。我军指战员的衣服在燃烧！战士王文海端起冲锋枪赤膊冲锋，中弹没有倒下，继续向美军扫射，又中弹，跌倒了；战士刘庆华跳出壕沟，接过王文海手中的冲锋枪，一梭子打出去，敌军倒下一片。美军又出新招儿，用1个营的兵力乘水陆两用兵车，从湖面偷偷袭击2连436·1高地。2连哨兵睡觉了，偷袭成功，阵地失守。344团指挥所立即组织两个连的兵力将立足未稳之敌打退，稳定了288·4阵地。美军连续经过4个昼夜的进攻始终未攻下288·4阵地，徒然陈尸400余具。一年后，板门店谈判时，西方记者很好奇，一定要见见288·4高地的指挥官。中方满足了记者的要求，赵志立洗洗脸出现在西方记者面前，却是一个英俊的小青年！

123. 副司令们"把敌人放进来打"的意见第一次与彭总意见相左

上甘岭一条大山沟，寒风凌厉，天气时好时坏，不时就翻脸，飘一场雪花。

在一片茂密的松树林里，有一块巨大的石头。

彭总、邓华、洪学智、解方、杜平等围坐在石头上，研究朝鲜半岛的形势和下一步志愿军作战方案问题。韩先楚副司令在前线部队没有回来。司令部杨凤安、杨迪、成普、崔醒农等几位处长列席会议。

彭总先点了一支中华烟，抽了几口，皱着眉头看了看天空，说："看来美机不会来光顾，我们研究一下第五次战役如何打。我让司令部搞了一个预案，我看不错。你们都看了没有？发表发表意见。"

邓华说："看到了。"其他人都说看过了。

彭总说："你们结合这个方案，发表意见。毛泽东主席的想法是在美军地面兵力占优势的情况下，我军暂不进行战役性的出击。"

邓华说："美军兵力现在是23万人，我军第一批入朝的6个军只有不到 21 万人了。"

作战处在大石头上竖起一个木架子，挂着作战地图。彭总用手指着三八线说："毛泽东主席给我说志愿军在三八线南北地区应战比较有利。在我第二番部队 9 个军到齐后，再进行新的战役。毛主席估计美军占领三八线以后有三种可能：第一种是继续北进；第二种是暂时停止于三八线；第三种可能是较长时间停止于三八线，进行永久地构筑工事，待其阵地巩固后再行北进。毛泽东主席估计这三种可能以前两种可能为大。"

彭总停顿一下，说："毛主席估计当敌军发现我军大量援兵到达时，第三种情况可能不仅存在，还有长期相持在三八线的可能。"

解方接过话说："我们得到极为重要的情报，麦克阿瑟和李奇微到朝鲜战场东线视察，敌海军加强了对我元山、新浦、清津诸港的炮击。敌军在积极准备登陆，登陆地点可能在东线，东海岸的通川、元山地区，以配合美军的陆地进攻。"

彭总说："我判断美军会利用它的海空军优势，在我们的后方东西海岸登陆，以造成夹击我军的态势。所以我们的战役要在美军发起登陆行动之前。"

洪学智摸了一把脸说："彭总，我谈一点意见吧。"

彭总说："你谈嘛，我们开的就是诸葛亮会嘛。"

洪学智说："我主张把敌军放到铁原、金化地区再打。如果在铁原、金化以南打，可能我军一打，美军就缩回去了，不容易得到毛主席说的成建制消灭敌人的目的。把敌人放进来好一些。我军可以拦腰一截，容易解决问题。同时刚入朝的部队也可以以逸待劳，多一些准备时间。"

彭总一听，脸一嘟噜，说："我军不能再退了。把敌人放到这一线来坏处很多。铁原以北是平原，是一个大开阔地，敌人的坦克进来，我军对付起来很困难。另外，你想到了没有？我军在物开里，储存了很多物资和粮食，让敌人打进来怎么办？邓华，你的意见？"

邓华笑一笑，说："彭总呀，我倒是同意洪学智的意见。应该把敌人放进来打。新达到的 3 个兵团，地形都不熟悉，行动也很仓促，把敌人放进来，我军 3 个兵团可以准备得更充分些，可以把地形摸熟。"

彭总脸色不好看，问："那么物开里物资怎么办？"

洪学智接上话说："好办，我保证两夜之内把它全部向北搬完。"

"解方呢？你的意见？"

"彭总,我也觉得放进来好。"

"杜平呢?"

杜平说:"放进来好一些。"

彭总满脸的不高兴,"呼噜呼噜"喝了两口茶水,放下瓷缸,问:"这仗你们到底还想不想打了?"

洪学智马上接话说:"老总,你别生气呀,仗还是要打的嘛。我们都是做你的参谋,参谋的意见是供你参考的。你是战场统帅,决心还是老总下。"

邓华说:"老总,你不是让我们提看法吗?我们就是这么看,采纳不采纳,老总定。老总定了,我们坚决执行。"

老总还是沉着脸,谁也不看,起身走了。

洪学智左右看看,觉得把老总惹生气了。

邓华说:"老洪,是你开的头,我们都是跟着你说的。你是肇事者,你去劝劝老总吧。"

洪学智说:"你是副书记,我们都是随你说的,应该你去。"

杜平说:"不用去劝,老总可能想起什么事,小杨你去看一下。"

杨凤安遵命跑下去了,一会儿就脸红红地跑回来了,说:"首长们散会吧,彭总在起草电报呢!"大家一阵大笑。

吃中午饭时,洪学智去陪老总吃饭。洪学智先夹一筷子朝鲜泡白菜,吃了,说:"老总呀,你让我们先说意见,我们说了,你又生气。"

彭总一瞪眼睛,说:"谁生你的气了?"

洪学智说:"我看你是生气了。"

彭总说:"我去给毛主席起草电报了。还生你的气?我可没有那闲工夫!"

洪学智说:"老总啊,当参谋的,有三次建议权,我已经向你提了两次了,不管提几次,最后由你决定。"

彭总长叹了一口气,说:"麻子啊,你的意见有道理。如果是在国内战争时期,我很痛快地就接受你的意见了。现在我就是考虑朝鲜战场太狭窄,部队运动不开呀,大部队不能迂回呀。把坦克放进来不好办呀!你们还是解放战争时期的经验。我岂能不知?我之所以没有采纳你们的意见,是担心时间长了,美军从我侧后登陆。"

彭总扒拉了两口饭,往前推推菜碟,用筷子敲敲碟子,说:"从各方面情况看,敌军从侧后登陆的准备加快了。不容许我军拖延时间。现代化战争节奏加快。时间就是军队,就是胜利。兵贵速,不贵久。你考虑过吗? 3个兵团,几十万大军开进了三八线地区,一旦后方敌军登陆,往回掉头容易吗?时间容许我们掉头吗?开上来的部队没有打仗,就往回返,部队情绪会怎么样?朝鲜战争不容许我们像在国内革命战争那样大踏步后退啊!"

洪学智听后,也觉得彭总的担心有道理。开上来的3个兵团都是按照正面推进正面突破部署的,一旦发生敌军侧后登陆,重新调整部署是很困难的。

几个方面的情报证实,马歇尔到日本访问向李奇微承诺,战争一旦需要,李奇微可以动用驻日美军的后备力量。五角大楼已经下令,从美国本土抽调第40和第45国民警备师到日本,与在日本的第14团合编为美军第16军入朝,并且在日本加快训练南朝鲜3个师。李奇微对远东空军下令,对我军交通线,物资集散地,部队集结地三方面重要目标实施狂轰滥炸,用大口径远程舰炮轰击元山、新浦,清津等重要港口……

彭总感觉到李奇微新官上任,必定要有新的战争行动,表达对白宫和五角大楼的感激心情。他很焦虑,为避免敌军侧后登陆,出现我军被前后夹击的情况,决定赶在美军行动之前发动新的战役。

二十二 第五次战役我兵力占优势,彭总要39军、40军起骨干作用;第3兵团、9兵团、19兵团从宽大正面突破,直插美军纵深,然后倒圈回来,同时有5个军看好两侧海岸……

124. 彭总在上甘岭矿洞子里说"李奇微是要占三九线"

第五次战役发起之前的一段时间,彭总心情比较焦躁。

他很担心美军登陆后形成对他们有利的战略态势,我军处于两面作战,局面被动。所以考虑反击战役要提前。

4月6日,在金化郡上甘岭矿洞子里,志愿军党委召开第五次扩大会议。邓华、朴一禹、洪学智、韩先楚、解方、杜平、9兵团司令员兼政委宋时轮、19兵团司令员杨得志、政委李志民、3兵团副司令员王近山和各军军长、政委参加了会议。志司办公室和作战处、情报处领导列席。

大家差不多都是同级的高级将领，差不多都是"军星"，不是同级，也很熟悉，在国内战争的不同时期断断续续合作过，在国外战场又见面了，握手，拥抱，拍肩膀，大声呼叫，大声笑闹一阵。兵团司令们说说笑笑顺便参观了彭总的办公室兼卧室。办公室内有一个会议桌，桌子旁放了几个很简陋的长条板凳。由于都是彭总太熟悉的将领，彭总先开玩笑说："怎么样，比你们兵团司令部豪华多了吧？"李志民指着几条木头做的长板凳，说："彭总呀，你吹什么牛呀！就这几条屠夫凳子，说得上豪华！"彭总兴致很高，说："屠夫凳好处多了，又宽又厚，可以当卧榻呢！"老总说着往屠夫凳上一躺，笑着说："就这样一直可以睡到天亮，很好呀！"引得司令军长们开心大乐一阵。

会议开始，先由解方介绍敌情。此时西线美军已经占领临津江东岸，中线占领了涟川，参战地面部队7个师1个空降旅，东线攻占了杨口和海岸重镇高城。现在敌我在三八线形成了对峙。美军目前地面作战部队约18万人。远东空军有18个联队，1400架作战飞机，10万官兵。南韩有3个军团40万人。其余15个国家约有4万兵力，编成4个旅1个团、10个营。我3个兵团上来后与敌军兵力大致相当。

彭总动作很快地捏了一小撮茶叶放进嘴里嚼着，微笑着看着大家。

解方介绍情况后，他接过话说，美军地面作战部队沿着300多公里的战线平均部署。每公里战线上有约2000官兵。美军是只有战术纵深，没有战略纵深。我军在战争中兵力消耗后，开始是补充兵力，后来军委决定轮战，使我军都能在战争中得到锻炼。这样在2月中旬以后，大量新部队先后入朝，到4月中旬，已达到16个军48个师、7个炮兵师、4个高炮师、9个工兵团、3个铁道兵师和两个直属团，再加机关部队，总兵力达到77万人，比刚出国时的兵力增加了3倍还多。特别是技术兵种增加。

彭总再也不用担心兵员问题了。他看到这些可信赖的战将来到前线很高兴，有点兴奋呢！他说，李奇微指挥的是联合国军，加上南朝鲜是17个国家。我们志愿军也是"联合国军"嘛。我军有16个军，有来自华北、华东、西北、华南各地区的。为了一个东方和平的共同目标来到朝鲜半岛。今天开的就是一个联合会，首先做到思想上的联合，然后是做到军事上的联合。李奇微的兵力要比中朝兵力少三分之一。我们占优势。我们都是精兵强将，战斗士气旺盛，后勤粮弹供应已有改善，中朝已经有战机参战。打胜这一仗是有把握的！中朝军队虽然没有军舰运兵，但我军有夜间穿插的本领。只须往南猛插100公里，就可以到达横城，到达砥平里。那地方邓华很熟悉嘛。

邓华在会议开始后先给大介绍了前四次战役入朝部队的作战情况。邓华说，前四次战役的经验教训主要有两条，在军事上，证明我军对有现代化装备的敌军坚持固定阵地防御是很困难的，积极的运动防御很必需。从政治方面说，抗美援朝战争是长期的，以为突破三八线，取得汉城后，即可一帆风顺地结束朝鲜战争，是一种幻想。我军面对的主要是美军。敌军拥有绝对制空制海权，地面部队有高度现代化的技术装备，有大口径的火炮，有大批坦克，他们的作战部队调动快，装备和物资补充也快。但美军部队官兵士气普遍低落，新兵缺乏作战经验。南朝鲜部队多是新建，新成员多，战斗力不如美军。中朝军队前四次战役都是注重避开美军的长处，紧紧抓住他们的短处。主要是采取截断敌军后路，实施穿插迂回，包围攻击，在运动中寻机各个歼敌的战术。战争实践证明这都是很成功的战术。所以有的美军俘虏说："你们连飞机都不怕，提几个手榴弹就冲锋。人越打越多，前面拦，后面堵。这种打法古今各国都没有，只有你们独此一家。你们是打仗的专家。"

各位司令们都笑了，有的还互相交换几句，表示认同。

然后，彭总传达了毛主席关于"战争准备长期，尽量争取短期"的战略方针，确定第五次战役的主要目的是"消灭敌人几个师，粉碎敌人的计划，夺回主动权"。他着重总结了前四次战役的基本经验。在座的兵团司令们虽然位高权重，但都是他不同时期的部下。他在前线看到这些战将们感觉宽心多了。从兵力上我军又占了优势，加战将们丰富的作战经验和出色的指挥，加部队指战员的英勇善战精神，李奇微能有多大能耐？

宋时轮笑着说："彭老总，第五次战役怎么个打法，你有什么锦囊妙计拿出来吧！"

彭总对这个玩笑不太高兴，眼皮一耷拉，说："我有什么锦囊妙计，我这个人很愚蠢，还有什么锦囊妙计？"他喝了几口茶水，停顿了一会儿，然后对大家说，"为适应长期作战的需要，全国军队今年要补充60万兵员。全国要以国防建设为主，经济建设要围绕国防建设进行。我军要实行轮番作战,要尽快改善志愿军的装备,要尽快加强各后勤机构,抓紧准备空军和装甲兵部队参战。各方面的情况表明,李奇微在进占了三八线后,还要继续北进。其地面部队与登陆部队配合,目的是为了占领三九线,即安州、元山一线。如果敌军占领了三九线,那么,我军的主要供应线就会被切断,我军会出现很大的困难,受到很大的威胁。有情报美军计划在东海岸登陆。如果它们登陆成功,我军就会腹背受敌,战略态势的变化,对我军很不利。毛主席很担心出现这种情况。因此,我军的反击时间,应力争在美军登陆之前。召集各兵团领导同志来,主要就是讨论这个问题,征求同志们的意见。为避免我军陷于两线作战的不利境地,我军必须先发起攻击。敌军打到现在已十分疲惫嘛,伤亡消耗尚未补充。其预备兵力也尚未来到。我们湖南家乡有句口头禅,叫作晴带雨伞,饱带干粮。军事上叫作未雨绸缪。所以我军立即展开反击最为有利。"

彭总扭头看地图,杨迪副处长已经很精神地手拿一根小棍子准备好了。

彭总说:"这一战,要争取歼灭敌军5至6个师的兵力。中心问题是要夺回朝鲜战场的主动权。反击重点在西线,主要消灭西线的美军。汶山至春川一线。西线的美军有美第3、第24、25师,英国第29旅,土耳其旅,南朝鲜第1、第6师。"

杨迪手中的小棍子蜻蜓点水似的一点一点,准确地落在彭总说到的每一个地点上。

彭总说:"敌军的战役部署是纵深浅。根据我军前几次战役经验看,敌军某部被我包围后,主要靠他们左右两侧部队增援。中朝军队在战役指导上,根据敌军纵深浅的弱点,主要采取战役分割和战术分割相结合,战役包围和战术包围迂回相结合的方针。具体分为两步走,第一步,40军从金化方向打下去,直插加平!从这里打开缺口,切断春川与加平公路,割裂美军东西联系。39军同时要割开东线敌军向西线敌军的增援。就是利用五圣山一线大山区地形撕开一个大口子,把东西敌军分割开。还是用这两个老军。他们比较有经验。本来新部队上来了应该让他们休整。但我考虑要做到确保胜利,还是把他们用上了。温玉成和吴信泉,你们还是要起骨干作用,为了世界和东方的和平,多出力吧!"

彭总喝了几口茶水,稍作停顿,然后继续说:"3兵团从正面涟川、华川之间实施突击;9兵团在3兵团的左翼由华川、杨口、昭阳江一线进行突击；19兵团从3兵团的右翼由汶山、涟川之间强渡临津江实施突击。"

彭总瞅一下地图，杨迪的小棍子落在临津江上。他说："各兵团要猛烈突破敌军的前沿阵地，实施战役穿插，打破敌军阵线。然后要进行各个分割，战术穿插，向敌军的纵深发展，战役目标是首先歼灭南朝鲜第1师、英军29旅、土耳其旅、南韩第6师、美第3师等，然后3个兵团会歼第24、第25师。东线人民军金雄集团和西线第1军团分别向当面敌军发起攻击。在平壤之47军、肃川之38军、元山之42军，在华川、沙里院、载宁之人民军第2、第6军团担任我军侧后反登陆和反空降任务。"

彭总说："我军的战略预备队集结尚未完成，因此需要再等等，将敌军放到金化、文登里、杆城一线，比较好。如敌军进展快，我于4月20日开始，如敌军进展慢，5月上旬开始。怎么样？这个仗怎么打，大家可以畅所欲言嘛！"

各兵团首长都先汇报了部队开进、训练、思想教育、政治动员的一般情况。

彭总说："3兵团还在开进中，要争取7天时间内集结完毕。王近山同志，你看能否按时集结到位？"

王近山体形较胖，他略一思索，回答："彭总放心，保证在4月13日前集结完毕！"

彭总把脸扭向宋时轮和杨得志，问："你们呢？"

宋、杨二人都说："4月20日前到达三八线以北的进攻出发地，集结完毕，做好一切进攻准备，没问题！"

兵团首长们都说完成消灭几个美军师的目标不成问题。

列席会议的丁甘如和杨迪都感到与他们刚入朝时的思想状况差不多，认为美军不比蒋军的战斗力强到哪里，不成问题。

王近山历来作战有股疯劲儿，大声说："彭总，我们都准备好了，只要彭总一声令下，就可以发起进攻。我们一个兵团消灭敌人一个师不成问题，我保证还要捉5000个美军俘虏兵。"

也是，过去在国内战争时期，按照毛泽东主席的3个人打敌人1个人的战略战术，1个兵团3个军应该消灭美军1个军嘛。现在降低目标，3个军消灭美军1个师，3个师消灭美军1个团，还不是很轻松吗？怎么都应该是可以完成的嘛！

彭总问杨得志："得志同志，19兵团准备情况呢？"

杨得志回答："彭总，我们只等你下命令了！部队嗷嗷叫，没问题！"

所以，会议的气氛比较轻松乐观。

彭总只是瞪着眼睛看着这些战功赫赫有名的司令，对他们流露出来的思想苗头没有吭声。这些司令们在1937年8月八路军编成时都是八路军主力团团长或副团长，抗战中在彭总的直接指挥下，艰苦作战，战绩不凡。彭总对他们的性格、作风、脾气都很熟悉，都是他作战上倚重的战将。是我军的一等部队，一等部队上来还有什么问题！况且，彭总正在担心美军从东海岸登陆呢！也急于发起战役，见他的这些老部下请战，正合他意。

邓华感觉到了司令们存在不同程度的轻敌情绪，但他与这些司令在国内战争时都是兵团的司令、副司令，是一个等级的将领。他只是很婉转地说："根据我们四次战役的作战经验，国民党的王牌军的战斗力还不能跟美军战斗力相比。还不是一个概念。美军有绝对优势的空海军支援，坦克和炮火从数量和质量上都比国民党强得多。而且他们的部队都能熟练地协调空军海军飞机炮火的支援。他们通信发达，阵地上的部队可以随时呼叫空军和炮火支援，协同战术很娴熟。就这一战术，给我军造成的伤亡很大。我军与美军在这一方面差距太大。前四次战役虽然我们打胜了，但西线的6个军和东线的9兵团打得很艰苦。你们后入朝的部队必须要参考这些作战的经验教训。"

王司令说："我们想请你们13兵团介绍经验。"

邓华回答："已经安排了。具体与杨迪同志联系。"

"洪、韩、解"三位领导见彭总都没有提醒司令们，邓华已经婉转地说了情况，大司令们好像也不以为然，也就不吭声了，论资历论战功，他们都不能多说了。宋司令经受了东线长津湖艰苦卓绝的战争，战役胜利了，但冻伤太多，他心里清楚，这次9兵团准备得比较充分，已经进入了冲击出发地，他保持了沉默。

兵团司令们还是国内战争的老眼光、老经验，对出国作战，地理地形变化，作战对象变化，战略战术变化，美军空炮坦协同作战得心应手的熟练程度，都还没有经历过，对美军也没有另眼相看！其实，前四次战役还没有成建制地消灭过美军一个师，只是消灭过南韩部队的团以下单位，而且没有俘获敌人的主官，他们一看战场形势不好，就都早早乘汽车、坦克、直升机逃跑了。四次战役我军共俘虏美军和其他国家军人5300多人。

3 兵团一个战役就说要俘虏 5000 人，说大了，轻敌了，会上也没人更正。

列席会议的丁甘如和杨迪都是在延安军委作战局当过参谋的，见识多而广，听后直摇头。据志愿军司令部所知，新入朝的各军师到 4 月 20 日还只能进到进攻出发地，到不了冲击出发地，两地还有三十多公里呢！炮兵还没有进入发射阵地，步炮协同的计划还没有拟制好呢！他们两人很负责地向参谋长解方反映。

解方说："你们看看会议上的气氛，连邓副司令说的话，他们都没有听进去，洪、韩副司令都不便说话，在这种场合我怎么说，还是等等看，再说。"盛名之下，他人尚缄。

会后，把我军的反击作战方案报军委和毛主席。

4 月 13 日，毛泽东主席回复彭总："4 月 10 日 24 时电悉。（一）完全同意你的预定部署，望依情况坚决执行之。（二）为防敌从元山登陆，似须以 42 军主力位于元山城内及其附近，确保元山，请酌定。"

在战役发起之前，韩先楚走进彭总的办公室，叫了一声："彭总。"

彭总回头，问："什么事？"

韩先楚忧虑地说："我考虑第五次战役，由新入朝的部队担任主攻，他们积极性虽然高，但毕竟对敌情不熟悉，也缺乏对美军作战的经验，我担心他们出差错。是否考虑推迟发起战役，到 5 月初，这样新入朝的部队可以准备充分一些，打胜仗的把握要大一些。"

彭总一听，很长时间未表态，沉思一阵，然后说："你的意见有道理。但美军很可能在西海岸两栖登陆，若推迟，看来不行。"

他让秘书把解方叫来，说："诸葛亮来了，现在一方面是美军要从我军侧后登陆；另一方面是我新入朝的部队刚刚赶到，不熟悉情况，你有没有一个两全其美的办法？"

解方看了一眼韩副司令，明白彭总的意思后，说："彭总，我看这样，新入朝的师以上单位，可派侦察分队秘密潜入三八线以南进行侦察，尽快熟悉敌情和地形；入朝的老部队派有作战经验的干部到新入朝的部队介绍作战经验，也可以留下当顾问。"

彭总其实有倾向性，他一听解方高兴了，问："韩副司令，我看这个办法不错。"

他拍拍解方说："你真是名副其实的小诸葛亮。"

韩副司令对解方说："那就这样办，你和作战处要贯彻落实这两件事。"

解方说:"好好,我们来落实。"

125. 彭总的拗脾气上来了

志愿军司令部移至空司洞。

空寺洞地处深山沟中,是一座金矿,矿洞曲曲弯弯,深远幽暗,穹顶高远,龇牙咧嘴,光线昏暗,好像有许多动物在爬行,很是吓人,到处在渗水,滴滴答答的响声不断,在战争状态下,是天然的防空好去处。

志愿军司令部的管理处,在洞子里的各个角落,利用地形,用树干、木板、草席等搭建了许多小棚子,就是各位司令和各处室的办公室了。彭总的办公室就在一间草棚内。

彭总在上甘岭村召开志愿军第五次党委扩大会议的那一天,美军的战斗机突然飞临上甘岭村的上空,不停地盘旋、轰炸。不时有轰轰隆隆的大炮声从南面交战的前沿传来,发射的探照灯光柱把上甘岭的上空照亮。

负责总部安全的洪学智素来以机敏著称,他很警觉,立即与邓华、韩先楚、解方等交换意见,美军库尔特第9军的先头部队向北进攻,已经逼近金化,与志司只有15公里了,志司必须转移。转移慢了,敌军很可能把上甘岭的出口南山沟堵死了。情况紧急。

邓华、韩先楚都同意,商量可以转移到西北方向的西线伊川的空寺洞去,距离这里有100多公里。让洪学智去给彭总讲。

洪学智说,我讲就我讲,老总要是不同意,那么,就得大家努力强行把老总弄走。

邓华说:"好,你先去讲。我们在这儿等着,作预备队。"

一会儿,洪学智笑嘻嘻地回来了,大家就知道顺利。洪学智对大家说:"老总同意。"邓华说:"已经从老哥的脸上知道了。"

按照洪学智副司令的安排,总部转移分为四批,彭总第一批走,洪学智第二批,邓华第三批,其余第四批走。4月9日,晚饭后,夜幕降落下来,彭总小分队的几辆吉普车已经伪装整容待发。彭总从矿洞里走出来,先点着一支烟,眯细了眼睛瞭望着周围的山峦。上甘岭山沟有优美的风景,有茂密的山林,涓涓的小溪。他突然攀登上洞子一侧的高坡上,向远方眺望。随员杨凤安、丁甘如等也跟着爬上了山坡。彭总抽了一口烟,小声骂道:"娘卖的,美国佬发动进攻两个月了,还这么凶,现在时间未到,时间一到,老子总要与你们算账的!"丁甘如见彭总不走,就对他说:"美军先头部队部队已经到达金化附近,邓、洪副司令员考虑你的安全,请你快走。"彭总的拗脾气上来了,瞪了丁处长一眼,说:"急么子吃,叫他们先走!我还在这里考虑一些问题呢!"

丁甘如没承想在这儿卡住了。他说:"计划是你先走,他们后走。你不走,他们肯定不会先走。美军的夜航机十分猖狂,大家都为你的安全担心呢!"

彭总伸着脖子问:"夜航机认识我彭德怀吗?它跟我打过照面?"

丁甘如知道强调安全恰好会磕到老总的钉子上,他改变了进攻方向,说:"志司机关第一批已经按总部的安排,向空寺洞转移,前线会不断有紧急的电报请示,需要你指示,我们不能在这里待久了,会影响对前线部队的指挥。"

彭总回头瞪了丁甘如一眼。

杨凤安说:"走吧,这里没有什么可留恋了。看风景到那边看吧。朝鲜这地方到处都是好风景。机关都转移了。"

彭总说:"既然被你们说成这样,那就走吧。我们这已经是第五次转移驻地了吧?"说着走下山坡,说:"第一次大榆洞,第二次君子里,第三次下甘岭,第四次上甘岭矿洞,第五次空寺洞,前四次是向南,这一次却是向后呀!"

丁甘如一听恍然大悟,原来老总是不愿意向后转移呀。于是他说:"志司向前与向后转移,都是根据作战指挥的需要,所以有向南有向北。这次向北,下次可能就又向南了。"

彭总说:"那就向空寺洞转移!"

几辆吉普车鱼贯驶出上甘岭山沟。

126. 彭总、邓华、洪学智遇险

4月10日天黑以后,洪学智的吉普车上路了。

本来一般晚上敌机是不来的,但今天他没有走几公里,几架"黑寡妇"就"嗡嗡嗡"地飞过来了,声音忒难听!先是扔下几颗照明弹,像天灯一样挂在空中,把山野照得如同白昼,然后就是扔下一串炸弹,炸起的烟柱乌烟瘴气。司机躲炸弹,左扭右跳,路又坑坑洼洼,小车一下栽进沟里。还好,车没翻,人没伤。飞机大概没有发现小车,也可能没油了,爬高飞走了。洪学智和两个警卫员下车推了半天,沟太深太陡,没有成功。这时开来一辆大卡车，见是首长的小车，停下，扔下一条绳子，用他的大车拉，上面拉，下面推，弄上来了。洪学智对大车司机说："同志，谢谢！"司机说："不用谢，都是志愿军。"

突然，一个黑乎乎的庞然大物冲过来，警卫员"哎呀"一声倒在地上。洪学智一看，是一辆吉普车冲过来，怕飞机炸，没敢开灯，哎，真是！副司令见那车上没人，叫司机马上拉上警卫员送医院。然后，他又上路，爬一座高山，路上被敌机炸得几乎不能走，司机艰难地爬着，敌机"嗡嗡"地又飞过来了。恰好对面开过一辆卡车。那卡车突然亮了一下灯，被眼很尖的飞行员瞅见，轰轰隆隆，一阵炸弹落了下来。大卡车关灯就跑，正在拐弯处，洪学智发现了冲过来的车，大喊："有车！"司机赶紧打方向盘，"咣"的一声，已经撞在了一起。吉普车被撞得跳起来。副司令的腿重重地顶到车帮上，很快就发面似的肿了起来。大车没有事儿，小车的保险杠弯了，发动机扁了，发动不起来了。副司令说："只好叫大车送我们了。"司机还在鼓捣，是刚刚缴获的美吉普，锃亮锃亮的。突然车"突"的一声响了，司机说："行了，上车吧。"大车上坐的是40军的一个财务科长，一见是洪副司令，说："不得了呀，把首长给撞了，怎么样呀？"副司令说："不碍事儿，你们赶快走，再开车小心点！"后半夜，洪学智赶到了空寺洞，他的腿肿得不能走路了。40军知道后，发来一个慰问电。

志愿军司令部驻地都是金矿。彭总由于红军时期落下皮肤瘙痒的毛病，又有关节痛，不愿意住洞子，嫌潮湿、憋闷，白天也得点蜡烛。恰好山下有3间矿工的工棚，管理处给他收拾了一下，另外在工棚的对面挖了一个小洞子，口敞开着，敌机扫射，彭总可以跑到洞子里。洪学智、解方、杜平三人住在彭总下面山沟一个小工棚里。在他们的房子后面，管理处也挖了一个防空洞。

第二天山头刚刚露出亮光，洪学智一个鲤鱼打挺起来，他惦记着彭总的安全。他一瘸一拐地走进彭总驻地一看，老总这儿不行呀，洞子很浅，很直，口还向外敞着。美军飞行员喜欢玩杂技，敌机可以俯冲直接对着洞口扫射或者发射汽油弹。他赶紧把工兵连找来，把洞子加宽加深，然后拐弯再拐弯，然后在洞口用沙袋堆了一个三角形的隐蔽墙。

彭总在工棚里听到动静，出来一看是洪学智在指挥工兵连干活。

"你又在我这儿鼓捣什么？"他问。

洪学智说:"老总,你这个防空洞是聋子耳朵,不管用。"

彭总说:"你这个人就是多事儿,把工兵连调去修路嘛!"然后气呼呼地背手走了。

洪学智没理会老总,继续把防空洞修可靠了,才离开。

12日子夜,邓华在寒风中风尘仆仆来到空寺洞。管理处干部安排他与彭总在那个三间的工棚住。他不愿意与老总住在一起,问:洪学智在哪儿?回答住到下面那个小房里去了。邓华说我到他那儿去。他硬是让管理处在洪学智的房间加了一张行军床,挤下睡了。

第二天蒙蒙亮,山谷中还黑乎乎的。突然防空哨枪"叭叭"地响起来。紧接着"嗡嗡嗡"的飞机轰鸣声在山谷中震响起来,飞机带起狂风如山呼海啸。洪学智被惊醒,大喊:"敌机!"解方和杜平也马上起来了。只有邓华还打呼噜。洪学智上去把邓华的行军床一掀。邓华"扑通"一声摔在地上。他睡觉时衣服鞋都没脱。"干什么,干什么?"洪学智喊:"敌机朝这边来了!"洪学智拉起邓华同解方、杜平就往外跑,防空洞在房子的后面,还要拐弯,他们怕来不及,顺着坡往下跑。洪学智的腿肿着,下不了土崖,邓华和警卫员把他架下去了。他们爬到土沟里,敌机的火箭弹像一条火龙"嘶啦啦"钻下来,打中了彭总的房子。邓华、洪学智眼看着房子着火了。"哎呀,出大事了!"他们不知道彭总出来没有!赶紧派警卫员去看看,警卫员回来报告,彭总进洞子里了!一会儿,彭总派杨凤安来看邓、洪等,见他们没事儿,马上回去报告了彭总。

敌机发射火箭弹后,拉高,然后又俯冲飞回来用机关枪猛烈扫射,见房子着了,看不到人,飞走了。邓华、洪学智等上去一看,彭总的房子报废了,防空洞门口的草袋子上有70多个枪眼儿!他们住的房子里邓华睡觉的地方打了好几个洞,他的行军床也被打了几个窟窿。

邓华对洪学智说:"老哥,不是你,我今天就去见马克思了。"

洪学智说:"不关我的事,是你还没完成保卫世界和平的作战任务,没让你去报到。"

大家笑了一阵。彭总的房间没法住了,只好进了矿洞子。邓华等都进了洞子。谁也别怕潮湿了。

一天晚间,韩先楚和洪学智在等部队的电报,他们两个在小洞口点了一支蜡烛下象棋。下面沟里是伙房,烧饭用的大铁锅的火没有完全扑灭,被敌机发现。敌机低空擦着山林，发出尖涩凄厉的极为难听的声音，俯冲下来，连续投弹，然后拐弯朝着两位副司令的洞口冲过来。韩先楚大喊："不好，朝我们来了！"他们扭头就跑进洞里。敌机在洞外"嗒嗒嗒"打了半天。好险！不过第三天，情报处一位参谋还是在这个洞子里点着蜡烛整材料，他离洞口还有几米远呢，敌机发现了亮光，转圈儿，校正，对着小亮点，连续发射，参谋牺牲了。

127. 周总理对杨得志说"就是想见见你们"

1951年2月16日夜晚，霜冻笼罩着鸭绿江两岸，19兵团机关坐几节车厢通过铁路桥，64军和65军一左一右走浮桥，63军走铁路桥，跑步前进，秩序井然，全部通过了鸭绿江桥，进入朝鲜战场。

杨得志和李志民两位将军随部队行色匆匆踏上朝鲜的国土，吉普车风驰电掣，所过之处，沿途残垣颓壁，焦土遍地，村落荡然无存，与他们在通过祖国的路上看到的人民安居乐业的兴旺景象形成强烈反差。将军们沉默不语。

李志民身材清瘦有气质，与司令员杨得志都是井冈山的老战友。其家乡浏阳是湖南1925年农民运动的中心地区之一。像《湖南农民运动考察报告》叙述的一样，参加农民运动，在小姐少爷的牙床上打过滚儿，当过乡农民协会副委员长。

19兵团完成了解放大西北的光荣任务后，根据彭总"安下心，扎下根，开发、建设大西北"的指示，部队正在贺兰山剿匪，守备，修筑宝鸡天水铁路，开垦了30万亩新地。

10月5日，兵团接到了毛泽东主席的急电。限19兵团12月5日之前到达山东兖州藤县一带待命。11月22日，司令员杨得志、政委李志民刚刚到达兖州，接军委通知，杨、李二人立即到北京向朱总司令汇报，接受任务。汇报结束，他们请朱总司令到兖州给出征前的团以上干部作报告。朱总欣然同意。朱总作了抗美援朝的形势和任务的报告，为63军的《前线报》题写了报名，还赠送师以上干部每人一本刘伯承翻译的苏沃洛夫的《兵团战术概论》，在每本书的扉页上都有他的签名，给李志民的书上题写"志民同志，努力学习"。

杨得志、李志民要求各级指战员要发扬雷厉风行的作风，要做到布置动员解释快，整理组织部队快，熟悉朝鲜战事情况快，军事训练动作快，上下联系反映情况快。

1951年2月3日,兵团从兖州启运。

路过天津,突然接到通知,周总理请杨、李二人到北京面谈。

周总理同从天津匆匆赶来的杨、李二人说:"总司令从兖州回来,把情况向毛主席汇报过了。我对你们的工作是满意的。请你们来,就是想见见你们。"

一句说得两位战将心里热流滚滚。总理说:"你们为了保卫祖国而离开祖国,我在北京为你们送行。你们19兵团,还有杨勇、杨成武同志指挥的两个兵团,都是有光荣传统、战斗力很强的部队。我曾经说过,要把你们三杨拿出去,叫作'三杨(阳)开泰'嘛"!总理同他们握手道别时最后说:"你们到了朝鲜,要爱护朝鲜的一山一水一草一木,要尊重朝鲜人民……"两位兵团领导告诉总理,总理的教导记住了,这些要求已经列入兵团下发的《赴朝作战守则》里了。总理说:"那就好,那就好。"

杨得志后来回忆说:"党的信任,总理的期望,使我激动不已。多少年来,我没有对其他同志讲过关于三杨的谈话。但多少年来,总理的这些话,一直在激励和鞭策着我。"

3月16日,他们率兵团部驻笃庄洞村。3个军部队抵达开城以北的市边里、南川店、大坪一带集结。这时,19兵团的装备比已进入朝鲜的部队来说,有改善吗?没有。仍然没有大的改善,没有坦克,没有远程大炮,兵团有一个炮兵团,军有一个骡马炮兵团,山炮配两匹骡子,38野炮配3匹骡子。

4月6日,兵团司令和政委到金化郡上甘岭参加志愿军总部第5次党委扩大会议,彭总向他们交代了我军此次反击,"消灭敌军几个师,粉碎敌军进军三九线的计划,夺回主动权。我军反击的重点在西线,19兵团在西线担任突击任务,如果正面进攻之敌进展太快,我军计划4月20日左右实施战役反击"。

4月9日,笃庄洞村的山梁上青草泛绿了,远远的几棵杏树开着黄花,那样喜人。春天真的到了前线。东西海岸横灌的海风仍然很冷。"杨李"召集19兵团师以上干部传达了总部会议的精神,立即作了战役部署。杨得志站在作战地图前,情绪激动,声音激昂,用他的家乡话说:"我19兵团的任务是担任右翼突破美第8集团军防线,向左对敌纵深穿插迂回。63军为第一梯队,快速向绀岳山地区穿插,迅速切断英军29旅与美军第3师之间的联系,主力以最快速度向西南方向穿插迂回,积极协同

65 军歼灭英军 29 旅。"

然后他问大个子的傅崇碧（此傅崇碧即文章中赫赫有名的"杨余傅"的"傅"）军长，"你们 63 军对此任务感觉怎么样"？

傅军长回答："感觉很好。杨司令让我们子时突破临津江，我们决不会拖到丑时！"

杨司令用他浓重的家乡口音一仰脖子说："64 军，你们的作战任务是从高浪浦里地区强渡临津江，然后以果断行动向敌人腹地议政府地区穿插迂回，一定要到位，你们要向一把尖刀一样插入敌军心脏，切断敌军的退路！曾军长你听清楚了吗？"

曾思玉军长："64 军保证圆满完成穿插任务！"

杨司令说："好。65 军，你们作为兵团第二梯队，由新岱、戎滩浦地区渡过临津江密切配合 63 军歼灭临津江敌军！"

肖应棠军长回答："明白！"

杨司令抬高声音说："各军都接受了光荣的具体作战任务，这是我们 19 兵团出国作战打的第一仗，我们一定要下定决心，打一个漂亮仗！为亚洲的和平，为世界和平而战！我预祝你们旗开得胜、马到成功！"然后，杨司令又补充一句："若哪个军完不成作战任务，我拿你们军长政委是问！若哪个军打了大胜仗，我给你们摆庆功酒！"

同时，兵团以杨得志、李志民、郑维山（副司令）、陈先瑞（政治部主任）名义下发了《打好出国第一仗的战斗动员令》。充满了激情的动员令号召："同志们，加紧准备，准备等待攻击的命令吧！你们大显身手的机会到了。只要命令一下，上级指到哪里，就向哪里前进。人人奋勇当先，个个机智灵活，要攻如猛虎、守如泰山，绝不轻易失去一个阵地；要追如疾风，绝不放走一个敌人！要大胆穿插分割敌人，要分割包围歼灭敌人。担任任何艰巨任务，绝不犹豫徘徊，碰到什么困难，也不叫苦叫累。不怕敌人的飞机、坦克、大炮，要击落敌人的飞机，炸毁敌人的坦克，夺取敌人的大炮。不管我们面前的敌人是美国兵、英国兵，还是李承晚军，都要狠狠地打，痛快地打，怎么打得重，就怎么打，怎么打得狠，就怎么打，怎样能彻底消灭敌人，就怎样去消灭！这是我们出国第一仗，我们要旗开得胜，要在第一仗中经受考验，要在第一仗中立功！"多么鼓动人心，鼓舞斗志的热辣辣的话语呀！

杨得志司令员从情报处调来第 8 集团军司令范弗里特的资料，研究范弗里特的脾气、性格、作战指挥特点、第二次世界大战时的经历，得出结论：这个美国将领是有作战指挥经验的。然后把他研究范弗里特的情况和认识通报师以上干部，要求大家随时研究此人的指挥特点，制定对付的策略。

128. 突破临津江杨得志挥泪斩马谡

4月22日是一个星期天，除中部战场南朝鲜第6师在铁原、金化进攻被我军击溃外，其他战线都很平静。

在汉江的江面上美军官兵还在水上举行摩托艇比赛。

头天下午3时，彭总签发了一份《关于第五次战役具体部署》的电报，要求口头传达到师长。

黄昏5时，彭总命令抗美援朝的第五次战役正式发起。东线从麟蹄起到西线的开城，200公里的地段上，我军炮兵群发射的炮弹和喀秋莎火箭炮发射的密集炮弹像无数条火龙飞往敌军阵地，临津江上的水柱像海啸一般汹涌，南岸的山峦和天空红光闪闪。美军紧急出动了8架飞机向临津江投掷炸弹和用机关枪扫射。19兵团指战员不顾敌机的轰炸扫射和对岸的火力网，前仆后继，扑向百多米宽的临津江天险……

临津江汪洋恣肆，浩浩荡荡，宽约百米，是朝鲜中部的主要河流之一。最浅处齐腰深，江底布满了铁蒺藜。在临津江南侧多南北走向的丹崖绝壁，不易攀登。距离江岸5公里绀岳山、6公里磨义山、20公里道乐山为江南主要制高点。

在临津江的北岸高浪铺里、石柱院里和江桥上，美军有防御部队。

对岸群山连绵不断。美军构筑了坚固的防御体系，美军炮火完全可以控制整个江面和对岸的要点和道路。

兵团指示64军（军长曾思玉、政委王昭）首先要攻占美军防守要点，占领江桥，然后要突破临津江，要不惜一切代价从对岸英军29旅与美3师的接合部猛插进去，割断两部队的联系，直捣议政府，实施战役迂回。首先歼灭英29旅、南韩1师，再协同中央集团和左翼突击集团围歼美24师、25师。

64军军长曾思玉接到冲锋的命令，他的部队还没有进入冲击出发位置。

他打电话问兵团杨得志司令员，报告64军还没有进入冲击出发位置，炮兵正在进入阵地，还没有准备好，怎么就发起冲击呢？是不是晚一天的时间？杨司令说，你不要问了，按照命令执行吧！"咣"的一声把电话机挂了。曾军长一愣，司令怎么了？

彭总已经下达作战命令，杨司令不可能向彭总请示单单64军晚一天发动进攻。

曾军长见司令很不高兴，心中纳闷，放下话机，驱车直奔第一线师阵地！

师长说离冲击出发地还有近30里呢！

曾军长脸一黑："部队全体立即跑步进入！"

64军按照军长的死命令，跑步，大汗淋漓，上气不接下气，向临津江北岸敌人据点攻击！

有的部队距离敌人还有一段距离，接敌要跑几公里，炮兵实施炮火准备时，不能实施冲击，步兵冲击时，正需要炮兵掩护，但炮兵已按照协同计划，延伸射击了。混乱中不尽如人意情况随时出现。

64军以191师和192师为第一梯队，部队的蓄势突然爆发，一举扫清江北美军据点，191师571团4连攻占了临津江桥头，击溃守军一个连，团主力于午夜前全部突过临津江，占领了弥陀寺次峰北山；572团过江时，江水上涨，团后续部队淹死200余人后，主力顽强地到达南岸。

曾军长得到报告，没有兴奋，没有鼓舞，心情沉重，突破来之不易，危机还在后边。

23日拂晓，军长从枪声中判断571团方向还在激烈战斗。

黎明，突然美军大编队机群飞临我第一梯队上空，低空轮番轰炸，投掷大批凝固汽油弹，烈焰腾腾，地面一片火海，烧红了山，烧红了水，烧红了江南的土地。

美军在激烈攻防战中，充分发挥了自己装备和制空的优势，使出他们的拿手好戏，集结坦克群在陆地形成封锁防线。在坦克保护下，不断向我进攻部队冲击。每弹都使我伤亡一片。部队冲锋太集中、太拥挤。

担任分割穿插的64军主力被美军紧紧缠住，不能前进，影响着整个战役进展。

杨司令得知64军前线受阻情况，十分焦急，眼看完不成彭总亲自交办的任务。彭总对他的老部队抱有多大的希望呀！他立即与副司令郑维山简单商量后，直接与曾军长通话："曾军长，你要以大部队钳制美军，以小部突破，向纵深穿插！兵团决定第二梯队两个师投入战斗，你们一定要完成分割迂回任务!"

191师指挥所已进到江南,192师指挥所还未能过江。江南已集结有5个团。

炮火连天中,军与两个师的有线电和无线电联系全部中断。

曾军长心中着火!他命令炮兵31团立即压制美军!

回答:"炮31团还未占领阵地!"

"妈的,来干什么来了!"

军长又命令军建制内的炮兵开火!但军内炮兵射程短,炮弹又很少,不能起到压制敌人的作用。

军长决定使用预备队190师。

可是军部与190师师长陈信忠联系不上。他正在生气,作战科突然报告,与190师569团团长罗保顺打通了电话!曾军长接过电话,"罗保顺吗?你立即派人通知陈信忠,190师全部投入战斗,从高浪里桥过桥,向议政府猛插!立即断敌退路!"

"妈的!"他扔掉电话,冲出了指挥所,冲进美军飞机和炮兵的轰炸区内,找见了陈信忠,大骂:"龟儿子!你让我冲过轰炸区找你,你干什么去了,老子回去处分你!非斩了你不行!立即全部投入战斗!"

但临津桥宽度有限,64军和人民军共5个师蜂拥而过,不少战士被挤下桥去……

190师569团、568团和军侦察队不负军长所望,像利剑一样锋利,一直插至麻山里、车后里几个小村庄。569团副团长李振堂率领3营,军侦察科长王统率领侦察支队,在遭到敌军包围和敌机轰炸的困难情况下,边插边战,孤胆奋战,插到了议政府以南的道峰山!他们浑身都是血污,不知道是敌军的血还是自己的血!

美军发现我军小分队后,立即用飞机和炮火扑灭。英雄们在敌军的照明下,暴露无遗,伤亡惨重,顽强战斗。曾军长为之掉泪!

战至25日16时,191师和192师还未摆脱美军的阻拦。

向议政府穿插是整个战役关键的一步。25日下午,彭总在总部见64军穿插的速度太慢,他急了,给杨得志司令员打电话,问:"向长坡里、高士洞穿插迂回怎样?"

杨得志回答:"64军受阻,我们正在想办法。"

彭总一听大发脾气,问:"受阻?若今晚完不成任务,不管你们是谁，资格再老，职务再高，一律从严处理！"说完"咣"的一声扣了电话。

杨得志立即将彭总的电话内容向曾思玉作了传达，"老曾，再不想办法要影响整个战役。"然后他命令兵团侦察支队会同64军569团3营在兵团规定的时间内要穿插到议政府附近的道峰山！

杨得志把自己的指挥所前移，便于观察部队进展情况。

天突降大雨，"哗哗哗"天像漏了一样，道路泥泞不堪。
65军两个师渡江后，64军两个师还没有突破美军的防御圈。
形成5个师拥挤在临津江南岸20平方公里的狭长地区。
美军炮火可逮住了！健儿们暴露在敌军的炮火下！
俗话说，置之死地而后生。64军和65军两个师整整与美军生死搏斗三天三夜，终于突破了美军的防御，然后像离弦之箭，向美军纵深推进。
曾军长率指挥所24日黄昏从石浦涉过临津江，27日进至道峰山西侧的高阳，逼近汉城。
得军部通报，美军全线动摇，向南撤退。妈呀！
但毕竟损失了三天，贻误了战机。

东方不亮西方亮。在64军进展不利的情况下，63军出现了令人惊喜的战机。
4月20日黄昏，江风带着湿气和寒气在临津江两岸肆虐。
傅崇碧军长率领187师徐信师长（"文革"后为解放军副总参谋长）和团长们到江边一带秘密勘察地形，选择突破口。他们隐蔽地进入江北岸的苇草中用望远镜观察对岸的敌军阵地、敌军活动情况、火力部署。朝鲜向导对魁梧的傅军长说："水流很吓人，实际上这里是江水最浅的地方，只有1米多一点。"

徐信说："我带几个人下去试一试！"

师团长不顾寒冷，跳到江中探路，利用天黑，很顺利地到了江南岸，然后，从另一地段蹚回来，一边蹚，一边插下小标杆。徐信和3个团长1个参谋浑身流水打战站在傅军长的面前说："行！"

然后大家发生争论，是强攻，还是偷袭？军长果断决定，先偷袭，偷袭不成立即改为强攻！炮兵44团立即进入阵地！军指挥所与187师指挥所靠近!

他与师长徐信、政委张君迈、副师长邱会高、参谋长耿淑明等把团长们召集在一起商讨具体实施方案,决定利用敌人制空优势,认为我军白天不敢出动的判断误区,巧妙伪装,采取多路纵队,突然沿小路,白天进入了进攻出发阵地。

188师(师长张英辉、政委李真)在涟川南段突然跑步穿过了浮桥。敌人发现时马上组织起反击。部队过江后,插进深山,爬山越岭,攻占了制高点,进攻之猛,速度之快,军和兵团首长大感意外。

然后,187师4个团在美军密集炮火下,不顾伤亡,强渡过江,一个多小时突破了临津江的美军防御,到达彼岸。傅军长命令作战参谋报告兵团司令部。

杨司令得知,击掌说:"好!给我接傅军长!"电话专线马上接通了,杨司令很兴奋:"傅军长吗?187师打得好!兵团传令嘉奖。命令他们再接再厉,立即向纵深发展,占领制高点!"

傅崇碧决定带领军指挥所与徐信的187师第一梯队一块过江,他身先士卒,与战士们一样,把衣服和手枪都顶在头顶上,然后跳入江里徒涉,他个子高大,但江水还淹过了他的胸口。经过与汹涌的江水顽强搏斗,部队冲上对岸,插入山间小路,在崇山峻岭中粉碎美军的围追堵截,不顾炮火疯狂,突击跃进,向靠近岸边的江南第一制高点绀岳山发动攻击。傅军长的指挥所就设在山麓。战士们说:"军长在看着我们哪!"指战员迎着美军炮火,不惜一切代价,一鼓作气,拿下了绀岳山!达到了兵团分割美3师和英29旅的目的。

25日,63军士气大涨,主力如尖刀锐不可当,继续南插,突破了敌人主阵地,占领了汶山、法院里、中牌里七峰山,歼灭南韩第1师一部和英29旅一部共4000余人。28日,又围歼美3师一个团大部。

杨得志司令和李志民政委看到63军部队在同美军部队作战中能取得这样的战绩很高兴,以兴奋的语气向总部和军委报告:"187师和188师积极勇猛,大胆渗透,胜利完成任务,创造了兵团的典型战例,予以通报表扬。"

战役结束,志愿军司令部一封追究64军没有按时插到议政府以南责任的电报飞到19兵团。杨得志和陈先瑞拿着电报赶到64军。曾思玉给他们汇报了作战经过,担任穿插的两个师对这一战法掌握不够,战前准备不充分，在无缝隙穿插时，突破不坚决，在阵前犹豫，失掉战机。曾军长主动承担了责任。

杨司令员说他有责任，作了自我批评。决定授予569团3营"道峰山英雄营"称号，授予军侦察支队"道峰山侦察支队"称号；授予坚守佛国山7昼夜的65军195师583团9连以"佛国山大功连"荣誉称号，给该连指导员郝玉忠记一等功；决定严肃军纪，给予191师和192师的师长和政委谢正荣、罗立斌、何友发、张星烂以降级处分、回国并通报批评。这四位军政干部在国内战争中都是能打仗的好干部，不然他们也担任不了这样高这样重要的职务。兵团政委李志民说："确实是挥泪斩马谡，不赏罚分明，就难以维护军纪的严肃性，也难保证此后战斗的胜利。"

129. 英军格罗斯特团抹不去的耻辱

战役发起前，傅军长要求187师组织连排长到临津江实地走一趟，熟悉一下作战地形，但要做到不被敌军发现。进攻发起后不能有丝毫的犹豫，坚决不惜一切代价，突破江南岸的滩头阵地！然后迅速向敌军纵深攻击前进！

徐信师长保证说："我师保证在极短的时间内以最快的动作坚决突破敌军江岸的防御阵地！"

徐信是河北灵寿县人，那里正是聂荣臻开辟的晋察冀根据地。他在八路军115师到达那一带地区后，加入八路军，曾任晋察冀军区第3分区10团连指导员，冀中军区44区区队长，33团团长，解放战争时期任晋察冀野战军23团团长，187师副师长。187师2月10日到达辽宁凤凰城，他参加63军团以上干部先期入朝勘察地形回到师部，师长受伤，担任代师长。

他在军长交代任务后，不仅组织连排长悄悄地实地走了一趟，还偷偷地把一个突击团的兵力隐蔽在临津江江北的树林和芦苇丛中。还违背常规，全师部队大白天隐蔽接近了临津江。

战役发起后，天还没有完全暗下来，187师全师以最快的速度最快的动作最熟悉的路线经过最短的距离在最短的时间内冲进临津江！扑向英军29旅！

英军29旅做梦也没有想到志愿军能突破天险！冲破29旅的防线！他们只能仓促应战。

187师561团2连连长何永清指挥2排迅速抢占山头的制高点，坚决堵住雪马山溃退下来的英军。副连长带领 1 排向山后迂回，恰好一股英军格罗斯特团官兵退下来，遇个正着。指导员率领一部从正面发起冲击，英军马上倒下一批。其余英军惊慌失措，乱成一团，不知哪里是活路。指导员大喊："勇敢地冲呀，多抓俘虏，立功的机会到了！"战士刘光子、郭全喜、张宏军用步枪、轻机枪向英军猛烈射击，英军官兵失去指挥，鬼哭狼嚎般满山遍野狼奔豕突。

英军 29 旅格罗斯特团第 1 营在英国是家喻户晓的英雄团队，是老牌的侵略军。1801 年在远征埃及的殖民战争中，被对方包围，勇敢作战，转败为胜，被英皇赏赐，该团官兵的帽子上前后都缀有两个"皇家陆军"的帽徽，以示光荣历史。

格罗斯特团第 1 营把被志愿军部队包围的消息报告到李奇微，李奇微大惊失色，马上意识到这可能要震动英国，震动欧洲。如果格罗斯特团全军被歼，英国舆论要大哗，世界舆论要大哗！本来目前相当大的一部分英国人就反对战争，反对不顾欧洲利益的朝鲜战争继续进行下去，要求英国政府退出联合国军，"脱联"！英国政府的压力很大。目前必须千方百计救出格罗斯特团！他赶紧飞到朝鲜前线，在步 3 师师部召集范弗里特、第 1 军军长米尔本、英军 29 旅旅长布罗连等将领紧急研究如何救出格罗斯特团。

美军当前急如星火的事就是要救出格罗斯特团。

将领们研究了半天就是想不出一个万全的办法来。李奇微把任务交给了 3 师。3 师的防线已经是千疮百孔。没办法，只好抽出 65 团和菲律宾营去营救。

65 团和菲律宾营心想这不是虎口拔牙吗？弄不好自己也要被吃掉。

两支部队出发后，在雪马山一带山口逡巡不前。格罗斯特团盼呀盼，盼来是这样的援军。英军少校胡斯气愤地与 65 团团长哈里斯通话说："既然你们美国人不诚心救人，英国人不需要这种骗人的把戏！"哈里斯笑着说："好呀，英国人充好汉了！从现在起我不派一兵一卒了。"

格罗斯特团在等不到援军的情况下，满山遍野奔跑，伤亡惨重，纷纷缴枪当了俘虏。格罗斯特团团长卡恩思趴在尸体堆里装死。2 连战士一个一个检查尸体，发现这家伙是一个活人，他只好爬起来，自动撕掉军帽上两个皇家陆军的帽徽，走进俘虏群里。

战士刘光子发现有一股英军向西南方向的深山沟跑去，他从侧面穿插过去，藏在前面的一块石头后面，当英军进到离他15米时，他一边喊，不许动！一边就投出两颗手榴弹，英军死伤几个，前面一个家伙未死，跪倒在山坡上，肩上还有一挺轻机枪，刘光子眼睛一亮，飞快地跑过去，夺下轻机枪，掉转枪口对住其他英军，大声喊："缴枪不杀，优待俘虏！"一群英军士兵从一块大岩石下走出来，放下了手中的武器。刘光子担心自己的英语不准确，想起还有出发前装在口袋里的英语传单，马上掏出来，扔给一个军官。同时他对那军官用朝鲜语比画着喊："巴利卡！巴利卡！"军官明白了刘光子的意思，命令他的战士投降了。刘光子命令俘虏排成一路纵队，从山沟中出来。一共63个！创朝鲜战场上一人抓美英军俘虏纪录！

李奇微很伤感地回忆这次战事说："敌人以一次突然的打击把南朝鲜第1师赶到了'堪萨斯线'以南，从而暴露了英军第29旅的左翼。尽管第1军一再设法援救格罗斯特团的第1营，但该营仍为敌军所切断和打垮。卡恩思中校（他在该团服役已达20年之久）和他的部队在自己的阵地上英勇顽强地坚守了好几天，直到弹药全部告罄。该营仅有少数士兵设法回到了联合国军一边。"

130. 王近山代司令与他的作战参谋

古滩岭，3兵团司令部，马灯昏暗，春寒料峭。

王近山副司令怀着又要打大仗的喜悦从空寺洞回到古滩岭。

他们立即召开作战会议，确定15军（军长秦基伟、后李成芳代、政委谷景生，副军长周发田）配属炮兵29团从临津江东岸到左赞洞一线发起攻击，然后直下涟川，目标是美3师；12军（军长曾绍山、政委李震，副军长肖永银）配属炮兵28团、30团1营和防坦克炮团402团，在左赞洞至阵机洞地段展开，目标是土耳其旅；60军（军长韦杰、政委袁子钦，副军长查玉升、邓仕俊）在阵机洞至新兴洞地段展开，要割裂土耳其旅和美军25师的联系，视情况前出金谷里，断敌退路。

12军是王近山的老部队，他在这支部队当过团长、旅长、纵队司令。他在刘邓首长指挥下，带领部队定陶战役当尖兵，千里跃进大别山打头阵，淮海战役堵截黄维兵团；15军是陈赓4兵团的，王近山与15军配合打过仗。60军是华北野战军第18兵团的主力，有"临汾旅"和"皮（定钧）旅"过硬的部队，解放战争时期首战运城告捷，参加了解放太原、宝鸡、秦岭、成都战役，是一支勇于攻坚善打恶仗的部队。

他在会议上说:"同志们!我们3兵团3个军都是英雄的部队!是能够担当艰巨作战任务的部队!是打胜仗的部队!陈赓司令员身体不好,不能来前线,由我来指挥。我在志司已经给彭总立下了军令状,3兵团要在第五次战役中歼敌一万,俘虏5000人!你们有没有信心?"大家回答"有!"

3兵团司令部机关原来是二野陈赓第四兵团的原班人马,而王近山却是老3兵团的。

王近山是从战士中成长起来的军中明星。有人说他是《亮剑》中的李云龙的原型人物。难以考证。但也说明了他赫赫有名的战将性格。他抗战时期任772团副团长,769团团长,386旅旅长,陕甘宁留守兵团新编第4旅旅长;解放战争时期,他任晋冀鲁豫军区第6纵队司令员,第3兵团副司令兼12军军长,川东军区司令员。一直在能征善战的主力部队当一把手,平时表现出一些骄傲情绪是可以理解的。

王近山接到入朝作战的命令后,向川东军区其他首长进行了工作移交,然后2月2日他带作战参谋武英前往北京,住在北京大华饭店(北京军区招待所),然后马上到居仁堂聂代总参谋长办公室领受任务。总长徐向前也在座。聂代总长对王近山说:"入朝时间很紧迫,第3兵团只来了你们两个人,就是有三头六臂,这么多事情怎么来得及办?昨天陈赓刚从昆明飞回北京。他从云南军区选调了一些干部,还从总部和3个军抽调了一些干部,组成兵团机关。看他组建的3兵团机关和直属队何时能到北京。十几万大军,兵团领导不全,不行。总理催问几次了。从明天开始,你先与3个军沟通电话联系。等几天,给你们配备电台,与各军和志愿军司令部交换密码。部队现在要更换苏式武器,结合朝鲜战况,抓紧军事训练。要尽快补充兵员,扩建后勤机构,进行政治动员,全面备战。"

徐总长接着说:"总理同意我们的建议,陈赓治病,3兵团不再配备指挥员了,入朝前的备战和入朝后的作战指挥统由你王近山负责。"

3月7日,周总理和邓小平召见他,周总理对他说:"陈赓是司令员,你是副司令员,陈赓同志积极活动去朝鲜,但他身体不太好,他的腿和踝关节肿疼,行动不便,不能入朝。中央和彭总对他的职务另有安排。3兵团的工作主要由你担起来。你是一个常打胜仗的将军,到朝鲜去能不能打败美军?我等你们的好消息!"

邓小平插话说:"没得问题,近山是我们二野的一位英勇善战战功显赫的战将,是一个善打硬仗、恶仗,善打歼灭战的优秀指挥员。"

王进山代司令很激动,说:"请首长放心,3兵团决不给光荣的志愿军牌子上抹黑!"

他们二人回到招待所,商量怎么做好入朝前的各项准备工作。王近山特别信赖他的这位助手,他们二人合作已有年头。王近山认为武参谋能文能武,有多年作战经验和识图用图的能力,是个多面手,善于掌握首长何时在考虑什么问题,应该事先准备什么材料,提供哪些部队和上级情况,能事先准备好情况,并且有综合归纳,能适时提醒首长应注意的问题,参谋的工作做在首长之前。王近山常说的话是:"符合我的决心。你思考问题能与首长同步,是一位称职的参谋。"另外用王司令的话说:"在水里武参谋救我两次命了,一次襄樊战役后,要过汉水,大船失控,武参谋跳下水去硬把船推到岸边,不然漂到汉口就当俘虏了;二次是在长江,敌人把军舰打漏沉没,武参谋长把救生圈给我,我才没有淹死。"

一天,聂代总长突然来到3兵团驻地,对他们的工作很满意,赞扬他们说:"你们光杆司令和光杆参谋干得很不错嘛!前线局势很紧张,3月15日前,你们必须到达鸭绿江边集结。周总理要你们马上搞一个部队开鸭绿江边的车运计划来。"

武参谋根据代总长的交代,入朝开进计划很快搞出来了。王近山派武参谋送到北京饭店,请司令员陈赓看。陈司令说:"不要再给我看了,毛主席和周总理都给我明确谈过,请近山同志全面负责3兵团的工作。你回去转告副司令员,这些电报、命令和计划我就不看了,相信他会处理妥当的。"周总理和聂代总长批准3兵团的开进计划后,他们随总理、代总长、陈赓到天津参加了总理对3兵团团以上干部的动员大会。

131. 彭总给洪学智赔了一个梨(礼)

3兵团在河北辛集,3个军补充了大量解放战士和翻身农民,步兵更换了苏式武器,抓紧时间,进行爆破、射击、打坦克、防空、土工作业和夜战训练。

3月18日,3兵团跨过了鸭绿江大桥。

过桥后,美军飞机不断跟踪袭击。部队没有经验,夜间敌机一投照明弹，就吹防空号疏散隐蔽，一夜行进十几公里。

到4月15日前，分别进驻伊川、新溪、文岩里一带集结。

第五次战役马上要发动，60军突然给志司发来一封电报说他们已经进入待机地域，但有部队没有粮食吃，有的部队拿自己的大衣和衣服换老百姓的粮食吃，要求志司赶快补充粮食。这封电报直接就送给了彭总。彭总一看，"叭"的一声拍到桌子上。

"给我叫洪学智！"彭总的脸气得涨红。警卫员跑去了。

洪学智走进彭总的房间，一看老总的脸黑着，心想是谁惹老总生气了？

他笑嘻嘻地问："老总，谁惹你生气了？"

老总说："还有谁？你这个洪学智怎么搞的？"

洪学智丈二和尚摸不着头脑，"我？"彭总说："不是你是谁？60军那边明明缺粮食，你怎么不说呢？战士们用自己的衣服去换老百姓的粮食吃。部队马上要出发作战了，这仗还打不打？你说。"

洪学智迷惑，"有这事儿？"

老总厉声说："洪学智，你天大的胆！你敢误我的军机呀？"

洪学智略略一想，不对，整个3兵团都不缺粮食，粮食都到了位，怎么韦杰60军独独缺粮食？我这不成秦桧了？不可能呀！他说："老总，消消气，情况有误。情况有误。"

"什么有误？电报在此，你看看。"

洪学智拿起电报，看过，说："老总，你别发火。电报反映的情况不准确。粮食都送到了。最少可以保证5天，多的可以保证1个礼拜。60军的粮食是有保证的，绝对没有问题。"

彭总站在洪学智的对面，严肃地说："你说了，还不行，我还得核实。"

洪学智又给老总详细汇报哪一天发了多少辆车，发了多少粮食发到了什么地方。

彭总仍然以不相信的眼光看着副司令。洪学智说："你不相信，我派人核实一下。"

彭总说："当然要派人调查了。"

洪学智回到办公室立即派参谋刘洪洲去60军核实。

老总还怕洪学智派去的参谋回来报假情况，悄悄地把他的秘书杨凤安也

一直到第五次战役前，斯大林1950年10月答应周恩来向志愿军部队提供的军事装备才到了前线（后赫鲁晓夫确认为有偿）。图为志愿军后方勤务部第一分部在三登金矿矿洞指挥所前坐在苏制嘎斯-67吉普车上欣然合影。驾驶者为计划科纪科长，后排中间穿浅色衣服者为黄春华参谋（图片由黄春华同志提供）

派到60军核实。第二天，杨凤安从60军发回电报报告：调查了军长韦杰和政委袁子钦。洪司令报告的情况属实。粮食早已经到了60军，请老总放心。部队有违反纪律情况，拿大衣和毛巾换老百姓的酸菜和鸡吃。起草电报的参谋没有搞清情况，道听途说，急急忙忙就发了电报，反映的情况不符合事实。

彭总看了自己秘书的电报才算放心了，知道洪副司令说的情况准确。高兴了。

第二天，吃早饭，副司令们都往食堂走，彭总看到洪学智，叫："麻子。"

洪学智站住，彭总上去拉住洪学智的手，笑着说："你看看，错怪了你，对不住呀！"

洪学智比老总要高出半个头去，他略略低下头，说："老总呀，你怎么讲这个话呢？我可担当不起呀！"老总说："错怪了。"

说着，走进饭堂，恰好桌子上放着一个梨。

老总笑呵呵地拿起来，递给洪学智说："赔你一个梨！吃梨，吃梨，给你赔个梨（礼）！"

洪副司令说："老总呀，你是统帅，是怕部队饿肚子，影响打仗。你的责任心强呀。如果我们没有弄好，就应该批评。涉及部队打仗，没有小问题。应该严查。"

132. 李奇微破解了我军的穿插分割战术

志司首长考虑3兵团虽然都是英雄的部队，但毕竟入朝初战，对朝鲜地形不熟悉，缺乏对美军的作战经验，因此从第一批入朝的老部队中抽调了一批师团干部到3兵团各军师中担任顾问。

王近山总感觉对陈赓司令员的这个司令机关不熟悉，使用起来很不顺手，又处在现代化战争这样的未曾见过未曾经历过的激烈的战争状态中。战争年代首长用人都是经过战争洗礼的上下级之间长期磨合了解熟悉的。他按照自己的习惯，不仅直通各军，还直通各师，常常越级指挥，不大轻易信任别人。

他就带着武英和几个警卫员，带着两部电台，到了前指。

他拖着一条伤腿，在指挥所来回踱着，对战场的态势焦躁不安。

他决定亲自去与9兵团协调一下。他带着武参谋单车出发了，不料与9兵团宋司令协调回来，河水漫过了吉普车车头，车被卡在两块大石头中，恰遇洪水下来，只有几百米远，武参谋与警卫员奋力推车，居然推动了；但司机在紧张中不能发动汽车，武参谋接过方向盘把车开了出去。他说这是武参谋第三次救了他的命。

4月22日夜，3兵团10多万兵力配属炮兵第2师两个团、防坦克炮兵1个团，从三串里至新光洞15公里的地段，按照志司统一部署发起攻击。

至23日清晨，3兵团部队突破后曾被土旅和美3师所阻，进展缓慢，23日下午后较顺，突破了敌军的防御。美军未作顽强的抵抗，不硬顶，也不仓皇退逃，每天夜晚向后只撤退30公里左右。

王代司令即命令部队全线猛烈追击。在炭洞、粟隅地区包围了美3师一个团，但该团在敌军飞机、坦克掩护下，顺利南逃。15军一个营在哨城东南大田里逮住敌军两个连歼灭掉了。

至26日，3兵团部队进至七峰山、东豆川、旺方山东南一线。

我军部队接近遍布丘陵的汉江平原，战场地形对我军趋于不利。

28日，3兵团部队进至自逸里、富坪里地区。

29日，一部前出到间林、退溪院里地区，逼近汉城，控制了汉江北岸。

右翼19兵团64军只有少数部队1个营穿插到了汉城正北的议政府一线，兵力太少，未能断绝美军的退路，美军骑兵第1师在汉城以北固守新的防线。我3兵团的部队向纵深发展时，未能大胆穿插迂回，未能大胆分割包围，最后没有把美军包围住。

3兵团尽管部队勇敢作战，但未能达到歼灭敌军1个师1个团的目的。离"歼敌一万、俘虏五千"的目标还远着呢！

战争是参战双方的博弈。李奇微在志愿军攻击的高潮有计划地将美军撤退到既设的防线。他叙述说："4月26日，敌人切断了连接汉城与朝鲜中部的春川及东海岸杆城的宽阔公路。范弗里特立即将第9军撤至洪川江。中国军队已经在一个午夜涉过了水深很浅的临津江，企图在南岸建立一些不大的桥头堡。与此同时，其他中国部队则沿铁原与汉城之间的公路向南运动。第1军有条不紊地一直撤到堪萨斯线，打算在那里坚持下去。""我们针对这次进攻所进行的周密准备工作开始发挥作用。如果没有这种准备，我们前几周轻而易举的推进行动，也许现在已经使我们陷入了敌人的陷阱。""在中央地段，位于中间的阵地由南朝鲜第6师扼守，美第24师控制着左翼阵地，第1陆战师控制着右翼阵地。中国人狠狠打击了南朝鲜军队，迫使其仓皇逃回'犹他线'以南。以后，敌人进入了这一缺口，力图包围两翼的美军部队。第24师和第1陆战师守住了阵地，但是，范弗里特将军立即命令第1军和第9军在这一威胁面前逐步撤往堪萨斯线，放弃新近夺取的全部阵地，换取宝贵的时间并严惩敌军。其他部队则迅速封闭了由退却的南朝鲜第6师留下的缺口，防止了敌人进一步利用其突然取得的有利地位。"

李奇微回忆这次我军发动的战役说："敌人采取了我们所熟悉的而南朝鲜军队却非常不适应的战术：以大量步兵实施夜间进攻，不顾伤亡，一边几乎是在距炮兵弹幕近在咫尺的地方跟进，一边猛投手榴弹。战线上又四处响起狂乱的军号声和粗野的吼叫声，敌人的步兵则穿着胶鞋悄悄地爬上黑暗的山坡，渗入我方阵地。"

李奇微在我第五次战役第一阶段一是决定美军部队尽量避开志愿军的锋芒，且战且退，退到预设阵地，以逸待劳，待志愿军追击到美军阵地前沿，即用轰炸机和大口径火炮大量杀伤志愿军；二是对志愿军穿插迂回，实行战役分割的策略的对策是美军各师要靠拢。保持各主要部队建制的完整性；确定美军的追击要有限度，只能在仍可获得炮火强大支援的情况下才继续追击，或者至少要在部队能及时与志愿军脱离接触、进行局部后撤的情况下才实施追击；三是他要求美军部队在晚间被志愿军部队包围后，要以坦克和火炮围成防御圈，不使志愿军的步兵接近，坚持到黎明待美军飞机配合解围。部队撤退采取齐头节节阻截，稳步有序向南撤退的策略。

志司作战处杨迪和参谋们已经意识到汉江平原一带，战场地域狭窄，正面平推造成我军密度太大，极易遭受敌军空中和地面炮火的攻击。观察李奇微有意诱我深入汉江平原，重创我军。

解方将作战处的意见报告了彭总和志愿军其他首长，彭总果断决定各兵团停止进攻，以一部分兵力占据有利地形，组织防御，防止敌军乘机反扑。

王近山根据志司的命令停止追击，3兵团部队停止在东豆川、松隅里、抱川之间集结休息。此时，3兵团通信联络暴露出了问题。有的部队没有接到命令，仍然按原计划猛烈向南追击；12军一部追击到了竹叶山地区，遭到美军的阻击和反扑。已经进至九陵山的179师537团没有接到后撤的命令，占领九陵山一部阵地后，还顽强地阻击美军的反击……

空寺洞的金矿内，到处都是滴滴答答的露水。天气转暖，雪水融化，滴水更严重。

彭总看着杨秘书给他插在作战地图的小红旗，各兵团和各军各师突破的位置清清楚楚。

彭总在地图前不停地踱着。战役部署得很好，设想很圆满，3兵团从中央突破，然后向两翼一转，9兵团和19兵团从两翼突破后迂回包抄。多好的方案！打成这个样子！有的部队穿插迂回动作太慢！未能按计划到达规定位置，打成了现在这个样子，平推！

彭总感到矿洞太潮湿，腿部很痒。他忍不住要经常弯腰挠挠。他在琢磨，口子张大了，打急了！打大了！形成了一些包围圈，多是战术的，没有形成战役上的包围圈，没能实现歼灭敌军五六个师的目标，没能大量歼灭敌军的有生力量，没能取得大的胜利，毛主席给的任务没有完成呀！他的脸嘟噜得很厉害。

恰好杨凤安进来送电报。

他问杨凤安，"部队有什么反应没有？"

杨凤安回答，"部队觉得没有打好，不甘心，还想再打一下。"

彭总问，"还想再打？"

杨秘书说，"我也不甘心。我们上来这么多精锐部队，打成平推，没能大量歼灭敌军，就是不甘心。"

彭总自言自语地倒背着手说，"还想再打。"

彭总辗转反侧考虑了一个晚上。第二天，他让秘书把副司令们和部门首长都叫过来，还是习惯地先征求其他同志的意见，说："这次战役我们志愿军是54.8万人，人民军3个军团。中朝双方加在一起是百万人，全线出击，虽然打了胜仗，但都是击溃战。我这个人最不喜欢的就是击溃战。在抗日战争时期和解放战争时期，毛泽东同志就反复强调部队要打歼灭战，不要打击溃战。这是我军的作战原则之一嘛。我们这不是又打了一个击溃战。虽然打垮了敌人几个师，歼灭了一部分敌人，但没能歼灭敌军整师整旅大部队，战果并不理想。我军之所以在4月22日发动，主要是要打击敌人的登陆企图。但各部队准备不够充分，比如对美军的作战特点对地形研究不细；对步炮协同作战没有落实好，炮兵打完了步兵还没有冲锋；有的部队对随战随补的问题未能落实；尤其通信联络问题大，一打起来就联络不上，都对战果影响很大。战役发起后，敌军齐头并退，步步为营，节节阻击中朝军队。我军非经过激战，不能打开缺口。所以，虽然部队经过三昼夜苦战，没有达到穿插迂回议政府之目的。"

谈到此处老总神态黯然，使劲儿抽着烟，停歇了很长时间。

副司令们都很爱怜地看着老总。老总寸发灰白，眼睑下垂得很厉害，连续不停歇的战争生活使他提前衰老。老总与浦安修没有子女，没有私产，没有个人利益。一切就是为了人民的利益，为了革命战争的胜利。他的家产就是在墙角放着的红军时期缴获的一个陈旧的小皮箱。他是个无产阶级，共产党人。"文革"后期，"四人帮"以莫须有的罪名把他关押了8年，与他在太行山指挥抗战的时间一样长。他每天只能吃0.45元的伙食，是战士的三类灶。他的房间有一张1米宽的木床，一张木桌，一张木椅，3只碗。墙角就是那个从抗美援朝战场带回的小皮箱。每次开饭，都由炊事员提着大桶到他四壁钉满木板的不通风的小房间打饭，往一只碗里打饭或放两个窝头，往第二只碗里舀炒白菜或肉丝菜，往第三只碗里舀玉米糊糊。他未说过饭菜不好。奇怪，那时每月还给他发530元的元帅工资。看守问他："你买什么日用品吗？"他答："不。"问："你买什么生活营养品吗？"他答："不。"又问："你需要什么？"他答："我需要见毛主席。"又问："剩下的钱？"他答："按老规矩统统缴党费！"8年，他的工资全部上缴了。他在工资表上签下彭德怀的名字，像在朝鲜战场签发作战方案或者给毛主席发电报一样，他习惯从左边竖着签下自己的名字。

矿洞内滴水的咚咚声传进来。老共产党人们看着比他们更老的共产党人良久。

然后，彭总问："听说军长、师长们都不甘心呀，还想再打呀。你们的意见呢？"

邓华说："仗打成这个样子，真是还想再打呀。"

洪学智说:"我与邓华的意见一致。上来这么多部队,可以再打一下。"

彭总问韩先楚。韩先楚说:"第一阶段19兵团担任主角,伤亡较大。这次3兵团和9兵团担任主角,19兵团可当配角。交替使用兵力。"

"小诸葛呢?"他问解方。解方说:"我同意再打的意见。战役可以称为第二阶段。部署,计划,准备都要更周密一些,尤其炮兵要准备好。"

彭总说:"好,看来大家都主张再打一下。我同意这个意见。但要报告毛主席和军委同意。我们先拿出一个方案,报中央军委同意后实施。"

邓华掏出中华烟,递给老总一支,然后自己一支,叼在嘴上,给老总点着,然后给自己点着,抽了一口,说:"谁抽谁拿。"

彭总抽着烟,眯细了眼睛,看着邓华,知道这个老烟客要发言。

邓华略一思索,说:"打还是要打的。但打法要改变一下。不然美军已经退到对它有利的阵地上以逸待劳,准备用大口径火炮杀伤我军呢!在等着我军呢!"

彭总已经明白了邓华的意思,津津有味地看着这位老弟,不住地点头。

邓华说:"现在3个兵团压在汉城以北一线。李奇微是有准备的。我们还是正面突破,向两翼发展。但突破的地点要东移。因为西面主要是美军,东面主要是伪军。"

洪学智接话说:"老总呀,邓华主力东移的意见对。老太太吃柿子拣软的捏嘛!"

彭总笑了,说:"我们志愿军又不是老太太。"

解方说:"我马上布置作战处根据首长们拿出方案。"

作战处很快拿出了方案,解方参谋长同意后,报彭总和副司令们同意。

彭总意见,下一阶段的战役,一定要打击敌军两栖登陆的部队。我军在朝鲜作战,如果不能大量歼灭敌军登陆部队的有生力量,其登陆野心始终不会放弃。但敌军不登陆,兵力不能分散,我军也不能将其分割。这就是军事辩证法。不如将计就计,利用敌军登陆,将其分割,各个歼灭。但现在还不行,现在我军尚难应付两面作战。一个月或者一个半月后,我军就可以做好应付两面作战的准备了。所以,战役发起后,要集中力量打击敌军登陆部队。西线是美军的主力,我军若向西线进攻势必形成顶牛状态。中线有阿尔蒙德的5个师,战斗力也很强。相比之下,东线的南朝鲜军比美军要弱得多。

确定发动第二次进攻,进攻的重点在东线,集中3兵团、9兵团和朝鲜人民军第2、第3、第5军团,打东线的南朝鲜军,力争第一步歼灭其2个至3个师,得手后,再歼灭2个至3个师。19兵团和朝鲜人民军1军团在西线实施佯攻,迷惑敌军,牵制西线美军。经过第二阶段的打击,达到歼灭敌军几个师的战役目的,破坏和阻止敌军的正面进攻,粉碎李奇微在我后方登陆的企图。

9兵团和朝鲜人民军3个军团,第一步要歼灭其正面的南朝鲜第3、第5、第9师,得手后,再歼灭其第7师;3兵团割裂美军与南朝鲜军的联系,牵制阻截美军第10军不得东去,并力求歼灭美第2师一部。西线19兵团为迷惑敌军要提前开始行动,进逼汉城。

这期间,美军为了试探我军虚实,掩护其秘密调整部署,以一部向我军发起攻击。

李奇微判断我军还可能向中线进攻,命美7师加强了中线的兵力。李奇微叙述道:"南朝鲜第1师奋力朝临津江推进。第1骑兵师重新夺回了议政府,封闭了通向汉城的接近路。其他部队则由北部和东部将敌人赶出了汉城。在通往春川的道路上发生了激烈的战斗。"可是,5月的第二周,"每天都能发现敌人大部队运动的情况。因此,范弗里特将军决定推迟进攻,加强自己的防御,以抗击敌人这一新的进攻"。

133. 长津湖的英雄们又打得痛快淋漓

5月6日,彭总正式下达了战役预备作战命令。

西线19兵团和人民军第1军团即在汉城方向和汉江下游实施佯动,不断袭击敌军,摆出我军要迂回汉城渡江南进的姿态。人民第1军团一部在汉城以西渡过了汉江。

按照彭总的指示,39军迅速赶到春川地区,与敌人保持接触,在昭阳江准备渡江,迷惑敌人,掩护3兵团、9兵团和朝鲜人民军第5军团向东转移。3兵团任务是割裂美军与南朝鲜军的联系,保障第9兵团作战三天之内,两个兵团的指战员在崇山峻岭中行军200多公里。还是我军的老规矩,每个战斗员要随身携带粮食弹药作业工具背包等,计负荷在60斤左右。重机枪手还要扛重机枪,82迫击手要背炮盘。

3兵团和9兵团在10天之内,搞好一切整补工作。

5月16日18时,19兵团先在西线用数百门大炮向汉城一线猛烈攻击。然后,9兵团在东线加里山至麟蹄31公里正面发动冲击。20军隐蔽在深山老峪里的数百门炮火经过宋时轮司令批准，提前两个小时，突然对准昭阳江南岸的九万里和富坪地区南朝鲜军第7师阵地猛烈轰击，敌人阵地上防御工事化为废墟，使第7师的指挥系统顿时失灵。

20军军长兼政委张翼翔因病回国，指挥任务交给了副军长廖政国。廖政国是个什么角色？独臂将军！1939年率领小分队火烧日寇虹桥机场；1940年给连以上干部讲解手榴弹性能，手榴弹突然冒烟，紧急之间，他把手榴弹举起，跳上桌子，轰然一声中，他失去了一只胳膊。

60师（师长彭飞、政委杨家保）突破了昭阳江敌军防御阵地，其178团8连强渡昭阳江，只用了9分钟，7连和9连随后紧紧跟进，然后猛向敌军纵深穿插。58师（师长黄朝天、政委朱启祥）从左翼进攻，炮兵因故未能配合，173团用重机枪和迫击炮压制南岸敌军火力，突击部队4连5连合编，实行强渡。这是一次真正意义上的强渡，从16时55分一直到19时，指战员们终于到达南岸。其间，江水几乎变成血水！有的战士被敌军炮火打飞；有的在齐脖深的激流中被冲走；有的深入江底，摸着敌军的电话线，摸到了对岸；最先登岸的是5连2排。

师指挥所命令178团向五马寺猛插。五马寺是县里地区通向横城公路的一个隘口，是南朝鲜第3师（师长金钟玉）和第9师（师长崔锡）后方补给的战略支点。178团5连在连长毛张苗的率领下，指定小分队准备与遭遇的敌人战斗，连主力不顾一切不停息地一直向南穿插。毛张苗提出一个新颖的口号："要路不要敌人！"不能为几个俘虏而耽误了宝贵的时间，穿插到五马寺就是完成任务，就是胜利。晚10时，听到敌人在727·1高地构筑工事，尖刀班上去解决了问题；11时，插到亭子里村边，敌人在篝火旁烤火，村东设有迫击炮阵地。毛连长觉得怎么也不能放弃，部署8班正面引敌，7班、9班背后偷袭。结果一举成功。然后立即再向目的地穿插。有一股敌军跟在5连后一直走着，黑暗中以为是南朝鲜自己部队。6班转身一梭子，除击毙外，俘虏18人。5月17日清晨，敌机飞来，毛连长自有办法，把战斗中缴获的对空联络布板铺在地上，敌机飞行员以为是联合国军，仰头飞去了。然后，毛连长把他们到达的地方与作战地图仔细核对，对的，没错，这里就是五马寺！他们在五马寺前的公路上一下缴获敌军汽车61辆，榴弹炮3门，抓获美军顾问3名！

韩国的《战争史》写道：南韩第3"军团长刘载兴得知五马寺已被敌人占领，不禁大惊失色，敌人在23时至零时之间突破第7师防线，怎么可能在夜间 3 个至 4 个小时内，以及在地形不熟悉的情况下，攻占了五马寺？"

朝鲜人民军金雄集团从正面向南朝鲜军发起攻击，南韩第 3 师和第 9 师立即腹背受敌。

敌军两个师以 18 团和 30 团要在龙浦地区杀出一条逃生之路。

18 团和 30 团的 300 多辆汽车和坦克向龙浦里快速驶出，恰好被 58 师 173 团发现，妈的！173 团立即占领了公路两侧的高地，重机枪封路，手榴弹如冰雹下泄，击毙一部，俘虏 200 余名，缴获榴弹炮 17 门，汽车和坦克也是 200 余辆！

廖政国接到前线报告喜上眉梢，令 60 师并指挥 59 师（师长戴克林、政委何振声）177 团立即向东南方向追击；58 师向县里方向攻击。20 军部队穷追猛打，南朝鲜军不是对手，立即使出惯用伎俩，分散逃入深山。20 军从深山老林中抓获千余名敌兵。

与此同时，27 军 81 师向南穿插 28 公里，切断了县里地区敌军向西南脱逃之路。会同 20 军全歼南韩第 3 师第 9 师 3000 余人。彭总令 12 军配属 9 兵团，在三巨里歼灭南韩第 5 师一部；34 师（师长尤太忠、政委罗洪标）与美第 2 师两个团和法国营不期而遇，开始激战。担任迂回任务的 31 师（师长赵兰田、政委刘瑄）被敌军纠缠，未能脱身完成迂回任务。

5 月 18 日，20 军与人民军第 5 军团协同向县里被围敌军猛烈进攻，经过两天浴血奋战，共歼灭敌军 1.7 万人。韩国《战争史》记载道："5 月 19 日，韩军第 3 师师部只剩 400 人，第 22 团只剩 94 人，第 23 团只剩 69 人，11 炮兵营只剩 15 人，合计 578 人。韩军第 9 师师部只剩 236 人，第 28 团只剩 181 人，第 29 团只剩 426 人，第 30 团只剩 500 人，第 30 炮兵营只剩 80 人，合计 1423 人。"两师合计只剩 2001 人，开战前为 2.3 万人。然后第 3 军团和第 3 师第 9 师编制被撤销。

134. 李德生组织小兵群奇袭洪杨公路

第五次战役第二阶段，12 军配属 9 兵团作战。35 师（师长李德生、政委刘昌）任务是在 12 军第一梯队的右翼歼灭加里山及其以西一带高地的南朝鲜第 5 师，而后攻占寒溪、鹅湖、长坪里，坚决阻逃打援。

朝鲜半岛的天气温度已经升高，掩蔽部很闷热。李德生与政委刘昌、副师长宗凤洲、蔡启荣、参谋长张镰斧的额头上都冒着汗珠子，把衣服的扣子解开了。他们研究决定，103团首先攻占加里山主峰。104团首先攻占加里山左侧两个高地。而后103团要不顾一切前出至扇坪，协同104团攻占鹅湖、寒溪、长坪里。105团为预备队。

加里山丹崖绝壁，地形险要，敌军工事坚固，而且副防御物多。它南侧即是杨口至洪川的战略公路。攻占加里山和切断杨洪公路对全战役的胜利具有重大的意义。

李师长留个寸头，圆脸大眼，敦敦实实的汉子，有股虎劲儿。他在战前瞪着眼睛对团长们强调，35师历来在战争中具有过关斩将的顽强作风。这次怎么样？啊？各团要不畏艰难，不惜代价，不怕牺牲，坚决打好这一仗！没说的！

他还特别交代，配属的炮兵参战行动怎么样，还是一个未知数，各团要作好步兵为主的准备。战斗发起后，各级指挥员要随机应变，开动脑筋，机断专行，多用智谋。

在战役第一阶段，3兵团在中央正面突破。35师任务是在12军的第一梯队左翼主要方向突击，与右翼34师协同合歼土耳其旅，而后向纵深发展。

35师原是晋冀鲁豫17旅，是一支参加过阳明堡、百团大战、定陶、千里跃进大别山、进军西南等战役的劲旅。祖国大西南解放后，驻防重庆西部的璧山。2月下旬，35师奉命开赴河北琛县集结待命。然后师长李德生奉命到天津听了周总理关于入朝作战的动员报告。3月25日，李德生率35师由长甸河口跨过了鸭绿江。

李德生是河南光山县人，土地革命时期参加红军，长征时期任红4军政治部直属连连长，在政治部主任洪学智指挥下，在黑水芦花地区筹集粮草；抗战时期，在129师任营长、团长，在晋冀豫交界之涉县、黎城、辽县一带的太行山转战，与日寇周旋打游击战，对笔者家乡的山川地理记忆清晰，多次说老革命区贡献大；解放战争时期任17旅旅长，35师师长。

他在3兵团接受任务回到师部指挥所，在地图前琢磨，35师在国内战争时打硬仗、打恶仗、打险仗，没有当过孬种，兵团建制调整，有的师撤销番号，35师整建制入朝，是上级对35师的信任和重托。这出国第一战，35师怎么也得打好，不能当孬种。他考虑要用善于攻坚的103团和104团担任第一梯队，105团为第二梯队，一部从正面攻击，一部从左翼迂回，突破后向纵深发展，副师长蔡启荣到一梯队加强指挥。

在团以上干部战前会议上，李师长动员说："同志们，这是35师入朝第一仗，一定要打好！打漂亮！35师有一个光荣传统就是攻则必克。第一，各部队完成作战任务要服从命令听指挥，要严格战场纪律。第二，要发扬不怕牺牲勇敢作战的精神，发扬我军近战夜战的优长，要勇敢接近敌人，抵近敌人，使敌人的炮火不能发挥！第三，与美军作战，我们35师还没有经验，各级指挥员都要有多手准备，要灵活运用战术，不管遇到什么样的困难，你都没有权力停下来，要坚决打下去，直到完全胜利！听清楚了？军部给我师配备了炮兵，但各部队不能有依赖思想，各团要在战场千变万化情况下，搞好步炮协同……"

19时30分，战役发起时，炮兵拉稀，两个炮兵营只有一个连赶到冲击出发地，刚刚开始射击，立即被美军炮火压制住，哑巴了。

李师长在这危急之时，毫不迟疑，立即命令师火力掩护，步兵勇猛冲击，两军交战勇者胜，结果第一梯队两个团在半个小时内，突破了美军精心构筑的一线阵地。部队在向纵深发展时，遭到敌军炮火的层层拦截，伤亡惨重。李师长命令第一梯队避开敌军正面，大胆实施侧后迂回，坚决断敌退路。

李德生不管敌人的炮弹如何在身边爆炸，就走在战士的队伍里。指战员们看到师长与他们并肩战斗，受到极大鼓舞，不怕牺牲，奋勇追击敌人。

王近山代司令得知35师的行动后，发报认为李师长的处置决心及时正确。

35师部队从穿石里不顾一切地南下追击敌人，25日凌晨3时突破了美军第3师的三八线防御阵地。26日拂晓，104团星夜爬山越岭抵达竹叶山，发现南面南寺谷至松岘之间有敌军汽车300余辆。李师长正在部署攻击，敌军先我在飞机和炮兵掩护下向我军发起攻击。104团此时既无炮火又无工事，裸露作战，很快子弹就打光了，战士们扑上去白刃格斗，用木棍打，用石头砸。敌军见志愿军抵抗激烈，又在飞机和大炮的掩护下向南有秩序地撤退。29日，李德生指挥35师抵达汉城以东汉江北岸的二碑里、锦桥、石室里地区，是此战役志愿军前出最远的部队之一。我105团团长吴彦生阵亡。

奉命停止追击后，李德生总结经验找教训。此役虽胜，但未实现战役目标。敌军防御时密集靠拢，撤退时按预定计划交替掩护，且战且退，摩托化奔驰；我部队对敌军战术研究不够，对敌军的防御和撤退都没有思想和战术准备，缺乏有效的应对措施；再就是我军的炮兵不能按时按令到位参战；我军粮弹供应跟不上，致使主力团104团饿着肚子同敌军拼搏。代价不小呀，但也锻炼了部队，认识了敌军，也认识了自己。

李德生根据总结的经验教训，抓紧时间有针对性地要求部队开展军事训练。

5月15日夜，35师冲破敌军炮火的层层拦截，徒涉昭阳江，进入了冲击出发地。

16日17时，命令炮火准备，但配属的3个炮营只有一个营仓促占领阵地，其观察所未开设，只是概略瞄准，就开始发射。20分钟炮弹射完，未能有效压制敌军。靠人不如靠自己。李师长了解到对面不是南韩部队，而是美军第2师第38团一部。

李师长说，敌军再硬，我们也要吃掉它！坚决打过去！

敌军居高临下，我103团连续数次冲击都未能奏效，在敌军的炮火下，伤亡还很大。

李师长看出部队不能集团冲锋，要正面佯攻，以小兵群从地形陡峭敌军防御薄弱的侧翼冲上去！坚决拿下加里山主峰！103团立即组织6连以小兵群多路出动，攀藤附葛，爬上了峭壁，手榴弹突然在敌军守护部队的身后爆炸开花，敌军死伤一片，标高1050米的加里山主峰被我军攻占，解除了美军火力制高点对我部队的威胁。103团、104团冒着敌军炮兵和航空兵火力的轰击，不顾伤亡，坚持白天战斗，前仆后继，浴血奋战，苦战到黄昏，李师长命令105团投入战斗，我军兵力骤然大增，又苦战竟日，终于在午夜攻下了扇坪，完成了切断洪杨公路的任务！堵死了美军向洪川逃跑的退路。

美军、法国军，南朝鲜军惊恐万状，航空兵和炮兵掩护，坦克开道，乘汽车沿杨洪公路向南突围。

李师长命令部队："坚决死守公路两侧高地，坚决把突围的敌军顶回去！"

各部队死打硬拼，105团战士梅永红冒死用手雷一下把敌军的先头坦克炸毁了，我前沿步兵集中火力歼灭乘车的敌军。李师长命令各部发起冲击。35师此役战果颇丰，歼灭美第2师23团3营全部，第2营和第38团、法国营各一部，俘虏敌人200余名，缴获坦克12辆，汽车200余辆。但副师长蔡启荣、作战科副科长李超峰、105团副团长赵切沅和副参谋长武肇风阵亡。

二十三 李奇微在东京策划乘我军"礼拜攻势"后期一线连队粮弹俱罄，发起反击战役；我军大兵团作战回撤中出现了意想不到的失误

135. 李奇微杀来"回马枪"

彭总通宵在空寺洞作战室地图前看地图，小红旗的位置令他很满意。他放松地点了一支烟。他观察，南朝鲜军和美军都有退却的准备，也积累了逃跑的经验，稍作抵抗，即开动汽车一路南去。我军由于集中部队太多，太密集，突破时需要兵力集中，突破后穿插迂回，部队太拥挤，互相交叉，向南运动不开，影响了进度。朝鲜东部地形，山脉都是南北走向，公路多是纵向的，横向的很少。许多部队都因为横向有高山阻隔，只好一直顺着公路向南。3兵团和9兵团一个晚上就完成了突破。12军和27军都插得很远，12军插到了三七线，其91团一直猛插了300余里，到了下珍富里一带。

战役进行到5月20日，李奇微和范弗里特很快明白了志愿军在西线佯攻东线实攻的战术策略。反其道而行之，美军由西线节节后退转为集中西线美军在汉城以北向我19兵团部队猛攻。同时命令阿尔蒙德第10军向洪川方向以东迅速增援南朝鲜军，美第3师由汉城东南向东迅速增援。彭总面前地图上的小蓝旗清楚地标明了美军的意图。

作战处是首长的耳目，也是首长的大脑。

杨迪从入朝以来夙兴夜寐，殚精竭虑，凡作战事宜不敢稍息。他和参谋们发现战场态势迅速发生了变化。李奇微已经明白了志愿军作战规律和意图，战斗只能坚持一个星期。现在战役已经进行了4个昼夜。志愿军部队已经疲惫，弹药已快用完，其战斗力会急速下降。所以，他命令美军迅速一改前几次的作战方式，不但不后撤，反而采取了我进敌进杀回马枪的顽强作战方式。命令美第1军（军长丹尼尔）3个师、3个旅向我19兵团和人民军1军团全线发动反击，黏住不撒手。另外，我军在第二次和第四次战役时（比如横城战斗）都是选择南朝鲜军队为突破口，威胁美军

侧翼，然后从突破口迂回美军部队，给美军造成被动。

李奇微这次预先作了准备，南朝鲜军队一被击溃，迅速以美军第10军和第9军（军长霍格）机械化向东线运动，马上堵住南朝鲜军队留下的缺口。

这样一来，我军东线实施穿插的部队可能被围，西线我军被迫转入防御作战。面对美军的作战意图，我军不能再继续前进，必须收拢部队，迅速转入防御，防止敌人机械化部队沿公路急进，将我军部队各个截断，陷入被动。

杨迪把作战处的想法马上报告了参谋长解方。

参谋长说他也意识到了李奇微的这个变化。他迅速向志司首长报告了作战处的意见。彭总很重视，听后不住地点头。此时，恰好东线9兵团司令宋时轮和3兵团王近山司令发来了请示，要求结束战役。请示说："当前面临的情况美军已东调，南朝鲜军溃散后缩，特别是我们部队粮弹将尽，个别单位已开始饿肚。因此，我们认为，如整个战线不继续发动大攻势，而只东边一隅作战，再歼敌一部有生力量，我们必付出相当代价，如不能搞出一个大结局，则不如就此收兵调整部署，以利再战。如全线继续大搞，则我们仍可继续作战，如何，速示。"

5月21日晚上，彭总与副司令们交换意见后，请示毛主席云："此次部队携带粮食7天，只能打5天至6天仗。因战斗中消耗就地不能筹补。洪川敌人顽强不退，使我东线部队无法运输补给。五次战役西线出击（4月22日至28日），伤亡3万余人。东线出击（5月16日至21日）伤亡1万余人，为时1月，部队有些疲劳，需要恢复和总结战斗经验。而且雨季接近，江河沼泽尽在我军之后，一旦有山洪暴发，交通全断，顾虑甚大。此役未消灭美师团建制，敌夸我之伤亡，还有北犯可能。根据上述情况，我军继续前进，难以消灭敌人，不如后撤主力休整，以免徒劳。"

毛主席看到此电后批示："这个处置是正确的。"

李奇微在东京早已处心积虑计划在志愿军礼拜攻势的后期，美军以逸待劳，发动一次漂亮的反击。

他回忆志愿军第五次战役第二阶段的战事，志愿军在中央防区东段发动进攻，南朝鲜第5师和第7师在中国人的沉重打击下土崩瓦解，在一片混乱中仓促撤退。范弗里特将美军第2师和陆战1师紧急调到右翼堵住缺口。"朝鲜战争中最强大的炮击行动之一,是第 38 野炮营在 24 小时之内发射了 1 万多发 105 毫米炮弹。这次炮击支援步兵阻止了敌人的进攻,并且使敌人遭受了重大伤亡。"

然后,5 月 18 日,阿尔蒙德命令美 2 师成功地实施了后撤。美 2 师伤亡和失踪 900 人,中国和北朝鲜人损失估计 35000 人。他说,中国人在东部防区和中央防区,他们得以向南推进,占领了大片不毛之地和片瓦不留的村庄,但是志愿军诱歼美军任何部队的企图均未得逞。但对南朝鲜军丢弃的武器装备不可等闲视之,足可装备好几个完整的师。

他有喜悦,也有伤痛。喜的是美军未受根本损失,痛的是南朝鲜军队对美国援助的装备太不吝惜。为此事,他 5 月 9 日由范弗里特和大使莫西奥陪同专门约见了李承晚,"那天下午我们与那位老斗士所进行的开诚布公的谈话毫无模棱两可之处"。

他在东京判断,"现在,中国人的进攻又一次停止了,是我们再次发动攻势的时候了"。

他反攻方案的要点,一是威逼铁三角地区甚至可能时夺取该地区;二是控制华川水库,掌握供应汉城的水资源。"发动这次新攻势的目的是,不再顾及三八线的限制,重新打过三八线去,并尽可能最大限度地消灭敌之潜在力量。"

5 月 19 日,他坐他的 B–17 专机从日本飞抵朝鲜战场,部署落实他的设想。在靠近萨马的第 10 军指挥所,他会见了范弗利特、阿尔蒙德和第 9 军军长霍格。在第 8 集团军司令范弗利特作了简要汇报后,阿尔蒙德和霍格也简要地汇报了前线情况。然后,李奇微命令第 8 集团军 5 月 20 日发起全线进攻。各军任务如下:一、第 10 军应制止敌人在其右翼达成突破,协同第 9 军右翼部队发起进攻,第 9 军右翼由第 10 军负责保障。二、第 9 军应进攻并夺占春川盆地以西高地。三、第 1 军应沿汉城、铁原轴线向北发起进攻。第 8 集团军司令应密切注意这次进攻的进展情况。

在第二天,李奇微马不停蹄地视察了美军的各个军师指挥所,向他的军长、师长们鼓劲,志愿军的礼拜攻势已经过了劲,现在正是美军发动反攻的最佳时机。各部要趁志愿军粮弹得不到补充之机发动猛烈的反攻,在志愿军后撤途中大量杀伤志愿军部队,还前往部分不争气的南朝鲜军、师指挥所打气。还特地约见了南朝鲜陆军参谋长钟将军,希望他作出特殊的努力能使南朝鲜部队不要恐惧志愿军,能像一支真正的部队那样在战场上作战。那天晚上,他到远东第 5 航空队指挥所部署作战任务。

李奇微给各作战部队部署完毕,志得意满,感觉良好。他说:"联合国军于 5 月 20 日开始进攻,在不断得到美国空军近距离空中支援的情况下,克服敌人越来越弱的抵抗向前推进。""同往常一样,敌人在如下一类地区的抵抗是很顽强的,那就是地形对他们有利的地区,道路狭窄或者无路可行的地区,以及我们的补给品不得不依靠肩扛手提运上山岭的地区。5 月的最后一周,天气也来给敌人帮忙,降低了我装甲部队的前进速度,使许多道路几乎完全被毁,而且还使我们的飞机无法起飞。"

美军此次反击,集中了 10 多个师的兵力,第 8 集团军西线部队向东转移的速度很快,150 公里只用了一天时间,用最快的速度堵住了志愿军攻击南韩部队形成的战役缺口。东西两线很快连接成了一个完整的防线。然后采取各部队组织摩托化特遣队多路攻击割裂志愿军部队的战术,在航空兵和炮兵的有效配合下,沿各条公路和乡间小路不顾一切地向班师回撤的志愿军猛烈穿插,抢占桥梁和渡口。

西线骑兵 1 师特遣队一天之内攻击到了议政府。

中线美第 7 师、第 24 师攻至加平地区;陆战 1 师的特遣队冲到了春川地区;美 2 师特遣队向 60 军 181 师(师长王诚汉、政委张春森)的防御阵地猛烈进攻;陆战 1 师特遣队向 179 师(师长吴仕宏、政委张向善)防御地段发动攻击。

东线美 2 师、美空降 187 团沿洪川公路到麟蹄一线向志愿军的纵深昭阳江攻击;空降 187 团特遣队在副团长盖尔哈特指挥下,以坦克开道,每小时 32 公里的速度向北推进,不顾一切从志愿军的大部队中间冲过。我志愿军阻击小分队向特遣队投手榴弹,187 团也不恋战,还是一个劲儿向北向北,又遇到我一个连的阻截,在飞机的掩护下,冲过了阻截线,一直冲到了昭阳江边的青邱里大山口。

正是志愿军总部在宏观指导上对敌情判断和转移部署上有问题造成了转移初始全线的被动和混乱。半岛上矛盾的双方主动地位正在发生转换……

136. 彭总电:"王近山,毛主席让你马上回京面报 180 师情况"
战场是智者精神状态当下时的推演。

20日，李奇微指挥第8集团军和第10军实施其蓄谋已久的反击计划，利用其机械化、摩托化快速的装备优势，组织小分队，沿各条公路，乡村小路，向志愿军收缩部队疯狂劈进，猛插！

5月21日，汉江南侧大雨如注，战场泥泞不堪。

古滩岭，3兵团司令部，春寒料峭，马灯昏暗。

王近山拖着一条伤腿，来回踱着，对战场的态势焦躁不安。在美军全线采取快速突进样式反扑的紧张局势下，美军极其凶猛，反击速度和力度前所未见。

为防止东线部队后撤时产生拥挤现象，志愿军司令部命令3兵团预备队第39军于21日黄昏提前向北撤退。而后，王代司令未经志愿军司令部批准，下令15军也于22日晚提前北移。60军180师右翼出现巨大空隙。

王近山觉得这次我军全线撤退太仓促，后勤分队、野战医院都设在北汉江南侧，车辆急于运送弹药，道路拥挤堵塞，加上敌机轰炸封锁，各军都有大批伤员未能后送。12军打得猛，伤员5000；15军2000；60军1000；8000伤员还在江南。无论如何不能丢在江南呀？王代司令的电台，可以直通3兵团各军、各师。他下令："凡伤员未运者，其部队不得撤收。"他的脸几乎是贴在作战地图上，一边看，一边对作战参谋下令："命令60军于华川以南加平、新延江地区组织防御。"

第五次战役部署中，3兵团位于东线9兵团和西线19兵团之间。180师位于该兵团的最西边，右邻为63军。5月16日，王代司令命令181师配属12军指挥，179师配属15军指挥。军部只剩下一个180师。接着王代司令又直接指挥180师。180师接管了179师、181师两个师的作战地域。名义上60军担负了3兵团在北汉江南岸百余公里宽大正面防御作战任务；实际上是180师担负了3兵团在北汉江南岸的防御作战任务；180师攻击前进了百余公里。

王代司令对作战参谋下令："180师暂不过江，留在南岸，掩护医院转移，撤运伤员。整个战役第二阶段，180师插得最浅，现在正好用上它了。179师或181师协同180师作纵深配备。"3兵团将命令直接下给了180师，并未经过60军军部。

地图上有标示着各军进攻位置的小红旗。181师还远在春川以东的照桥里、沙田里，离军部尚有120公里山路。这个距离是什么概念？就是还有两天的路程。179师配属12军指挥，当下在春川以东大龙山、勿老里地区。3个师在3个作战地域。

此"固守防御"命令是造成180师悲剧的第一道命令！

5月，朝鲜半岛进入雨季。22日，北汉江一带大雨如注，瓢泼大雨"哗哗"地下着，天确实是漏了。北汉江水位在"呼呼"地上涨。在美军发起全线猛烈反攻的当天，180师正处在加平和春川之间，即朝鲜半岛的正中间。180师师长郑其贵与代政委吴成德处在战术位置，对战役全局不明白，仍带领539团（团长王至诚、政委韩启明）渡过昭阳江，在洪川江地区寻机歼敌。

180师积极的战术动作，把大批美军吸引过来。美第10军所辖步7师、陆战1师，南韩6师在航空兵和远程炮火配合下，向180师的正面实施猛烈反击。538团（团长庞克昌，参谋长胡景义）与陆战1师激战竟日，阵地数度转换，部队已伤筋动骨。

180师不足万人，在美7师和南朝鲜6师强大的炮火覆盖下，538团和539团部队顽强战斗，伤亡极大。539团团长王至诚命令1营长丁占胜趁敌立足未稳，组织反击。4连在九峦山击退美军16辆坦克和步兵的冲锋，歼敌90多人。著名战斗英雄刘英孩在当天战斗中牺牲。

华川以南的马迹山，60军前线指挥所，军长韦杰意识到180师一支孤旅，留在北汉江南岸殿后，背水而战，左右空隙太大，危险在与时俱增。副军长查玉升对军长说："我意180师主力应该撤到江北。"军长眉头紧锁，看了副军长一眼，回头去看地图。180师的小红旗如同星星之火在闪烁，180师面临着巨大危险！应该尽快撤到江北，免遭合围。但兵团命令180师掩护3兵团部队北撤。他和袁子钦政委都对副军长摇头。不行，180师不能北撤！韦杰对作战参谋说："命令179师和181师以最快速度向军部靠拢！180师停止渡江，留在江南就地执行掩护任务，要准备坚持3天到5天！"

5月23日下午，3兵团给各军下发了一个命令："各部暂不撤收，待运走伤员之后，再行撤收。望各军以此精神布置并告我们。"

3兵团的命令已经是不符合汉江南实际情况。第12军、15军所有部队早已撤回北汉江了，只有180师还孤悬汉江之南。韦杰和袁子钦即给180师一个命令："180师担任掩护伤员的转运任务，继续在春川、加平、北汉江以南地区阻击敌人。"王代司令与韦军长不合战场实际的指挥差错叠加，使180师失去了北上的第一个良机。180师不足万人，绝对带不走8000名伤员！

180师接到兵团命令时间已是黄昏，按照原定计划，180师应该在23日晚渡过汉江，北移至春川、加平线西北地区布防。师长郑其贵、代政委吴成德、副师长段章龙、参谋长王振邦都大吃一惊！

郑其贵是安徽金寨人，1929年参加游击队，是一个农民出身的老实人。他低着头，沉默了几分钟，痛苦地决定："机关第二梯队按原计划先行撤退，渡过北汉江。撤到马坪山，在那里会合。师部和第一梯队各部队重新进入阵地！"

第二梯队包括没有战斗任务的师部司政后机关人员，后勤所属医院等分队。政治部见习排长孟伟哉负责联络的朝鲜语翻译组也编在第二梯队。郑师长下命令后，这时师部连炒面也没有了，后勤还有纸烟和纸糖。政治处主任把第二梯队集合起来，立正，稍息！抽烟的，每人发一支烟；不抽烟的，每人发一块匈牙利糖。烟抽完，糖吃掉，部队乘夜暗跳进汉江，江水虽凉至心肺，但并不深，美军封锁也不严，24日晨他们到达对岸鸡冠山群山的明月里。

明月里一带山野，美军的探照灯扫来扫去，照得山野明晃晃的。有一巨大红色光柱顶天立地，好像天柱一般。晚上，北汉江南岸混杂着金达莱香味和血腥味缓缓地弥漫着。没有听到敌机的轰炸声、炮声、机枪声。山野安静极了。美军的习惯是晚间坦克炮口朝外围成一个钢铁堡垒，官兵们要钻进睡袋睡觉，天亮才作战。第二梯队隐蔽在山坡的荆棘和金达莱草丛中。美军的探照灯与他们大约有一公里的距离。见习排长孟伟哉在草丛中心想，师部和第一梯队战友们能一块过来多好呀！

北汉江南岸，郑其贵师长召集第一梯队负责人会议，下达命令，第一梯队重新进入阵地！

第一梯队各部队指挥员命令部队："向后转！重新进入阵地！"

战争以局部的损失换取全局的胜利，以一得十，这是军事常识。

一种"风萧萧兮易水寒"的意识立刻升上官兵们的心头！大军北撤，孤旅南进，他们北望汉江，江水滔滔，炮声隆隆，汇成巨大的交响乐，他们转身向南……

韦杰下达180师坚守3天至5天的命令后，心中不安，问作战科参谋："180师与友邻的联系如何？"180副师长段龙章来电话报告，已经与63军部队的侦察员联系上。不料下午，军前指的电话铃尖叫起来，铃声震得军首长们一阵心惊！段副师长气恼不安的电话："63军187师部队不知去向！"

韦杰的脸煞白煞白的，他感觉自己要晕过去！他给邓参谋长摆摆手，但没有说上话来！整个汉江南岸就这一个"孩子"留在那儿了！男孩子、女孩子都是父母的孩子呀！军部指挥所的空气凝固了。

2015年春节前，笔者去看望孟伟哉先生，正月初七孟老遽然离世

此时，180师报告敌情的电话又响了，发现美军从我师的右翼空隙迂回了10公里！韦杰指示立即把情况报告兵团。

奇怪的是60军的请示电发出后，军部首长在焦躁不安地等待，古滩岭兵团的回音却杳如黄鹤。一直到黎明，未接到距离军部15公里的兵团任何指示！

大敌当前，兵团是怎么了？近山司令员怎么了？

韦杰派作战参谋到古滩岭去找兵团部汇报。作战参谋沿着我军的电话线寻找，边走边挂上单机试一下，无数次试机，在山谷中找了大半夜也没有找到兵团部。不料，在山阳里以南的山沟里，又找到一条电话线，上机一试，哎呀，居然通了，是兵团部！他报告了180师的危急情况。王代司令指示，179师和181师要向180师靠拢！60军要晚点回撤，等候3个师到齐后再转移！

这次通话后，王近山的指挥所带着3兵团唯一电台立即离开古滩里，向沙金鹤转移。韦军长根据王司令的指示，在马迹山多停留了一天。第二天，韦杰一看，不仅180师被包围，60军军部也要面临被美军包围了！

5月24日，天气放晴，漫山遍野的金达莱花格外灿烂。韦杰有不祥的感觉不时袭上心头。他像揪心似的坐立不安。他爬上江北的马迹山，用望远镜向南方瞭望，春川的公路上烟尘滚滚，遮蔽了大地；北汉江和公路都被烟雾笼罩，白茫茫的什么也看不见。

他郁闷地走下来，又趴到地图上，他消瘦的身子板好像完全平铺到了地图上。他屈起食指"噔噔"地戳着一个叫城隍堂的地方。他问："兵团要通了没有？"邓仕俊参谋长回答："一直呼叫不出来！"韦杰左手弯起，看看手表，下午4点，袁子钦说："下决心吧。"韦杰对袁政委说："命令180师过江。"

此时，180师538团和539团在北汉江南岸已经断粮断弹药。540团（代理团长刘瑶虎，政委李懋召）3营在北汉江北岸，美军用猛烈炮火连续轰击3营阵地。3营的弹药完全告罄，营教导员拉响最后一颗手榴弹，冲入敌群！美7师部队在大量海盗式野马式飞机坦克的配合下，向180师阵地发起羊群式猛烈进攻。180师各团在饿着肚子弹药极少的情况下，在狭小阵地防御作战。539团团长王至诚趁敌立足未稳，组织部队反击。4连在九峦山击退美军16辆坦克和步兵的冲锋，歼敌90多人。这是180师战斗最惨烈的一天。23日和24日两天干部伤亡数字超过解放战争两年！

已经到达汉江北岸的540团3营部队给180师指挥所发电："由于西线友军后撤，沿加平向北推进的美第24师特遣队，已推进至城隍堂地区，并控制了北汉江江岸渡口。"

在此种危急情况下，郑其贵、段龙章、王振邦、吴成德紧急开会研究，段龙章力主向军部请示过江，郑其贵师长同意后，向60军发出一份请示电。

5月24日夜幕笼罩下，180师师部率一梯队按照60军"尽可能选择北汉江安全地段偷渡过江"的命令，避开已被敌军把守的渡口，选择可渡地段，事先在江上拉了三道铁丝作扶手。

美机不断地在江面上发照明弹，江面上亮得如同白昼。

由于江水正在涨潮，江面狭窄，水流湍急。一部分疲劳已极的指战员包括539团副营长罗彦义、2连连长赵晓胜等被大水卷走。

美军的大口径炮火疯狂地对我部队进行拦截。有600余名指战员伤亡。

538团选择北汉江水浅的地段先把300余名伤员抬过北汉江，继则后勤分队安全过江，然后538团指挥所率部队，师指挥所，539团，炮兵都冲过了北汉江。大口径炮在渡江前把所有的炮弹发射向美军阵地，留一发炮弹在炮膛内自爆自毁。

这天夜晚，60军指挥所向史仓里北侧转移。

夜幕黑沉沉的，不敢开灯。司机凭技术在山间小路上跳舞。

清风徐徐。

军长韦杰在车里沉思了好一阵，然后问同车的参谋长邓仕俊："我军指挥所在对美军的作战指挥上是否存在什么问题？"

邓仕俊是一个老参谋，在红四方面军和129师司令部做参谋工作。他在黑暗中沉寂了一阵，然后说："我看我们的指挥没有大的错误，主要问题在兵团领导。兵团领导调走我军3个师的部队，60军成空军了。但作为军指挥所，在与兵团失去联系的情况下，应机断决定本军作战行动，不能机械地执行上级命令。"

韦杰在黑暗中不住地点头，他疑惑地问："王司令对我们有看法吗？我们的请示电，为什么一直不理呢？"邓仕俊深思地说："按理说，王司令不会这样。"

他们当然无法得知，王近山率领的兵团指挥所出了大差错。

5月25日拂晓，180师师部和一梯队538团、539团主力、强渡北汉江到达春川西北山区。538团在北汉江北岸的明月里、上芳洞、下芳洞布防；539团进入北岸的明月里、九唇岱布防；540团在鸡冠山、北培山占领制高点设防。

下午2时，180师某营部肩背电台突然接到军部命令，180师要停止继续后撤！郑其贵师长接到这个命令后，把军务科长张杰叫来，命令由张杰、高自新、王逸民3人组成小组指挥机关二梯队400余人指挥包括医院、文工团先行突围。师政治部宣传科（科长安靖荣）见习干事孟伟哉即在二梯队中。

张杰回来给二梯队各行政口负责人传达师长命令。然后由直属政治处主任王逸民作动员："局势很严重，我们被包围了！两面山上都是敌人。

师部命令我们今晚突围！突围途中不许大声说话，不许抽烟，不能有火光！我们只有一个排的兵力。注意要紧跟队伍，掉队不等！遇有情况，绝对服从命令！"

然后二梯队全部戴上用树枝编的伪装帽沿山脊向东行进。老天突然下起雨来，伴随着大风。风雨中听到求救的声音，是军医院的张道华女护士。她被敌弹打瞎了双眼，指挥组把这位女战士带上了。敌人的坦克怕志愿军夜袭，坦克炮口朝外围了起来，山下加平到华川的公路上有很多空隙。有清晰的履带碾过的痕迹。突然下起了雨。第二梯队翻越了三座大山，拂晓4时到达马坪里。这里刚刚打过仗，弹痕累累，尸臭弥漫。他们不敢久留，在晨雾笼罩下，突到了马坪里北山，然后他们又经过两天两夜的行军，走了百余公里，突出来了！大家都高兴地喊："我们出来了！"但马上想到师首长和3个团的部队还在百公里以南的美军重兵包围圈内！一路上却没有见到接应180师的任何部队！他们立刻又都沉默无语了！

180师政治部主任代政委吴成德是美军俘虏的志愿军最高级别的指挥员。他回忆，25日黄昏，180师师部接到了60军军部转兵团的两道命令。"第一道命令要该师以两个团沿公路撤至马坪里一带设防，留一个团沿山路到驾德山，两面阻击敌人，为部队断后。"部队按令出发后1个多小时了，"突然又接到军部转发兵团的第二道命令，要180师师部带两个团占领驾德山实施防御。180师的任务是掩护全兵团伤员撤退"。吴成德对郑其贵说："如果执行第二道命令，我们要撤过公路以北就困难了。"538团长庞克昌和540团政委李懋召坚持要求郑其贵师长下令突围。郑其贵说："军部要我们固守。你要相信上级和友军，放心执行第二道命令！"这时候，180师538、540两个团忍饥挨饿重新返回占领驾德山、蒙德山、北培山布防。539团负责抬伤员。

26日拂晓，美军步7师和24师东西两翼快速突进，西侧步7师占领梧月里、马坪里；东侧美24师占领了松月里、甘滩里、城隍堂；伪6师占领了鸡冠山，完成了李奇微的战役合围。5月25日夜晚是180师生与死，胜利与失败的最紧要最关键的一晚。

180师到了最危险的时候。26日上午，郑其贵在538团驾德山指挥所召集全师团以上干部会议，清点实力，还有3000人，决定坚决突围！17时，通过电台请示韦杰军长，军长批准，到鹰峰集结，向西北突围！鹰峰是这一带山脉的最高峰，海拔1436.9米，比泰山天街还高出200米！军部是怎么选定鹰峰为突破口的呢？180师在断粮6天，腿软不能走路，连日激战，还要仰攻鹰峰。军部说鹰峰那里"有部队接应"，"马坪里以北就是我军阵地"，"你们侧后有保障"。180师在美军重兵围成的铁桶内，听到军部突围的命令，有部队接应的消息，精神振奋起来！到达鹰峰，突出合围就是胜利！

180师参谋长王振邦回忆说：突围不成功原因是多方面的，突围路线选择不当。为什么要爬已被敌军占领的鹰峰高山？天阴下雨，山路泥泞，部队断粮一周，体力不支，弹药没有补充，虽然打上了这座高山，但损失惨重！师直二梯队和539团3营突围的路线，没有爬这座高山，在公路两翼与敌人周旋，有情况时就上山隐蔽，无情况时就下山突围，结果突出来了！60军"接应不力，指挥脱离实际，还不允许师部根据情况有机断专行的权力。"

18时，天还大亮着，漫山遍野金达莱在山野战中摇曳。180师兵分两路突围。第一路为539团部队；第二路为师直、538团和540团部队；确定两路在鹰峰会合。538团参谋长胡景义带2营、3营为前卫，进入山沟，恰遇敌军坦克喷吐着火舌，朝着180师拥挤的集群肆意碾压！4连连长孙兆光与全连倒在坦克吐出的火舌下；2营营长李全有带领部队群体扑向敌军坦克；3营被敌军摩托化步兵包围，九死一伤；他们惨烈地扑到鹰峰时，鹰峰已被美军占领；1000余人暴露在一条山沟里，建制冲乱，美军海盗式野马式飞机引导炮火精确打击，顿时溃不成军。有100余伤员集体拉响手榴弹自杀。出发时3000官兵，此时已经不足千人！

27日黎明，阴雨连绵，大雾茫茫。段龙章组织班长和党员组成突击队，由1营营长潘辉指挥，利用晨雾隐蔽，夺取了鹰峰东侧高地；539团团长王至诚和政治处主任李全山将仅剩的5个排的兵力由1营参谋长周复幸指挥打下鹰峰主峰！

27日，师部无粮无弹！180师用电台又与韦杰接通，韦杰亲自对段龙章讲："段龙章，现在情况很困难，军部已经派出部队接应，你是个聪明人，你们好好组织把部队带出来！"指示180师向史仓里方向突围，有179师536团部队接应。此时，全师清点人数只剩400人！郑其贵命令将400人编为4个连，由郑其贵、段龙章、王振邦、吴成德各带一个连，向韦军长指示的史仓里突围!没有向导,他们误入了滩甘里!再返回鹰峰,鹰峰已被美军封死。180师在半山腰,美军在山头。180师被美军"空坦炮步"组成的火网完全覆盖!

28日天亮了,突然,敌人的机枪"嗒嗒嗒"地打到师部指挥所。山下的敌人正向上冲击。郑其贵师长一面说"史仓里被占领了",一面命令警卫班用机枪还击敌人,掩护机要科立即将密码烧毁。科长文青云哭了,译电员小杜也哭了。文青云把大家身上的密码集中起来,译电员赵国文和通信员小尹到山崖边拿出自己携带的汽油洒在密码本上点火烧。敌人看见火光,卡宾枪、机枪雨点般打过来。几个美国兵企图活捉他们。小尹把手榴弹投向敌群,敌人随即倒下。赵国文用树枝翻搅密电码本子,一颗炮弹落到他们面前。赵国文牺牲,魏善洪大腿负伤,小尹滚下了山崖。接着魏善洪也滚下山崖,恰被山崖长出的荆棘卡住,被美国兵俘去。细雨中,郑其贵师长和段龙章副师长各带4个警卫员、侦察员,饿着肚子挂着棍子突围,被阻于鹰峰下。黎明时分,他们从山坡上滑下,正遇上敌人坦克追碾着突围的人群,他们冲过一条水沟、一条大河……

29日早晨,538团胡景义、田冠珍和539团郎东方50余人突围到达60军军部,汇报了180师惨烈的状况。副军长查玉升不能接受这个事实,180师打得不错!是英雄的部队!解放战争无役不与!郑其贵是老实人,他执行了上级的命令!我们不能不救!他对韦杰军长和袁子钦政委建议179师、181师打进去接应180师出来!韦杰和袁子钦没有点头。他说:"如果造成很大伤亡,上级追究责任,要杀头先杀我查玉升的头!"参谋长邓仕俊说:"查副军长一个人的脑袋不够,我邓仕俊的脑袋也押上!"韦杰说:"如果能把已经被打散在山中的180师救出来,我和袁政委会把脑袋先押上!"

30日1时,彭总给兵团王近山电:"我兵团部队如是坚决,一定可以救出该师。如再延迟不决,必严重损失!"

沙金鹤,3兵团司令部,王代司令得知180师失踪后,涕泪横流!

王代司令向180师下达在北汉江南固守命令后,带着电台向沙金鹤转移,在山阳里以东山地,车辆被敌机发现。敌机见有小车有电台车,判断是"共军"指挥机关,紧紧咬住这几台车不放,低空投弹,机枪扫射,猛烈地轰炸封锁,运载电台的汽车和电台均被炸毁。作战参谋在前面乘大卡车猛冲猛跑带起大雾般的烟尘把王代司令的小吉普完全罩住,王代司令侥幸脱险，但没有了电台。从 23 日下半夜，经过 24 日、25 日，王代司令与各军各师失联。直到 26 日才与各军师恢复了电台联络！这是我军历史不可想象的事件！

久负盛名的"常胜将军"第一次尝到了失败的味道！

他给彭总打电话检讨，彭总对他说："王近山，毛主席来电，叫你马上回京！向他汇报第五次战役和 180 师的情况。志司没人去，你代我向主席全面汇报一下。"

137. 27 军孤悬敌后 10 个昼夜成功突围

5 月 21 日晚上，空寺洞志司，彭总收到毛主席同意结束战役的电报，就以彭总和邓华、朴一禹的名义向各兵团、各军团、各军师下达了停止进攻的命令。命令首先概括了此次战役取得的胜利，然后决定结束战役，命令说：第五次战役经过东西线作战两次出击，取得了歼灭美、伪军有生力量近 4 万人，消耗敌大量物资装备的重大胜利，破坏了敌人企图占领铁原、平壤、通川之线，配合元山登陆夹击我军的阴谋。由于我运输工具缺乏，粮食弹药接济不上，西线美军又已来援，使我继续扩大攻势困难，为此，第五次战役即暂告结束。为争取主力集结休整，总结作战经验，造成而后有利战机，决定将各兵团转移至渭川里、朔宁、山阳里、杨口、元通里之线以北。各兵团留一个师至一个军的兵力，从现在位置采取机动防御，节节阻击，杀伤消耗敌人。掩护 19 兵团转移至渭川里、涟川以北地区；3 兵团转移至铁原、金化地区；9 兵团转移至金化以东、华川以北地区休整。

命令各担任机动防御阻敌的部队，必须确实掌握前轻后重、纵深配备的原则，特别加强工事减少自己的伤亡，尤需严密组织与发挥炮火威力，予进犯之敌以大量杀伤，对突击之敌在有利于我出击的情况下，立即组织反击，每次以消灭美军 1 个连至 1 个营、伪军 1 个营至 1 个团为目标，以迟滞敌人的进攻，争取时间，以利于我主力部队休整。此命令口头传达到师长和政委。

第五次战役与第四次战役不同之处是指挥机构多了一级兵团，多了几个大司令。彭总很尊重这几个资格很老战功卓著的司令。前四次战役，志司一直可以指挥到军。比如第四次战役后撤时，志司可以指挥各军有秩序地一个梯次一个梯次地向后撤退转移。志愿军司令部几位老同志，比如杨迪同志认为，这次因为有了兵团一级，志司命令只能下达到兵团，然后再由兵团下达到军，再由军下达到师。层次多，出差错的概率增加了。

战争是一架精密度极高的机器。

此次这架机器在中间环节上不断出现故障和差错，是硬伤。

首先在3兵团与19兵团之间出现了大的缺口。

美军部队骑1师，第25师，英军28旅，南朝鲜第2师部队乘机把此缺口越冲越大，最后导致完全敞开，敌军从此蜂拥向北穿插。

第五次战役第二阶段，美军诱我深入，不战而退，轻轻一碰，即自动撤退20公里或30公里，使我军部队的指战员产生了轻敌麻痹思想，没有认真研究对手的战略战术，不知道敌军使用的是花招，还误以为是敌军怕战呢！

胜利这个东西是个双刃剑，可以鼓舞士气，也可以产生骄傲情绪。它可以成事，也可以败事。这就是骄兵必出错的军事规律。我国古代军事家都讲究一个"气"字，气可鼓，不可泄。《孙子兵法》云："朝气锐，昼气惰，暮气归。"在一般情况下，军队初战时候，士气旺盛，但经过一段战斗，就容易怠惰；到了战役后期，士卒就会气竭思归。善于用兵的将领，总是会避开敌人的锐气，等到敌人松懈疲惫了再发动攻势。毛泽东在其《中国革命战争的战略问题》一书中指出："孙子说的'避其锐气，击其惰归'，就是指的使敌疲劳沮丧，以求减杀其优势。"作战是一鼓作气，一而鼓，再而衰，三而竭。

部队得到撤退的命令正是得胜回师泄劲之时。部队各级都出现了一种类似凯旋的胜利情绪，麻痹大意。

李奇微策划的这次全线反扑，改变了第四次战役中稳扎稳打的战术，在判断志愿军战斗力下降的情况下，美军各部队都以坦克和摩托化步兵组成特遣队，向志愿军撤退之部队大胆穿插、冲击。穿插成功后，即配合后续部队包围攻歼。这就是击其疲惫的战术。

3兵团12军第3野战医院战场救治小组跟随作战部队及时救治伤员。此为外科医生段万年，1953年3月2日摄于38线一侧。

西线 19 兵团突进不远，3 兵团和 9 兵团插得很远、很深，部队多，相互交叉。由于撤退路上内部交叉，指挥员不好指挥，各部队在防御时配合不协调，防御地段出现很多空隙和漏洞。临时抓住哪个部队就让哪个部队堵在那个口子上。有的部队本来的任务是堵口子的，一看别的部队往后撤退，也背起武器后撤了。有的部队动作慢，未能按时进入防御阵地，未能及时抢占制高点和公路要道，未能把交替阻击安排好，未能破坏桥梁，未能封锁道路，有的虽然进入阵地，但未能有效地控制要点，未能坚决堵截敌人。担任阻击的部队，安排阻击出现了很多空隙，致使全线出现很多空隙。有些指挥员在美军特遣队凶猛的攻击面前不知所措、不讲战术，特遣队得以乘隙突入，插入我军纵深。我军对美军全线组织反扑采取特遣队的方式估计不足，部署不周密。

第 3 兵团指挥部王近山代司令的电台被敌机炸毁，中断指挥达 3 天之久，中部防御战线出现了混乱现象，敌军推进了 50 公里至 80 公里。其次是各级都未能预料到李奇微发动了一次反攻战役。部署防御是在战术层次的，敌军进攻是战役层次的。未能预见到美军有计划大规模的反扑，也未能从战役规模上看待李奇微的反攻。被动局面造成的责任主要在志司和兵团的指导粗疏。

5 月 24 日，志司得到报告，12 军军部和两个师，27 军主力，60 军 180 师被敌人截断在三八线以南……

在敌军气焰嚣张兵力盛气凌人之时，要看指挥员独胆处置战事的能力，也要看指挥员牢固控制部队、掌握部队、指挥部队的能力。

16 日晚间，东线 9 兵团 27 军在彭德清军长和政委刘浩天的指挥下，在战役的第二阶段奉命由大同里至九万里 16 公里宽的正面突破敌军的昭阳江防御，然后沿着于论里一直向砧桥穿插，割裂南朝鲜第 5 师与第 7 师的联系，阻止敌军南逃北援。

彭德清指挥部队突破昭阳江后，命令 81 师师长兼政委孙端夫率领部队担任穿插任务。孙端夫领命后，身先士卒，率 242 团 2 营以每小时十几华里的速度在深山峡谷中向敌军纵深猛冲猛插，沿途经过大小 18 次战斗，歼敌 250 多人，直杀得浑身染红，于第二日黎明突入敌军纵深 28 公里。按时按令抢占了严达洞公路两侧的高地和砧桥、坊内里的各个要点，切断了县里之敌军向西南的退路，为主力合围敌军创造了有利条件。2 营获志愿军授予的"穿插战斗模范营"称号。

这个晚上天气很闷，战士们浑身如流水一般。在第242团强占砧桥不久，刚毅英俊的军长彭德清出现在砧桥上。然后他立即组织主力对被围之敌军展开攻击，敌军立刻全线溃乱。南朝鲜军立即化装为民寻隙南逃，还有许多由于熟悉地形分散隐匿到深山老峪里。

彭德清立即命令各师以一部兵力进山清剿散兵，一部继续南进。

范弗里特急令第3师马上由汉城东进。第3师于19日、20日已先后到达了丰岩里、下珍富里地区。

彭德清接到9兵团报告，令81师歼灭回窜之敌，他率主力至丰岩里以北，准备割歼美3师。

22日，彭德清突然接到回撤到华川地区休整的命令，正在掉头回撤，发现美空降兵187团已经空降到了自己的后方。24日，美第2师坦克部队在空军掩护下直插27军部队纵深，抢占了九万里渡口。本日下午，美军又以两千余步兵及空降兵一部增强了九万里兵力。

呀？彭德清一看，美军有大的想法，是想把我27军夹击于华川湖以南昭阳江两岸。

彭德清在指挥棚里冷静地研究了敌我态势，命80师（师长邬兰亭、政委彭辉）继续西进，阻截由春川方向向北迂回的美陆战1师；命79师（师长肖镜海、副政委常勇）于富坪里、麟蹄以南正面阻击美第2师和空降187团；命81师于县里地区阻击美第3师。79师和81师且战且退，交替掩护，不使部队形成突出部，不使部队遭受重大损失。

虽然一个军孤悬敌后，形势不容乐观，但军领导班子坚毅沉着不慌不乱，牢牢地掌握着部队，根据敌情变化，及时机动灵活地改变决心和部署，改变向后转移的行军路线。27军一直与新兵团保持着电台联络，志司能及时收到该军的作战行动报告，27军也能及时收到志司的指示，能及时收到志司给该军通报各个方向上的敌情动态和友邻部队的情况。他们已经断粮几天了。作战处问他们还有多少粮食，在当地能否找到吃的。他们回答，很困难，但能想办法坚持。总部真是干着急，没有可行的办法帮助在敌区的部队。

27军灵活机动突围成功。这是一支在东线长津湖畔曾经令美军胆战心惊的部队，现在又从美军重兵包围的缝隙中巧妙地撤回。彭总得知27军成功撤回，很高兴，立即发电通令嘉奖。

138. 刘伯承问王近山"电台被炸你就中断指挥3天之久？"

5月29日晚上7点多，天气闷热，大雨如瓢泼一般，电闪雷鸣，天地共振，发出一种很吓人的声响。

洪学智昨天冒着大雨，来到东北军区后勤部前指所在地楠亭里的矿洞子里，正在与张明远、杜者蘅等人筹备正式成立志愿军后方勤务司令部。突然，电话铃响了。他拿起听筒，"洪学智吗？"沉重而沙哑的声音，是彭总！他回答："是我，老总。有事吗？"

彭总说："当然有事，你马上回来，有重要事情！"

洪学智一听，心中"咄"地一下。眼下各部队正在北撤途中，美军的反击很猖狂，一部分部队在艰难地组织防御作战，但粮弹供应都很困难。部队作战伤亡很大。彭总把韩先楚副司令派回国要兵去了。韩先楚走后不久，邓华回沈阳治病去了。彭总身边没人了。

彭总找洪学智，说："党委决定你兼后勤司令了，你赶快去报到吧。"

洪学智这年38岁，瘦长瘦长的，圆圆的脸，明亮的眼睛露着精敏，特点是点子多。他说："老总，邓华和韩先楚都不在，我走了，就剩你一个人了，万一有什么事，你连个帮手也没有了。等他们回来我再去吧。"彭总当时没有再说什么。

28日上午，天还"啦啦"地下着，彭总又找洪学智，说："你还是去吧，那边有好多事等着你办呢！"28日晚上，洪学智在天塌一般的大雨中赶到了楠亭里，怎么刚刚到一天就又让回去呢？

洞外大雨哗哗的响声传进了洞子里。洪学智问："老总，昨天晚上刚赶来，怎么一个晚上，就让回去？"

彭总在电话里很不耐烦，急了，说："你别问了，让你回来，你就马上回来！"说完彭总就撂了电话。洪学智也把电话撂下，连忙叫司机，把车开过来。又把东北军区后勤副部长准备任命为志愿军后勤副部长的张明远叫来，说刚刚接到彭总的紧急电话，叫我回去，这里的工作不要停，你照常进行，反正你是老后勤了。

张明远回答："洪司令，你放心，这里的工作我抓紧。彭总找你一定是有大事。你放心去吧，有事打电话来就行。"

然后双方紧紧握手，洪学智坐上汽车，冲入茫茫雨幕中。

暴雨如注，山川震撼，到处泥石俱下。沿途到处像河湖一般。全凭老司机的高超技术。还是出问题了，过一条小河时，水漫进了发动机，发动机熄火了。他们在车里，车外的洪水一直在往上暴涨，车身摇晃，在往上漂，看样子车要被冲走了。

黑夜，狂风，暴雨，雷电，洪水。彭总还有急事呀！究竟是发生了什么事？很难判断。老总又不说。下车步行？恐怕一下去就被大水冲走了！着急呀！来朝鲜遇险不是一次了，过去都是敌机轰炸撞车，还没有遇到这种事情！整个山野在漆一样黑的黑幕笼罩下，河流中就这一台车，找个人帮忙都没有。

司机和警卫员下车鼓捣去了，他喊："注意，不要被冲走了！"

警卫员喊："放心吧，首长！"

不鼓捣也不行呀！长征时，他与倪志亮在红四方面军殿后。也是黑夜，也是大雨，也是大河。倪志亮非要与他一块过岷江，结果3只小船，第一只坐几个警卫员，一下水，就像脱缰之马，顺水飞走了！他与倪志亮面面相觑。怎么办？还得走呀，他与倪志亮一块下，老倪说，死就死在一起吧！他说，好，死就死在一块吧！这里也没人救！他们一下去，小船一下就失控冲出去，翻上来，又翻过去，好险！然后就冲入漩涡，不停地打转儿。完了完了！绝对完了！老洪家长征时是3个人，长征路上，第一次过了雪山，那两个就见不到了。这次南下，我也结束了！突然小船又飞了出去，莫名其妙地靠了岸。警卫员的第三只船也跟过来了。谁想到能活着过了岷江呢？一定是马克思在帮助我们呢！他与倪志亮都高兴地笑了一阵。

突然，"突"的一声，警卫员喊："打着了！"小车猛地冲了出去！上了岸。

洪学智回头一看，大水中乱石滚滚顺流而下，心想："好险呀！"

黑暗中，怕敌机空袭，不敢开灯，加上雨大和山高路险，楠亭里到空寺洞100多里的路程，半夜两点多钟才赶到。洪学智浑身湿淋淋地下车就跑进了彭总的洞子。洞中点着一支洋蜡，昏暗中，老总一个人焦急地在地上踱步，打着赤膊，只穿了一条短裤，满脸冒汗珠子。

洪学智马上明白老总一晚上没有睡觉。老总遇到难题时，经常彻夜思考睡不着觉。

彭总听见脚步声，停下脚步，抬起疲惫布满血丝的双眼看，见是洪学智回来了，眼睛里露出喜不自禁的亮光，说："麻子，你回来了？"说着拿起一份电报递给洪学智说："你看看，从来没有发生的事情都发生在3

兵团了！"

洪学智惊讶，什么事呀？彭总生气地说："60军出问题了！那个180师同军部同兵团和志司都失去了联络，电台怎么也联络不上。韦杰昨天说，这个师还在行军，还在往回撤，可派部队去找呢，又找不到。"

洪学智这才明白是怎么回事儿。他走到地图前看了看180师的最后位置，又翻阅了几份电报，有3兵团的，有60军的，都说联系不上。

彭总一边说，一边连声叹气，说："现在让哪个军去接应呢？有的军离它不远，可是180师电台忽然又不通，接也没法子！"

洪学智说："全线部队正在后撤，美军正在跟踪追击。不会出了什么大问题吧？"

彭总吼了洪学智一声："你这个人，就是怕出问题嘛！怎么不明白？还得救，整整一个师不能就这么白白地丢了。"

洪学智说："我来问3兵团和60军。"

彭总说："3兵团和60军的领导太犹豫，迟疑不决，联系不上就干等着！也不派人去找，去接应，把好几天的时间白白地耽误过去了。这个王近山！"彭总接着说："我刚才给他们发了一份急电。让王近山和韦杰坚决救援180师。救援部队如果坚决，一定可以救出该师；如再迟疑不决，必遭严重损失！"

毛主席在北京得知180师遭受严重损失，立即发电向彭德怀询问情况。

然后，毛泽东又召见王近山问情况。损失了一个师，为我军历史上的第一次。抗日战争时没有，解放战争时也没有。毛泽东抽着烟很严肃地瞅着王近山。他不能理解这样一员战将，抗战时指挥部队打过游击战争，解放战争时指挥过大兵团攻坚战，怎么在朝鲜出了这么大的岔子？

因为丢失一个师，事故太大，被毛泽东召见，王近山就很紧张，浑身就冒着汗。

他去中南海时就带了他的拐棍作战参谋武英。当毛泽东问王近山情况时，他吞吞吐吐说不清楚细节。毛泽东就问他带的参谋。武英汇报了部队失利的客观原因外，主要检讨了兵团指挥上的失误。毛泽东说："你还没有你的参谋说得清楚呢！"

王近山从中南海出来，在车上对武英说："我真后悔五次战役第二阶段没有采纳你们使用 179 师或 181 师作掩护的建议，而是使用了 180 师。"

然后，刘伯承、邓小平、徐向前、聂荣臻在调查了五次战役和 180 师受到严重损失的情况后，分别找王近山谈话。前两位领导是他在 129 师的老首长，后两位一是总参谋长，一是代总参谋长。

刘伯承说："你王近山是一员虎将。善于打硬仗，敢于打恶仗。这次是什么问题？你想了没有？"

王近山圆圆的脸红着，一直说不出一个所以然来。

刘伯承不等他回话，说："这次作战不是右倾问题，是麻痹轻敌。我听说你在彭总主持的作战会议上说 3 兵团歼敌 1 万、俘虏 5000？是这样说的？"

王近山说："是，是。"

刘伯承说："你没有很好地研究敌情，也没有很好地研究李奇微的新战术嘛。"

王近山说："指挥所在转移途中，遭到敌机轰炸，把电台炸毁了。"

刘伯承说："近山同志，电台被炸毁了，你就中断了指挥？你想到中断指挥的后果了吗？电台被炸，你要想办法，比如到附近志愿军部队，利用部队的通信设备向总部报告呀。为什么要让它中断 3 天？附近有我军部队没有？"

王近山低着头，不说话。

邓小平对王近山说："彭德怀司令员替你承担了责任。你要振作精神，下一步打好翻身仗。"

徐向前总长对他说："近山呀，抗战时，打出名了的嘛！这一次为什么没有打好？有骄傲情绪嘛！"

聂代总长说："朝鲜战争的作战对象变了，不同于日寇，也不同于蒋军。要研究作战对象的战略战术，光靠死打硬拼不行。3 兵团要好好总结经验教训，要改进指挥，改进战术。"

王近山意识到 180 师事件闹得大了，引起这么多领导的关心。

二十四　美国政客是看军事实力行事的。五次战役前急于与中朝谈判，五次战役后，李奇微认为美军掌握了战场的主动权，不用人说话了，要用飞机大炮说话

139. 马立克放出了世界上举足轻重的人物斯大林的信息

朝鲜半岛进入了炎热的梅雨季节。"和平鸟"突然在朝鲜半岛上空飞舞起来。

以战争制止战争，"止戈"为武。只有在战争打痛了的时候和平的信息才会来到。

6月1日，联合国秘书长赖伊发表谈话，只要为朝鲜半岛带来和平，那么，大致沿三八线停火就将达到联合国的主要目的。

美国国务卿艾奇逊大致同时在参谋长联席会议上也表示愿意在三八线解决争端。

美国政府为什么要放出和平气球呢？到此时为止，我军已经消灭以美军为首的联合国军23万余人，把美军和南朝鲜军从鸭绿江赶到了三八线，收复了朝鲜民主主义人民共和国的全部领土。早在第三次战役我军把美军赶到了三七线时，美国就有过一次活动。那是1月11日，美国操纵联合国通过了"联合国朝鲜停火三人委员会"提出解决朝鲜以及远东问题的五项原则意见，要求在朝鲜立即安排停火，以各种措施实现联合国在朝鲜建立"统一政府"的决议，由"英、美、苏、中"4国代表讨论解决远东问题。美国统治集团明白美国的根本利益和最大危险在欧洲，不能陷入亚洲一场看不到胜利希望的持久战，不能在朝鲜消耗掉本应部署在欧洲的军事力量，所以想以欺骗手段实现停火。中国政府揭穿了美国当局的阴谋企图，对五项原则提出自己的主张，而遭美国拒绝。

五次战役后，美军和南朝鲜军达到69万余人。志愿军和朝鲜人民军达到112万余人（志愿军77万人，朝鲜人民军35万人）。我步兵占优势，

美现代化技术装备占优势。但美军再要推进到鸭绿江只是黄粱一梦,历史再不会给他们这样的便宜了。美国陆军共有18个师,投入朝鲜战场的是骑兵1师,陆战1师,步2师、3师、7师、24师、25师等7个半师。在美国本土的还有6个半师。美国的战略重点在欧洲,把过多的兵力投放到朝鲜半岛,不符合美国的战略利益。美国的主要对手是苏联,苏联未派一师一旅入朝,它的欧洲朋友心中发毛。觉得朝鲜战争中最大的受益者是袖手旁观的苏联。

欧洲国家从各自的利益考虑,也不愿意再往朝鲜半岛增派兵力。

美国维持朝鲜战争,一年兵力要消耗10余万人,财政消耗要达100亿美元。这两项损耗同比超过美国在第二次世界大战一倍多。美国已经到了无法再向朝鲜半岛增派部队的地步。

1951年美军在朝鲜战场消耗战争物资平均每月约85万吨。每一个美国人要负担军费307美元。《美国新闻与世界报道》说:"朝鲜的小战争使美国损失的人员和金钱,比1942年对日本的大战争还要多。"

美国国防部长马歇尔是一个头脑清醒有卓识远见的军人。他说:即使杜鲁门总统下令,把美国陆军18个师的全部"兵力都投入到朝鲜战场上去,对已受到沉重打击、战斗士气不高的美军也不会出现奇迹。即使依靠绝对优势的空军和海军的支援,美第8集团军面对地面作战占优势的中朝军队……要想突破三八线向北长驱直入发动进攻已无能为力,即使美军突破中朝军队某一防御地段,也是相当困难的"。

另一个中国人也不陌生的前驻华美军司令美军陆军副参谋长魏德迈说得更悲观。他说:"看来朝鲜战争是一个无底洞,看不到美国有胜利的希望。"

这两个美国军界要员大概对中国人民解放军的压倒一切的战斗气概有切身体会,跟中国人民玩是选错了对象。

美国民主党战略上本末倒置,主次颠倒,同美国以欧洲为重点的战略方针形成了尖锐的矛盾。在美国已是怨声载道,反战情绪一浪高过一浪。四次战役以后,美国36个州2500名代表到华盛顿请愿,要求政府从朝鲜半岛撤兵。

著名的第二次世界大战名将布莱德雷领导的参谋长联席会议的意见是:"朝鲜问题单凭军事手段是不能按美国条件得到解决的,必须暂时放弃战争计划,谋求政治妥协。"

美国是选民政治，选民是上帝。朝鲜战争再继续下去必定会影响美国的大选。附丽于民选政治的党棍们不会不密切注意战争与民选的奇妙关系。艾奇逊心中焦急，他把目光瞄向苏联。5月间，他向驻在法国和德国的苏联大使投去一个信息，没有回音。然后又通过中国香港对我国作出试探，石沉大海。美国和瑞典驻苏联大使在莫斯科作出尝试，也未见效。第四次，艾奇逊指示美国驻联合国大使格罗斯对苏联驻联合国副代表查拉普金进行试探，也未成功。最后，艾奇逊求助美国的苏联问题研究专家凯南。

凯南是一个苏联通，曾长期居住在苏联，向马立克提出要求，凯南要在纽约长岛格伦克福庄园马立克的家中会见马立克。马立克接受了凯南的要求，在格伦克福进行了坦率交谈。

马立克与莫斯科通了信息，也把谈话的内容传到了北京。

6月5日，他们二人第二次会晤，马立克告知对方，他的政府愿意尽快解决朝鲜问题，提议凯南直接与中国和北朝鲜联系。这是带来了世界上举足轻重的人物斯大林元帅的信息。

艾奇逊说："毫无疑问，我们大家都认为这一信息是可靠的，不过却含有某种神秘性。"

两个星期后，马立克突然有不寻常行动，他上了联合国的商业广播电台上发表谈话，说苏联人民认为朝鲜冲突能够达到解决。"目前最尖锐的朝鲜武装冲突问题，也是能够解决的。"他建议交战双方开始谈判停火与休战，如果双方都有诚意的话，双方把军队撤离三八线就不会付出太大的代价。

艾奇逊喜上眉梢，他受到鼓舞，要通过外交渠道正式交涉。他找到苏联驻华盛顿大使柯克，要求澄清马立克的建议是否代表苏联政府的政策。然后，苏联外交部副部长回答，马立克确实是在阐明苏联政府的官方观点。

艾奇逊的一系列试探和寻觅的外交活动终于有了成果。他确信克里姆林宫一定与北京互通了信息。

艾奇逊立即召开了参谋长联席会议和国务院联席会议。两个会议商量了一个美国不丢面子的办法，建议由李奇微通过广播邀请中朝双方派代表会谈。

艾奇逊归根到底害怕美国选民用选票来发表意见。

两会还为李奇微起草了广播文稿，送李奇微过目修改，然后报杜鲁门批准。要求李奇微"一字不差"地严格执行在东京广播。

140. 毛泽东与金日成达成边打边谈共识

6月3日，春和日丽，毛泽东和周恩来邀请金日成首相来到北京，一起研究朝鲜战局，协商美国提出的停战谈判问题。中朝双方取得一致意见，认为以目前中朝军队的实力把美国军队赶出朝鲜半岛，彻底解决朝鲜问题，还不可能。而且，苏联对中国志愿军的武器援助，是让中国出钱购买他们在第二次世界大战中用过的武器装备，这已经使中国人民背上了沉重的经济负担。朝鲜用矿石换武器装备也满足不了人民军的需要。交战双方恢复到朝鲜战争前的状态是符合中朝两国人民的利益的。

双方正式决定与美方谈判。第五次战役后，中央军委曾经对朝鲜战争下一步的战略方针研究过，会议上多数领导同志认为把敌人赶出朝鲜北部的政治目的已经达到，主张我军停止在三八线附近，恢复战前的状态，边打边谈，打谈结合，以打促谈，争取谈判解决问题，这样各个方面都可以接受。毛泽东主席同意会议的意见，确定了"充分准备持久作战和争取和谈达到结束战争"的边打边谈的方针。

彭总接到毛泽东的指示后，与他的一班人仔细研究，完全同意中央军委的决策。

7月1日，彭总回电："经过8个月的激烈战斗，对朝鲜战争是长期的，认识上更深刻了。美为维持东方和世界政治地位，依靠技术优势，不甘心失败。唯战争激烈，远隔重洋，人员物资耗费太多，运输亦困难（比我们好），兵力分散，长期坚持下去，力量削弱。我步兵强，人员多，但后方运输困难。朝鲜地形狭窄，我军作战受到很大限制。在我空军不能维护交通运输和必要的部分的配合作战前，此种优势目前难以发挥应有的有效作用。我只有决心作长期打算，准备好各项有利条件。'平均两个月进行一次较大反击战役，打退敌人进攻。如此我以21个军以三番或18个军作两番进行战斗，似此，每月需补充兵员3万人。每年战费7亿至8亿美元（以1950年比值计算）。上述概算，估计人力可支持，财力有困难。'充分准备持久作战和争取和谈达到结束朝鲜战争的方针是完全正确的。我能掌握和平旗帜，对朝鲜人民、中国人民均有利。坚持以三八线为界，双方均过得去。"

新中国刚刚成立，财政金融还十分困难，维持战争经费与经济建设经费已经持平。战争长此下去，国家负担过重。所以，他复电同意军委充分准备持久作战和争取和谈达到结束战争的方针。

李奇微于6月30日上午8时，经广播电台发布了广播稿："我以联合国军总司令的资格，奉命通知贵军如下：我得知贵方可能希望举行一次会议，讨论停止在朝鲜敌对行动及一切武装行动的停战协议"，愿意在中朝方答复后，派出代表与中朝方代表在元山港一艘丹麦伤兵船上会晤。

艾奇逊害怕出现麦克阿瑟不听指挥的问题，同时向李奇微发出一个严格的指示，要他严格限制在军事问题内，尤其不能涉及最终解决朝鲜问题，台湾问题和中国在联合国的席位问题。"在谈判的立场上，要极其谨慎小心，除非对方不接受我们最低的条件，否则不得让谈判破裂。"

7月1日，彭德怀和金日成联名答复通过广播回答李奇微："我们授权向你声明，我们同意为举行关于停止军事行动和建立和平的谈判而和你的代表会晤，会晤地点我们建议在三八线上的开城地区。"

谈判是谈判，双方都没有松懈战斗意志。

李奇微在发出愿意谈判的同时，向他的部队同时下达命令："注意众所周知的苏联有两面性，注意像安理会这样的国际机构要采取决定性措施需要相当长的时间。希望全体将士在战场务必继续保持斗志，严防松懈。"

彭总则向各兵团各军传达了毛泽东主席的指示。毛泽东指出，在停战谈判期间，敌人有可能对中朝军队来一次大规模突然的狂轰滥炸，以胁迫中朝军队订立"城下之盟"。如遇敌人大举进攻，中朝军队必须大举反攻，将其打败。打的要坚决打，谈的要耐心谈，打谈结合进行。

141. 这是抗美援朝战争的转折点

中朝确定了与美国开展停战谈判的大政方针后，彭总在空寺洞收到了金日成给毛泽东主席的电报，申明了朝鲜对同美国在战场和谈的意见，谈判的内容和地点，要求彭总代表志愿军出席和谈会议。

彭总收到金日成首相电报，立即召集邓华、杜平、解方等几位在总部的负责同志研究和谈的一系列问题。彭总点了一支中华烟，先美美地吸了两口，然后对大家说："美国倚仗它的军事经济实力，倚仗它的装备技术优势，实行的是战争政策。欺负弱小国家，掠夺世界资源。这次提出要和谈，是我们把它的老虎屁股打疼了，杜鲁门急于想摆脱困境，急于要改变目前的危局，所以出来一个和谈。我党和朝鲜劳动党也同意了，好事嘛！但要警惕敌人利用和谈作为烟幕，所以要通知各部队要加强战斗准备，千万不可因和平而麻痹，为保障谈判打好仗。毛主席说，和谈的成功决定于战场上的作战情况。他指示可以采取'零敲牛皮糖'的打法，一片一片地打，一口一口地吃，不放过任何一个有利的战机。根据谈判进展决定我军行止。谈判，我们的条件也不苛刻，以三八线为界，公平合理，也对得起杜鲁门了。"大家听彭总这么一说，都笑了。

会后，彭总把解方叫到办公室，说我建议邓华和你代表志愿军参加停战谈判，中央已经同意了。你懂点外国语，谈判也不外行，相信你能完成任务。别的就不多说了，我只有一句话，敌人战场上得不到的，也休想在谈判桌上得到。

解方不仅自己兢兢业业，殚精竭虑，他要求司令部的参谋都要精通业务，"读记算写画传"六样要无所不为无所不通。工作标准是"严细快准"，包括自己在内，参谋的工作要确保彭总正确判断和作战指挥。

第四次战役时，"邓指"在东线，2月11日晚，在横城方向选择主攻方向上产生了两个方案，彭总要与邓华直接交换意见。但当时，没有有线电话，无线电话容易泄密，只能用电报。电文很长，一个来回，通常要两天时间，打仗时不我待。解方命令作战、机要、通信、电台人员集体上岗，彭总口述，一组拟，一组译，一组传，流水线作业，两个小时完毕，确保了战役于当夜发起。

他向彭总报告情况，要求自己精练、精明、扼要，报告事项要把时间、地点、数量、方位都准确无误，不能用"大概""可能""差不多"等模糊不清的概念。在他的领导下，炮火硝烟中志愿军司令部形成了一个效率高、指挥灵便、战斗力强的战斗集体。

彭总研究战役方案，调整部署部队，常常说"叫诸葛亮来谈谈情况"。这个诸葛亮不是别人，就是解方。第五次战役结束后，彭总考虑必须把朝鲜战局的具体情况向毛主席汇报一次。派谁去呢？他决定派解方回国向毛主席汇报朝鲜战局。

彭总对解方同志很器重，对他的工作很满意。有一回，有位同志说："解方是旧军人出身……"，话没有说完，彭总就气愤地截住这位同志的话说:"旧军人出身怎么了?我彭德怀,还有朱德、贺龙、叶剑英,哪一个不是旧军人出身?我看解方是个好同志,是个称职的参谋长!"

6月上旬,彭总又派邓华回京向毛泽东主席汇报。毛泽东主席更加明确了中央军委关于朝鲜战争要"充分准备持久作战和争取和谈达到结束战争"的指导方针和"持久作战,积极防御"的战略方针。

邓华返朝后,彭总为了落实中央军委的战略方针,6月25日至27日召开了志愿军高级干部会议。邓华传达了毛泽东主席和中央军委关于持久作战积极防御和准备同敌人谈判的指示。这是抗美援朝战争一个重大转折时期,是毛泽东的一个新的战略决策。

彭总在会议上作了重要讲话。他要求各部队要贯彻中央军委新的决策,要普遍进行教育,要树立长期作战的思想,克服速胜思想。要求我军必须坚持北纬38度线至38.5度线地区,并在该地区构筑三道防御阵地。今后我军作战方式为运动防御与反击战相结合的拉锯形式。在作战指导上采取"零敲牛皮糖",即打小歼灭战的方针。停战谈判开始后,坚持以三八线为界划分军事分界线。如果美军坚持现有占领区,准备8月反击。

彭总部署,我军目前18个军采取轮番作战。第一线9个军担任正面作战,第二线9个军进行休整训练,同时防止敌军登陆。要从志愿军和人民军抽调若干部队组成游击支队,深入敌军后方,开展游击战,配合正面主力作战,分散和牵制敌人兵力。在前沿要构筑绵延不断的坚固阵地,增调20兵团(司令员杨成武、杨勇,代司令员郑维山,政委张南生,参谋长肖文玖)入朝,加强东线。增调23兵团(司令员董其武,政委高克林,副司令员姚吉)入朝与50军第149师一起修机场,做好空军配合地面部队作战的准备。

彭总把前线部署情况和与敌人谈判的具体研究的意见报告中央军委后,毛泽东主席7月2日回电,同意彭总留在总部主持作战,邓华和解方出席开城谈判。

毛泽东告诉彭总,中央确定由李克农率乔冠华以及其他助手,于7月2日22时由北京乘车去安东,于7月4日傍晚由安东去平壤,5日与金日成同志以及志愿军、人民军的和谈代表,会商谈判的一切问题。

确定与美国开始谈判后,毛泽东第一个想到的人就是李克农。

李克农 1928 年在周恩来的领导下负责在上海的中央领导机关的安全保卫工作，多次成功地挫败了国民党特务的破坏阴谋。1936 年，他任西北局联络局局长，根据中央的指示，出使张学良部，与张学良代表谈判，取得成果后，过黄河向第一次出兵山西在吕梁山区指挥红军作战的毛泽东、张闻天、彭德怀汇报，开启了国共建立统一战线的第一扇大门。日寇投降后，在北平军事调停处担任中共方面的秘书长。新中国成立后，他担任外交部副部长兼军委情报部部长，具有丰富的对敌谈判的工作经验。毛泽东对李克农说："克农同志，我点了你的将，要你坐镇开城，同美国人谈判。"

然后毛泽东、周恩来又确定乔冠华担任李克农的助手。乔冠华是外交部政策委员会副会长兼新闻局局长，一直是党内的大才子，举止潇洒，才思敏捷。新中国成立前在重庆八路军办事处写了很多著名的国际国内政治时势评论。他刚刚作为伍修权的助手出席了联合国会议回京。

确定人选后，毛泽东在他的菊香书屋接见了李克农、乔冠华等，面授机宜。然后他们直奔前门火车站，乘坐当年慈禧太后出行的专列。此专列客厅的正中挂着一个大吊篮，由金丝银线结成。我驻朝使馆代办柴成文专程到安东迎接。次日，他们到达平壤。金日成首相马上接见了李克农、乔冠华等。朝鲜战争从此开始了一个边打边谈的两个舞台两台戏或同时或交替演出的局面。

142. 李奇微交代乔埃"不必急于谈和"

1951 年 7 月 10 日上午 10 时，敌我双方谈判在开城来凤庄举行。来凤庄军民像过节一样，欢天喜地，把大街小巷打扫得干干净净。

美国代表车上都挂着白旗进入开城连夜赶建起来的一栋典雅的小别墅。

谈了几次后，美联社记者发表一篇报道，说堂堂的美国代表，代表总司令李奇微去谈判，吉普车上挂白旗，太不光彩了，是投降的标志！这么一报道，在国际上引起轰动。

日本报纸在头版头条位置刊登美军谈判代表车头上插着白旗，吉普车上坐着美国首席代表海军中将乔埃。李奇微说：不知道"东方人有这么多荒诞文化背景"，是中国人"有意设圈套"。不干了，后来又说在开城"受到不公正待遇"，在开城谈也不行了，提出谈判地点移到双方军事接触线上的板门店去。中朝方面都同意了。

本来美国代表凯南向苏联代表马立克提出双方在三八线停火，中朝方首席代表南日大将提出"三八线为军事分界线，双方武装部队应同时撤离三八线 10 公里，并在一定时限内，双方完成撤离的地区为非军事地带"。"尽可能短时间内，撤退一切外国军队。"美方又突然拒绝此案，在提出的议案中，闭口不提撤离外国军队，闭口不提在三八线停火问题，只是笼统地说"禁止韩境武装部队之敌对及军事行动，并商定保证敌对及军事行动不再发生"。

中朝方坚持撤退外国军队是防止战争复发的必要条件。美方说撤退是个政治问题的论题。联合国军总司令只对部队有指挥权，而没有叫某一国撤军之权力。

美方说两军虽然在三八线相持，但美军空中和海上仍然有绝对的优势，划分军事分界线时，"海空军优势必须在地面上得到补偿"。要求我方向后退出 1.2 万平方公里土地。

开城是朝鲜的古都，是开国之城，美方提出要我方退出 1500 平方公里土地，主要向我方索要开城地区，即谈判的所在地。在谈判前，开城即在志愿军手中，为什么要让给你们？

美军的理由是为了"防卫汉城"。借口防卫汉城就可以索要开城土地吗？全是无理要求。

在中午吃饭时间，中朝方谈判代表议论时，大家都感到美方的谈判立场发生了极大的变化。比凯南和马立克所谈，有很大的倒退。李克农说："美方对朝鲜停战谈判，已没有凯南约会马立克时那样急迫了。"

第 8 集团军司令范弗里特让他们的谈判代表提出一个停战谈判以外的一个问题。他有个儿子是美军中校飞行员，一天夜晚驾驶 B-26 飞机到我方物开里地区轰炸，被志愿军击落。他要代表帮他找儿子。

物开里地区是后方勤务司令部所辖的第 3 分部管辖。

邓华给洪学智打电话，说："老哥，有个事呀。"

洪学智明白了邓华的事情后，发动 3 分部一个地区一个地区地找。3 分部证实，确实是打下一架 B-26 飞机，但没有抓到飞行员，可能是在飞机上就被打死了。洪学智又派人专门去找了一阵子，也没有任何线索。他把这个情况报告了邓华。邓华把这个情况通知了美方。范弗里特很失望。

8 月 19 日，一支中朝军事警察小分队由 47 军排长姚庆祥带领，在板门店附近松谷里以西地段巡逻，突然从丛林中冲出一支南朝鲜武装人员，向我方分队开枪，打死了姚庆祥后快速逃离现场。中朝方代表向美方提出严重抗议。美方强调他们不能对韩国游击队活动负责。

8月22日夜间，美空军夜航机突然飞临中朝谈判代表驻地，低空盘旋扫射投弹。中朝代表驻地响起隆隆的爆炸声、一片火海，阴谋杀害中朝方谈判代表。谈判队长李克农立即到现场勘查，并要求美方联络官进行现场调查。美方联络官虽然来了，但他们强调天黑下雨不能肯定是美机所为。8月30日中朝方军事警察朝鲜人民军战士郑重男、杨显泽、张仁凤在开城中立区休息，突然被南韩军小分队拖走，将杨显泽和张仁凤杀死，郑重男中弹受伤逃回。

对美方蓄意破坏谈判行为，毛泽东主席指示代表团宣布休会，等待美方认错道歉。

美国在6月以前千方百计寻求和谈，现在为什么又不惜制造事端破坏谈判？问题出在哪里呢？

原来美方总司令李奇微的思想发生了变化。李奇微在谈判开始时向他的谈判代表乔埃交代说："从去年12月清川江战役以来，全世界很多人认为，中国军队能征善战，是世界上一流军队。华盛顿唯恐联合国军不能战胜中共军队，就急急忙忙要与中国人进行停战谈判。但经过较长时间观察与思考，也有人认为中国军队空有其名，虽中国军队官兵作战十分勇猛，但没有飞机、大炮、坦克，他们是靠人海战术、血肉之躯与钢铁搏斗。我们之所以在清川江被打败，主要是麦克阿瑟将军轻敌冒进的缘故，分散部署，为中国军队趁机利用，并不证明中国军队强大。到目前为止，作战时间已半年有余，联合国军实施海空配合，诸军兵种协同作战，在北纬37度线与38度线之间，稳扎稳打，步步逼近，已经掌握了朝鲜战场的主动权。"

李奇微扬扬得意，认为自己取得了麦克阿瑟没有取得的军事成就。

他自我解嘲地对忠实执行他的指示的乔埃说："我并不是自吹自擂，我认为目前美军已经掌握了战场的主动权。今天已越过三八线，攻占三八线以北领土1万余平方公里，不必急于谈和。"

他这一番面授机宜，乔埃心中有数了。

李奇微进一步交代说："三八线并无军事意义，那里无险可守。从军事角度考虑，你在谈判中，要坚持以涟川、金化、杨口为停战线，不要理睬三八线。我们的理由是，美方有绝对优势的海空军，必须'予以补偿'。中朝方代表如果不同意，我会马上命令范弗里特用机关枪、大炮在战场上发言。如果中朝方提出从朝鲜撤退外国军队问题，也不要理睬，只推说谈判只谈军事问题。"这就是美国人两面三刀的道德标准！

李奇微把在朝鲜战场已掌握主动权的信息传回美国。美国政客的面孔也为之一变。李奇微发表调查报告，杜鲁门发表声明支持。

李奇微在东京感觉甚好。在他们所谓的五次战役后期打了共军一个措手不及，美军向北挺进如入无人之地。有些地段，美军穿插了30公里到60公里。现在谈判开始，共军方面信以为真，一定比五次战役后还要松懈战斗意志。况且，朝鲜北部正在闹洪水，铁路公路桥梁大部被毁，志愿军供应雪上加霜，处于极端困难时期，时不我待。

他把范弗里特叫到东京，交代说，"我们联合国军地面部队已经增加到50余万人。当前在停战谈判期间，中朝军队必然松懈斗志放松守备。最近北朝鲜山洪暴发，洪水泛滥成灾。我军不能错过这个好时机，立即向中朝军队发起强有力的进攻，肯定能大胜"。

李奇微在东京怎么也不甘心美军有这样优势的装备技术就和谈停战了。

他要讨一个最大的好处再说。他在东京审阅了范弗里特的夏季攻势作战计划后问："你为什么把进攻的突破点选择在东线？"

范弗里特参加了诺曼底登陆作战，想通过再战捞一把，他与李奇微的意见是一致的，是一个好战分子。他回答说："西线和中线是中国共军的防御重点，作战兵力集中。东线是北朝鲜共军，相比之下，战斗力要弱一些。我们十几万作战兵力，向北韩共军发动进攻，容易得手。"

李奇微点头表示赞许。他说："你的攻击点选择，有道理。祝你成功！"

李奇微8月18日下令远东空军每天出动900架次至1000架次各种飞机，对中朝军队的后方实行绞杀战，企图使中朝军队陷于绝境，以保障他的前方夏季攻势成功。

同时，令范弗里特集中美第2师、南朝鲜第5师各一部，用大批飞机对人民军防御阵地反复轰炸后，大炮与坦克自行火炮对人民军前沿阵地急袭。然后地面部队向人民军第2、第5军团80公里的防御正面发起猛烈进攻。战斗空前激烈空前残酷。敌我双方争夺一个制高点要反复10多次。一直浴血奋战到25日，人民军伤亡很大，有一部分前沿阵地被敌军攻占。25日和26日，人民军顽强地组织反击，到27日，又全部恢复了激战前的阵地。

第一阶段没占到便宜，李奇微又令范弗里特9月1日发起第二阶段的进攻，以一个整营或一个整团重点攻击人民军防守的项岭地区等。美军把这一地区称为"血岭地区"。担任进攻的南朝鲜第8师（重建部队）每天组织一个团的兵力，甚至4个营的兵力，采取集团冲锋，对重点阵地攻击达18次之多。人民军巧妙利用地形，用60炮和82迫击炮打曲射，大量杀伤了敌军，有效遏制了敌人的攻击。

范弗里特见第8师不中用，火线换兵，第8师下，美第2师上。同时还是老一套，调集大量航空兵、大口径火炮、坦克，用钢铁轰击851高地上的血肉之躯。人民军阵地顿时变成一片火海。在判断不会有生命存在的情况下，美2师步兵发起大规模集团进攻。突然人民军战士用苏式郭留诺夫重机枪和装有72发子弹的转盘冲锋枪发言了。美2师部队一片一片地倒下。又重复一次，又倒下一批。在美国人写的有关部门著作中把851高地称为"伤心岭"。

在李奇微在东线发动进攻时，彭总为了减轻东线人民军的压力，命令西线志愿军各部对当面之敌实施战术反击。27军3个团在5个炮兵营的配合下，发起7次战术反击，歼敌1900余人，攻占了敌军的前沿阵地。64军、47军、42军、26军各一部于9月5日、6日，分别向涟川、铁原、平康当面之敌实施战术反击，除第42军反击部队没有能攻占敌人马山前沿阵地以外，其余部队全部都达到了战术目的，改善了志愿军在平康、平原地区的防御态势，牵制了敌军在其余地区的兵力，有力地配合了人民军作战。

李奇微与范弗里特计划此战把战线由三八线附近地区向北推进到朝鲜半岛的蜂腰部，战役目标未能实现，还损兵折将，被歼灭7.8万名兵力，其中美军2万余人。李奇微的上级布莱德雷评价说："这次攻势是没有选好时机，没有选好地点，没有选好作战对象的败绩。"

闹了这样一个评价，还不如不打。李奇微很失望、很生气，一封急电发给范弗里特，把打败的责任推给了范弗里特。他问："你这个仗是怎么指挥的？在一个月的进攻中损失7万余人，伤亡那么大，究竟是什么原因？"

其实，李奇微对打败的原因心知肚明。

143. 布莱德雷说"李奇微至少要用 20 年时间才能到达鸭绿江边"

李奇微像麦克阿瑟一样刚愎自用。他还要再试一试。这次把突破的重点选择在西线。战役的目标是拿到在谈判桌子上拿不到的三八线以北的 1.2 万平方公里土地。

范弗里特 9 月 10 日说："停战谈判的唯一药剂，就是联合国军的胜利。"

9 月 12 日，范弗里特从美 25 师、南朝鲜第 2 师中抽调 8 个营，75 辆坦克、100 余门大炮，在大批飞机助阵下，向北汉江以西地区发起了试探性进攻。他们进攻的目标是志愿军 67 军 599 团 4 连和 5 连 537·7 和 595 两个高地。4 连和 5 连依托野战工事先避开敌军飞机和炮火的轰击，然后，待数倍于我的敌人步兵进至 30 米左右时，所有火器突然开火。如此反复的短兵相接，歼敌 600 多人，但敌人占领了一个高地。我 2 营营长判断敌人立足未稳，立即组织力量猛烈反击，果然又夺回了高地。就这样的激烈争夺，这样的浴血苦战，坚持了 7 天！范弗里特每天集中两个连或一个营疯狂攻击这两个高地，硬是未果。他不服气，诺曼底我都啃过，甭说这两个小高地。

9 月 21 日，他组织了美军和南朝鲜部队 8 个营的兵力，在 1200 门大炮、70 余辆坦克、10 架飞机助阵下，向 599 团防守的 595 和 491·8 两个高地发起攻击。范弗里特认为这两个点靠近金化，有公路直通金城，便于美机械化部队展开。范弗里特称他组织的进攻是"立体绞杀"。美军先对 599 团 8 连防守的 491·8 高地进行地毯式的覆盖轰炸。我 8 连的工事全部被炸毁，只剩下 21 个人了。指导员马上把 21 个人编成 4 个班，3 个班战斗，1 个班机动。敌人硬是没有攻下来，却遗尸 300 余具。

范弗里特不甘心，又抽调美骑兵 1 师、美 3 师两个团再加菲律宾营、泰国第 21 团、英国第 1 师，在 200 辆坦克、300 门大炮和大量飞机助阵下，转而向 64 军和 47 军坚守的马良山、夜月山等阵地发起大规模的进攻。美军用两个团的兵力进攻夜月山 47 军一个连阵地，用人海战术连续不间断进攻 21 个小时，发起冲锋 14 次，我军阵地岿然不动。

范弗里特疯狂了，用美国掠夺世界资源炼出的钢铁不停顿地大量往阵地上倾泻，仅发射炮弹就 2 万发。我坚守阵地的英雄们全部壮烈牺牲，美军又遗尸 300 余具。

英联邦第1师用同样的战术向64军191师（师长谢正荣、政委罗立斌）马良山阵地攻击，大口径火炮连续轰击了4个小时，阵地面目全非。英军每天用1个团的兵力多路轮番攻击。191师发挥了坑道式防炮洞的优越性，有效地保存了自己。英军一天攻击20多次，马良山阵地五次失而复得。然后我191师主动撤离了阵地。英军1师28旅苏格兰皇家边防团第1营上到了山头。然后，191师要发挥一下炮兵的威力。191师师长谢正荣问炮团团长："炮火准备50分钟够不够"？团长回答："打敌人的坦克要直接瞄准，火炮要配置在阵地前沿，多给15分钟吧。"

以子之矛，攻子之盾。步炮协同是西方军队先实行的，现在我军给英军用上。英军苏格兰皇家边防团1营官兵正在得意之时，只听得天空电闪雷鸣，震耳欲聋，炮弹如黑乌鸦一般遮天蔽日，顷刻间都被炸得飞了起来。我志愿军坦克和步兵一起冲上阵地，经过3个多小时的战斗，全歼苏格兰皇家边防团1营！毙伤俘共1740人。

李奇微得知此消息后，十分伤感，说："他们怎么会被全部歼灭，实在太可惜了！"

美军骑兵1师每天组织两个团的兵力向47军1个营防守的天德山阵地进攻。羊群式的人海战术，每天发起10多次冲锋。李奇微发动的秋季攻势才7天，美英军共伤亡1万余人。志愿军俘虏了美骑兵1师5团3连士兵依勤。依勤大骂他的团长勒菲德说："勒菲德是个狗娘养的，他一个劲地在我们背后狂叫：前进，向前冲呀！但向前冲明明是一条死路，他让我们当兵的去送死！"

李奇微在东京怎么也还有幻想，美军有绝对的装备技术优势，不相信战胜不了中国人。这就是美军将领的致命元素。10月25日，他命令范弗里特不要在西线了，再转移到东线去，抽调美2师、美7师和24师、南韩军3个师，共6个师，向北汉江地区的东西段，杨成武20兵团所辖67军和68军阵地发起大规模进攻。这次进攻采取"坦克劈入战"战术。所谓"坦克劈入战"，是以20辆至40辆坦克组成一个坦克群，在大批航空兵和地面炮兵支援下，集群坦克以密集的直射火力覆盖我前沿阵地，然后坦克群猛烈冲击穿插，迂回到我阵地后方，使我阵地前后方难以同时顾及，最后达到逐山攻占我前沿阵地的目的。

与前面叙述的"立体绞杀"战术都是李奇微企图找到突破点的苦思冥想出来的新花招。

10月21日，美远东航空兵出动54架飞机，对67军第200师（师长李雪瑞、政委李静）防御的阵地实施了轮番狂轰滥炸，然后美军出动70余辆坦克分为3组冲击200师阵地，同时向200师阵地侧后穿插。这一天200师击退了美军29次攻击。25日，美军一次集中280辆坦克，创朝鲜战争一次使用坦克之最。这时我军的装备已有所改善。美军坦克量大势众，开始如入无人之境，颇为得意。突然我军事先隐蔽在公路两侧的反坦克火器火箭炮、无坐力炮、穿甲弹从公路两侧如飞蝗一般飞出，从坦克两侧穿入，立刻就有9辆瘫痪，同时烈焰熊熊。后面跟进的坦克一看大事不好，纷纷掉头向西逃跑。翌日，美军18辆坦克一路纵队开来，企图把昨天被击毁的坦克抢修拉回。我军不动声色，当敌军坦克开近瘫痪在地的坦克时，突然埋在坦克四周的地雷遍地开花，立刻又有4辆趴下不动了。原来200师料到美军怕这些新式坦克落入中国人之手，一定要来拉的，所以早已准备好了。

范弗里特亲自指挥美军向芳通里、文登里的我军阵地进攻，采取典型的"坦克劈入式"，以百辆坦克集群阵势发起冲击，结果刚刚逼近，67辆新式坦克就全趴下了！范弗里特十分惊讶。他咽不下这口气，要弄个明白。命令情报处长查清能击破美军"坦克劈入式"战术的志愿军指挥官是谁？一查是第20兵团司令杨成武，是中国著名的战将"三杨"之一。怎么偏偏又碰上一个硬茬儿！

通过反击李奇微夏秋两次攻势，可以看出，经过彭总回国向毛泽东主席汇报，向军委汇报，又派邓华、韩先楚、解方等领导回去汇报，经过总参和各军兵种的努力，志愿军的反坦克武器有很大改进，战斗力有很大增强。在李奇微的秋季攻势中，67军共击毁美军坦克39辆，击伤8辆；68军击毁28辆。美军从10月13日至15日的3天中，平均每天伤亡6000人，创朝鲜战争每日伤亡的最高纪录。在秋季攻势中，联合国军在250公里的战线上，平均向北推进了两公里，共被中朝军队歼灭7.9万余人。

从8月18日至10月26日，李奇微用飞机大炮发言74天，损兵折将，碰了大钉子。那么美军为什么不能打胜呢？还是那句名言，武器是重要的因素，但不是决定的因素。决定的因素是人而不是物。美国在太平洋西岸，为什么要到朝鲜半岛打仗呢？侵略是不得人心的。侵略军的士气不高，不愿意打仗，不愿意牺牲生命，战斗力是不能维持长久的。这是李奇微失败的根本原因。这是美国将领们一个不愿承认的误区。他们发动的朝鲜战争、越南战争、伊拉克战争、阿富汗战争，越来越陷入泥沼而不能自拔，都是一个道理。

李奇微的夏秋季作战失败，在美国国内又掀起新一轮围绕朝鲜战争该不该打、要不要撤军问题的争吵。美国社会为此一片混乱。参谋长联席会议主席布莱德雷在给杜鲁门的报告中不再给这位部下说话，而是指责说："所实施的占领个别高地的战术，不符合美国在远东的全盘战略。用这种战法，李奇微至少要用20年的时间才能到达鸭绿江边。"

《星期日泰晤士报》直言："美国谈判代表愈来愈明白，联军已真的不能再用继续作战的办法来获得进一步的利益了。"

到这时候，李奇微才指示他的谈判代表团承认美军飞机"误炸"开城，愿意恢复谈判。

二十五　毛泽东决定改变战略战术，由大规模运动战转变为"零敲牛皮糖"的消耗战略；抗法名将陈赓深孚众望，提出一整套防御战术

144. 周总理和朱老总在北京饭店金色宴会厅宴请英雄们

毛泽东在菊香书屋对志愿军在天候地理装备都极端困难的条件下，同美军打一场现代化的战争，心中一直很悬念、很焦虑。

这一段时间，他宵衣旰食，睡眠很少，了解前线战情，随时作出指示。他总想听听前线指挥员是怎么样具体指挥同有装备优势的美军作战的？是怎样突破的？怎样穿插的？怎样防守的？怎样反击的？怎样在美机的狂轰滥炸下冲锋的？等等。他习惯把高级将领经验感受上升到军事理论高度，把特殊的作战经验上升为一般军事原则。

5月下旬，中央军委决定志愿军第一批入朝的4个主力军军首长回国向中央军委汇报朝鲜战况，总结作战经验。他们是38军政委刘西元（梁兴初军长因病住院），39军军长吴信泉，40军军长温玉成，42军军长吴瑞林，由志愿军副司令邓华率领回到北京。

北京饭店金色宴会厅，像俄罗斯宫殿一样贴了许多金箔，金碧辉煌。周总理和朱总司令首先宴请了这5位将军。聂荣臻、罗荣桓、萧华、杨立

三、刘亚楼、萧劲光、陈锡联、许光达等高级将领应邀出席。

"你们都瘦了呀!"周总理与他们握手后,惊呼了一声。的确这5位将军,一个比一个瘦,一个比一个黑,最瘦的是邓华,其次是吴信泉、然后吴瑞林,刘西元,唯温玉成是胖胖的。他们皱皱巴巴的褪了色的旧军服,疲惫的面容与金色大厅的豪华形成鲜明的对比。

朱老总握着他们的手,面露真诚感激的神情。我军在朝鲜已经进行了四次战役,五次战役正在进行中,现在朝鲜的战况,8个月前,中央讨论时还是不可想象的!如今我们可以在北京饭店接见凯旋的英雄们!

周总理很动情地说:"同志们,你们在朝鲜一直战斗了8个月,没有休息呀。"

他自然地想起去年国庆节后中央反复激烈讨论出兵时的情况,想起他飞到黑海之滨见斯大林时的情景,想起斯大林出尔反尔的情景,不容易呀,将军们!你们敢打敢拼,捕捉战机,不仅部署战役迂回,还部署战术迂回,截断敌军后路,有指挥艺术呀!他说:"你们是铁军,不,你们是钢军呀!大家辛苦了!你们回来先休息两天,到医院看看病,然后,毛主席要亲自听你们的汇报。你们要准备给毛主席汇报。"

周总理和朱老总请大家入席,见大家落座后,他举起酒杯说:"党中央、国务院、中央军委为你们举行这个便宴,也可以说是小吃,欢迎从抗美援朝前线来的客人,欢迎毛泽东主席请来的客人。你们从接到命令过鸭绿江开始,就与美帝国主义展开了激烈的战斗,连续打了四个战役,把敌人从鸭绿江边打回到他们的进攻出发地,援助了朝鲜人民,保卫了祖国的建设和安全。你们的脸色很黑,身子精瘦,但精神面貌很好,就如正在指挥千军万马与敌人厮杀一般,毫无疲倦的神态,值得我们骄傲和高兴呀!请大家干杯!"

总理自己一饮而尽。朱老总一饮而尽。将军们一饮而尽。

然后总理手拿茅台酒瓶亲自给每位将军斟酒。祖国感谢你们,党中央感谢你们,人民感谢你们!你们打出了中国人民的威风,你们打出了中国在世界上的地位,你们打出了中国人民在世界上的发言权,你们也给斯大林同志上了一课,你们给中国人民的后代子孙创造了一个和平建设的年代,你们使我们这些主张出兵的中央领导给祖国人民有了一个很好的交代!当然,朝鲜战争还是长期的,还有很艰苦的仗要打,但有你们在前线,祖国人民放心,党中央放心,中央军委放心!

周总理几杯酒下肚，面色红润，他想到美国在联合国操纵一些仆从国家搞欺骗世界人民的假和平方案，说："你们是中华民族的优秀儿女，是新中国的保卫者，祝你们把侵略者打败，直到他们低头为止！"将军们给总理鼓掌，一块举杯预祝取得更大的胜利！

朱老总看着这些在长期的残酷战争中从基层成长起来的军事指挥员，很高兴，他兴奋地说："你们5位是毛泽东主席从反侵略战场上请回来的贵客。你们把武装到牙齿的美帝国主义现代化军队及其帮凶军，从鸭绿江边打到三八线以南去了！把它们打得焦头烂额，取得了伟大的胜利！美国国内反战声浪很高，杜鲁门无法向美国人民交代。欧洲反战情绪很高。朱德感谢你们，为你们而骄傲！你们在抗战时，就指挥过一个团，一个旅，同凶残野蛮的日寇作战，都是闻名中外的战将。现在你们又同美军作战，事实证明美军与日寇是一丘之貉。同样凶残。你们取得了同这两个世界上最凶残的军队的作战经验，了不起！将军们，喝了！"

朱老总同军长们一一碰杯，喝了，服务员又给老总加满了。老总说："庆祝我们取得了作战的胜利，也庆祝你们取得了同美帝国主义作战的经验！我们这支军队是有丰富作战经验的军队，是用毛泽东军事思想武装起来的新型军队，是具有一往无前的战斗精神的军队，是具有压倒一切强大敌人的有英雄气概的军队。任何敌人敢来侵略我们，就坚决把它消灭掉！中华民族再不受任何外来侵略者的欺侮了！我们干杯！"

老总激动，又喝下去了！然后军委各总部将领祝贺喝酒，然后各兵种将领祝贺喝酒。

在将领们酒酣耳热之时，细心的周总理把总政治部的萧华副主任叫过来，交代他一定要把5位将军在北京的生活安排好。

周总理说："他们喜欢吃什么，就给他们吃什么！湖南口味呀，四川口味呀，都给他们吃，让他们养胖点嘛！"

周总理见英雄们还穿着在前线指挥作战的旧军装，又交代萧华："你马上安排给将军们每人做一套新军服和皮鞋。"

吴军长、温军长听见，都说："不用，不用。这衣服就很好。新衣服到朝鲜战场用不上。"

邓华说："等我们胜利归来再做吧。"

周总理坚持要给每人做一套。然后总理交代杨立三部长安排将军们到协和医院全面检查身体。

145. 毛泽东对吴瑞林军长对付美军的战术感兴趣

42军军长吴瑞林个头中等，黑黑的脸膛，消瘦的身体。他检查身体时，医生们发现他的身上有13处伤疤，是历次战争中七次负伤留下的。他瘸了一条腿，体内还有尚未取出的弹片。他这样伤残坚持在朝鲜极其艰苦的条件下指挥作战，靠的是惊人的毅力和坚强的精神。医生叮嘱他要坚持继续用青霉素消炎，要坚持打针治疗，要增加营养，增强抵抗力。

毛泽东主席听说后，想找他谈谈，亲自听听他同美军作战的具体情况，以及他指挥部队对美军作战的具体战术细节。

5月正是北京莺飞草长的好时节。下午4时许，聂代总长的办公室主任安东到招待所告诉42军军长吴瑞林，毛泽东主席要接见你。他很惊讶，一点思想准备都没有，心里忐忑不安地上了车。然后安东用车把他送到了丰泽园。

他走进丰泽园时，毛主席穿着长袖白衬衣，抽着烟，已经在门口的台阶上等他。

他下车，向毛主席敬礼。毛主席说："吴军长，你瘦了。"吴瑞林回答："主席，我的身体还好！"吴瑞林觉得领袖的身材魁梧，比他高出半个脑袋去。毛主席问："我听说你累得吐血了嘛！"吴瑞林说："那是过去的伤口破裂出血，经过治疗现在已经好了。""听说是在突破三八线时伤口破裂的？""正是，主席你在国内都知道了。"

毛泽东一边说着，一边往室内走，说："是的，聂荣臻代总长报告了我。"

吴军长不好意思地笑笑说："彭总听说后，把他用的药送给我了，后来军委、东北军区都给我送药。我一个人病了，大家都很关心。"他感到领袖很亲切、很客气，也不怎么紧张了。

毛泽东抽着烟，用拿烟的手指指沙发，关切地说："坐下吧，你的身旁有茶水。你喝点水。茶水活血通脉，多喝有好处。你身体能坚持吗？"

吴军长一个立正，回答："请主席放心，我身体没问题，完全能坚持！"

毛泽东很动容，说："有了你们这些同志在前线坚持指挥作战，军委放心，中央放心！"

吴军长："请毛主席放心，主席指到哪里，我们打到哪里！"

毛主席的住处是四合小院的平房，院内长着高大的树木，光线暗，不很通风，屋内有些闷。

主席递给吴军长一个芭蕉扇。吴军长接住，连声说："不热，不热。"

毛泽东在沙发上坐下来，看着吴瑞林说："找你来是要了解一些战术问题。我要问你几个问题。我们言归正传吧。"

吴军长说："好，好。"

毛泽东稍稍沉吟片刻，问："你们军出国作战，在军事上做了哪些准备工作？"

吴军长回答，全军正在北安一带开荒种地，接到军委命令，第一是思想教育，使全军战士都能认识到志愿军出国作战的伟大意义，然后发挥军事民主的传统，让大家提疑难问题，军部集中了10个问题，再发下去，让群众出主意想办法，看自己上了战场，碰到这个问题如何解决？连长排长班长遇到此类问题如何指挥？

毛泽东注视着亲历者滔滔的讲述，不住地点头。

吴军长说，比如，美军飞机轰炸炮火射击怎样对付？我们的回答是采取近战夜战。勇敢不怕死，敢于在夜间发起进攻，敢于突然靠近敌军扭在一起厮杀。身体贴身体，美国人个子大，我们个子小，他们黄头发蓝眼睛，或者是黑人，开始一看还瘆人哪！都没有见过。但美国兵近距离刺杀搏斗这一套不行。看见我们志愿军战士以压倒一切的气概端着刺刀扑上去，腿就软了。南朝鲜兵更不用说了。美国飞机在头上转悠，干着急不敢扔炸弹。对付敌人的坦克、装甲车，主要利用爆破筒、炸药包，还有断路等办法。从整体上美军当然占优势，但我军可以在集中一点上形成优势。

毛泽东高兴得止不住地笑着。然后说："好呀，你们抓住了要害，解决具体问题，方法对头，这就是我们的优势嘛！"

毛主席的心情很好，问："战争初期，彭老总要你派一个加强营带电台，到三八线以南的敌后去找人民军部队，你当时是怎么想的呀？"

吴瑞林的身子往沙发前蹭蹭，对主席说："彭总交给我们这个任务后，当时就觉得是一项有战略意义的任务。我觉得领导要加强，就派125师副师长茹夫一、副政委兼政治部主任王淮湘带队加强领导。果然，他们出色地完成了任务，找回了大批人民军，还配合了志愿军的正面作战。还搞到了准确的情报，使我们对敌人的行动能了如指掌。"

毛泽东主席说："这个营派得好。看到你们报告的情况很清楚，军委也好下决心嘛!"

毛主席换了一支烟,然后又问:"42军单独在东线执行任务,任务很重嘛。你们还给彭总建议留后梯队死守熙川以南的妙香山。你是怎么考虑的?"

吴军长汇报说:"熙川是战略要地,是3条铁路线交叉的交通枢纽,也与我国边界相连。假如美军的机械化部队占领了熙川,则可以直接威胁我军东西两线的作战,也威胁到我国辑安、临江两条战略运输线。因而,我建议留后尾师守住妙香山,直接控制这一条战略要地,使敌军无法破坏我东西两线的作战行动。"

"好,你想得好,这是一个带全局性的问题,是个有战略意义的大问题。军委采纳了你的建议,分割了西线沃克与东线阿尔蒙德的联系,在战役中起到了很好的作用嘛。"毛主席对吴瑞林有战略眼光很满意,说:"你向彭老总建议9兵团要留一个团控制协汉岭,你谈谈这个作用是什么?"

谈起自己熟悉的战事,吴瑞林也没了拘束。他说:"协汉岭是在志司作战部署的范围之中,利于守而不利于攻。假如敌军占领,用一个营加榴弹炮控制,9兵团就难执行围歼敌人的任务。此处又是东西南北公路的交叉点,也威胁熙川铁路线。我军控制后,既有利于9兵团在协汉岭东的长津湖作战,也有利于东西线联络。"

毛泽东抽着烟,把腿跷起来,从对面注视着吴瑞林,说:"你很有战略眼光。你是从战地看到的,我们是根据你的意见,在地图上看到的。很好!像你这样有战略眼光的前线将领越多越好呀!彭老总立即采纳了你的意见,9兵团也执行了。"然后,毛泽东主席问:"听说从敌占区找回来的人民军部队指战员都想找你谈谈,是怎么回事呀?"

吴瑞林回答说:"主席,我对他们的干部都比较熟悉。他们想知道,中国参战支援他们,是长期的,还是短期的。有多少部队,装备怎么样。我根据彭总的指示与30多个师团级干部、4个军级干部谈了话。"

毛泽东对这个数字表示惊讶,问:"有30多个师团干部?"吴瑞林回答:"对。这些人中可分为不同时期的三批人都认识我或知道我。所以,彭总派我去执行了这个任务。"

"你说的三批人是哪三批呀?是怎么回事呀?"

"是这样,主席,第一批是在1945年,我刚到安东时,在那里招收学生办军校。萧华让我担任校长。我们一下子就招收了1600余名学生,其中有朝鲜族学生600多名。金日成回国路过安东,我根据中央的指示曾向他汇报过。后来,他还派崔镛健副总司令来看望这些朝鲜族学生。他们感到这是一批力量,就把这批人要回去了。第二批是我到东北后,组建了一个朝鲜族队伍,支队长就是李红光,有 6000 多人哪。这支部队很能打仗,打出了名。部队整编时保留在东北军区,后来金日成把这支部队要走了,将部队改编为第 5 军团。第三批是军委把各野战军的朝鲜族的同志集中起来成立了一个加强师。我那时已经南下到了河南郑州,四野首长把此项任务交给我军负责。其中朝鲜人原来属四野的多。共编了 4 个团,一个炮兵团,一个技术营。就是这样三批人。我都熟悉。"

毛泽东说:"这很好嘛!战争时期,他们与我们一起战斗,包括金日成同志,在东北也是与我们一起战斗过。所以。老百姓就说中朝人民是一家人嘛。"

主席又问:"穿插成川,你是怎么想的?"

吴军长回答:"由于敌军用 100 架次飞机把大同江上封冻的冰炸掉了,使我 42 军不能完成志司下达的第二次战役插到肃川,配合西线主力歼敌的任务,故提出插成川,以求将功补过。"

毛主席沉思一下,说:"彭老总报告情况后,我当时感到有些冒险,但亦考虑到,这一行动,不仅能使清川江敌人动摇,而且平壤敌人也动摇了。果然呀,未出所料,使敌军全线崩溃,向三八线溃退。彻底打破了麦克阿瑟的圣诞节在鸭绿江边饮马的梦想。所以,有条件时,冒险也可以起到决定性的作用。战争是离不开冒险的。但要讲条件。我们过去无论在抗日战争时期,还是在解放战争时期,都有几着棋是冒险的嘛。抗日战争时,我们八路军出兵山西本身就是带有冒险性质的嘛。1945 年 9 月,我们出兵东北带不带冒险性质?去年我们出兵朝鲜带不带有冒险性质?"

两人谈兴正浓,不觉窗外天色已暗,毛泽东的院落因为树木遮掩,更觉已到黄昏。

到吃晚饭时间,警卫员进来悄悄告诉了毛主席。毛主席说:"好,先吃饭。吃过饭,我们再谈。"说着站起来顺着西侧檐廊大步流星向自己的小饭厅走去,吴瑞林跟在主席的身后,进入一间厢房,只有毛主席、江青和吴瑞林 3 个人。桌子上青瓷盘中有一盘回锅肉,一盘烧茄子,一盘炒豆角,一小盘油煎辣椒。领袖见有回锅肉,端起来,把三分之二拨到了吴军长的碗里,说:"你太瘦了,要多吃点肉。"吴军长瞅一眼江青,红着脸感到很不好意思。江青说："你在前线太艰苦了，多吃，多吃。"

从小饭厅出来，毛泽东主席站住，递给吴瑞林一支烟，自己点着一支，皱着眉头，看看天空，问："这时候，三八线一带气候好一些了吧？"吴军长回答："天气好多了。只是那里海风很大，也很潮湿，早晚还很凉。"主席点点头，说："我们再谈几个问题吧。"吴瑞林说："好。"

进屋坐下后，主席问："我看了一个报告说，你们军有一个小分队，双脚能跑过汽车轮子，是怎么回事儿？"

吴瑞林恍然明白主席说的是哪回事儿，他回国前去见彭老总。彭老总交代，前线打得很艰苦，很困难，你回去一定要向毛主席和总理、聂代总长讲真话，讲实话，不得粉饰隐瞒，否则军纪从事！

他回答："主席，我军从道城岘突破后，敌军就混乱不堪了，纷纷溃逃。南朝鲜第2师的美军上校顾问惊慌失措，乘吉普车向汉城逃跑。沿途都是盘山公路，弯弯曲曲，河流多，还有冰雪。他跑不快。我军372团4连白文林、冷树国战斗小组，都穿上美军和伪军的服装，翻山越岭滑坡，走直线，直插济宁里，断敌退路，伏击敌军，打退敌人多次反扑，俘虏了美军顾问3人。"

毛主席略微停顿，然后问："你们军在第四次战役中，从1月25日开始，至3月14日结束，历时49天，这么长的时间进行作战，有哪些困难，哪些经验呢？"

"主席，我们最大的困难是粮弹供应不上。军领导机关曾有3天断粮。守天德山的378团在山上就是一口炒面一口雪坚持了20多天。军领导机关把所有粮食都集中起来，派作战处长和组织处长率一个小组把粮食带了上去。军机关只喝开水，吃梨树皮，苹果树皮。弹药少了，就用石头打。有几个团营连都有这种情况。"

毛主席听后，一阵沉默不语，然后感慨地说："部队好呀，部队的素质好呀！"

吴军长说："按照主席的教导，我军在朝鲜战场上，都是坚持近战夜战。特别是第四次战役中，就靠这个法宝来战胜敌军的'空坦炮'。近战，主要是要发挥我军轻武器的效能，要敢于把冲上来的敌人放到手榴弹投掷以内再打。一颗手榴弹要放倒敌军一片。敌人溃退后，战士们就赶紧去夺取敌人的枪支弹药补充自己，准备敌人下一次的冲锋。"

毛主席神情凝重地听着，手举着烟，忘记了抽。

吴瑞林继续汇报说:"主席,及时储备保存调整战斗骨干是坚持持久作战的很重要一环。每次战役,一线连队的伤亡太大。美军的大口径炮火杀伤力太大。我军在战役进行到一定阶段,就把3个连队合并为两个连队,保存一个连架子。一个团编成4个连,把营、连干部保存下来。"

42军保存干部的做法引起毛泽东的回忆和兴趣。他说:"这是一个好办法。这与我军在长征时的做法一样嘛!我们在长征时就是这样保存干部的。我在延安不是讲过吗?保存了干部,保存了骨干,发展就不成问题了。我们在延安就是屯田,屯兵,屯干,还屯将呢!我们办抗大,办各类军事政治学校,就是有这个战略性质嘛。你谈的这些经验很好,都是在战争中积累的能实际解决问题的经验,也是我军红军时期、抗战时期、解放战争时期积累的经验。这些你们都运用得好!也是战争逼出来的!前线阵地上的指战员创造了很多对付美军的实际管用的战术。在前线是得有你们这样的干部指挥作战,我军才能取得胜利!"

吴瑞林说:"主席,前沿阵地上伤亡太大。现在军委要给前线部队补充士兵,干部我军不缺。"

毛泽东说:"我想到一个问题,是'零敲牛皮糖'消耗战略,在你的汇报中提到一些,但还要研究一下。"

吴军长点点头,明白了主席的意思,说:"42军在第四次战役35公里的正面防线中,我们不断地组织小的反击,瞅准机会,吃掉敌人一口就走,一夜之间,就有好几个地方袭击敌人。前线阵地防御要像钉子一样钉住敌人,利用有利地形和工事打击敌人。"

毛泽东思索着点头,说:"我想的就是如何杀伤和消耗敌人的战术嘛!"

吴军长说:"采取积极防御战术,杀伤敌人,在第四次战役中,42军伤亡1人,敌军要付出3个人到4个人的代价。至少,我军伤亡一两人,敌军要伤亡两三人。就是这个比例。美国1亿人,我国5亿人,我们不怕与敌军打消耗战。特别是朝鲜的山岳多,河流多,非常有利于我军打持久战,不利于美军大机械化速决战。"

毛主席给吴瑞林点头,说:"你们军积极防御作战的思想解决得好。"

"上战场后,是逼出来的。"

"我们与蒋介石作战,与日本鬼子作战是逼出来的。现在与美军作战也是逼出来的!从现在的国际舆论看,美国统治集团怕我们,美军怕我们,这与你们在朝鲜作战对美军打击很大是有缘故的!你看朝鲜战场还有哪些困难和问题需要军委及时解决？"

"我回来时，彭老总让我给主席和总理实事求是地讲清楚，不得隐瞒。主席呀，我们前线实在是太困难了，主要是供应不上。我们缴获的国民党汽车，10轮大卡车，都是道吉车，现在前线已经见不到了。它太笨重，朝鲜的山路很窄，弯儿很多，车多了，错不开，粮弹问题仍然没有根本地解决。另外，是兵员补充问题，能补充一些老兵就好了。"

"这个问题，军委已经定了，决定抽调若干部队补充第一批出国作战部队。你们在前线一定要把骨干保存下来，有了骨干，任何紧急情况都能应付，你放心好了。"

毛泽东站起来，与吴瑞林握手，说："今晚我们谈得很好。我要了解的问题，都了解到了。你在京好好休息、治病。有问题找聂代总长。他会给你解决的。"

毛主席在院子中央的槐树下，又与吴瑞林握一次手，嘱咐："你一定好好治病！"

146. 毛泽东决定对美军采取"零敲牛皮糖"的消耗战略

5月27日，解方奉彭总命回北京向毛泽东主席汇报前线的情况，陈赓应邀列席。

北京的天气已经很热，消瘦的解方穿着皱巴褪色的志愿军军服浑身冒着汗被接到了菊香书屋。

毛主席见他和陈赓进来，说，欢迎从朝鲜战场回来的英雄，递给解方一支白杆烟。然后递给陈赓一支。

主席发现解方在出汗，又递给他一把芭蕉大扇子，说，你干脆把外衣脱掉吧。

解方不好意思脱外衣，认为那样不礼貌，说："不热。"

毛泽东说："我很想听听朝鲜前线的情况。你就说吧。"

毛泽东决定多找几位前方将领谈谈，所以听说解方回来了，马上接见。解方有些紧张，未敢点烟，把烟放在茶几上，手拿着芭蕉扇向毛主席汇报。

他说主席呀，我志愿军每次战役发起后，我军集中优势兵力把敌人包围后，必须当夜消灭敌人，到天亮，敌人的空军就来支援，就很难吃掉敌人。白天敌机轰炸猖狂，我们防空力量很弱，敌机对我军步兵杀伤很大。

所以白天还不能作战，得等到第二天晚上再战。很多战机就失掉了。而且，我军确实是李奇微掌握的"礼拜攻势"。肩背手提只能用不到一个星期的时间。到一个星期的后期，粮弹供应就会出现严重问题。不完全是后勤供应方面的问题。我军穿插分割速度很快很远，战场态势很难掌握，后勤是不可能跟上的。战场态势随时在变化，给后勤供应提出了很大的难题。这都影响我军战斗力的发挥。部队光着脚、饿着肚皮打仗是经常现象。我军一次战役胃口不能张得太大，不能企图一口就吃掉几个师。

毛泽东在前一天已发给彭德怀一电，详细地阐述了志愿军要改变战略战术的必要性。他说："历次战役证明我军实行战略或战役性的大迂回，一次包围美军几个师或一个整师，甚至一个整团，都难达到歼灭任务。这是因为美军在现时还有颇强的战斗意志和自信心。"

毛主席穿着一件白府绸长袖衬衣，但他的袖口的扣子都扣着。他抽着烟，注视着解方。然后弹弹烟灰，说："美军兵力有限，它的战略重点在欧洲。在朝鲜战场上，美军不可能投入太多的兵力。我志愿军必须消灭掉美军几个师才能解决朝鲜问题。这个估计是对的。但在打法上要用不断轮番作战，各个歼灭敌人的方针，好比是'零敲牛皮糖'。每个军一次以彻底干净地歼灭敌人一个营为目标，一次使用三四个军，其他部队整补待机，有机会就打。如此轮番作战，在夏秋冬三季将敌人削弱，明春则可组织大规模攻势。陈赓同志呀，你的意见呢？"

陈赓说："我是同意主席打小歼灭战的方针的。积小胜为大胜嘛！"

毛泽东用拿烟的手指指陈赓说："我们的意见是一致的。志愿军部队应加强政治工作，将朝鲜战争的长期性、艰苦性向全体干部战士讲清楚，要他们都有充分的思想准备，同时指出胜利的条件。我同意'统一集中，减少层次，精干组织，提高效率'的原则，兵团最好取消，加强志愿军司令部与各军的力量，要加速空军的建设和加速空军的出动，加强反坦克武器，部队应提倡打坦克，打飞机。"

陈赓说："作战指挥层次不能太多，要误事儿。我们的通信装备差嘛。"

毛主席说："这个问题要请总参和志愿军司令部好好研究。"

然后，毛泽东主席对解方说："朝鲜战争要坚持持久作战，积极防御的方针。看来像打第五次战役这样大的运动战的条件不具备。我军要实行战术的小包围，多打小歼灭战，经过打小歼灭战，逐步过渡到打大歼灭战。这可以叫作'零敲牛皮糖'。"

陈赓感到毛泽东主席的指示符合朝鲜战场作战的实际。

毛泽东在菊香书屋每日都在观察研究朝鲜战局，审时度势，及时作出指示。除一、二次战役麦克阿瑟钻了彭德怀的口袋，美军在东西两线都受到极大损失外，以后三次战役都因为朝鲜地形狭窄，我军难以实行大的迂回，难以形成围歼态势。不能给美军较大的打击，美军未受较大损失。

毛泽东实事求是地决定改变战略战术，我军不能把战役目标定得太大太高。而且他要求我军的策略是要把美英军和伪军分别对待。对伪军可以实行战略战役的大的包围，一次吃掉它一个或几个师；对美英军则不可。他像在解放战争时要求解放军一个旅一个旅地消灭蒋军，以积少成多，现在他要求志愿军一个营一个营地消灭美军。他说："为了打落敌人的这种自信心，以达最后大围歼的目的，似宜每次作战野心不宜太大，只要求我军每一个军在一次作战中，歼灭美、英、土军一个整营，至多两个整营，也就够了。现在我一线有8个军，每个军歼敌一个营，共有8个整营，这就给敌以很大的打击了。假如每次每军能歼敌两个整营，共有16个整营，那对敌人打击就更大了。如果这样做办不到，则还是要求每次每军只歼敌一个整营为适宜。这就是说，打美英军和打伪军不同，打伪军可以实行战略或战役的大包围，打美英军则在几个月内还不要实行这种大包围，只实行战术的小包围，即每军每次只精心选择敌军一个营或略多一点为对象而全部地包围歼灭之。这样，再打三四个战役，即每个美英师，都再有三四个整营被干净歼灭，则其士气非降低不可，其信心非动摇不可。那时就可以作一次歼敌一个整师，或两个三个整师的计划了。"

毛泽东回忆解放战争时期我军歼灭蒋介石和白崇禧主力部队时的情景，我军也是经过一个由小歼灭战到大歼灭战的过程的。"过去我们打蒋介石的新1军、新6军、5军、18军和桂系的第7军，就是经过这种小歼灭到大歼灭的过程的。我军入朝以来五次战役，已完成这种小歼灭战的一段路程，但是还不够，还须经过几次战役才能完成小歼灭战的阶段，进到大歼灭战的阶段。至于打的地点，只要敌人肯进，越在北面一些越好，只要不超过平壤、元山线就行了。"

解方是一个有心人，而且是一个快手。

他趁毛主席与陈赓聊越南抗法战事的空隙，把毛泽东主席的指示很快整理成文,送请毛主席审阅。

毛泽东主席一边抽着烟,一边看,圈阅后,交给了解方。

解方于当天把这个汇报提纲发给了志司。

传达毛主席关于"零敲牛皮糖"作战方针

志党委(即志愿军党委):

今天主席召见我和陈赓同志,听取汇报后,指示以下问题:

甲、志愿军总的政治任务是轮番作战,消灭美英军九个师(几个杂牌旅、营全计在内),则可解决朝鲜问题。打法上,采用不断轮番各个歼灭敌人的方针,即"零敲牛皮糖"的办法。每军一次以彻底干脆歼灭敌一个营为目标,一次使用三四个军(也可多点),其他部队整补待机,有机会就打,如此轮番作战,在夏秋冬三季内将敌人削弱,明春则可进行大规模的攻势。如能提前于夏秋两季达到削弱敌人目的,即可于冬季打大仗。

解方向志司汇报电影印件(一) 　　　　解方向志司汇报电影印件(四)

(图片见军事科学出版社《解方将军》)

乙、应加强政治工作，将朝鲜战局的长期性、艰苦性使全体干部和战士有充分认识与思想准备。但同时应指出胜利条件，强调克服困难，战胜困难。

丙、组织上完全同意"统一集中，减少层次，精干组织，提高效率"的原则。兵团最好取消，加强志司与军（陈赓同志也同意这个方案），变为精干指挥所也可以。每军建制增加一个师，减掉三至四个军直，以加强新兵训练。军后勤机构，则可抽出一部充实后勤，具体方案请志司提出。

丁、入朝部队六个月左右换班，调到朝鲜北部或东北、华北，休整三个月左右又参加作战。西南第三番三个军已到华北，干部太缺，短期内不能出动。杨（成武）兵团两个军已准备好，可随时出动。

戊、除注意建设与加速空军出动外，目前重点是加强反战车武器与防空武器、部队则应大力提倡打战车、打飞机。

己、以上先简要报告，余待返部面陈。我 28 日夜返满，陈（赓）司令 30 日赴沈参加空军演习后回去。有何指示请电东北军区。

（解方 27 日）

这封汇报对我军在第五次战役后，防御作战中执行正确的方针战胜美军起了很重要的作用。"对成排成连成营的敌军，给予全部和大部歼灭性打击"，由小到大，积小胜为大胜，稳扎稳打，逐步歼灭敌军取得大胜有极大的指导意义。

147. 陈赓如何看 180 师事件

6 月 1 日，中央军委任命陈赓为志愿军第二副司令员，仍然兼第 3 兵团司令员和政治委员。但由于腿部疾病没有完全康复，又住进了大连海滨老虎滩疗养院。他人在大连，心在朝鲜。当他得知 3 兵团 180 师事件后，心急如焚。这个事情出大了！还出在自己的部队！

8 月 21 日，朝鲜的天气还在溽暑期，白天的太阳像着火，十分酷热难耐。

他的腿刚刚消肿，就迫不及待登上征途。晚上，山川一片漆黑。偶尔有美军夜航机投下的照明弹，在远处一明一灭。吉普车拿掉顶篷，拿掉前挡风玻璃，热浪滚滚，一阵阵袭来。陈赓汗流浃背，感觉腿胀痛胀痛的。

他不断地眺望着窗外,沿途所见所闻,朝鲜村庄被美国空军炸得残墙断壁,满目疮痍,老百姓田园变焦土,生活苦不堪言,美国侵略军犯下了滔天大罪!与日寇在我国疯狂破坏生产资源和生产力毫无二致!

第二天,他到达了3兵团司令部驻地大水洞。他经彭总同意要在这里停留一段时间,了解兵团作战指挥情况,作必要的整顿,尤其要了解180师失败的情况。

当他下车拄着拐杖一瘸一拐地走向司令部的矿洞时,干部们看到老司令来了,都高兴地拍手欢呼着,说"老司令回来了!""老司令回来了!""我们兵团要打胜仗了!"

陈赓笑了,说:"打翻身仗还得靠大家,我个人的力量是微不足道的。"

有的说:"老司令不要走了,你走了要影响3兵团的作战。"

陈赓给大家摆摆手,说:"没那么严重,今后多关照点3兵团方向就是了。"

还在1月25日,陈赓就特意从国内赶来朝鲜,参加了在君子里的中朝军队高干联席会议。兵者国之大事。朝鲜战争关系国家安危与亚洲和平。他以国家主人翁的态度,心系朝鲜战场,天天关心朝鲜半岛战局发展态势,积极参与。他得知志愿军总部要开总结会,向中央报告,特地从国内赶到朝鲜前线参加了总结会。

在总结会上,他很认真地听取了彭总的总结讲话和金日成的讲话,听取了各副司令的发言,听了38军和39军两位副师长和方虎山军团长指挥部队作战情况的汇报。他不拘小节,喜欢开玩笑,拄着拐杖,到各位领导的房间去串门,与"邓洪韩解杜"多次促膝交谈,对朝鲜战争3次战役的全局有一个简要的了解和基本的概念。

他虽然浑身有多处战争和住监狱留下的疾患,但他带病坚持在矿洞里工作。会议间隙,他都要抓紧时间回到他的"办公室"看很多资料,经过认真的案头工作,得出结论:虽然美军有着装备和空中优势,但我军步兵强,只要依靠灵活的指挥和战术,只要充分发挥步兵的优势,把军事指挥员的指挥艺术同战士的不怕牺牲勇猛作战精神结合起来,我军是能够取得胜利的。美军不可能占领整个朝鲜半岛。在战术上,我军应该充分发挥在国内战争中近战夜战的特长,敢于大胆地向敌军阵地迂回穿插，分割敌人，包抄敌人，歼灭敌人。各部队可以组织精悍勇敢的小分队向敌军纵深和后方渗透，犹如抗日战争时期我军在各个战场的游击战，主要袭击美军的炮兵阵地、前沿指挥所，搅乱敌军的部署和指挥，使敌人官兵产生恐惧心理，从军事和精神上打击敌人的士气。但是由于朝鲜半岛狭长的地形和我军武器装备落后，因此不宜大穿插大迂回大包围打大歼灭战。由于美军装备的优势和掌握制空权，我军想一次战役围歼美军几个师是困难的。

他把自己的分析和意见，很坦率地去向彭总汇报。彭总笑眯眯地盯着他，请他抽一支烟，然后认真地听取他的意见，很欣赏他的分析意见，告诉他在前线要多给他熟识的领导们交换交换，要多给部队讲讲。他同"邓洪韩解杜"等领导在红军和抗战时期，大家都在不同的时期和不同的战区不同的部队做过他的部下，对老首长的认真负责精神和对战略战术提出的真知灼见，都很认可折服。

会后，陈赓拄着拐棍，一瘸一拐地深入前线基层部队，了解基层部队作战时的具体情况，在阵地上如何对付美军的空军和炮兵轰炸，怎么样保存自己，怎么样打击敌人等。他到9兵团了解在长津湖战役时大批冻伤减员的情况后，心情很沉重，部队指战员为了保家卫国打击侵略者献出了年轻的生命，我军付出了极大的代价，应该深刻总结经验教训。

他到大水洞兵团指挥所的第二天，即召集兵团各军将领开会座谈，了解当前战场的形势及部队作战的情况。他听了各军的情况汇报后，得出一个结论，李奇微说美军掌握了战场的主动权，不愿意与中朝坐下来老老实实谈判。我看李奇微看错了。战场正处在一个转折点，越来越对志愿军和人民军有利，美军越来越被动。美军的一部分部队要担任守备。另外南朝鲜部队被打怕了，战斗力不可靠，不敢恭维。美国的战略利益在欧洲，他们不能从欧洲抽调兵力。他们后继无兵。他们最怕打持久战。

他说："我是一个老兵，也是一个新兵。说老兵是因为我的军事生涯不短了，说新兵是因为刚刚来朝鲜半岛。"

王近山说："你要是新兵，谁还是老兵呀？"

大家都说："你不仅是老兵，还是老首长，老领导，听你作指示。"

陈赓笑着说："哈哈，你们什么时候学会吹捧领导了？"

王近山说："你是我的老旅长，老领导，这也不是什么吹捧嘛！"

"好，闲话少说"，陈赓活跃了一下气氛后，马上刹车，说："跟你们不客气，我一直在研究朝鲜半岛战局。朝鲜战场的各种条件，已逐渐变得越来越对我军有利。这个形势，你们看出来没有？反正我是看出来了。"

大家一笑。老首长还是这样痛快淋漓的性格。

陈赓说："首先经过国内和国外两个后勤的努力，运输条件在逐渐改善中，部队饿着肚子打仗已经成为过去。彭老总回国后，军委采取了一系列措施，我军的装备有所改善。第五次战役后，部队经过两个多月的休整训练，指战员的体力已经得到恢复。部队在战术上也有很大提高。经过一至五次战役，部队习惯了朝鲜的战斗生活，经过血与火的洗礼，对美军部队战术技术的作战特点都有了一个比较深入的了解。对不对？"

王近山说："确实是这样，对美军的作战特点有所了解了。"

大家说："可不是怎么的。"

陈赓说："自从李奇微接替麦克阿瑟以后，美军在战术上有很大变化。不是墨守成规，而是变化多端。比如，他的'立体绞杀'，'坦克劈入法'，后方绞杀战等，我们不能骄傲，认为在抗战中怎样怎样，在解放战争时怎样怎样。不行。作战对象变了。过去我们没有直接与美军打过仗嘛！骄兵必败，这是一条铁律。不要忽视，也不要有所松懈，大大咧咧。各军都要认真地研究美军的战术和战术的变化。知己知彼，才能百战百胜嘛。"

他这个人看起来爱开玩笑，但工作起来很细致。他到3兵团另一项工作就是找许多干部谈了话，仔细地对180师事件做了调查核实。

王近山在八路军过黄河时，是副团长，诚恳地对他的老旅长面对面作了检讨。他说："第五次战役，各军打得都很顽强，完成了作战任务。但在指挥上有缺点，我应该检讨。主要问题是兵力使用不合理，部署不周。战役第一阶段，3个军在15公里正面上一个梯队，部队展不开，动作慢了。突破后，担任穿插迂回任务的部队，翻山越岭，但徒步行军速度赶不上敌人乘车撤退的速度，因而形成了平推。战役第二阶段，由于对敌情判断错误，将洪川东北的美军误判为南朝鲜军，致使攻击受阻，没有很好完成割裂任务，影响了整个战役的发展。战役转移阶段，左右的友邻部队都后撤了，我仍令180师坚守3天至5天，没有估计到敌人会有计划地反击。60军3个师分别由3个军指挥，分散在三处作战，兵团和军都没留机动兵力，当180师被围时，没有能达到及时增援解围。"

陈赓已经作了很多调查研究，他很认真地听了王近山的检讨。王近山说："对敌人认识不足，对敌情缺乏研究，战术不当。没有料到敌人一触即退，利用机械化运动速度快的优势，迅速构成新的防线。等我军再次追上敌人，我部队已疲惫不堪，敌人已完成防御战斗准备，以逸待劳，用轰炸机和大口径炮火对我军杀伤很大。"

陈赓说："李奇微是早已计划好了的。敌军一触即退，助长了你们的骄傲麻痹思想。"

王近山说："是的。没有想到敌军是有计划地撤退。我穿插迂回的距离很短，达不到截击敌人的目的。另外，这次战役通信联络组织不好，不能保障指挥。兵团指挥所5月23日夜由古滩岭向金沙鹤转移途中遭敌空袭，电台被炸，与各军失去联络三天，军与师也经常失去联系，有的电报因发不出去，而失去战机。180师被围，60军令181师接援，该师4个半小时后才接到命令，还因为181师与各团电话中断，只得徒步传令，又耽误5个小时，在时间上不能赢得敌人，增加了接援的困难。"

陈赓还听取了兵团其他领导同志的意见。他最后说："180师受损失的原因除了总部和兵团在战役指导上疏忽外，3兵团'前指'遭受空袭，电台被炸，失去联络，上下联系中断三天，指挥中断外，180师领导指挥不当，没有坚决率部突围，负有重大责任。"

9月1日，陈赓离开3兵团驻地，第二天凌晨到达志愿军司令部所在地空寺洞。

管理处已经给陈赓安排好了办公室，就在离彭总草棚不远处。草棚内已经放置好行军床，墙上已经挂上了作战地图。陈赓在日记里有记载："洞深数里，两千磅的炸弹也打它不穿，住甚安全，但潮湿特甚，人们久亦惯之也。"

彭总见陈赓来到，很是高兴，拉到自己的草棚内，给他介绍了我军与敌军的战局态势，美军的战略部署和战术，我军的战略战术，介绍了志司干部的使用情况，各位领导的优特点，各野战军军长的脾气、作风和部队攻防的作战特点和入朝后的作战战绩，然后语重心长地说："陈赓呀，你是我党我军的老同志，你比我的资格老。你来了，我感觉轻松了很多。你不知道，我的压力很大呀！"

陈赓说:"老总,看你说的,我怎么比你的资格老呢?你这不是折煞我吗?"

彭总说:"不是客气话,彭德怀不会客气,是多有倚重也!"

然后彭总说:"你是黄埔毕业,又上过苏联军事学院,我是一个土包子,没有上过军事学校。你来了,要多研究我军在阵地防御阶段的战略战术,我军不仅在运动战阶段要打好,在阵地防御阶段要比前一阶段打得更好才是,完成毛泽东主席的战术转变积小胜为大胜的任务。我们前线一定要打好,战场上拿不到的,开城谈判也不会拿到。要为开城谈判创造条件。"

陈赓说:"在彭总的领导下,我一定多做工作。"

9月7日,志愿军党委扩大会议在矿洞内召开,各兵团和各军领导都参加了会议。

会议上,陈赓在彭总报告后,讲了朝鲜战局的发展预测,讲了我军要改变战略战术,要按照毛主席的指示实行战术的小反击,小包围,打小歼灭战,积小胜为大胜,各军要认识到完成一次作战歼灭敌军一个营的任务对全局的重要性。

然后他参加了3兵团的小组讨论,在小组会上,他严肃地批评了60军两位主官韦杰和袁子钦:"你们在入朝前后都忽视了对180师的军事政治工作。为什么不给郑其贵师长配政委?他是一个副政委,提起来当师长,打以美军为对象的战役行不行?战役开始后,你们对180师在作战指导上有什么指导?美军并没有发现我军一个师被包围了嘛!应该坚决指示他们突围!总部向60军发报,令180师利用25日夜间越过加平至华川公路后撤,郑其贵为什么不执行?你们军里有指示吗?"

60军领导都是老实人,红着脸不说话。

陈赓继续说:"郑其贵砸毁电台,中断与上级的联系,这是什么行为?什么素质?为什么要中断与上级的联系?上级不是可以给他通报敌情发指示吗?我从红军到现在,这种行为还是第一次看到。还有1万部队为什么就不战斗了?为什么要放弃部队?12军31师91团插得比180师深得多,比180师远得多,可是团长沉着冷静,牢牢地掌握着部队,从敌人的缝隙中突围回来了!美军把我27军隔阻在桃木洞、玉山洞,县里西南地区,可是军长彭德清、政委刘天浩当机立断,坚毅沉着,马上改变作战计划,把部队带回来了!你们是怎么做的?"

会后,陈赓又找韦杰军长个别谈话。韦军长这才谈了一些情况。

韦杰一直是陈赓的部下,他对老首长的批评没有怨言,60军有失误,造成这样大的损失自己有责任。但这次事件暴露了我们还有许多需要改进的地方,才能适应朝鲜战争的需要,不然我军还要吃亏。

他首先实事求是地叙述3兵团的指挥情况说,3兵团参加第五次战役是同美军第一次交手,入朝很仓促,兵团各方面准备不足,对同美军作战没有经验,对美军的作战特点没有很好研究,对美军的机械化快速机动不适应,在战斗中不能迅速转变战斗样式,不能迅速集中兵力,争取主动权。

陈赓把一条腿放在他的拐棍上,很专注地听着,给韦杰点头。

韦杰继续说:"兵团兵力部署太分散,各级都没有预备队,缺乏后劲,部队消耗后不能补充。进攻时一线展开,向前平推,无战术可言。在战役指挥上部队建制被打乱,兵团命令60军3个师分别由兵团(180师)、12军(179师)、15军(181师)指挥,军部没有机动兵力,只有一个营的兵力,作战行动无法策划,实际上没有参与战役指挥,我们军指挥所就是照传命令,带来极为不利的影响。60军成为'空军'。180师被围时,兵团也没有预备队,我就有一个营,不能增援解困。兵团为什么违背作战常规,不留预备队呢?叫我不能理解。在第二阶段结束时,兵团也没有把180师交回来,掩护任务是兵团直接下给180师的。180师的左右友邻部队都不告而辞。使180师三面受敌,背水而战。真令人扼腕叹息呀!"

陈赓说:"兵团教训太大,殊不知没预备队要吃大亏!"

韦杰说:"战役的动机是好的,多占一些地方,有利于和谈,但确定的战役目标和任务超过了参战部队的能力。战役规模太大了,口张得太大了,纵深就大了,部队远离大后方还要大幅度跃进。后勤保障和兵力机动都力不从心。"

陈赓说:"这个情况,大家都认识到了。"

韦杰说:"部队在一线没有良好的阵地依托。180师在汉江以南阻击敌人,背水而战,地形条件就不适合阻击,我军后方没有精兵扼守公路要点,致使美军迂回到180师后路。"

陈赓沉思良久,说:"这次战役,3兵团的教训太深刻了,过去还没有打过这样窝囊的仗,上上下下都需要好好总结,下一阶段作战必须改进。3兵团必须打翻身仗!"

148. "我们打胜仗的办法就出在这里头"

9月7日这一天,彭总正在开会,我军在铁原、金化一线歼灭美军1000多人。

作战处处长丁甘如把这一战绩报告给彭总和陈赓后,大家都很兴奋,这说明打小歼灭战和"零敲牛皮糖"的战术是可以奏效的,在朝鲜战场是可行的,从而证明是正确的。

陈赓一直在考虑这一战术成效问题。他在抗日战争时期,指挥386旅在太行山区奔袭转战,伏击,侧击,尾击日寇,每有斩获,逐日在消耗着日寇的兵力。他的日记记述了他在笔者家乡日夜转战,打击日寇的细节。他认为,现在这种小歼灭战不就是抗日时期游击战战术在朝鲜战场的运用和发展吗?

他对彭总说:"我军由于美军的空中封锁,进行大的战役,倒不如这样小打有利。"

彭总说:"有点像我们在抗日战争时的游击战。"

陈赓说:"我们同日本鬼子打过游击战,还没有同美国鬼子打过呢!"

陈赓在会议谈论发言时说:"考虑要落实毛泽东主席'准备持久作战'的指示,必须要巩固现有阵地,前沿部队要构筑第二、第三道防线。美军如果从东西海岸登陆,尤其是西海岸登陆,对我军威胁最大。我军必须要加宽平壤以东的公路。美军在技术装备上占优势,但美军是侵略军,很多士兵在考虑为了李承晚政权牺牲自己年轻的生命是否值得,美国人民也有这样的看法,所以士兵作战的士气不高,在陆军兵力上美国也不如我军,我军还有朝鲜人民军和朝鲜人民的紧密配合。要看到我军的优势是美军不能比的。目前正面各军要积极寻找美军的弱点,或者突出部,歼灭敌人一个连或者一个排。正面3个兵团8个军,要落实毛主席关于一个军要歼灭敌人一个营的指示,消耗美军的兵力。"

会后,到9月16日,他根据自己的一些所见所思所想写出了一个作战指示,要求各军要树立加强阵地建设的思想,重要阵地必须是隧道式的据点,特别是核心阵地,出击要周密组织火力,防御要搞好火力配置,特别要注意消灭敌人的增援和迂回袭击。然后他送彭总审批。

彭总看后，感觉这个指示提出了加强阵地建设的思想，很及时，很现实，对阵地防御阶段作战很有针对性，立即下发到了各部队执行。然后，彭总找陈赓说，我军部队战术上还有许多改进的方面，希望能下发一个指示，使部队有所遵循。

陈赓总是以"兵之大事"为任，他根据彭总意图，马上起草了一个对敌进行战术反击的5点指示，送彭总审阅。

彭总对陈赓这样指挥千军万马的大将军没有一点架子，常常把自己当成一个小"章京"，小文秘的快手作风很欣赏。他很惊讶地接过草稿，仔细地看去。他起草的指示常常还有一些旧文言词语不时夹杂其中，出自这样赫赫有名的战将之口读起来很觉有趣。

他的5点指示是：一是要求各级指挥员平日必须要研究地形和掌握敌之行动规律，将吾方部队随时随地所得之经验切实研究，定出自己部队在当前各种情况下的行动腹案，做到心中有数，庶不至临时仓促；二是各部队反击必须坚持我军之一贯原则，打有准备之仗，不打无准备之仗，要有充分的火力组织，射击计划，弹药供给办法，出击路线的选择和修筑，通信联络之不间断。特别是反击时机之确定，不宜过早，亦不宜过迟，过迟则敌已立足站稳，过早则我准备不周，均有赖于指挥员之机动果断，平日之准备充分和训练之有素；准备工作必须派员检查，军师首长要亲自检查；三是在反击时要防敌人反反击；我攻占敌人之一地，敌人必反攻，似已成定律。因之，在反击时，必须准备预备队能适时出击，以及我炮火之对敌及时射击压制，预先要准备好优势之炮火猛烈突然覆盖，以配合我反击部队；要知道敌之出击为我杀伤之最佳时机，战绩殊佳，不可错过；四是对我设防之坚固阵地，万不可随便放弃，不得已必须放弃时必须炸毁之，决不能使敌人利用顽抗，或可作为敌人研究我方战术之材料；五是各部队要掌握补充部队，随时可补充缺额，以利再战。

彭总看毕，感觉很好，是贯彻毛主席"持久作战，积极防御"战略方针的具体措施，对我军部队在第一线坚持持久作战有重要的指导作用，正如毛主席说的"我军打胜仗的办法就出在这里头"，立即下发部队执行。

1952年6月上旬，朝鲜天气十分炎热，潮湿。海风都像下小雨似的。川西军区司令员张祖谅随西南军区参观团到朝鲜前线参观学习。

在志愿军司令部的金矿洞子里，他见到老首长陈赓和王近山。

他是在鄂豫皖根据地的商城参加红军的，像红四方面军其他干部一样，是一路打出来的。陈赓、许世友、王近山都是他的首长。解放战争时期，他担任60军军长。他长得像书生似的，但却是一员文武双全的带兵作战的将军。

矿洞子里很闷热，到处都在滴水。陈赓扇着一个芭蕉扇子，递给他一把，叫他坐下来，特地给他介绍了我军第五次战役的一般情况后，又给他介绍了60军180师受到严重损失的情况。然后陈赓又从公文包中取出《关于180师受损失通报》给他看。

张祖谅在川西已经知道一些情况，听了陈司令的介绍，看了文件，他沉默了很长一阵，脸上露出痛苦的神情，眼睛里闪着泪花，说："司令员，180师是我指挥过的老部队，在朝鲜战场受到这样严重损失，我很痛心。损失太大，难以挽救，我有一份责任，是我过去没有带好。"

陈赓说："祖谅同志，你也不要太难过，这支部队是过得硬的。主要是入朝后放松了思想教育，没有打恶战的思想准备，缺乏与美军作战的经验。加之指挥不当，主要是领导问题。种种原因吧，造成此次损失。现在整个部队就是要振作精神，要重新整顿，重新配备干部，认真总结经验教训，我相信180师还可以打翻身仗。"

这句话说到了张祖谅的心坎上，他说："司令员，我相信180师是能打翻身仗的。"

陈赓审视地看着张祖谅，问："你身体怎么样？"

张祖谅回答："就是老胃病了，其他都很好，没问题。"

陈赓问："能不能重返60军，打翻身仗？"

这时候，一直在旁边未说话的王近山，伸出右拳在张祖谅的肩头"咣咣"捶了两下："哈哈，龟孙儿，说什么胃病，你身体结实着呢！"

张祖谅心头一热，祖国需要，抗美援朝战争需要，首长们信任和期望，我还有什么说的！他说："首长如此信任我，我一定不辜负首长们的信任，重回60军打翻身仗！"

陈赓和王近山都笑了！

149. 许世友说张祖谅是"斯大林说的那种特殊材料制成的人"

有了这样一次谈话，张祖谅心中有数了。参观学习期间，他常常捂着胃,爬山越岭,悉心了解兄弟部队的作战经过,不顾美军的炮火深入前沿阵地考察地形,观察坑道的构筑,了解敌军出击的特点,一边问,一边看,一边记在本子上。

他回到川西不久,胃病厉害了。此时接到了中央军委的命令。

妻子王华说:"你病成这样,就不要去朝鲜了,等病好些再去吧!"

张祖谅摆摆手说:"什么话!中央已经任命我了,我的岗位就在朝鲜,我得马上出发。"

1952年11月,张祖谅到达60军军部。朝北山区的天气又很冷了。不过,此时,不像两年前9兵团进入朝鲜那样了,战士们都已穿上了冬装。60军编组到20兵团。张军长首先召开了一个军党委会,党委成员是副军长王诚汉、副政委赵兰田、参谋长邓仕俊。任命李钟玄为180师师长、唐明春为政治委员。

党委会主要研究60军如何打翻身仗。

张祖谅说,千里之行始于足下,60军要打翻身仗必须循序渐进,要从打小仗抓起,积小胜为大胜,在打小仗中积累打大仗的经验。目前60军要根据毛泽东主席"零敲牛皮糖"的战术要求,首先打好小仗。

王诚汉说,打翻身仗不能寄托打大仗,志愿军根据毛泽东主席的指示已经转变了战略战术,我们60军必须要打好小仗。

邓仕俊说,朝鲜半岛战局进入阵地防御阶段,我军防御阵地距离敌人最远2000米,最近100米,多数在500米左右。敌人倚仗有空军炮兵的支持,经常暴露在阵地表面,看地形,做工事,运物资,晒衣服,打篮球,翻单杠。很狂妄。针对这种情况,要采取措施。

张军长说,这很有利于我们开展冷枪冷炮运动。敌人出到表面,要组织射击能手,选择便于发扬火力又隐蔽自己的地方,准确地射击,杀伤敌人。

基层官兵怕敌人报复。军长亲自做工作,强调开展冷枪冷炮歼敌积小胜为大胜的意义。活动开展起来后,杀伤暴露之敌,敌人再也不敢出来了。俘虏说:"你们打冷枪,等于叫我们关禁闭,在工事里光吃不拉怎么行?出去又怕被打死,整天胆战心惊地过。"

敌人的战术也因我之变化而在不断发生变化,常常派出小股到我方侧后袭扰。军长和副军长、参谋长研究敌人的行动路线后,派出精干小分队事先埋伏在敌人必经之地两侧,以逸待劳。敌人摸上来后,突然射击，或者抓俘虏。11月、12月两个月活动200余次，毙敌348人，俘敌34人。

张军长还采取更积极的防御战术，要求部队在伏击的基础上开展小型反击，改善防御态势，夺取敌人前沿据点，歼灭敌人有生力量。各部队开展小型反击战必须要充分准备，不打则已，打则必歼；要注意研究观察，寻找敌人的薄弱环节打，打则必成；要熟练地采取步炮协同的战术，提高战术技术，给敌人以较大杀伤。

张军长和邓参谋长到基层部队亲自组织一个班进行试验，利用夜幕偷袭敌人阵地。偷袭小分队摸出去半个小时，就端掉了敌人一个前哨阵地。我方无一伤亡。接着又组织一个排的兵力同样取得了成功。这种战术完全像我军在抗日战争时期利用夜色掩护摸敌人的据点，是我军的拿手好戏。军部接着在全军进行推广。1953年4月1日，反击883·7西北无名高地，取得歼敌2125人的成绩；20兵团通报嘉奖。嘉奖令说：60军的小型反击战，打得机动灵活，英勇顽强，积极作战，消耗了敌人有生力量，保证了阵地安全，锻炼了部队，取得了反击作战的新鲜经验，提高了部队的攻击精神。这种积极主动寻找战机，抓敌一把的战术思想很好，特通报各部学习。

4月，一个叫作台日里的荒僻山沟，山坡上大片大片的树林变成黢黑的焦木桩，有几户人家，但山坡上到处都开着野花。

台日里的山洞里，20兵团正在召开兵团作战会议，代司令员郑维山传达志愿军总部和兵团关于反击作战的指导原则和计划。决定60军与67军相互配合，集中兵力打击金城东北和汉江两侧的南朝鲜第8师和第5师，同时做好准备，粉碎敌军从纵深机动前来的两个师以上兵力的反扑。

郑维山考虑20兵团阵地前多是高山大沟，进行反击需要先下山，再上沟，再上山，占领目标后，没有事先构筑工事，也没有很好地部署兵力。他提出在阵前潜伏的作战思想。

大家讨论时，觉得阵前潜伏很好，但一旦暴露，后果不堪设想，会造成很大损失。

张军长常常一个人思考战术。他是个很善于学习的军事指挥员。他不同于其他指挥员的地方是在战斗的空隙，常常像诸葛亮一样秉灯夜读兵书。他经常看的书主要是毛泽东的军事著作，比如《论持久战》《战争与战略问题》。他还用了很多工夫学习《孙子兵法》、苏军少将彭捷甫斯基的《围攻的机动与战争的经验》、刘伯承翻译的苏军《合同战术》。他学习这些著作常常联系自己指挥战斗的成功与失利的实际情况，找出成功的关节点，指导他的指挥。他夜读兵书成为习惯，常常是警卫员熬不过他，睡着了，一睁眼，见军长还在伏案读书，就冲着他说："军长，你白天忙，晚上还学习这么晚，身体受得了吗？"张祖谅说："小鬼，你睡吧。我还要看一段。我们有同日寇打仗的经验，有同蒋军打仗的经验，但没有同美军作战的经验。在朝鲜战场上作战，最大的问题是地形特殊，不同于国内，作战规律也不同于过去。这些问题都需要从毛主席的著作中去找解决的办法。要用他的思想指导作战行动才行。"

张军长没有马上打包票，说行，说没问题。他沉稳地仔细考虑，60军与敌军之间是一条大山沟，按照常规，沿陡峭山坡下到沟底，然后通过荆棘丛生的谷底，再爬南面一座几乎是60度的绝壁一样的山坡。徒步行进约7个小时。60军若黄昏行动，第二天黎明才能到达进攻线。天一亮，敌军会有轰炸机和远程火炮轰击。那么这一段，我军要被敌军大量杀伤。

他根据60军正面的敌情、地形，感觉郑维山代司令员的设想是可行的。提前一夜行动，把部队潜伏到敌人前沿，次日黄昏就可以发起攻击，这样可以克服我军的不利之处。

他的发言坚定了兵团首长的决心。回到龙门山军部，他向党委成员传达了总部和兵团首长的决心。他认为，60军经过前一段打小歼灭战的经验，具备了打大歼灭战的条件。应该借夏季战役的时机打一个翻身仗。副军长王诚汉说："现在主客观条件都具备了打翻身仗的条件了，军长，你就下命令吧！"张军长说："好，那我就下决心了！"他接连派出了3批侦察员，一批由军部作战参谋李一平带领，一批由179师作战参谋张志民带领，一批由181师作战参谋麦好礼带领，前去侦察敌情、地形、道路。侦察员回来，他把师团干部召集一起，侦察员作汇报推演，运用沙盘作业，反复讨论，发扬军事民主，提方案想办法，然后再把方案让营级指挥员讨论，最重要的是细节如何解决，比如伪装、防撞、抑制打喷嚏，解大小便，防止方案有漏洞。

60军还专门给志愿军首长邓华、杨得志作了汇报。邓华给60军提出了许多至关重要的细节问题：敌人子弹若是打中了战士身上的手雷怎么办？南朝鲜军每天有哪些活动规律？他们的小分队走出防御阵地一般在什么时间，有多少人？他们巡逻一般走哪几条山路？有哪些动态表现？潜伏部队如何避免各种响声？吃饭饮水如何解决？被敌军炮弹子弹击中如何办？与南朝鲜的巡逻小分队遭遇怎么办？邓司令提出的问题纤悉无遗。当他听到了圆满的答复时，点头了。

张祖谅凡胜仗无不是出奇制胜。60军第一个战斗是方形山战斗。他与王诚汉决定由180师539团7连和9连，181师541团1连和3连4个连兵力夺取。5月26日晚，4个连队先行潜伏到方形山前沿，27日晚发起攻击，14分钟解决战斗，占领方形山。下一个目标打哪个？许多同志都说："应该是离方形山很近的949·2高地。"南朝鲜军方面也判断我军会夺取949·2高地，故大量向949·2高地增援。

张军长认为，出奇制胜，包括进攻动作的出奇制胜和打击对象的出奇制胜。打击对象要出乎敌军的意料之外。要不同于人们的习惯思维方法。他提出打883·7高地。可以做到出乎敌人意料之外，可以动摇敌军第5师的整个阵地，可以孤立949·2高地。他提出为了隐蔽我军企图，可能的地段要挖前进坑道，形成一条地下运兵通道。

大家觉得他的主意好。战前，许世友、郑维山和新任20兵团司令员杨勇来到龙门山军部参加战前动员。张祖谅在大会上激动地说："同志们，总部首长关注这一仗，派作战科张科长来具体指导，兵团首长亲临动员，这是我们60军打翻身仗的好机会！为了60军的荣誉，为了志愿军的荣誉，全力以赴，打好这一仗！"

6月9日黄昏，部队出发前，张军长和两位副军长王诚汉、邓仕俊检查装备送行。王诚汉负责具体指挥。19时左右，179师535团2营和3营，外加两个机炮连，1500人成功潜伏到902·8高地敌人阵地前沿的树丛中；军部几个领导很高兴，令第二批出发！181师542团与5个炮兵连、1个重机枪连1000余人也很隐蔽地跃进至敌军973高地前沿茂密的树丛里；接着181师543团4个突击连、1个机枪连1000余人成功地在敌军883·7高地支撑点前沿密林中隐蔽。各部队严禁无线电步话机在隐蔽时开机；有线电话，随时待机专听，有情况用规定的暗号吹送话器，或按开关表示。接着数百门火炮一批进入坑道，大批进入离敌前沿数千米的一片杂树林中再加强伪装。利用打冷炮在不引起敌人注意的情况下，完成试炮。

3500名兵力无声无息潜伏到了南朝鲜第5师第27团阵地前沿。

10日下午2时,烈日炎炎,阵地前鸟儿不停地啁啾。天上敌军的侦察机在照例飞行。敌军观察哨的眼睛在观察着潜伏区。

突然从937高地走出一个小分队,沿陡峭的山坡向542团潜伏区走去,越走越近。潜伏的指战员和在后方指挥的都把心脏提到了嗓子眼儿。张军长、王诚汉、邓仕俊都手举望远镜观察着。突然,王诚汉副军长回头对炮兵团团长严厉地说:"消灭他!"炮兵团长回头对作战参谋下命令,"打掉!"作战参谋给连队下命令"打掉!"3发炮弹准确地飞向那个小分队。除了趴下不动的,能跑的都屁滚尿流跑回据点去了。过了一个小时,又下来一个班的敌人,一直朝着543团7连的潜伏地点插去。敌人发现我军了?军师团的指挥员在思考。再走就踩到我军战士的身体了。还是要打掉。181师山炮发言了,"咣咣"几炮,没炸死的没命地跑上山头。535团5连战士张保才被敌人的炮弹弹片击中,大腿在流血,他忍着剧烈疼痛,一直到血液流尽;542团8连战士苟子清被敌人炮弹击中腹部,肠子流出,他把流出的肠子塞回腹内,用毛巾捂着,忍着剧痛,到最后牺牲……

10日黄昏,20兵团司令杨勇、政委王平和已接调令回国任职的20兵团代司令郑维山、已调任志愿军政治部副主任的原政委张南生,3兵团司令许世友、副政委杜义德等高级将领都来到60军指挥所观看60军的反击作战。

晚8时20分,张军长先命令181师侦察连和543团侦察排,180师540团2连向937高地和870高地两侧发起声东击西的佯攻。南朝鲜第5师师长崔泓熙认为志愿军从两个方向对攻夹击的目标是949·2高地,急忙调动机动部队增强了949·2高地的防御。

20分钟后,张军长下达"炮火准备"的命令。这时候,60军的装备已经不是参加第五次战役时的装备了,295门火炮,分工向南朝鲜第5师27团3个高地覆盖。炮兵21师是火箭炮师,喀秋莎急袭时,南韩阵地成一片火海。5分钟后,炮火延伸。南朝鲜27团士兵在军官手枪的威逼下,从残存的战壕中爬出,进入各自射击位置。张军长下令:"炮火准备!"接着出乎敌军意料又来了7分钟覆盖炮火,未被炸到的敌军官抱头窜回坑内。第二次炮火准备后,敌军估计志愿军肯定要发起攻击了,用手枪押着士兵进入被打塌了的工事。张军长见敌人又进入工事,命令射击!南朝鲜27团阵地第3次被志愿军炮火覆盖了3分钟。

这时我军炮火延伸射击。南韩27团指挥官判断可能还有第四次炮击,未敢从掩蔽部冲出。这时我60军3个团指战员从隐蔽地域一跃而起,兵分3个箭头,冲向既定目标。543团3连遇到敌军地堡火力拦住去路,战士吴子清连续巧妙地迂回炸毁了两个地堡。7连在向883·7高地进攻时,连排干部全部牺牲,卫生员代理连长指挥,最后全连只剩下7个人,在3连2排配合下,打与喊话相结合,终于占领883·7高地,歼灭守敌100余人,俘获敌军官兵40余人。179师535团进攻902·8高地,遇到悬崖峭壁难以攀登。4连突击班全部牺牲。接着连干部全部牺牲。1排长石重亮代替连长指挥,重新编组,重新发起进攻,终于攻占制高点,全歼守敌。5连沿山脊冲上了27团一个加强排的阵地,班长毛膺贵带领爆破组连续炸毁3道铁丝网。排长王义文指挥炸毁敌军4个机枪火力点,攻占了敌军阵地抓获美军顾问3人。

6月11日凌晨,张军长用有线电话向郑维山代司令报告:"经过1个小时零10分的激烈战斗,比较顺利地攻占了敌军'密苏里防线'上的3个高地,一举歼灭了南朝鲜第5师27团3个营和师部搜索连。反击作战成功。目前正在扩张战果,抢修野战工事,准备敌军反扑。"

郑维山说:"60军打得漂亮!打得好!创下了阵地战以来我军一次歼灭敌军一个团的战例!"

彭总得知后高兴地说:"潜伏战打得好,应该嘉奖",并同时通报中朝两军,上报中央军委和毛泽东主席。

6月12日,67军以200师两个团201师1个团在炮火支持下,紧接着向南朝鲜第8师21团座首洞南山发起进攻,第2天上午10时结束战斗。14日,67军乘胜追击,一举占领了龙虎洞以北、狐岘公路以东南朝鲜军21团的全部阵地。

张祖谅军长由于严重的胃病,一天天消瘦。白天不论开会指挥作战,老是拉肚子,晚上咳嗽不止,白痰不断,每天早上警卫员都要倒掉一茶缸。军部的厕所让军长包了,后来干脆给他又增加一个。许多领导劝他回国治疗,他常常回答:"等朝鲜战争结束了再说吧。"他把自己的皮背心送给战士穿。把家属捎来的水果送给医院的伤病员。1953年10月,60军奉命回国。他被调任南京军区参谋长，后来他的胃病发展为胃癌，1961年在上海病逝。病重期间，许世友和肖望东去看望他。许世友说："张祖谅的胃癌，是在朝鲜战场累出来的，他是斯大林说的那种特殊材料制成的人。"肖望东补充说："张祖谅是一块特殊的钢。这块钢是在抗美援朝战争中铸成的。"

150. 毛泽东指示"要多选几名老将军加强一下抗美援朝斗争"

中南海，毛泽东主席观察朝鲜战争态势有继续打下去的可能。因为美国人太爱面子，他们宁肯牺牲美国军人的生命，也要保全面子。

彭总有严重的胃病、痔疮，关节炎，后来他的头部又长了一个瘤子，日渐消瘦，周总理无论如何要他回国治疗。他于1952年4月7日启程回国。

周总理、彭总、朱老总根据毛泽东主席的指示，调整和加强了志愿军总部和各兵团、军的指挥员。我军赫赫有名的战将杨成武、杨勇、王平、李志民、甘泗淇、李达、许世友、王建安（9兵团司令）、胡炳云（9兵团参谋长）、张南生（志愿军政治部副主任）、曾思玉（19兵团副司令）、王政柱（西海岸指挥部参谋长）、肖文玖（20兵团参谋长）、高存信（炮兵指挥部司令）、谭善和（工程兵指挥部司令）、刘居英（前线运输司令部司令）等都出现在朝鲜战场。可谓兵多将广。

志愿军司令部部署的夏季反击作战取得了无比辉煌的战果：其中60军把阵地向敌方推进了42平方公里，67军把阵地向敌方推进了12平方公里，19兵团两个军向敌方推进了1.5平方公里，9兵团两个军向敌方推进了1平方公里。

中朝军队从5月13日发起的夏季反击作战打出了一个结果，6月15日晚上，闷热的板门店的帐篷内，一件具有世界历史意义的事情正在发生。中朝和美国谈判代表的参谋人员终于按照中朝军队和美军的实际接触线，确定了军事分界线。双方准备提交军事首脑签字生效。这是美军在确实判断再打下去可能要失去更多的地盘，可能还不如现在的态势，可能还要丢更大的面子的情况下发生的。尽管第8集团军司令泰勒实在不甘心。其前任司令范弗里特在美国《生活杂志》上发表文章，反对妥协，主张美军要坚决以军事方式解决朝鲜问题。这些美国将领的头脑中都有麦克阿瑟的基因。

由于战俘问题，朝鲜战场上停战谈判已经中断6个多月。4月恢复后，美国仍然还是节外生枝。战场上得不到的，幻想从谈判桌上得到。

这时，敌人总兵力达到120万人，美军7个师，李承晚16个师；我军入朝19个军，人民军6个军团，共180万人。我军的兵力火力得到很大的加强，作战物资很充足，东西海岸有坚固的防御工事，了却后顾之忧，完全有条件加强正面战场。中朝军队夏季反击势在必打，势在大打的态势，使美方感到了恐惧。反映在谈判桌上是美军代表的态度逐渐软化，逐渐松动。

再过9天，到6月25日，就是朝鲜战争爆发3周年。第二次世界大战后第一场高强度局部战争可能要结束了。

彭总从北京给志愿军司令部发来指示，据我停战谈判代表团电话称：军事分界线基本上已经达成协议，以今晚（6月15日）24时为准，在本晚24时前敌我双方攻占之阵地均为有效，在此以后（24时起），即作为16日计算，敌我攻占之阵地均属无效。我志愿军和朝鲜人民军为促进停战实现，应以明16日起坚守阵地，不再主动攻击。但需提高警惕，严阵以待，对敢于向我阵地侵犯之任何敌军坚决给予歼灭之打击，切不可有任何疏忽。

这次分界线中朝方面又向南推进了140平方公里。

邓华代司令和杨得志、洪学智副司令接到彭总的指示，可谓高兴至极。他们立即向志愿军和朝鲜人民军发出了一个《16日起停止主动向敌攻击》的命令。

就在全世界人民看到和平的曙光要照亮朝鲜半岛的时候，一片乌云突然飞来。6月17日夜，18日凌晨，李承晚突然下令打开沧山、马山、釜山、尚武4个战俘营，把27000名人民军战俘押到李承晚的军事训练中心，强迫他们中的多数编入南朝鲜部队。李承晚声言：停战协定一签订，"要把我的军队从联合国管辖下撤出来"，我们将自己单独行动，"打到鸭绿江！"在这之前，美军司令克拉克、美国驻朝大使布里格斯、美国总统特使助理国务卿罗伯逊曾经与李承晚谈过一次。李承晚一听说要签订停战协定，就大发雷霆，说："美国采取这种策略是犯了一个大错误。美国和联合国背叛了我们。我感到极度失望。我不能向艾森豪威尔总统保证我的合作。"此种态度和言行，使克拉克等十分恼火，但没有办法劝解这位神志恍惚、怒气冲冲和感情用事的老人。他判断李承晚"确有能力来违反停战条件使联合国军大为难堪"。

此举引起世界各国一片谴责声。印度政府发言人说："这是一件很遗憾而极其令人反感的事情。"英国首相向李承晚政府发出了抗议照会说："英国女王政府强烈谴责这种背叛行为！"美国新上任的总统艾森豪威尔急电李承晚："你目前所采取的行动，给联合国司令部造成了困境。这种局面若继续下去，只会牺牲联合国精锐部队用鲜血和勇敢为韩国赢得一切！"美方首席代表哈里逊写信给南日大将，声明此事与美方无关。

6月中旬的中南海已经很炎热。晚间，闷热闷热的。

周恩来、朱德来到中南海菊香书屋。

毛泽东与他们二人一一握手，每人递去一支中华烟。

周恩来说："主席呀，看来李承晚还要闹下去。坚持要武力统一朝鲜半岛！"

朱德说："看来美国也管不住这位老博士。联合国联合不了李承晚。"

周恩来说："西方认为李承晚是很难以捉摸的，而且行动起来不计后果。"

毛泽东抽着烟看着他的老战友，略有所思，然后说："李承晚老先生，看来还不服气呀。他号召南朝鲜方面要单独行动，要继续战斗，直至到鸭绿江边。美国方面对他做了很多工作，他都不接受。敌军内部的分歧正在扩大。美国的政策已经确定，不会支持李承晚打下去。我军必须在行动上有所表示，方能配合形势，使类似事件不致再度发生。"

朱老总说："我们必须给李承晚一点颜色看看。与恶棍打交道，不把他打个鼻青脸肿，他还不知道你的功夫。"

同日，彭总按照中央的安排，19日晚间从前门火车站出发，第二天午后到达平壤中国驻朝大使馆。他先给在开城的李克农打电话了解李承晚方面的情况。然后又打电话给在桧仓的邓华代司令员。邓代司令员向他报告："志司几个领导研究，停战协定签字暂缓，考虑再次给南朝鲜军一次打击，然后再签字也不晚，请彭总考虑。"

在前方与各方面商定后，彭总于当日22时许，向毛泽东主席发电请示："20日晨抵安东。南北朝鲜均降雨，故白日乘车至大使馆，与克农、邓华均通电话。根据目前情况，停战签字须推迟至月底似较有利。为加深敌人内部矛盾，拟再给李承晚伪军以打击，再消灭伪军1.5万人（6月上旬据邓华说消灭伪军1.5万人）。此意已告邓华妥为布置，拟明21日见金首相。22日去志司面商停战后各项布置，妥否盼示。"彭总的意见与毛主席、周总理、朱老总的意见完全一致。毛泽东复电彭总："6月20日22时电悉，停战签字必须推迟，推迟至何时为适宜，要看情况发展方能作定。再歼灭伪军万余人，极为必要。"

151. 许世友说"就这一桌子酒宴3兵团包了"

22日，彭总从大使馆出来，与倪志亮大使等握过手，对司机和秘书说："出发！"连夜向志司所在地桧仓奔去。到桧仓山沟，邓华、杨得志、洪学智、杨勇、王平、许世友、李达、张南生、王政柱等在洞口迎接。

大家进到半山坡上一个矿棚内，彭总坐下来。

过去开会，他常常一边讲话，一边抽烟，现在他双手都放在桌子上。邓华递给他一支烟，他摆摆手，说戒烟了。大家都吃了一惊。原来国内进行"三反"运动，他看到文件，找秘书和警卫员对照文件找问题，问他还有什么贪污浪费行为？大家说你节俭出了名的，生活太苦了，有什么浪费！他说，比如我这抽烟就是浪费。假如我还能活10年，戒了烟，这10年中间也可以替国家节省一笔钱。毅然决然戒了。

邓华问："彭总，你说我们怎么办？"

彭总一拳头砸在桌面上，气愤地说："李承晚这个老家伙，这个时候跳出来！反对朝鲜停战，反对世界和平，如果不给他狠狠打击，不给他点厉害尝尝，他的尾巴翘到天上了！"

许世友第一个火冒三丈，说："彭总说得对。李承晚敢于跳出来向世界和平事业挑战，非得好好教训他一顿不可！"他把袖子往上一捋，激动地说："彭总，我5年没有打大仗了。手都痒了。最后这一仗，不叫我过过瘾，要后悔一辈子。把作战任务交给3兵团吧！"

彭总回头笑眯眯地看看这位四方面军的名将，说："你刚刚入朝，赶上了这一仗，运气不错。不过不要着急，先研究一个方案。邓华，你先说说，看先打哪个地区的南朝鲜军好一些？"

邓华站起来，走到地图前，指着金城以南说："敌人在金城以南，北汉江以西的4个师比较突出，态势也对我有利。也可以说是从上甘岭向东，一直到哪里？到岩洞。把这一带凹进我方的战线切平。这样战线就好看一点了。"将领们都笑了。

彭总戒了烟,嘴里嚼着茶叶,扭头眯细了眼睛看着邓华手指的地方,点点头,说:"你说得好轻松呀。"大家又是一乐。

金城这一带地形很特殊。金城的东北部是陡峭的山峰,山高坡陡,敌人居高临下,易守难攻。北部和西北部山脉较低。西南是一条大川,位于双方阵地之间,间距600米至1000米。金城川从西折向东南,与北汉江汇合。平时水深不足1米,雨季时水深1米以上。金城正南方向梨船洞高地是突出部的核心。紧邻北汉江,水深5米。南朝鲜军在这一突出部防御的是首都师、第3师、第6师、第8师,是李承晚的精锐部队,都是曾经被志愿军大部击溃或歼灭后重新组建的。这几个师在这一带构筑了坚固的坑道半坑道工事,外加地堡、盖沟、堑壕、交通沟、铁丝网、地雷区。

老烟客邓华瞅空点了一支烟,然后接着说:"我军对这一带的地形比较熟悉,我们志司在第四次战役时,就在下甘岭呢。我们已经侦察清楚敌人在第一道防线防御工事情况。在这个方向,我们已经集中了4个军的兵力和400门大口径火炮。我们现在是僧多粥少,完全有能力打一场中等规模的战役。20兵团提出要打金城。"

彭总回头看着杨得志、洪学智等人,问:"怎么样,你们的意见呢?"

洪学智说:"我们都商量过了,就是这个意见。就等你老总拍板了。"

彭总看着大家说:"我同意这个意见,把上甘岭到岩洞的凹线拉平,可以攻占敌方数十平方公里面积。教训一下李承晚这个老家伙!"

许世友突然站起来,说:"彭总,就这么一桌子酒宴,3兵团承包了!入朝前毛主席给我谈过,要我迅速赴朝,争取打最后一仗!我算是赶上了,你们谁也别争了,让老许打吧!"

被许世友这么一说,会场气氛活跃了。王建安也站起来了,说:"我赴朝也是来赶末班车的。把反击作战任务交给9兵团吧!"他们两人长征时是一先一后的红4军军长,陈伯钧是参谋长,洪学智是政治部主任。

19兵团副司令曾思玉比起前面两位老将资格要年轻一些,他举手要求发言,说:"我来开会时,3个军长都对我说,我们19兵团一定要争取打最后一仗。彭总,你若不给我们,我难以向军长们交代呀!"

彭总笑了,这些家伙们!邓华给他递烟,被他打掉在桌面上,说:

"戒了就是戒了，不要腐蚀嘛！"大家都被逗乐了。彭总看着大家说："怎么办？难办。我是来签字的。杨得志分管作战。杨得志，你发表个意见吧。"

杨得志看看邓华。邓华说："你说吧。"杨得志朝大家憨厚地一笑，说："我入朝前，周总理对我说，大部分老同志要入朝轮番作战。你们19兵团入朝后，还有杨勇、杨成武指挥的两个兵团也即将入朝。这样一来把三杨拿出去，叫作三杨（阳）开泰。现在我和成武都打过了，就缺杨勇。杨勇既然已经到了朝鲜，他不指挥打最后一场战役，怎么叫三杨（阳）开泰呢？"

许世友说："二杨一许也很吉利嘛！"大家一听，又乐了一阵。

彭总说："你听杨得志的。"

杨得志继续说："这次战役，需要5至6个军就够了。许世友的3兵团只有2个军，王建安的9兵团有23军、24军、16军，3个军，杨勇的兵团有5个军。曾思玉的兵团也是5个军，但前一段反击作战已有较大伤亡，还未补充。20兵团的60军、67军已经在金城附近，68军稍稍向前移动就可以了。54军和21军有两天路程可抵达金城地区。所以把作战任务交给20兵团比较合适。"

杨得志说完，会场一阵沉寂。彭总左右看看将领们，然后站起来，说："看来你们都没有意见。金城反击战就交给20兵团了。杨勇和王平，你们两个要好好计划，好好准备，千万不可轻视敌人。7月上旬前完成作战准备，10日左右发起战役。我军全线发起第三次反击，其他各兵团，按原预选目标，准备就绪的，应该坚决歼灭之；新选目标，要抓紧时间进行准备，条件成熟即可发起进攻。不打无准备之仗；反击作战目标是南朝鲜伪军，对美军及其他外国军队仍然不去主动攻击，但人不犯我，我不犯人，人若犯我，我必犯人！对任何进犯之敌，必须予以坚决反击！"

152. 抗美援朝战争的压台戏

6月23日，台日里，20兵团指挥部的洞子里，闷热异常。

杨勇和王平坐美吉普车从桧仓马不停蹄赶回来，紧急召开各军、师作战会议。

杨勇浓眉大眼，身材魁梧，长征时期任师政委，抗战时期685团和686团是115师的主力，也是八路军的主力。他任686团团长兼政委，后任冀鲁豫军区司令员；解放战争时期任第5兵团司令员。5月19日，他与王平才来到20兵团所在地台日里。1976年9月笔者在腾格里沙漠参加氢弹参试大队，氢弹爆炸成功后，新疆军区司令员杨勇接见了我们。他身穿一身白色的防护服，戴连体防护帽和黑色防护眼镜，身材魁梧，健步走上沙堆，说："同志们，你们辛苦了！我代表新疆军区向你们表示慰问！"那一幕印象深刻极了！

杨勇在作战会议上，首先传达了中央军委和毛主席的指示，传达了志愿军作战会议精神，传达了志愿军第三阶段对南朝鲜军反击作战的部署，然后说："这次反击作战主要以我们20兵团为主。这次战役我们组织了5个军1个独立师，志司还给20兵团配备了炮兵、工兵和坦克兵，总兵力20余万人。我们计划编成3个集团：东集团由60军和21军，加强炮兵3个营高炮2个营，由60军军长张祖谅指挥；以67军并54军135师为中央突击集团，由67军军长邱蔚指挥；以68军并54军130师为西路突击集团，由68军代军长宋玉琳指挥。同志们，志愿军第三阶段反击作战的目的是什么？目的就是迫使克拉克彻底认输，就是迫使泰勒彻底认输，就是迫使李承晚老先生彻底认输！就是要叫他们乖乖地在停战协议书上签字！所以，这一台戏，是抗美援朝战争的压台戏！总导演是毛泽东主席，是彭总！你们各军各师指挥员都是演员。现在有了好导演好剧本，就看你们演员的水平了！"

王平政委说："同志们，和平是打出来的。这一仗是朝鲜战争的最后一仗，兄弟兵团都争着抢着要打这一仗，彭总和杨得志副司令给了20兵团，是对我们20兵团的信任！我与杨司令，过去都没有指挥过你们，但对你们的战绩是了解的。67军、68军1951年6月就入朝了，在金城以南地区已经取得了防御作战的经验；60军1952年10月归属20兵团，已经创造了防御作战以来一次歼灭敌军一个团的战例。54军和21军是新近入朝的，还未参加作战。相信你们不会辜负彭总和志司的重托和希望。我同意杨司令的说法，这是抗美援朝战争的压台戏，我们20兵团一定能够唱好！"

"战地之间，不厌诈伪。"杨勇要求在战役准备过程中各部队要按原定营以下目标实行不间断的小规模进攻，麻痹敌人；他考虑要减少部队伤亡，必须隐蔽接敌，出其不意发起攻击。他来到前沿阵地，发现战士在阵地前挖了一些洞子，问："这是干什么？"连长回答："可以藏兵，突然接敌。""好",杨勇说:"你们真是好样的!"立即命令全部队挖"屯兵洞"。他到主攻部队向基层指挥员提问:"如何避免响声?""如何防止武器走火?""如何打据守坑道的敌人?""如何追歼敌人?"指战员很熟练地作了回答。他很满意,说:"敌我交战,不仅是武器的较量,更是智慧的较量。战争中,最精细的指挥员也不可能把一切问题都想到,所以要发挥群众的智慧,这样一来胜利才有把握。"

  志愿军后勤10个汽车团2000余辆汽车利用夜间在紧张地运输作战物资,13个步兵团在抢修通往前线的公路。正在此节骨眼儿上,某部一个侦察参谋叛变投敌了。我军进攻轿岩山的企图暴露。怎么办?杨勇与王平商量,此参谋充其量只知道一个局部,据侦察,其他方向的敌情未变。两个首长决定,按原计划发起进攻!

  7月13日21时整,金城前线,滂沱大雨,天像完全漏了一样。大雨中,我军隐蔽在各个山坳后侧的1200余门火炮突然喷火,一道道火线伴随铺天盖地的呼啸声扑向敌军阵地,尤其是喀秋莎火箭炮,数十道火线,蔚为壮观。敌军阵地霎时变成一片火海。潜伏在冲击出发地的指战员们也是第一次看到我军的炮火如此辉煌,如此壮观,十分振奋!这是我军第一次地面炮火占优势,东集团平均每公里84门,是密度最大的,中央集团每公里42门,西集团32.6门,24军每公里73.7门,达到苏德战场的标准。炮火刚刚延伸,20兵团3个突击集团就向南朝鲜军25公里的防御正面杀出去了!

  西路68军203师突击部队兵分8路,在雨幕中,前仆后继,迅速地攻占了栗洞和直木洞南山以北高地,歼灭南朝鲜军一个营。担任穿插任务的209团1营在副团长赵仁彪指挥下,突破敌军前沿阵地,沿公路向南朝鲜军白虎团二青洞防地直插过去!翌日凌晨,204师以单兵爆破,连续炸毁了敌军10多个火力点,攻占了敌军3个制高点。

  610团3营8班长李银周带两个战士神不知鬼不觉地摸上了522·8高地。有10余敌人发现后冲过来,李班长眼疾手快两个点射,倒下5个,其他突然无影无踪。他奇怪莫名,仔细搜索,终于发现有一个黑洞洞的坑道口。此时又有几个敌人出来,李班长照样两个点射,倒下两个,其余3个钻坑道了。他们3人商量先把敌人的电话线剪断,然后用曳光弹向坑道内射击,观察坑道内的敌情。不料他们3人都没有曳光弹,正在发愁,司号员宁国治上来了。李班长就用司号员的信号枪向坑道内发两颗信号弹。不想突然坑道内发出轰然巨响,炽烈的火焰滚着浓烟从坑道内向坑道口冲出来。他们很纳闷。火焰熄灭后,他们下到坑道内,有两个敌人身上还着着火,其余30余人都被烧焦。有一指挥官胸前有5枚奖章,活着的南朝鲜士兵说:"他就是白虎团第2营营长。"战争中经常出现意想不到的胜利和意想不到的失利。

由609团1营和607团一个侦察班编成的穿插营,当他们穿插到415高地山脚下时,遇到敌军1个连,第1穿插连与敌人作战,第2穿插连继续穿插。副排长杨育才率领的一个尖刀班12人化装成了南朝鲜军。杨排长瘦高瘦高的,鼻子也比较高,化装成美军顾问,在敌军照明弹的光亮下大模大样向南插去。走着走着,杨排长回头一看,呀?12人变成了13人!咋回事儿?他悄悄地让朝语翻译韩淡年查!要注意是敌人的探子!尖刀班高速前进。韩淡年机警地一个一个往后查,最后一个是南朝鲜兵!他突然抓住对方肩上的"八粒快"半自动步枪,"嚓"的一声把南朝鲜士兵拉了一个趔趄,把枪夺到了手。原来这是一个逃兵,以为他们小分队是向南撤退的就插了进来。"美军顾问"过来用中国话问:"今天晚上使用的口令是什么?"南朝鲜士兵一听是中国话,腿不听使唤了,像筛糠一样。他结结巴巴地回答:"古鲁太欧巴。"然后"美军顾问"带着"南韩小分队"直奔南韩白虎团团部。在离白虎团团部还有两公里时,他们又抓到两名俘虏,进一步搞清楚了白虎团团部的会议室、作战室、电台、指挥所附近警卫位置,警卫连位置等。第2突击连与敌人7辆大客车的步兵遭遇,一阵激战。"美军顾问"杨育才带小分队直插白虎团团部,12个战斗员分为3组,按图索骥,10多分钟结束战斗,战士包月禄从会议室墙角的铁架上扯下一面黄缎子面上绣着白丝绒虎头的白虎团团旗。团长呢?到处找,后来在尸体堆里找到了团长崔喜寅和美军顾问。

龙门山电闪雷鸣,与滂沱大雨交织在一起。20兵团指挥所内闷热异常,电台在紧张地发报,作战参谋在接听电话,整理记录。杨勇得到报告,68军歼灭了白虎团。好,兵团给他们请功!

他又得到报告,中央集团67军方向进攻受阻,未攻下轿岩山,东集团方向60军突破后要横越山脊梁作战,进展缓慢,未能控制金城公路。泰勒正在调动美3师支援南朝鲜部队。杨勇的上衣开着怀,浑身流着汗,他抽着烟,浓眉紧锁,瞅着地图,轿岩山是金城川以北要害阵地,核心阵地，只有歼灭该地之敌，才能动摇和瓦解南朝鲜第6师第8师的全部阵地。他命令赵副参谋长马上通知邱蔚军长，立即组织二梯队不惜一切代价拿下轿岩山！张祖谅军长要坚决攻占585·2高地和细岘里！西集团要快速向月峰山进攻！

67军199师与敌激战13个小时，595团1连战士李家发负伤7处然后用自己的身体堵住了敌人机枪工事射口，为部队攻占轿岩山主峰打开了通道，敌军终于失守，志愿军红旗插上了768·7主峰。胜利消息报告了兵团指挥部。兵团指挥部破例地响起了志愿军军歌。

200师分多路强涉金城川，敌军一片混乱，18时占领了梨船洞。

东集团冒着敌军的密集炮火，前仆后继，连续冲击，占领了585·2高地，西渡金城川，傍晚在梨船洞与中集团会合。经过21个小时的连续激战，志愿军全部突入敌军纵深阵地，推进9.5公里，拉直了金城以南战线，歼敌1.4万余人。

杨勇得到报告，下令"各部队要迅速扩张战果！"180师南渡金城川，突到黑云土岭、白岩山以东至北汉江一线阵地，又向南推进了8公里。中集团发展进攻，推进到了602·2高地及后洞里一带。西集团推进到新木洞、涧榛岘公路北侧。

7月，朝鲜半岛暴雨连绵，河水涨溢，南朝鲜军把金城川上的桥梁全部炸毁。我军前线运输、通信、炮兵运转都极其困难。杨勇与王平商量，我军已经达到了战役目标，他们决定停止进攻，就地转入防御，准备敌军反扑。美联社记者吉布逊报道说："首都师的副师长和一个团长在战斗中失踪了。许多美国顾问没能从这次残酷的战斗中回来。""我以为这里没有一个人不想一枪打死李承晚，以便战争结束，即使他坐在电椅上死去也不可惜。"

153. 180师在黑云土岭又面临全师覆没的险境

几天时间，损兵失地，整个战线有崩溃的可能，联合国军总司令克拉克在东京坐不住了。16日，他从东京紧急飞到汉城，然后乘汽车到南朝鲜第2军团指挥所，干瘪的李承晚已先到一步，欢迎克拉克亲自到前线。

克拉克立即召集第8集团军司令泰勒、南朝鲜国防部长孙元一、第2军团长丁一权以及各师师长们开会。克拉克用他的蓝眼睛瞅瞅南朝鲜的将领们，然后一边喝咖啡，一边训斥南朝鲜军队无能，贪图享受，逛歌舞厅，嫖妓赌博，没有战斗力。第2军团打了败仗，主要是各级指挥官无能。

李承晚则指责第8集团军作战方针错误，只搞防御，不进行攻势作战，导致中共军队养精蓄锐取得了胜利。

17日，志司向全军发出指示，告知全军，近来板门店谈判敌人态度转硬，克拉克、泰勒昨日飞赴前线声言发动最大的反攻，估计敌人反扑规模会超过去年秋天的上甘岭战役。我进攻部队要紧急行动起来，予敌以更大的杀伤和歼灭性的打击，其他正面各军要以积极的动作牵制当面之敌。

克拉克下命令后，泰勒和丁一权集合6个团的兵力在飞机大炮的配合下，向180师攻占的黑云土岭、白岩山一线猛烈攻击。防守黑云土岭和白岩山的部队是谁呢？是180师（师长李钟玄、政委唐明春）的538团（团长庞克昌）和540团（团长周光普）。又是背水作战，与两年前五次战役后期何其相似！不同的是各级指挥员都变了。杨勇司令员得知180师两个团孤立无援，命令60军"速派部队向180师进行增援"！可惜天降大雨，金城川河水暴涨，桥梁全部被炸毁，60军手中没有机动兵力。

张祖谅军长根据前线情况，这两个团只有向67军靠拢，才能共同抗击敌军反扑。

他一边向杨司令员报告自己的处置，一边命令两个团坚决向注坡里、后洞里方向扩张战果，向67军靠拢。

大雨毁掉了线路，无线电联系不上。张军长即派两名参谋各带一名通信员，马上出发，千方百计，要找到这两个团长，下达军部命令！要随时随地报告联络情况！这种情况特别能让我们回忆起1951年5月23日的情况。假如张军长是军事官僚照传命令，假如张军长不根据战场态势确定一个切实可行的路线，假如前方指挥员悲观失望失去胜利信心，假如他们中断与上级的联络，都还可能重蹈覆辙！

山野间，黑烟滚滚，美军战机在浓烟中翻飞。地面上敌军羊群式地进攻蜂拥而上。黑云土岭一带180师得不到我军炮兵的支援，但他们不怕牺牲，忘我激战。538团5连1排李金堂一个排还剩下6个战士，弹尽粮绝，他们用石头和缴获的敌人弹药坚持了三天三夜，阵地前敌人放下了100多具尸体。569·5高地只剩下张常法、向述林、冯德金、吴德华4个战士,连续打退了敌军10余次进攻,两个战士拉响了手榴弹与敌人同归于尽。张常法牺牲时手中举着一块石头,向述林牺牲时双手卡着敌人的脖子!2排发现阵地被敌人攻占,一个冲锋又夺回了阵地。坚守黑云土岭南侧无名高地的540团6连,打退敌人数次反扑后,全连只剩下11人。连排干部先后牺牲和受伤,战士赖永泽挺身而出代理排长指挥,他把战士分为3个战斗小组,没有武器就到敌人尸体堆里去摸。最后全连只剩下赖代理排长一人,他坚守着30米长5米宽的山头,他还有两枚苏式手雷和两根爆破筒。敌军从左面上来他投出一个手雷,从右边上来,他投出一个手雷。敌人分3路上来,他近距离各送一个爆破筒。他转到山后,突然惊喜地发现受伤的排长身旁有一堆手雷,敌人还在迷瞪,不知道山头上还有多少志愿军,他连续又投出3枚手雷,山头周围躺下了一百多具敌人尸体。当540团组织援兵上来时,他昏倒了。当他醒来时,战友们问他:"你一个人怎么坚守的?"他小声回答:"生命诚可贵,钢枪不可抛!"他是朝鲜战场上的诗人!

　　7月20日,李承晚坐在离前线很近的一个山头山督战,把军团长丁一权骂得狗血淋头,也无济于战局。泰勒见180师这个方向确实攻不动,决定转向志愿军中路集团。他们觉得志愿军不可能每个阵地都像黑云土岭!他们确定攻击67军200师599团5连防守的602·2高地。此高地是梨船洞西山的天然屏障。敌军攻击的强度无以复加,602·2阵地失而复得。南朝鲜11师敌人学精了,迂回到山后,要从侧后偷袭。张团长把敌情报告了师指挥所。师指挥所组织炮兵向在山沟迂回的敌群开火,敌军死伤一大片。李承晚给11师授一面锦旗,命令11师部队要跟着旗手冲锋。结果599团组织神枪手打旗手,连续打掉5个旗手,最后这面像马蜂窝一样的锦旗被扔在荒坡上没人敢碰。

　　此次战役,我军收复土地192.6平方公里。

　　黎明时分,20兵团指挥部刚刚安静下来,电话铃响了。杨勇一个激灵起来,拿起话筒。"杨勇吗?我是邓华。""邓司令,你这么早打来电话,有啥指示?""解方同志从板门店来电话,说敌人哇哇叫,要求签字。""那你看怎么办?""你们就停下来吧,别再打了。"王平也起来了,杨勇告诉他邓华来电话,不让打了。他说:"真没想到,美军蛮横无理地在谈判桌上拖了两年多,现在眼看他们的整个战线就要被摧毁了,要讲和签字,真是便宜他们了!"王平说:"他们总算知道了好歹。这叫牵着不走,打着倒退,敬酒不吃,吃罚酒。"

朝鲜半岛这场战争,我志愿军和朝鲜人民军胜利了!这是对号称世界头号强国美国及其盟国的胜利,这是我志愿军(即人民解放军)在一场强度很高的现代化战争中的胜利!我们胜利可以简而言之、概而言之说得清楚吗?可以的!1953年10月31日,邓华对中国人民赴朝慰问团这样说:抗美援朝战争取得了伟大的胜利,(一)给了敌人严重的打击并使敌人在人员、装备上遭到巨大损失。自1950年6月25日至1953年7月27日,总计毙、伤、俘敌1093839名(内美军397543名,英澳军21099名,法军368名,加军2660名,土军3060名,菲军419名,荷军110名,泰军406名,希军89名,比军344名,哥军448名,李伪军667293名)。其中志愿军自1950年10月25日至1953年7月27日共歼敌700814名(内美军285618名,英澳军20952名,法军366名,加军2660名,土军2208名,菲军418名,荷军110名,泰军406名,希军89名,比军344名,哥军448名,李伪军387195名)。美军的伤亡数比它在第一次世界大战的伤亡(364800名)多3万余人,比它在第二次世界大战太平洋44个月的战争伤亡(181440名)多一倍多,约等于它在第二次世界大战东西战场全部伤亡(100万人)的2/5。

三年来除人民军缴获的以外,志愿军缴获的计有:各种炮4037门,各种枪73262支,火焰喷射器109具,各种子弹18968095发,各种炮弹381214发,地雷12862枚,手榴弹134927枚,坦克245辆,装甲车51辆,汽车5256台,船12艘,飞机11架,各种通信器材5128件。击毁敌坦克1247辆,汽车2693台,装甲车41辆,起重车4辆,船3艘,飞机4257架。击伤敌坦克759辆,汽车472台,装甲车3辆,起重车1辆,船11艘,飞机6372架,击毁击伤敌炮583门。

(二)保卫了朝鲜的独立和祖国的安全。中国人民志愿军和朝鲜人民军并肩作战,经过五次战役,收复了朝鲜民主主义人民共和国在三八线以北的全部土地,使朝鲜民主主义人民共和国一千万的人口重新获得解放,三八线以南瓮津半岛和开城地区亦得解放,并曾一度把敌人赶至三七线以南;而后又经过两年多的阵地作战,始终把敌人阻止在三八线附近,直到停战。这就有力地保卫了朝鲜的独立与祖国的安全和建设,尤其是东北的国防有了屏障。如以双方最后划定的分界线和原来的三八线比较,敌人在三八线以北侵占4272平方公里的土地,我解放三八线以南3927平方公里的土地；敌人虽多占了345平方公里的土地，但我解放的人口要比敌占去的地区人口多1/3以上。在物质资源方面，我解放的黄海道地区是朝鲜产粮、产盐、产参最丰富的地区，该区为朝鲜有名的粮仓，产盐量可供全部朝鲜民主主义人民共和国人民食用尚有富余，开城是产参区，瓮津半岛是有名的产鱼区；而敌占之东海岸高城以南地区，山大土瘠，人口稀少，除金化东南一个钨矿外，农民收入很少，海岸亦无副业。两相比较，我优于敌。

154. 中朝统帅一醉方休

7月26日晚间，中国工人在板门店，7个小时之内，用木板、油毡、苇席、三合板盖了一个朝鲜民族风格的签字大厅。27日，朝鲜时间上午10时，中朝方首席谈判代表南日大将，美方首席代表哈里逊中将，由新出现的大厅南门进入，然后就座，哈里逊过去在谈判桌上经常很不文明地吹口哨。这时，他很严肃地坐下，签署了多达9分册的《朝鲜停战协定》。

克拉克在朝鲜的汶山帐篷内在停战协议书上签了字。签字后，他对记者说："我感到一种失望的痛苦，我想，我的前任，麦克阿瑟和李奇微两位将军一定具有同感。"

然后南日大将亲自携带停战协议书文本回到平壤，晚上10时，金日成首相在协议书上签了字。

彭总在朝鲜人民军副司令官崔镛健的陪同下抵达板门店，28日上午9时30分在协议书上签了字。签字后，面对停战协议文本，他对在场的中朝将领感慨地说："我在签字时心中想，我方战场组织刚告就绪，未充分利用它给敌人以更大的打击，似有一点可惜。但是，朝鲜半岛实现和平了，这对人民来说是一件大好事，我是高兴的。"

朝鲜停战协议签订后，朝鲜人民军最高司令官金日成和志愿军司令员彭德怀分别发布命令："1953年7月27日22时起，即停战协定签字后的12小时起，全线完全停火。停战协定生效72小时内，全线一律自双方宣布的军事分界线后撤2公里并一律不准再进入非军事区。"

桧仓，志愿军总部，邓华、杨得志、洪学智等将领们和作战处丁甘如、成普、杨迪等人都在作战室里，围着一部黑色的单机在静静地等待板门店和平的信息。在停火前的一刻钟，黑色单机响了，解方参谋长告诉邓华:"和平实现了!"双方阵地上枪声、炮声像过年的鞭炮声一样噼噼啪啪地响彻云霄,照明弹、曳光弹像焰火一样升上天空,朝鲜半岛的天空一片灿烂。22 时到,霎时间,万籁俱寂。战火纷飞的年代成为历史,和平鸽飞来了!山野间志愿军和人民军指战员在欢呼:"我们胜利了,和平万岁!"

7 月 31 日,彭总、邓华、杨得志、洪学智、李达、李志民等志愿军领导应邀到平壤参加朝鲜人民会议常务委员会举行的授勋典礼。授勋后,朝鲜劳动党政治局宴请志愿军领导同志。地点在金日成首相驻地的一座山脚下,山上一片青翠中有野花盛开,不远处可以眺望银白如带的大同江。山下有一个很大的防空洞,外侧那里盖有几间平房。彭总、邓华、洪学智等领导同志对这里不陌生,多次来过这里。

金日成同志对中国东北很熟悉,在志愿军里他也有很多熟悉的将领。日本侵占朝鲜后,金日成同志的父亲金亨稷到中国的吉林读书并积极开展反日的革命斗争。金日成于 1932 年 4 月创建了朝鲜人民革命军,在东北与中国人民一道进行抗日武装斗争。直到 1945 年 8 月金日成同志才率人民军回到朝鲜,在中国东北生活了 20 多年。所以会说流利的东北话,带有浓重的东北口音。首相 41 岁,身材魁梧,微微发福,头发在前额有一个自来卷,看去英姿勃勃。他准备了很多酒。他很兴奋,很幽默,神采飞扬,首先他举杯庆祝中朝人民的伟大胜利。他说:"为中朝联军取得朝鲜战争的伟大胜利,为中朝人民万古长青鲜血凝成的牢不可破的友谊干杯!"他是海量,先一饮而尽。彭总能喝酒,一饮而尽。杨得志能喝,一饮而尽。然后,他知道洪学智不能喝酒,就盯住他,说:"学智东木(朝鲜语同志之意),庆祝胜利,全民盛意一杯酒。我的情谊都融在这酒里,非干了不行。"洪学智东木只好喝了。不喝难道对伟大胜利有意见?但洪学智喝下去脸顿时就红了。金日成越喝越能喝,他说:"彭总,邓华东木,过去日本统治时期,我流亡到你们东北,得到了中国人民的支援和爱护,这次正当朝鲜人民遭受美国侵略,处在最艰难最危急的时候,毛主席决定由彭总率领中国人民志愿军的优秀儿女来支援我们。志愿军官兵用鲜血和汗水浇灌了我们的河山,朝鲜人民世世代代永远不会忘记我们之间的深情厚谊!来干一杯!"他又来了一轮,又轮到洪学智了。金日成说:"你喝一杯,我喝 3 杯!"说着他连续喝了 3 杯,问洪学智:"你喝不喝?"

洪学智喝下半杯，乘金日成不注意之时，把剩下的半杯倒在了一条白手绢里。彭总接着给金日成敬酒，彭总说："金日成东木，我代表志愿军全体指战员，敬你一杯酒。中朝两国人民，终于战胜了武装到牙齿的美帝国主义，我们共同为亚洲和平，为世界和平作出自己应有的贡献！来，为我们共同的胜利干杯！"敬酒的规矩是敬者先喝表示有诚意。彭总敬酒先喝，他喝下去了。金日成说："谢谢彭总，谢谢中国人民！"他也喝下去了。然后邓华敬，然后杨得志敬，都顺利通过。轮到洪学智时，金日成知道他不能喝酒，就把他盯住，非得喝了不可。有灌他的意思。洪学智喝下半杯，被金日成看清楚了。金日成说："学智东木管后勤，李奇微对志愿军后方实行绞杀战，能把作战物资送到前线，学智东木出了大力！另外学智东木对我们后方的建设也出了大力！我单独敬学智东木一杯！"金日成还是他的老规矩，他连续喝下3杯，让洪学智喝一杯。这时，洪学智已经感到头晕晕乎乎了。他有些犹豫。金日成说："东木，东木，你得喝了！"学智东木硬着头皮喝了！然后，金日成说："我们感情深呀，你援助老百姓不少物资，我代表朝鲜老百姓，敬你一杯！"然后，他连续3杯下去了，双目炯炯地瞅定学智东木。学智东木作难了，在国际场合喝醉了失态就不好了。他说："这样，首相东木，我这杯酒先欠着，一会儿，我把它喝下去，我觉得晕了。"首相说："不行，喝酒不能欠，朝鲜民族没有这个规矩。"邓华在一旁说："老哥，你舍命陪君子嘛！"彭总也插话说："麻子，和他干！"学智东木想无论如何得喝了。他干了。金日成这才放下他，去与能喝的彭总、邓华、杨得志、李达、李志民干起来了。

然后，朝鲜政府军队的其他领导东木也都来敬酒。整个大厅里人声鼎沸，杯盘交错，樽俎叮当，场面热闹非凡。排列的座次也乱了，有的找不到自己的座位了。喝到最后，连能喝的邓华、杨得志等也都晕了。

金日成最后对彭总说："彭总东木，平壤的创伤太重了，朝鲜的创伤太重了！年内不能全部恢复起来呀！希望中国人民中国政府还要帮助我们重建家园！"彭总的脸红红的，眼睛炯炯有神，说："首相东木，美国人说，朝鲜100年也建不起来！请首相放心，我们中国人民一定会全力帮助朝鲜人民重建家园！一定会帮助你们恢复遭到美军破坏的国民经济！一定会帮助你们把朝鲜建设得更美好！"

第二天，志愿军领导在平壤休息了一天。

第三天，金首相来看望他们。一走进他们休息的地方就说："前天庆祝胜利，我很高兴，多喝了一点，醉了！"他去看望彭总，说："彭总呀，你的酒量比我大呀！"彭总伸出小手指头说："我是这个，你是这个"，他又换成大拇指说。金日成说："哎，不不，你是这个"，他伸着大拇指说。然后他们开怀大笑。然后，金日成与志愿军将帅坐在一起，金日成说："感谢志愿军，感谢彭总，感谢各位东木！胜利实在来之不易呀！多亏了志愿军出兵帮助。今后朝鲜的经济恢复建设，还希望志愿军多帮助。"大家都说："我们是用鲜血凝成东木情谊，朝鲜的困难就是我们的困难，我们中朝军队能恢复朝鲜的国土，就能建设好！"

然后，彭总带领高级将领们回到桧仓。

1990年12月笔者随洪副主席到广西南宁，南宁市英雄树正在盛开着血红的鲜花。我们住在军区招待所。吃过晚饭，随首长下楼散步。一楼大厅铺着火石红的大理石。首长用脚尖戳着大理石地面说："这地方跳舞很不错。你们都以为我不会跳舞，其实我会跳。"我说："首长，你会跳呀？在茂县那么多人邀请首长跳，首长怎么不跳呀？"他说："那种场合我不能跳。" 7月，笔者随首长重返长征路，到达四川茂县。茂县少数民族的同志请他跳舞，他被拉上去，走了几步，就说："我不会跳，你们跳。"然后首长就下来，看少数民族的男女青年跳舞。我们从大厅出来，在院内的花园散步，首长就讲了一个故事。抗美援朝签字后的一个晚上，志愿军总部机关在桧仓的地下矿洞礼堂举行了盛大的舞会。把机关的女同志和离桧仓近的部队的女同志都叫来了，还破例地把志愿军文工团女同志请来伴舞。在桧仓的志愿军将领们都到场了，连一向不喜欢跳舞的彭总也高兴地到了。机关的处长们杨凤安、丁甘如、杨迪、成普、杜鉴三、崔醒农、崔伦、罗长波、卫继烈、张仲三等都兴高采烈地到了。舞会的音乐一响起，几个积极分子拉起熟悉的文工团女同志就下场了。彭总催邓华等："你们也去呀！"邓华、杨得志、李志民等将领们就都各找舞伴下到舞池去了。

彭总坐在灯光下，短短的寸发白得发亮，双目炯炯有神，但眼睑下垂很明显。战争催人老呀！这时，他已经戒了烟，手里拿着一杯茶在呷着，眯细了眼睛，笑眯眯地看着丁甘如等机关的处长们和邓华、杨得志、李志民等很熟练地跟文工团的女同志跳。洪学智知道彭总不会跳，开始没有下去跳，陪老总看大家跳。彭总说："麻子，你也去呀。你看来了这么多女同志，还有没有舞伴的呢。"在老总几次催促下，洪副司令也同一位女文工团员下到舞池跳了起来。他高瘦的个儿，与文工团员跳得很和谐。彭总笑了，说："哎，麻子也会跳呀！"这时，有胆大的女文工团团员来到彭总面前，伸出手，说："彭总请你跳一个舞！"彭总说："你们跳，你们跳。我不会跳，我看你们跳。"后来又有不少女同志来邀请彭总跳舞。彭总说："我只能看，我是土包子，不会跳。你们找邓华、杨得志、李志民跳，我看他们跳得好。这些土包子们，什么时候学会的？"过了一段时间，公安1师一位满脸稚气的16岁小女兵走到彭总的面前，奶声奶气地说："彭爷爷，我请你跳一个舞，行吗？"彭总说："小同志，你这么小小年纪，怎么就来朝鲜了？"小女孩儿说："是我要求来的。"彭总说："你不怕战争呀？"答："我不怕。敌机轰炸，我还去抢救伤员呢！"彭总说："按理说，我应该跟你跳一支舞，只可惜，我不会跳。这样，我给你找一个舞伴跳吧。"彭总伸着脖子找机关的处长丁甘如、杨迪他们。结果未看见。这时，小女孩说："彭爷爷，我就想跟你跳！"彭总看到小女孩那样天真那样诚挚那样恳切，感到再拒绝不近人情，不好再推辞，就说："孩子，你来朝鲜参加抗美援朝战争，不容易！我不会跳舞，但我接受你的邀请，我拉你走一圈儿吧！"说着，彭总站起来，拉住小女孩的手，在舞场的外圈走了一圈儿。在场的高级将领和机关的处长、参谋们看见彭总微微驼着背拉着小女兵的手在外围像爷爷拉着孙女赶路一样走着，立即停住舞步，鼓起掌来。

后记　朝鲜战争为何要加入"中国因素"？

1950年10月，毛泽东与周恩来判断，在战争狂人麦克阿瑟突破三八线后，朝鲜半岛的局势会迅速恶化，必须加上中国因素。

何谓"中国因素"？笔者理解，"中国因素"即中国国民许可支持这场战争的国力，中国军队的战力，中国领袖的战略智慧即智力，军队统帅们的战役指导能力以及中国基层指战员在前线在阵地上勇敢不怕死的作战精神和战术技术。

作者在莫斯科

假如当年我国在朝鲜半岛不加入"中国因素"，杜鲁门和麦克阿瑟会不会像他们所说的美英为首的"联合国军"疯狂北进至鸭绿江南岸戛然而止呢？会不会在南岸驻军看着共产主义的中国轰轰烈烈搞和平建设呢？会不会满心欢喜地看着中国经济实力和军力逐渐增强呢？

这个"悬念"宛如一个巨大的疙瘩纠结了中国人逾一个甲子。当时毛泽东、周恩来、彭德怀是不相信杜鲁门和麦克阿瑟的狂躁的。彭总曾对金日成、朴宪永说："我们渡江作战，已经准备好了美国宣布与中国进入战争状态，准备它的飞机轰炸东北和沿海重要工业城市。杜鲁门、麦克阿瑟在威克岛会面时，曾宣布美军在朝鲜的行动将限制朝鲜蜂腰部。但是当它侥幸占领平壤后，声称'在历史上鸭绿江并不是把中朝两国截然分开的不可逾越的障碍'。"

60多年来，对要不要在朝鲜半岛上加入"中国因素"？许多人一直存在患得患失心理，不完全相信毛泽东、周恩来、彭德怀的这个判断。

读读最近新华国际网报道普京关于在苏联解体后15年的心路历程的

讲话也许会有助于解开这个心结。外电评述普京有关克里米亚问题的讲话更像是一篇高水平的心理分析独白。

普京坦白地说,苏联解体后,"俄罗斯真诚地希望与西方对话,建议在一切关键问题上合作,提高信任水平,希望我们之间的关系是平等、坦率和真诚的。但俄罗斯没有看到回应"。这些话语十分准确地表达了普京内心的失望和屈辱。

2002年,小布什和布莱尔背叛对普京的承诺,北约东进,一次性囊括了包括波罗的海三国在内的7个国家。布莱尔在回忆录中说,"普京得出结论,美国人不想给他应有的地位"。普京认定,西方伙伴背叛了他,这种想法越来越强烈,失望情绪与日俱增。

普京在克里米亚问题讲话中说:美英"一次次地欺骗我们,背着我们作出决议,把既成事实摆在我们面前。例如北约东扩,在我们家门口部署军事设施。要把俄罗斯的大门封死,还不停地对俄罗斯说,'这和你们没有关系'"。

普京认为美英的言行是虚伪的。他说:"以美国为首的西方伙伴更愿意奉行的不是国际法,而是强权。它们坚信自己的选择,坚信自己可以例外,相信自己可以决定世界的命运,它们一贯正确。"

普京是经过了15年的心路历程得出这个结论的。我们当然没有必要在被美国占领鸭绿江两岸,占领辽南重工业区,占领渤海湾和胶东半岛战略要塞,轰炸我国沿海重要城市后,制造几百万难民,潮水一样涌入我国东北,甚至涌入山海关京津冀,才得出这个结论。

1953年7月,朝鲜停战后,经历了64年的历史见证和现实,经历了64年的思考和沉淀,我们的损失虽然没有俄国大,但结论与普京是一致的。美国和北约是战争的发源地,是制造战乱、制造难民、制造饿殍的战争机器。没有联合国的授权,只要有战略利益,总是可以找到奇奇怪怪的借口,兵临他国,为所欲为。以公投为名操纵科索沃独立,挑起南斯拉夫内战,肢解南斯拉夫;以有大规模杀伤性武器为借口侵占伊拉克;以消灭基地组织为名占领阿富汗;以设立禁飞区措施把利比亚轰炸回原始社会;现在他们发明了一个乌克兰模式,由美国情报局经费支持,美国政要发动街头暴乱,推翻一个合法政权,得到政变之目的。这就是杜勒斯"和平演变"之今日模式。

苏洵《六国论》中说:"诸侯之地有限,暴秦之欲无厌,奉之弥繁,侵之愈急。"苏洵此语道出了美国和北约政要老牌殖民主义的贪婪本质。毛泽东当年在志愿军出兵前说"从国际局势看必须加上中国因素"。中国文字奇妙寓意深远。"武"字即是寓意"止戈"为"武"。当年中国加上了"中国因素",尽管付出了惨重的代价,但达到了"止戈"的目的,维持了64年的和平发展。

《彭德怀入朝作战纪实》一书,是想通过再现朝鲜战争的中美两家在战场的推演,透视现代战争的一些要素和真谛。从苏联解体以来,美国和北约发动的现代战争好像电视连续剧一样在一场场上演着。几乎每一任美国总统都要发动一场新的征服世界战略资源的战争,美国前总统林肯称爱默生是"美国的孔子"。爱默生说,拿破仑一生参加过60多场战役战斗,却从来没有厌烦。"每一次胜利对他都是新的激励。'我的权力如果没有新的胜利加以支持的话,很快就会倒台的。征服造就了我这样一个人,所以必须用进一步的征服来滋养我。'"(引文见立信会计出版社版《爱默生随笔集》第314页)新的征服新的战略利益滋养了一届届美国总统。美国的总统与选民跌入这样一个怪圈之内。美国总统用巧立名目的借口征服既弱小又富庶的国家,刺激美国资本,赢得美国利益阶层的选票。这是一个死结。与朝鲜战争时不一样的是,现在美国认为欧洲战略问题解决了,可以腾出手来高调"重返亚太",挑动日本新纳粹分子以及某些不识大体的小国家在亚太拼凑"小北约",混搭搅局,用征服亚太滋养美国总统和美国选民。美国这样的国家何时才能在国际上遵纪守法呢?国际上必须要有新兴力量的兴起和新兴力量对美国的制约。没有制约,仅仅美国朝野惧怕当老二的心理,就是引发新的征服战争的美国因素。

1992年8月,作者在花山文艺出版社出版了《彭德怀入朝作战纪实》,获《河北日报》连载。但此书只写到第三次战役,现在仔细地研究资料,历经10年,从领袖们的战略决策,从彭总及其战友们精心缜密的战役指导,从一线团队在战役进攻和防御中勇敢不怕死的作战精神诸方面宏观大纵深多视角地叙述了我军直接与美军作战的唯一一场战争。这是全力以赴接近真实的朝鲜战争的中国记忆。战争的惊险性和传奇性就在战争生活的如实叙述之中。本书特别注重了战略策略、战役策划和战斗进行关节点的叙述。幽默地说,这是文学作品版的《战争论》。面对面聊天式地向我口述他们的战争生涯细节的洪学智、杨迪、杨凤安、王诚汉、张明远、魏巍、孟伟哉等老首长们一个个都已离开了人生舞台,每每想起他们常常唏嘘不已。这部稿子的主要情节和细节是从一些资料和老同志口述中获得的。他们活在这部书里。这部书稿自始至终受到参加过朝鲜战争著名作家孟伟哉同志的支持和指导,他在通读书稿的基础上写了序言,从构思立意到正确使用标点指导作者把书稿作为重要作品修改完善,并且手书书名。我对孟老首先是思想家然后是文学家、编辑家的一丝不苟的精神十分赞赏。他为本书写的序言,已经收进《孟伟哉文集》中。刘艳同志为此书稿付出了辛勤的劳动。军事科学院战略理论和军史部副部长、《抗美援朝战争史》主编齐德学、研究员丁伟审读校正了报审全稿。在此一并表示谢意。

本书在写作过程中参考了(含使用图片)《建国以来毛泽东军事文选》《周恩来军事文选》《抗美援朝战争史》(修订版),杨迪著《在志愿军司令部的日子里》《邓华纪念文集》,洪学智著《抗美援朝战争回忆》,杨凤安、王天成著《驾驭朝鲜战争的人》《李聚奎回忆录》《解方将军》《杜平回忆录》《韦杰中将》,徐焰、吴少京编著《抗美援朝战争画卷》,莫里斯·艾泽曼著《美国人眼中的朝鲜战争》,贝文·亚历山大著《朝鲜:我们第一次失败》,马修·李奇微著《朝鲜战争》和《麦克阿瑟回忆录》等。

作者 2017 年 7 月 16 日于翠微路军休所